Arndt Niebisch
Kleists Medien

Communicatio
Kultur – Text – Medium

Herausgegeben von
Jürgen Fohrmann und Brigitte Weingart

Band 48

Arndt Niebisch

Kleists Medien

DE GRUYTER

ISBN 978-3-11-076338-6
e-ISBN (PDF) 978-3-11-064606-1
e-ISBN (EPUB) 978-3-11-064527-9
ISSN 0941-1704

Library of Congress Control Number: 2019945600

Bibliografische Information der Deutschen Nationalbibliothek
Die Deutsche Nationalbibliothek verzeichnet diese Publikation in der Deutschen
Nationalbibliografie; detaillierte bibliografische Daten sind im Internet über
http://dnb.dnb.de abrufbar.

© 2021 Walter de Gruyter GmbH, Berlin/Boston
Dieser Band ist text- und seitenidentisch mit der 2019 erschienenen
gebundenen Ausgabe.
Einbandabbildung: Timm Rautert, New York, 1969
Druck und Bindung: CPI books GmbH, Leck

www.degruyter.com

Dieses Buch ist Bianca Theisen gewidmet.
Ich danke Eva Horn, Martina Süess und Julia Krause für ihre Unterstützung, ohne die dieses Buch nicht entstanden wäre.

Inhalt

1	**Einleitung** —— 1	
1.1	Kleist und Napoleon —— 3	
1.2	Kleist und die Eskalation der Kommunikation —— 5	
1.3	Selbststeuerung und Kontingenz —— 7	
1.4	Kleists Logistik der Kommunikation —— 9	
1.5	Kleists Ökonomie der Medien —— 10	
1.6	Das Aufschreibesystem Kleist —— 12	
1.7	Kleists korporale Kommunikation —— 14	
1.8	Kleist und die Medien —— 15	
1.9	Aufbau der Arbeit —— 18	
2	**Briefe über Briefe: Kleists postalische Logistik** —— 21	
2.1	Die Post um 1800 und die Materialität des Briefs —— 22	
2.2	Kleists erster Brief —— 28	
2.2.1	Das Medium Kleist —— 28	
2.2.2	Ein Raubüberfall —— 30	
2.2.3	Die Materialität des Briefs —— 32	
2.3	Kleists Würzburger Reise —— 33	
2.3.1	Das Briefgeheimnis —— 35	
2.3.2	Kleist ein Spion? —— 37	
2.3.3	Die Logistik der Würzburger Reise —— 39	
2.4	Kommunikationsprotokolle: Die Briefe an Wilhelmine —— 43	
2.4.1	Doppelte Buchhaltung —— 45	
2.4.2	Ein Brief von Wilhelmine —— 49	
2.5	Zusammenfassung: Die Subjekte der Post —— 53	
3	**Von Boten und Doppelgängern: Kleists frühe Dramen** —— 57	
3.1	*Die Familie Schroffenstein* —— 58	
3.1.1	Botenspiele —— 59	
3.1.2	Äquivalenz des Nichtwissens —— 64	
3.1.3	Die Materialität der Evidenz —— 67	
3.2	*Amphitryon* —— 69	
3.2.1	Doppelgänger —— 69	
3.2.2	Boten —— 75	
3.3	*Der zerbrochne Krug* —— 79	
3.3.1	Richter Adam und die Bürokratie —— 80	
3.3.2	Adams Sprachmagie und die Indexikalität der Spur —— 85	

3.3.3	Adam und seine Doppelgänger	90
3.4	*Robert Guiskard*	93
3.4.1	Kommunikation im *Guiskard*	95
3.4.2	Die zwei Körper des *Guiskard*	98
3.5	Zusammenfassung: Um 1800 – Die Zeit der Doppelgänger	100
4	**Kleists Kybernetik**	**105**
4.1	*Entwuf einer Bombenpost*	108
4.1.1	Der Chappe-Telegraf	111
4.1.2	Imperiale Kommunikation	113
4.1.3	Schreiben eines Berliner Einwohners an den Herausgeber der *Abendblätter*	116
4.2	*Über die allmähliche Verfertigung der Gedanken beim Reden*	119
4.2.1	Ein Brief an Rühle von Lilienstern	122
4.2.2	Gedankenfindung durch Modulierung und Störung	124
4.2.3	Die kleistsche Flasche	127
4.3	*Der allerneuste Erziehungsplan*	131
4.4	*Über das Marionettentheater*	138
4.4.1	Hohe und niedere Kunst	140
4.4.2	Antigravität	143
4.4.3	Der Jüngling	146
4.4.4	Der Bär	148
4.5	Zusammenfassung: Kleists Medientheorie	150
5	**Medienökonomie: Phönix, *Phöbus* und *Germania***	**152**
5.1	Die Phönix-Buchhandlung	154
5.1.1	Ein sicheres Geschäft	155
5.1.2	Ökonomische Pragmatik: Der *Code Napoleon*	157
5.1.3	Raum und Kommunikation: die Lizenzverweigerung	159
5.2	*Der Phöbus*	163
5.2.1	Die Medienlandschaft des *Phöbus*	164
5.2.2	Ästhetik der Gegensätze	167
5.2.3	Der antagonistische Inhalt des *Phöbus*	170
5.3	*Die Germania*	176
5.3.1	*Die Germania* als Massenmedium	177
5.3.2	Ökonomie der Kommunikation – kurz und bündig	179
5.3.3	Das Lehrbuch der französischen Journalistik	180
5.4	Zusammenfassung: Ökonomien der Kommunikation	181

6	**Kleists Journalistik** —— 183	
6.1	Novelle und Journalistik um 1800 —— 184	
6.1.1	Novelle und Aktualität —— 185	
6.1.2	Die Ökonomie der Novelle —— 186	
6.1.3	Fiktion und Journalismus —— 187	
6.2	*Die Marquise von O...* —— 189	
6.2.1	Subjektivierung durch Massenmedien —— 191	
6.2.2	Vermischte Medien —— 192	
6.2.3	Anschlusskommunikation —— 194	
6.3	*Die Verlobung in St. Domingo* —— 196	
6.3.1	Politische Berichterstattung —— 198	
6.3.2	Die Konstruktion von Unmittelbarkeit —— 200	
6.3.3	Infektion als Kommunikation —— 202	
6.4	*Das Erdbeben in Chili* —— 204	
6.4.1	Die Aktualität der Novelle —— 205	
6.4.2	Katastrophe und Eskalation —— 207	
6.5	Anekdoten —— 209	
6.5.1	Pointiertes Erzählen —— 210	
6.5.2	Journalismus oder Anekdote? —— 211	
6.6	Zusammenfassung: Journalistisches Schreiben als eine Beschreibung der Moderne —— 212	
7	**Kleists Wahrscheinlichkeiten** —— 215	
7.1	*Unwahrscheinliche Wahrhaftigkeiten* —— 218	
7.1.1	Spiel der Wahrscheinlichkeiten —— 219	
7.1.2	Unzuverlässiges Militärgerät —— 220	
7.1.3	Unumkehrbarkeit —— 222	
7.2	*Der Zweikampf* und *Der Findling* —— 224	
7.2.1	Die Tat der Zofe —— 225	
7.2.2	Ursache und Wirkung —— 227	
7.2.3	*Der Findling* —— 228	
7.3	*Über das Marionettentheater* —— 232	
7.3.1	Selbstähnlichkeit —— 232	
7.3.2	Das Doppelpendel —— 233	
7.3.3	Laplaces Dämon —— 234	
7.4	Zusammenfassung: Kleists Chaos —— 236	
8	**Kriegsspiele** —— 238	
8.1	*Penthesilea* —— 243	

8.1.1	Der Krieg als Rätsel —— 245	
8.1.2	Eine unerhörte Begebenheit —— 248	
8.1.3	Die Logik der Berserkerin —— 250	
8.2	*Das Käthchen von Heilbronn* —— 252	
8.2.1	Berichte vor Gericht —— 254	
8.2.2	Käthchens Botschaft —— 255	
8.2.3	Kunigunde —— 257	
8.3	*Prinz Friedrich von Homburg* —— 260	
8.3.1	Ungehorsam —— 262	
8.3.2	Die Unzuverlässigkeit der Medien —— 266	
8.3.3	Zufallsketten —— 267	
8.4	*Die Herrmannsschlacht* —— 270	
8.4.1	Herrmann – Betrüger unter Betrügern —— 275	
8.4.2	Marbod und sichere Nachrichtenübertragung —— 277	
8.4.3	Hally und die Politik des Gerüchts —— 279	
8.4.4	Thusnelda und der abgefangene Brief —— 282	
8.5	Zusammenfassung: Zufall und Ökonomie der Kommunikation —— 283	
9	**Brandstifter: *Michael Kohlhaas* und die *Berliner Abendblätter*** —— **285**	
9.1	*Michael Kohlhaas* —— 286	
9.2	Brandstiftung —— 289	
9.2.1	Mandate —— 291	
9.2.2	Plakate —— 292	
9.2.3	Insurrektion —— 293	
9.2.4	*Kohlhaas* als Zeitungstext —— 294	
9.3	*Berliner Abendblätter* —— 295	
9.3.1	Kleists Berichterstattung —— 298	
9.3.1.1	Brandstifterbande —— 299	
9.3.1.2	Polemik gegen Iffland —— 302	
9.3.1.3	Luftschifffahrt —— 306	
9.3.2	Müllers Polemiken —— 307	
9.3.2.1	Berliner Universität —— 308	
9.3.2.2	Kraus —— 309	
9.4	Zusammenfassung: Kleist der Querulant —— 314	
10	**Schluss** —— **320**	
10.1	Empfindungen vor Friedrichs *Seelandschaft* —— 320	
10.2	Poetik des Nachlebens —— 323	

10.3 Briefe über Briefe —— 324

Literaturverzeichnis —— 329

Index —— 353

1 Einleitung

> Die Zeit scheint eine neue Ordnung der Dinge herbeiführen zu wollen, und wir werden davon nichts, als bloß den Umsturz der alten erleben. Es wird sich aus dem ganzen cultivirten Theil von Europa ein einziges, großes System von Reichen bilden, und die Throne mit neuen, von Frankreich abhängigen, Fürsten-Dynastien besetzt werden. Aus dem Östreichschen, bin ich gewiß, geht dieser glückgekrönte Abendtheurer, falls ihm nur das Glück treu bleibt, nicht wieder heraus, in kurzer Zeit werden wir in Zeitungen lesen: „man spricht von großen Veränderungen in der deutschen Reichs-Verfassung"; und späterhin: „es heißt, daß ein großer, deutscher (südlicher) Fürst an Spitze der Geschäfte treten werde." Kurz, in Zeit von einem Jahre, ist der Kurfürst von Bayern, König von Deutschland. – Warum sich nur nicht Einer findet, der diesem bösen Geiste der Welt die Kugel durch den Kopf jagt. (DKV, IV, 352)[1]

Dieser Ausschnitt aus einem Brief an seinen Freund Rühle von Lilienstern von 1805 zeigt die Lage, in der Heinrich von Kleist schreibt. Europa verändert sich radikal, was die Französische Revolution evident macht und dann entscheidend von Napoleon vorangetrieben wird. Die Französische Revolution erschüttert die gesellschaftlichen Standards in ganz Europa und demonstriert die Schlagkraft einer modernen Nation.[2] Durch sie zeigen sich des Weiteren eine Vielzahl von Faktoren, wie Aufstieg des Bürgertums, Nationalstaatlichkeit, Standardisierung,

---

[1] Kleists Werke werden weitestgehend aus der Kleist-Edition des Deutschen Klassiker Verlags zitiert. Zitate werden im Text in Parenthesen mit dem Kürzel DKV wiedergegeben. Bei Zitaten aus den *Berliner Abendblättern* verwende ich die *Brandenburger Ausgabe*. Zitate aus dieser Quelle werden in Parenthesen im Text mit dem Kürzel BA wiedergegeben. Quellen aus Helmut Sembdners Materialsammlung *Kleists Lebensspuren* werden nach der Eintragsnummerierung zitiert. Forschungsliteratur wird mit Autor und Kurztitel angegeben, die vollständigen Literaturangaben finden sich im Literaturverzeichnis.

[2] Torsten Hahn und Nicolas Pethes weisen in dem Vorwort zu ihrem Sammelband *Kontingenz und Steuerung* darauf hin, dass die Epoche 1750–1830, also in germanistischer Terminologie die „Goethezeit", sich durch einen zunehmenden Kontrollverlust und eine Kontingenzzunahme auszeichnet. (Pethes, Hahn, *Kontingenz und Steuerung*, 7–8) Sie konstatieren, dass diese Beobachtung durchaus einen Forschungskonsens darstellt, der sich in Foucaults „Ende des Zeitalters der Repräsentation", Kosellecks „Sattelzeit" und in Luhmanns These einer „funktionalen Ausdifferenzierung" des Gesellschaftssystems zu dieser Zeit erkennen lässt. (Pethes und Hahn, *Kontingenz und Steuerung*, 7) Schlegels Ausspruch, dass die Französische Revolution, der *Wilhelm Meister* und Fichtes *Wissenschaftslehre* die größten Tendenzen des Zeitalters seien (Schlegel, *Kritische Ausgabe*, II, 198), ist wahrscheinlich die bekannteste zeitgenössische Aussage, die diesen Befund unterstreicht und auf das enge Verhältnis von Politik und philosophischer und ästhetischer Produktion anspielt.

massenmediale Kommunikation, und revolutionäre, gesellschaftliche Veränderung, die dann maßgeblich für Europas Weg in die Moderne werden sollen.³

Das obige Zitat verweist aber nicht nur auf die politische Lage, es bezieht sich auch darauf, dass diese Beschreibung der historischen Situation durch das Massenmedium Zeitung verbreitet wird, und macht klar, dass sich Kommunikation und Medialität zu diesem Zeitpunkt dramatisch verändern; diese Veränderungen werden jedoch nicht primär durch einen radikal neuen technischen Charakter von Medien erzielt, sondern durch neue Formen der gesellschaftlichen Verteilung von Kommunikation getragen. Die Bevölkerung wächst in dieser Zeit sprunghaft auf 24 Millionen. Eine solche sich stark umformende Gesellschaft muss neue Kanäle zur Kommunikation entwickeln, und es ist das achtzehnte Jahrhundert, das neue Medien wie die Zeitung hervorbringt, die sich darauf spezialisieren, neue Informationen zu kommunizieren und nicht einfach alte zu konservieren.

Was sich durch diese Umstellungen von Kommunikation (die nicht nur in der Verbreitung der Zeitungen, sondern u.a. auch in der Zunahme von postalischer Kommunikation besteht) ändert, ist, dass mehr kommuniziert wird und zur Verarbeitung dieser Kommunikation noch mehr kommuniziert werden muss.⁴ Das führt dazu, dass nicht nur *durch* Kommunikation kommuniziert wird, es wird auch vermehrt *über* Kommunikation kommuniziert, und Kommunikation wird so

---

3 Die Forschung weist darauf hin, dass diese Komplexität der Französischen Revolution durchaus ihre Spuren in Kleists Schreiben hinterlassen hat. Siehe hier besonders Dirk Grathoffs Aufsatz „Heinrich von Kleist und Napoleon Bonaparte, der Furor Teutonicus und die ferne Revolution" und Hans H. Hiebels Text „Reflexe der Französischen Revolution in Heinrich von Kleists Erzählungen". Beide Positionen sind sich darin einig, dass Kleists Beziehung zur Französischen Revolution eine komplexe war, die nicht einfach als Ablehnung oder Zustimmung zu beschreiben ist. Dementsprechend argumentiert Grathoff auch, dass Kleists Kampf gegen Napoleon nicht a priori als antirevolutionär aufgefasst werden sollte. (Grathoff, „Kleist und Napoleon", 40) Kleist erkannte in Napoleon eben nicht die Repräsentation revolutionärer Ideale, sondern vielmehr eine Verletzung von Bürgerrechten. Kleists polemischer Text über die „französische Journalistik" (DKV, III, 462–468) macht dies dadurch klar, dass er hier die Beschneidung bürgerlicher Freiheit durch die napoleonische Zensur anprangert. Hiebel weist darauf hin, dass Kleist als junger Soldat durchaus antifranzösische Parolen ausgegeben hat, dass sein Austritt aus dem Militär aber auch als eine Aktion gegen ein autoritäres System gelesen werden könnte. (Hiebel, „Reflexe", 164) Yushien Lin zeigt in ihrer Studie *Heinrich von Kleist und die Französische Revolution*, wie sich die Erfahrung von radikal-politischem und sozialem Wandel in Kleists Erzählungen manifestiert hat.

4 Werner Faulstich gibt im Band 4 *Die bürgerliche Mediengesellschaft* seiner *Geschichte der Medien* eine so simple wie einleuchtende Erklärung für die Komplexitätssteigerung und den damit verbundenen erhöhten Medieneinsatz im achtzehnten Jahrhundert, nämlich den Bevölkerungszuwachs von ca. 16 Millionen auf über 24 Millionen um 1820. (Faulstich, *Mediengesellschaft*, 27)

selbst zum Thema. Kleists Texte – so die These dieser Arbeit – verweisen mit großer Sensibilität auf diese Veränderung und stellen gezielt Szenarien dar, die sich aus einer ständig komplizierter werdenden kommunikativen Situation entwickeln. Diese Annahme gilt dabei nicht nur als interpretativer Schlüssel zu seinen literarischen Texten, sie ist vielmehr auch der Leitgedanke zur Analyse seiner publizistischen Tätigkeiten und sonstigen Medienpraktiken wie beispielsweise dem Briefeschreiben.

Das mediale Apriori dieser Epoche lässt sich dementsprechend nicht primär an technischen Medien ablesen. Es muss die soziale Organisation von Kommunikation zum Ausgangspunkt machen – das soll nicht die Bedeutung von Technologien und technischen Medien herunterspielen, aber man kann die Epoche um 1800 nicht von Erfindergenies wie Edison her denken (wie es der Fall für die Zeit um 1900 ist), diese Zeit wird vielmehr von Napoleon bestimmt. Hegels Bemerkung, dass er in Napoleon die Verkörperung des Weltgeists gesehen habe, ist weit bekannt[5] und wird gewissermaßen in dem obigen Zitat von Kleist vorweggenommen. Auch wenn Kleist hier den Kurfürsten von Bayern meint, ist der eigentliche Gegner doch Napoleon. Der Weltgeist kristallisiert sich aber für Kleist nicht einfach in der Person Napoleons, wie es bei Hegel der Fall sein wird, Kleist umgeht diese Stilisierung Napoleons und beschreibt das napoleonische politische System als eine Hydra mit unendlich vielen Köpfen beziehungsweise Stellvertretern, die dann als „böser Geist der Welt" auftauchen.[6]

1.1 Kleist und Napoleon

Hegels Bemerkung über Napoleon ist problematisch, da der Weltgeist eben kein einfaches Subjekt sein kann, sondern ein weit vernetztes System bildet. Will man dennoch Sinn aus Hegels Napoleonbegeisterung machen, so kann man Napoleon

---

5 In einem Brief vom 13. 10. 1810 schrieb Hegel: „[...] den Kaiser [Napoleon] – diese Weltseele – sah ich durch die Stadt zum Rekognizieren hinausreiten; – es ist in der Tat eine wunderbare Empfindung, ein solches Individuum zu sehen, das hier auf einen Punkt konzentriert, auf einem Pferde sitzend, über die Welt übergreift und sie beherrscht." (Hegel, *Briefe*, 120)
6 Grathoff geht in seiner Diskussion von Napoleon und Kleist auch dezidiert auf das obige Kleistzitat ein und bezieht es ebenfalls auf das Hegeldiktum. Grathoff sieht darin aber eine Verschärfung von Kleists Position gegen Napoleon und weist darauf hin, dass Kleist Napoleon früher noch als paneuropäischen Kontingenzmanager beschrieben hat. (Grathoff, „Kleist und Napoleon", 38) „Mich erschreckt die bloße Möglichkeit, statt eines Schweizerbürgers durch einen Taschenspielerkunstgriff ein Franzose zu werden." (DKV, IV, 301) In diesem Zitat artikuliert sich aber bereits Kleists Verständnis, dass Napoleon maßgeblich die politischen und diskursiven Ordnungen der Epoche festlegen sollte.

als eine Figur lesen, die sich die neuen kommunikativen Bedingungen zu eigen gemacht hat und verstand, dass eine moderne Gesellschaft durch neue Formen von gesellschaftlicher aber auch militärischer Kommunikation bestimmt wird. Kleist geht mit seiner Bemerkung zum napoleonischen Weltgeist über Hegel hinaus, denn er begreift, dass das, was durch Napoleon hervortritt, natürlich nicht der Weltgeist ist, sondern das erste selbstregulierende militärische System, nämlich die Armee der Grande Nation. Soziologen und Medientheoretiker wie Ulrich Bröckling, Stefan Kaufmann oder Manuel DeLanda sehen in Napoleons Armee ein modernes, sich (zu einem hohen Grade) selbst steuerndes System, dem Söldnerheere, die ständig diszipliniert werden mussten und somit nicht als kleine autonome Kampfeinheiten agieren konnten, unterlegen waren.[7] Napoleons halbselbstständige Platoons (Tirailleur) waren –ähnlich wie Kleists Prinz von Homburg – kämpfende Staatsbürger.

Dass Napoleon eine solch entscheidende Rolle für eine medientheoretische Betrachtung der Zeit um 1800 spielt, wird dadurch unterstrichen, dass er keine Kosten und Mühen scheute, das erste nichtpostalische Telekommunikationsnetzwerk der modernen Welt – den Chappe-Telegrafen – europaweit zu installieren, etwas, dessen sich Kleist äußerst bewusst war, nicht nur weil er in der berühmten *Bombenpost* eine artilleriebasierte, unsemiotische (also postalische) Version dieses Netzwerks vorschlug, auch weil er bereits in einem Brief an seine Verlobte Wilhelmine von Zenge vom 18. November 1800 klar analysierte, dass der Gebrauch des Fächers für intime Signale nichts weiter als optische Telegrafie war. (DKV, IV, 161)

Die Bedeutung Napoleons in einer Untersuchung über Kleist ist natürlich evident (Kleist begann seine soldatische Karriere in Feldzügen gegen Frankreich, war im Jahr 1807 in französischer Kriegsgefangenschaft und sollte zu Ende seines Lebens zum Kampf gegen Napoleon aufrufen) – aber es geht darum zu betonen, dass Napoleon nicht einfach nur als Unterdrücker der deutschen Nation verstanden werden soll, als den ihn Kleist sicherlich auch beschrieb.[8] Viel erheblicher für ein Verständnis von Kleist und seinem Verhältnis zum Medialen ist es zu begreifen, dass Napoleon maßgeblich die kommunikative Umwelt formte, in der Kleist interagierte.[9] Das will aber auch heißen, dass Napoleon nicht nur als Kürzel

---

7 Siehe hier besonders Stefan Kaufmanns Buch *Kommunikationstechnik und Kriegführung*, Ulrich Bröcklings *Disziplin* und Manuel DeLandas *War in the Age of Intelligent Machines*.
8 Die unzweifelhaftesten Dokumente dieses Napoleonhasses sind Kleists Schriften für das geplante aber nie durchgeführte Zeitschriftenprojekt *Germania* (DKV, III, 455–503).
9 Napoleons *Code Civil* ist dabei das evidenteste Moment, das zeigt, dass Napoleon nicht nur militärisch Europa formte, sondern auch maßgeblich an der Entwicklung einer modernen Rechtsordnung beteiligt war. Siehe hierzu das Themen-Heft zum 200. Jubiläum des *Code Civil*

für militärische Innovationen verstanden werden soll, er steht auch für ein System, das Kommunikation auf allen Ebenen beeinflusste – vom privaten Brief zur Zeitschrift und den Gesetzbüchern. Die Praktiken, mit denen Kleist in diese Einflusssphäre eintritt, sind höchst ambivalent – Kleist beschwor beispielsweise nicht nur einen Widerstandskrieg gegen Napoleon herauf, er plante auch den *Code Napoleon* bzw. *Code Civil* in deutscher Übersetzung zu publizieren. (DKV, IV, 391) Kleist ist hier nicht mehr der größte Partisanendichter seiner Zeit, er wird vielmehr zu einem Analytiker der Medien, der eine veränderte Position des Subjekts in seiner Medienumgebung diagnostiziert und dementsprechend neue mediale und kommunikative Strategien entwickelt.[10] Seine Dramen und Erzählungen sind die Simulationsräume dieser Zusammenhänge und versuchen Planspiele für neue kommunikative Möglichkeiten zu sein, die sich auf einer tagespolitischen Ebene gegen Napoleon stellen, aber das napoleonische Mediensystem auch zum Vorbild nehmen.

1.2 Kleist und die Eskalation der Kommunikation

Kleist beschrieb in seinen Texten diese Moderne, die sich durch Komplexität und Unplanbarkeit auszeichnete. Eine theoretische Aufarbeitung dieser historischen Situation wird der preußische General Carl von Clausewitz als Direktor der Allgemeinen Kriegsschule in Berlin erst über zehn Jahre nach Kleists Tod mit seiner

---

European Journal of Law and Economics und Elisabeth Fehrenbachs Arbeit *Traditionale Gesellschaft und revolutionäres Recht*. Einen Hinweis auf die vielfältigen kulturellen Innovationen, die Napoleon vorantrieb, enthält der Aufsatz „Napoleon, Innovation, Modernization, and Science" von V.E. Nakoryakov, der anmerkt wie zentral Napoleon für die Förderung von wissenschaftlichen und technologischen Entwicklungen war. Napoleon darf aber nicht nur als Katalysator einer modernen Gesellschaft verstanden werden. Besonders seine Pressezensur macht den autoritären Charakter seiner Politik klar, diese Zensur zeigt aber auch, dass er die Bedeutung von Medien für eine Massengesellschaft durchaus korrekt einschätzte. Zur napoleonischen Zensur siehe Victor Coffin „Censorship and Literature under Napoleon I", besonders in Beziehung auf die deutschen Gebiete siehe Daniel Morans Aufsatz „Cotta and Napoleon".

10 Schmitt hat in prominenter Weise die *Herrmannsschlacht* als die größte „Partisanendichtung aller Zeiten" bezeichnet (Schmitt, *Theorie des Partisanen*, 15). Diese Bewertung passt durchaus zu meiner Lesart von Kleists Schaffen, weil dieses Stück, wie ich im achten Kapitel diskutieren werde, als eine taktische Reaktion auf eine bestimmte Situation zu verstehen ist. Kleists Logistik der Medien erschöpft sich jedoch nicht in diesem Kampf gegen Napoleon, der besonders seine letzten Jahre kennzeichnet. Kleist erkennt vielmehr, dass die napoleonische Ordnung die kommunikative Situation seiner Zeit formt, und versucht zunächst innerhalb dieses Paradigmas zu arbeiten.

Theorie des Krieges beginnen.[11] Nach Clausewitz ist Krieg eben kein rational durchdenkbares Schachspiel, er repräsentiert eine eskalierende Totalität, die sich nur durch Wahrscheinlichkeitskalküle in Zaum halten lässt. Clausewitz' berühmtes Werk *Vom Kriege* ist nicht nur die Analyse der modernen Lage, es versucht ein Komplexitätsmanagement kommender Kriege zu entwerfen. Die Komplexität zeichnet sich dabei dadurch aus, dass es unmöglich ist, den Verlauf einer Schlacht aus ihren Anfangsbedingungen zu bestimmen. Wetter, Versorgungslage, Materialverschleiß, Truppenmoral sind Faktoren, die die kriegerische Auseinandersetzung so komplex machen, dass sich zu jeder Zeit das Schlachtenglück radikal ändern kann. Diese „Friktion", wie es Clausewitz nennt,[12] führt eine *path dependence* ein (also die Notwendigkeit, immer von einer Situation nur den nächsten Schritt planen und keine großen prognostischen Modelle anlegen zu können),[13] in der Entscheidungen immer mehr rein taktischen Charakter erhalten und die Träume einer aufklärerischen Kriegführung, die sich an der strategischen Planbarkeit des Schachspiels orientierte, suspendiert werden mussten.[14] Insgesamt kann diese theoretische Entwicklung als eine Fokussierung auf das Feld der Taktik verstanden werden. Während die Militärtheorie der Aufklärung vor allem vom strategischen Denken geprägt war, also von einer globalen Planbarkeit des Krieges ausging, wird es mit Clausewitz evident, dass Kriege vor allem taktisch, also Schritt für Schritt durchgeführt und durchdacht werden müssen.

---

11 Zum Verhältnis von Clausewitz und Kleist siehe besonders Hans-Christian v. Herrmanns Aufsatz „Bewegliche Heere", der auch explizit auf das Verhältnis von Clausewitz und Wahrscheinlichkeitskalkülen aufmerksam macht, und Wolf Kittlers Aufsatz „Kleist und Clausewitz".
12 Clausewitz, *Vom Kriege*, 76–78.
13 Das Modell der *path dependence* wird aktuell besonders in ökonomischen Theorien diskutiert. Scott E. Page fasst in seinem Aufsatz „Path Dependence" das allgemeine Verständnis dieses Begriffs wie folgt zusammen: „In common interpretations, path dependence means that current and future states, actions, or decisions depend on the path of previous states, actions, or decisions. Of late, path dependence has become a popular conveyor of the looser idea that history matters." (Page, „Path Dependence", 88) Er betont, dass dieses Theorem besonders darauf fokussiert, dass komplexe Prozesse eine Geschichte haben. Wie eng dieses Theorem an Verfahren von Kleists Texten steht, legt die Aussage des Wirtschaftswissenschaftlers Günther Ortmann nahe: „Kleist war sich [...] darüber im Klaren, dass seine Denkfigur impliziert, was im Jargon der modernen Theorien der Pfadabhängigkeit ‚small events' genannt wird: dass kleine, zufällige, aber vielleicht ausschlaggebende Ereignisse am Anfang einer langen Entwicklung [stehen]." (Ortmann, *Management*, 130) Auch wenn es Ortmann hier mehr um eine Illustrierung eines modernen Komplexitätsmodells als um Kleistphilologie geht, erfasst er doch einen zentralen Aspekt der kleistschen Ästhetik.
14 Zur Diskussion von Komplexitätstheorie bei Clausewitz siehe Alan Beyerchen, „Clausewitz, Nonlinearity, and the Unpredictability of War", Stephen Cimbalas Buch *Clausewitz and Chaos* und meinen Aufsatz „Military Intelligence".

Kleist schrieb in einer Zeit, in der die Einflüsse der Französischen Revolution zum ersten Mal militärisch ablesbar wurden. Kleists Dramen und Erzählungen handeln von einer ständig eskalierenden Kommunikation. Wie der Medientheoretiker Manuel DeLanda in *War in the Age of Intelligent Machines* nicht für Kleist, aber für die historische Entwicklung um 1800 zeigt, führte diese Eskalation aber nicht ins formlos Chaotische, diese neue Komplexität wurde vielmehr durch neue Formen, über Ordnung und Chaos nachzudenken, kompensiert. Napoleons Umstrukturierung der französischen Armee zu autonomeren Einheiten ist vielleicht das bekannteste Beispiel, diese Komplexität auf viele Akteure zu verteilen und dadurch handhabbar zu machen.[15] Auch in Kleists Texten löst sich die Unordnung nicht in einem formlosen Chaos auf, sie konsolidiert sich schlussendlich immer wieder. Diese Konsolidierung findet aber nur selten durch die intentionale Handlung eines Individuums statt, sie ergibt sich – die große Anzahl von Träumern und Bewusstlosen in Kleists Texten unterstreicht dies. Augenscheinliche Beispiele für diese Dynamik sind *Prinz Friedrich von Homburg* oder auch die *Marquise von O…*, bei denen es trotz einer gestörten Ordnung am Ende doch zu einer Sicherung der Lage kommt, die wieder zu einer Konsolidierung der Gesellschaft führt – ein solches Ende muss weder ein Happy End sein noch einfach der Tat einer einzigen Person zugeordnet werden können, es entsteht zumeist aus dem Zusammenspiel vielfältiger Faktoren, die nicht einfach als Handlungen einer Person zugeschrieben werden können.

1.3 Selbststeuerung und Kontingenz

Kleists Texte enthalten Figuren, die sich mit Fragen der Ordnung/Unordnung, Emergenz und Selbstähnlichkeit auseinandersetzen. Kleists Text zum Marionettentheater ist, wie ich im vierten und siebten Kapitel diskutieren werde, voll von

---

[15] DeLanda konstruiert dabei eine Verbindung zwischen den „Turbulenzen" der Französischen Revolution und den neuen Organisationsstrukturen in der französischen Armee: „The French bet their future on turbulence (revolutionary upheaval) and were therefore the first army in Europe to become ‚motorized,' tapping the effective reservoirs of their population. France's enemies, England and Prussia, bet against revolution and opted to wait until the advent of the telegraph and the railroad, which made the ‚motorization' of armies less socially costly. The separate tactical components of the new war machine, the multipurpose infantry soldier, the breaking down of armies into self-contained divisions and so on, preceded the French Revolution by at least two decades. But it took all the energy unleashed during those years of intense turmoil to weld together these elements into an engine of destruction that swept over Europe like nothing before." (DeLanda, *Intelligent Machines*, 67–68)

diesen Figuren, und auch bereits Kleists berühmtes Bild vom Bogenschluss verweist auf Fragen der Emergenz. Aus gegenwärtiger Sicht rückt Kleist durch solche Themen in die Nähe von Fragen nach Steuerung und Kontrolle bzw. Kybernetik. Norbert Wiener hat 1948 das grundlegende Werk zu dieser Theorie der (Selbst-)Steuerung vorgelegt[16] und Stefan Rieger hat darauf hingewiesen, wie Kybernetiker im frühen 20. Jahrhundert sich durchaus für Kleists Modell des Marionettentheaters interessierten.[17] Aktuelle kulturwissenschaftliche Positionen machen es weiterhin evident, dass eine „kybernetische" Lektüre Kleists keine anachronistische Theoriezuschreibung darstellt, sondern vielmehr eine Archäologie von Kleists Medienumgebung ermöglicht. Die Ausgabe der *Modern Language Notes* zum Thema „Selbstregulierung als Provokation", herausgegeben von Thomas Weitin und Markus Twellmann, und der Sammelband *Kontingenz und Steuerung* von Torsten Hahn, Erich Kleinschmidt und Nicolas Pethes diskutieren, wie die gesteigerte Komplexität der Moderne zusammen gedacht werden muss mit Figuren der Steuerung, die versuchen, diese Komplexität zu kompensieren. Pethes', Hahns und Kleinschmidts Band fokussiert dabei auf die Goethezeit und attestiert der Literatur einen wichtigen Systemplatz, da sie als experimentelles Feld für Kontingenzsteuerung funktionalisiert werden kann.

> Die Steuerungsangebote [der Literatur] bleiben in diesem Sinne experimentell: modellhaft, hypothetisch, probeweise. Und insofern diese Experimente eine unmittelbare Referenz auf die Gesellschaft haben, haben sie ihren Ort plausiblerweise im Medium der Fiktion: Steuerung ist in Zeiten der Kontingenz zwangsläufig experimentell, und Fiktionen stellen die einzige Möglichkeit dar, mit der man eine experimentelle Beobachtung auf gesellschaftliche Zusammenhänge übertragen kann.[18]

Ich schließe in meiner Arbeit an diese Überlegungen insofern an, als ich Kleists Texte durchaus als Simulationsräume für Kontingenzsituationen und deren Steuerungsmöglichkeiten sehe. Es ist aber zentraler Bestandteil meiner Arbeit, zu zeigen, dass Kleist dieses experimentelle Feld durchaus im nichtfiktionalen Bereich einführen und die literarischen Fiktionen von Kontingenz und Steuerung realpolitisch und publizistisch umsetzen wollte. In diesem Sinne folge ich Weitins und Twellmanns Überlegungen, dass Figuren der Selbstregulierung eine Grundkonstellation der Moderne bilden. Twellmann und Weitin gehen dabei von Hans Blumenberg aus, der konstatierte, dass sich die Neuzeit dadurch auszeichnet, dass

---

16 Wiener, *Cybernetics*.
17 Rieger, „Choreographie und Regelung".
18 Hahn und Pethes, *Kontingenz und Steuerung*, 10.

Entwicklungsphänomene zunehmend nicht mehr durch transzendente Interventionen, sondern durch Selbstregulierungsmechanismen erklärt wurden. Sie verweisen darauf, dass ab der Neuzeit nicht nur kosmologische Theorien vermehrt aus sich heraus begründet wurden (also ohne Referenz auf Gott), und betonen, dass 1788 mit dem Fliehkraftregler ein technisches Apriori geschaffen wurde, das Selbstregulation zum Prinzip machte. Weitin und Twellman zeigen, dass diese Bewegung von Außensteuerung hin zu Selbststeuerung eine Provokation war, die autoritäre Strukturen unterlief und sowohl die Autorität Gottes als auch die Macht weltlicher Herrscher in Frage stellte.[19] Kleists Texte thematisieren diese Provokation der Selbststeuerung dadurch, dass sie ständig die Kraft von gezielten Handlungskalkülen in Frage stellen und darauf verweisen, wie Situationen und Systeme die Grundlagen zu ihrer Steuerung bzw. zu den in ihnen ablaufenden Prozessen selber legen.

1.4 Kleists Logistik der Kommunikation

Dieses Buch soll zeigen, wie Kleist eine Entropie der Kommunikation eröffnet, die ihn zu einem radikalen Denker moderner Medien macht, bei denen der Inhalt einer Botschaft ein Sekundäres wird und es von primärem Interesse ist, dass kommunikative Netzwerke aktiv sind. Gestörte Kommunikation wird bei Kleist nicht zum Problem, sie setzt vielmehr eine produktive Dynamik frei. In der *Penthesilea*, in der *Herrmannsschlacht* und in *Prinz Friedrich von Homburg* wird fehlgeleitete oder fehlgedeutete Kommunikation sogar zum Schlüssel, um militärische Ziele zu erreichen. Aus diesem Grund verweist Kleists kommunikative Eskalation auch nicht auf eine chaotische Selbstzerstörung der Medien, sie bildet, wie ich im vierten Kapitel diskutieren werde, eine Logistik von kommunikativen Netzwerken.

Es ist kennzeichnend für Kleists Ästhetik, dass Kommunikation nicht auf Verstehen, sondern auf Eskalation ausgerichtet ist. Die Eskalation soll aber nicht als ein kritischer Kommentar gegenüber der Möglichkeit von Kommunikation verstanden werden, sie dient vielmehr der Beschreibung einer massenmedialen Logistik, bei der das Chaos wieder zu einer eigenen Ordnung zurückfindet, die allerdings nicht vom Empfänger, sondern vom Kommunikationssystem als Ganzem konsolidiert wird: Dies ist die medientheoretische Quintessenz des berühmten Essays über das Marionettentheater und die bittere Konsequenz der Sozialdynamik in *Das Erdbeben in Chili*, durch die Josephe und Jeronimo schlussendlich

---

19 Twellmann und Weitin, „Selbstregulierung", 439–443.

ihrem Urteil gemäß hingerichtet werden, und zwar nicht durch einen institutionell legitimierten Henker, sondern durch einen sich spontan bildenden Lynchmob.[20] Dementsprechend können ästhetische und andere Formen komplexer Kommunikation im *Marionettentheater* nicht von Subjekten willentlich generiert werden, sie entstehen aus der Situation. Diese Dynamik explodiert jedoch nicht im Chaotischen, sondern wird in eine kosmische Weltordnung integriert.

Diese Texte zeigen, simulieren oder stellen dar, dass Kommunikation nicht einfach durch hegemoniale Systeme gesteuert werden kann. Während das *Marionettentheater* diesen Befund auf existenzialistischer Ebene formuliert, beschreibt Kleists Vorschlag zum Aufbau einer Bombenpost, dass ein komplexer Relais- und Netzwerkcharakter entscheidender sei als eine noch so ausgearbeitete Sender-Empfängeranlage für die Konfiguration moderner Medien.

1.5 Kleists Ökonomie der Medien

Kleists Texte setzen sich immer wieder damit auseinander, dass die Kontrolle von Kommunikation nur schwer möglich ist; allerdings versucht Kleist auch permanent, Kommunikation zu manipulieren und zu steuern.

Kleists eigene Publikationsprojekte wie der *Phöbus*, die *Germania* und die *Berliner Abendblätter* machen dies deutlich. Sie zeigen Kleists Medienökonomie, die darin besteht, hybrideste Textsorten (beispielsweise in den *Berliner Abendblättern*) miteinander zu verschalten, den *Code Napoleon* in einer ansonsten preußisch geprägten Verlagsbuchhandlung veröffentlichen zu wollen und sich permanent mit seinen Finanziers und der Zensur anzulegen. Das ist kein kluges, kaufmännisches Vorgehen, es baut vielmehr auf die sich selbst freisetzende Dynamik chaotischer Eskalation, wie Kleist von ihr in seinen Texten phantasiert. Das theoretische Modell, das dann besonders hinter dem *Phöbus* steht, ist Adam Müllers dialektisches Denken des Gegensatzes. Müller, der gemeinsam mit Kleist den *Phöbus* veröffentlichte und auch zahlreiche Beiträge zu den *Berliner Abendblättern* lieferte, entwickelte in seiner Schrift *Vom Gegensatze* eine Theorie, die Antagonismus zum zentralen Movens von Prozessen machte. In Dresden hielt er

---

20 Diese Ambivalenz zwischen Ordnung und Unordnung kennzeichnet die Position der Chaostheorie bzw. der Theorie nicht-linearer Systeme. Katherine Hayles' Buch *Chaos Bound* gehört dabei zu den zentralen Büchern, die explizit eine Beziehung zwischen kultureller Produktion und Chaos-Theorie herstellen und somit auch auf die Verbindung von Chaos-Theorie und Literatur eingehen.

Vorlesungen, die dieses Prinzip auf gesellschaftliche und ästhetische Fragen applizierten, und die dann auch im *Phöbus* veröffentlicht wurden.[21] Der Soziologe Dierk Spreen weist darauf hin, dass Müller und Kleist mit dem *Phöbus* durch diese provozierenden Strategien ein Feld der öffentlichen Kommunikation generieren wollten, das sich dann letztendlich verselbstständigen sollte.[22] Kleists eskalatorische Logistik der Medien zielt nicht auf Selbstzerstörung, sie intendiert vielmehr, eine Art von medialem *perpetuum mobile* zu schaffen, das, einmal angestoßen, nicht mehr aufhört zu produzieren.

Hinter diesen Vorstellungen einer intentionslosen Dynamik, die Kleist in seinen literarischen Texten inszeniert, und die er in seinen Medienpraktiken antizipiert, können nicht nur kosmologische Weltbilder und Technologien der Selbstregulierung entziffert werden, auf die Twellmann und Weitin in ihrem Vorwort verweisen, es sollte hier auch Adam Smiths Theorie der unsichtbaren Hand bzw. die Dynamik des modernen Marktes mitgedacht werden.

Kleist hat in Königsberg bei einem Hauptvertreter der smithschen Lehre, Christian Jakob Kraus, gehört und muss, noch bevor er auf Müller traf, mit den Theorien eines modernen Marktes vertraut gewesen sein. Die *Berliner Abendblätter* enthalten des Weiteren eine Serie von Artikeln zu Kraus und zeigen, dass Kleist sich durchaus mit diesen wirtschaftlichen Fragen auseinandergesetzt hatte.[23] Seine Freundschaft mit Müller verweist allerdings darauf, dass die Reflexion von Smiths Ideen nicht ungebrochen war. Müller formuliert in seinem Hauptwerk *Elemente der Staatskunst* ein System, das sich gezielt gegen einen reinen, freien Markt wendet.[24] Es ist aber evident, dass Smiths Überlegung, dass ein

---

21 Siehe hierzu beispielsweise Adam Müllers Text „Fragmente über die dramatische Poesie und Kunst". (Müller, *Schriften*, I, 141–157)
22 Dierk Spreen geht in seinen Büchern *Tausch, Technik, Krieg* und *Krieg und Gesellschaft* auf Adam Müller als einen Medientheoretiker avant la lettre (siehe hier besonders: Spreen, *Tausch*, 41–50) ein und legt in dem Kapitel „Mediale Öffentlichkeit: Das Kleist-Müller Projekt" von *Krieg und Gesellschaft* eine sehr erhellende Interpretation vor, wie der *Phöbus* zur Generierung von Kommunikation konzipiert wurde. (Spreen, *Krieg und Gesellschaft*, 133–137) Im fünften Kapitel dieser Arbeit werde ich auf diese Position genauer eingehen.
23 Die Auseinandersetzung mit der preußischen Wirtschaftspolitik in den *Berliner Abendblättern* diskutiere ich im neunten Kapitel.
24 Während es spätestens seit Carl Schmitts Polemik in *Politische Romantik* eine etablierte Position ist, Müller als einen zwielichtigen und reaktionären Denker zu sehen, gibt es in der neueren Forschung vielfach Ansätze, die in Müller einen frühen Theoretiker eines Sozialstaates erkennen der besonders die Bedeutung von Kommunikation für wirtschaftliche Prozesse herausstellt. Siehe hierzu neben den bereits erwähnten Texten von Dierk Spreen, Richard Grays Aufsatz „Hypersign, Hypermoney, Hypermarket" oder Tetsushi Haradas Essaysammlung *Adam Müllers Staats- und Wirtschaftslehre*.

Markt aus sich heraus Ordnungsstrukturen generiert, die aber keinem einzelnen Agenten als Intention zugeschrieben werden können, durchaus tief in der kleistschen Ästhetik sitzt. Hierin ist Kleist nicht einzigartig in der Literatur um 1800. Wie Stefan Andriopoulos gezeigt hat, steht Smith als zentrales Phantasma hinter der *Gothic Novel* und nicht zuletzt hinter Schillers *Geisterseher*.[25]

Die nicht-literarische Wirklichkeit unterscheidet sich aber von diesen Phantasmen eines dynamischen Marktes dadurch, dass die Möglichkeit zur Eskalation immer schon von Diskursregeln eingeschränkt wird. Kleists Publikationsprojekte arteten eben nicht in einem sich selbst perpetuierenden Medienwahnsinn aus, und hier bekam es Kleist zu spüren, wie schwierig es ist, Kommunikation auf einer quantitativen Ebene zu steuern – etwas, das ihm bereits aus seinen Briefwechseln mit seiner Schwester Ulrike und seiner Verlobten Wilhelmine von Zenge bekannt war. Bei diesen Briefen, wie ich im zweiten Kapitel diskutieren werde, geht es oft mehr um die Häufigkeit des Briefeschreibens als um die übermittelte Botschaft. So erscheint schließlich auch sein Selbstmord als ein Teil einer Logistik der Medien – immerhin ist sein letzter Abschiedsbrief nicht viel mehr als die Bitte an den Adressaten, einige Briefe weiterzuschicken. (DKV, IV, 515)

1.6 Das Aufschreibesystem Kleist

Wenn Kleist in seinen Texten und Medienpraktiken Subjektivität aushöhlt und zu einer systemischen Erscheinung komplexer Mediensysteme macht, bleibt zu fragen, ob man eigentlich von der Person Kleist in dieser Analyse ausgehen kann, oder ob man dann nicht hinter eine diskursanalytischen Problematisierung des Subjekts auf methodischer Ebene zurückfällt, wie es Foucault beispielsweise in dem Essay „Was ist ein Autor?" diskutiert hat. Diese Arbeit versucht aber, Kleist als zentralen Knoten des diskursiven Systems seiner Zeit zu verstehen und so eine Archäologie seines Aufschreibesystems zu betreiben. Der methodische Zugang dieser Arbeit verdankt dabei viel dem Werk Friedrich Kittlers und versucht Literatur auf einer „elementaren" Ebene zu beschreiben, wie es Kittler in seinem (posthum publizierten) Vorwort zu den *Aufschreibesystemen* formuliert:

---

[25] Andriopoulos, „The Invisible Hand". Auf die Bedeutung des Ökonomischen haben darüber hinaus Bernd Hamacher und Christine Künzel in ihrem Sammelband *Tauschen und Täuschen* und die Dissertation *Krumme Geschäfte* von Georg Tscholl aufmerksam gemacht. Diese beiden Arbeiten weisen auf die Bedeutung von Tauschbeziehungen in Kleists Schreiben hin und koppeln dies explizit an ökonomische Überlegungen an. Diese ökonomische Dimension ist des Weiteren zentral für meine medientheoretischen Fragestellungen, besonders in Bezug auf Kleists Publikationsprojekte.

> Es [Aufschreibesystem] scheint ein gutes Wort, um Literaturgeschichte auf einer elementaren Ebene zu treiben – als Geschichte der Praktiken, deren Zusammenspiel eine Schriftkultur ausmacht. Thema sind also einfach Sprechen und Hören, Schreiben und Lesen.[26]

Es geht also darum zu untersuchen, wie Kleist sich bestimmter Praktiken bedient, um bestimmte Effekte zu erzielen oder Adressatenkreise zu erreichen. Kittlers Aufsatz „Ein Erdbeben in Chili und Preußen" macht den programmatischen Vorschlag, Texte von ihren „Rändern" her zu lesen, also die Markierungen zu analysieren, die die Vernetzung dieser Texte steuern.[27] Dies ist eine Perspektive, die von Albrecht Koschorke für eine mediologische Beschreibung des achtzehnten Jahrhunderts erweitert wurde.

> Insofern supplementieren Medien die sich lockernden Interaktionsbindungen. Sie greifen auf den von der Gruppenöffentlichkeit abgewandten und gleichsam verschatteten Teil des Individuums zu und verbinden es mit anderen zu einem Kollektiv „randständiger" Existenzen. Man kann noch weitergehen und sagen, daß die Individualisierungsprozesse aus dem Blickwinkel der Ständegesellschaft notwendig in eine unüberwindliche Anomie führen müßten, wenn nicht parallel dazu Kommunikationsnetze aufgebaut würden, die das freigesetzte Potential an Kontingenz sozial handhabbar machen und insoweit reintegrieren. Umgekehrt, darauf wurde schon hingewiesen, ist die Entstehung von *Innenwelten* nur möglich, wenn eine Semantik der Weltabwendung bereitsteht und kommuniziert werden kann, die diese Dunkelräume der Nicht-Interaktion gleichsam erleuchtet und mit dem Vermögen der Selbstreflexion, als einem Modus kommunikativer Selbstreferenz, auszustatten vermag. *Individualisierung und Medialisierung sind dasselbe,* je nachdem, ob man diesen Prozeß von „innen" oder von „außen" beschreibt.[28]

Es ist entscheidend für Koschorke, dass das Verhältnis von Medium und Individuum als sich gegenseitig bedingend gedacht werden muss. Die Möglichkeit von medialer Distanzkommunikation schafft im achtzehnten Jahrhundert eine „vereinsamte" Individualisierung der Autoren, und diese Autoren kreieren wiederum maßgeblich die medialen Bedingungen, die ihren Zustand begründen. Vom Aufschreibesystem Kleist zu sprechen verweist auf die komplexen Rückkopplungsprozesse, durch die sich Kleist ins mediale Netz seiner Zeit platzierte, und beschreibt auch die Funktionen, durch die das mediale Umfeld Kleist zu einem Sender und Empfänger machte.

---

26 Kittler, „Vorwort", 117.
27 Kittler, „Erdbeben", 26–27.
28 Koschorke, *Körperströme*, 265.

1.7 Kleists korporale Kommunikation

Kommunikation artikuliert sich bei Kleist nicht als subjektiver Ausdruck, sie entwickelt sich aus komplexen Prozessen heraus. Kommunikation ist nicht subjektiv, sie ist systemisch. Hier verabschiedet sich Kleists Dichtung aus dem Bereich des hermeneutisch Erfassbaren und öffnet sich dem Posthumanen. Die amerikanische Literaturwissenschaftlerin und Medientheoretikerin Katherine Hayles beschreibt die Lage des Posthumanen wie folgt:

> In this account, emergence replaces teleology; [...] distributed cognition replaces autonomous will; embodiment replaces a body seen as support system for the mind; and a dynamic partnership between humans and intelligent machines replaces the liberal humanist subject's manifest destiny to dominate and control nature.[29]

Hayles zeichnet ein Bild, in dem Kommunikation nicht mehr einfach von Menschen gesteuert, sondern „embodied", verkörpert wird. Der Mensch verliert seine privilegierte Position in der Kommunikation und wird zu einem Teil der medialen Umgebung. Hayles betont, dass Begriffe einer rationalistisch subjektiven Episteme ersetzt werden durch Denkmodelle wie Emergenz und „distributed cognition", die an ein kybernetisches Paradigma anschließen, die das eine Subjekt als diskursives Zentrum zur Seite setzen und an seine Stelle ein komplexes Regelungssystem stellen. Information und Kommunikation werden dabei nicht als ätherische, unkörperliche Entitäten gedacht, sie sind „embodied systems", die immer auch eine physische Präsenz haben.[30]

Diese Beschreibung des Posthumanen schließt an Kleists Ästhetik an. Zunächst hat Kleist ein auffällig körperliches Verständnis von Kommunikation – nicht nur weil dort gerne wie in der *Herrmannsschlacht* Objekte oder genauer Leichenteile verschickt werden, sondern auch weil er in der *Bombenpost* ein Modell entwickelt, das sich explizit gegen rein kodierte Kommunikation richtet. Zudem ersetzt Kleist das selbstbewusste Subjekt der Klassik durch Figuren, die nicht mehr selber handeln, sondern durch die sich die Medienökologie des frühen neunzehnten Jahrhunderts artikuliert. Einzelne, einfache Handlungen werden ersetzt durch komplexe Interaktions- bzw. Regelungssysteme.

Wie der Soldat in modernen semi-autonomen Armeen sind zahlreiche Protagonisten bei Kleist dementsprechend auch keine Subjekte, die ihrem „freien Wil-

---

[29] Hayles, *Posthuman*, 288.
[30] Dirk Oschmann verweist in seinem hervorragenden Aufsatz „How to Do Words with Things. Heinrich von Kleists Sprachkonzept" auf diese korporale Struktur von Kleists Semiotik.

len" folgen, sie sind vielmehr Opfer oder besser: Produkte ihrer – meist militärischen – Umgebungen. Penthesilea und die Marquise von O... haben keine Kontrolle darüber, was der Krieg mit ihnen macht, wenn sie dennoch den Eindruck von handelnden Subjekten erwecken, so tun sie das nur dadurch, dass sie an bestimmten entscheidenden Punkten bewusstlose Wesen waren. Diese Paradoxie, die im Prinzip darauf hinausläuft, dass Ordnung erst dort entsteht, wo es zu einem vollständigen Kontrollverlust kommt, ist fundamental für Kleists Ästhetik und seine Konfiguration von Kommunikation.

1.8 Kleist und die Medien

Sich Kleist aus einer medientheoretischen bzw. medienhistorischen Perspektive zu nähern, liegt nah. Kleists Biographie allein weist mit ihrer Mischung aus Militärlaufbahn, wissenschaftlich-technischen Studien (Kleist debattierte beispielsweise über den Bau eines U-Boots [DKV, IV, 341–344]) und Zeitschriftenherausgeberschaft genug Angriffsfläche auf, an der eine medienwissenschaftlich informierte Literaturwissenschaft ansetzen könnte. Außerdem zählen zu Kleists Werk zahlreiche Texte, die durchaus als eine Medientheorie avant la lettre verstanden werden können, wie beispielsweise das *Marionettentheater*, der Essay über die allmähliche Verfertigung der Gedanken beim Reden oder auch die *Bombenpost*. Es kommt hinzu, dass Kleists Texte in den späten achtziger Jahren prominent von Wolf Kittler, aber auch kürzer von Friedrich Kittler, also von den führenden Denkern eines neuen medientheoretischen Paradigmas, analysiert wurden. Diese Arbeiten standen jedoch noch nicht unter dem Vorzeichen einer Medientheorie, sondern vor allem der Diskursanalyse.[31] Die Frage nach verschiedenen diskursiven Feldern (neben zahlreichen dekonstruktiven Lektüren) ist auch der Weg, den die Kleistforschung weiter eingeschlagen hat. Besonders fruchtbar waren dabei rechts- und souveränitätstheoretische Untersuchungen.[32]

---

31 Friedrich Kittlers Beitrag in David E. Wellberys bekanntem Sammelband zum *Erdbeben in Chili* verweist aber bereits explizit auf eine medienhistorisch angereicherte Form der Diskursanalyse.
32 Ein aktuelles Beispiel dafür ist Nicholas Pethes' Sammelband *Ausnahmezustand Literatur*, und einer der einflussreichsten Sammelbände für eine diskurstheoretisch bzw. kulturwissenschaftlich orientierte Kleistforschung ist Gerhard Neumanns Sammelband *Kriegsfall – Rechtsfall – Sündenfall*.

Mit wenigen Ausnahmen[33] gibt es (in Anbetracht der enormen Produktivität der Kleist-Forschung) relativ wenige Arbeiten, die sich explizit dem Medialen bei Kleist zuwenden. Die Monographie, die sich am detailliertesten mit Kleist aus einer medientheoretischen Perspektive auseinandersetzt, ist Frank Haases Buch *Kleists Nachrichtentechnik* von 1987. Diese Dissertation zeigt, wie Kleists Texte an psychotechnische, nachrichtendienstliche und technische Diskurse anschließen. Die Untersuchung ähnelt Arbeiten wie Wolf Kittlers *Die Geburt des Partisanen aus dem Geiste der Poesie* und geht kaum auf Kleists Publikationspraktiken ein. Methodisch nähert sich Bianca Theisens Buch *Bogenschluss* aus einer systemtheoretischen Position und wirft zahlreiche medientheoretische Fragen auf, die jedoch nicht medienhistorisch ausgearbeitet werden.[34] Sibylle Peters' *Heinrich von Kleist und der Gebrauch der Zeit* stellt eine exzellente Lektüre der medialen Struktur der *Berliner Abendblätter* dar und repräsentiert bisher eine der besten, größeren Arbeiten zum Thema von Medialität bei Kleist.

Kleist als einen Denker des Krieges zu lesen spiegelt dabei das dominante Forschungsparadigma der letzten Jahre wider.[35] Neben den erwähnten Arbeiten, die sich auf ein schmittsches Paradigma beziehen, wurde Kleists Verhältnis zum Krieg zentral in *Mille Plateaux* von Deleuze und Guattari diskutiert.[36] Sie zeigen mit großer Präzision, ebenso wie Mathieu Carrière in seinem längeren Essay *Für eine Literatur des Krieges*, die eskalierende Dynamik des kleistschen Krieges, die durchaus an Virilios Dromologie anzuschließen ist. Problematisch ist an dieser

---

33 Beispielsweise gehen Bernhard Dotzler (*Diskurs und Medium*, Band II) und Benjamin Specht (*Physik als Kunst*) auf die Frage des Medialen bei Kleist ein. Darüber hinaus gibt es noch die Untersuchungen zu Kleists Bedeutung als Journalist: Aretz, *Kleist als Journalist* und Peters' *Mach-Art*.

34 Theisens Arbeit kann als der Versuch verstanden werden, dekonstruktive Verfahren durch Systemtheorie weiterzudenken. Dieser Ansatz trägt im Prinzip die Textimmanenz dekonstruktiver Ansätze mit sich und nimmt nur sehr tendenziell medienhistorische Fragen auf. Theisen hat aber in ihren weiteren Forschungen – besonders in ihren Aufsätzen zu Kleists Novellen – die Blende weiter aufgezogen und die Bedeutung der Tagespresse für Kleists Schreiben miteinbezogen, etwas, das ich zentral im sechsten Kapitel diskutieren werde. Siehe hierzu beispielsweise ihren Aufsatz „Strange News".

35 Siehe hier beispielsweise die Kleistkapitel in Elisabeth Krimmers Buch *The Representation of War in German Literature* oder Eva Horns Aufsatz „Herrmanns Lektionen". Jeffrey Champlin betont ebenfalls, dass sich die aktuelle Kleistforschung besonders mit der Spannung von Recht und Terror bzw. Krieg in Kleists Werk auseinandergesetzt hat. (Champlin, „Kleist Scholarship", 70)

36 Siehe hier besonders das Kapitel zur Kriegsmaschine in Deleuze und Guattaris *Mille Plateaux*.

Lektüre, dass sie eine grundsätzliche Trennung zwischen Kriegs- und Staatsdiskurs zur Grundlage hat. Mir geht es jedoch darum, zu reflektieren, wie Kleists Modernität eben gerade darin besteht, eine solche Trennung zu relativieren. Kleist führt den Krieg und das Zivile immer wieder zusammen. Die Verschränkung von Krieg und Intimität bei der *Marquise von O...* und in der *Penthesilea* zeigen dies deutlich, aber auch Kleists Vorschlag in der *Bombenpost*, die Kanone als Kriegsgerät für postalische Zwecke zu benutzen, macht dies evident.

Ein weiterer Aspekt, der besonders stark in der aktuellen Kleist-Forschung zu finden ist, ist die Frage nach Genderdiskursen. Zentrale Themen sind dabei besonders Kleists Frauenfiguren, die *Marquise von O...* hat beispielsweise einige Aufmerksamkeit von dieser Forschungsrichtung erhalten. Die *Penthesilea* bildet allerdings einen klaren Schwerpunkt gendertheoretischer Interpretationen innerhalb der Kleistforschung. Für meine Arbeit sind besonders Forschungen relevant, die auf Kleists Verhältnis zu seiner Verlobten Wilhelmine und der dabei praktizierten Form des Briefeschreibens eingehen, da sie geschlechtsspezifische Fragestellungen in Zusammenhang mit Medialität bringen. Darüber hinaus finden auch identitätspolitische Überlegungen einen Eingang, die die Geschlechterambiguitäten in Texten wie *Familie Schroffenstein* oder *Amphitryon* thematisieren.[37] Für meinen Zugang ist es dabei entscheidend, dass Genderdiskurse bei Kleist eingebunden sind in Fragen der Medialität. Es scheint so, dass bei Kleist Kommunikation und Medien ständig an der Leitdifferenz männlich/weiblich entlanglaufen. Frauen sind nicht einfach die Empfänger von Liebesschwüren, sie werden zu den Relaisstellen der kommunikativen Eskalation, an denen die Entropie der Medien explodiert und sich wieder konsolidiert.[38] Ähnliches kann über Kleists Darstellung von Familien gesagt werden. Familiendiskurse, beispielsweise in *Familie Schroffenstein* und der *Marquise von O...*, zeichnen sich dadurch aus, dass soziale Kommunikation meist medial hochvermittelt stattfindet und dadurch maßgeblich zur dramatischen bzw. erzählerischen Dynamik beiträgt.

Für einen medientheoretischen Zugang zu Kleist ist aber auch zentral, dass er in vieler Hinsicht als Vordenker der Moderne verstanden wird. Bernd Fischers und Tim Mehigans Sammelband *Heinrich von Kleist and Modernity* trägt die Verbindung von Kleist bereits im Titel und sie betonen:

> Kleist's poetic trials do not just expose the shortcomings of political, legal, religious, and academic institutions of his day. They also set out to examine the re-conceptualization of

---

37 Siehe hier beispielsweise Elisabeth Krimmers Aufsatz „Die allmähliche Verfertigung des Geschlechts beim Anziehen".
38 Diesen Aspekt werde ich besonders im zweiten Kapitel anhand einer Diskussion von Kleists Briefverkehr ausarbeiten.

individual and collective identities that became conceivable at the dawn of modernity: the psychology of national belonging and total warfare, the anti-colonial struggles of ethnic, political, and familial partisanship, the power of propaganda and a press for the masses, the loss of certainty, and the crisis of inner knowledge, feeling, trust, ethics, and justice.[39]

Dieses Zitat verweist mit „dawn of modernity" auf die vielen Facetten, die sich in Kleists Schreiben als eine Antwort auf die sich ankündigende Moderne kristallisieren. Einer solchen multidiskursiven Komplexität von Kleists Werk ist die Forschung dann vor allem durch eine große Menge von Sammelbänden entgegengetreten, die versuchten diese Aspekte zusammenfassend zu diskutieren, ohne sie auf eine Perspektive zu reduzieren. Sammelbände wie Gerhard Neumanns *Rechtsfall – Kriegsfall – Sündenfall* oder der Band *Heinrich von Kleist. Style and Concept*, herausgegeben von Dieter Sevin und Christoph Zeller, sind prominente Beispiele für den Versuch, diese Vielschichtigkeit der Kleistforschung einzufangen. Günther Blamberger beschreibt in seiner Biographie Kleist als einen „Projektemacher" und liefert damit eine plausible Erklärung für Kleists Multidiskursivität. Wie Markus Krajewski gezeigt hat, ist der Projektemacher eine etwas ins Abseits geratene Gestalt, der nichts wirklich zugetraut wird, die aber dennoch zu einem wichtigen Motor der Moderne wird.[40] Blambergers Zugang, Kleist als einen solchen Projektemacher zu verstehen, halte ich für hochproduktiv, da er ermöglicht, Kleist als einen Kulturschaffenden zu verstehen, der sich in exzessiver Weise mit seiner Medienumwelt auseinandergesetzt hat.[41]

1.9 Aufbau der Arbeit

Diese Arbeit bietet nicht nur einen Beitrag zur Kleist-Philologie, sondern zeigt vielmehr, wie Literaturwissenschaft ihren Gegenstand aus einer medientheoretischen Perspektive beschreiben kann. Das soll heißen, dass es in der Untersuchung nicht primär darum geht, Kleists Werke neu zu entziffern, sondern zu beschreiben, wie Texte benutzt werden, um Kommunikation zu gestalten und zu steuern – zu fragen, nach welchen Verfahren Kleist Kommunikation konfiguriert. Aus diesem Grund sind seine Briefe und Publikationsprojekte auch von besonderer Bedeutung für diese Arbeit. Aber auch seine literarischen Texte werden in diesem medientheoretischen Kontext relevant, weil ich sie gewissermaßen als Simulation der kybernetischen Steuerung von eskalierenden und chaotischen

---

39 Mehigan und Fischer, *Modernity*, 2.
40 Krajewski, *Restlosigkeit*.
41 Blamberger, *Kleist*, 58. Siehe hierzu auch Blambergers Aufsatz „Science or fiction?".

Elementen verstehe und ich damit durchaus an Hahns und Pethes' Überlegungen anschließe.

Diese Arbeit folgt bei diesen mediologischen oder medienphilologischen Lektüren nicht einfach einem kittlerschen Paradigma und erklärt Kleist beispielsweise aus dem militärisch-technischen Apriori der napoleonischen Epoche, sie geht vielmehr den kommunikativen Formen der Selbstorganisation nach, die sich in seinem Schreiben und Handeln manifestieren. Aus diesem Grund werde ich zunächst im zweiten Kapitel von einem für Kleist alltäglichen Medium ausgehen, nämlich dem Brief. Auf der Grundlage einer ausführlichen Lektüre von Kleists Briefen wird sein Verständnis von Medialität herausgearbeitet, das besonders auf die logistischen Faktoren der Kommunikation fokussiert, und gezeigt, wie sich Kleist als ein postalisches Subjekt konfiguriert. Im Anschluss daran wird untersucht, wie Kleists frühe Dramen, *Die Familie Schroffenstein*, *Amphitryon*, *Robert Guiskard* und *Der zerbrochne Krug* Kommunikation zum zentralen Moment der dramatischen Dynamik machen. Bei der *Familie Schroffenstein* und *Amphitryon* wird dieser Fokus auf Kommunikation durch die besondere Bedeutung von Boten explizit gemacht und an Sybille Krämers Theorie des Boten angeschlossen. Diese vielfältigen Botenspiele werden dann im *Zerbrochnen Krug* auf die Funktionsweisen der Bürokratie übertragen. Erst danach sollen im vierten Kapitel Kleists „Theorietexte" untersucht werden – auch hier wird zu zeigen sein, wie bei Kleist Kommunikation vor allem kommuniziert. Dieser Teil wird sich mit einer detaillierten Analyse des *Marionettentheaters*, des *Allerneusten Erziehungsplans* und dem Text über die *Allmähliche Verfertigung der Gedanken beim Reden* auseinandersetzen. In diesen Texten entwickelt Kleist eine Kybernetik der Kommunikation, die die Emergenz und Stabilität von komplexen Prozessen erklärt. Das darauf folgende Kapitel wendet sich wieder Kleists Medienpraktiken zu und untersucht die Publikation des *Phöbus* und die Texte zur geplanten Zeitschrift *Germania*. Es soll gezeigt werden, wie Kleist hier eine Medienökonomie entwickelt, bei der es nicht so sehr auf pekuniären Erfolg, sondern vielmehr auf kommunikative Verteilung ankommt. Diese Untersuchungen gehen über zu einer Analyse von Kleists Novellen und Anekdoten und wollen zeigen, wie Kleist diese Texte gezielt zur massenmedialen Verteilung gestaltet. Dieses Kapitel wird gefolgt von einer Analyse von Texten wie *Unwahrscheinliche Wahrhaftigkeiten*, *Der Zweikampf* und *Der Findling*, in denen sich Kleist recht explizit mit Fragen von Komplexität, Unberechenbarkeit und Nicht-Linearität auseinandersetzt. Basierend auf einer Lektüre der Dramen *Penthesilea*, *Das Käthchen von Heilbronn*, *Prinz Friedrich von Homburg* und die *Herrmannsschlacht* möchte ich im anschließenden Kapitel zeigen, dass die von Medienhistorikern wie Kaufmann und DeLanda beschriebene Autonomisierung des kämpfenden Subjekts hier inszeniert wird, bzw. in diesen Dramen eine Komplexität simuliert wird, die zu dieser Zeit zur Entwicklung von Kriegsspielen führt, die gezielt versuchen eine erhöhte Komplexität abzubilden. Darauf folgt eine Problematisierung von Kleists Publikationspraxis bei den *Berliner Abendblättern* auf der Folie der medialen Strategien, wie sie in *Michael Kohlhaas* inszeniert werden, um zu zeigen, wie sich diese Strategien im frühen neunzehnten Jahrhundert entfalten. Das Ende der Arbeit fragt danach, wie Kleists Selbstmord sich in diese Medienstrategien einreiht, und einen letzten Versuch darstellt, die Dynamik der Medien für sich zu funktionalisieren.

2 Briefe über Briefe: Kleists postalische Logistik

Der Brief war für Kleist ein überaus wichtiges Medium. Er repräsentierte die primäre Form der Distanzkommunikation um 1800, war das Medium, in dem sich Kleist zunächst verschriftlichte, lange bevor er zur Literatur kam, und stellte auch das Mittel dar, durch das er begann, über Medialität zu reflektieren. Kleists Briefe waren aber kein erstes Experimentierfeld eines Schriftstellers und Publizisten *in spe*, sie breiten vor dem Leser vielmehr Szenen der Medienkultur um 1800 aus. Kleist kam mit beständiger Ausdauer immer wieder darauf zurück, wie Briefe geschrieben, verschickt, oder auch adressiert werden, und seine Briefe zeichnen sich dadurch aus, dass sie vor allem vom Briefeschreiben selbst berichten.[1] In diesem Kapitel zeige ich, wie sich Kleist durch seine Briefe in das mediale Feld des Postalischen einschrieb, und wie er versuchte, die Kommunikation mit seinen Adressaten zu manipulieren und zu bestimmen.[2]

---

[1] Breuer, Jastal und Zarychta betonen in dem Sammelband *Ideenmagazin*, dass Kleists Briefe stark auf die Post mit ihrer Infrastruktur reflektieren. (Breuer, Jastal und Zarychta „„Einleitung", 20) Ingo Breuer geht in seinem sehr erhellenden Aufsatz „Post als Literatur" auf die Medialität der Briefe bei Kleist und die Medienreflexionen innerhalb dieser Briefe ein. (Breuer, „Post als Literatur") Auch Peter Staengle weist in seinem Aufsatz „Noch ein Blättchen Papier für Dich" über die Edition von Kleists Briefen in der BA darauf hin, dass diese Briefe in ihrer medialen Struktur reflektiert werden müssen (576–577), was auch ein Studium der postalischen Infrastruktur notwendig macht.

[2] Diese Bedeutung von Kleists Briefen wird in letzter Zeit stark von der Kleistforschung betont. Während bereits Karl-Heinz Bohrers Studie *Der romantische Brief* einen starken Akzent auf eine Lektüre von Kleists Briefen gelegt hat, richten in neuster Zeit der Sammelband *Gesprächsspiele und Ideenmagazin*, der Jahrgang 2006 der *Beiträge zur Kleistforschung* und das *Kleist-Jahrbuch* 2013 den Blick auch auf den Kontext von Kleists Briefverkehr. Anne Fleig betont in ihrem einleitenden Text „Kleists Briefe", dass die Forschung diese Dokumente als komplexe Texte rezipiert, die zwischen Zeitzeugenschaft und ästhetischen Konstrukten changieren. Sie betont aber auch die Notwendigkeit von medientheoretischen Zugängen und würdigt in diesem Zusammenhang Inka Kordings Aufsatz „Mediologische Individualität in den Briefen Heinrich von Kleists", der sich ähnlich wie mein Ansatz stark an den mediologischen Analysen Koschorkes orientiert, und auch zentral für mein Verständnis von Kleists Subjektkonstitution ist. Noch stärker als Fleig stellen Breuer, Jastal und Zarychta die mediale Bedeutung von Kleists Briefen heraus: „Kleist ist ein Autor, der in geradezu idealtypischer Weise die Medien- und Kommunikationsbedingungen seiner Zeit verarbeitet und reflektiert: Seine Briefe haben nicht nur Bedeutung als Lebenszeugnisse, sondern stellen auch eine überaus spannende Auseinandersetzung mit der Briefkultur um 1800, mit ihrer Vorgeschichte und ihren Kontexten dar." (Breuer, Jastal, Zarychta, „Einleitung", 11) Jeffrey Champlin erkennt in dem neuen Interesse an Kleists Briefen eine produktive historische Lesart von Kleists Werk, die die diskursiven Felder aufarbeitet, von denen Kleist umgeben war. (Champlin, „Bombenpost 2011", 176–177) Cécile-Eugénie Clot hat mit *Kleist épistolier* eine neuere

Ich werde diese Praxis des Briefeschreibens in drei Schritten untersuchen. Nach einer Diskussion der Entwicklung des Postsystems um 1800 zeige ich anhand von Kleists frühsten überlieferten Briefen (noch aus seiner Soldatenzeit), inwiefern hier eine Überbetonung des Postalischen stattfindet, und diese Briefe ständig ihren eigenen kommunikativen Charakter als postalische Objekte ausstellen. In einem weiteren Schritt analysiere ich die Briefkommunikation während der „Würzburger Reise". Dies war ein Reiseunternehmen, bei dem Kleist den eigentlichen Grund der Reise verheimlichte und eine seltsame Geheimhaltungsstrategie benutzte, die die Empfänger Wilhelmine von Zenge und Ulrike von Kleist zu potenziellen Geheimnisträgern, aber auch zu potenziellen Verrätern machte.[3]

In einem letzten Schritt werden Kleists Briefe an seine Verlobte Wilhelmine von Zenge analysiert. Nicht, um die in ihnen enthaltenen bekannten Theoreme und Pädagogik zu entziffern,[4] sondern um die Buchhaltung des Briefverkehrs aufzuzeigen, die Kleist zu einem Teil des Briefeschreibens selbst macht. Briefe werden hier nicht mehr primär zur Informationsübermittlung verwendet, sie werden vielmehr zu einer Überwachung des Schriftverkehrs benutzt.

Insgesamt verweisen Kleists Briefe darauf, dass die eigentliche Problematik des Briefeschreibens nicht in der Informationsübertragung, sondern in der Adressierung lag. Kleist versucht sich selbst einen Ort in diesem postalischen System zuzuweisen. Da er gerade in der Zeit, in der er die meisten Briefe schrieb, ständig auf Reisen war, war dies keine triviale Aufgabe. Für Kleist wurde die Post dadurch nicht nur zu einem Kommunikationssystem, sie etablierte vielmehr eine Möglichkeit, sich selber „postlagernd" eine Identität zuzuschreiben.

2.1 Die Post um 1800 und die Materialität des Briefs

Um die eminente Bedeutung des Briefs für Kleist zu begreifen, muss man bedenken, dass die Post eines der zentralen Mediensysteme des achtzehnten Jahrhunderts war, und zu den entscheidenden medialen Veränderungen um 1800 gehören der Ausbau der Post und die Entwicklung des Privatbriefs als neuer Raum der

---

umfangreiche Studie zu Kleists Briefen vorgelegt, die das komplexe Netz von rhetorischen und stilistischen Konventionen untersucht.
3 Joachim Harst weist darauf hin, dass diese Geheimnispolitik zu dem eigentlich verbindenden Element zwischen Kleist und Wilhelmine wird. (Harst, „Steuermann", 101–102)
4 An dieser Stelle sei auf Nancy Nobiles hervorragendes Buch *The School of Days* verwiesen, in dem sie auf die pädagogischen Diskurse in Kleists Werk eingeht.

intimen Kommunikation. Dies wurde dadurch möglich, dass der Postverkehr zwischen 1700 und 1830 quantitativ stark zunahm: Das Postwesen wurde immer stärker organisiert und institutionalisiert – was zu einer Umwandlung von früheren Postlinien in Postnetze führte – und mit der Jahrhundertwende setzte eine schrittweise Verstaatlichung der Post in Bayern, Württemberg, Westfalen, Baden und anderen Kurfürstentümern ein.[5] Der Brief wurde so zu einem Leitmedium und entwickelte sich, vergleichbar mit der Zeitung, zu einem Instrument gesamtgesellschaftlicher Kommunikation.[6] Das Besondere an dieser Entwicklung ist, dass der Brief nicht mehr einfach ein Informationsträger war, er avancierte vielmehr zu einem Medienereignis sui generis.

Der Privatbrief wurde zu einem neuen Ort der bürgerlichen Kommunikation, der sich stark von öffentlichen oder halböffentlichen Briefen – wie dem Leserbrief, Gelehrtenbrief, aber auch Geschäftsbrief – unterschied.[7] Der Arkancharakter des absolutistischen Staates wurde nach und nach überlagert von einer bürgerlichen Öffentlichkeit, die anstelle des Geheimnisses die Privatheit setzte.[8] Für den postalischen Bereich soll das heißen, dass sich das Bürgertum unter anderem durch Briefkommunikation einen eigenen Raum des Privaten, Familiären, Geheimen oder Arkanen schuf, der jedoch prinzipiell von der Hegemonie des Staates über die postalische Infrastruktur abhängig war.[9] Während vormoderne Staatsformen durch Geheimhaltung einen starken Machtvorsprung gegenüber ihren Untertanen haben konnten, wird in modernen Gesellschaften die Heimlichkeit des Staates als problematisch eingestuft. Diese Geheimhaltung erzeugte eine Asymmetrie, die zunehmend als ungerecht empfunden wurde, da sie die Möglichkeit der Bürger, an politischen Entscheidungen teilzunehmen, untergrub.[10] Die bürgerliche Gesellschaft trat für eine vergrößerte Transparenz von politi-

---

5 Faulstich, *Mediengesellschaft*, 94.
6 Faulstich, *Mediengesellschaft*, 94.
7 Faulstich, *Mediengesellschaft*, 83–86. Die Forschung weist allerdings darauf hin, dass die Privatheit des Privatbriefs mit Vorsicht betrachtet werden muss, da es nicht unüblich war, dass auch Dritte diese Briefe lasen und auch lesen durften. Siehe hierzu Kording, *(V)erschriebenes Ich*, 41–42. Justus Fetscher weist in Bezug auf Kleists Briefe explizit darauf hin, dass man diese Dokumente als halb-öffentliche Texte lesen müsse, die der Formel „Zwei plus X" gehorchen (Fetscher, „Schrift verkehrt", 113) Auch Britta Herrmann hebt hervor, dass gerade Kleists Liebeskommunikation mit Wilhelmine einen Adressatenkreis hatte, der auch Wilhelmines Eltern und Freunde miteinbezog. (Herrmann, „Erotische (T)Räume", 9)
8 Faulstich, *Mediengesellschaft*, 22.
9 Siegert, *Relais*, 11–14.
10 Horn, *Krieg*, 29–30.

schen Entscheidungen ein und verschob die Arkanpolitik zunehmend in die private Kommunikation. Der private Brief wurde zu einem bürgerlichen Raum, der die arkane Sphäre des absolutistischen Herrschers imitierte.[11] Der Privatbrief entfernte sich im achtzehnten Jahrhundert so von einer überladenen Rhetorik des Öffentlichen und des exemplarisch Kunstvollen, bzw. der exemplarischen Innerlichkeit wie in den Briefen des Klopstock-Ehepaars;[12] er eröffnete Sprachregeln, die die unmittelbare Rede im Schriftlichen nachempfanden, also spontan und emotional erscheinen sollten.[13]

Der Brief wurde aber zu keinem völlig freien Gesprächsraum. Briefliche Kommunikation blieb Konventionen unterworfen, wie beispielsweise der Tabuisierung von Erotik und Sexualität.[14] Das private Sprechen in Briefen war nicht einfach ungeregelt, es folgte eigenen neuen Gesetzen. Christian Fürchtegott Gellert gab in seinem Text *Briefe, nebst einer Praktischen Abhandlung von dem guten Geschmacke in Briefen* (1751) solche Bestimmungen für die postalische Kommunikation vor, die zum maßgeblichen Modell wurden und Einzug in das Schulcurriculum hielten.[15] Kern dieser Briefpoetik war ein „privater" Ausdruck, der einer Sprechsituation nahe kommen sollte.[16]

Gellerts Schreibregeln und die logistischen Veränderungen der Post trugen aber beide nicht dazu bei, dass man sich nun besser und eindeutiger verstand, sondern führten vielmehr dazu, dass mehr geschrieben werden konnte und auch musste. Gellerts Regel, Briefe so zu schreiben, wie man Gespräche führt, hatte eine bedeutende Folge: Man konnte den Briefkontakt nicht einfach abbrechen, man musste ihn fortsetzen, um keine kommunikativen Tabus zu verletzen, auch

---

11 Faulstich, *Mediengesellschaft*, 22. Koschorke weist auf den intrinsischen Zusammenhang von Schrift und Geheimhaltung hin, (Koschorke, *Körperströme*, 174) und merkt an, dass Schriftlichkeit deshalb besonders für intime Kommunikation in den Salons des achtzehnten Jahrhunderts geeignet war. (Koschorke, *Körperströme*, 176)
12 Zur ästhetischen und „romanhaften" Struktur der Briefe zwischen Meta und Friedrich Gottlieb Klopstock siehe das Nachwort zu Meta Klopstocks Briefen von Hermann Tiemann. (Klopstock, *Briefe*, 475–489)
13 Faulstich, *Mediengesellschaft*, 87.
14 Faulstich, *Mediengesellschaft*, 87–88.
15 Faulstich, *Mediengesellschaft*, 87.
16 Inka Kording weist darauf hin, dass Gellerts Orientierung an der gesprochenen Sprache für die Briefkommunikation nicht heißt, dass in Briefen geschrieben wird wie man sprechen würde, sondern dass die Briefkommunikation durchaus diskursiven Regeln unterliegt, die eine Trennung zwischen Schrift und gesprochener Sprache ziehen. (Kording, *(V)erschriebenes Ich*, 50–52) Auch Siegert weist darauf hin, dass die Erzeugung einer Innerlichkeit oder Privatheit des Briefs mehr ein rhetorisch-medialer Effekt als eine Beschreibung der tatsächlichen Kommunikationssituation ist. (Siegert, *Relais*, 39)

wenn es nichts mehr zu sagen bzw. zu schreiben gab. Die Häufung des Briefeschreibens kam also nicht durch die Notwendigkeit zu Stande, mehr Informationen mitteilen zu müssen – ganz im Gegenteil: Diese Funktion übernahmen in steigendem Maße die Zeitungen.[17] Das vermehrte Schreiben von Briefen wurde dadurch möglich, dass die kommunikativen Regeln des Briefs dies selbst notwendig machten: So wurden Briefe nicht mehr primär an bestimmte Zwecke (wie Grüße, Trauerbekundungen etc.) gekoppelt, sondern vermehrt „zweckfrei" geschrieben.[18] Was nun in den Vordergrund rückte, war nicht die Nachrichtenübermittlung, sondern „die Aufrechterhaltung von Beziehungen"[19] bzw. die Festigung von kommunikativem Kontakt. Auch dies war Teil der Simulation von gesprochener Kommunikation, in der nicht jede Kommunikation mit semantischem Inhalt belegt wird, sondern in der es vielfältige pragmatische Elemente gibt, die die Fortführung von Kommunikation selbst zur Aufgabe haben. Briefeschreiben wurde somit zunehmend zu einem medialen System, bei dem es auf die Festigkeit und Frequenz von Verbindungen ankam, oder wie Kleist Wilhelmine mitteilte: „Schreibe bald u lang u oft, [...]." (DKV, IV, 182)

Was in Kleists Briefen zum Thema wird, ist nicht seine Innerlichkeit, es ist die Äußerlichkeit und Materialität des Schreibens. Der Brief vom 20. August 1800 an seine Verlobte Wilhelmine von Zenge führt dies in programmatischer Weise vor.

> Zwar habe ich den ganzen Weg über von Berlin nach Pasewalk an Dich geschrieben, trotz des Mangels an allen Schreibematerialien, trotz des unausstehlichen Rüttelns des Postwagens, trotz des noch unausstehlicheren Geschwätzes der Passagiere, das mich übrigens so wenig in meinem Concept störte, als die Bombe in Stralsund Carln 12^t in dem seinigen. Aber das Ganze ist ein Brief geworden, den ich Dir nicht anders als mit mir selbst u durch mich selbst mittheilen kann, denn, unter uns gesagt, es ist mein Herz. Du willst aber schwarz auf weiß sehen, u so will ich Dir denn mein Herz so gut ich kann auf dieses Papier mahlen, wobei Du aber nie vergessen mußt, daß es bloße Copie ist, welche das Original nie erreicht, nie erreichen kann. (DKV, IV, 76)

Was Kleist hier schrieb, war kein Liebesbrief, er gibt vielmehr eine präzise Beschreibung der medialen Bedingungen seiner postalischen Kommunikation.[20] Die Herzensergießungen waren mehr als alles andere eine Beschreibung jener Störung, die das Schreiben eben dieser Herzensergießungen gestört hatte. Kleists Schreibszene geht aber über eine schlichte Selbstreferentialität hinaus, denn die

---

17 Faulstich, *Mediengesellschaft*, 37 oder auch Baasner, *Briefkultur*, 5–6.
18 Anderegg, *Medium Brief*, 19.
19 Anderegg, *Medium Brief*, 19.
20 Kording, „Mediologische Individualität", 55–57.

Form des postalischen Schreibens artikuliert sich in einer rekursiven Schleife, die nicht nur ein Feedback von Subjektivität (also: Kleist schreibt darüber, wie er schreibt), sondern auch von Medialität verursacht. Was hier zum wirklichen Thema wird, ist nicht so sehr die Schreibszene an sich, es sind die Transportbedingungen der Post, wobei „Post" in doppelter Bedeutung zu verstehen ist: einmal als die postalisch übermittelten Briefe, aber dann auch die Post als Beförderungsunternehmen von menschlichen Passagieren. Der Reisende in einem Postwagen schreibt die Briefe, die dann wiederum den Postkutschen anvertraut werden.[21] Kleist verweist also nicht nur auf seinen eigenen Text, der Brief stellt auch die Post als Ort seiner Herkunft aus.

In dieser Beschreibung der kommunikativen Bedingungen ist auch eine Kritik an der Virtualität brieflicher Kommunikation enthalten. Nach Kleist war die Schrift nur eine unzureichende Kopie, und eigentlich wollte er ganz körperlich sein Herz verschicken. Idealerweise schreibt der Schreiber seinen Brief für einen Empfänger am Ankunftsort der Kutsche – so spart man nicht nur Porto, man umgeht auch das Problem, dass ein Brief eben nur eine semiotisch strukturierte Kopie ist, da man den Brief als Sender und Bote mit seiner eigenen Körperlichkeit komplementieren kann. Wobei diese Herzensergießungen auch nicht als zu authentisch gewertet werden sollten – Klischee sind sie ohnehin – da sie den von Gellert vorgegebenen Briefprotokollen folgen.[22] Was das Herzbeispiel dennoch

---

[21] Siegert arbeitet diese Verbindung von Briefen und Körpern wie folgt aus: „Vom 17. bis zur Mitte des 19. Jahrhunderts wurde Zeichenverkehr portoökonomisch in der gleichen Weise an der Geographie gemessen wie Körperverkehr, einfach weil beide durch dasselbe Transportmittel ins Werk gesetzt werden. Dieselbe Postkutsche konnte sowohl einen Brief als auch einen Schreiber überbringen. Subjekt der Briefaussage und Subjekt der Briefäußerung fielen unter das Gesetz ein und derselben Verkehrsanstalt. Das Porto für einen Brief hatte daher möglichst genau die Länge der zu überbrückenden Distanz und das Gewicht des Briefes zu repräsentieren, als handle es sich beim Brief um die Person selber. Folglich konnten Zeichen als Ersatz für Körper herhalten, konnten Briefe als Stellvertreter eines als abwesenden Körpers imaginiert werden." (Siegert, *Relais*, 21–22)

[22] Wilhelm Vosskamp verortet Kleists Briefsprache zwischen einem Kurialstil und dem von Gellert eingeforderten Gesprächsstil. (Vosskamp, „Wissen und Wissenskritik", 223) Breuer, Jastal und Zarychta weisen auf die Bedeutung von Gellert für die Briefkultur um 1800 und auch für Kleists Briefeschreiben hin. (Breuer, Jastal, Zarychta, „Einleitung", 12–15) Sie betonen auch, dass diese Briefpoetik ein hochflexibles System ist, das alle möglichen Elemente integrieren und somit auch neue Kommunikationsformen entstehen lassen kann. Thomas Gabler erläutert, wie Kleist sich dieser Briefpoetiken sehr bewusst war und sie aktiv pädagogisch eingesetzt hat. In seiner Analyse eines Briefs an Ernst von Pfuel zeigt er, dass Kleists Brief „eine Brieflehre *en miniature*" war. (Gabler, „Brieflehre", 35) Diese Brieflehre führt aber auch dazu, dass Kleist mit den

signalisiert und problematisiert, ist die Materialität des Postalischen. Bohnenkamp und Wiethölter heben in der Einleitung zu ihrem Katalog *Der Brief. Ereignis und Objekt* hervor:

> Die Eigenart des Briefes, wie er einstens durch den Boten, den reitenden Kurier, dann mit der Postkutsche, der Eisenbahn, mit Schiff und Flugzeug befördert worden ist, besteht nämlich darin, daß er in der Rolle eines sprachlichen Informationsvermittlers nicht aufgeht, vielmehr an eine Reihe von Materialitäten gebunden ist, die seine mediale Funktion in wesentlichen Belangen (mit-)bestimmen.[23]

Das heißt, dass der Brief nie einfach Information ist, sondern immer auch ein Objekt. Empfängern kann dieser materielle Aspekt entgehen, der Post aber nie. Die Post disputiert nicht über den Inhalt, sie kümmert sich um klar berechenbare Eigenschaften einer Sendung wie Gewicht, Entfernung und Adresse. Für die Post ist der Brief ein rein logistisches Objekt, das in seiner Materialität betrachtet wird. Kleist, der den Cheruskerfürsten Herrmann in seiner *Herrmannsschlacht* Leichenteile verschicken ließ und davon träumte sein Herz zu versenden, spiegelt genau diese postalische Perspektive in seinen Briefen wider.

Diese Materialität der Briefkommunikation tritt in Kleists Briefen explizit an die Oberfläche, und Kleists Reflexionen auf das Innerliche werden in die Äußerlichkeit des postalischen Verkehrs gewendet.[24] Seine Briefe simulieren keine Innerlichkeit, sie zeigen ihre eigentliche Brieflichkeit – d.h. eine Materialität, die die Infrastruktur des Postalischen mitdenken muss. Die Emotionalitäten stehen

---

Schreibvorgaben spielt und sie auch transzendiert. Gabler merkt an, dass Kleist auch die graphische Struktur in den Vordergrund treten lässt und somit die Nähe zum gellertschen Gespräch relativiert. (Gabler, „Brieflehre", 51)

23 Bohnenkamp und Wiethölter, *Der Brief*, IX.

24 Inka Kording präzisiert, dass diese Materialität nie ohne ihre Infrastruktur gedacht werden sollte, also auch die diskursiven Bedingungen reflektiert werden müssen, wie sie beispielsweise vom Postverkehr oder von Gellerts Schreibregeln vorgegeben wurden. „Albrecht Koschorke hat in seiner Habilitationsschrift ‚Körperströme und Schriftverkehr' Medien definiert als ‚Rückkopplungssysteme [...], die beide Komponenten der Zeichenproduktion, ihre Materialität und ihre Bedeutungspotenz, wechselseitig aufeinander einwirken lassen'. Die ‚Materialität' nun umfasst nicht nur die rein faktische, materiale Existenz des Mediums, hier also Papier, Feder und Tinte, sondern auch die medieninternen Konstruktionsbedingungen, hier entsprechend Gattungsspezifika und die medialen Vermittlungswege, bei Kleist bzw. dessen brieflichem Ich also die postalischen Schickungen. Auf die schriftliche Kommunikation Heinrich von Kleists bezogen habe ich die Materialität der Briefe als Simulakrum beschrieben und dies am Beispiel des geschriebenen und anschließend kopierten Herzens verdeutlicht." (Kording, „Mediologische Individualität", 60)

diesem Befund nicht entgegen, da sie nicht so sehr aus Kleists Seele, sondern aus den in den Schulen unterrichten Schreibregeln Gellerts stammten.[25]

2.2 Kleists erster Brief

Das erste (postalische) Dokument, das von Kleist vorliegt, ist ein Brief vom März 1793 aus Frankfurt am Main, der an seine Tante Helene von Massow gerichtet ist, die nun nach dem Tod des Vaters 1788 und dem Tod der Mutter im Februar 1793 der familiäre Anknüpfungspunkt war[26]. Kleist selber war zu diesem Zeitpunkt ein junger Soldat und auf Reisen, um sich dem Rheinfeldzug gegen Napoleon anzuschließen. Der fünfzehnjährige Kleist geht in diesem Brief der Pflicht nach, Verbindung mit seiner Tante zu halten. Die Aufgabe des Briefs ist somit nicht primär Informationsvermittlung, sondern eine Verbindung zu festigen, damit potentielle Gelder und Anschlusskommunikationen bei Kleist ankommen können. Der Brief ist sich in intrikater Weise dieser Funktion bewusst und zeigt klar, dass sich Kleist wesentlich mehr mit der medialen Mechanik von Kommunikation als mit der in der Kommunikation enthaltenen Botschaft auseinandersetzte.

2.2.1 Das Medium Kleist

Kleist eröffnet diesen Brief mit einer Beschreibung des Briefeschreibens schlechthin, verwirft ein etabliertes Modell eines panoramahaften Schreibens und stellt ein alternatives mediales Verfahren vor:

> Was soll ich Ihnen zuerst beschreiben, zuerst erzählen? Soll ich Ihnen den Anblick schöner Gegenden, oder den Anblick schöner Städte, den Anblick prächtiger Paläste oder geschmackvoller Gärten, fürchterlicher Kanonen oder zahlreicher Truppen zuerst beschreiben. Ich würde das Eine vergeßen u das Andere hinschreiben, wenn ich Ihnen nicht von Anfang an alles erzählen wollte. Ich fahre also in der Beschreibung meiner Reise fort. (DKV, IV, 9)

---

[25] Siegert weist explizit auf die Verbindung von Kleist und dem postalischen Diskurs hin. Er verweist darauf, dass zahlreiche Verwandte von Kleist tatsächlich in der Postadministration angestellt waren, und stellt die Bedeutung der Post für Kleists Subjektivierung bzw. Autorschaft heraus. (Siegert, *Relais*, 93–94)
[26] Bisky, *Kleist*, 22.

Kleist tritt in diesem ersten überlieferten Dokument als ein Medium auf, und zwar als ein Medium, das versucht, die von ihm zu verbreitenden Daten zu organisieren. Aufgrund eines hapernden Gedächtnisses weist es Kleist ab, sich als ein sich erinnerndes, auswählendes Subjekt in diesem Brief zu konstituieren. Kreative Ausschweifungen werden zurückgehalten, und es wird eine Schreibstrategie verfolgt, die streng sequentiell Daten nacheinander abarbeitet. Diese Limitierung dient aber nicht nur dazu, die eigenen Gedanken zu ordnen, sie führt Schreiben und Reisen strukturell ineinander. Dieses Schreibverfahren spiegelt Kleists Rolle als ein postalisches Reiseobjekt, das nach einer genau vorgegebenen Reihenfolge von einem Ort zum anderen transportiert wird – der Reisende und der Schreibende verarbeiten eine Poststation, die sie erreichen, nach der anderen.[27] Kleist schreibt als nächstes:

> Es war 10 Uhr als ich den Brief an Gustchen zusiegelte, u ihn dem Aufwärter übergab. Ich legte mich im Bette. Es war seit 3 Tagen die erste ruhige Nacht. Folgenden Tags am Donnerstag war es noch nicht bestimmt wenn wir abreisen wollten u der Kaufman beschloß bis Freytag früh um 7 Uhr auf Briefe zu warten, u dann abzureisen. Ich besah mir noch die Pleissenburg u die umliegende Gegend; [...] - Ein Feuer das in unsere Nähe entstand, hielt uns bis 11 Uhr wach; wir schliefen aus u fuhren den Freitag, da noch keine Briefe kamen, von Leipzig ab. [...] Wir kamen über Alt Ranstaedt, einem Städtgen wo einst ein wigtiger Friede geschloßen ward, über Lützen bey den Stein vorbey, welcher uns an den großen meuchelmördrisch gefallenen *Gustav Adolph* erinnerte, u endlich nach *Rippach*. Hier sah ich im Posthause den Stuhl auf welchen *Friedrich* nach der Bataille von Rossbach aus ruhte. Dieser Stuhl steht noch so, wie er stand als König Friedrich davon aufstand; (DKV, IV, 9–10)

Auffällig an dieser doch eher gelangweilt daherkommenden Prosa ist nicht nur die blutleere Schilderung der Ereignisse,[28] sondern eine eigentümliche Betonung des Postalischen. Kleist eröffnet seine Reiseschilderungen mit dem Versiegeln eines Briefes an seine Schwester (man erfährt nichts über seinen Inhalt, wohl aber dass er versandfertig ist), dann kommt es zu einem Aufschub der Reise, allerdings aus dem wenig dramatischen Grund, dass man noch auf Briefe für die Postkutsche wartet. Die Beschreibung der Ausflüge in dieser Warteperiode wird quasi verweigert, es wird aber nicht vorenthalten, dass keine Briefe mehr eingetroffen waren und man deshalb weiterreisen konnte. Es kommt daraufhin zwar noch zu

---

27 Breuer, „Post als Literatur", 162–163.
28 In der Kleist-Biographik gibt es durchaus die Bemühung, bereits in diesem Text schriftstellerisches Talent zu sehen. Beispielsweise wird versucht in der Heterogenität dieses Textes ein großes Interesse an sprachlichen Experimenten zu entdecken. (Blamberger, *Kleist*, 34–35) Ich deute diese Merkmale nicht so sehr als Ausdruck einer tiefer liegenden Kreativität, sondern als Residuen von den medialen Vorgängen und diskursiven Regeln des Postverkehrs.

ein paar zaghaften Schilderungen, aber der touristische Höhepunkt, der Stuhl Friedrichs, steht in einem Posthaus und schließt somit vollkommen an die bisherige postalische Logik der Narration an. Dementsprechend verletzt Kleist auch nicht sein mediales Versprechen „alles" auf seiner Reise weiter zu beschreiben, denn was hier beschrieben wird, ist der Kern, nämlich die logistische Struktur des Reisens – und das ist die Infrastruktur der Post.

2.2.2 Ein Raubüberfall

Eine potentielle Störung des Postverkehrs bildet dann auch den narrativen Höhepunkt dieses Briefes.

> Wir begegneten auf der Farth von Gotha nach Eisenach einem Menschen im tiefsten Gebürge, der uns mit einem Straßenräuber nicht viel unähnliches zu haben, schien. Er klammerte sich heimlich hinten an den Wagen; u da dies der Postillion bemerkte so schlug er nach ihm mit der Peitsche. Ganz still blieb er sitzen u ließ schlagen. Der Postillion trat im Fahren auf den Bock, u hieb mit der Peitsche so lange bis er herunter war. Nun fing der Mensch gräßlich an zu schreien. Dencken Sie sich nur ein Gebürge; wir ganz allein in dessen Mitte, hier wo man jeden Laut doppelt hört, hier schrie dieser Mensch so fürchterlich. Uns schien es nicht *eine* Stimme, uns schienen es ihrer 20 zu seyn; denn an jedem Berge tönte das Geschrei doppelt stark zurück. Die Pferde, dadurch scheu gemacht gingen durch, der Postillion der auf dem Bock noch immer stand, fiel herunter, der Mensch brüllte immer hinter uns her – bis endlich einer von uns der Pferde Zügel haschte. Dem Räuber (denn dies war er ganz gewiß) zeigten wir nun den blanken Säbel, u frugen ihm was er eigentlich wollte; er antwortete mit Schreyen u Toben u Lärmen. Der Postillion fuhr scharf zu, u wir hörten den Menschen immer noch von weitem pfeiffen. Unter diesem charmantem Concert kamen wir des Nachts um 12 Uhr in *Eisenach* an, fuhren aber um 3 Uhr schon wieder ab. (DKV, IV, 11)

Diese Passage stellt ein Feuerwerk von medialen Querverweisen dar. Zunächst gibt es eine klassische mediale Situation: Ein Nachrichtenträger/Signal (nämlich die Postkutsche) wird durch einen Kanal – in diesem Fall eine Gebirgsstraße – geschickt. Eine Störung der Nachrichtenübermittlung manifestiert sich: Ein Räuber hängt sich an die Kutsche. Der Räuber kontaminiert den Informationsträger (die Kutsche), dies allein führt jedoch nicht zur Störung, er ist zunächst einmal nichts anderes als eine lästige Irritation – der Räuber macht vorübergehend nichts. Erst der Versuch, diese Irritation zu beseitigen, setzt eine Dynamik frei, die zur Eskalation führt. Die Intervention des Postillions verursacht, dass die Störung nicht geringer, sondern größer wird – der Räuber schreit. Das Schreien des Räubers hat weiterhin die Konsequenz, dass das Gebirge ein Echo produziert, das die Lautstärke rein physikalisch durch ein positives Feedback[29] verzwanzigfacht und das Pferd durchgehen lässt. Es kommt hier zu einer Dynamik, bei der nicht nur immer wieder eine Störung auf die Reisenden einhämmert, sondern bei der eine Irritation zu einer Störung wird, die beinahe zum Zusammenbruch der Reise führt.[30] Es ist dabei bezeichnend, dass dieses Ereignis nicht durch eine externe Zunahme von Störung, durch beispielsweise mehr und mehr einfallende Räuber zustande kommt, es entsteht aus einem internen Prozess, einem Feedback. Eine Eskalation entsteht aus einer mehr oder weniger kontrollierten Situation heraus. Den erzählerischen Höhepunkt des Ereignisses bildet der Moment, in dem die Pferde durchgehen und der Postillion vom Bock fällt. Dies ist der Höhepunkt, weil hier die Reise nicht nur einfach gestört wird, sondern weil es zum potentiellen Ende der Postkutschenreise und damit zum Ende des postalischen Verkehrs kommen könnte. Nun findet aber eine Konsolidierung der Verhältnisse statt. Es kommt jedoch kein deus ex machina, der das Problem löst, die Situation wird immanent verhandelt. Einer der Reisenden handelt und stabilisiert die Lage.

Diese Szene veranschaulicht, was ich in der Einleitung als Übergang von Eskalation in Logistik in Kleists Werk beschrieben habe. Hier gibt es einen Moment der Eskalation, in dem jedoch alles wieder in klare Bahnen gelenkt wird. Der potenzielle Überfall lässt das Pferd durchgehen, was zu einer chaotischen Situation führt. Das Problem regelt sich aber von selbst, da einer der anderen Reisenden, vollkommen gesichtslos, die Lage bald kontrollieren kann – pointiert könnte man sagen, dass Kontrolle nicht von einem einzelnen Helden übernommen wird,

---

29 Man unterscheidet im Allgemeinen zwischen einem positiven und einem negativen Feedback. Positives Feedback vergrößert den Effekt eines Ereignisses, beispielsweise erhöht es die Lautstärke eines akustischen Signals, und negatives Feedback verkleinert die Unordnung bzw. Komplexität eines Signals, und wird beispielsweise benutzt um den Rauschanteil in einem akustischen Signal zu reduzieren.
30 Ein schöneres Bild für die shannonsche Informationstheorie mit ihrem serreschen Parasiten kann man kaum finden. Claude E. Shannon entwickelte in seinem epochemachenden Text *A Mathemtical Theory of Communication* ein Kommunikationsmodell, das Kommunikation ohne Rücksicht auf den individuellen Inhalt einer Botschaft als ein Sender- und Empfangsmodell anschrieb, das zentral aus Sender, Empfänger, Kanal, Signal, Botschaft und Störung besteht. Michel Serres' Buch *Der Parasit* ist zu einem guten Stück eine Mediation über dieses Kommunikationsmodell. Serres geht dabei von der Polysemie des Wortes „parasite" im Französischen aus, wo es nicht nur den biologischen (bzw. ökonomischen) Parasiten meint, sondern auch kleine Störungen und Irritationen in Kommunikationssystemen bezeichnet. Serres geht davon aus, dass der Parasit ein Element ist, das dem Kanal aufgesetzt wird („Er hat die Beziehung zur Beziehung, er hat Bezug zum Bezug, er ist dem Kanal aufgepfropft." [Serres, *Parasit*, 65]) und erkennt in der parasitären Konstellation einen produktiven, kreativen Effekt.

sondern dass sie aus der Notwendigkeit, Kommunikation am Laufen zu halten, entsteht.[31]

2.2.3 Die Materialität des Briefs

Besonders vor 1800 gibt es kaum briefliche Dokumente von Kleist, so dass Kleists erster Brief hier als paradigmatische Fallstudie gesehen werden muss. Allerdings unterstreicht der einzige weitere Privatbrief Kleists, der aus der Zeit vor seinem Ausscheiden aus dem Militär vorliegt, den Befund der Analyse des ersten Briefs: Auch in diesem Brief geht es vor allem um die materiellen und infrastrukturellen Bedingungen der Post. (DKV, IV, 16–18)[32] Dieser Privatbrief richtet sich an Ulrike und kommt quasi ohne Informationen und Neuigkeiten aus, reflektiert aber in vielfältiger Weise auf Kleists Kommunikationspraktiken. Der Brief eröffnet mit einem überschwänglichen Dank an die Schwester für eine gestrickte Weste, die in der letzten Postsendung mitgeschickt wurde. Was Kleist zunächst eine allgemeine Beschreibung von Standardkommunikation entlockt: „Gewöhnlich denkt sich der Geber so wenig bey der Gabe, als der Empfänger bey dem Dancke." (DKV, IV, 17) Simpler kann man eine nicht-hermeneutisch kodierte Anschlusskommunikation nicht beschreiben. Es werden Zeichen oder Objekte hin und her geschickt, ohne dass mit ihnen ein bestimmter spezifischer Zweck anvisiert würde, außer weiter zu kommunizieren. Diese Weste jedoch scheint diese kommunikative Neutralität zu durchbrechen.

> Es flößt mir die wärmste Erkenntlichkeit gegen eine Schwester ein, die mitten in dem rauschenden Gewühl der Stadt, für deren Freuden sie sonst ein so fühlbares Herz hatte, an die Bedürfnisse eines weit entfernten Bruders denkt, nach einem jahrelangen Schweigen an ihn schreibt, und mit der Arbeit ihrer geschickten Hand, den Beweis ihrer Zuneigung ihm giebt. (DKV, IV, 17)

Was hier entscheidend ist, ist nicht die Weste an sich, die Weste ist vielmehr eine materiale Evidenz dafür, dass die Schwester an Kleist denkt.[33] Diesen Fokus auf

---

[31] Auf dieses Verhältnis von Ordnung und Unordnung werde ich besonders in Kapitel 4 und 7 eingehen.
[32] Aus seiner Militärzeit gibt es des Weiteren nur die Briefe an seinen Lehrer Martini, die jedoch in ihren Begründungen, die Militärkarriere zu Gunsten eines Studiums aufzugeben, den (pseudo-)wissenschaftlichen und deklamatorischen Ton von Gelehrtenbriefen haben, etwas, das dann sicherlich bereits Elemente der Briefe an Wilhelmine vorwegnimmt. (DKV, IV, 19–35)
[33] Gabler weist auf die Bedeutung des Briefs als einer materiellen Gabe hin: „Gemeint ist die Tatsache, dass der Brief jenseits des buchstabenschriftlich hinterlegten propositionalen Gehalts

ein Objekt kann man als ein Echo an die anfangs zitierte Szene in der Postkutsche sehen, in der Kleist sein Herz verschicken will – was Kleist nicht leisten kann, gelingt seiner Schwester. Kleist kann nur hermeneutisch kodierte Briefe schicken, die Schwester schickt aber eine wenig hermeneutisch belastete, gestrickte und eben nicht geschriebene Weste. Es kommt dabei nicht auf die Weste an, sondern auf den durch sie erbrachten materiellen Beweis, dass die Schwester mit ihren Gedanken bei Kleist war – es wird gestrickt und es wird sich nicht vergnügt! Diesem Dank folgt ein kurzer Kommentar über die Freude beim Empfang der Briefe von Gustchen, Tante Massow und Nogier, wobei Kleist dann schnell auf ein kommunikatives Problem zu sprechen kommt, nämlich, dass das Geld vom Kaufmann Mezer noch nicht eingetroffen sei, wohingegen Wäsche und Strümpfe von der Nogier ihn erreicht hätten.

Der abschließende Absatz macht dann noch einmal ganz deutlich, dass es bei diesem Schreiben ganz zentral um die Etablierung von Kommunikation geht, und Kleist fordert weitere Briefe ein:

> Und nun nur noch ein Paar Worte: Ein Auftrag, mich der gnädigen Tante der Fr: und Frl: v Gloger, dem Protzenschen Hause, der Bonne, Martinin, Gustchen, mit deren Brief ich für diesmal nicht ganz zufrieden bin, und allen meinen Geschwistern zu empfehlen: Die Bitte, mein jetziges Schreiben bald zu beantworten, und: die Versicherung, meiner unveränderlichen herzlichen Freundschaft. (DKV, IV, 18)

Dieser Abschluss macht klar, dass dieser Brief ein Brief über das Briefeschreiben ist, und die letzten persönlichen Worte sind nichts weiter als der informationsleere Imperativ, Kontakt zu halten.

2.3 Kleists Würzburger Reise

Einer der mysteriösesten Abschnitte in Kleists Leben ist die Würzburger Reise. Im Jahr 1800 brach Kleist, begleitet von seinem Freund Brockes,[34] zunächst nach

---

seiner Zeichen eine Gabe ist. In Gestalt des Briefes kommt dem Empfänger ein Gegebenes zu, das als Produkt und Relikt des schreibenden Körpers die einstige Präsenz des Schreibenden bewahrt." (Gabler, „Brieflehre", 52) Man kann diese Überlegung dahin weiterdenken, dass das, was Kleist hier anhand der Weste als materiellen Index thematisiert, die Grundlage einer solchen materiellen Briefästhetik ist.

34 Kleist hatte den acht Jahre älteren Brockes in Rügen kennengelernt. (DKV, IV, 79) Herrmann Weiss verweist darauf, dass die Forschung bisher allerdings noch nicht viel über diesen engen Freund Kleists herausgefunden hat, und versucht eine Rekonstruktion der Fundstücke zu Brockes. (Weiss, „Brockes") Schestag nimmt diese Verbindung von Kleist und Brockes dann auch

Wien auf, um kurz darauf den Zielort zu wechseln und nach Würzburg zu reisen. Zuvor hatte er für das preußische Wirtschaftsministerium gearbeitet, nachdem er sein Studium an der Viadrina nach nur drei Semestern abgebrochen hatte. Er war zu dieser Zeit mit Wilhelmine von Zenge verlobt und musste sich um ein festes Einkommen sorgen. Die Reise nach Würzburg, von der er seiner Schwester und seiner Verlobten nur in einem sehr geheimnisvollen Ton mitteilte, wirkt dabei äußerst eigentümlich. Sie produzierte eine Distanz zwischen den Liebenden, die sich schon jetzt nicht häufig sahen, da sich Kleist bei seiner Tätigkeit im Wirtschaftsministerium zumeist in Berlin aufhielt. Da die Reise plötzlich zustande kam, und Kleist diese Entfernung zu seiner Geliebten ohne weiteres hinnahm, kann man spekulieren, dass es sich um ein eminent wichtiges Vorhaben gehandelt haben muss, oder dass Kleist von der Reise eine neue Finanzierungsmöglichkeit erwartet hatte, die es ihm schlussendlich ermöglicht hätte, Wilhelmine zu heiraten. Eine Antwort auf diese Frage ist aber nur schwer zu geben, da Kleists Briefe den Grund der Reise nur verschleiern, auch und gerade vor der Verlobten.

Über den Grund der Würzburger Reise zu rätseln, ist sicherlich von biographischem Interesse und reizt jeden Kleistforscher.[35] Für meine Untersuchungen ist es aber nicht von zentraler Bedeutung, den wirklichen Grund der Reise zu enthüllen, sondern zu verstehen, dass sich Kleist durch diese Reise in eine höchst eigenartige Schreib- und Mediensituation hineinbewegte[36] und mit den medialen Möglichkeiten seiner Zeit experimentierte. Was auch immer der Grund gewesen sein mag, die Reise steht unter dem Schatten des Arkanen und muss Geheimhaltung und Kommunikation zusammenführen, und genau das ist es, was Kleists Briefe aus dieser Zeit versuchen. Ich gehe davon aus, dass dieser arkane Effekt

---

zum Ausgangspunkt, um die Instabilitäten, die Kleist zwischen Sprache und persönlichen Verbindungen auffächert, zu reflektieren. (Schestag, „Friend ... Brockes")

35 Günther Blamberger zeigt sich, wie ich finde völlig zu Recht, äußerst skeptisch gegenüber detektivischen Ansätzen, die das Geheimnis der Würzburger Reise entschlüsseln wollen: „Das eigentliche Geheimnis der Würzburger Reise könnte darin bestehen, dass es überhaupt kein Geheimnis gibt, dass das Geheimnis ohne Substanz ist, kein Inhalt der in einer Form der Innerlichkeit enthalten ist. So wie Kleist es handhabt, ist es reines Außen, ein Spiel mit Formen der Geheimhaltung und Graden der Einweihung." (Blamberger, *Kleist*, 119)

36 Uffe Hansen stellt sich in seinem Aufsatz „Der Schlüssel zum Rätsel zur Würzburger Reise von Heinrich von Kleist" einer solchen Kritik, die in dem Rätsel um diese Reise potenziell mehr Faktenhuberei als Erkenntnisgewinn sieht. Er entgegnet dieser Kritik, dass die aktuelle Kleistforschung diese biographischen Details sinnvoll verarbeiten kann, da sie diese Lebensumstände an eine diskursive Analyse von Kleists Kulturkontext anschließen kann. (171–172) Im Prinzip stimme ich diesem Befund zu, aber (abgesehen von der Diskursivierung der Reise als Geheimprojekt) halte ich die Datenlage zur Würzburger Reise für zu löchrig, um hier stichhaltig zu argumentieren.

von Kleist bereits intendiert war, natürlich nicht um eine potentielle Literaturforschung auf die Folter zu spannen, sondern um sich innerhalb der brieflichen Kommunikation mit seiner Verlobten und seiner Schwester zum Objekt der Begierde zu machen, bzw. die beiden Frauen nach Informationen über seinen Verbleib dürsten zu lassen.[37] Was diese Briefe zeigen, ist ein Modell der Kommunikation, das in einer intrikaten und expliziten Weise ständig die Übermittlung stichhaltiger Informationen vermeidet. Die Briefe sind Teil eines logistischen Projekts und keine Reiseliteratur im eigentlichen Sinne. Die Reiseberichte werden zum reinen Füllstoff um die eigentliche Funktion, die Etablierung einer postalischen Infrastruktur, zu verstecken.

2.3.1 Das Briefgeheimnis

Ein Schleier des Geheimnisses liegt über der ganzen Würzburger Reise, und schon der Brief an Ulrike, in dem Kleist ihr von den Reiseplänen berichtet, ist dezidiert „top secret", bzw. eröffnet ein gezieltes Kalkül der Nichtinformation.[38] Kleist kündigt seine Reise wie folgt an: „Ich theile *Dir* jetzt ohne Rückhalt Alles mit, was ich nicht verschweigen muß. Ich reise mit Brockes nach Wien." (DKV, IV, 86) Schöner kann man die Paradoxie der Briefe von der Würzburger Reise nicht fassen. Diese Briefe berichten über alles, nur nicht darüber, worum es wirklich geht. Diese Briefe übermitteln keine Nachrichten, sie vermitteln nur willkürliche Informationen, die von dem eigentlichen Grund der Reise ablenken sollen. Sie umschreiben ein Geheimnis und öffnen den Raum für Spekulationen, was Kleist auch ganz offen gegenüber Ulrike zugibt: „Unterlasse alle Anwendungen, Folgerungen, u Combinationen. Sie *müssen* falsch sein, weil Du mich nicht *ganz* verstehen kannst." (DKV, IV, 86) Es kommt zu dieser Geheimniskrämerei hinzu, dass Kleist Wilhelmine und Ulrike mit deutlichen Worten zur Verschwiegenheit verpflichtet:

---

[37] Alexander Weigel weist auch darauf hin, dass hinter dem „Geheimnis" vielleicht nicht viel mehr als eine Flucht und das Bedürfnis, sich durch dieses Geheimnis selbst zu stilisieren, stand. Während ich die Bedeutung dieser „Geheimnispolitik" als einen Versuch sehe, mit Medialität zu experimentieren, verweist Weigel darauf, dass hier der Ursprung von Kleists kreativer Praxis und konkreter von der *Familie Schroffenstein* zu sehen sei. (Weigel, „Kleists Würzburger Reise")
[38] Elke Clauss erkennt in ihrem Buch *Liebeskunst* hierin eine Geheimnistaktik der Freimaurer (Clauss, *Liebeskunst*, 242–244), ein Aspekt, den Dirk Grathoff auch in seinem Buch *Kleists Geheimnisse* entwickelt, indem er nachzeichnet, wie Kleist mit der Würzburger Reise den Zweck verband, Freimaurer zu werden.

> Ich brauche doch nicht zu wiederholen, daß Niemand dies Alles erfahren darf? Niemand weiß es als *Du* u W.Z., wird es also verrathen, so ist Einer von Euch unfehlbar der Verräther. Doch wer dürfte das fürchten? (DKV, IV, 88)

In eine seltsamere Situation konnte Kleist Wilhelmine und Ulrike kaum bringen. Sie wussten von nichts, wurden aber zu Geheimnisträgern.[39] Kleist zwang sie zur Geheimhaltung eines Geheimnisses, das sie gar nicht kannten, bzw. konfrontierte er sie bereits mit dem Verdacht eines möglichen Verrats. Diese Briefpassage und ihr deutlicher und wenig freundlicher Ton wirken überzogen. Es ist seltsam, ein solches Aufheben um diese Briefe zu machen, da ja Kleist selbst schreibt, dass man aus seinen Briefen keine stichhaltigen Informationen ziehen könne. Warum also diese Geheimhaltung? Warum überhaupt diese Briefe schreiben?

Der Grund dafür dürfte sein, dass diese Texte das Informationsverhältnis zwischen Kleist, Ulrike und Wilhelmine umdrehen. Das Geheimnis hat die Aufgabe, die Souveränität im Briefverkehr zu ändern. War es bisher Kleist, der immer sehnsüchtig um Informationen bat, versetzte sich Kleist nun in eine Situation, die so unbestimmt war, dass Ulrike und Wilhelmine ein Informationsdefizit hatten und dementsprechend nach mehr brieflichem Kontakt verlangen müssten. Aus dem verlässlichen Soldaten, Studenten oder aspirierenden Beamten wird ein geheimnisvoller Liebhaber, dessen Schritte nicht mehr einfach erklärt oder vorhergesagt werden können.

Dementsprechend ist es für ein Verständnis der Briefe relativ egal, aus welchen Gründen Kleist nach Würzburg reiste, da das Geheimnis wichtiger ist als der eigentliche Grund. Mit dieser Unbestimmtheit eröffnet Kleist in seinen Briefen einen Raum der Imagination und Kommunikation, der gefüllt werden will,[40] und Kleists Warnung gegenüber Ulrike, dass sie ihn nie ganz verstehen werde, findet

---

39 Clauss beschreibt diese Situation treffend wie folgt: „Anstelle schließlich überprüfbarer Argumentation und restloser Darstellung des immer noch Ungenannten tritt weiteres Verschweigen. Gleichwohl wird der Adressatin des letzten Würzburger Briefes zugemutet, diese Prozedur des Hinhaltens, diese durch Schweigen auf das Verschweigen aufmerksammachende Strategie als Legitimationsinstanz anzuerkennen, was bedeutet: zu glauben und zu vertrauen." (Clauss, *Liebeskunst*, 240)

40 Günter Blamberger weist in ähnlicher Weise darauf hin, dass die Reise als Versuch Kleists gesehen werden kann, sein Leben zu fiktionalisieren, und dass die Reise eine gezielte Form der Desinformation zur Aufgabe hat: Kleist „macht seine Situation undurchschaubar, indem er deren Komplexität erhöht, d.h. heterogene inkommensurable, einander oft widersprechende Hinweise auf potentielle Zielsetzungen gibt." (Blamberger, *Kleist*, 120–121)

ihr Echo in der Kleist-Forschung, in der sich verschiedene Hypothesen zur Würzburger Reise etabliert haben.[41]

2.3.2 Kleist ein Spion?

Eine Hypothese für die Würzburger Reise verweist darauf, dass Kleist sich eine Phimose hat entfernen lassen.[42] Der Sinn der Reise wäre dabei gewesen, sich physiologisch auf die Ehe mit Wilhelmine vorzubereiten. Diese Hypothese kann aber kaum erklären, warum die Reise ihren Verlauf änderte, also nicht nach Wien, sondern nach Würzburg ging. Auch scheint der Geheimhaltungsdruck doch sehr übertrieben für dieses Unternehmen, selbst wenn man eine gewisse Prüderie ansetzt. Außerdem kann man wohl auch davon ausgehen, dass man diesen doch recht simplen chirurgischen Eingriff näher an (wenn nicht gar in) Berlin (auch mit der notwendigen Diskretion) hätte durchführen können.[43] Eine weitere mögliche Erklärung für die Reise wäre die Hoffnung gewesen, sich an einer dortigen Universität zu habilitieren,[44] aber auch hier scheint die Geheimhaltung übertrieben. Auf genau dieser Geheimhaltung bauen aber die zwei folgenden Hypothesen auf.

Die erste Hypothese, die Kleists Spektakel der Geheimhaltung erklären kann, ist die Annahme, dass sich Kleist auf einer Glücksspieltour befand, um sein Vermögen aufzubessern. Es ist in Kleists Werk gut sichtbar, dass er von Wahrscheinlichkeiten fasziniert war, und es ist nicht unmöglich, dass dieses Interesse durchaus auf eine Glücksspieltätigkeit zurückzuführen ist. Es kommt hinzu, dass diese Hypothese nach Pabst schlüssig erklären kann, wieso sich die Reisepläne der beiden ändern. Pabst weist darauf hin, dass zu der Zeit, als Kleist zu seiner Reise

---

41 Klaus Müller-Salget hat in seiner Kleist-Biographie einen konzisen Überblick über die verschiedensten Spekulationen zur Würzburger Reise gegeben. (Müller-Salget, *Kleist*, 44–51)
42 Zur Phimosenthese siehe beispielsweise Ibel, *Kleist*, 22.
43 Politzer, der einen sehr schönen Überblick über die Begründung der Würzburger Reise in gerade der früheren Biographik gibt, stellt auch heraus, dass der Aufwand für eine Phimosenoperation (oder auch für die Therapie einer psychologischen Erkrankung, wie alternative Ansätze vorschlagen [siehe hier besonders Sadger, *Heinrich von Kleist*]) doch ein wenig zu hoch gewesen wäre, und dass Kleist sich vor allem moralisch und nicht physiologisch als bereit für eine Ehe gegenüber Wilhelmine darstellt. (Politzer, „Würzburger Reise", 388) Hans-Jürgen Schrader hat allerdings darauf hingewiesen, dass die Phimosenbehandlung viele Geheimnisse der Würzburger Reise erklären kann, und dass es sehr wohl möglich war, dass Kleist durchaus aus Peinlichkeitsgründen diese Prozedur nicht in der Charité hätte durchführen lassen wollen. (Schrade, „Widerrufene Rollenentwürfe", 135–139)
44 Gall, *Philosophie bei Heinrich von Kleist*, 89–92.

aufbricht, das Vorgehen gegen Glücksspiel in Wien stark verschärft wird.[45] Allerdings hat Klaus Müller-Salget auf die vielfältigen Probleme dieses Ansatzes hingewiesen. Beispielsweise passen Kleists Beschreibungen Würzburgs als hochkonservativer Ort ohne großes Potential für Unterhaltung wenig zu der Vorstellung von langen Nächten am Spieltisch.[46]

Die zweite Hypothese geht davon aus, dass Kleist als Wirtschaftsspion nach Würzburg reiste.[47] Diese Erklärung hat einige Plausibilität, nicht nur wegen der Geheimhaltungsstrategien, sondern auch wegen der doch sehr detaillierten, schon fast geheimdienstlichen Informationen, die Kleist von der topographischen Lage Würzburgs und seinem militärischen Aufbau an Ulrike und Wilhelmine übermittelte. In dem letzten überlieferten Brief aus Würzburg werden genau diese Beschreibungen mit dem Geheimdienstlichen zusammengeführt:

> Der Felsen mit der Citadelle sah ernst auf die Stadt herab, u bewachte sie, wie ein Riese sein Kleinod, und an den Außenwerken herum schlich ein Weg, wie ein Spion, u krümte sich in jede Bastion, als ob er recognosciren wollte, [...] (DKV, IV, 145)

Kleist sagt hier nicht explizit, dass er ein Spion ist. Dass er diesen Begriff ins Spiel bringt, ist jedoch bemerkenswert. Dass sich Kleist und Brockes bereits zu Anfang der Reise an der Universität Leipzig unter den falschen Namen Klingstedt und Bernhoff immatrikulierten, erhärtet den Spionageverdacht weiter. (DKV, IV, 91) Kleist unterstreicht in dem Brief an Wilhelmine vom ersten September die Möglichkeit eines geheimdienstlichen Auftrags, indem er das Pseudonym „Klingstedt" als eine kryptographische Permutation seines Namens darstellt.[48]

124 5 3
*Kli*ngstedt (DKV, IV, 93)

---

45 Pabst, „Am wichtigsten Tag meines Lebens", 156–160.
46 Müller-Salget, „Anything goes?", 319–320.
47 Zur Industriespionagethese siehe besonders Siebert, „Industriespion"; aber auch Haase hält einen Spionageeinsatz Kleists für evident. (Haase, *Nachrichtentechnik*, 18)
48 Sicherlich waren Anagramme im 18. Jahrhundert nicht nur Teil geheimdienstlicher Techniken, sondern sehr beliebt als Unterhaltungsspiel. Im *Findling* kommt das Anagramm dann auch als verheerendes Spiel vor. Es kam bei dieser Praxis des Anagramms auf die Zurschaustellung des intellektuellen Witzes an, was die potenzielle Entzifferbarkeit des Anagramms implizierte. Kleists „Klingstedt" zielt aber nicht darauf, von jedem entschlüsselt zu werden, und das unterscheidet Kleists anagrammatische Praxis in diesem Brief von den Gesellschaftsspielen seiner Zeit. Zur Geschichte des Anagramms siehe Wheatley, *Anagrams* und Brunnschweiler, „Magie, Manie, Manier".

Wenn Kleist nicht in geheimdienstlicher Mission reiste, so spielte er in seinen Briefen zumindest mit der Vorstellung, dass er ein Spion war. Dieses Spiel hatte dabei keine Grenzen und nahm sogar paranoide Züge an.[49] In dem Postskriptum zu dem Brief vom ersten September spekuliert er über seine eigene Eifersucht gegenüber dem Phantom Klingstedt: „N.S. Was wird Kleist sagen, wenn er einst bei Dir Briefe von Klingstedt finden wird." (DKV, IV, 93) Diese Vorstellung impliziert sicherlich bereits das Potenzial zu einer höchst dramatischen Verwechslungsszene, die je nachdem im Tragischen oder Komödienhaften enden könnte.[50] Auch könnte man hier einen äußerst impliziten Hinweis Kleists darauf sehen, dass Wilhelmine ihm während seiner Abwesenheit treu bleiben soll. Was aus dieser Briefstelle jedoch explizit herausspricht, ist die Notwendigkeit der Geheimhaltung. Kleists Anmerkung verweist nicht so sehr auf eine gespaltene Persönlichkeit als auf das Briefgeheimnis. Briefe versenden Geheimnisse, und von Klingstedts Briefen darf streng genommen niemand etwas wissen – nicht einmal Kleist.[51]

2.3.3 Die Logistik der Würzburger Reise

Topographie und Informationssammlung waren etwas, was zentral für alle Briefe von der Würzburger Reise war.[52] Es ging bei den Briefen von der Würzburger Reise

---

49 Grathoff regt den Verdacht an, dass Kleist diese Geheimniskrämerei initiierte, um Wilhelmine zu beunruhigen und unter Druck zu setzen, verfolgt diesen Ansatz jedoch nicht weiter. (Grathoff, *Kleists Geheimnisse*, 15)
50 Der Grund für diese Umbenennung könnte aber auch paradoxerweise gewesen sein, dass Kleist nun in unverwechselbarer Weise zu adressieren ist. Helmut Sembdner hat in seinem Aufsatz „Die Doppelgänger des Herrn von Kleist" darauf hingewiesen, dass Kleist ein äußerst häufiger Namen war, der der Kleistforschung, aber auch der Post Probleme bereitet hat. Sembdner verweist auf einen Brief von 1804, der falsch zugestellt wurde, „weil die Adresse nicht bestimmt genug war." (DKV, IV, 328) (Sembdner, „Doppelgänger", 181)
51 Es sei noch erwähnt, dass Kleist nicht nur einmal unter Spionageverdacht stand. Die Würzburger Reise ist nur ein Indiz für Kleists multiple Identitäten. Vielmehr ist es bezeichnend und passt in dieses Narrativ, dass Kleist auf einer Reise 1807 als Spion verdächtigt und interniert wird. Wie er seiner Schwester Ulrike schreibt, geriet er bei einer Passkontrolle in Probleme, da die zuständigen Behörden nicht glauben wollten, dass er bereits seinen Militärdienst hinter sich gelassen hatte und ihn als Kriegsgefangenen verhafteten. (DKV, IV, 369–371) Kleist beschreibt weiterhin, dass es aber nie geklärt wird, aus welchem Grund er wirklich verhaftet wurde, was dann nicht nur ihn in Konflikte brachte, sondern auch die Gefängnisverwaltung, die nicht wusste, ob sie ihn als Kriegs- oder als Staatsgefangenen behandeln sollte. (DKV, IV, 377) Auch hier verfängt er sich im Spiel der Identitäten, kann sich nicht vom Verdacht der Spionage frei machen.
52 Haase, *Nachrichtentechnik*, 18.

zunächst einmal darum, Kontakt zu halten und die Verlobte zu vertrösten. Dieser Grund dürfte jedoch eher sekundär gewesen sein, primär ging es darum, dass die Verlobte und die Schwester topographische und postalische Informationen über Kleists Standpunkt erhielten, um notfalls mit logistischer Hilfe einzugreifen. Kleists Empfehlung an Wilhelmine, seine Reisewege auf einer Karte mitzuverfolgen, unterstreicht dies.

> Nim doch eine Landkarte zur Hand, damit Du im Geiste den Freund immer verfolgen kannst. Ich breite, so oft ich ein Stündchen Ruhe habe, immer meine Postkarte vor mir aus, reise zurück nach Frankfurt, und suche dich auf des Morgens an Deinem Fenster in der Hinterstube, Nachmittags an dem Fenster des unteren Saales, gegen Abend in der dunkeln Laube, und wenn es Mitternacht ist in Deinem Lager, das ich nur einmal flüchtig gesehen habe, u das daher meine Phantasie nach ihrer freiesten Willkühr sich aus malt. (DKV, IV, 94)

Diese Textstelle betont noch einmal, wie zentral das Postalische für Kleist war. Die Post konstruiert den Raum der Interaktion zwischen den Geliebten. Es ist nicht nur so, dass die Post die Briefe und Herzen der Verlobten zueinander schickt, die Post eröffnet auch einen virtuellen Raum, in dem Kleist und Wilhelmine sich quasi simuliert bewegen können.[53] Kleists Postkarte ist eben keine Briefsendung, sie ist eine Landkarte, wahrscheinlich deckungsgleich mit der von Wilhelmine, die die Post- also Kutschen- und Briefwege verzeichnet. Interaktion zwischen den Geliebten war also wortwörtlich nur noch im Raum des Postalischen möglich, und die Briefe wurden nicht mehr so sehr zum Informationsaustausch, sondern zur topographischen Indizierung verwendet.

Dass Kleist mit seinen Briefen Sender-Empfänger-Netze festigen wollte, wird dadurch unterstrichen, dass sein erster Brief von der Würzburger Reise nichts anderes zur Aufgabe hatte, als Geldflüsse neu zu regulieren, da die ganze Reise bereits mit einem postalischen Fehler begonnen hatte.

---

53 Gail Newman liest die Briefe an Wilhelmine als einen Versuch Distanz zu überbrücken. Sie verbindet dies mit einem auf die Kant-Krise verweisenden Gestus der Überbrückung einer Subjekt/Objekt-Spaltung. „Kleist is asking, in effect, that the space between himself and his fiancée be erased. He is positioning his own identity as primarily, even exclusively, valid, and at the same time asking for a direct and absolute connection to another human being. In the process, he reflects not merely his relationship to Wilhelmine von Zenge. He also circumscribes his position in a post-Kantian world." (Newman, „Du bist nichts anders als ich", 101) In Anbetracht der oben zitierten Passage scheint dieses Projekt der Distanzüberbrückung nicht so sehr auf eine idealistische Aufhebung, sondern auf eine Imagination von Medientechnologie zu verweisen, die dann ja in der *Bombenpost* als unmittelbare Distanzkommunikation eingelöst wird. (Siehe hierzu die Diskussion in Kapitel 4)

> *Brockes* reisete mit mir von Coblentz ab, u nannte der Eickstädtschen Familie kein anderes Ziel seiner Reise als Berlin. Du darfst der Gräfin Eickstädt, wenn Du sie in Frankfurt sprichst, diesen Glauben nicht benehmen. *Brockes* hatte einen Wechsel von 600 Rth, auf einen Banquier in Schwerin gestellt. Es war zu weitläufig, das Geld sich von Schwerin her schicken zu lassen. Er nahm ihn also nach Berlin mit, um ihn bei dem hiesigen mecklenburgischen Agenten umzusetzen. Der aber war verreiset u kein Andrer hiesiger Banquier kennt Brockes. Er hat nun also doch von hier aus nach Schwerin schreiben müssen. Wir dürfen uns aber in Berlin nicht länger verweilen. Das Geld könnte frühstens in 4 Wochen in Wien sein. Wir bedürfen dies aber gleich, nicht um die Reisekosten zu bestreiten, sondern zu dem eigentlichen Zwecke unsrer Reise. Ferner würde der Meklenburgische Banquier dadurch erfahren, daß Brokes in Wien ist, welches durchaus verschwiegen bleiben soll. Uns bleibt also kein anderes Mittel übrig als unsre einzige Vertraute, als Du. Wir ersuchen Dich also, wenn es Dir möglich ist, 100 Ducaten nach Wien zu schicken, u zwar an den Studenten Buchholz, denn so heißt Brockes auf dieser Reise. Das müßte aber bald geschehen. Auch müßte auf der Adresse stehen, daß der Brief selbst abgeholt werden wird. (DKV, IV, 86–87)

Das Spiel der Identitäten fing also bereits an, bevor Kleist und Brockes sich in Dresden ihre Pseudonyme zugelegt hatten. Wobei hier Identität wie bereits in Kleists ersten überlieferten Briefen primär ein Problem der Adressierung und der Zuordnung, ein quasi postalisches Problem war. Da Brockes sich nicht von einem Bankier identifizieren lassen konnte, konnte das Geld auch nicht an die richtige Adresse geschickt werden. Dies lag vor allem daran, dass es keine topographische, sondern nur eine personale Adresse gab. Was in diesem Sendesystem allerdings stabil blieb, war die Adressierbarkeit der Schwester, und Kleist versuchte sie dadurch zur Mitarbeit zu bewegen, dass er eine Rückversicherung in das Übertragungsnetz einbaute:

> Nun höre die Bedingungen. Du erhältst dies Geld auf jeden Fall, du magst in unsere Bitte willigen oder nicht, in spätestens 3 Wochen von Schwerin. Brockes hat nämlich auf meine Versicherung, daß Du gewiß zu unserm Zwecke mitwirken würdest, wenn es Dir möglich wäre, bereits nach Schwerin geschrieben, an den meklenburgischen Minister Herrn von Brandenstein. Dieser wird in Schwerin das Geld heben u es Dir nach Frankfurt schicken. Sollte es Dir also nicht möglich gewesen sein, uns früher mit Geld auszuhelfen, so schicke uns wenigstens das empfangne Geld sogleich nach Wien unter untenstehender Addresse. Solltest Du aber schon aus eigenen Mitteln uns 100 Ducaten überschickt haben, so behältst Du die empfangenen 60 Fr.d'or, u Brockes wird sich mit Dir bei unserer Zurückkunft berechnen wegen des Agio's. Sollte bei dem zu empfangenden Gelde zugleich ein Brief von Brandenstein an Brokes vorhanden sein, so darfst Du diesen unter der Adresse: an Brokes, nicht nachschicken, sondern Du kannst ihn erbrechen u bei Dir behalten, u uns nur den Inhalt melden. (DKV, IV, 87)

Die Schwester kann sich also sicher sein, dass sie das Geld bekommen wird – natürlich ist dies aber mehr eine Rückversicherung für Kleist als für seine Schwester. Ulrike taucht hier nur als Relais auf, was nun auch noch einmal den eigentlichen Sinn dieses Briefes herausstellt, nämlich Geldströme und Briefsendung zu koordinieren. Ulrike wird eine frühe Version der Dame im Telefonbüro, die die Verbindung zwischen den Teilnehmern herstellt. Natürlich darf niemand etwas darüber wissen, aber worüber überhaupt? Es wird hier über nichts anderes als über Geld und Briefe als rein logistisches Problem verhandelt. Der Zweck des Geldes bleibt genauso wie der potentielle Inhalt der weiterzuschickenden Briefe im Dunkeln.

Wie bereits erwähnt, besteht die Würzburger Reise aus einem komplexen Verwirrspiel von Identitäten und Adressen. Die Reise sollte zunächst nach Wien gehen und Kleists erster Brief hat die eminente Funktion, die Adressierbarkeit zu sichern. Da weder Kleist noch Brockes eine klare Wohnadresse haben, wird ihre Adresse postlagernd bestimmt, das heißt durch die Relation von Wiener Postamt und Leipziger Studentenausweis.

> An/
> den Studenten der Ökonomie
> Herrn *Bernhoff*
> Wohlgeboh
>   zu
> (selbst abholen)   Wien
>
> ――――――
>
> Willst Du mich mit einem Brief erfreuen, so ist die Adresse:
> An/
> den Studenten der Mathematik
> Herrn *Klingstedt*
> Wohlgeb.
>   zu
> (selbst abholen) *Wien*
> (DKV, IV, 88)

So schreibt man sich also eine Identität zu, damit an einen geschrieben werden kann. Man kann durch die Post nicht nur eine Adresse zu-, sondern auch eine Identität festschreiben. Was für Kleist aber zum Verhängnis wird, ist, dass die Post immer noch Adressen und Identitäten topographisch festlegt und die Veränderungen der Reisepläne den Postfluss unterbrechen. Wie er an Wilhelmine schreibt:

> Diese Veränderung unsres Reiseplans hat ihre Schwierigkeiten, die jedoch nicht unüberwindlich sind; besonders wegen Deiner Briefe, die ich in Wien getroffen haben würde. Doch ich werde schon noch Mittel aussinnen, u sie Dir am Ende des Briefes mittheilen. (DKV, IV, 99)

Kleist ist ein bewegliches Ziel, und es ist gar nicht so einfach, ihn auch postalisch zu „treffen". Er ist sich dieses Problems auch schmerzlich bewusst, und er wird in der Nacht noch darüber nachdenken, wie die Adressierung eindeutig werden kann. Die Lösung fällt jedoch denkbar knapp und einfach aus: „Schreib gleich nach Würzburg in Franken." (DKV, IV, 103)

2.4 Kommunikationsprotokolle: Die Briefe an Wilhelmine

Insgesamt verweist Kleists Adressierungspolitik auf eine eigentümliche, aber medientheoretisch höchst interessante Form des Feedbacks oder der Selbstreferenz. Sandro Zanetti hat darauf hingewiesen, dass Kleists Briefe nur an der Oberfläche Gellerts Briefpoetik folgen und die Form eines Gesprächs annehmen. Zanetti argumentiert, dass dieses Gespräch, besonders mit Rücksicht auf die Belehrungen Wilhelmines, schnell in ein Selbstgespräch umschlägt.[54] Ich werde darauf im Folgenden genauer eingehen, und möchte diesen Befund unterstreichen. Das metaphorische Selbstgespräch bekommt hier allerdings eine konkrete Medienrealität. Alle Briefe Kleists verkünden quasi den Imperativ „return to sender" – natürlich nicht, weil sie wie Wilhelmines Brief postwendend zurückgeschickt werden sollen, sondern weil sie immer Ausgangspunkt einer Anfrage sind. Es geht so gut wie nie darum, etwas mitzuteilen, etwas zu geben; Kleists Briefe haben immer den Sinn, etwas vom Empfänger zu verlangen, und genau aus diesem Grund wird Kleist auch eine genaue Buchhaltung über den Briefverkehr abhalten und zum Gegenstand der Briefkommunikation machen.[55]

Kleists Briefe an seine Verlobte Wilhelmine von Zenge sind aufgrund ihrer eigentümlichen Kommunikationsstruktur auch in die Forschung als Beispiel für eine sonderbare Liebeskommunikation eingegangen,[56] die mehr mit der Formulierung von philosophischen Programmen als mit einem emotionalen Austausch

---

[54] Zanetti, „Doppelter Adressenwechsel", 213–214.
[55] Inka Kording identifiziert auch eine solche reflexive Struktur in Kleists Briefen. Sie liest jedoch die Bedeutung dieser Rückkopplungssysteme als Formen der Ich-Konstitution. (Kording, (V)erschriebenes Ich, 382–383) Auch wenn ich vor allem den Punkt stark machen möchte, dass Kleists Texte ein infrastrukturelles Feedbacksystem ausbauen, stimme ich mit Kordings Befund durchaus überein und sehe beispielsweise Klingstedt als ein Produkt dieser postalischen Identitätsentwürfe an.
[56] Karl-Heinz Bohrer in seinem Buch *Der romantische Brief* und Hans-Jürgen Schrader in seinem Aufsatz „Unsägliche Liebesbriefe" haben explizit darauf aufmerksam gemacht, dass diese Texte nur sehr bedingt als Liebeskommunikation zu verstehen sind. Schrader spricht beispielsweise von einem Ersatzcharakter gerade der Briefe mit den Philosophemen, da hier Wilhelmine quasi

zu tun hatten.⁵⁷ Signifikante Stellen dieses Briefwechsels sind Kleists Propädeutik in das Kantische Denken mit den berühmten grünen Brillengläsern (DKV, IV, 201–207), oder auch die Reflexion über den Bogenschluss (DKV, IV, 159). Nicht zu vergessen ist auch das höchst eigentümliche Kalkül, das Kleist Wilhelmine aufgibt, und mit dem er sie dazu auffordert, darüber zu spekulieren, wer mehr bei dem Tod eines Ehepartners zu verlieren habe – der Mann oder die Frau. (DKV, IV, 57–60)⁵⁸

---

als Ersatz für das große Publikum fungiert, das sich Kleist zu dieser Zeit noch als populärwissenschaftlicher Autor in spe erhoffte. (Schrader, „Unsägliche Liebesbriefe", 89–90) Schrader erkennt in diesen Texten vielmehr die frühaufklärerische Vorstellung von dem Brief als einer öffentlichen Abhandlung. (Schrader, „Unsägliche Liebesbriefe", 92–93) Auch Harro Müller-Michaels weist darauf hin, dass die Denkübungen an Wilhelmine als breit angelegtes Programm einer allgemeinen Bildung konzipiert gewesen seien. (Müller-Michaels, „Denkübungen", 87)

57 Diese Briefe wenden sich an Wilhelmine durch ein eigentümliches pädagogisches Programm. Anne Fleig weist dabei darauf hin, dass sich diese Texte durch eine Hybridität auszeichnen, die verschiedene zu dieser Zeit zur Verfügung stehende Briefformen verbindet und somit nicht nur der gellertschen Briefrhetorik verpflichtet sind. (Anne Fleig, „Vertrauensbildung?", 105–106. Siehe hierzu auch Peter Ensbergs Aufsatz „Ethos und Pathos", der die Briefe Kleists als ein gezieltes Alternieren der rhetorischen Stilprinzipien Ethos und Pathos beschreibt.) Wie Katarzyna Jastal ausführt, werden diese „unsäglichen Liebesbriefe" in der neueren Forschung als Konstitutionsmechanismen für Genderidentitäten verstanden (Jastal, „Pädagogik in Kleists Brautbriefen", 118) – etwas, das Siegert auch gerade in Bezug auf Kleist als „Women Engineering" identifiziert. (Siegert macht dabei die zentrale Beobachtung, dass Wilhelmine zunächst Kleists Grammatikschülerin war und so trotz der nachbarlichen Nähe von Anfang an ein Briefverkehr zwischen den beiden entstand und sich das Postalische zur grundlegenden Kommunikationsform zwischen beiden etablierte. [Siegert, *Relais*, 94]) Blamberger sieht in diesen Texten aber vielmehr einen diskursiven Wechsel: „Kleists Liebesbriefe sind nicht Zeugnisse individuellen Versagens, sondern der historischen Problematik des Übergangs von der aristokratischen Ehekonzeption zur bürgerlichen Neigungspartnerschaft." (Blamberger, „Brautbriefe", 72)

58 Das Adressatenverhältnis ist aber durchaus äußerst eigentümlich, und es lässt sich fragen, ob Wilhelmine hier in der Tat zur primären Adressatin wird, oder ob Kleist hier nicht eher eine autoreflexive Erziehung seiner selbst versucht. Eine solche Perspektive schlösse an Inka Kordings Überlegungen zur Subjektkonstitution im Postalischen bei Kleist an. Auch Nadja Müller weist darauf hin, dass Kleists Briefe an Wilhelmine durchaus als eine Selbstsorge im Sinne von Foucault zu verstehen sei, bei der es um einen regulativen Effekt auf das eigene Denken ankommt. Müller führt diesen Gedanken wie folgt aus: „Für Kleist würde das bedeuten, dass Selbstsorge nicht nur impliziert, die Aufmerksamkeit auf das eigene Ich zu lenken, sondern sich vor allem dadurch zu bestätigen und für sich zu sorgen, dass man sich als erfolgreicher Lehrer der Braut bewährt." (Müller, „Politik, Selbstsorge und Gender", 137)

Die Briefe Kleists entfalten ein philosophisches Programm; sie machen Wilhelmine zur Schülerin, die in einer ähnlichen Position wie Sokrates' Gesprächspartner bei Platonischen Dialogen ist.[59]

Was aber neben dieser „Philosophiererei" aus diesen Briefen heraussticht, ist, wie Kleist ständig versucht, Wilhelmines Produktion von Briefen zu bestimmen und zu lenken. Es ist bezeichnend, wie hier die Strategien der Würzburger Reise, also Informationszurückhaltung und der ständige Imperativ an Wilhelmine, Briefe zu schreiben, durchgehalten wird.

2.4.1 Doppelte Buchhaltung

In Kleists Briefen an Wilhelmine geht es um die Kontrolle von Kommunikation. Kleist schafft das jedoch nur mit beschränktem Erfolg, da er ständig schreibt, aber nur mäßig Antworten erhält. So beklagt er sich in einem Brief vom September 1800:

> Und immer noch keine Nachrichten von Dir, meine *liebe* Freundinn? Giebt es denn keinen Boten, der eine Zeile von Dir zu mir herübertragen könnte? Giebt es denn keine Verbindung mehr zwischen uns, keine Wege, keine Brücken? Ist denn ein Abgrund zwischen uns eingesunken, daß sich die Länder nicht mehr ihre Arme, die Landstraßen, zureichen? Bist Du denn fortgeführt von dieser Erde, daß kein Gedanke mehr herüberkommt von Dir zu mir, wie aus einer andern Welt? (DKV, IV, 130)

Die Beschwerde ist deutlich: Es wird das Fehlen von Briefen beklagt. Das Problem ist für Kleist auch klar: Es liegt nicht an dem Mangel an Geschriebenem, das Problem ist in der postalischen Infrastruktur zu sehen. Die Frage danach, ob Wilhelmine geschrieben hat, wird zunächst gar nicht gestellt. Es ist nicht die Frage, ob Gedanken an Kleist da sind, es steht nur in Frage, ob sie übertragen werden können und was das Medium dafür ist. Diese Frage der Übertragung wird dann auch den Schluss des Briefes bilden, wobei er wünscht, dass ein „wehender Bote der Liebe" (DKV, IV, 132) in Form des Abendwindes ihm Nachrichten von Wilhelmine bringt, diese Imagination wird dann aber ins Postalische gewendet.

> Morgen, denke ich dann, *morgen* wird ein treuerer Bote kommen, als du bist! Hat er gleich keine Flügel, um *schnell* zu sein, wie Du, so trägt er doch auf dem gelben Rocke den doppelten Adler des Kaisers, der ihn treu und pünctlich u sicher macht.

---

[59] Das Modell könnte Kleist bei seinem literarischen Vorbild zu dieser Zeit, Schiller, entnommen haben. Schillers *Philosophische Briefe* scheinen hier eine Folie zu sein. (Schiller, *Philosophische Briefe*)

Aber der Morgen kommt zwar, doch mit ihm niemand, weder der Bote der Liebe, noch der Postknecht des Kaisers. (DKV, IV, 132–133)

Mythische Kommunikation und postalische Infrastruktur werden miteinander verschaltet bzw. in ein Substitutionsverhältnis gesetzt. Der Briefträger ist kein wunderbarer „Abendhauch", er wird zu einem Repräsentanten des Staates.[60] Die übersinnliche Kommunikation wird ersetzt durch die emblematischen Adlerschwingen der Herrschaft, mit denen man zwar nicht fliegen kann, die aber eine bei weitem zuverlässigere Infrastruktur garantieren als übernatürliche Boten. Der Postknecht steht ein für den mythischen Mittler – aber sowohl der göttliche Bote als auch der postalische Beamte bleiben aus. Dementsprechend entwickelt Kleist nun für den Briefverkehr ein Überwachungsprotokoll, das die Menge und Frequenz des Briefverkehrs verzeichnet und damit kontrollieren soll. Um eine genauere Gewissheit darüber zu haben, ob alle Briefe wirklich eingetroffen sind, und so Störungen der Infrastruktur zumindest analysierbar zu machen, schlägt er folgendes vor:

> Wie leicht können Briefe auf der Post liegen bleiben, oder sonst verloren gehen; wer wollte da gleich sich ängstigen? Geschrieben habe ich gewiß, wenn Du auch durch Zufall nicht eben sogleich den Brief erhalten solltest. Damit wir aber immer beurtheilen können, ob unsere Briefe ihr Ziel erreicht haben, so wollen wir beide uns in jedem Schreiben wechselseitig wiederholen, wie viele Briefe wir schon selbst geschrieben u empfangen haben. (DKV, IV, 81–82)

Bei dieser Strategie geht es nicht nur darum, Störung in der Nachrichtenübermittlung aufzudecken, sondern auch durch eine doppelte Buchführung zu steuern.

Abgeschickt	Empfangen
den 1ᵗ Brief aus Berlin	Zwei Briefe, nur zwei, aber zwei
2. _____ Pasewalk	herrliche, die ich mehr als einmal
3. _____ Berlin	durchgelesen habe. Wann werde
4. _____ Berlin	ich wieder etwas von deiner Hand
5. _____ Leipzig	sehen?
u diesen aus Dresden	

(DKV, IV, 102)

Diese Gegenüberstellung verzeichnet die unterschiedliche Brieffrequenz, mit der Kleist und Wilhelmine kommuniziert haben, aber sie zeigt mehr. Sie enthält noch

---

[60] Siegert weist immer wieder auf diesen Zusammenhang hin, und auch auf die enge Verbindung von Staat und Polizei. (Siegert, *Relais*, 38)

den unter höflichen Floskeln verborgenen Vorwurf, dass Kleist doch mehr geschrieben habe, und Wilhelmine bei dieser diagrammatischen Darstellung klar im Verzug sei.[61] Die Darstellung gibt Grund zur Interpretation. Kleist durchbricht hier die Diskursivität der Briefgestalt und zeichnet eine Matrix an, die zunächst an Buchhaltungskonten erinnert.[62] Bezeichnend ist dabei, dass er eine klare, hoch verkürzte Formalisierung seiner eigenen Briefe vornimmt. Diese Briefe werden nur sequenziell mit Absendeort verzeichnet. Die Briefe Wilhelmines werden nicht in einen so eindeutigen Datensatz integriert, sie entpuppen sich als Freude stiftende hermeneutische Texte (die man der Hermeneutik gemäß auch mehrmals mit Gewinn lesen kann). Kleists Briefe werden demgegenüber explizit zu logistischen Einheiten, die neben ihrer Existenz noch die Funktion eines topographischen Indexes haben. So wird Kleists Auflistung nicht nur zu einer Buchhaltung der Brieffrequenz, sondern auch zu einer stark reduzierten Karte seiner Reise.[63]

Kleists Briefe stehen denen Wilhelmines als wesentlich andere Texte gegenüber. Auch wenn Kleist in seiner tabellarischen Auflistung nicht mehr explizit die hermeneutische Bedeutung von Wilhelmines Briefen herausstellt (er verzeichnet sie im Folgenden mit „2 Briefe" (DKV, IV, 126) und „3 Briefe" (DKV, IV, 137)), so passt er nie die Datensätze beider Briefeschreiber an. Auch wenn es klischeehaft erscheint, hier eine Trennung von männlich und weiblich anhand einer Unterscheidung zwischen rational-diagrammatisch und hermeneutisch-diskursiv durchzuführen, bleibt es durchaus Konsens in der Forschung, dass Kleist durch seine Briefkommunikation die Steuerung und Bestimmung von Geschlechterrollen versucht.[64] Siegert bietet eine medienhistorische Matrix für eine solche Beobachtung an:

---

61 Solche Tabellen benutzt Kleist in den überlieferten Briefen mehrere Male. Siehe die Briefe vom 21. August 1800 (DKV, IV, 82), vom 1. September 1800 (DKV, IV, 93), vom 4. September 1800 (DKV, IV, 102), vom 18. September 1800 (DKV, IV, 126) und vom 23. September 1800 (DKV, IV, 137).
62 Siehe hierzu auch Kording, „Epistolarisches", 59.
63 Ingo Breuer weist darauf hin, dass die Buchhaltung als ein Kontrollsystem gelesen werden muss, das sowohl eine Kontrolle des Übermittlungskanals Post als auch von Wilhelmines Schreibtätigkeit darstellt. (Breuer, „Post als Literatur", 166)
64 Siehe hierzu besonders Schrader, „Rollenentwürfe" und Nadja Müller „Politik, Selbstsorge und Gender". Dieser Versuch, Geschlechterrollen festzulegen, darf aber nicht als Naivität Kleists ausgelegt werden, der ein zu statisches Verständnis von Geschlechterrollen habe. Kleist ist sich in seinen dann entstehenden Texten wie die *Familie Schroffenstein* der Austauschbarkeit von Geschlechterrollen nur zu bewusst, und erkennt auch in seiner Schwester auf der gemeinsamen Reise nach Paris eine androgyne Figur. (DKV, IV, 253) Müller macht zu Recht auf diesen „Gender trouble" aufmerksam. (Müller, „Politik, Selbstsorge und und Gender", 140)

> Die Rolle der zirkulierenden Briefe [um 1800] ist daher nicht, Kommunikation herzustellen, sondern die Positionen der Geschlechter zu verteilen, die Positionen innerhalb einer Organisation des Wissens sind. Frauen lesen Bücher von Männern, antworten denselben Männern postalisch mit einem Verstehen, dem die Männer wiederum mit einer Philosophie des Verstehens antworten, welche die Frauen lesen, um ihr Verstehen zu verstehen und solches Verstehen zum Quadrat dem Autor rückzumelden usw. usf.: ein Zirkel von Deutungen, der sich buchstäblich um nichts dreht, insofern er keine Mitteilung transportiert, sondern den „Ort" abgibt, an dem allein die durch ihre Funktion im Diskurs bezeichneten Subjekte exsistieren.[65]

Kleists buchhalterische Tabelle kann als Illustration dieses Gedankens gesehen werden. Kleist schreibt nicht, um Wilhelmine etwas mitzuteilen, er schreibt um selber Post zu erhalten, und zwar eine Post, die keine neuen Gedanken enthält, sondern seine eigenen Gedanken für sich selber anschlussfähig macht. Dies ist die Struktur, die Inka Kording in ihrem Buch *(V)erschriebenes Ich* als „autorelationale Individualität" herausgearbeitet hat.[66] Dementsprechend haben diese Aufstellungen, die zunächst einmal in der Verkleidung der Daten- und Transfersicherheit daherkommen, nichts anderes zur Aufgabe als den Briefverkehr quantitativ anzuschreiben. Es ist ein impliziter Vorwurf, dass es keine Symmetrie im brieflichen Austausch gibt, bzw. es nicht zu den Feedback-Effekten kommen kann, die Siegert so zentral für die männlichen Subjektivierungsprozesse charakterisiert.[67] Kleist beklagt dies in einem Brief vom 21. Mai 1801 aus Leipzig.

> Liebe Wilhelmine, ich bin bei meiner Ankunft in dieser Stadt in einer recht großen Hoffnung getäuscht worden. Ich hatte nämlich Dir, u außer Dir noch Leopold, Rühle, Gleißenberg, & & theils schriftlich, theils mündlich gesagt, daß sie ihre Briefe an mich nach Leipzig addressiren mögten, weil ich die Messe hier besuchen würde. Da ich mich aber in Dreßden so lange aufhielt, daß die Messe während dieser Zeit vorübergieng, so würde ich nun diesen Umweg über Leipzig nicht gemacht haben, wenn ich nicht gehofft hätte, hier eine ganze Menge von Briefen vorzufinden, besonders da ich in Dreßden keinen einzigen, außer vor 4 Wochen den Deinigen empfieng. Nun aber denke Dir mein Erstaunen als ich auf der hiesigen Post auch nicht *einen einzigen* Brief fand, auch für Ulriken nicht, so daß es fast scheint, als wären wir aus dem Gedächtniß unsrer Freunde u Verwandten ganz ausgelöscht – – Liebe Wilhelmine, bin ich es auch aus dem Deinigen? Zürnst Du auf mich, weil ich von Dreßden aus nur einmal, und nur so wenige Zeilen an Dich schrieb? Willst Du Dich darum mit Gleichem an mir rächen? Ach, laß diese Rache fahren – Wenn Du Dir einbildest, daß Du mir nicht mehr lieb u werth bist, so irrst Du Dich, und wenn Du die Kürze meines einzigen Briefes für ein Zeichen davon hältst, so verstehst Du Dich ganz falsch auf meine Seele – (DKV, IV, 223)

---

65 Siegert, *Relais*, 84.
66 Kording, *Verschriebenes Ich*, 381–386.
67 Siegert, *Relais*, 82–92.

Dies ist eine Szene, die man bereits kennt. Kleist bewegt sich hin und her und kann von seinen Sendern kaum erreicht werden. Umso größer ist seine Enttäuschung, als er, nur um Briefe zu empfangen, einen Umweg nach Leipzig macht, um dort dann keine Briefe vorzufinden. Diese Enttäuschung entäußert sich allerdings primär im Quantitativen: Es geht um Menge und Länge der Briefe, die die mentale Verbindung angeben. Wenig ist zu hören von emotionalen Schmerzen, die Wilhemines Brief prägten. Nun ist es bezeichnend zu sehen, dass diese Forderung nach einer quantitativen Menge von Briefkommunikation nicht für Kleist selbst gilt. Die Kürze seiner Briefe habe nichts über die emotionale Bindung zu sagen. Kleist konstruiert hier wieder eine Asymmetrie in der Kommunikation, wobei er auch die Markierungen von weiblichem und männlichem Schreiben weiter fortführt.

Diese Asymmetrie, die Briefe einfordert, ohne selber sich der Information zu verpflichten, führt Kleist weiter fort und kündigt eine virtuelle Informationszurückhaltung an.

> Ich will Dir etwas von meinem hiesigen Leben schreiben, und wenn Du etwas daraus errathen solltest, so sei es – Denn ich schicke diesen Brief nicht eher ab, als bis ich Nachrichten von Dir empfangen habe, u folglich beurtheilen kann, ob Du diese Vertraulichkeit werth bist, oder nicht. (DKV, IV, 133–134)

Dies ist natürlich mehr als eigenartig. Kleist droht mit Informationszurückhaltung in einem Brief, der nicht abgeschickt wird, bevor er einen Brief von Wilhelmine erhält. Sie kann wiederum aber ja nichts von dieser Drohung gewusst haben, und Kleist scheint hier so etwas wie ein telepathisches Wissen vorauszusetzen. Es geht hier aber gar nicht um Telepathie, sondern um Macht. Kleist will mit allen möglichen Mitteln den Briefverkehr überwachen, steuern und beherrschen. Was er in diesem Brief imaginiert, ist die Matrix seiner Briefbuchhaltung – die Vertraulichkeit im Briefverkehr erwirbt man nur, wenn die Soll- und Habenseiten ausgeglichen sind. Briefeschreiben ist kein hermeneutischer Akt, es wird zu einem logistischen Projekt.

2.4.2 Ein Brief von Wilhelmine

Der postalische Verkehr unterliegt geregelten Kontrollmechanismen, die briefliche Kommunikation ist für Kleist jedoch mit einem Schreckensphantasma verbunden: „Immer bei jedem Briefe ist es mir, als ob ich ein Vorgefühl hätte, er werde umsonst geschrieben, er gehe verloren, ein Andrer erbreche ihn, u dergleichen." (DKV, IV, 133) Das erinnert an die berühmten Gespenster Kafkas, die geschriebene Küsse austrinken,[68] verweist jedoch auf ein anderes Aufschreibesystem. Während Kafka schon ein modernes signalkodiertes Kommunikationssystem kennt, geht bei Kleist der Brief noch in seiner Materialität auf. Im Aufschreibesystem Kleist sind Briefe vor allem eins – materielle Objekte: Sie können verloren gehen oder auch von Fremden gelesen werden. Die Übertragung wird zweifelhaft und unsicher. Das führt dazu, dass das Briefeschreiben verstärkt nicht eingesetzt wird, um Neuigkeiten zu übermitteln, sondern um zu verifizieren, ob die jeweiligen Briefe wirklich beim Sender eingetroffen sind. Dass Kleists Ängste nicht vollkommen unberechtigt waren, zeigt ein Brief von Wilhelmine:

> Mein lieber Heinrich. Wo Dein jetziger Aufenthalt ist, weiß ich zwar nicht bestimmt, auch ist es sehr ungewiß ob das was ich jetzt schreibe Dich dort noch treffen wird wo ich hörte daß Du Dich aufhältst; doch ich kann unmöglich länger schweigen. Mag ich auch einmal vergebens schreiben, so ist es doch nicht meine Schuld wenn Du von mir keine Nachricht erhältst. (DKV, IV, 303)

Wilhelmine hat in der Tat „ballistische" Probleme mit Kleist, es ist äußerst schwer ihn zu „treffen". Aus diesem Grund schreibt sie einfach, und invertiert somit den kleistschen Grund, Briefe zu schreiben. Während Kleist sich primär auf die Materialität des Briefes und dessen Empfang fokussiert, geht es Wilhelmine um etwas anderes. Wilhelmine will kommunizieren, Gefühle und Inhalte übermitteln.

> Über zwei Monate war Deine Familie in *Gulben*, und ich konnte auch nicht einmal durch sie erfahren ob Du noch unter den Sterblichen wandelst oder vielleicht auch schon die engen Kleider dieser Welt mit bessern vertauscht habest. –
> Endlich sind sie wieder hier, und, da ich schmerzlich erfahren habe; wie wehe es thut, *gar nichts* zu wissen von dem was uns über alles am Herzen liegt – so will ich auch nicht länger säumen Dir zu sagen wie mir es geht. Viel Gutes wirst Du nicht erfahren.
> Ulrike wird Dir geschrieben haben daß ich das Unglück hatte, ganz plötzlich meinen liebsten Bruder zu verlieren – wie schmerzlich das für mich war, brauche ich Dir wohl nicht zu sagen. Du weißt daß wir von der frühesten Jugend an, immer recht gute Freunde waren und uns recht herzlich liebten. Vor kurzen waren wir auf der silbernen Hochzeit unserer Eltern so froh zusamen, er hatte uns ganz gesund verlassen, und auf einmal erhalten wir die Nachricht von seinem Tode – Die erste Zeit war ich ganz wie erstarrt, ich sprach, und weinte nicht. Ahlemann, der während dieser traurigen Zeit oft bei uns war, versichert, er habe sich für mein starres Lächeln sehr erschreckt. Die Natur erlag diesem schrecklichen Zustande, und ich wurde sehr krank. Eine Nacht, da Louise nach dem Arzt schickte weil ich einen sehr starken Krampf in der Brust hatte, und jeden Augenblick glaubte zu ersticken, war der Gedanke an den Tod mir gar nicht schrecklich. Doch der Zuruf aus meinem Herzen ‚es werden geliebte Menschen um dich trauern, *Einen* kannst du noch glücklich machen!' der belebte

---

68 Kafka, *Briefe an Milena*, 316.

mich aufs neue, und ich freute mich daß die Medezin mich wieder herstellte. (DKV, IV, 303–304)

Dies ist der einzige von Wilhelmine überlieferte Brief, und er unterscheidet sich deutlich von der kleistschen Poetik des Briefeschreibens. Dieser Brief verliert sich nicht in philosophischen Reflexionen oder ausufernden Landschaftsschilderungen, er kommuniziert die Nachricht von dem Tod ihres Bruders und stellt das persönliche Empfinden äußerst plastisch aus. Hier wird nichts intentional verschwiegen oder geheim gehalten. Was dargestellt wird, ist Wilhelmines Einsamkeit und die Sehnsucht nach Briefen von Kleist:

> Damals! lieber Heinrich, hätte ein Brief von *Dir*, meinen Zustand sehr erleichtern können, doch Dein Schweigen vermehrte meinen Schmerz. Meine Eltern, die ich gewohnt war immer froh zu sehn, nun mit einemal so ganz niedergeschlagen, und besonders meine Mutter immer in Thränen zu sehn – das war zu viel für mich. Dabei hatte ich noch einen großen Kampf zu überstehn. In Lindow war die Domina gestorben. (DKV, IV, 304)

Was hier aber vor allem vermittelt wird, ist Einsamkeit bzw. Verlassenheit. Das Ausbleiben von Briefen ist hier ein emotionales und kein logistisches Problem. Wilhelmine erscheint dabei als Briefeschreiberin des achtzehnten Jahrhunderts par excellence. Wie Albrecht Koschorke in seinem Buch *Körperströme* ausführt, wird Einsamkeit zu einem entscheidenden Merkmal von Schriftkommunikation im achtzehnten Jahrhundert. In der Briefkommunikation ist es nun möglich, den Satz „Ich bin einsam" glaubhaft zu übermitteln, weil man sich als einsamer Briefeschreiber immer an einen Adressaten wendet, der nicht bei einem ist. Die Distanz zum Adressaten ist gewissermaßen die Grundvoraussetzung der Post.[69] Genau in diese Lage bringt Kleist Wilhelmine. Sie ist einsam ohne Kleist, und will ihm diese Situation mitteilen. Es ist aber höchst unklar, ob der Brief Kleist erreichen wird; worum es geht, ist eine Entäußerung der ganzen Emotionen. Die Vereinsamung des Schreibers öffnet, wie auch Koschorke ausführt, die Schnittstellen der Emotionalitäten, die literarische Empfindsamkeit wird zu einem Medienprodukt. Es ist dabei entscheidend, dass Kleist diese Reaktion provoziert. Das wird daran klar, dass Wilhelmines Schreiben zumindest immer noch an die Hoffnung einer Kommunikation geknüpft ist.

> Bedauerst Du mich nicht? ich habe *viel* ertragen müssen. Tröste mich bald durch eine erfreuliche Nachricht von Dir, schenke mir einmal ein paar Stunden und schreibe mir recht *viel*.

---

[69] Koschorke, *Körperströme*, 185.

> Von Deinen Schwestern höre ich nur daß Du recht oft an Sie schreibst, höchstens noch den Nahmen Deines Auffenthalts, Du kannst Dir also leicht vorstellen wie sehr mir verlangt etwas mehr von *Dir* zu hören. (DKV, IV, 304–305)

Grausamer kann Kleists Briefpolitik wohl kaum sein. Wilhelmine wird Opfer eines gezielten Kommunikationsdefizits, was Kleists Strategie von der Würzburger Reise noch einmal betont.[70] Es geht hier darum, eine Asymmetrie in der Kommunikation zu erzeugen, so dass die weiblichen Empfängerinnen sich nach Briefen von Kleist sehnen. Ulrike scheint es ein wenig besser zu gehen. Sie erhält häufig Briefe, aber die etwas eigentümliche Anmerkung „höchstens noch den Namen Deines Aufenthalts" scheint darauf zu verweisen, dass es bei diesen Briefen auch kaum um Informationsvermittlung geht, sondern, wie ich bereits gezeigt habe, um topographische und postalische Koordination.

Für Wilhelmine wird Kleist zu einer durch und durch virtuellen Gestalt, und selbst ihre kleine Schwester erkennt, dass Kleist mehr und mehr zu einem Simulakrum wird, das seine Realität vor allem als eine bildliche Repräsentation hat:

> Frage ich ‚wo ist Kleist?' so macht sie das Tuch von einander und küßt Dein Bild. Mache Du mich bald froher durch einen Brief von Dir ich bedarf es *sehr* von *Dir* getröstet zu werden. (DKV, IV, 305)

Der Imperativ, der von Wilhelmine ausgeht, ist, dass Kleist endlich diese gespenstische Absenz durchbrechen und durch die Materialität des Briefs wieder in Erscheinung treten soll.

Wie bereits diskutiert, werden Briefempfänger für Kleist zu Relais und Speichern von Geld, Objekten und Informationen. Wilhelmine fügt sich am Ende des Briefes freiwillig in diese Rolle und endet den Brief mit ein paar lagerlogistischen Details:

---

[70] Dieter Burdorf verweist in seinem Aufsatz „Was sollte eine Braut wissen?" auch auf dieses Informationsdefizit als Grundkonstellation von Kleists Briefen an Wilhelmine sowie an die Familie, und macht besonders auf die Asymmetrie zwischen den Verlobten aufmerksam, die jedoch nicht ausschlaggebend für die Trennung war, sondern vielmehr lange Zeit von Wilhelmine ertragen wurde. (Burdorf, „Braut", 163–164) Burdorf kommt dabei zu der interessanten medientheoretischen Überlegung, dass Wilhelmine als Bewahrerin der kleistschen Briefe zu einem durchaus zuverlässigen Speicher von Kleists Daten wurde, während Kleist selber nicht zur Tradierung von Wilhelmines Briefen beitrug. Das wird dadurch klar, dass der einzige von Wilhelmine überlieferte Brief nur deshalb noch erhalten ist, weil er Kleist nicht erreichte, sondern zurückgeschickt wurde. (Burdorf, „Braut", 162)

> Ich habe die *beiden Gemälde* von L und ein Buch worin Gedichte stehn in meiner Verwahrung. Das übrige von Deinen Sachen hat Dein Bruder. Man glaubte dies gehörte *Carln* und schickte mir es heimlich zu.
> schreibe *recht bald* an *Deine Wilhelmine*. (DKV, IV, 305)

Es bleibt daran zu erinnern, mit welchem Unbehagen Wilhelmine ihren Brief eröffnet, nämlich mit der Aussicht, Kleist mit diesem Brief nicht erreichen zu können. Die Sende-Empfangssituation ist höchst prekär, und der Brief wird sich in der Tat als ein einsames Selbstgespräch realisieren, da er postwendend wieder an Wilhelmine zurückgeschickt wurde.

2.5 Zusammenfassung: Die Subjekte der Post

Die bisherigen Analysen haben gezeigt, dass die Informationen der Briefe, das „Fleisch" der Briefkommunikation, für Kleist von zweifelhaftem Wert waren, und dass Briefe für ihn vor allem logistische Systeme waren. Kleists größte Angst war augenscheinlich nicht, nicht verstanden zu werden, sondern nicht adressierbar zu sein. Der erste Brief von der Würzburger Reise hat kaum eine andere Funktion, als ein postalisches Chaos wieder in geordnete Bahnen zu führen. Was in Kleists Fall immer wieder die Briefkommunikation verkompliziert, ist, dass die Adresse nicht einfach durch einen topographischen Punkt bestimmt ist, sie wird noch mit einem Identitätsnachweis verbunden; sprich, Kleist muss seinen Pass vorzeigen, wenn er seine Post am Postamt erhalten will. Die Post ist somit nicht nur ein Kommunikationssystem, sondern sie hat auch die Macht, Identitätszuschreibungen zu verifizieren. Dieser Umstand, dass es bei der postalischen Adresse eben nicht nur um den Empfang von Informationen geht, sondern auch um Identitätskonstitution, wird aus der folgenden Passage eines Briefes an Wilhelmine vom 15. August 1801 aus Paris klar:

> Mein liebes Minchen, Dein Brief, u die Paar Zeilen von Carln u Louisen haben mir außerordentlich viele Freude gemacht. Es waren seit 10 Wochen wieder die ersten Zeilen, die ich von Deiner Hand laß; denn die Briefe, die Du mir, wie Du sagst, während dieser Zeit geschrieben hast, müssen verloren gegangen sein, weil ich sie nicht empfangen habe. Desto größer war meine Freude, als ich heute auf der Post meine Adresse u Deine Hand erkannte – Aber denke Dir meinen Schreck, als der Postmeister meinen Paß zu sehen verlangte, u ich gewahr ward, daß ich ihn unglücklicher weise vergessen hatte –? Was war zu thun? Die Post ist eine starke halbe Meile von meiner Wohnung entfernt – Sollte ich zurücklaufen, sollte ich noch zwei Stunden warten, einen Brief zu erbrechen, den ich schon in meiner Hand hielt? – Ich bat den Postmeister, er möge einmal eine Ausnahme von der Regel machen, ich stellte ihm die Unbequemlichkeit des Zurücklaufens vor, ich vertraute ihm an, wie viele Freude es mir machen würde, wenn ich den Brief mit mir zurücknehmen könnte,

ich schwor ihm zu, daß ich Kleist sei und ihn nicht betrüge – Umsonst! Der Mann war unerbittlich. Schwarz auf weiß wollte er sehen, Mienen konnte er nicht lesen – Tausendfältig betrogen, glaubte er nicht mehr, daß in Paris jemand ehrlich sein könnte. Ich verachtete, oder vielmehr ich bemitleidete ihn, hohlte meinen Paß, u vergab ihm, als er mir Deinen Brief überlieferte. (DKV, IV, 258)

Der Brief wird auch diesmal nicht als eine Quelle von Informationen eingeführt, er konstituiert eine Simulation von Präsenz. Es geht nicht darum, was Wilhelmine schreibt, sondern darum, dass dies indexikalische Spuren ihrer Existenz sind – der wiederholte Verweis auf ihre Handschrift macht dies klar. Weiterhin ist es auch nicht die Antizipation von Neuigkeiten, die Kleists Herz höher schlagen lässt, sondern die Tatsache, dass Wilhelmine ihn korrekt adressiert hatte. („Desto größer war meine Freude, als ich heute auf der Post meine Adresse u Deine Hand erkannte") Der Grund, warum Kleist den Brief zunächst nicht erhalten kann, ist nicht Wilhelmine zuzuschreiben. Kleist schafft es nicht, sich als Adressat zu erkennen zu geben. Der Fehler liegt darin, dass er keinen Pass vorweisen kann. Dies ist nicht nur ärgerlich für Kleist, es zeigt auch die institutionelle Verschaltung der Post mit dem Staatssystem.[71] Der Staat legt nicht nur fest, wer sich im Territorium aufhalten, es verlassen und passieren kann, der Pass wird weiterhin verschaltet mit der Kontrolle von Nachrichtenströmen. Das von Kleist selbst beschworene Briefgeheimnis wird vom Postmeister bestens beschützt. Kleist ist zwar enttäuscht, dass der Postmeister wenig Talent für physiognomische Ratespiele hat. Es ist zu bezweifeln, dass er sein Vertrauen in die Menschheit verloren hatte, es geht wohl vielmehr darum, den technokratischen Protokollen des Postapparats zu folgen, die gegenüber dem von Kleist erbetenen Ratespiel den Vorteil haben, keine Ambiguitäten zuzulassen.

Was hier einander entgegentritt, ist ein kleistsches Paradigma der Identitätsfindung, das explizit auf körperliche oder physiognomische Zeichen zurückzuführen ist. Wilhelmines Identität wird durch die Handschrift erkannt und Kleist versucht, seine Identität, bzw. den Beweis, dass er keine Identitätstäuschung versucht, durch eine physiologische Lektüre zu sichern. Die Post arbeitet mit amtlich beglaubigten Dokumenten und noch nicht mit biometrischen Standards.

Die Textstelle zeigt außerdem eine interessante politische Eigenschaft eines modernen Postsystems. Es ist ein klar geregelter Raum, den Kleist nicht aushebeln kann. Es ist nicht möglich, dass der Postmeister, als eine institutionelle Persönlichkeit, ihm eine Ausnahme erlaubt. Der Postmeister ist genauso wenig wie Kleist Herrscher des postalischen Systems. Was an dieser Stelle natürlich auffällt, ist, wie wenig Verständnis Kleist für diese Vorsichtsmaßnahmen hat. Durch seine

---

71 Siegert weist explizit auf dieses Verhältnis von Polizei und Post hin. (Siegert, *Relais*, 111–114)

Identitätsspiele mit Klingstedt hätte er wissen müssen, wie einfach man Identitäten erschaffen kann. Es ist vielleicht auch vielmehr so, dass er klar erkennt, dass die Post keine absoluten Adressen vergibt, sondern nur durch ein relationales System, das Pässe einbindet, Identität konstruiert. Nun kann das Problem allerdings schnell behoben werden – Kleist holt einfach seinen Pass. Die Dringlichkeit und Dramatik der Szene negiert sich quasi selbst. Was diese Szene jedoch innerhalb des Briefs hervorhebt, ist, dass sie der einzige Teil dieses eher längeren Briefs ist, in dem sich Kleist einigermaßen klar ausdrückt. Der Teil, in dem Kleist verspricht, etwas von seiner Seele mitzuteilen, verfängt sich in allgemeinen pseudophilosophischen Exkursen über die unangenehmen Auswüchse der postrevolutionären französischen Gesellschaft. Der Brief schließt aber genauso wie er angefangen hat, nämlich mit dem Postalischen. Das Postskriptum weist Wilhelmine die Funktion des Relais zur Verteilung von Informationen zu:

> N. S. Gieb das folgende Blat Louisen, das Billet schicke Carln. Grüße Deine Eltern – sage mir, warum bin ich unruhig so oft ich an sie denke, u doch nicht, wenn ich an Dich denke? – Das macht, weil *wir uns verstehen* – O möge doch die ganze Welt in mein Herz sehen! Ja, grüße sie, u sage ihnen daß ich sie ehre, sie mögen auch von mir denken, was sie wollen. – Schreibe bald (Ich habe Dir schon von Paris aus einmal geschrieben) – aber nicht mehr poste restante, sondern dans la rue Noyer, No 21. (DKV, IV, 263)

Der Brief verhandelt exemplarisch Kleists Briefpraxis. Er beginnt mit dem Drama der Adressierung und endete mit dem Wechsel von relationaler Adressierung durch Ort und Pass hin zu einer klaren, eindeutigen topographischen Adressierung, und zeigt, wie wichtig die infrastrukturellen Fragen der Kommunikation für Kleist waren.

Sicherlich wird eine große Menge von Informationen in Kleists Briefen kommuniziert, aber es handelt sich hierbei kaum um persönliche, private Reflexionen, es sind Aufklärungsberichte, die gerade im Kontext der Würzburger Reise eine geheimdienstliche Mission plausibel machen.[72] Auch die berühmten „Gelehrtenbriefe" an Wilhelmine können wohl kaum als einfache Mitteilungen verstanden werden. Wie Sandro Zanetti gezeigt hat, funktionieren diese Briefe eher als Form eines Selbstgesprächs. Während Zanetti in dieser Verschiebung der Empfängerverhältnisse eine Öffnung hin zum Massenmedium Literatur (mit dem Adressat „alle") sieht,[73] erkenne ich in dieser Kommunikationspraxis ein Medien-

---

[72] Zanetti merkt an, dass dies als Ideenmagazin zu verstehen sei. (Zanetti, „Doppelter Adressenwechsel", 215)
[73] Zanetti, „Doppelter Adressenwechsel", 216–18.

verständnis, das Medialität nicht mehr einfach in einem Sender-Empfänger-Verhältnis denkt, sondern als die Aufrechterhaltung eines Systems durch sich selbst versteht.[74] In seinen Briefen entwickelt Kleist ein Aufschreibesystem, das idealiter eine unendliche Anzahl von Feedbackschleifen kreiert. Was dabei kommuniziert wird, ist sekundär. Von primärem Interesse ist, dass es ein hinreichend komplexes Netzwerk gibt, in dem Anschlusskommunikation immer notwendig bleibt.

Diese Überlegungen bezogen sich auf Kleists kommunikative Praxis in den Briefen. In den folgenden Kapiteln möchte ich zeigen, dass diese Vorstellungen auch in Kleists Dramen und in seinen theoretisch orientierten Texten, wie dem *Marionettentheater* und der *Allmähliche Verfertigung der Gedanken* explizit angelegt sind.

---

[74] Barbara Gribnitz zeigt, dass Kleist teilweise so schnell hintereinander schrieb, dass er gar keine Antwort erhalten hätte können, und merkt an, dass er nur selten auf erhaltene Briefe eingeht. Gribnitz weist darauf hin, dass Kleist den gellertschen Forderungen von Briefkommunikation als Gespräch nur ungenügend folgt. (Gribnitz, „Meine theurste Ulrike", 87–88) Seine Briefe sind kein Gespräch, sondern Anweisungen um sein Empfangsnetzwerk stabil zu halten.

3 Von Boten und Doppelgängern: Kleists frühe Dramen

Medialität muss bei Kleist als ein dynamisches System oder als ein Prozess verstanden werden, bei dem es nicht auf die individuelle Botschaft, den einen Sender oder den einen Empfänger, sondern auf das Zusammenspiel all dieser Komponenten ankommt. Diese Mediendynamik praktiziert Kleist praktisch in seinen Briefen und in seinen Publikationsprojekten als Herausgeber, aber er inszeniert sie, wie ich in diesem Kapitel diskutieren werde, auch in seinen Dramen. In diesem Kapitel untersuche ich, wie Kleist in seinen frühen literarischen Texten *Familie Schroffenstein*, *Amphitryon*, *Der Zerbrochne Krug* und *Robert Guiskard* die dramatische Dynamik aus dem komplexen und oft fehlerhaften Zusammenspiel verschiedener Kommunikationspartner entwickelt.

Die Familie Schroffenstein baut auf einer Kommunikationsstruktur auf, die von Ambiguitäten geprägt und durch Boten medialisiert wird. Diese Struktur wird im *Amphitryon* wiederholt und verstärkt. Hier geht es im Kern um die Ambiguität von Identität, die aber auch in diesem Stück durch Botenverkehr konstruiert wird. Kleists *Amphitryon* legt dabei einen besonderen Schwerpunkt auf die Ausgestaltung der Botenfiguren Merkur und Sosias, die dann maßgeblich daran beteiligt sind, dass Jupiter Alkemene vorgaukeln kann, dass er Amphitryon sei. *Der Zerbrochne Krug* setzt dieses Spiel mit fiktionalen Identitäten und Botenkommunikation fort, wenn Richter Adam versucht, durch die Erschaffung von fiktionalen Doppelgängern, bis hin zum Teufel, Phantome zu konstruieren, die ihm ein Alibi liefern. Hier sind es nun die Figuren des Gerichtsschreibers Licht und des Gerichtsrats Walter, die dem Prozess um den zerbrochenen Krug einen medialen Rahmen geben. Sie sind zwar nicht so explizit Botenfiguren wie Sosias und Merkur, symbolisieren aber den verlängerten Arm einer neuen Rechtsordnung, die nun die Hegemonie über Identitäten hat, und werden zu Medien einer Ordnung, die über ihre eigene Subjektivität hinausgeht. *Robert Guiskard* als weiteres frühes Drama reiht sich in diese „Botendramen" ein, da es im Prinzip darum geht, wer und wann mit dem Herrscher sprechen darf. Somit thematisiert dieses Stück, wer die Macht über Kommunikationsstrukturen besitzt, und auch hier sind die Fragen, wer in diesem Stück Bote sein soll und welche Botschaften mitgeteilt werden können, von zentraler Bedeutung.

Dieser Blick auf den Boten als eine Figur des Medialen ist zentral für dieses Kapitel. Ich beziehe mich dabei primär auf Sybille Krämers medienphilosophische Untersuchungen, die im Boten eine Grundstruktur des Medialen sehen. Für

Krämer sind Boten keine eigentlichen Agenten, sie gehen vielmehr in ihrer Funktion als Nachrichtenüberbringer auf. Der marathonische Bote ist das prototypische Bild für dieses Medienverhältnis: Der Bote stirbt bei dem Überbringen der Nachricht und seine Existenz erschöpft sich in seiner kommunikativen Funktion.¹ In Kleists frühen Texten tauchen, wie ich im Folgenden zeigen werde, auch ebensolche Figuren auf, die sich durch ihre kommunikative Funktion auszeichnen, Boten und keinen Personen sind.

3.1 *Die Familie Schroffenstein*

In *Die Familie Schroffenstein* geht es um einen Konflikt zwischen zwei Familienstämmen. Diese Auseinandersetzung beginnt als, Peter, der Sohn des einen Herrschers, Rupert, tot in Gegenwart von Herolden des anderen Stammesführers, Sylvester, aufgefunden wird. Das Drama erzählt von der sich entfaltenden Fehde, wobei die Liebesbeziehung von Ruperts Sohn Ottokar und Sylvesters Tochter Agnes sich wie eine (diesen Konflikt konstrastierende) Mittelachse durch das Stück zieht. Diese Liebesbeziehung konstituiert auch das tragische Zentrum des Stücks, bei dem beide Jugendlichen versehentlich von ihren eigenen Vätern umgebracht werden, nachdem sie sich als die bzw. der Andere verkleidet haben.²

Weiterhin ist die Verbindung der beiden Häuser Warwand und Rossitz, die mehr noch als durch eine gemeinsame Blutlinie durch einen Erbvertrag zusammengehalten werden, zentral für den dramatischen Aufbau des Stücks. Dieser Vertrag besagt, dass wenn die eine Familienlinie ausstirbt, die andere deren Besitzungen einnehmen kann. Dieses Abkommen schafft somit alles andere als eine harmonische Stabilität der Parteien, er generiert die Grundlage für den Konflikt.³

---

1 Krämer, *Bote*, 112.
2 Seán Allan verweist darauf, dass dieses Ende bei der zeitgenössischen Kritik nicht gut besprochen wurde. (Allan, *The Plays*, 52) Diese Kritik geht so weit, dass einige Jahre später, 1822, das Stück *Die Waffenbrüder* von Franz von Holbein entstand, bei dem die Tötung der Liebenden durch ihre Ehe ersetzt wird. (Allan, *The Plays*, 53) Allan macht aber die interessante Beobachtung, dass die Versöhnung der beiden Fürsten gerade erst in dieser Stärke durch den Tod der Kinder ermöglicht wird. Eine Ehe zwischen den Häusern hätte diesen Effekt kaum in diesem Maße gehabt. (Allan, *The Plays*, 75)
3 Susanne Kaul sieht in diesem Stück eine radikale Rechtskritik und versteht den Erbvertrag als ein pars pro toto für das Recht. (Kaul, „Rechtskritik", 214) Ich bin gegenüber einer solchen Deutung des Erbvertrags skeptisch. Zweifellos sind Fragen des Rechts zentral für Kleist, und bereits bei seiner Diskussion eines Ausbildungswegs gibt er sich kritisch gegenüber den Rechtswissenschaften („Nein, nein, Wilhelmine, nicht die Rechte will ich studieren, nicht die schwankenden ungewissen, zweideutigen Rechte der Vernunft will ich studieren, [...]" [DKV, IV, 55]), etwas das

Um diese Problematik dem Publikumsgeschmack entsprechend aufzuzeigen, macht Kleist Rupert zu einem Scheintoten und lässt keinen Zweifel daran, dass der Subtext des Dramas der Schauerroman ist:

> Kirchenvogt: Ich sprech! Als unser jetz'ger Herr
> An die Regierung treten sollte, ward
> Er plötzlich krank. Er lag zwei Tage lang
> In Ohnmacht; Alles hielt ihn schon für tot,
> Und Graf Sylvester griff als Erbe schon
> Zur Hinterlassenschaft, als wiederum
> Der gute Herr lebendig ward. Nun hätt'
> Der Tod in Warwand keine größre Trauer
> Erwecken können, als die böse Nachricht.
> (DKV, I, 131)

Diese Szene ist nicht nur eine Genremarkierung, sie macht auch klar, dass beide Stämme sich der fragilen Situation bewusst sind, was auch heißt, dass ein Friedenszustand jederzeit beendet sein könnte. Der Konflikt wird dann, wie beschrieben, dadurch losgetreten, dass Ruperts Sohn Peter tot aufgefunden wird. Sylvesters Herolde stehen blutverschmiert neben der Leiche, und einer der Herolde nennt unter der Folter Sylvesters Namen. Diese falsche Evidenz verbirgt die Wahrheit, dass Peter beim Spielen ertrunken ist, die Hexe Ursula dem toten Kind für die Herstellung eines Zaubertranks den kleinen Finger abgeschnitten hatte, und es kein Komplott von Sylvesters Seite gibt, Ruperts Linie auszulöschen. Das Drama entspinnt sich dadurch, dass diese falsche Evidenz nicht aufgeklärt, bzw. die Verdachtsmomente durch die nun einsetzende Vermittlung durch Boten verschärft werden.

3.1.1 Botenspiele

Das im Mittelalter angesetzte Stück[4] etabliert ein Botensystem zur Übermittlung des Wissens, das Kommunikation von einem vermittelten Paradigma, also quasi

---

dann nur allzu deutlich im *Zerbrochnen Krug* auftauchen soll. Der Konflikt in *Die Familie Schroffenstein* wird zwar auch indirekt von dem Erbvertrag vorangetrieben, zentral für die Dynamik des Stücks scheinen mir aber eher Identitäts- und Kommunikationsprobleme zu sein. Ernst von Pfuels Erinnerung, dass Kleist „eine seltsame Auskleideszene" in den Sinn gekommen war, um die er dann wahrscheinlich das Drama gebaut hat, unterstreicht diese Betonung der Bedeutung der Identitätsfragen für das Stück. (Sembdner, *Lebensspuren*, 70)
[4] Kleist hatte zunächst einen französischen, dann einen spanischen Schauplatz für dieses Stück geplant, wie man aus der Skizze *Die Familie Thierres* und der ersten Version *Die Familie Honorez*

postalisch und nicht auf face-to-face-Kommunikation basierend, aufbaut. Es ist dabei bezeichnend, dass die beiden Souveräne ständig daran gehindert werden, direkt miteinander zu kommunizieren,[5] was dann die Kommunikation durch Boten notwendig macht.

Die Dynamik des Dramas wird durch die Störung von Kommunikation (und Fehlinterpretation von Indizien) erzeugt, und einzelne Handlungen lassen sich primär auf die Störung der Botenübermittlung zurückführen.[6] Es ist dabei entscheidend zu sehen, dass diese Botenkommunikation nicht den Mord an dem Sohn Peter bzw. den Unfall aufklären kann, sondern vielmehr genau diese Evidenzfindung blockiert.[7] Die Auflösung des wirklichen Geschehens wird von Kleist explizit nicht mehr durch vermittelte Kommunikation, sondern durch einen buchstäblich materiellen Fingerzeig auf den kleinen Finger Peters geleistet. Dies ist etwas, das sich in der Identifizierung von Agnes' und Ottokars Leichen widerspiegelt.

Sybille Krämer hat eine Medientheorie entwickelt, die den Boten zu einem zentralen Ausgangspunkt macht. Der Bote steht dabei ein als eine Instanz, die keine selbstständige Autonomie über ihre Handlungen hat, er wird selbst ganz Botschaft. Er erschafft nichts Eigenes, er kommuniziert eine fremde Nachricht.

---

entnehmen kann. Wahrscheinlich auf Anraten von Ludwig Wieland, der im engen Kontakt mit Matthew Gregory Lewis, dem Autor der Gothic Novel *The Monk*, stand, verlagerte Kleist das Stück ins Mittelalter. Siehe dazu Jansen, „Monk Lewis und Heinrich von Kleist".

5 Oschmann verweist in seinem Aufsatz „How to Do Words with Things" auch darauf, dass Botenkommunikation zentral für das Stück ist, und sieht in dem Fehlschlagen der Botenkommunikation einen sprachkritischen Gestus. (Oschmann, „How to Do Words with Things", 4–5) Wie ich noch diskutieren werde, sollte diese Sprachskepsis nicht zu stark betont werden, da die Boten zwar Kommunikation problematisieren, aber genau dadurch auch die Dynamik des Stücks lostreten. Kleists Intention in *Die Familie Schroffenstein* dürfte zunächst die Entwicklung eines dynamischen Plots gewesen sein, und die Botenkommunikation hat in dieser Hinsicht eine eminente Bedeutung.

6 Wie Roland Reuß anmerkt, gibt es einen „Running Gag" innerhalb des Stücks, der gezielt auf die Bedeutung der Medien gerichtet ist. Es ist die Thematisierung von Ruperts Pfiff: „Rupert. Nun? was willst du? Der Diener. Herr, / Wir haben eine Klingel hier gekauft, / Und bitten dich, wenn du uns brauchst, so klingle. / Er setzt die Klingel auf den Tisch./ Rupert. S'ist gut. / Der Diener. Wir bitten dich darum, denn wenn / Du pfeifst, so springt der Hund jedwedes mal / Aus seinem Ofenloch, und denkt, es gelte ihm. / Rupert. – S'ist gut" (DKV, I, 183) Reuß erkennt in dieser Textstelle zu Recht eine Reflexion über Kommunikation (Reuß, *Im Freien*, 15), und diese anscheinend so belanglose Stelle verweist auf das Zentrum des Stücks, nämlich auf die Frage, wann und wie Kommunikation gelingen kann.

7 Susanne Doering weist darauf hin, wie in diesem Stück juristische Methoden zur Wahrheitsfindung wie beispielsweise Zeugenbefragungen, Folter und die Interpretation von Indizien immer wieder zu Missverständnissen führen. (Doering, „Kinderwissen", 244)

Der Bote spricht nicht, die Botschaft bzw. der Sender spricht durch ihn. Der Bote ist ein Repräsentationssystem, das eine fernliegende Information an einem anderen Ort wiedergeben kann. Der Bote hat dabei die Aufgabe, hinter dieser Botschaft zurückzutreten und nur die Botschaft sprechen zu lassen.[8] Krämers Wendung auf den Boten als zentrale medientheoretische Figur hat dabei die Aufgabe eine Alternative zu rein zeichentheoretischen und rein instrumentellen Medienperspektiven zu bieten.[9] Diese Perspektive hat den für das Aufschreibesystem 1800 wichtigen Vorteil, nicht a priori von technischen Medien auszugehen, sie denkt Übertragung vielmehr als soziale und logistische Interaktion. Was die *Familie Schroffenstein* aus dieser Perspektive so interessant macht, ist allerdings nicht, dass hier Medialität in der Botenfunktion aufgeht, sondern dass das Drama die problematische Struktur einer solchen Nachrichtenübertragung aufzeigt, und zwar nicht als Theorie, sondern in ihrem praktischen Vollzug.

Kleists Drama ist voll von Figuren, die auch gerade im Sinne von Krämer Boten sind oder zumindest eine Botenfunktion innehaben. Als paradigmatische Szene tritt dabei der Moment ein, an dem der Ritter Aldöbern als Bote Ruperts an Sylvesters Hof kommt. Sylvester beschreibt dabei die Botenfunktion wie folgt:

> Die Sendung
> Empfiehlt Dich, Aldöbern, denn Deines Herrn
> Sind Deine Freunde. Drum so laß uns schnell
> Hinhüpfen über den Gebrauch; verzeih'
> Daß ich mich setze, setz' Dich zu mir, und
> Erzähle Alles, was du weißt, von Rossitz.
> Denn wie, wenn an zwei Seegestaden zwei
> Verbrüderte Familien wohnen, selten,
> Bei Hochzeit nur, bei Taufe, Trauer, oder
> Wenn's sonst was Wicht'ges gibt, der Kahn
> Herüberschlüpft, und dann der Bote vielfach,
> Noch eh' er reden kann, befragt wird, was
> Gescheh'n, wie's zugieng, und warum nicht anders,
> Ja selbst an Dingen, als, wie groß der Älteste,
> Wie viele Zähn' der Jüngste, ob die Kuh
> Gekalbet, und dergleichen, das zur Sache
> Doch nicht gehöret, sich erschöpfen muß –
> Sieh Freund, so bin ich fast gesonnen, es
> Mit dir zu machen. – Nun, beliebt's so setz' Dich.
> (DKV, I, 145)

---

[8] Krämer, *Bote*, 27.
[9] Krämer, *Bote*, 20–25.

Für diese Höflichkeitsprotokolle und Übermittlung von allerlei Neuigkeiten hat Aldöbern allerdings keine Zeit. Dies ist der Unterschied zwischen Gast und Bote, den Ruperts Ritter explizit macht. Er betont, dass er nur ein reiner Bote sei, dessen Funktion in der Übermittlung einer klaren, bestimmten Botschaft bestehe und diese Botschaft sei so kurz, dass sich Aldöbern noch nicht einmal hinsetzen müsse, er kann sie einfach im Stehen verlautbaren: Es ist die Kriegserklärung. Aldöbern inszeniert sich dabei als ein explizites Sprachrohr Ruperts, das mit quasi phonographischer Genauigkeit die Botschaft des Herrn wiedergibt.

> Doch soll ich, mein't er, nicht so frostig reden,
> Von bloßem Zwist und Streit und Kampf und Krieg,
> Von Sengen, Brennen, Reißen und Verheeren.
> Drum brauch' ich lieber seine eignen Worte,
> Die lauten so: Er sei gesonnen, hier
> Auf Deiner Burg ein Hochgericht zu bauen;
> Es dürste ihm nach Dein und Deines Kindes –
> Und Deines Kindes Blute – wiederholt' er.
> (DKV, I, 146)

Diese Datenübermittlung entspricht ziemlich akkurat der Botschaft (einschließlich der emphatischen Wiederholung „Kindes Blute"), die Rupert im ersten Aufzug Aldöbern vorgesagt hat (DKV, I, 128), und das obige Zitat breitet ein Bild des Boten aus, das exakt mit Krämers Theorie zusammenfällt. Die Individualität wird auf ein Minimum reduziert, und er gibt idealtypischerweise die Botschaft ohne Rauschen eins-zu-eins wieder. Aldöbern tut genau dies, und seine Stellung als Bote wird weiter dadurch unterstrichen, dass er nach dem Überbringen der Botschaft von einem Mob gesteinigt wird und zu Tode kommt. Wie der marathonische Bote erschöpft sich seine Existenz im Überbringen der Nachricht. Rupert selbst macht auch eine solche instrumentelle Einstellung gegenüber Boten explizit. Als er von dem vermutlichen Tod seines Herolds Aldöbern hört, schließt er aus, dass dies aufgrund einer Beleidigung geschehen sei:

> Eustache *zum Wanderer*:
> Hat denn der Herold ihn beleidigt?
> Rupert. Beleidigen! Ein Herold? Der die Zange
> Nur höchstens ist, womit ich ihn gekniffen.
> (DKV, I, 184)

Diese Gleichsetzung von Bote und Werkzeug macht Ruperts Einstellung klar. Boten sind für ihn, wie auch für Krämer, reine Funktionen im Datentransfer und artikulieren keine eigene Individualität. Der Botenverkehr kann jedoch Sylvester nicht befriedigen, und er will zur Klärung der Angelegenheit nach Warwand reisen. Dies kommt jedoch nicht zustande. Zunächst sagt Aldöbern es klar, dass er in Warwand kein gern gesehener Gast sei, und auch seine Frau Gertrude stellt sich gegen diese Idee. Das bringt Sylvester jedoch nicht von seinem Plan ab. Erst als Jeronimus, die bei weitem komplexeste Vermittlungsfigur des Stücks, ihn auch als Mörder tituliert, fällt er in prototypisch kleistscher Manier in Ohnmacht. So kommt zunächst kein direkter Kontakt zwischen Sylvester und Rupert zustande.

Die Figur des Jeronimus macht dabei deutlich, dass Bote eine Funktion ist, die jede Figur einnehmen kann. Er tritt als ein Mittler zwischen den beiden Familienstämmen auf, der als quasi neutrale Partei zwischen den beiden Familiensitzen hin und her reisen kann. Zunächst ist er aber gar kein Bote, er ist eine durchaus wertende Instanz, die jeweils eine eigene Meinung und ein eigenes Urteil formuliert. Zu seinem Unglück ist es aber auch genau er, Jeronimus, der die Situation an beiden Orten kennt, und so die ganze Komplexität der Lage begreift. Er ist von dieser Einsicht so überfordert, dass er keine klare Meinung oder ein Urteil formulieren kann: „Aus diesem Wirrwarr finde sich ein Pfaffe! Ich kann es nicht!" (DKV, I, 170) Er fällt als urteilender Mediator also aus und entscheidet sich, als Bote Sylvesters an Ruperts Hof zu reisen. Bei Rupert angekommen, ist ihm jedoch nicht mehr klar, dass er nicht wie früher Ruperts Gast, sondern jetzt Sylvesters Bote ist. Dies ist etwas, das Rupert aber nur allzu bewusst ist.

> Rupert: So wirst Du wissen,
> Wir Vettern sind seit kurzer Zeit ein wenig
> Schlimm übern Fuß gespannt. – Vielleicht hast Du
> Auftr äg' an mich, kommst im Geschäft des Friedens,
> Stellst selbst vielleicht die heilige Person
> Des Herolds vor – ?
> Jeronimus: Des Herolds? – Nein. Warum?
> – Die Frag' ist seltsam. – Als Dein Gast komm' ich.
> Rupert. Mein Gast – und hätt'st aus Warwand keinen Auftrag?
> (DKV, I, 190)

Gerade in Hinsicht auf das Schicksal des Boten Aldöbern wird Jeronimus ungut zumute. Jeronimus soll noch später auf seine Position als Gast insistieren. (DKV, I, 193) Dies wird aber Jeronimus nichts nützen, auch er wird (wie Aldöbern) von einer aufgebrachten Rotte erschlagen, wobei Rupert nicht wie Sylvester in Ohnmacht gefallen keine Kontrolle ausüben kann, er lässt es einfach geschehen.

Dieser weitere gescheiterte Botenverkehr hat ein paradoxes Resultat. Die Problematik der Kommunikation zwischen Boten wird immer evidenter, sie macht es aber auch immer unmöglicher für Rupert und Sylvester sich ohne Mediation zu treffen. Der Konflikt der beiden Häuser wird zu einem Nachrichtenaustausch, bei dem es (zunächst) nicht zu einem face-to-face-Gespräch kommen kann.

3.1.2 Äquivalenz des Nichtwissens

Bisher habe ich diskutiert, wie das Drama sich aus einem Botensystem entwickelt, das schlussendlich für die tragische Entwicklung verantwortlich ist. Dieser gestörten Kommunikation wird innerhalb des Dramas aber eine weitere Ebene gegenüber gestellt, nämlich die der körperlichen Evidenz. Diese Ebene kann aber nicht zu einer Verhinderung der Konflikte führen, sie bleibt vielmehr als eine Datensammlung nur für den Zuschauer zugänglich. Ruperts und Sylvesters Aktionen basieren primär auf dem Botenverkehr, und kommen erst zu einem versöhnlichen Stillstand, als die Fakten in Form von Leichen und Leichenteilen vor ihnen liegen, und keine Vermittlung durch Boten mehr notwendig ist.

Das Drama changiert zwischen Geschehnissen an Ruperts und Sylvesters Hof, wobei Kleist hier eine ziemlich exakte Äquivalenz zwischen den Parteien aufbaut, wie es Ruperts Frau Eustache eindrücklich zusammenfasst:

> Warum nicht mein Gemahl? Denn es liegt Alles
> Auf beiden Seiten gleich, bis selbst auf die
> Umstände noch der Tat. Du fandst Verdächt'ge
> Bei Deinem toten Kinde, so in Warwand;
> Du hiebst sie nieder, so in Warwand; sie
> Gestanden Falsches, so in Warwand; Du
> Vertrautest ihnen, so in Warwand. – Nein,
> Der einz'ge Umstand ist verschieden, daß
> Sylvester selber doch Dich frei spricht.
> (DKV, I, 200)

Hinrich Seeba spricht in diesem Zusammenhang von einem „Spiegelbewußtsein der verwandten Feinde",[10] aber diese ausgeglichene Konstellation zwischen den beiden Familienstämmen führt nicht zu einer Stabilisierung der Situation, sie stachelt jede Partei zu einem Präventivschlag an, um das Pendel auf eine für sie

---

10 Seeba, „Sündenfall", 74.

selbst günstige Seite zu bringen. Es ist weiterhin entscheidend, dass diese Symmetrie nicht den Tatsachen entspricht, sie gibt nur den Informationsstand der einzelnen Parteien wieder.

Die wahre Tat wird aber nicht durch die Boten vermittelt, sie wird durch materielle Evidenz zutage gebracht. Diese Evidenzklärung wird eben nicht durch die in einem unheilvollen Dialog stehenden Höfe geleistet, sondern durch die Plotebene, auf der Ottokar und Agnes platziert sind. Kleist führt diese Ebene als eine Mittelachse ein, die eine gewisse kommunikative Neutralität hat, und die in einem unvermittelten Liebesverhältnis besteht, das zunächst ohne Boten auskommt.

Kleist spielt hier durch eine Trinkszene explizit auf die Vergiftung in *Romeo und Julia* an (DKV, I, 176),[11] diese Szene führt aber nicht zum Tod der Liebenden, sie stellt vielmehr klar, dass die beiden Liebenden sich trotz des Erbvertrags bedingungslos vertrauen können und sich nicht gegenseitig töten wollen. Augenscheinlich will Kleist hier mit Zuschauererwartungen spielen, da er ein Happy End und damit eine Alternative zu Shakespeare evoziert. Natürlich kommt es nicht zu diesem Happy End, und dies liegt nicht zuletzt an dem Einsatz einer weiteren Botin: Barnabe.

Durch Barnabe erfährt Ottokar von dem Unfall Peters, was durch die materielle Evidenz des kleinen Fingers glaubhaft verifiziert wird. (DKV, I, 209–210) Ottokar schickt daraufhin Banarbe als eine Botin zu Agnes, um sich mit ihr in einer Höhle zu treffen. Diese Kommunikationspolitik unterscheidet sich signifikant von der Ruperts und Sylvesters. Wie in Kleists Briefpraxis geht es nicht primär um die Übermittlung von Informationen, es geht vielmehr um die logistische Organisation, wobei Ottokar noch ein Tuch (Agnes' Schleier) zur materiellen Verifikation beilegt, um klarzustellen, dass die Botin von ihm kommt.[12] Aber auch diese Botin ist nicht unproblematisch.

---

[11] In dieser Szene bringt Ottokar Agnes Wasser zu trinken. Hier spielt Kleist zunächst mit dem Verdacht, dass Ottokar Agnes vielleicht vergiften würde („Agnes. Erschrick doch nicht. Was macht es aus, ob ich's jetzt weiß? Das Gift / Hab' ich getrunken, Du bist quitt mit Gott. / Ottokar: Gift?" (DKV, I, 176)), schwenkt dann aber hin zum Romeo und Julia-Motiv: „Agnes. Hier ist's Übrige, ich will es leeren. / Ottokar. Nein, halt! – Es ist genug für Dich. Gib mir's,/ Ich sterbe mit Dir. Er trinkt." (DKV, I, 176)

[12] Der Schleier hat dabei eine ironische Funktion. Während ein Schleier normalerweise dazu dient, eine Identität zu verbergen, wird er in dieser Szene benutzt um Identität zu verifizieren, und auch im ersten Akt wird der Schleier als ein Zeichen benutzt, das auf Agnes verweist: „Nicht wahr, das Mädchen, dessen Schleier hier,/ Ist Agnes nicht, nicht Agnes Schroffenstein?" (DKV, I, 137)

Barnabe wird von Rupert und Santing abgefangen, und gemäß ihres Auftrags nennt sie nicht den Absender und auch keine Informationen über den Tod Peters, sie erwähnt nur die Adressatin Agnes und gibt einen topographischen Hinweis.

> Barnabe *tritt auf*:
> Hier geht's nach Warwand doch, gstrenger Ritter?
> Santing: Was hast Du denn zu tun dort, schönes Kind?
> Barnabe: Bestellungen an Fräulein Agnes.
> Santing: So?
> Wenn sie so schön wie Du, so mögt ich mit Dir gehn.
> Was wirst Du ihr denn sagen?
> Barnabe: Sagen? Nichts,
> Ich führe sie bloß ins Gebirg.
> Santing: Heut noch?
> Barnabe: Kennst Du sie?
> Santing: Wen'ger noch, als Dich,
> Und es betrübt mich wen'ger. – Also heute noch?
> Barnabe: Ja gleich. – Und bin ich auf dem rechten Weg?
> Santing: Wer schickt Dich denn?
> Barnabe: Wer? – Meine Mutter.
> (DKV, I, 212)

Dies sind aber gerade die Informationen, die Rupert und Santing benötigen, um Agnes (bzw. den verkleideten Ottokar) ermorden zu können.

Postalische, also auf Boten basierende Kommunikation, führt in *Familie Schroffenstein* nicht zur Lösung der Konflikte, sie verschärft sie. Was durch Boten produziert wird, ist keine Evidenz, kein Wissen, es ist eine kommunikative Dynamik, die immer mehr Boten erfordert. Eine Aufklärung der Situation kann in Kleists Stück erst geschehen, wenn alle Beteiligten an einem Ort, der Höhle,[13] zusammenkommen und nicht mehr auf Botenverkehr angewiesen sind. Kleist ar-

---

[13] Da diese Höhle zum Ort der Erkenntnis wird, kann man hier eine Anspielung auf Platon sehen. Eine solche Anspielung ist allerdings problematisch, da im Höhlengleichnis die Höhle eben kein Ort der Erkenntnis, sondern der Täuschung ist. Dies ist eine Funktion der Höhle, die sie auch hat, wenn Ottokar und Agnes ihre Kleider tauschen. Ingeborg Harm weist weiter darauf hin, dass diese Höhlenszene als Reflexionsraum von biblischen Auferstehungsmotiven zu sehen sei (Harms, „Fliegender Sommer"), was durch Gerhard Neumanns Hinweis unterstrichen wird, dass Agnes und Ottokar eine ganze Reihe von christlichen Ritualen durchexerzieren, von der Taufe bis zum Abendmahl. (Neumann, „Hexenküche und Abendmahl", 179) Bernhard Greiner merkt jedoch scharfsinnig an, dass gerade die Szenen, in denen sich Agnes und Ottokar begegnen und sich über die Familienkonflikte hinwegsetzen, vor einer Höhle, also an dem platonischen Ort der Erkenntnis, stattfinden. (Greiner, „Höhlengleichnis", 43–44)

beitet die Aufklärung der Todesfälle durch die Figuren Johan und Sylvius ab, wobei Johan die Szene zunächst olfaktorisch erspürt („Wär ich blind / Ich könnt' es riechen, denn die Leiche stinkt schon." [DKV, I, 229]), und Sylvius Ottokars Identität bzw. die Tatsache, dass die Leiche nicht Agnes ist, durch taktile Erkennung klarstellt. („Sylvius, in dem er die Leiche betastet. [...] Das ist nicht Agnes!" [DKV, I, 229–230]) Erst danach kann die optische Erkennung wieder gesicherte Daten liefern. Nun tritt auch Ursula auf und wirft den kleinen Finger als ultimativen Beweis auf die Bühne.

3.1.3 Die Materialität der Evidenz

Kleists Drama inszeniert eine Vielzahl von kommunikativen Verbindungen, die zusammenspielen, aber dies selten so tun, dass Klarheit entsteht. Dies ist sicherlich kein Alleinstellungsmerkmal Kleists. Shakespeares Dramen bilden hier explizit das Modell, die Gothic Novel mit ihrem unüberschaubaren Personal steht ebenso im Hintergrund.[14] Was Kleists *Familie Schroffenstein* von *Romeo und Julia* abhebt, ist aber die Insistenz auf einer Materialität der Kommunikation. Das schlussendliche Resultat ist, trotz der ausbleibenden Vergiftung, letztlich gleich wie bei Shakespeare. Die Aufklärung wird aber nicht nur durch die Leichen der Kinder, sondern auch durch ein anderes Leichenteil geleistet, Peters Finger.[15]

Kleist scheint hier mehr Wert auf die materielle Evidenz als auf die Kraft der Sprache gelegt zu haben. Allerdings hat die mangelhafte Botenkommunikation eine wichtige Funktion. Sie produziert innerhalb des Dramas allerlei Probleme, ist aber der zentrale Motor für den Konflikt des Dramas und so aus ästhetischer Perspektive hochproduktiv. Fragen der Kommunikation und des Verstehens sind

---

14 Diese intertextuelle Schreibweise ist besonders evident für Kleists frühe Dramen. *Amphitryon* ist ganz klar eine Adaption, und auch der *Zerbrochne Krug* hat mit dem Verweis auf *Ödipus* einen eindeutigen intertextuellen Bezug. Es ist auch weit anerkannt, dass die *Familie Schroffenstein* ein komplexes Pastiche verschiedener intertextueller Einflüsse ist. Als Hauptquelle wird dabei neben *Romeo und Julia* die Gothic Novel *The Monk* identifiziert. (Siehe hierzu: Bridgwater, „Kleist and Gothic". Fred Bridgham verweist in seinem Aufsatz „Kleist's Familie Schroffenstein and ‚monk' Lewis's Mistrust" darauf, dass Lewis eine Übersetzung von *Familie Schroffenstein* ins Englische anfertigte.)
15 Sabine Doering weist darauf hin, dass Peters Finger noch von Ursulas Bericht kontextualisiert wird. Doering betont aber auch, dass Ursula eine durchaus zweifelhafte Zeugin darstellt. (Doering, „Kinderwissen", 247) Ich meine, dass dieser Zeugenbericht seine Evidenz erst durch ein körperliches Surrogat finden kann.

dementsprechend zentral für dieses Drama. Zum einen wird Kommunikation anhand des Botenverkehrs verhandelt, der sicherlich ein etabliertes literarisches Modell ist, zum anderen geht es aber auch um eine Materialität der Kommunikation. Konflikte werden nicht dialogisch gelöst, es ist erst die materielle Evidenz, die allen Parteien unmittelbar vorliegt, die den Sachverhalt klärt. Dies könnte dann als Verweis auf eine juristische Praxis der Evidenzermittlung zurückgeführt werden, es liegt aber auch nah, dies als eine theatralische Praxis zu verstehen, die Evidenz den Figuren des Stücks und den Zuschauern im gleichen Maße zukommen lässt. In diesem Kontext lohnt es sich daran zu erinnern, dass Kleist fasziniert war von den physikalischen Experimenten seines Lehrers Christian Ernst Wünsch, der mit zu den prominentesten Wissenschaftlern an der Viadrina gehörte und besonders bekannt für sein populärwissenschaftliches Werk *Kosmologische Unterhaltungen für junge Freunde der Naturerkenntniß* war. Dessen „Experimentalphysik" darf nicht als rigorose, trockene und repetitive Praxis verstanden werden, sie war wahrscheinlich ein im Kern theatralisches Zur-Schau-Stellen von physikalischen Phänomenen – genau ein solches materielles Zur-Schau-Stellen betreibt Kleist im Finale der *Familie Schroffenstein*.[16]

Was allerdings bei Kleist hinzukommt, ist, dass Identität nicht anhand der lebenden Körper konstatiert werden kann.[17] Die lebendigen Akteure generieren eine konstante Semiose (beispielsweise die Verkleidung), die keine klare Identifizierung zulässt. Erst, wenn diese permanente, kulturelle Inskription auf den Körper aufhört, kann es zu einem Stillstand und somit zu einer Identifikation kommen.[18] Es passt nur zu gut in diese Logik, dass die abschließende Auflösung durch ein ebenso stillgestelltes Leichenteil geleistet wird. Kleists weitere Stücke führen diese Logik fort. In *Amphitryon* kommt es zu Verwechslungen und Identitätssubversionen durch kontinuierliche Zuschreibungen. Im *Zerbrochnen Krug* wird der Körper des Richters Adam zu einem permanenten Zuschreibungsgegenstand, den er versucht mit Neudeutungen unspezifisch zu halten, wobei die einzige physische Evidenz ein zerbrochener Krug ist.

---

[16] Blamberger weist darauf hin, dass Wünsch wohl eher als ein Wissensvermittler denn als Wissenschaftler verstanden werden muss. (Blamberger, *Kleist*, 64)
[17] Siehe zu Fragen von Körper und Identitätszuschreibung Elisabeth Krimmers Aufsatz „Die allmähliche Verfertigung des Geschlechts beim Anziehen".
[18] Krimmer, „Allmähliche Verfertigung", 351–352.

3.2 Amphitryon

Die Familie Schroffenstein und *Amphitryon* zählen zu Kleists ersten literarischen Versuchen. In Ton und Genre könnten sich beide Stücke aber kaum stärker voneinander unterscheiden. Während *Familie Schroffenstein* ein Bild des Mittelalters zeichnet, dessen Tragik und blutige Brutalität klar auf den zeitgenössischen Durst nach schauerlichen Geschichten ausgerichtet war, entwirft *Amphitryon* ein frivoles Bild der Antike, das eine Nähe zur erotischen Literatur besitzt. Es gibt jedoch nicht nur Differenzen. Die zeitliche Nähe, wenn nicht gar Parallelität der Entstehung der Stücke, hat auch ihre Spuren hinterlassen.[19] Zum einen handelt es sich bei beiden Texten um Bearbeitungen literarischer Stoffe, zum anderen geht es um Verwechslungsszenen, und in beiden Stücken spielen Boten eine entscheidende Rolle. Während *Familie Schroffenstein* seine literarische Grundlage bei Matthew Lewis' Gothic Novel *The Monk* und natürlich in *Romeo und Julia* hat, geht *Amphitryon* ganz offensichtlich von Molières *Amphitryon* aus. Während in *Familie Schroffenstein* Agnes und Ottokar die Rollen tauschen, so sind es in *Amphitryon* Merkur und Sosias, Jupiter und Amphitryon, und während Aldöbern und Jeronimus als Boten einen großen Teil zur Dynamik der Familienfehde beisteuern, bilden Sosias und Merkur den Rahmen der Handlung um die Verführung Alkmenes. Die Boten und die Hauptcharaktere Amphitryon und Jupiter werden dadurch strukturell als Doppelgängerpaarungen zusammengebunden.

3.2.1 Doppelgänger

Kleists Schreiben weist früh eine klare Affinität zu Doppelgängern auf. Das Pseudonym Klingstedt, das er sich auf der Würzburger Reise zulegte, ist bereits eine Art von Doppelgänger. Wie ich diskutiert habe, imaginiert er Klingstedt sogar als einen potenziellen Liebhaber von Wilhelmine, von dem er selbst nichts wissen sollte. Ob eine mögliche Begegnung zwischen Kleist und Klingstedt in einer Komödie oder Tragödie endet, bleibt offen, bzw. findet eine jeweilige Realisierung in *Familie Schroffenstein* und *Amphitryon*, also in Stücken, in denen Identitätsspiele die dramatische Dynamik freisetzen. Das Drama, das dabei implizit ein

---

[19] Zur Entstehungsgeschichte des Stücks siehe Sembdner, „Kleist und Falk" und Anne Fleigs Darstellung im Kleist-Handbuch. (Fleig, „Amphitryon", 41)

sublimiertes Eifersuchtsszenario, bzw. den geheimen Besuch Klingstedts durchspielt, ist *Amphitryon*.[20]

Im Zentrum des Dramas steht die Ersetzung von Amphitryon durch Jupiter, der in der Gestalt von Amphitryon eine Nacht mit Alkmene verbringt. Bei diesem Täuschungsspiel kann man nicht nur einfach von neuen Identitäten sprechen, Kleist eröffnet ein ganzes Feld von Ersetzungsmöglichkeiten. Es geht Jupiter gar nicht nur darum, Amphitryons Identität anzunehmen und so Alkmene zu täuschen, er will die Vorstellung von Identität selbst destabilisieren.[21] Bereits am Anfang des Stückes evoziert Jupiter Zweifel an seiner Identität als Amphitryon, was allerdings nicht seine eigentliche, göttliche Identität offenlegt, sondern Amphitryons Identität dekonstruiert. Er stellt Alkmene folgende Frage:

> Ob den Gemahl du heut, dem du verlobt bist,
> Ob den Geliebten du empfangen hast?
> (DKV, I, 397)

Alkmene antwortet darauf:

> Geliebter und Gemahl! Was sprichst du da?
> Ist es dies heilige Verhältnis nicht,
> Das mich allein, dich zu empfahn, berechtigt?
> Wie kann dich ein Gesetz der Welt nur quälen,
> Das weit entfernt, beschränkend hier zu sein,
> Vielmehr den kühnsten Wünschen, die sich regen,
> Jedwede Schranke glücklich niederreißt?
> (DKV, I, 397–398)

---

[20] Wie auch bereits in *Familie Schroffenstein* werden in diesem Stück Fragen der Ehe und der Familie verhandelt, wobei hier, wie Fülleborn anmerkt, antike und moderne Formen der Liebe ineinandergeschaltet werden. (Fülleborn, *Frühe Dramen*, 111) Stephan Kraft weist darüber hinaus darauf hin, dass Kleists *Amphitryon* als eine Kritik von Eheauffassungen des achtzehnten Jahrhunderts zu verstehen sei, die, wie er in Anschluss an Albrecht Koschorkes Buch *Die Heilige Familie* argumentiert, auf eine Konstellation der Heiligen Familie hinausläuft, bei der der Zeugungsakt und vor allem die Mutterrolle entsexualisiert wird. (Kraft, „Amphitryon", 199) Wie bei der *Familie Schroffenstein* wird diese Kontamination alter und moderner Intimitätsformen inszeniert, und zwar nicht nur als moralisches Problem, sondern auch als Täuschung und somit auch als ästhetische Konfiguration.

[21] Dies wird später im Drama deutlich, wenn *Amphitryon* sich selber seiner Identität versichert, indem er im letzten Akt das Volk befragt „Wer bin ich?" (DKV, I, 453) Ostentativer wird diese Identitätserosion durch die Figur des Sosias durchgespielt, der bei der Konfrontation mit seinem Doppelgänger seine einzigartige Identität aufgibt und sich später dann als ein jüngerer Zwillingsbruder seinem Doppelgänger unterordnen will.

Jupiter führt daraufhin sein subversives Spiel mit der Identitätsverdopplung von Ehemann und Liebhaber fort:

> Was ich dir fühle, teuerste Alkmene,
> Das überflügelt, sieh, um Sonnenferne,
> Was ein Gemahl dir schuldig ist. Entwöhne,
> Geliebte, von dem Gatten dich,
> Und unterscheide zwischen mir und ihm.
> Sie schmerzt mich, diese schmähliche Verwechslung,
> Und der Gedanke ist mir unerträglich,
> Daß du den Laffen bloß empfangen hast,
> Der kalt ein Recht auf dich zu haben wähnt. [...]
> (DKV, I, 398)

Alkmene verwirrt dieses Doppelspiel jedoch nur, und sie glaubt fest an die Identität von Geliebtem und Gatten. Jupiter spielt daraufhin beinah mit offenen Karten:

> Versprich mir denn, daß dieses heitre Fest,
> Das wir jetzt frohem Wiedersehn gefeiert,
> Dir nicht aus dem Gedächtnis weichen soll;
> Daß du den Göttertag, den wir durchlebt,
> Geliebteste, mit deiner weitern Ehe
> Gemeinen Tag' – lauf nicht verwechseln willst.
> Versprich, sag' ich, daß du an mich willst denken,
> Wenn einst Amphitryon zurückekehrt – ?
> (DKV, I, 398–399)

Alkmene kann das natürlich noch nicht verstehen und reagiert mit einem klaren wie auch banalen „Nun ja. Was soll man dazu sagen." (DKV, I, 399) Jupiters Strategie ist also gar nicht, sich eine klare, neue Identität zuzuschreiben, es geht vielmehr darum, Alkmene zu verwirren und auf die multiplen Persönlichkeiten des Amphitryon vorzubereiten.[22]

Diese Strategie geht auf, selbst die materielle Evidenz unterstreicht das Doppelgängertum Amphitryons bzw. Jupiters. Als Amphitryon zum ersten Mal wieder auf Alkmene trifft, gibt es viel zu besprechen, da Amphitryon sich sicher ist, dass er keine Liebesnacht mit Alkmene verbracht hat. Dies löst Verwirrung und Verärgerung auf beiden Seiten aus, wobei Alkmene die Indizien auf ihrer Seite weiß.

---

[22] Anthony Stephens und Yixu Lü heben in ihrem Aufsatz „Die Ersetzbarkeit des Menschen" hervor, dass es bei Kleist häufig nicht zu Identitätsverdopplungen, sondern vielmehr zu Substitutionsprozessen kommt. (118) Das klarste Beispiel hierfür ist der *Findling*. Auch in *Amphitryon* wird die Identitätsproblematik anhand der Frage der Ersetzbarkeit des Ehemannes reflektiert.

Sie hat die Dienerschaft als Zeugen, und noch wichtiger, sie hat bereits Amphitryons Geschenk in Besitz, was Sosias dann dazu bringt, Amphitryon als Doppelgänger zu identifizieren:

> Alkmene: Soll ich, du Unbegreiflicher, dir den
> Beweis jetzt geben, den entscheidenden?
> Von wem empfing ich diesen Gürtel hier?
> Amphitryon: Was einen Gürtel? du? Bereits? Von mir?
> Alkmene: Das Diadem, sprachst du, des Labdakus,
> Den du gefällt hast in der letzten Schlacht.
> Amphitryon: Verräter dort! Was soll ich davon denken?
> Sosias: Laßt mich gewähren. Das sind schlechte Kniffe,
> Das Diadem halt' ich mit meinen Händen.
> Amphitryon. Wo?
> Sosias: Hier. *Er zieht ein Kästchen aus der Tasche.*
> Amphitryon: Das Siegel ist noch unverletzt!
> *Er betrachtet den Gürtel an Alkmenes Brust.*
> Und gleichwohl – trügen mich nicht alle Sinne –
> *zu Sosias:*
> Schnell öffne mir das Schloß.
> Sosias: Mein Seel, der Platz ist leer.
> Der Teufel hat es wegstipitzt, es ist
> Kein Diadem des Labdakus zu finden.
> Amphitryon: O ihr allmächt'gen Götter, die die Welt
> Regieren! Was habt ihr über mich verhängt?
> Sosias: Was über Euch verhängt ist? Ihr seid doppelt,
> Amphitryon vom Stock ist hier gewesen,
> Und glücklich schätz' ich euch, bei Gott –
> Amphitryon: Schweig Schlingel!
> (DKV, I, 412–413)

Diese Szene bildet eine interessante Differenz zu *Familie Schroffenstein* ab. Ähnlich wie bei *Familie Schroffenstein* ist die materielle Evidenz das letzte Refugium, um die Dinge aufzuklären.[23] Während aber Peters kleiner Finger die Lage aufklären und Identität stiften kann, verwirren hier die Gegenstände die Situation immer mehr und können nicht mehr zur Hilfe genommen werden. Das Diadem kann keine zuverlässige Klärung der Umstände liefern, da es nicht, wie von Amphitryon erwartet, in dem Kästchen ist, und damit Alkmene nicht widerlegen kann. Allerdings führt die Inspektion des Diadems, auf dem ein J und kein A eingraviert ist, auch nicht zur Produktion der gewünschten Evidenz. Wie Marianne

---

[23] Wie Bohnert ausführt: „Wirklich fest existieren nur die Dinge, das Diadem des Labdakus, der Gürtel, der Orolan, das Schloß, die Stadt." (Bohnert, „Kleists Fichte", 246)

Thalmann ausführt: „Kleist benutzt das Diadem, das Jupiter Alkmene schenkt und das ihr von Amphitryon als Kriegsbeute zugedacht war, in quälender Weise dazu, um auch sie in die Bewußtseinsnot der Männer hineinzuziehen."[24] Nicht unähnlich zur Situation in *Familie Schroffenstein* trägt ein Objekt, hier das Diadem, alle Evidenzen in sich, kann hier aber von den Personen (vorerst) nicht zur Aufklärung der Ereignisse benutzt werden.[25]

Das Diadem verhüllt dementsprechend auch nicht die Existenz Jupiters, es verkompliziert den Erkenntnisvorgang. Das J auf dem Diadem ist ein Beispiel für diese Strategie, Wahrheit nur in Bruchstücken zu präsentieren. Der Evidenzstatus des Diadems ist zweifelhaft, was eine weitere Befragung Amphitryons notwendig macht. Diese darauffolgende Befragung stellt sich allerdings als problematisch dar, weil Alkmene mit dem Diadem auf Jupiter in Gestalt von Amphitryon trifft, der dann sein rhetorisches Spiel weitertreibt. Dabei versteckt er sich nicht einfach hinter der Fassade des Amphitryon, sondern verstrickt Alkmene in unentscheidbare Szenarien. Als Alkmene Klartext einfordert, äußert Jupiter folgendes:

> Alkmene: O mein Gemahl! Kannst du mir gütig sagen,
> Warst du's, warst du es nicht? O sprich! du warst's!
> Jupiter: Ich war's. Sei's wer es wolle […]
> (DKV, I, 424)

Solche Strategien können Alkmene aber nicht beruhigen, und Jupiter wird expliziter:

> Jupiter: Den Eid, kraft angeborner Macht, zerbrech' ich
> Und seine Stücken werf' ich in die Lüfte.
> Es war kein Sterblicher, der dir erschienen,
> Zeus selbst, der Donnergott, hat dich besucht.
> (DKV, I, 426)

Jupiter gibt jetzt aber nicht zu, dass er der Gott und nicht Amphitryon ist. Er treibt sein Spiel trotz der Erklärung noch weiter und konstruiert Amphitryon quasi als imaginären Doppelgänger seiner selbst:

> Jupiter: Wer ist's, dem du an seinem Altar betest?
> Ist er's dir wohl, der über Wolken ist?

---

24 Thalmann, „Jupiterspiel", 66.
25 Gerade der Fokus auf die eingravierten Buchstaben A bzw. J verweist auf die Identitätspolitik, die Kleist in der Würzburger Reise entwickelte. In gewisser Weise ist das Diadem auch ein „materieller Brief" an Alkmene, der mit einem Absender versehen ist.

> Kann dein befangner Sinn ihn wohl erfassen?
> Kann dein Gefühl, an seinem Nest gewöhnt,
> Zu solchem Fluge wohl die Schwingen wagen.
> Ist's nicht Amphitryon, der Geliebte stets,
> Vor welchem du im Staube liegst?
> Alkmene: Ach, ich Unsel'ge, wie verwirrst du mich.
> Kann man auch Unwillkürliches verschulden?
> Soll ich zur weißen Wand des Marmors beten?
> Ich brauche Züge nun, um ihn zu denken.
> (DKV, I, 429–430)

Jupiter ist der Doppelgänger Amphitryons und umgekehrt wird Amphitryon so auch zu einer Repräsentation Jupiters. Der Doppelgänger ist eine Funktion, göttlichen bzw. fiktionalen Wesen, eine imaginative und anschauliche Realität zu geben. Was diese Strategien deutlich machen, ist, dass bei Kleist Doppelgänger nicht einfach gleich aussehen, sondern, wie Anthony Stephens und Yixu Lü in ihrem Aufsatz „Die Ersetzbarkeit des Menschen" hervorheben, in einen Ersetzungsprozess eintreten, weil ihre Identität in Fluktuation gerät. Diese Konfiguration stellt die Frage, wie Identitäten konstruiert und immer wieder verändert werden können, wie sie abhängig von einem Rezeptionsprozess sind. Diese Situation ist in *Amphitryon* so verfahren, dass sie auch nicht mehr epistemologisch, sondern nur noch politisch gelöst wird. Das ganze Spiel wird erst zum Schluss in einer Art Staatszeremoniell aufgelöst und eine Wiedergutmachung in der Form der Geburt des Herkules geleistet. Wie Kim Fordham anmerkt, inszeniert *Amphitryon* eine Art von Gerichtsprozess, wobei jedoch in Jupiter die Figur des Richters und Angeklagten zusammenfallen, was auf den *Zerbrochnen Krug* hindeutet – im *Amphitryon* verliert jedoch der Richter nicht seine Autonomie.[26] Während in *Familie Schroffenstein* die Auflösung ein epistemologischer Prozess ist, ist es in *Amphitryon* ein politischer, bei dem Jupiter seine Autorität ausstellt.

Diese Verwechslungsgeschichte ist eine Übernahme von Molières Komödie, bildet aber auch einen großen Teil des Erfahrungsschatzes des jungen Kleist ab. Zum einen spielt die Geschichte im militärischen Bereich, bei dem es um die Sorge des Soldaten geht, was daheim geschieht, zum anderen ist es die Geschichte über die kommunikativen Probleme einer Fernbeziehung. Wenn Boten nicht so funktionieren wie sie sollten, muss Kleist vor seinen Doppelgängern Angst haben. Auch wenn die Angst vor Klingstedt auf eine Paranoia anspielt, die

---

[26] Fordham, *Trials*, 71. Es deutet dabei schon auf die Rolle von physikalischen Prozessen in Kleists Schreiben hin, dass der Gott sich dadurch eindeutig identifiziert, dass er einen Donnerkeil einfängt, und somit nicht der menschliche Amphitryon sein kann. (DKV, I, 459)

in sich nicht fundiert ist, gibt es noch den Professor Krug, der Wilhelmine heiratet. Krug ist dabei auch nichts anderes als eine mögliche Identität, die Kleist für sich entwarf, nämlich die eines wissenschaftlichen Schriftstellers.[27] Dies ist eine Identität, die er bezeichnenderweise anzunehmen versuchte, um eine finanzielle Existenz für sich und Wilhelmine zu finden.

3.2.2 Boten

Im Zusammenhang mit der *Familie Schroffenstein* habe ich bereits auf die Bedeutung von Boten in Kleists Schreiben aufmerksam gemacht. *Amphitryon* setzt dies explizit fort. Zunächst ist eine zentrale Gestalt der Götterbote Merkur, der nun als erstes keine Botschaft überbringt, sondern einen Boten, nämlich Sosias, aufhält. Dies tut er allerdings in der Erscheinung von Sosias, also als Doppelgänger dieses Boten. Das Zusammentreffen der Boten Sosias und Merkur eröffnet somit das Stück (anders als Molières *Amphitryon*[28]), und genau diese Anfangsszene konstituiert nicht nur den spielerischen Charakter des Stückes, sie enthält auch seinen philosophischen und medienreflexiven Kern.[29]

---

27 Im Brief vom 13. November 1800 teilt er Wilhelmine seinen Wunsch mit, Schriftsteller zu werden, wobei er vor allem seinen Plan meint, Kant in Frankreich zu popularisieren. (DKV, IV, 153)
28 Molière beginnt mit einer Exposition, in der Merkur der Nacht seinen Auftrag schildert und dem Zuschauer eine Verständnishilfe angeboten wird. Kleist lässt diese „göttliche" Kommunikation außen vor und beginnt mit Sosias, also einem irdischen Protagonisten, der die Materialität der Kommunikation ausstellt. Robin Clouser sieht diese Umstellung Kleists als ein Verfahren an, die Komik des Stückes herunterzufahren und die Position des irdischen Boten Sosias stärker in den Fokus zu rücken. (Clouser, „Messenger to Myth", 278)
29 Klaus Zeyringer weist noch darauf hin, dass diese Betonung der Botencharaktere, besonders des „Hans Wurst" Charakters Sosias, ein klares Gattungsmerkmal der Komödie ist. Zeyringer hebt dabei hervor, dass Kleist sich von einer Dramenästhetik des Ernsthaft-Erhabenen absetzen und die Rolle der Komödie betonen will. (Zeyringer, „Lustspielfigur", 557) Diesen Befund kann man unterstreichen, aber ich möchte dem noch hinzufügen, dass die Komödie durchaus auch eine kommunikationstheoretische Konsequenz hat. Sind es im als klassisch zu nennenden Drama die autonomen Handlungsträger einer Gesellschaft, die im Zentrum stehen, so hat die Komödie einen Fokus auf die relativ handlungsneutralen Elemente einer Gesellschaft. Hierin liegt auch die Besonderheit der kleistschen Komödie, sie räumt den Funktionen einen großen Raum ein, die ansonsten als transparent aus der Handlung ausgeblendet werden – also im Sinne von Krämer Medien sind, die in ihrem Vollzug transparent bleiben. Szondi und auch beispielsweise Tim Mehigan haben angemerkt, dass der Unterschied zwischen Kleists und Molières Version darin besteht, dass „fast alles, was Molières *Amphitryon* als Gesellschaftsdichtung erscheinen läßt, von Kleist aufgegeben wird". (Szondi, „Amphitryon", 251) Szondi sieht in dieser Reduktion des Sozialen eine Betonung des erkenntniskritischen Moments durch Kleist. (Szondi,

Diese Szene zeigt Sosias, der Alkemene von der Ankunft Amphitryons und von seinem Sieg über Theben berichten sollte. Kleist verkompliziert aber nun diese Botenfigur, Sosias funktioniert nicht mehr wie Aldöbarn in *Die Familie Schroffenstein*, der Botschaften ungefiltert und unmittelbar von seinem Dienstherren überbringt. Sosias ist kein Zeuge und muss daher die Botschaft imaginieren, der Bote wird buchstäblich zu einer theatralischen Gestalt. Kleist lässt ihn auf der Bühne seinen Auftritt bei Alkmene proben und kreiert somit ein eigenständiges Stück im Stück.

> Doch wär' es gut, wenn du die Rolle übtest?
> Gut! Gut bemerkt, Sosias! Prüfe dich.
> Hier soll der Audienzsaal sein, und diese
> Latern' Alkmene, die mich auf dem Thron erwartet.
> *Er setzt die Laterne auf den Boden.*
> Durchlauchtigste! mich schickt Amphitryon,
> Mein hoher Herr und euer edler Gatte,
> Von seinem Siege über die Athener
> Die frohe Zeitung euch zu überbringen.
> (DKV, I, 384)

Hier produziert Kleist eine Szene, die die Hauptmerkmale des Stücks ausstellt. Der Kern der Szene ist ein Bote und der Bote inszeniert sich als sein eigener Doppelgänger.[30] Sosias ist dabei eine eigentümliche Kommunikationsfigur, nämlich ein Bote ohne Nachricht. Sosias sagt es explizit, dass er nichts zu berichten hat:

> Doch wie zum Teufel mach ich das, da ich
> Dabei nicht war? Verwünscht. Ich wollt: ich hätte
> Zuweilen aus dem Zelt geguckt,
> Als beide Heer' im Handgemenge waren.
> Ei was! Vom Hauen sprech' ich dreist und Schießen,
> Und werde schlechter nicht bestehn, als Andre,
> Die auch den Pfeil noch pfeifen nicht gehört. – (DKV, I, 384)

„Amphitryon", 253) Ich würde die Betonung in der Verschiebung auf die kommunikativen Strategien in dem Stück legen.

30 Dieser hohe Grad von Selbstreflexivität wurde bereits von Goethe gesehen, der dies aber bei weitem nicht positiv wertete. Goethe schreibt über *Amphitryon*: „Wenn man die beiden entgegengesetzten Enden eines lebendigen Wesens durch Contorsion zusammenbringt, so gibt das noch keine neue Art von Organisation; es ist allenfalls nur ein wunderliches Symbol, wie die Schlange, die sich in den Schwanz beißt." (Sembdner, *Lebensspuren*, 185)

Dass Sosias aber nichts zu berichten hat, soll die Nachrichtenübermittlung nicht stören, er denkt sich einfach etwas aus. Es kommt aber dennoch nicht zur Kommunikation, sie wird durch Merkur behindert, der in der Gestalt von Sosias Sosias davon abhält, vor Alkmene vorzusprechen. Die Doppelgänger-Funktion von Sosias wird in der 1. Szene des 2. Aktes zwar als eine quasi fichtesche Subjektkonstitution durchgespielt. („Jedoch zuletzt erkannt' ich, mußt' ich mich,/ Ein Ich, so wie das Andre, anerkennen."[DKV, I, 406])[31] Es geht hier aber nicht um die Setzung eines Subjekts, sondern um die Störung von Kommunikation:

> Amphitryon: Gestört? Wodurch? Wer störte dich?
> Sosias: Sosias.
> Amphitryon: Wie soll ich das verstehn?
> Sosias: Wie Ihr's verstehen sollt?
> Mein Seel! Da fragt Ihr mich zu viel.
> Sosias störte mich, da ich mich übte.
> (DKV, I, 404)

Und Sosias wird sich explizit selber als Doppelgänger bezeichnen:

> Ich schwör's euch zu,
> Daß ich, der einfach aus dem Lager ging,
> Ein Doppelter in Theben eingetroffen;
> (DKV, I, 405)

Diese Verdopplung des Rahmens im Drama, die sich im Paar Merkur/Sosias manifestiert, setzt sich dezidiert aus Boten zusammen. Die Boten handeln dabei von Anfang an aber nicht in ihrer Funktion, Nachrichten zu übermitteln. Was hier ge-

---

31 Ernst Cassirer hat bereits darauf hingewiesen, dass die Kant-Krise eine Fichte-Krise war (Cassirer, *Kleist und die Kantische Philosophie*, 12–24), und Laurie Johnson liest die Problematisierung von Wissen und Identität in *Familie Schroffenstein* in ihrem Aufsatz „Displacements in ‚Die Familie Schroffenstein'" als einen Verweis auf Fichtes Subjektphilosophie (122–123). John Woodward liest *Amphitryon* als eine diskursive Auseinandersetzung mit Ideen, die Kleist bei Fichte oder Novalis über Subjektkonstitution gefunden haben könnte. Er fokussiert dabei allerdings nicht auf die Amphitryon/Jupiter-Spaltung bzw. -Verdopplung, sondern auf Alkmene und eine dialektische Subjektkonstitution zum männlichen Gegenpart. (Woodward, „Alkmene's Identity Crisis", 95) Joachim Bohnert diskutiert in seinem Aufsatz „Kleists Fichte" gezielt, wie *Amphitryon* als eine Meditation über die fichtesche und kantische Subjektphilosophie gelesen werden kann, und auch Helmut Bachmaier und Thomas Horst sehen in diesem Stück primär den Versuch ein philosophisches Problem in einer ästhetischen Form, nämlich dem Mythos, darzustellen und zu lösen. („Die mythische Gestalt des Selbstbewusstseins", 440–441)

rade in den ersten Szenen inszeniert wird, ist die Vermeidung von klarer Kommunikation, bzw. von Nachrichtenübermittlung. Merkur, der göttliche Bote, wird zu einem Spion, der den Boten abfängt und unterwandert.

Dieses Stück ist also nicht nur die literarische Bearbeitung eines bekannten Stoffes, es ist eine durch und durch medientheoretische Reflexion. Es macht explizit, dass Identität keine ontologische Kategorie, sondern ein kommunikativer Prozess ist. Die Leichtigkeit der Komödie und die dann doch versöhnliche Lösung am Ende des Stücks lassen jedoch vergessen, dass es in diesem Stück um Macht geht.[32] In diesem Stück zeigt Jupiter auf eindrucksvolle Weise, wie er die Geschicke der Sterblichen bestimmen kann. Am sichtbarsten wird diese Souveränität Jupiters durch körperliche Machtausübung wie im Verprügeln Sosias' oder der Vergewaltigung bzw. Inbesitznahme Alkmenes, die Kleist dann in ähnlicher Form in der *Marquise von O...* wieder aufnehmen wird.[33] Die Gewalt, oder vielmehr die Macht, die dem Gott zufällt, ist aber primär auf die Nachrichtenübertragung und die Identitätsstiftung bezogen. Medienhistorisch gesprochen hat Jupiter das Postmonopol inne, das nicht nur Briefe zustellen, sondern auch Adresse und Identitäten festlegen kann.

Franz Eybl schreibt, dass Kleists Thema insgesamt gestörte Kommunikation ist.[34] Diesem Befund kann man zustimmen, er muss aber um eine mediologische Komponente erweitert werden. Kleist schreibt in einem Paradigma, in dem gestörte Kommunikation noch nicht so sehr als verrauschtes Signal beschrieben wird, sondern als Ausbleiben von Nachrichten oder Falschadressierungen. Es geht hier noch nicht wie dann bei Kafka um das singende Rauschen in Telefonleitungen,[35] sondern um die Frage von Zustellbarkeiten. Die Nachrichtenstörung, mit der das Stück *Amphitryon* beginnt, macht dies explizit. Sosias übermittelt keine falsche Information, er übermittelt gar nichts, weil er von Merkur daran gehindert wird, was es dann Jupiter ermöglicht, als Amphitryon aufzutreten. Die Identität Amphitryons ist eingebunden in ein Nachrichtensystem, das, wenn un-

---

32 Siehe hier beispielsweise Stephan Krafts Text „Die Nöte Jupiters" und Jean Wilsons „Heinrich von Kleist's Amphitryon". Wittkowski weist darauf hin, dass, während der Richter Adam für seinen moralischen Fehltritt bestraft wird, Jupiter ungestraft bleibt, was klar dessen Machtposition ausstellt. (Wittkowski, „Gaukelspiel der Autorität", 114–115)
33 Für einen Vergleich der Vergewaltigung in *Amphitryon* und in der *Marquise von O...* siehe Jean Wilsons Aufsatz „Kleist's Amphitryon".
34 Eybl, *Kleist-Lektüren*, 99.
35 Kafka, *Schloss*, 24.

terbrochen, Freistellen für falsche Identitäten ermöglicht. Genau diese Freistellen versucht auch der Richter Adam im *Zerbrochnen Krug* zu erzeugen.[36] Er scheitert jedoch im *Krug*, weil hier Identität nicht nur durch Boten erzeugt, sondern auf biometrische Erkennung zurückgeführt wird.

3.3 *Der zerbrochne Krug*

Kleists bei weitem erfolgreichstes (auch wenn die Erstaufführung durch Goethe in Weimar wahrscheinlich der berühmteste Flop der Literaturgeschichte ist) und bekanntestes Stück, *Der zerbrochne Krug*, gehört mit zu seinen ersten literarischen Versuchen. Ähnlich wie *Die Familie Schroffenstein* und *Amphitryon* geht es aus einem zutiefst innerliterarischen Verfahren hervor. Während *Die Familie Schroffenstein* einen dichten intertextuellen Teppich webt, der am stichhaltigsten mit Shakespeares *Romeo und Julia* verknüpft ist, repräsentiert *Amphitryon* als eine bearbeitete Übersetzung einen noch eminenteren literarischen Verweis auf Molière. *Der zerbrochne Krug* fügt sich in zweifacher Hinsicht in diese Reihe ein. Zum einen schreibt Kleist eine kurze Vorrede (DKV, I, 259) (die allerdings zu seiner Lebenszeit nicht abgedruckt wurde), die klar *Ödipus* als intertextuellen Verweis angibt,[37] zum anderen entstand der Text angeblich aus einem Dichterwettstreit. Wie Kleists Freund Zschokke in seinen Erinnerungen erzählt, beschlossen er, Ludwig Wieland und Kleist bei dem Anblick eines Kupferstichs in seiner Wohnung je einen Text zu diesem Motiv zu schreiben.[38] Dieses Stück geht somit klar

---

36 Eybl verweist pointiert auf diesen kommunikativen Aspekt des Krugs: „Wie schon im Krug gestaltet Kleist die Trügerei der Zeichen als Sprachzeichen." (Eybl, *Kleist-Lektüren*, 99)
37 Wolfgang Schadewaldts Aufsatz „Der ‚Zerbrochne Krug' von Heinrich von Kleist und Sophokles' ‚König Ödipus'" hat die Forschung nachhaltig beeinflusst. Er beschreibt Kleists Text als ein „negatives Spiegelbild des sophokleischen Ödipusgeschehens." (Schadewaldt, „Der ‚Zerbrochene Krug' und ‚König Ödipus'", 318) In der Tat wird die Beziehung von *Ödipus* und dem *Zerbrochnen Krug* in der Forschung nicht einfach als Kopie betrachtet, sondern komplexer problematisiert. Besonders wird kritisch auf die Frage eingegangen, ob *Der Zerbrochne Krug* überhaupt ein analytisches Drama ist. Immerhin weiß der Richter von Anfang an von seiner Schuld, wie beispielsweise Anton Reininger in seinem Aufsatz „Sprache, Macht und die Mechanismen der Komik" betont, und es geht mehr darum, die Schuld zu verschleiern, als sie ans Tageslicht kommen zu lassen. (Reiniger, „Mechanismen der Komik", 157–158) Motivisch verweist der Richter Adam mit seinem Klumpfuß aber sicherlich auf die sophokleische Dramenfigur. Siehe hier beispielsweise Ethel Matala de Maza, „Hintertüren", 196.
38 Sembdner, *Lebensspuren*, 68. In der Forschung wird dieser anekdotische Ursprung problematisch gesehen. Hans Joachim Kreutzer und Frank Schlossbauer verweisen beispielsweise darauf, dass es sich hier vielmehr um eine retrospektive Stilisierung Zschokkes gehandelt haben

aus einem höchst innerliterarischen Kontext hervor. Es transponiert jedoch die Tragik des *Ödipus* in eine schwankhafte Volkstümlichkeit. Dieser bäuerliche Kontext soll aber nicht darüber hinwegtäuschen, dass die gesamte Situation eingebunden ist in den komplexen Überwachungsapparat eines modernen Rechts- und Bürokratiesystems.[39] Noch mehr als über das Leben auf dem Lande handelt dieses Drama davon, wie der Arm der Verwaltung bis in die entlegensten Winkel der zivilisierten Welt reicht – auch wenn es auf der Oberfläche zu einer sophokleischen Selbstverurteilung kommt, müssen hier Napoleons *Code Civil* und die preußischen Rechtsreformen des späten achtzehnten Jahrhunderts als Hintergrundtexte mitgedacht werden.[40]

3.3.1 Richter Adam und die Bürokratie

Noch mehr als ein Drama über die moralischen Fehltritte des Richters ist der Text eine Abrechnung mit den vormodernen Verwaltungspraktiken Adams. Die Prüfung durch den Gerichtsrat Walter betrifft dabei auch nicht Adams nächtliche Handlungen, sondern seine Bücher, in die der Gerichtsrat Einsicht nehmen will. Bevor *Der zerbrochne Krug* also als eine reflexive In-Szene-Setzung des Gerichts betrachtet wird, sollte berücksichtigt werden, dass sich Kleist, wie beispielsweise Rupert Gaderer auch betont, nicht nur mit rechtlichen sondern auch ganz zentral mit bürokratischen Abläufen beschäftigt hat.[41]

---

könnte (Schlossbauer, „Das Lustspiel als Lust-Spiel", 525), wobei es doch recht sicher ist, dass Kleist das Bild bei Zschokke gesehen hat. (Kreutzer, „Plädoyer", 68–69)

39 Siehe hierzu auch: Vismann, *Medien der Rechtsprechung*, 38–71.

40 Stephan Kraft verweist darauf, dass die juristischen Probleme, die im *Zerbrochnen Krug* abgearbeitet werden, vor allem vor dem Hintergrund der Rechtsordnungen um 1800 zu verstehen sind, bei der die Richter sukzessive immer autonomer wurden, es aber gerade deshalb wichtig war, einem allgemeinen Standard verpflichtet zu sein. (Kraft, „Eine Revisionsverhandlung", 186–187) Wolf Kittler macht darauf aufmerksam, dass die Innovation des Allgemeinen Landrechts nicht nur in der Autonomisierung des Richters lag, sondern auch das erste Gesetzbuch darstellt, das Amtsmissbrauch unter der Überschrift „Verbrechen der Diener des Staates" strafbar macht. (Kittler, *Geburt des Partisanen*, 96) Insgesamt war das Ziel des *Code Civil*, wie es Elisabeth Fehrenbach ausführt, eine bürgerliche Rechtsordnung zu zementieren, die besonders Eigentumssicherheit gewährleistete, und sie betont, dass Naopleons Rechtskodifikationen in Deutschland eine Entwicklung fortschreiben, die bereits mit dem Allgemeinen Landrecht von 1794 begonnen haben. (Fehrenbach, *Revolutionäres Recht*, 10–11)

41 Siehe zu Kleists Beziehung zu bürokratischen Praktiken beispielsweise Gaderer, „Querulanz". Dies soll nicht heißen, dass dieses Drama kein Gerichtsdrama ist. Ich möchte diese Perspektive aber dadurch erweitern, dass ich auf die kommunikative Infrastruktur des Gerichts,

Der zerbrochne Krug beschreibt eine Beobachtungssituation. Es sind dabei jedoch nicht nur die Zuschauer und der Richter selber, die beobachten, wie sich Adam immer weiter in seinem Netz von Lügen verfängt, es gibt innerhalb des Dramas noch den Gerichtsrat Walter und den Schreiber Licht,[42] die explizit eine Beobachtungsposition einnehmen. Walter und Licht verkörpern dabei die bürokratischen Institutionen, die als Beobachtungsfunktionen Adam über- bzw. nebengeordnet sind. Dass diese Figuren eine solche Funktion besitzen, wird durch ihre sprechenden Namen unterstrichen. Der Schreiber kann buchstäblich „Licht" in die Angelegenheit bringen,[43] und der Gerichtsrat Walter steht wortwörtlich als pars pro toto für die Verwaltung (Ver-walter) als Ganzes.

Das Drama öffnet mit dieser Beobachtung durch Licht, der im ersten Auftritt eine detaillierte Beschreibung von Adams Körper bietet, die bei weitem akkurater ist als Adams Erklärungen. Zunächst macht Licht Adam bei der Schilderung seines angeblichen morgendlichen Unfalls auf den Unterschied zwischen seinen Füßen aufmerksam:

> Licht: Und wohl den linken obenein?
> Adam: Den linken?
> Licht: Hier, den gesetzten?
> Adam: Freilich!
> Licht: Allgerechter!
> Der ohnehin schwer den Weg der Sünde wandelt.
> Adam: Der Fuß! Was! Schwer! Warum?

---

also die Akten und die Bürokratie hinweise, die ein ebenso elementarer Teil des Dramas sind, wie die eigentliche Gerichtsverhandlung. Cornelia Vismann hat sehr pointiert darauf hingewiesen, dass sich die Produktion von Akten, Bürokratie und Rechtsprechung gegenseitig bedingt: „Der Hauptfaktor für die Vermehrung von Akten um 1800 ist bei der praktischen Umsetzung des Prinzips der Selbstverwaltung zu suchen. Die Verwaltung bewirkt vor allem Rückkopplungsschleifen von Akten: Berichte von Beamten und Berichte über Beamte, Berichte von Ministern und Berichte über die Arbeit der Ministerien, Rechenschaftsberichte aus den Behörden an jeweils übergeordnete Behörden. Sämtliche Bewegungen des preußischen Reformstaats verdoppeln sich in Akten." (Vismann, *Akten*, 232) Genau um diese Verkettung von kommunikativen Instanzen, die Kleist bei seinen vielfältigen Berührungen mit bürokratischen Apparaten erlebt hat, geht es im *Zerbrochnen Krug*. Der Prozess ist ein Teil der Entropie der Akten, die von Walter und Licht immer weiter produziert wird, bzw. *Der zerbrochne Krug* ist in gewisser Weise selber die Akte eines solchen Verwaltungsfalls.

42 Ockert, *Recht und Liebe*, 52.
43 W.C. Reeve weist darauf hin, dass Licht in einer interessanten Ambivalenz steht und bei weitem kein rein positiv konnotierter Charakter ist. Auf der einen Seite ist er der Bedienstete Adams und versucht, ihn in einem bestimmten Maß zu schützen, nicht zuletzt, da er wie bei der Rhein Indunations Kollekte mit in die Machenschaften verstrickt ist. Auf der anderen Seite hat er als Karriererist durchaus Interesse an dem Fall Adams. (Reeve, „Ein dunkles Licht")

> Licht: Der Klumpfuß?
> Adam: Klumpfuß!
> Ein Fuß ist, wie der andere, ein Klumpen.
> Licht: Erlaubt! Da tut ihr eurem rechten Unrecht.
> Der rechte kann sich dieser – Wucht nicht rühmen,
> Und wagt sich eh'r auf's Schlüpfrige.
> (DKV, I, 288)

Nach dieser Belehrung geht es jedoch noch weiter, und Licht verweist auf Verletzungen in Adams Gesicht.

> Licht: Und was hat das Gesicht euch so verrenkt?
> Adam: Mir das Gesicht?
> Licht: Wie? Davon wißt ihr nichts?
> Adam: Ich müßt' ein Lügner sein – wie sieht's denn aus?
> Licht: Wie's aussieht?
> Adam: Ja, Gevatterchen.
> Licht: Abscheulich!
> Adam: Erklärt euch deutlicher.
> Licht: Geschunden ist's,
> Ein Greul zu sehn. Ein Stück fehlt von der Wange,
> Wie groß? Nicht ohne Waage kann ich's schätzen.
> Adam: Den Teufel auch!
> Licht *bringt einen Spiegel*: Hier! Überzeugt euch selbst!
> Ein Schaf, das, eingehetzt von Hunden, sich
> Durch Dornen drängt, läßt nicht mehr Wolle sitzen,
> Als ihr, Gott weiß wo? Fleisch habt sitzen lassen.
> (DKV, I, 288)

Licht übernimmt in dieser Szene zwei Funktionen. Er beobachtet bzw. beschreibt den Richter und überbringt dann die schlechte Nachricht: Er ist Beobachter und Bote in einem. Seine kommunikative Neutralität, die ja Krämer als zentral für die Botenfunktion beschreibt,[44] wird dadurch erzeugt, dass er nicht als Beobachter eine Nachricht selber an den Empfänger überträgt. Er gibt dem Empfänger nichts weiter als ein Medium, nämlich einen Spiegel, so dass er die Nachricht, die auf seinen eigenen Körper aufgetragen ist, entziffern kann. Es passt dabei in Kleists Körperästhetik, dass hier eine klaffende Wunde zu einem Index wird, die keine beschreibbare Form nahelegt, sondern nur noch materiell mit einer Waage aufgewogen werden kann – es gibt hier ähnlich dem Kinderfinger in *Familie Schroffenstein* einen äußerst materiellen Index, der allein in seiner Präsenz von Bedeutung ist.

---

[44] Krämer, *Bote*, 11.

Diese Körperexaminierung ist jedoch nicht auf Licht beschränkt, sie wird vom Gerichtsdiener Walter weiter fortgeführt, der Adam auf die Wunde an seinem Hinterkopf aufmerksam macht.

> Adam: Über – gnäd'ger Herr Gerichtsrat,
> Die Wahrheit euch zu sagen, über mich.
> Ich schlug euch häuptlings an den Ofen nieder,
> Bis diese Stunde weiß ich nicht, warum?
> Walter: Von hinten?
> Adam: Wie? Von hinten –
> Walter: Oder vorn?
> Ihr habt zwei Wunden, vorne ein' und hinten.
> (DKV, I, 339)

Adam wird in diesem Moment für sich selber zum blinden Punkt der Beobachtung. Dies schließt ihn klar als eine Ödipusfigur in die Literaturgeschichte ein.[45] Die Aufklärung über die eigene Identität kann nicht aus der Erinnerung geschehen, sie wird analytisch und reflexiv aus der Beobachtung äußerer Tatsachen und Indizien abgeleitet. Walter und Licht werden dabei zu Funktionen, die diese mittelbare Selbsterkenntnis ermöglichen. Sie sind die Katalysatoren für Adams Erkenntnisprozess. Es bleibt dabei entscheidend – und hierin konstituiert sich Kleists Ironie – dass es beiden Figuren im Prinzip nicht darum geht, den Richter über ein strafrechtliches Vergehen stolpern zu lassen, sondern vielmehr auf seine Verwaltungspraxis zu achten. In dieser Hinsicht sind Licht und Walter einander gegenübergestellte Charaktere. Während Walter als Außenbeobachter die Bücher und Verfahren überprüft, also die Akten durchsehen will, die der Schreiber Licht verfasst hat, geht es Licht natürlich darum, zumindest seine Verwaltungspraxis als positiv darzustellen.[46]

Dabei macht es Walter in dieser Szene explizit, dass er primär Beobachter ohne exekutive Befugnisse ist. Er betont, dass er nicht gekommen ist ein Urteil zu fällen:

---

45 Dies ist eine interessante Variante der Ödipusfigur, da Adam sich seiner Tat bewusst ist und sie nun zu verschleiern versucht. Wessen er sich allerdings nicht bewusst ist, ist, wie sich diese Tat durch Spuren gut lesbar in seinen Körper eingegraben hat.
46 Vismann verweist darauf, dass dies eine Verschränkung von theatralischer und behördlicher Praxis ist: „Das rechtliche Institut der Visitation, das in der frühen Neuzeit einsetzt und das Regieren als eine Technik aus command und control, aus Befehl, Überwachung und Rückkopplung ausweist, wird hier zum Kunstgriff, um die Beobachterebene in das Gerichtsgeschehen einzuführen, die ansonsten, in den kunstlosen Prozessdramen, den Zuschauern allein zugedacht ist." (Vismann, *Medien der Rechtsprechung*, 39)

> Doch mein Geschäft auf dieser Reis' ist noch
> Ein strenges nicht, sehn soll ich bloß, nicht strafen,
> Und find ich gleich nicht Alles, wie es soll,
> Ich freue mich, wenn es erträglich ist.
> (DKV, I, 298)

Dies ist eine Position, die allerdings von Berichten in Frage gestellt wird, dass der Gerichtsrat nach einer Kassenprüfung in dem Ort Holla den Richter und den Schreiber suspendierte, und der Richter daraufhin versuchte, sich das Leben zu nehmen. (DKV, I, 290–291) Dies scheint schon ein Echo der Selbstverurteilung Adams zu sein, aber es gibt einen klaren Unterschied zwischen dem Fall im Dorf Holla und Adams Verstoß – in Holla handelt es sich primär um ein administratives Vergehen.[47] Vor einem solchem Verfahren fürchtet sich zwar Richter Adam auch, aber das wird kein Problem werden, da im ganzen Stück die Bücher nie geprüft werden.

Es bleibt zu konstatieren, dass es eine enge Verkettung von Bürokratie und Richter Adam gibt, was auch deutlich macht, dass hinter dem Prozess um den zerbrochenen Krug noch ein weiteres Drama liegt. Es ist das Drama der Akten, die Entropie der Schreibstube, die dem Zuschauer buchstäblich aus jedem Winkel entgegen quillt.

> Adam: Nun denn, so kommt Gevatter,
> Folgt mir ein wenig zur Registratur;
> Die Aktenstöße setz' ich auf, denn die,
> Die liegen wie der Turm zu Babylon.
> (DKV, I, 292)

Da diese Aktenberge jedoch nur dem Diskursanalytiker ihren theatralischen Wert vorführen, bleiben sie Kulisse im Theater.[48] Was aber dennoch bleibt, ist, dass Kleists Ödipus zur Aufklärung seiner wirklichen Lebensgeschichte nicht auf ein enigmatisches Orakel oder die thebanische Pest wartet, sondern sich immer vor

---

[47] Wolf Kittler verweist in Rückgriff auf einen Aufsatz von Richard F. Wilkie darauf, dass dieser Nebenschauplatz in Holla den Verweis auf Christian Felix Weiß' Drama *Der Krug geht so lange zu Wasser, bis er zerbricht; oder der Amtmann* um einen korrupten Richter darstellt. (Kittler, *Geburt des Partisanen*, 90)

[48] Cornelia Vismann hat auf die entropische Wachstumsrate und Existenz von Akten hingewiesen (Vismann, *Akten*, 7), aber auch darauf verwiesen, dass Akten das unsichtbare Andere des Rechts sind, das sich der unmittelbaren Sichtbarkeit und damit auch der Theatralität des Gerichts entzieht. („[Akten] sind das Gegenteil des allgemeinen Gesetzes samt seiner Unterformen. Sie sind das Andere des Gesetzes, die unsichtbare Seite, welche die sichtbare des Gesetzes hervorbringt." [Vismann, *Akten*, 231])

den Standards einer neuen Rechtsordnung legitimieren muss. Diese Rechtsordnung kommt aber nicht, wie Kleists Drama nahelegt, aus Utrecht, sie kommt aus Paris, wo Napoleon seinen *Code Civil* festlegt, der bis in die entlegensten Winkel des neuen Reiches reichen wird:

> Das Obertribunal in Utrecht will
> Die Rechtspfleg' auf dem platten Land verbessern,
> Die mangelhaft von mancher Seite scheint,
> Und strenge Weisung hat der Mißbrauch zu erwarten.
> (DKV, I, 298)

Tagespolitisch beschreibt Kleist hier ziemlich genau die Rechtsreformen, die Napoleon und auch der preußische Staat ungefähr in der Entstehungszeit des Stückes formulieren.[49] Dass Kleist selber im Jahr 1807 plante, den *Code Napoleon* in einer Verlagsbuchhandlung herauszugeben, unterstreicht nur diesen Intertext.

3.3.2 Adams Sprachmagie und die Indexikalität der Spur

Diese Reflexion auf das Bürokratische im *Zerbrochnen Krug* soll aber nicht heißen, dass es hier nur um die Aktenlage geht. Vielmehr setzt Kleist in diesem Stück seine Strategie eines „Schautheaters" fort, das ähnlich wie die Experimentalphysik seines Lehrers Wünsch materielle Indizien vor Augen stellt. Dies geschieht in der *Familie Schroffenstein*, in einer durchaus als ironisch zu bezeichnenden

---

[49] Die Geschichte des *Code Civil* bzw. *Code Napoleon* geht dabei auf den Entwurf eines bürgerlichen Gesetzbuches durch Jean-Jacques Régis de Cambarcérès im Jahr 1793 zurück, wobei für Kleists Kontext auch das Allgemeine Landrecht von 1794 von entscheidender Bedeutung ist. (Kittler, *Geburt des Partisanen*, 96) Die eigentliche Implementierung dieses Codes geschieht 1804, seine Ausweitung auf deutsche Gebiete 1807. Zur Geschichte des *Code Civil* siehe: Elisabeth Fehrenbach, *Traditionale Gesellschaft und revolutionäres Recht* und Paul Ludwig Weinachts Aufsatz „The Sovereign German States and the Code Napoléon". Stephan Kraft verweist auf eine weitere mögliche juristische Referenz. Er merkt an, dass Adams Erwähnung von Pufendorf vielleicht nicht als Verweis auf den Staatstheoretiker Samuel, sondern auf seinen weniger bekannten Großneffen Friedrich Esaias Pufendorf angesehen werden muss, der sich im späten achtzehnten Jahrhundert um eine Umstellung vom althergebrachten Gewohnheitsrecht auf Allgemeingültigkeit und Einheitlichkeit der Prozessführung bemühte. (Kraft, „Eine Revisionsverhandlung", 185–186) Auch die Referenz auf Kaiser Karl V., der auf dem zerbrochenen Krug mitabgebildet war, könnte als Bezug auf eine kodifizierte Rechtspraxis verstanden werden, da er eine Kodifikation des Rechts in den Niederlanden begonnen hatte. (Mejer und Mejer, „Influence of the Code Civil in the Netherlands", 228)

Weise, in Form eines verkochten kleinen Kinderfingers, in *Amphitryon* noch ironischer mit dem Diadem. Im *Zerbrochnen Krug* wird die Produktion von Indizien zum eigentlichen Motor der dramatischen Handlung.

Es ist dabei bezeichnend, dass die Beweisaufnahme weit vor dem eigentlichen Prozess bereits im ersten Auftritt in Adams Gerichtsstube beginnt. Hier ist es, wie erwähnt, Licht, der die Verletzungen in ihrer reinen Phänomenalität erst einmal feststellt und als Gerichtsschreiber zunächst speichert. Auch im zweiten Aufzug wird die Beweisaufnahme unter Lichts Überwachung fortgeführt. Diesmal geht es aber nicht um die Anwesenheit, es geht vielmehr um die Abwesenheit einer Spur. Das heißt, Adam kann seine Perücke nicht finden, und die Magd weiß zu berichten, dass Adam sie am Abend nicht trug. Es wird sich aber herausstellen, dass diese abwesende Perücke noch zum entscheidenden Indiz wird. Die Abwesenheit der Perücke eröffnet für Adam einen Raum der Imagination, den er auch sofort ohne Scham ausfüllt:

> Adam: [...] Geh, Margarethe!
> Gevatter Küster soll mir seine [Perücke] borgen;
> In meine hätt' die Katze heute Morgen
> Gejungt, das Schwein! Sie läge eingesäuet
> Mir unterm Bette da, ich weiß nun schon.
> Licht: Die Katze? Was? Seid ihr – ?
> Adam: So wahr ich lebe.
> Fünf Junge, gelb und schwarz, und eins ist weiß.
> Die schwarzen will ich in der Vecht ersäufen.
> Was soll man machen? Wollt Ihr eine haben?
> (DKV, I, 296)

Die Komik und Absurdität dieser Szene besteht darin, dass Adam jegliche Art von referentieller Realität ausklammert und durch ein fiktives Narrativ ersetzt. Nicht nur, dass die Aussage über die Perücke eine glatte Lüge ist, Adam setzt, ungeachtet dieser Tatsache, eine Erzählung fort, die quasi eine alternative Realität erzeugt, die mit den wirklichen, auf Indizien beruhenden Beweisgründen nicht vereinbar ist. Um es klarer zu sagen: Adam erfindet nicht nur die Geschichte von der Katze, er denkt sich die Katzenjungen gleich hinzu, die er – und das ist das eigentlich Vermessene – noch als Geschenk anbietet.

Diese Szene steht exemplarisch für eine Reihe von ähnlichen Momenten, an denen Adam versucht, Wirklichkeit durch sprachliche Entitäten bzw. Narrative zu erzeugen. Adams wiederholte Referenz zu übernatürlichen Gestalten, besonders dem Teufel, macht dabei deutlich, dass er innerhalb der Dorfgemeinschaft ein vormodernes oder abergläubisches Paradigma repräsentiert, dem der aufgeklärte Schreiber Licht (bereits symbolisiert durch seinen Namen) gegenübersteht. Dies ist auch etwas, das Adam vor Walter mit voller Offenheit gesteht.

> Die Welt, sagt unser Sprichwort, wird stets klüger,
> Und Alles lies't, ich weiß, den Puffendorff;
> Doch Huisum ist ein kleiner Teil der Welt,
> Auf den nicht mehr, nicht minder, als sein Teil nur
> Kann von der allgemeinen Klugheit kommen.
> (DKV, I, 299)

Was Adam hier allerdings verschweigt, ist, dass er nicht nur auf alte Regeln und Bauernschläue zurückfällt, sondern auf Sprachmagie. Für Adam scheint Rechtsprechung ein magisches Verfahren zu sein, das nichts mit der Referentialität, aber viel mit der Performativität von Sprache zu tun hat. Das gesamte Rechtsverfahren um den zerbrochenen Krug zeigt zwar auch die betrügerische Natur Adams, es ist aber bezeichnend, dass dieser Betrug im rein Sprachlichen bleibt und nie zu einer materiellen Manipulation von Indizien führt. Diese magische Perspektive ist auch die Grundlage für seine Rechtsordnung, wie er Walter darlegt:

> Walter: Ich befahl euch,
> Recht hier nach den Gesetzen zu erteilen;
> Und hier in Huisum glaub' ich die Gesetze
> Wie anderswo in den vereinten Staaten.
>
> Adam: Da muß submiß ich um Verzeihung bitten!
> Wir haben hier, mit Ew. Erlaubnis,
> Statuten, eigentümliche, in Huisum,
> Nicht aufgeschriebene, muß ich gestehn, doch durch
> Bewährte Tradition uns überlieferte.
> (DKV, I, 310–311)

All diese idiosynkratischen und sprachlich tradierten Regeln können aber unter der strengen Beobachtung von Licht und Walter, die als treue Staatsbeamte eines sich modernisierenden Staats nur die Gewissheit biometrischer Indizien gelten lassen, nicht halten. Im elften Auftritt sind es dann genau diese biometrischen Indizien, die Adam daran hindern, weitere „Märchen" zu erzählen. Zunächst ist es der Fußabdruck, der auch ohne Fingerabdruck-Kartei mit Adams Körper korreliert werden kann, und der sich selber durch Ausschlussverfahren identifiziert:

> Sagt doch, ihr Herrn, ist jemand hier im Orte,
> Der mißgeschaffne Füße hat?

> Licht: Hm! Allerdings ist jemand hier in Huisum –
> Walter: So? Wer?
> Licht: Wollen Ew. Gnaden den Herrn Richter fragen –
> Walter: Den Herrn Richter Adam?
> Adam: Ich weiß von nichts.
> Zehn Jahre bin ich hier im Amt zu Huisum,
> So viel ich weiß, ist Alles grad gewachsen.
> (DKV, I, 351–352)

Das ist deutlich, und macht weiter klar, dass sich Adam jeglicher Beobachtung, auch der Eigenbeobachtung, entziehen will. Und auch dieses Indiz, also sein eigener Klumpfuß, bringt ihn noch nicht zu Fall, erst die dann doch noch aufgefundene Perücke soll dies schaffen.

> Licht: Hm! Die Perücke paßt euch doch, mein Seel,
> Als wär auf euren Scheiteln sie gewachsen.
> (DKV, I, 353)

Die biometrische Korrelation von Indiz und Adam bringt die schlussendliche Aufklärung in Gang, und genau wie im ersten Auftritt kommt auch hier wieder ein Spiegel ins Spiel („Er besieht sich im Spiegel" [DKV, I, 353]), der Adam Einsicht und Eigenbeobachtung ermöglicht. Die Beweislage ist nun so erdrückend, dass Adam nicht mehr fortfahren kann, seine alternativen Realitäten zu konstruieren.

Es bleibt dabei festzuhalten, dass der zerbrochene Krug eigentlich nur ein Nebenschauplatz ist.[50] Im Kern geht es um Adams Verlangen nach Eve. Das eigentliche Vergehen ist das unsittliche und korrupte Verhalten Adams, das seinen Kulminationspunkt in der Lüge gegenüber Eve über Ruprechts Inskription hat.[51] Der zerbrochene Krug ist eine bloße Bagatelle, die zunächst anscheinend nichts mit der tiefer sitzenden Korruption zu tun hat. Der Zusammenhang zwischen dem Krug und „Adams Fall" ist dann auch vor allem ein semiotischer; der zerbrochene Krug ist juristisch ausgedrückt ein Indiz und bezeichnet semiotisch einen Index, der, ähnlich wie Peters Finger in *Die Familie Schroffenstein*, auf die eigentliche Tat verweist.

---

[50] Kim Fordham beschreibt die Position des Krugs, wie ich finde zu Recht, wie folgt: „Justice is a noble quest, but in the case of Frau Marthe, a ridiculous one. A great deal of the humour of Kleist's play derives from the incongruity of so much ado about a broken jug." (Fordham, *Trials*, 69)

[51] Monika Meister merkt in ihrem Text „Eves beschämte Rede und die Wendungen szenischer Darstellung" zu Recht an, dass man hier nicht nur Adams Lust an Eve, sondern auch ganz zentral Eves Scham reflektieren muss, die als weiterer Affekt von großer Bedeutung für die Dynamik des Stückes ist.

In Kleists Dramen treten die sprachlichen Zeichen und die materiellen Objekte in Konkurrenz zueinander. Kann in der *Familie Schroffenstein* nur der Finger dazu dienen, die Angelegenheit aufzulösen, ist dies schon schwieriger im *Amphitryon*. Das Diadem kann die Identität von Jupiter/Amphitryon nicht klären, sondern nur problematisieren. Auch im *Zerbrochnen Krug* gibt es diesen Konflikt zwischen sprachlichen Zeichen und materiellen Spuren. Adam versucht, teilweise erfolgreich, sich neue Identitäten zuzuschreiben, so lange noch nicht alle Indizien dargelegt sind. In dem Moment, in dem das Wissen Adams durch die Beweisaufnahme deckungsgleich mit dem der Zuschauer wird, kann auch er nicht mehr seine Identität bzw. sein Körperbild verändern.[52]

Es gehört dabei zur Komik des Stückes, dass Frau Marthe in größter Ausführlichkeit die Symbolik und Familiengeschichte des Krugs referiert – für die Dynamik des Dramas ist dies eher zweitrangig,[53] zentral ist der Krug als rein materielle Spur ohne symbolischen Wert. Was in diesem Drama also aufeinanderprallt, sind

---

[52] Bernhard Greiner betont in ähnlicher Weise, dass diese Semiose von Adams Lügen prozesshaften Charakter hat und haben muss, denn wenn das Lügen, also die Dynamik der Kommunikation, endet, bricht Adams Lügengebäude zusammen. (Greiner, *Dramen und Erzählungen*, 92)

[53] Sicherlich hat der Krug mit dem Verweis auf die Geschichte der Niederlande eine zentrale politische Bedeutung, die sowohl auf die Französische Revolution als auch auf den Widerstand gegen Napoleon hinweist, wie Dirk Grathoff (Grathoff, „Der Fall des Krugs", 312–313) und auch Wolf Kittler (besonders für die Inskriptionsthematik des Stückes) ausführen. (Kittler, *Geburt des Partisanen*, 108) Für die komplexen Beobachtungsverhältnisse des Stücks ist das allerdings zweitrangig, auch wenn der zerbrochene Krug sicherlich ein weiteres ekphrastisches Paradigma aufruft, das Visualität zu einem zentralen Moment macht. Hugo Aust hat die multidiskursive Vernetzung von Visualität wie folgt zusammengefasst: „Kleists Lustspiel verdankt seine Entstehung einem Bild, bewegt sich konzentrisch um ein Bild (Krug-Gemälde), findet in einem Bild (Münzprägung) die Lösung und erhält aus dem Umkreis der bildenden Kunst (Teniers vs. Raphael) die einzige Selbstdeutung seines Autors." (Aust, „Kleist: ‚Der zerbrochene Krug'", 66) Auch Ulrich Ernst hat ausführlich auf die Bedeutung des Visuellen aufmerksam gemacht. (Ernst, „Ikonozentrisches Drama") Diese Ansätze rücken allerdings ein repräsentatives Verständnis von Medialität in den Vordergrund; mir geht es in meiner Analyse jedoch nicht um die visuelle Phänomenaliät, sondern um die prozesshaften Kommunikationsmomente im Stück, die sich eben nicht einfach in Repräsentationen manifestieren, sondern weitere Kommunikation triggern. Martin Roussel bietet dabei eine alternative Lesart an, die in gewisser Weise Bildlichkeit und Kommunikation zusammenführt: „Der zerbrochne Krug handelt, indem schon der titelgebende Krug, zerbrochen, wie er ist, nur imaginativ zu restituieren ist, von einer Bildlichkeit, die ihm strukturell entzogen ist und wird; der Gerichtsprozess sucht jenes Momentes habhaft zu werden, als der Krug – den Frau Marthe imaginär hochhält – zerbrach." (Roussel, „Entzug des Bildes", 57) Roussel verweist darauf, dass die Objekte erst in ihrer Vollständigkeit durch Kommunikation in der Imagination (re-)konstituiert werden können.

moderne Beamte, die Informationen nur noch nach ihrer materiellen Struktur begutachten, und der Geschichtenerzähler Adam, der Wahrheit narrativ und rhetorisch erzeugen will.[54] Adam wird in diesem Zusammenhang zu der Produktionsmaschine der Imagination, wird zur Ersatzfigur des Schriftstellers selbst. Die Tatsache, dass Adam ständig alibischaffende Doppelgänger erzeugen will, unterstreicht diesen Befund.[55]

3.3.3 Adam und seine Doppelgänger

Die Familie Schroffenstein und *Amphitryon* entfalten ihre Dynamik durch Doppelgängerfiguren, *Der Zerbrochne Krug* macht hier keine Ausnahme. Der Doppelgänger ist vielmehr der einzige Ausweg für Adam, um die Schuld von sich wegzuführen. Adams Strategie ist es, sich ständig neue Identitäten zuzuschreiben, die dann als Ersatz für ihn herhalten können. Dieses Verfahren wird vor allem im siebten und neunten Auftritt sichtbar.

Im siebten Auftritt setzt die systematische Beweisaufnahme ein, bei der der Schreiber Licht auch als ein Medium gekennzeichnet wird, das einfach alles verzeichnet, was durch den Kanal einfällt:

> Ruprecht: Ja, Lebrecht.
> Adam: Gut.
> Das ist ein Nam'. Es wird sich Alles finden.
> – Habt ihr's bemerkt im Protokoll, Herr Schreiber?
> Licht: O ja, und Alles Andere, Herr Richter. (DKV, I, 320)

---

[54] Peter Michelsen verweist darauf, wie Adams Produktion von Phantasmen durchaus von den „Indizien" gestützt werden kann: „Das Wirkliche selbst ist ja gar nicht mehr ‚da'; nur Spuren zeugen noch von ihm, so wie die corpora delicti, die Scherben des Kruges, vom einmal gewesenen Krug zeugen. Indessen: wenn auf diese Spuren verwiesen wird, auf die, wie es scheint, wasserklaren Indizien – Wunden, Perücke, Spur –, so kann man sie auch als auf jeweils ganz andersartige Realitätszusammenhänge bezogen verstehen. Adam hat für jedes dieser Zeichen eine eigene Erklärung bereit." (Michelsen, „Die Lügen Adams", 282)
[55] Das bedeutet aber nicht, dass das Drama das Primat der Sprache betont, wie Anke van Kempen ausführt: „Der Prozeß um den zerbrochenen Krug, der erst beginnt, weil der Krug zerbrochen ist, und der die Verhandlung in Gang setzt, die Personen zum Sprechen bringt, ist der Prozeß der Sprache, das Verhör, unter dessen Druck sie entsteht, dem sie ausgesetzt wird und in dem sie ihre Fähigkeit zur Wahrheit erweisen soll." (Kempen, „Eiserne Hand und Klumpfuß", 166) Das Verhältnis ist komplexer und bringt die sprachlosen Objekte und die sprechenden Subjekte in einen konstanten Austauschprozess.

Dieser Abschnitt zeigt aber nicht nur Lichts Verfahren, mit Informationen umzugehen, er unterstreicht auch, dass sich Adam gezielt im virtuellen Bereich der Sprache aufhält. Die Situation ist zunächst Folgende: Marthe beschuldigt Ruprecht den Krug zerbrochen zu haben. Eve kann die Situation nicht aufklären und berichten, dass Adam in ihr Zimmer eingedrungen sei, und bei der Flucht aus dem Zimmer den Krug zerbrochen habe. Sie lügt, weil sie glaubt, dass ohne Adams Unterstützung Ruprecht in die Kolonien geschickt werden würde. Adam nimmt diese Version gerne auf und versucht, den Fall damit für beendet zu erklären und Ruprecht als Schuldigen zu verurteilen. Dies gelingt aber nicht, weil der Gerichtsrat Walter dieses Verfahren anmahnt und eine Vernehmung Ruprechts fordert. Ruprecht beteuert dabei seine Unschuld, liefert aber einen Verdacht, nämlich dass eine andere Person, Lebrecht, es hätte sein können, der ein geheimes Verlangen nach Eve habe und ihr nachgestiegen sei. (DKV, I, 320)

Adam versucht, den Prozess auf einer rein imaginären Ebene zu lösen, die nicht von irgendeiner Referentialität eingeholt wird. Zunächst begnügt sich Adam mit der Aussage Marthes, nur der Bericht Ruprechts verhindert dies. Ruprecht kann aber auch keine stichhaltigen Beweise vorbringen und nähert sich dem Argumentationsmodus Adams an, er spekuliert ohne Rücksicht auf Indizien. Genau dies macht es Adam auch so leicht an Ruprechts Spekulationen anzuschließen, denn die liefern nichts anderes als eine sprachliche Instanz, einen Namen: Lebrecht. Der Vorteil von Lebrecht gegenüber Ruprecht ist, dass Lebrecht nicht wie Ruprecht eine alternative Erzählung konstruieren kann, da er nicht anwesend ist.

Aber mit dieser Lösung ist Walter nicht zufrieden, er drängt darauf, das Verfahren weiter zu führen und Eve in den Zeugenstand zu nehmen. Hier offenbart Eve jedoch nicht den wirklichen Täter, weist aber klar die Täterschaft von Ruprecht und auch vor allem von Lebrecht ab, der, da sich herausstellt, dass er sich in Utrecht befindet, unmöglich der Täter sein kann. Die letzte Rettung sieht Adam nun im Fiktiven und deutet die folgende Schilderung schnell in seinem Sinne um:

> Frau Brigitte: Da ich vom Vorwerk nun zurückekehre,
> Zu Zeit der Mitternacht etwa, und just,
> Im Lindengang, bei Marthens Garten bin,
> Huscht euch ein Kerl bei mir vorbei, kahlköpfig,
> Mit einem Pferdefuß, und hinter ihm
> Erstinkt's wie Dampf von Pech und Haar und Schwefel.
> Ich sprech' ein Gott sei bei uns aus, und drehe
> Entsetzensvoll mich um, und seh', mein Seel',
> Die Glatz ihr Herrn im Verschwinden noch,
> Wie faules Holz, den Lindengang durchleuchten.
> (DKV, I, 347)

Für Adam ist der Ausweg klar, es ist der Teufel, der von ihm im Stück auch ständig angerufen wird. Die Evidenz dieses hochspekulativen Verdachts geht auch dezidiert nicht von einer positiven Beweisbarkeit, sondern von der Unbeweisbarkeit des Gegenteils aus.

> Adam: Mein Seel, ihr Herrn, die Sache scheint mir ernsthaft.
> Man hat viel beißend abgefaßte Schriften,
> Die, daß ein Gott sei, nicht gestehen wollen;
> Jedoch den Teufel hat, soviel ich weiß,
> Kein Atheist noch bündig wegbewiesen.
> Der Fall, der vorliegt, scheint besonderer
> Erörtrung wert. Ich trage darauf an,
> Bevor wir ein Conclusum fassen,
> Im Haag bei der Synode anzufragen
> Ob das Gericht befugt sei, anzunehmen,
> Daß Belzebub den Krug zerbrochen hat.
> (DKV, I, 349)

Dies ist nicht nur purer Volksglaube, es hat auch wenig mit modernen Verfahren der Beweisführung zu tun, es handelt sich eher um scholastische Spitzfindigkeiten, die höchstens von klerikalem Interesse sind, und es zeichnet ein modernes Justizsystem wie den *Code Civil* aus, eine Trennung zwischen weltlicher Gerichtsbarkeit und geistlicher Einflussnahme zu ziehen.

Was diese Suche nach Stellvertretern durch Adam allerdings miteinander verbindet, ist dass sie in einem rein sprachlichen Kontext konstruiert werden. Ruprecht und Lebrecht sind reine Namen, die Adam in seine Narration einsetzten will. Der Teufel funktioniert als literarischer Motivkomplex, der durch seine semiotische Einbindung in den Volksglauben und nicht durch stichhaltige Indizien zum potenziellen Täter wird. Adam versucht also seine eigene Identität zu verbergen, indem er sich Doppelgänger erdichtet, die innerhalb einer Erzählung seinen Platz einnehmen. Die Figur des Doppelgängers ist dabei aber auch keine rein interpretatorische Herbeiführung, sie wird bereits im dritten Auftritt explizit angelegt.

> Adam: – Mir träumt', es hätt' ein Kläger mich ergriffen,
> Und schleppte vor den Richtstuhl mich; und ich,
> Ich säße gleichwohl auf dem Richtstuhl dort,
> Und schält' und hunzt' und schlingelte mich herunter,
> Und judiziert' den Hals ins Eisen mir.
> (DKV, I, 297)

Adam nimmt hier das Ende des Dramas bereits voraus und erkennt klar, dass er sich selber in die Bredouille bringt. Auch hier ist es ein Doppelgänger, allerdings keine neue, weitere Identität, es ist das eigene Selbst, das sich verdoppelt und den Richter auf die Anklagebank bringt. Im Vergleich zu *Amphitryon* erscheint der Richter Adam als ein äußerst erfolgloser Jupiter. Während Jupiter es ohne Zweifel schafft, alle Beteiligten zu täuschen, und am Ende quasi als Demonstration seiner Macht seine Identität Preis gibt, gelingt diese Täuschung Adam nicht, was zu einem kompletten Machtverlust führt. Der Unterschied liegt aber darin, dass im Fall von Sosias, Merkur, Amphitryon und Jupiter kein *Code Civil* über die forensischen Indizien wacht. Im *Krug* kann Identität nicht mehr eine rein fiktionale Größe sein, sie wird in Registrierbüchern festgeschrieben. Kleists Doppelgänger verweisen auf die fiktionale Existenz von literarischen Identitäten, aber zeigen auch, dass dieses Reich des Imaginären zunehmend durch Verwaltungspraktiken verkleinert wird, bis hin zur indexikalischen Gewissheit des forensischen Beweises.

3.4 Robert Guiskard

Das rätselhafteste Stück in Kleists Frühwerk ist ohne Zweifel das Tragödienfragment *Robert Guiskard*, das Kleist angeblich fast oder möglicherweise sogar ganz fertiggestellt hatte und dann im Jahr 1803 verbrannte. Die überlieferte Version ist ein Fragment, das 1808 im *Phöbus* publiziert wurde, und es ist unklar, inwiefern diese Version mit der von 1803 übereinstimmt.[56] Insgesamt lädt diese Entstehungsgeschichte dazu ein, das Drama als eine Geschichte des Scheiterns an einem ästhetischen Großprojekt zu verstehen.[57] Dieses Scheitern, das dann in einer eigentümlichen Spannung zum Wiederabdruck im *Phöbus* steht, war durchaus von Kleist inszeniert. Kleist hatte in Oßmanstedt Wieland Teile des *Guiskard* vorrezitiert, und für diese Präsentation des Stückes sogar Unterricht genommen.[58] In

---

56 Zur Werkgeschichte siehe Spoerhase, *Guiskard*, 59–60.
57 Iris Denneler weist beispielsweise in ihrem Aufsatz „Legitimation und Charisma" kritisch auf die zahlreichen existentialistischen Lesarten des Stücks hin, die den soziopolitischen Hintergrund (die Souveränitätsfragen Preußens und die Figur Napoleon als charismatischer Führer) aufgrund biographischer Lesarten verschleiern. Beispielsweise erklärt Richard Samuel, dass „dieses Drama von Anfang an als eine Tragödie der Selbsttäuschung und der unerbittlich fortschreitenden Selbstzerstörung angelegt [ist]" (Richard, „Wiederbelebung", 348), und es somit nicht als Stück über politische Dynamiken, sondern als die Inszenierung eines Individuums gelesen werden muss. Fülleborn beschreibt den *Guiskard* und seine Zerstörung als einen Verweis auf eine werk- und lebensgeschichtliche Krise, die noch die Zeichen der Kantkrise trägt. (Fülleborn, *Frühe Dramen*, 45–51)
58 Fülleborn weist auf die Bedeutung von Wielands Berichten über diese Deklamation für die Rezeption des *Guiskard* hin. (Fülleborn, *Frühe Dramen*, 44)

der Tat hatte diese Deklamation des *Guiskard* eine große Wirkung auf Wieland.[59] Auch in den Briefen an Ulrike lässt Kleist keinen Zweifel an der dramatischen Schwere seiner Auseinandersetzung mit dem Stoff.[60] Ob die Arbeit nun wirklich ein ästhetischer Kampf war, oder ob es sich bei den Briefen um die theatralische Inszenierung des Autors als scheiterndes Genie handelte, wird man nicht abschließend beantworten können, aber es ist klar, dass diese Entstehungsgeschichte maßgeblich zur Aura des Stückes beitrug. Aber nicht nur der Entstehungskontext, auch die Wahl des Themas selbst ist auffällig, sie schließt nicht unmittelbar an die Arbeiten aus dieser Zeit, also an die Dramen *Die Familie Schroffenstein*, *Amphitryon* und *Der zerbrochne Krug*, an.

Zunächst unterscheidet sich dieser Text darin, dass *Guiskard* nicht primär von einem literarischen, sondern von einem historischen Stoff ausgeht,[61] und es ist ein Experiment mit einem neuen Genre. Es ist kein Schauerstück, keine Komödie oder Schwank, es ist der hochartifizielle Versuch, eine antike Tragödie in einem normannischen Setting nachzubilden.[62] Diese Gattungsvermischung kann man dadurch erklären, dass der junge Autor sich in verschiedenen Medien ausprobieren wollte, und dass er den Text schlussendlich zerstörte, kann als Zeichen gewertet werden, dass dieser Versuch im Gegensatz zu den anderen Texten dieser Zeit nicht glückte.[63]

---

[59] In einem Brief vom 10. April 1804 lobt Wieland den *Guiskard* in den höchsten Tönen und attestiert Kleist schriftstellerisches Genie: „Ich gestehe Ihnen, daß ich erstaunt war, und ich glaube nicht zu viel zu sagen, wenn ich Sie versichere: Wenn die Geister des Äschylus, Sophokles und Shakespeare sich vereinigten, eine Tragödie zu schaffen, so würde das sein, was Kleists Tod Guiscards des Normanns, sofern das Ganze demjenigen entspräche, was er mich damals hören ließ. Von diesem Augenblicke an war es bei mir entschieden, Kleist sei dazu geboren, die große Lücke in unserer dermaligen Literatur auszufüllen, die (nach meiner Meinung wenigstens) selbst von Goethe und Schiller nicht ausgefüllt worden ist." (Sembdner, *Lebensspuren*, 89)

[60] Siehe hierzu den Brief vom 5. Oktober 1803 (DKV, IV, 319–321), in dem er seine Schwierigkeiten schildert, und den Brief vom 26. Oktober 1803, in dem er von der Verbrennung des Manuskripts berichtet. (DKV, IV, 321)

[61] Kleists Hauptquelle war wahrscheinlich die Biographie *Robert Guiskard* von Karl Wilhelm Ferdinand von Funck. Siehe hierzu Spoerhase, *Guiskard*, 51–58.

[62] Lawrence Ryan weist darauf hin, dass die Gattungszuordnung durchaus nicht unproblematisch ist. Auf der einen Seite nimmt Kleist Bezug auf antike Themen wie den Ödipusstoff, auf der anderen Seite modernisiert er das Drama durch den Verzicht auf eine Aktaufteilung. (Ryan, „Kleists ‚Entdeckung im Gebiete der Kunst'", 251; 256–257)

[63] Carlos Spoerhases Bemerkung, dass es sich bei dem Fragment im *Phöbus* um kein Fragment im romantischen Sinne gehandelt habe, sondern eher um einen „Trailer" (Spoerhase, *Guiskard*, 60–62), verweist auch darauf, dass Kleist mit diesem Text durchaus pragmatische Strategien

3.4.1 Kommunikation im *Guiskard*

Neben diesen Unterschieden zu *Die Familie Schroffenstein*, *Amphitryon* und *Der Zerbrochnen Krug* gibt es aber eine zentrale thematische Gemeinsamkeit: Auch *Guiskard* ist ein Drama über Kommunikation, und zwar in einer ebenso expliziten Weise wie *Amphitryon*. Es geht um ein Volk, das mit seinem Herrscher sprechen will.[64] Die Nähe zum *Zerbrochnen Krug* wird hier auch durch Anspielungen zum *Ödipus* sichtbar.[65] *Guiskard* eröffnet mit einem Volk, das bedroht von der Pest seinen Herrscher anruft.[66] Soweit das Drama überliefert ist, kommt es jedoch nicht zur sophokleischen Selbstentlarvung (das geschieht dann im *Zerbrochnen Krug*), das Drama *Guiskard* beschränkt sich vielmehr auf die Konstitution einer kommunikativen Szene, in der der Gesundheitszustand des Feldherrn verhandelt wird, schlussendlich aber unklar bleibt. Die Konstruktion dieses kommunikativen Szenarios beginnt dadurch, dass dem Greis Armin die Sprecherfunktion gegeben wird, der dann im Folgenden zur physisch-akustischen Repräsentation des Volkskörpers wird.

> Du sollst, du würd'ger Greis, die Stimme führen,
> Du Einziger, und keiner sonst. Doch wenn er
> Nicht hört, der Unerbittliche, so setze,
> Den Jammer dieses ganzen Volks, setz' ihn,
> Gleich einem erznen Sprachrohr an, und donn're,
> Was seine Pflicht sei in die Ohren ihm – !
> (DKV, I, 238–239)

Torsten Hahn verweist darauf, dass Armin hier eine mediale Funktion hat, die Medientechnik seit dem siebzehnten Jahrhundert durch das von dem Akustiker Samuel Morland entwickelte Megafon („Tuba stentoro-phonica") übernehmen konnte, das mit seinem Namen auf den Helden Stentor in der Illias verweist, von

---

verbunden hat. Spoerhase weist auch darauf hin, dass Kleist sich dieser Strategie bei der *Penthesilea* und bei dem *Käthchen* bedient hat, von denen auch „Trailer" im *Phöbus* abgedruckt wurden. Der *Guiskard* ist dabei der einzige Text, der dann nicht vollständig ausgearbeitet wurde.

64 Reuß weist als zentral für das Stück die Frage aus: „Wie kann ‚das Volk', ein schlechthin Allgemeines, reden?" (Reuß, *Im Freien*, 28) Ich möchte diese Beobachtung unterstreichen und vorschlagen, dass man in dieser Geste sehen kann, dass Kleist sich hier mit der Frage nach und Möglichkeit von massenmedialer Kommunikation auseinandersetzt.

65 Siehe hierzu auch Richard Samuel, „Wiederbelebung", 339.

66 Der Verweis auf die Pest muss aber nicht nur als Verweis auf Ödipus verstanden werden. Samuel und Denneler weisen beispielsweise daraufhin, dass es Erzählungen gibt, die berichten, wie Napoleon pestkranke Soldaten ohne Angst vor Ansteckung besuchte. (Samuel, „Wiederbelebung", 339; Denneler, „Guiskard", 86)

dem es hieß, dass er mit einer Stimme so laut wie die von 50 Mann sprechen konnte.[67]

Zu dieser Verstärkerfunktion Armins wird es in dem Drama aber nicht kommen. Armins Aufgabe ist es nicht, möglichst laut die Botschaft des Volkes zu senden, er soll einen kommunikativen Kanal etablieren, der es zulässt, Informationen über Guiskard zu erhalten, und diese Position Armins verweist auf die besondere Konfiguration von Kommunikation in diesem Drama. Auch wenn dieses Stück, ähnlich wie die anderen frühen Stücke Kleists, Kommunikation ostentativ zum Thema macht, unterscheidet es sich doch stark von *Amphitryon* und *Familie Schroffenstein*. Bei *Guiskard* ist das Volk keine der Kommunikation untergeordnete Gruppe. Während im *Amphitryon* die Repräsentanten des Volks, Sosias und Charis als Boten und Diener Situationen medialisieren, aber nicht selbst Sender oder Empfänger einer Kommunikation werden, bzw. in *Familie Schroffenstein* das Volk als Lynchmob funktioniert, fordert das Volk hier ein, Adressat von Kommunikation zu werden. Hahn beschreibt die Position, die Armin subjektiviert, wie folgt:

> Nach seiner Einsetzung als Unterhändler sorgt Armin zunächst einmal für Stille – und verrät ein bemerkenswertes Autonomiebewußtsein. Der Bote tut mehr, als bloß seine „Stimme leihn": Er entscheidet, wann es Zeit ist, die Botschaft zu überbringen und an wen und auch in welcher Form.[68]

Armin ist mehr als ein Bote, er ist nicht einfach nur ein neutraler Sprecher, er versucht vielmehr Kommunikation zu etablieren bzw. zu steuern. Die Boten in diesem Stück kommen nicht aus dem Volk, sie rekrutieren sich aus dem unmittelbaren (meist familiären) Umfeld von Guiskard, wobei sie, nicht unähnlich zu Sosias im *Amphitryon*, keine wirkliche Nachricht zu überbringen haben.

Zunächst tritt Hellen auf, die aber keine Botenfunktion erfüllt, sondern als Störungsfilter zu fungieren versucht. Sie bietet an, die erwünschte face-to-face Kommunikation mit dem Herrscher durch Botenverkehr zu ersetzen, und versucht so schlussendlich die Bedingungen für Kommunikation zu etablieren.

> Wollt ihr nicht lieber wiederkehren, Freunde?
> Ein Volk, in soviel Häuptern rings versammelt,
> Bleibt einem Meere gleich, wenn es auch ruht,
> Und immer rauschet seiner Wellen Schlag.
> Stellt euch, so wie ihr seid, in Festlichkeit
> Bei den Panieren eures Lagers auf:

---

67 Hahn, „Rauschen", 113.
68 Hahn, „Auferstehungslos", 32.

> So wie des Vaters erste Wimper zuckt,
> Den eignen Sohn send' ich, und meld' es euch.
> (DKV, I, 240)

Diese Szene stellt noch einmal klar heraus, in wie vielfältiger Weise Kommunikation in diesem Stück thematisiert wird. Das Volk wird als eine konstante Rauschquelle beschrieben, die ihre Präsenz durch dieses Rauschen ausstellt, dabei potenzielle Kommunikation aber auch immer schon stört. Auch ist die angekündigte Botentätigkeit des Sohns bemerkenswert. Es geht dabei nicht darum, eine Botschaft des Herrschers zu übermitteln, sondern einfach zu konstatieren, dass er aufgewacht bzw. sendebereit ist. Helens Intervention kümmert sich also zunächst nicht um Nachrichtenübermittlung, es geht ihr vielmehr darum, Kommunikation auf elementarer Ebene überhaupt erst möglich zu machen.

Die nächste Szene verschärft den Eindruck, dass es in diesem Stück nicht um die Übertragung von semantisch kodierten Nachrichten, sondern um die Beobachtung von kommunikativen Verhältnissen geht. Ein „Normann" tritt auf und berichtet von seinen Beobachtungen an Guiskards Zelt, die vermuten lassen, dass der Herzog an der Pest erkrankt ist. Was hier passiert, hat eine hochinteressante kommunikative Konsequenz: Das Gesprächsembargo mit dem Volk führt nicht zu keiner Information, es schafft die Notwendigkeit der Spionage. Der Normann, eigentlich Wächter des Zeltes, wird zu einem subversiven Parasiten im serreschen Sinne.[69] Er erfüllt nicht mehr seine Aufgabe, die Machtstrukturen zu konsolidieren, er subvertiert die Autorität Guiskards durch ein Wissen, das aus reinen Geräuschen und Indizien besteht, und genau diese kommunikativen Abfallprodukte speist er als Irritation in die Kommunikation des Volkes ein.

Hahn weist darauf hin, dass sich das Gerücht, das durch das Kommunikationsembargo erzeugt wird, in analoger Weise zur Pestinfektion ausbreitet und auf die eskalatorische Dynamik dieses Kommunikationsmodus' hindeutet.[70]

> Wer gegen Gerüchte antritt, muß sich darauf gefaßt machen, es mit der kaum überschaubaren Dynamik der Kommunikation selbst zu tun zu bekommen: Das Volk zeigt sich bei

---

[69] Wie bei Serres' Parasit zeichnet sich der Normann dadurch aus, dass er kein eigentlicher Beteiligter an der Kommunikation ist, sondern die Relation beobachten kann. (Serres, *Parasit*, 64–65)

[70] „Kommunikation, so zeigt Kleists Fragment, ist ebenso ansteckend wie die Pest." (Hahn, „Rauschen", 118) Ethel Matala de Mazza und Roland Reuß haben auch darauf hingewiesen, wie eng Infektion und Kommunikation bei Kleist zusammengedacht werden (Matala de Mazza, „Hintertüren", 197–198; Reuß, *Im Freien*, 30), und ich werde im Zusammenhang mit Kleists Novellen und den *Berliner Abendblättern* noch darauf zurückkommen.

> Kleist im Vergleich als Meer und das Meer ist die undurchschaubare Dynamik der Verbreitung von Nachrichten in Form von Gerüchten (Clausewitz), was ja, [...] nichts anderes als ein möglicher Name der Kommunikation selbst ist.[71]

Guiskard ist somit nicht das Drama eines Individuums, es ist ein Stück über ein verunglücktes Informationsmanagement. Das Stück zeigt bereits Kleists Interesse für unkontrollierbare Prozesse, die in ihrer Entwicklung nur schwer vorausgesagt werden können. Diese Vorstellungen von „epidemischer" Kommunikation klingen vielfach auch in Kleists späteren Texten an,[72] bilden aber nicht nur ein ästhetisches Muster, sondern auch die Strategie von sozialer Kommunikation ab, die Kleist beim *Phöbus* und dann in veränderter Weise auch bei den *Berliner Abendblättern* anwenden soll.[73] Während sich in diesen Medienexperimenten Kommunikation frei im sozialen Raum entfalten soll, wird sie im *Guiskard* immer noch vom Feldherrn gelenkt.

3.4.2 Die zwei Körper des *Guiskard*

Der sechste Auftritt bildet einen kommunikativen Agon zwischen Robert (Guiskards Sohn) und Abälard um die Frage, ob das Volk vor Guiskards Zelt auf eine Antwort warten darf oder bloß eine störende Geräuschquelle ist. Dieser Konflikt soll sich zur Machtfrage zwischen den beiden aufschaukeln, die Abälard dann durch die normative Kraft des Faktischen aufbricht und verkündet: „Der Guiskard fühlt sich krank". (DKV, I, 248) Von dieser Situation gibt es natürlich kein Zurück, und im siebten Auftritt entfaltet sich eine Ferndiagnose von Guiskards Symptomen, die jedoch zu keinem sicheren Schluss kommt. (DKV, I, 248–250)

Das Fragment endet mit dem Auftritt Guiskards, der aber keine wirkliche stichhaltige Klärung bringen kann, da er zwar beteuert, dass er nicht mit der Pest infiziert ist, aber dennoch nicht ganz gesund erscheint.

> Zwar trifft sich's seltsam just, an diesem Tage,
> Daß ich so lebhaft mich nicht fühl', als sonst:
> Doch nicht unpäßlich möcht' ich nennen das,
> Vielwen'ger pestkrank! Denn was weiter ist's,
> Als nur Mißbehagen, nach der Qual
> Der letzten Tage, um mein armes Heer. (DKV, I, 253)

---

[71] Hahn, *Das schwarze Unternehmen*, 319.
[72] Siehe hierzu besonders meine Diskussion der Novellen in Kapitel 6 und 9.
[73] Siehe hierzu meine Diskussion in den Kapiteln 5 und 9.

Guiskards Gesundheitszustand wird zudem noch von einem kleinen Schwächeanfall in Frage gestellt. Was die obige Passage weiterhin interessant macht, ist dass sie eine enge Vernetzung zwischen Volks- und Herrschaftskörper impliziert.

Zunächst ist es auffällig, dass der Herrscher sich hier aus zwei Körpern konstituiert, einem imaginären, gesunden Körper, der in eine Rüstung gehüllt der unmittelbaren Beobachtung entzogen ist (DKV, I, 251) und vor allem sprachlich durch seine Rede erzeugt wird.[74] Dann gibt es aber noch den kranken Körper Guiskards. Dieser Körper ist aber auch ein semiotisches Konstrukt, das nur durch Boten bzw. Spione vermittelt wird und das auf Indizien aufbaut, auf die mittelbare Beschreibung der Vorgänge in Guiskards Zelt. Die Dynamik des Dramas entfaltet sich aus den Mediationen zwischen diesen Körpern und dem Volk, wobei sich das Leiden des Volkes in Guiskards somatischem Zustand und nicht in seiner Rede manifestiert.

Wie auch beim *Zerbrochnen Krug*, der *Familie Schroffenstein* und *Amphitryon* wird das Verhältnis von symbolischer Sprache und indexikalischen Spuren verhandelt: Was hier spricht, ist nicht mehr Guiskard als rationales Wesen, es ist sein Körper. Mehr noch als seinen Worten zu lauschen, beobachtet das Volk die indexikalischen Zeichen seines Körpers: die Stärke seiner Stimme und das Wanken bei seinem Schwächeanfall. Diese Suche nach Indizien wird an einer Stelle des Stücks klar ausgearbeitet.

> Der Greis *zu Abälard, mit erhobenen Händen*:
> Nein sprich! Ist's wahr? – – Du Bote des Verderbens!
> Hat ihn die Seuche wirklich angesteckt? –
> Abälard *von dem Hügel herabsteigend*:
> Ich sagt' es euch, gewiß ist es noch nicht.
> Denn weil's kein andres sichres Zeichen gibt,
> Als nur den schnellen Tod, so leugnet er's,
> Ihr kennt ihn, wird's im Tode leugnen noch.
> Jedoch dem Arzt, der Mutter ist's, der Tochter,
> Dem Sohne selbst, ihr seht's, unzweifelhaft –
> Der Greis: Fühlt er sich kraftlos, Herr? Das ist ein Zeichen.
> Der erste Krieger: Fühlt er sein Innerstes erhitzt?
> Der Zweite: Und Durst?
> Der Greis: Fühlt er sich kraftlos? Das erled'ge erst.

---

74 Torsten Hahn verweist auch auf diese Spaltung Guiskards, die ideengeschichtlich auf Ernst Kantorowicz' Analyse in *The King's Two Bodies* zurückgeht, bei der Kantorowicz zeigt, wie die mittelalterliche Vorstellung, dass der König aus einem natürlichen, sterblichen und einem transzendenten, öffentlichen Körper besteht, grundlegend für moderne Vorstellungen von Herrschaft ist. Im *Guiskard* werden diese beiden Körperrepräsentationen des Herrschers gezielt gegeneinander ausgespielt. (Hahn, „Auferstehungslos", 38)

> Abälard: – Noch eben, da er auf dem Teppich lag,
> Trat ich zu ihm und sprach: Wie geht's dir, Guiskard?
> Drauf er: „Ei nun", erwidert' er, „erträglich! –
> Obschon ich die Giganten rufen möchte,
> Um diese kleine Hand hier zu bewegen."
> Er sprach: „Dem Ätna wedelst du, laß sein!"
> Als ihm von fern, mit einer Reiherfeder,
> Die Herzogin den Busen fächelte;
> Und als die Kaiserin, mit feuchtem Blick,
> Ihm einen Becher brachte, und ihn fragte,
> Ob er auch trinken woll'? antwortet' er:
> „Die Dardanellen, liebes Kind!" und trank.
> Der Greis: Es ist entsetzlich!
> (DKV, I, 248–249)

In dieser Passage wird nicht versucht, Informationen aus Guiskard herauszuholen, sondern aufgrund von körperlichen Reaktionen (über die Guiskard keine willentliche Kontrolle haben kann) auf seinen Gesundheitszustand zu schließen. Wie der zerbrochene Krug, das Diadem und Peters Finger wird Guiskards Körper zu dem Indiz, um das sich das Drama – und das heißt bei Kleist, die Botenkommunikation – aufbaut. Was dabei trügerisch ist, ist nicht so sehr das Indiz, es ist die Art und Weise, wie dieses Indiz eben vermittelt durch Boten interpretiert werden kann und muss. Man kann in dieser Verdopplung des Guiskards als rationales Wesen bzw. als charismatischer Führer und kranker Körper die Fortführung der Doppelgängerlogik erkennen, die in den anderen Stücken prävalent war. Guiskards Identität wird durch die Beobachtung des Volks verdoppelt, und es ist nun der rein somatische Teil seiner Existenz, der zur eigentlichen Kommunikation gebraucht wird, also als Bote fungiert. Der Körper als Symptom ist der Bote des Gesundheitszustandes, und der intellektuell reflektierte Teil Guiskards versucht ständig, diese Botenfunktion zu irritieren.

3.5 Zusammenfassung: Um 1800 – Die Zeit der Doppelgänger

Bereits „Familie Schroffenstein" stellt uns den Dramatiker Kleist in seiner faszinierenden Rätselhaftigkeit vor Augen. Er veröffentlichte das Stück anonym und überraschte die zeitgenössische Kritik mit dem kühnen Entwurf eines Unbekannten, in dem man nicht weniger als die „Erscheinung eines neuen Dichters" begrüßte. Und es bleibt wohl immer ein unbegreifliches Wunder, daß und wie hier ein junger Mann gleichsam spontan in der vollen Rüstung eines Tragikers auftritt, der nach der Aufgabe der preußischen Offizierslaufbahn eben noch in der Wissenschaft zu reüssieren hoffte und sein Glück in einer bürgerlichen Ehe erwartete.[75]

Dieses Zitat spiegelt ein verbreitetes Verständnis der Kleist-Forschung wider, bei dem versucht wird, gezielt eine teleologische Linie in Kleists Werk hin zu dem deutschen Dichtergenie zu projizieren. Die frühen Startschwierigkeiten in seinem Leben, die ihn nicht direkt auf den Weg zum Dichter gebracht haben, werden dabei als Störfaktoren verstanden, welche die dann doch so plötzliche Blüte des Schriftstellers umso erstaunlicher machen, und eben gerade dadurch Kleists Genie betonen. Ich möchte diesem Bild eine andere Überlegung gegenüberstellen. Sollte man nicht lieber annehmen, dass Kleists rasante Wechsel vom Soldaten zum Studenten, Verwaltungsangestellten, Wissenschaftspublizisten und dann zum (Kunst-)Schriftsteller ihn darauf vorbereitet haben, in verschiedenen Diskursen zu denken? Für mich scheint es durchaus der Fall zu sein, dass er eine gewisse Pragmatik entwickelt hat, um nicht auf die Inspiration zum romantischen Dichter zu warten, sondern sich aktiv als solcher in kürzester Zeit zu inszenieren.

Es ist richtig, Kleist schuf seine ersten literarischen Produktionen in einer Zeit, in der er frustriert von anderen beruflichen Optionen war, und Schriftsteller zu werden war der nächste Plan. Diese neue Berufsfindung geht aber einher mit einer systematischen Selbstinszenierung als Genie. In dem Brief vom 1. Mai 1802 an Ulrike ruft er den Topos des rein aus sich schöpfenden Künstlers auf, der nur für die Kunst lebt und gerade auch deshalb von seinen Kollegen gerühmt wird:

> Übrigens muß ich hier wohlfeil leben, ich komme selten von der Insel, sehe niemand, lese keine Bücher, Zeitungen, kurz, brauche nichts, als mich selbst. Zuweilen doch kommen Geßner, oder Zschokke oder Wieland aus Bern, hören etwas von meiner Arbeit, u schmeicheln mir – kurz, ich habe keinen andern Wunsch, als zu sterben, wenn mir drei Dinge gelungen sind: ein Kind, ein schön Gedicht, und eine große That. (DKV, IV, 307)

Diese Briefstelle legt nahe, dass die Schweizer Idylle, in die er sich nach seinem Ausflug nach Paris zurückzieht, nicht nur als ein rousseauscher Traum begriffen werden kann, sie war Teil einer Selbstinszenierung, die ihn darauf vorbereitete, in das Literatursystem um 1800 einzutauchen. Kleist inszeniert sich dabei als Schreiber umringt von Natur, der aus diesem Naturrauschen Literatur schafft. Er versucht sich ein neues Double zuzuschreiben. Diesmal ist es nicht der Spion Klingstedt, sondern die Figur des Schriftstellers Kleist. Dies ist aber nicht so sehr

---

75 Fülleborn, *Frühe Dramen*, 8.

als Marotte Kleists zu verstehen, es wird, wie es Friedrich Kittler in seinem Aufsatz „Romantik – Psychoanalyse – Film" nahelegt, zum medienhistorischen Imperativ des Aufschreibesystems 1800.

> Alles läuft mithin, als hießen die zwei feindlichen Brüder nicht Chamisso und Chamisso, sondern Sosias und Merkur. Ihr Streit geht um die „Quadratur" eines „wahnsinn-drohenden Kreises" – um den unmöglichen Beweis, Chamisso zu sein. Denn einfach weil es 1828 Paßphotos und Fingerabdruckkarteien, anthropometrische Zahlen und Datenbänke noch nicht gibt, müssen die zwei Duellanten im Verbalen oder Poetischen bleiben.[76]

Kittler spricht hier über Chamissos Gedicht *Erscheinung*, will daran aber eine grundsätzliche Struktur des Aufschreibesystems 1800 klar machen. Identität wird zu dieser Zeit noch nicht indexikalisch, d.h. durch eindeutige Spuren bzw. Abdrücke (Finger oder lichtbildliche Abdrücke) konstituiert, sie muss immer einen Umweg durch das Imaginäre suchen. Kittler unterscheidet dabei grundsätzlich die Doppelgänger des frühen Films und der romantischen Literatur. Während die Doppelgänger des frühen Films materielle Illusionen sind, die auf das Celluloid gebracht werden, kommen die romantischen Doppelgänger durch die Ambivalenz der Schrift zum Entstehen. Schriftzeichen haben keine außerweltliche Referenz. Wie Kittler vielerorts betont, kommt die Außenreferenz der Schrift, die Romane zu Illusionsmaschinen macht, erst durch eine neue Pädagogik zum Vorschein.[77]

Kittlers „Doppelgängergeschichte" bezieht sich jedoch nicht nur auf eine allgemeine Diagnose des Literaturbetriebs um 1800 und auf ein close-reading von Chamissos Gedicht, sie bezeichnet auch Kleists Situation als aspirierender Schriftsteller – Kittlers Anspielung auf Sosias und Merkur legt dies auch nah. Kleists frühe Dramen haben dabei zwei zentrale Gemeinsamkeiten, die sie in diese Beschreibung des Aufschreibesystems 1800 einpassen: 1. Sie sind Literatur, 2. Sie machen Doppelgänger zu zentralen Gestalten.

Wenn man auf die Konstruktion und Genese seiner Erstlingswerke *Die Familie Schroffenstein*, *Amphitryon* und *Der Zerbrochne Krug* sieht, wird klar, dass diese Texte keine Produkte eines inspirierten Genies sind, sondern strategisch aus dem Literatursystem selber konstruiert wurden. Sie sind Bearbeitungen von

---

[76] Kittler, „Eine Doppelgängergeschichte", 94.
[77] Andrew J. Webber verweist in seiner ausführlichen Studie zum Doppelgänger auch auf die Prävalenz des Doppelgängers um 1800. Er sieht den Grund aber hier vor allem in der Philosophie, die von Kants transzendentaler Spaltung des Subjekts, über Fichte hin zu Hegel Identitätskonstruktionen problematisiert, und nicht in einer ästhetischen oder medienhistorischen Konfiguration. (Siehe hierzu besonders Webber, *Doppelgänger*, 23–38)

literarischen Stoffen, und die Platzierung der *Familie Schroffenstein* in das Mittelalter kann als Marketing Feature, vorgeschlagen von Wielands Sohn, verstanden werden.

Ich habe in diesem Kapitel versucht klarzumachen, dass es in diesen frühen Texten primär um die Konstruktion von Verwirrspielen durch Doppelgänger geht. In der *Familie Schroffenstein* gibt es den Genderbarrieren überkreuzenden Kleidertausch von Ottokar und Agnes, in *Amphitryon* gibt es die Doppelgängerverdopplung von Sosias und Merkur, Jupiter und Amphitryon, und im *Zerbrochnen Krug* versucht der Richter Adam einen Doppelgänger zu erzeugen, dem er die Schuld anlasten kann. Diese Doppelgänger werden durchaus in der Forschung erkannt und dann oft an Fragen der Erkenntniskritik angeschlossen.[78] Es wird wenig gesehen, dass diese Doppelgänger vielmehr als medienhistorische Reflexe auf das Aufschreibesystem 1800 zu lesen sind. Wie Kittler es provokant formuliert:

> Aber wie Manfred Franks Buchtitel schon verrät, war das Individuum von 1800 bloß ein individuelles Allgemeines und d.h. keins. Der Grund liegt auf der Hand: in den technischen Bedingungen der Zeit. Meister und sein Graf, Goethe und seine Leser – alle konnten sie an Doppelgänger glauben, einfach weil Wörter keine Singularitäten bezeichnen. Nicht einmal das Wort Doppelgänger selber. Und andere Medien als Wörter gab es in klassisch-romantischen Tagen nicht.[79]

In allen Dramen Kleists, die ich in diesem Kapitel diskutiert habe, geht es darum, durch Imagination eine Identität zu stiften.[80] Der Richter Adam tut dies durch den Versuch, eine neue Erzählung zu erzeugen, die die wirklichen Ereignisse überschreiben kann. Jupiter tut dies dadurch, dass er den Botenverkehr ständig unterbrechen lässt und durch Fehlinformation ein Imaginäres erzeugt. Agnes und Ottokar tun dies durch eine einfache Identitätsvertauschung, und Guiskard versucht mit einem zweiten symbolischen Körper die Spuren seines kranken Leibes zu verdecken. Kleists frühe Dramen perpetuieren somit den Imaginationslink,

---

[78] Siehe hierzu das Kleist-Kapitel in Andrew J. Webbers Buch *The Doppelgänger* und Anthony Stephens und Yixu Lüs Aufsatz „Alter Ego und Stellverterter im Werk Heinrich von Kleists".
[79] Kittler, „Eine Doppelgängergeschichte", 97.
[80] Anthony Stephens und Yixu Lü weisen in ihrem Aufsatz „Alter Ego und Stellvertreter im Werk Heinrich von Kleists" darauf hin, dass nicht nur seine Dramen, sondern auch Erzählungen durch Doppelgänger bzw. Vertreter gekennzeichnet sind, beispielsweise Naglschmid als Verdopplung des Kohlhaas oder Toni in der *Verlobung von St. Domingo* als Ersatz für Gustavs Verlobte. Sie erkennen in diesen Doppelgängerfiguren eine kritische Auseinandersetzung mit zeitgenössischen Vorstellungen von Unteilbarkeit und Einzigartigkeit des Individuums. (Stephens und Lü, „Alter Ego", 138)

der Literatur zu einem Imaginären macht (die imaginäre Konstruktion von Identität), und stellen ihn in das Zentrum der literarischen Texte. Die Texte sind also nicht nur Literatur, weil sie in vielfältiger Weise an etablierte Stoffe und Motive anschließen und augenscheinlich den damaligen Publikumsgeschmack im Auge haben, sondern auch weil sie die Imaginationslogik von Literatur zum Thema machen.

Wie Kittler es dargestellt hat, verliert sich diese Doppelgängerpolitik aber nicht nur im Literarischen, sie wird zu einem zentralen Moment aller Identitätsstiftungen um 1800. Wo keine indexikalischen Spuren eindeutige Hinweise auf die Identität geben, ist die Identität immer auch ein Imaginäres, das komplexen Konstruktionsprozessen unterliegt. Dies ist etwas, was Kleist nur allzu klar verstanden haben muss. Seine frühen Dramen thematisieren ständig das Aufeinanderprallen von indexikalischen Spuren und hermeneutischen Interpretationen, wobei die hermeneutischen Vermutungen scheitern bzw. Phantome produzieren, und so nicht nur eine literarische, sondern auch eine medienpraktische Dimension haben. Gerade seine Briefpolitik, die ich im zweiten Kapitel besprochen habe, verweist auf diese fragile Konstruktion von Identität. Es ist hier „Klingstedt", der als Kleists Doppelgänger am Anfang eines literarischen Diskurses steht. Diese Faszination mit der Figur des Doppelgängers durchzieht Kleists Texte und wird bis hin zum *Findling* in Kleists Schreiben nicht abreißen.

Man darf nicht vergessen, dass Kleist mit diesen literarischen Texten ein eigenes Double schaffen wollte, das nun einen neuen Diskursknoten besetzen sollte – diese Texte hatten die Aufgabe, Kleist den Schriftsteller zu erschaffen. Sie sind also nicht nur Konstrukte, die ein literarisches Imaginäres schaffen, sie sollen vielmehr auch Kleists Identität erzeugen.

4 Kleists Kybernetik

Die Medienumwelt, in die Kleist eintrat, war noch nicht bestimmt von dem, was man heute unter technischen Medien versteht. Technologien wie Radio, Fernsehen und Computer bilden für diese Zeit keinen klaren Referenzrahmen ab, von dem aus man Medialität denken kann. Sich mit der Medialität dieser Epoche auseinanderzusetzen bedeutet, sich auf eine Medienlandschaft einzulassen, die von gänzlich anderen Faktoren geprägt ist als unsere Gegenwart.

Eine Arbeit, die versucht, Medialität vor der Medienrevolution des neunzehnten Jahrhunderts (also vor der Einführung von analogen Medien) zu denken, hat dementsprechend einen recht unbestimmten Analysegegenstand und muss zum Teil selber konstruieren, was als Medialität anzusehen ist. Sicherlich gibt es zahlreiche Auseinandersetzungen und historische Erörterungen dieses Zeitraums, wobei es zumeist um die Ausdifferenzierung der Schriftlichkeit in verschiedenen Medien wie Zeitung, Flugblatt und Brief geht. Hier wäre besonders Werner Faulstichs sozialgeschichtliche Mediengeschichte des achtzehnten Jahrhunderts (*Die bürgerliche Mediengesellschaft*) zu nennen, die beispielsweise Habermas' Analyse der Medienlandschaft zur Zeit der Aufklärung präzisiert. Zentrale Studien, die sich weiterhin die Frage gestellt haben, was Medialität in Epochen vor 1900 ist, sind Friedrich Kittlers *Aufschreibesysteme 1800/1900*, Bernhard Dotzlers *Papiermaschinen*, Albrecht Koschorkes *Körperströme* und Stefan Riegers *Speichern/Merken*. In diesen Arbeiten werden mediale Zusammenhänge nicht nur aufgrund von technischen Systemen erklärt, sondern diskursiv gefasst, was beispielsweise dadurch deutlich wird, dass der Pädagogik eine entscheidende Rolle als Medientechnik zur Programmierung von Subjekten zugeschrieben wird; etwas, was auch zentral für Kleist ist, und sich in dem polemischen Text *Allerneuster Erziehungsplan* manifestieren wird.[1]

Des Weiteren wird im Anschluss an Kittler, beziehungsweise an Kittlers Bearbeitung von Shannons Kommunikationstheorie, Medialität oft als ein Sender-Empfänger-Verhältnis beschrieben. Kittler schrieb selbst in seinem (nicht in *Aufschreibesysteme* abgedruckten) Vorwort zu seiner Habilitationsschrift:

> Wer firmiert als die Quelle, die von Texten zur Sprache gebracht wird, wer als Textverwalter oder –interpret, der sie selber zur Sprache bringt? Wer darf an den Platz eines Schreibers

---

[1] Neuere Ansätze innerhalb der deutschen Medienwissenschaft weiten den medienhistorischen Blick durch den Begriff „Kulturtechnik" aus, der einen besonderen Fokus auf habituelle Praktiken einer Kultur wie Lesen und Schreiben legt und so auch verstärkt Fragen von Erziehung und Pädagogik miteinbezieht. Siehe dazu Geoghegan, „After Kittler".

treten und wer an den der Leserschaft? Nicht weniger und nicht mehr soll der Titel Aufschreibesysteme besagen.²

Was diese Kopplung von Diskursanalyse und Medientheorie zwar nicht ausschließt, aber dennoch in den Hintergrund treten lässt, ist, dass Kommunikationssituationen meist nicht auf einen Sender und einen Empfänger beschränkt sind, sondern aus einem komplexen Netzwerk bestehen, durch das Informationen von einer Vielzahl von Sendern/Empfängern verarbeitet werden, und in dem Empfänger auch immer zu Sendern und Sender auch immer zu Empfängern werden können.³ Aus einer solchen Perspektive ist es nicht mehr einzig die Frage, ob ein Signal möglichst unverrauscht oder trotz der Gegenwart von Störung beim Sender ankommen kann (was eine zentrale Frage der Kommunikationstheorie in der Tradition von Shannon ist), es muss vielmehr gefragt werden, wie sich ein solches Netzwerk konstituiert, und wie es in Bewegung gehalten wird.⁴ Dies ist genau die Frage, die auch von primärem Interesse in Kleists Reflexionen ist.

Wie ich in diesem Kapitel diskutieren werde, wird Medialität von Kleist in Netzwerkstrukturen gedacht, wobei es immer die Frage ist, wie diese Netzwerke gesteuert bzw. manipuliert werden können. Kleist versucht sich in seinen Publikationsprojekten als Herrscher der Diskurszusammenhänge zu inszenieren, dabei zeigt er in seinen Essays, Dramen und Erzählungen, dass diese Position nicht einfach einzunehmen ist. Die Texte zeichnen das Bild einer intrikaten Kybernetik, die nicht von einem Subjekt einfach beherrscht, sondern nur irritiert wird.

Kleists Mediendenken als eine Kybernetik zu beschreiben, präsentiert zunächst eine anachronistische Herausforderung. Kybernetik ist eine Disziplin, die sich im zwanzigsten Jahrhundert herausgebildet hat und sich mit der Steuerung von Systemen durch Feedback-Schleifen auseinandersetzt. Als Grundlagentext kann Norbert Wieners Buch *Cybernetics* angesehen werden, und auf den Macys Konferenzen zwischen 1946 und 1953 wurden diese Theorien interdisziplinär auf

---

2 Kittler, „Einleitung", 117.
3 Es bleibt allerdings zu betonen, dass Kittler bei weitem nicht der erste Kulturwissenschaftler war, der sich auf Shannon bezog. Umberto Eco hat dies bereits in *Opera Aperta* getan und Max Benses informationstheoretische Ästhetik geht natürlich auch zentral von Shannons Kommunikationstheorie aus.
4 Kittler war sicherlich kein Netzwerktheoretiker. Sein Text „Die Stadt als Medium" macht aber klar, dass er sich des Vernetzungszusammenhangs von Medien sehr bewusst war.

die verschiedensten Felder von Medizin und Maschinenbau bis hin zu Soziologie und Psychologie ausgeweitet.⁵

Der Begriff „Kybernetik" ist in der Tat auch erst ein Neologismus des zwanzigsten Jahrhunderts, aber bereits Norbert Wiener hat darauf hingewiesen, dass die Bestrebungen, Steuerungssysteme zu bauen, eine lange Geschichte haben, die bei magischen Ritualen beginnt und über die Konstruktion von Uhrwerken hin zu modernen reflexiven Servomechanismen geht.⁶ Deshalb, auch wenn Kleist wenig mit Wieners Theorien zu tun hat, ist es nicht anachronistisch, die Zeit um 1800 an Theorien der Selbstregulierung anzuschließen. Thomas Weitin und Marcus Twellmann haben das in der Einleitung der Ausgabe *Selbstregulierung als Provokation* der *Modern Language Notes* dargelegt: In Rückgriff auf Hans Blumenberg verweisen sie darauf, dass die Idee der Selbstregulierung bereits 1788 mit dem Fliehkraftregler eine technische Realität hatte. Die Vorstellung, dass Systeme sich aus sich heraus steuern können, eröffnet nun eine Welt ohne externe Regelung und unterläuft somit den Anspruch weltlicher Herrscher, aber auch von Gott bzw. der Kirche eine determinierende Grundbedingung zu sein. Selbstregelung ist eben in diesem Sinne eine Provokation, die, wie Weitin und Twellmann betonen, nicht zu einem neuen herrschenden Paradigma wurde, sondern ihre „Geschichte ist vielmehr als die ihrer Konflikte mit anderen Denkweisen zu schreiben, die auf verschiedenen Feldern von Wissen und Praxis ihre Vorherrschaft mit unterschiedlicher Dauer behaupten."⁷ Kleist interveniert genau in diesem Feld mit kybernetischen Modellen, die Pädagogik, Wissensordnung, Rhetorik und Ästhetik von einem kontrollierenden Subjekt befreien und ein selbstorganisierendes Paradigma einsetzen wollen.

Das Modell zu dieser Kybernetik entwickelt Kleist primär in vier Texten: *Entwurf einer Bombenpost, Über die allmähliche Verfertigung der Gedanken beim Reden, Allerneuster Erziehungsplan* und *Über das Marionettentheater*. Die *Bombenpost* ist sicherlich einer der berühmtesten Texte Kleists zur medialen Lage seiner Zeit. In meiner Diskussion wird es darum gehen zu zeigen, wie Kleist hier Medien explizit als Netzwerke denkt, und eine Struktur von Medialität entwickelt, die primär auf Übertragungsraten fokussiert. Der Essay zur allmählichen Verfertigung der Gedanken schließt an die Diskussion des zweiten Kapitels an. Dieser Text, der

---

5 Für einen Überblick der Entwicklung der Kybernetik nach dem Zweiten Weltkrieg siehe Katherine Hayles, *How We Became Postmodern*, 6–13. Zu den Macys Konferenzen siehe die von Claus Pias herausgegebenen Tagungsbände *Cybernetics / Kybernetik*.
6 Wiener, *Cybernetics*, 51.
7 Twellmann und Weitin, „Selbstregulierung", 442.

als Brief an Rühle von Lilienstern geschrieben war, entwirft ein Kommunikationsmodell, das nicht mehr Adressaten braucht, sondern explizit zu einem Feedback-Prozess wird, der das eigene Sprechen voranbringen soll. Die Grundlage für eine sich selbst regulierende systemische Struktur wird in dem polemischen Text *Allerneuster Erziehungsplan* gelegt. Das *Marionettentheater* führt diese Fäden in einer theologischen und existentiellen Art und Weise zusammen und entwickelt eine komplexe Struktur selbstorganisierender Systeme, die auch auf eine Vielfalt medialer Theoreme referiert.

4.1 *Entwuf einer Bombenpost*

Der medienhistorisch und -theoretisch expliziteste Text Kleists ist der Artikel *Entwurf einer Bombenpost*. Dieser Text erschien am 10. Oktober 1810 in den *Berliner Abendblättern* und wurde am 14. Oktober noch durch einen wahrscheinlich fingierten Leserbrief ergänzt. Beide Texte setzen sich mit neuen Paradigmen in der Tele- und Massenkommunikation auseinander. In dem Text über die Bombenpost zeichnet Kleist eine komplexe Vernetzung von Post und Militär nach und beschreibt bereits kritisch das Potential und die Limitationen von elektrischer Signalkommunikation. Der Anschlussbrief führt diese Kritik weiter, dehnt sie aber auf den Bereich der Massenkommunikation aus und zeichnet ein satirisches, aber dennoch treffendes Bild der kommunikativen Lage um 1800. Im Folgenden ordne ich diese Texte in ihrer medientheoretischen Relevanz ein und historisiere sie, um darzustellen, dass Kleist eine hohe Sensibilität dafür besaß, Kommunikation von ihrer Infrastruktur und nicht nur von dem im Medium übertragenen Inhalt her zu denken.

Innerhalb des medienhistorischen Denkens gibt es eine sehr zentrale Zäsur, die darauf fokussiert, dass Information nicht mehr abhängig von einem bestimmten Träger ist, sondern als Signal durch Mediensysteme kopiert werden kann. Während ein Brief eine Zeichenkette auf einem persistenten Trägermedium (Papier) transportiert, wird die Zeichenkette eines Telegramms als Signal durch einen Draht geschickt und am Empfangsort wieder in menschenlesbare Schrift umgewandelt. Wie Katherine Hayles kritisch anmerkt, ist dies der Moment, an dem Information zunehmend als eine unkörperliche und ätherische Entität beschrieben wird.[8] Kleists *Bombenpost* kann als ein äußerst früher Versuch angesehen werden, diese medienhistorische Zäsur anzuschreiben und diese Entkorporalisierung kritisch zu reflektieren.

---

8 Hayles, *Posthuman*, 1–24.

Kleist eröffnet seinen Artikel mit dem Bericht über eine neue Erfindung, nämlich den elektrischen Telegrafen, den der Forscher Samuel Thomas Soemmering 1809 vor der Münchener Akademie der Wissenschaften vorgestellt hatte. Soemmerings Erfindung war einer der ersten elektrischen Telegrafen überhaupt. Er verfügte über ein überkomplexes Signalsystem und benutzte für jeden Buchstaben einen Draht; eine wirkliche Nutzung als Telekommunikationssystem lag noch in weiter Zukunft – erst 1839 wurde die erste funktionierende Telegrafenleitung zwischen den Bahnstationen London-Paddington und West Drayton installiert.[9]

Kleist ging aber nicht von den gegebenen technischen Beschränkungen des Soemmeringtelegrafen aus, er imaginierte bereits eine voll funktionierende Telekommunikation, und machte die Möglichkeit von globaler Kommunikation zu einem entscheidenden Merkmal dieser Technologie. („Man hat, in diesen Tagen, zur Beförderung des Verkehrs innerhalb der Grenzen der vier Weltteile, einen elektrischen Telegraphen erfunden[...]." (DKV, III, 592)) Der Telegraf wird dargestellt als ein Instrument, das die kommunikative Friktion des Raumes ausmerzen, und durch das jeder in einen unmittelbaren Kontakt mit jedem anderen Empfänger, der an das Telegrafennetzwerk angeschlossen ist, treten kann. Dies macht Kleist zu einem der ersten Theoretiker eines kollabierenden Raumes unter den Bedingungen elektrischer Kommunikation.

> [E]inen Telegraphen, der mit der Schnelligkeit des Gedankens, ich will sagen, in kürzerer Zeit, als irgend ein chronometrisches Instrument angeben kann, vermittelst des Elektrophors und des Metalldrahts, Nachrichten mitteilt; dergestalt, daß wenn jemand, falls nur sonst die Vorrichtung dazu getroffen wäre, einen guten Freund, den er unter den Antipoden hätte, fragen wollte: wie geht's dir? derselbe, ehe man noch eine Hand umkehrt, ohngefähr so, als ob er in einem und demselben Zimmer stünde, antworten könnte: recht gut. So gern wir dem Erfinder dieser Post, die, auf recht eigentliche Weise, auf Flügeln des Blitzes reitet, die Krone des Verdienstes zugestehn, so hat doch auch diese Fernschreibekunst noch die Unvollkommenheit, daß sie nur, dem Interesse des Kaufmanns wenig ersprießlich, zur Versendung ganz kurzer und lakonischer Nachrichten, nicht aber zur Übermachung von Briefen, Berichten, Beilagen und Paketen taugt. (DKV, III, 592-593)

Der Telegraf wird zu einem frühen Modell einer „distributed cognition".[10] Kleist führt diese Technologie nicht einfach als kommunikatives Werkzeug ein, er beschreibt sie als ein Äquivalent zum elektrisch verschalteten Gehirn, das nicht

---

9 Huurdeman, *Telecommunications*, 59-60.
10 Für Katherine Hayles ist das Konzept einer „distributed cognition" zentral, um die technologische Entwicklung von künstlicher Intelligenz und Informationssystemen zu denken. Hayles

mehr auf den Raum des Schädels beschränkt ist. Auch wenn Kleist hier noch nicht wie McLuhan explizit von der Telegrafie als einer Ausweitung des Nervensystems spricht, setzt er menschliche Kognition in Analogie zu technischer Kommunikation und bringt den Menschen und seine mediale Umgebung in ein äußerst enges Verhältnis zueinander.[11]

Diese Metaphorisierung von Neurologie und Elektrizität durch den Telegrafen bedeutet jedoch nicht, dass Kleist dieser Technologie unkritisch gegenübersteht. Er beurteilt sie sehr differenziert. Er verweist dadurch auf die logistischen Qualitäten des Telegrafen, dass er beschreibt, wie der Telegraf potentiell einen Europäer mit beispielsweise dessen Antipoden in Australien verbinden könne. Kleist erkennt die Probleme dieser Kommunikation. Der Dialog, den er sich zwischen den telegrafisch verbundenen Freunden vorstellt, hat kaum dramatischen Wert. Der Telegraf überträgt, in Kleists Beispiel, nur sehr oberflächliche und hermeneutisch wenig interessante Sprache. Kleist imaginiert als kommunikativen Diskurs nur ein einfaches banales Begrüßungsritual. Kleist der Dramatiker sieht die Unvollkommenheit des Systems darin, dass nur kurze und lakonische Nachrichten übertragen werden können. Diese Technologie hat ein großes datenlogistisches Potential, aber sie kann keine „Briefe, Berichte und Pakete" übertragen. Diese Kritik zeigt jedoch keine Sehnsucht nach hermeneutisch kodierter Kommunikation, sie betont vielmehr die materielle Seite der Kommunikation. Es ist bezeichnend, dass Kleist nicht einfach auf den Brief als hermeneutisches Objekt verweist, das in seiner Bedeutung in Telegrafennetzwerken untergehen wird, es geht auch um „Pakete" und „Beilagen". Kleists Kritik des Telegrafen meint also Übertragung in einem sehr buchstäblichen Sinne, nämlich dass hier nur Signale und keine Objekte transportiert werden können. Auch hier geht es, genau wie in Kleists Brief an Wilhelmine, wieder darum, dass das Herz transportiert werden soll und nicht einfach dessen zeichenhafte Repräsentanten. (DKV, IV, 76) Dafür reicht die ätherische Transparenz des elektrischen Stroms nicht aus, jetzt muss die ballistische Kraft des preußischen Militärs hinhalten.

---

argumentiert, dass technische Entwicklungen immer größeren Netzwerkcharakter haben werden, und die komplexe Interaktion von menschlichen und nicht-menschlichen Agenten zentral für technische Innovation sein wird. (Hayles, *Posthuman*, 288–290)

11 Diese Verbindung von Neurologie und Medientechnologie ist auch keine zu anachronistische Zuschreibung auf Kleists Wissensstand. Schiller hat sich beispielsweise in seiner Dissertation mit ähnlichen neuronalen Strukturen beschäftigt, wie Thomas Weitin in seinem Aufsatz „Schiller als Kybernetiker" ausführt.

> Demnach schlagen wir, um auch diese Lücke zu erfüllen, zur Beschleunigung und Vervielfachung der Handels-Kommunikationen, wenigstens innerhalb der Grenzen der kultivierten Welt, eine *Wurf-* oder *Bombenpost* vor; ein Institut, das sich auf zweckmäßig, innerhalb des Raums einer Schußweite, angelegten Artillerie-Stationen, aus Mörsern oder Haubitzen, hohle, statt des Pulvers mit Briefen und Paketen angefüllten Kugeln, die man ohne alle Schwierigkeit, mit den Augen verfolgen, und wo sie hinfallen, falls es kein Morastgrund ist, wieder auffinden kann, zuwürfe; dergestalt, daß die Kugel, auf jeder Station zuvörderst eröffnet, die respektiven Briefe für jeden Ort herausgenommen, die neuen hineinlegt, das Ganze wieder verschlossen, in einen neuen Mörser geladen, und zur nächsten Station weiter spediert werden könnte. (DKV, III, 593)

Diese Idee hört sich bei weitem seltsamer an, als sie in Wirklichkeit ist. Der General Brigade Inspektor Carl Friedrich Lehmann hatte bereits 1795 ein ähnliches System vorgeschlagen.[12] Kleists Idee ist somit kein avantgardistischer Traum, sie geht vielmehr auf die technische Lage seiner Zeit ein. Wie Geoffrey Wawro in seinem Buch *Warfare and Society in Europe 1791-1914* betont,[13] wurde die militärische Entwicklung um 1800 durch den Ausbau der Artillerie vorangetrieben. Besonders die französische Armee unter Napoleon basierte auf neuen, taktisch flexibleren Feuerwaffen. Kleists Entwurf, obwohl er Signalkommunikation zurückweist, ist auf der Höhe seiner Zeit und geht noch über Napoleons militärische Strategien hinaus. Während Napoleon klar Kommunikationssysteme und Waffengattungen auseinandergehalten hat, führt Kleist sie hier zusammen.

4.1.1 Der Chappe-Telegraf

In diesem Zusammenhang ist es notwendig darauf einzugehen, dass um 1800 Signalkommunikation bereits existierte, und Napoleon sie auch einsetzte. Dies war allerdings keine elektronische Signalkommunikation, sondern der optische Chappe-Telegraf. Kleist war diese Technologie bekannt,[14] wie er in einem Brief an Wilhelmine klar macht.

---

12 Siegert, *Relais*, 182.
13 Wawro, *Warfare*, 1.
14 Frank Haase weist auch auf die Bedeutung des Chappe-Telegrafen hin (Haase, *Nachrichtentechnik*, 88–93). Wolf Kittler führt zudem aus, dass der Telegraf für Kleist das Vorbild für eine schnelle Kommunikation und Truppenmobilisierung darstellte, wie er sie dann in der *Herrmannsschlacht* inszenierte. (Kittler, „Bombenpost", 94–100).

> Ein Mädchen, das verliebt ist, u es vor der Welt verbergen will, spielt in Gegenwart ihres Geliebten gewöhnlich mit dem Fächer. Ich nenne einen solchen Fächer einen Telegraphen (zu deutsch: Fernschreiber) der Liebe. (DKV, IV, 161)

Das postrevolutionäre Frankreich war die erste Nation, die durch den Chappe-Telegrafen verschaltet wurde. Über das ganze von Frankreich besetzte Europa installierte Napoleon ein Netzwerk von Chappe-Telegrafen, die visuelle Signale mit Hilfe von großen Hebeln über große Distanzen übertragen konnten und so eine effektive Koordinierung und Mobilisierung von Truppen möglich machten.[15]

Der Chappe-Telegraf war eine Erfindung des französischen Ingenieurs Claude Chappe, der sich, frustriert von fehlgeschlagenen Experimenten in der elektrischen Telegrafie, entschied einen einfacheren Zugang auszuprobieren. Er entwickelte 1791 ein semaphorisches, optisches Signalsystem, das aus drei großen Hebeln, die aus einer weiten Entfernung gesehen werden konnten, bestand.[16] Die verschiedenen Positionen der Hebel korrespondieren mit verschiedenen individuellen Zeichen, die das Codesystem des Chappe-Telegrafen konstituieren. Der Operateur einer Telegrafenstation übermittelt einen Code an die nächste Station, von dort aus wird die Nachricht an eine weitere Station übertragen und so weiter. Dieses einfache System war sehr erfolgreich, und es war auch Chappes Erfindung, die den Begriff „telegraf" in Umlauf brachte. Obwohl Chappe die Geschwindigkeit seines Systems durch den Namen „tachygraph" (Schnellschreiber) betonen wollte, überzeugte ihn sein Freund Miot de Méliot davon, es „telegraf", also Fernschreiber, zu nennen: Dadurch betonte er die räumliche Qualität seiner Erfindung.[17]

Diese Erfindung beschleunigte nicht so sehr die öffentliche Kommunikation, sondern wurde instrumental für die große und schnelle Ausbreitung des französischen Reiches unter Napoleon. Der Chappe-Telegraf wurde von Napoleon vor allem für militärische Zwecke benutzt, und wie Stefan Kaufmann darlegt, war der Chappe-Telegraf die notwendige Infrastruktur, die eine effiziente Organisation und Mobilisierung der französischen Armee ermöglichte.[18] Neben ihren doch erheblichen Kosten war das Problem dieser Technologie, dass es bei schlechtem Wetter und bei Nacht weitestgehend ausfiel. Es hatte auch bedeutende Sicherheitsprobleme. Das Signal konnte sehr schnell durch Beobachter ausspioniert

---

15 Wolf Kittler weist auch auf diese weite geographische Verteilung hin und merkt an, dass Kleist den Chappe-Telegraphen spätestens bei seiner Reise nach Paris oder seiner Inhaftierung in Fort Joux gesehen haben muss. (Kittler, „Bombenpost", 94)
16 Standage, *Victorian Internet*, 6–7.
17 Huurdeman, *Telecommuncations*, 20.
18 Kaufmann, *Kriegführung*, 53–54.

werden. Wie Alexandre Dumas in seinem berühmten Roman *Der Graf von Monte Christo* darlegt, konnte ein Telegrafenoperateur auch einfach bestochen werden, um ein falsches Signal zu senden.[19] Was diese Erfindung jedoch mit dem elektrischen Telegrafen gemeinsam hatte, war, dass sie Nachrichten in einen technisch übermittelbaren Code dekodierte. Sicherlich, die optische Telegrafie eröffnete neue Möglichkeiten Nachrichten zu manipulieren oder abzufangen, aber die Geschwindigkeit der vielfach kopierten Signale ist bis heute durch kein anderes konventionelles Transportsystem erreicht worden, das Information auf einem materiellen Träger übermittelt.

Wie das Telefon oder die E-Mail, so schickt auch die Telegrafie keine Nachricht auf einem materiellen Träger wie Tontafeln, Papyrus, Pergament oder Papier, sie überträgt ein flüchtiges Signal von einem Empfänger zum anderen. Militärische Kommunikation profitierte sehr davon, weil Befehle und Soldaten nicht mehr länger in annähernd gleicher Geschwindigkeit reisten, sondern Befehle nun wesentlich schneller als die Körper der Soldaten transportiert werden konnten.

4.1.2 Imperiale Kommunikation

Ein „Imperium" (abgeleitet vom lateinischen Verb „imperare" für „einen Befehl geben") ist nichts anderes als ein kommunikatives Netzwerk, in dem Befehle effizient ihre Empfänger erreichen können.[20] Die Expansion eines Kommunikationssystems, das ein Imperium strukturiert, fällt somit mit der Effizienz dieses Reiches zusammen. In seinem Buch *Empire and Communications* betont der kanadische Medienhistoriker Harold Innis die Bedeutung von Medien für die Konstruktion von Imperien und zeichnet die Verbindung zwischen Medientechnologie und imperialer Herrschaft vom ägyptischen Papyrus bis hin zum massenproduzierten Druck im achtzehnten und neunzehnten Jahrhundert nach: „The effective government of large areas depends to a very important extent on the efficiency of communication."[21] Ausgehend von dieser Annahme muss die Einführung einer neuen Kommunikationstechnologie entscheidenden Einfluss auf die Konstruktion von Imperien haben, und Innis beschreibt, wie die zeitliche und die räumliche Dimension von Medien die Struktur von Imperien ausmacht.

---

19 Dumas, *Monte Christo*, 54–67.
20 Siegert, *Relais*, 6.
21 Innis, *Empire and Communications*, 26.

> Large-Scale political organizations such as empires must be considered from the standpoint of two dimensions, those of space and time, and persist by overcoming the bias of media which over emphasizes either dimension. They have tended to flourish under conditions in which civilization reflects the influence of more than one medium and in which the bias of one medium towards decentralization is offset by the bias of another medium towards centralization. [22]

Nach Innis können erfolgreiche Imperien keine statischen Konstruktionen sein, sie müssen sich vielmehr den Veränderungen in ihren medialen Umgebungen und organisatorischen Strukturen anpassen. Aus Innis' Perspektive ist die Konstruktion von Imperien intrinsisch mit den Medien, die sie benutzen, verbunden. Während zeitliche Medien, beispielsweise große Monumente, die historische Langlebigkeit einer Kultur sichern, haben papierbasierte Dokumente den Vorteil, ein geographisch großes Reich konstruieren zu können, aber sie haben die Tendenz, nicht besonders persistent zu sein. Beispielsweise verweist Innis darauf, dass die Einführung von Papyrus im römischen Reich (nach der Eroberung Ägyptens) eine groß angelegte Bürokratie ermöglichte.[23] Allerdings besteht der Erfolg eines Imperiums nach Innis darin, dass der mediale Bias permanent re-evaluiert wird, und so immer neue Bedingungen für das Wachstum eines Reiches geschaffen werden können.[24] Im Mittelalter war das Pergament durchaus passend für die kirchliche Kultur. Mit der Einführung des Papiers entwickelte sich eine moderne Bürokratie und neue politische Organisationen.[25] Somit impliziert die Einführung von neuen Medien nicht nur neue Herrschaftsstrukturen, sie stellt auch den etablierten Status Quo in Frage. Dementsprechend stellt telegrafische Übertragung signifikante Herausforderungen für die Konstruktion und Erhaltung von Imperien im neunzehnten Jahrhundert. Diese medienpolitische Einsicht Innis' schlägt sich auch in Kleists Diskussion der Bombenpost nieder, deren ungenannter Subtext wie besprochen der Chappe-Telegraf ist.

Was Kleist als eine spezifische Stärke dieser Technologie erkennt, ist der Netzwerkcharakter. Er betont mit der „Bombenpost" besonders den materiellen Aspekt von Kommunikation und schlägt nach Innis' Terminologie vor, dass die Preußen ihren Mediabias auf zeitliche Medien und nicht, wie das napoleonische Reich, auf räumliche telegrafische Medien legen sollten. Er nimmt das Relaissystem des Chappe-Telegrafen, verwendet es aber zur Übermittlung von Objekten und nicht von Signalen.

---

22 Innis, *Empire and Communications*, 27.
23 Innis, *Empire and Communications*, 27.
24 Innis, *Empire and Communications*, 196.
25 Innis, *Empire and Communications*, 196.

Dieser Fokus auf die Materialität der Kommunikation ist zentral für Kleists Text. Kleist verweist auf das wichtige medientheoretische Faktum, dass der Botschaft im Draht ihre Materialität fehlt. Er stellt heraus, dass der Telegraf den Bereich möglicher Kommunikation vergrößert und beschleunigt, und dass dadurch ein komplexes und völlig neues Verhältnis von Botschaft und Trägermedium entsteht. Kommunikation ist nicht mehr länger beschränkt auf die lahme Materialität der Post, die nur handfeste Objekte transportieren kann, sondern wird beschleunigt durch Signalübertragung. Von diesem Zeitpunkt an konnte Information sich schneller bewegen als jede andere Entität.

Kleist fand ein sehr treffendes poetisches Bild, um dieses Phänomen zu fassen. Er beschreibt die elektrische Botschaft als ein Reiten auf den Flügeln des Blitzes. Dieses Bild spielt auf antike geflügelte Boten wie Hermes oder Engel an, die zwischen den Göttern und den Sterblichen vermittelten, und es verweist auch auf die göttlichen Kommunikationsmittel des Donners und des Blitzes, die ähnlich wie der Telegraf auf Elektrizität basieren.[26] Dennoch präsentieren „Die Flügel des Blitzes" ein Problem für die Konstruktion von Imperien. Kleists poetische Transformation der Telekommunikation in das Reich des Göttlichen betont die ätherische Qualität der telegrafischen Botschaften, die für Kleist auch die Oberflächlichkeit und Vergänglichkeit elektrischer Kommunikation impliziert.

Nach Innis ist der Telegraf ein räumliches Medium, das die Expansion über große geografische Distanzen ermöglicht, das aber keine langlebigen Spuren einer Zivilisation hinterlässt. Kleists Vorschlag, die militärisch-imperiale Infrastruktur (Kanonen) materielle Träger von Kommunikation (Pakete) transportieren zu lassen, verweist direkt auf die Machtkämpfe zwischen dem französischen und dem preußischen Reich, nicht nur weil er in Kontrast zu Napoleons Signalsystem steht, sondern auch weil es die Stärke des preußischen Militärs vergrößern und bei einem möglichen Partisanenkrieg seinen militärischen Grundkern zur Schau stellen könnte.[27]

Kleists Idee einer Bombenpost spielt nicht nur auf die technologischen Ressourcen des preußischen Militärs an, sie verweist auch auf eine fundamentale Verbindung von Telekommunikation und Kommandostrukturen. Laurin Zilliacus merkt an, dass Telekommunikation immer unter der Kontrolle des Staates steht. Bernhard Siegert erklärt ebenfalls, dass die Post nicht entwickelt wurde, um öffentliche Kommunikation zu ermöglichen, sondern um die imperiale Kontrolle zu verstärken.[28] Kleists Vorschlag ist in dieser Denklinie zu sehen, da die

---

26 Kittler, „Bombenpost", 83–88.
27 Kittler, „Bombenpost", 93–95.
28 Zilliacus, *Mail for the World*, 58–60.

Bombenpost beides tut: Sie löst ein logistisches Problem und setzt die imperiale Struktur der Post wieder ein, die endete, als Albrecht VIII 1600 den von Thurn und Taxis erlaubte, auch offiziell private Briefe zu transportieren.[29]

Die Einführung moderner Telekommunikation löste jedoch eine Liberalisierung der öffentlichen Teilnahme an allen Kommunikationsmitteln auf, und der optische Telegraf unter Napoleon kann als Rücktransfer der kommunikativen Bedingungen an die Hegemonie des Staates gesehen werden. Nur Napoleon war es erlaubt durch dieses technische Instrument zu sprechen, mit der Ausnahme der Gewinnzahlen der Staatslotterie war der Chappe-Telegraf auf militärische Kommunikation beschränkt.[30] Kleists Bombenpost hätte ebenfalls die Hegemonie des Staates über Telekommunikation betont – nicht durch eine Limitierung der Kommunikation auf militärische Befehle, sondern durch die Benutzung von militärischer Ausrüstung. Kleist begreift Kommunikation als Hochgeschwindigkeitsnetzwerke und referiert damit ähnlich wie Virilio auf das entscheidende Element moderner Kriege. Der Clou besteht aber nun genau darin, den Geschwindigkeitsunterschied zwischen militärischem und zivilem Bereich zu überbrücken. Es kommt also, wie es Friedrich Kittler für die Medientechnologien spätestens ab dem frühen zwanzigsten Jahrhundert konstatierte, zu einer ständigen Militarisierung der Gesellschaft. Frieden ist der technologisch abgesicherte Ausnahmezustand zwischen zwei Kriegen – Kleist buchstabiert diese Grundlage des militärisch-industriellen Komplexes hier aus.

4.1.3 Schreiben eines Berliner Einwohners an den Herausgeber der *Abendblätter*

Während von offizieller Stelle keine Antwort auf Kleists Vorschlag kam, schrieb Kleist wahrscheinlich selbst einen Antwortbrief auf seinen eigenen Artikel.

> Mein Herr!
> Dieselben haben in dem 11ten Stück der Berliner Abendblätter, unter der Rubrik: Nützliche Erfindungen, den Entwurf einer Bombenpost zur Sprache gebracht; einer Post, die der Mangelhaftigkeit des elektrischen Telegraphen, nämlich, sich mit nichts, als kurzen Anzeigen, befassen zu können, dadurch abhilft, daß sie dem Publico auf zweckmäßig angelegten Artillerie-Stationen, Briefe und Pakete mit Bomben und Granaten zuwirft. Erlauben Dieselben mir zu bemerken, daß diese Post, nach einer, in Ihrem eigenen Aufsatz enthaltenen Äußerung, voraussetzt, der Stettiner oder Breslauer Freund habe auf die Frage des Berliners an

---

29 Siegert, *Relais*, 6.
30 Filchy, *Modern Communication*, 18.

ihn: wie geht's dir? zu antworten: recht gut! Wenn derselbe jedoch, gegen die Annahme, zu antworten hätte: so, so! oder: mittelmäßig! oder: die Wahrheit zu sagen, schlecht; oder gestern Nacht, da ich verreis't war, hat mich meine Frau hintergangen; oder: ich bin in Prozessen verwickelt, von denen ich kein Ende absehe; oder: ich habe Bankerott gemacht, Haus und Hof verlassen und bin im Begriff in die weite Welt zu gehen: so gingen, für einen solchen Mann, unsere ordinären Posten geschwind genug. Da nun die Zeiten von der Art sind, daß von je hundert Briefen, die zwei Städte einander zuschicken, neun und neunzig Anzeigen von der besagten Art enthalten, so dünkt uns, sowohl die elektrische Donnerwetterpost, als auch die Bomben- und Granatenpost könne vorläufig noch auf sich beruhen, und wir fragen dagegen an, ob Dieselben nicht die Organisation einer anderen Post zu Wege bringen können, die, gleichviel, ob sie mit Ochsen gezogen, oder von eines Fußboten Rücken getragen würde, auf die Frage: wie geht's dir? von allen Orten mit der Antwort zurückkäme: je nun! oder: nicht eben übel! oder: so wahr ich lebe, gut! oder: mein Haus habe ich wieder aufgebaut; oder: die Pfandbriefe stehen wieder al pari; oder: meine beiden Töchter habe ich kürzlich verheiratet; oder: morgen werden wir, unter dem Donner der Kanonen, ein Nationalfest feiern; – und was dergleichen Antworten mehr sind. Hiedurch würden Dieselben sich das Publikum auf das lebhafteste verbinden, und da wir von Dero Eifer zum Guten überall, wo es auf Ihrem Wege liegt, mitzuwirken, überzeugt sind, so halten wir uns nicht auf, die Freiheit dieses Briefes zu entschuldigen, und haben die Ehre, mit der vollkommensten und ungeheucheltsten Hochachtung zu sein, usw.
Berlin, den 14. Okt. 1810
Der Anonymus (DKV, III, 594–595)

Aus diesem Leserbrief spricht hermeneutische Nostalgie. Richtig identifiziert der Brief, dass die Beschleunigung der Kommunikation nicht für jede Form des Informationsaustauschs wünschenswert wäre. Während die elektronische Kommunikation banale und zumeist positive Kommunikation durchaus übertragen könne („Wie geht's?" „Gut!"), so eignen sich diese Datenkanäle aber nicht für das Lamentieren über die Schilderung einer misslichen Lage. Für diese Schilderungen sei die normale Post „geschwind genug". Benjamin Specht sieht in diesem Kommentar eine satirische und politische Bemerkung, die auf die problematische Lage Preußens zielt, in der es kaum etwas Positives zu berichten gab.[31]

Medientheoretisch lässt sich Kleists ironisches Szenario wie folgt zusammenfassen: Schlechte Nachrichten bleiben relevant und werden auch durch längere Übertragungszeiten nicht wertlos. Hermeneutisch uninteressante Anschlusskommunikation hingegen bedarf eines unmittelbaren Signalaustauschs. Das liegt daran, dass die neuen Medien nicht so sehr damit beschäftigt sind, einen

---

31 Specht erkennt in dem Antwortschreiben auf die *Bombenpost* eine Kritik an der misslichen Lage Preußens und in dem Aufruf zu einer Bombenpost den Appell, diesem Zustand entgegenzuwirken. (Specht, *Physik als Kunst*, 381–382)

zeitlichen Bias aufzubauen und ewige Wahrheiten zu übertragen, sie konstruieren vielmehr ein Kommunikationsnetz. Wichtig an diesem Netz ist nicht die Nachricht, es ist die Gewissheit, dass die Übertragung funktioniert – und so wird die belanglose Frage „Wie geht's?" zu nichts anderem als einem Testsignal, das auch durch ein medientheoretisch expliziteres „Kannst Du mich hören bzw. empfangen" ersetzt werden könnte. Das ist es, was Kleist in dem *Entwurf einer Bombenpost* herausgearbeitet hat.

Der Vorschlag des Leserbriefs, diese Briefe durch Schreiben mit einem positiven Inhalt zu ersetzen, verweist auf einen diskursiven Bruch, der sich abzeichnet. Es kommt hinzu, dass der Leser die Briefkommunikation nicht mehr als einen persönlichen individuellen Austausch beschreibt, sondern auch den Inhalt als statistisch vorhersagbare Größe. Der Vorschlag, den semantischen Inhalt von Post steuern zu können, ist sicherlich zu einem großen Stück satirisch gemeint, geht aber dennoch über einen bloßen Scherz hinaus. Briefkommunikation wird hier nicht mehr als individuelles Sprechen, sie wird als Massenphänomen verstanden. Die Medialität des Briefs wird nicht einfach vom Sender-Empfänger gedacht, sie wird als diskursives System beschrieben, das seine determinierenden Äußerungsregeln hat. Der Leserbrief will nun eben dazu anregen, diese diskursiven Regeln umzustellen – die Redaktion der *Berliner Abendblätter* soll zum Herrscher des Diskurses werden. Die Redaktion distanziert sich jedoch von einem solchen Szenario:

> *Antwort an den Einsender des obigen Briefes*
> Dem Einsender obigen witzigen Schreibens geben wir hiermit zur Nachricht, daß wir uns mit der Einrichtung seiner Ochsenpost, oder seines moralischen und publizistischen Eldorados nicht befassen können. Persiflage und Ironie sollen uns, in dem Bestreben, das Heil des menschlichen Geschlechts, soviel als auf unserem Wege liegt, zu befördern, nicht irre machen. Auch in dem, Gott sei Dank! doch noch keineswegs allgemeinen Fall, daß die Briefe mit lauter Seufzern beschwert wären, würde es, aus ökonomischen und kaufmännischen Gesichtspunkten noch vorteilhaft sein, sich dieselben mit Bomben zuzuwerfen. Demnach soll nicht nur der Prospectus der Bombenpost, sondern auch ein Plan, zur Einsammlung der Aktien, in einem unserer nächsten Blätter erfolgen.
> *Die Redaktion* (DKV, III, 595)

Dies ist eine klare Absage daran, sich mit der semantischen Seite des postalischen Systems abzugeben. Ziel ist es, die Nachrichtenfrequenz zu erhöhen, nicht den Inhalt zu kontrollieren. Dies ist aus der Perspektive einer Zeitungsredaktion durchaus verständlich, denn wie Kleist schmerzhaft erfahren musste, kommt es beim Zeitungsmachen vor allem auf die Menge und Frequenz der verkauften Nachrichten an.

Die Texte um die *Bombenpost* reflektieren nicht einfach eine kuriose Erfindung. Auch wenn Kleist den elektrischen Telegrafen als Aufhänger nimmt, so geht es doch nie wirklich darum. Vielmehr verwirft Kleist den Telegrafen und weist auf seine signaltechnischen Limitationen hin. Was diese Texte jedoch thematisieren, ist, wie auch Specht betont,[32] die sozio-politische Verflechtung des Mediensystems um 1800. Es ist dabei interessant zu sehen, dass das Mediensystem, das Kleist mit der Bombenpost imaginiert, durchaus von seinen Insurrektionsphantasien getragen wird. Die Installation eines preußischen Kanonenpostsystems sollte sicherlich auch als Versuch einer versteckten Aufrüstung begriffen werden. Kleists Bombenpost ist aber auch implizit eine Auseinandersetzung mit dem von Napoleon so favorisierten Chappe-Telegrafen, bzw. mit der „Immaterialität" von signalbasierten Kommunikationssystemen. Kommunikation wird hier radikal als materielles Substrat gedacht, das nicht in seiner hermeneutischen Sinnhaftigkeit, sondern in seiner Materialität aufgeht. Der Leserbrief und die Antwort der Redaktion stellen dies noch einmal klar heraus.

Kleist inszeniert hier eine Strategie, die in der Aufrüstung des zivilen Sektors besteht. Die Totalität des Krieges, von der Clausewitz einige Jahre später schreiben wird, ist hier greifbar. Die Bombenpost macht zwar einen Unterschied zwischen militärischer und ziviler Verwendung, muss dies aber nicht tun. Was Kleist in diesem Text nämlich nicht erwähnt, ist, dass aus dieser Postmaschine jederzeit wieder eine Kriegsmaschine gemacht werden kann.

4.2 Über die allmähliche Verfertigung der Gedanken beim Reden

Der Text über die allmähliche Verfertigung der Gedanken beim Reden gehört zu den zentralen essayistischen Arbeiten Kleists. Das Essay über das Marionettentheater geht in seiner Anziehungskraft auf die Literaturkritik zwar darüber hinaus, aber auch die *Verfertigung* hat mittlerweile starke kritische Aufmerksamkeit erhalten.[33] Die Texte haben des Weiteren auch einen ähnlichen Aufbau. In beiden

---

32 Specht, *Physik als Kunst*, 381–382.
33 Die Forschungssituation zwischen dem *Marionettentheater* und der *Allmählichen Verfertigung* hat sich in der Tat ein wenig angeglichen. Bescheinigte Michael Rohrwasser in seinem Aufsatz „Bombenpost" dem Essay noch eine Schattenexistenz (Rohrwasser, „Bombenpost", 151) und beklagte Joachim Theisen einen Mangel an Einzelanalysen (Theisen, „Es ist ein Wurf", 718), so kann Peter Riedel 2004 von einer Aufwertung des Aufsatzes in der Forschung sprechen, was er besonders auf ein verstärktes sprach- und kommunikationstheoretisches Interesse zurückführt. (Riedl, „Die Macht des Mündlichen", 129) Eine der ausführlichsten Analysen dieses Essays

Texten gibt es zunächst die Exposition eines partikulären Problems bzw. Philosophems – in der *Allmählichen Verfertigung* ist dies die Produktion von Gedanken in einem dialoglosen Dialog und im *Marionettentheater* ist dies die vernunftlose Ästhetik einer körperhaften Grazie.[34] Nach dieser Exposition werden jeweils mehrere Fallbeispiele diskutiert: im *Marionettentheater* die Erörterung von den Marionetten und Prothesenträgern, die Geschichte des grazilen Jünglings und die Anekdote des fechtenden Bären, und in der *Allmählichen Verfertigung* Mirabeaus Revolutionsrede, die elektrische Entladung einer kleistschen Flasche und schlussendlich eine Fabel von Lafontaine. Diese Erörterungen werden dann in einen größeren philosophischen Gesamtzusammenhang gesetzt: Im Fall des *Marionettentheaters* ist es eine kosmologische Ordnung, bei der sich Vernunft und Vernunftlosigkeit ineinander falten, und bei der *Allmählichen Verfertigung* ist es ein kybernetisches Erziehungsprogramm.

Es ist dabei bezeichnend, dass Kleist durch diese Fallbeispiele seinen Texten einen großen interdisziplinären Rahmen gibt. In beiden Abhandlungen nimmt er Beispiele aus äußerst heterogenen Gebieten wie Physik, Zoologie, Politik oder auch märchenhaften Fabeln auf. Kleists Beobachtungen von bestimmten Philosophemen erheben durch diese Erzählstrategie einen Allgemeinheitsanspruch, der nicht durch rationale Argumentation, sondern durch Welterfahrung fundiert wird und die Kontinuität von diskursiven Zusammenhängen anzeigt. (Wie er in dem berühmten Bogenschluss-Brief an Wilhelmine erwähnt, geht es um ein „Lernen von der Natur". [DKV, IV, 159] Dies ist eine Aussage, die in der *Allmählichen Verfertigung* wiederaufgenommen wird, wenn Kleist in Zusammenhang mit der kleistschen Flasche über die Übereinstimmung der physischen und der moralischen Welt spricht. [DKV, III, 537])

Bei Kleist geht es ganz explizit um ein Verbinden der rein materiellen Welt, der Biosphäre und der Ebene der Vernunftwesen, um eine allgemeine kosmische Ordnung aufzuzeigen. Es ist mir wichtig zu betonen, dass, auch wenn Kleist ständig Anleihen an physikalische und andere wissenschaftliche Weltbilder macht, die Logik seiner Essays sich nicht auf diese physikalischen und anderen Ideen reduzieren lässt; seine Gedanken transzendieren oftmals das Aussagepotenzial,

---

findet sich in Gabriele Kapps Monographie *Des Gedankens Senkblei* (Kapp, *Senkblei*, 287–426), aber auch die Monographie von Greiner (Greiner, *Dramen und Erzählungen*, 37–51) und Eybl (Eybl, *Kleist-Lektüren*, 69–74) widmen einzelne Kapitel der *Allmählichen Verfertigung*.

34 Gerhard Neumann hat auch auf die inhaltlichen und strukturellen Ähnlichkeiten aufmerksam gemacht. (Neumann, „Stocken der Sprache", 13–14)

das diese Theoreme haben, und werden zu einer wahrlichen Science-Fiction, wie es auch Blamberger angemerkt hat.³⁵

Durch diese polyvalente Struktur, die die verschiedensten Ideen miteinander kurzschließt, entwickelt Kleist in der *Allmählichen Verfertigung* ein Kommunikationsprogramm, das von privater Kommunikation bzw. von selbstreflexiver Wissenskonstitution ausgeht, dann über soziale und revolutionäre Kommunikation reflektiert, dies in einen technischen Medienkontext implementiert und schlussendlich zu einem pädagogischen Projekt ausbaut. Dabei entwirft Kleist ein Kommunikationsmodell, das nicht mehr vom menschlichen Dialog und Subjektivität, sondern von systemischer Emergenz ausgeht, was er am Ende seines Textes mit folgender Formulierung zusammenfasst: „Denn nicht *wir* wissen, es ist allererst ein gewisser *Zustand* unsrer, welcher weiß." (DKV, IV, 540) Dieser Zustand wird erzeugt durch ein Pseudo-Gespräch, das Kleist wie folgt beschrieben hat:

> Oft sitze ich an meinem Geschäftstisch über den Akten, und erforsche, in einer verwickelten Streitsache, den Gesichtspunkt, aus welchem sie wohl zu beurteilen sein mögte. [...] Und siehe da, wenn ich mit meiner Schwester davon rede, welche hinter mir sitzt, und arbeitet, so erfahre ich, was ich durch ein vielleicht stundenlanges Brüten nicht herausgebracht haben würde. [...] Aber weil ich doch irgend eine dunkle Vorstellung habe, die mit dem, was ich suche, von fern her in einiger Verbindung steht, so prägt, wenn ich nur dreist damit den Anfang mache, das Gemüt, während die Rede fortschreitet, in der Notwendigkeit, dem Anfang nun auch ein Ende zu finden, jene verworrene Vorstellung zur völligen Deutlichkeit aus, dergestalt, daß die Erkenntnis, zu meinem Erstaunen, mit der Periode fertig ist. (DKV, III, 535)

Wissen, oder man kann hier wohl besser von Verstehen sprechen, kommt bei Kleist nicht durch Reflexion oder Arbeit, sondern durch Stress, Druck und formalsyntaktische Notwendigkeit zustande.³⁶ Das heißt, Verstehen wird nicht durch logische Ableitung oder das dialektische Verfahren eines hermeneutischen Zirkels generiert, es entsteht durch die Notwendigkeit, den Gedanken eine Struktur zu geben.³⁷ Es ist dabei auch keine kognitive Struktur, es ist explizit ein linguisti-

---

35 Blamberger, „Science Fiction", 30–31.
36 Kohlross weist darauf hin, dass Kleist hier ein Wissen beschreibt, das nicht wie die platonisch-naturwissenschaftliche Tradition davon ausgeht, dass die Wissensgegenstände ihrer sprachlichen Beschreibung vorausgehen. Vielmehr entsteht diese Form des Wissens erst in der Sprache. (Kohlross, „Ist Literatur ein Medium", 23)
37 Joachim Theisen und Nancy Nobile weisen darauf hin, dass die Periode als eine kreisförmige Struktur (Theisen bezieht sich auf die Rhetorik [Theisen, „Es ist ein Wurf", 721–722] und Nobile auf den Menstruationszyklus [Nobile, „School", 97]) impliziert, dass Kleist hier an kein rein lineares Kommunikationsmodell dachte.

sches Gerüst, das die Konkretisierung eines Gedankens erlaubt: Es ist Information, also eine sprachliche Struktur, die in Formation gebracht wurde. Es ist nichts, was in der platonisch-hermeneutischen Tradition durch einen Dialog geordnet entwickelt wird, es tritt spontan hervor, quasi wie ein Schock.[38] Es geht Kleist, wie im Folgenden klar werden wird, um eine Elektrifizierung der Hermeneutik.[39] Kommunikation und Verstehen wenden sich buchstäblich vom menschlichen Ansprechpartner ab, benutzen diesen bestenfalls als eine Bremse, um den Fluss der Assoziation zu kanalisieren und so Ordnung aus Chaos zu erzwingen. Kleist weist explizit darauf hin, wie hilfreich die Gesten seiner Schwester sind, die seinen Redefluss unterbrechen wollen. Kommunikation bzw. Verstehen wird zu einem Rückkopplungsprozess, der die Adressaten als Modulations- oder Verstärkerelementen benutzt. In Bezug auf Kleists Briefe ist dies nichts Neues, vielmehr macht der Text über die *Allmähliche Verfertigung* noch einmal Kleists Briefpoetik klar.

4.2.1 Ein Brief an Rühle von Lilienstern

Eine Verbindung zwischen Kleists Kommunikationstheorie bzw. Hermeneutik und seiner Praxis des Briefeschreibens ist bei weitem kein Zufall, sie wird vielmehr durch den Text selbst medial motiviert. Das heißt, die *Allmähliche Verfertigung der Gedanken beim Reden* ist zunächst kein philosophischer Essay, sie ist ein Brief an Kleists Freund Otto August Rühle von Lilienstern. Dass es sich bei der

---

[38] In dieser Hinsicht weicht Kleist, wie Rohrwasser und Riedl anmerken, auch von etablierten rhetorischen Vorstellungen ab, da der Redner dezidiert keine bewusste Kontrolle über seine Werkzeuge hat. (Rohrwasser, „Bombenpost", 152; Riedl, „Die Macht des Mündlichen", 133)

[39] Herminio Schmidt hat bereits 1978 in seinem Buch *Heinrich von Kleist. Naturwissenschaft als Dichtungsprinzip* auf die Bedeutung von Elektrizität aufmerksam gemacht. Schmidt versuchte mit diesem Ansatz einer primär psychologisch bestimmten Kleistforschung einen kultur- und wissenschaftshistorischen Ansatz entgegenzustellen, und weist darauf hin, wie beispielsweise viele Personenkonstellationen in Kleists Dramen anhand von elektrischen Anziehungs- und Abstoßungsphänomenen zu erklären seien. Grundsätzlich eröffnet dies eine Perspektive, die besonders für neuere wissenspoetische Ansätze fruchtbar ist, hat aber die Tendenz, Elektrizität als einen „Universalschlüssel" zum Werk Kleists zu etablieren, was dann notwendigerweise auch reduktionistische Züge trägt. Wie ich im Folgenden diskutieren werde, sind Kleists Vorstellungen von Elektrizität durchaus idiosynkratisch und bilden nicht einfach den Wissensstand seiner Zeit ab, sondern stellen eine eigene Vorstellung von Welt, Kommunikation und Wissenschaft aus. Für einen Überblick von Schmidts Thesen siehe den Aufsatz „Heinrich von Kleist's Poetic Technique. Is it based on the principle of Electricity?"

Namensnennung Rühles (die sich an die Überschrift als zweites Textelement anschließt) nicht nur um eine Widmung handelt, wird aus der expliziten Anrede „du" klar. Rühle und Kleist kannten sich seit 1795 aus dem Militär, und Rühle, der noch eine große Militärkarriere vor sich hatte, wurde zu einem von Kleists wichtigsten Förderern. Dieser Brief nimmt jedoch kein persönliches Gespräch mit Rühle auf, er besteht in der Erörterung des titelgebenden Phänomens, nämlich, dass sich Gedanken während des Redens blitzartig zu einer Erkenntnis kristallisieren.[40]

Im zweiten Kapitel habe ich gezeigt, wie Kleist Briefkommunikation primär benutzt, um Geld- und Informationsströme zu steuern und zu manipulieren. Es ging besonders bei der Korrespondenz mit Ulrike und Wilhelmine nicht darum, Information zu übermitteln, sondern Kontakt zu halten und ein logistisches System auszubauen. Die pädagogischen Exkurse mit Wilhelmine werden dabei zu nichts mehr als einer Selbsterziehung bzw. Selbstbefriedigung Kleists. Diese Figur wird in diesem Brief wiederholt. Wie er Rühle explizit darlegt, soll kein eigenes Wissen kommuniziert oder fremdes Wissen verstanden werden, es geht darum, sich selber zu belehren, also das eigene Verstehen rückzukoppeln.[41] Auch hier steht Reflexivität vor Dialog. Allerdings verheimlicht Kleist diesen Charakter seines Briefes vor Rühle nicht, er stellt ihn vielmehr explizit heraus, was bei einem sensiblen Gemüt schon durchaus als Beleidigung aufgenommen werden könnte. Kleist geht sofort *in medias res* und eröffnet den Brief wie folgt:

> Wenn du etwas wissen willst und es durch Meditation nicht finden kannst, so rate ich dir, mein lieber, sinnreicher Freund, mit dem nächsten Bekannten, der dir aufstößt, darüber zu sprechen. Es braucht nicht eben ein scharfdenkender Kopf zu sein, auch meine ich es nicht so, als ob du ihn darum befragen solltest: nein! Vielmehr sollst Du es ihm selber allererst erzählen. (DKV, III, 534)

Es bleibt offen, ob Rühle ein solcher eben nicht scharfdenkender Mensch ist, oder was dies über Kleists Einstellung zu seiner Schwester aussagt. Um eine solche Verschmähung seiner Adressaten geht es Kleist aber gar nicht. Worum es geht, ist, dass einem Adressaten mitgeteilt wird, dass das Folgende eigentlich nicht an

---

[40] Dass das Ganze in geschriebener Form vorliegt, scheint zunächst dem oralen Anliegen zu widersprechen, aber ich denke, dass Riedl Recht damit hat, dass die *Allmähliche Verfertigung der Gedanken beim Reden* nicht nur eine Poetik des Sprechens sondern auch des Schreibens ist. (Riedel, „Die Macht der Mündlichkeit", 132)

[41] Der Text stellt eine interessante Ambivalenz aus. Während beispielsweise Soichiro Itoda betont, dass der Text stark durch die Freundschaft zu Rühle geprägt ist (Itoda, „Die Funktion des Paradoxons", 219), weist Wolfram Groddeck darauf hin, dass Rühle nach der anfänglichen Anrede aus dem Text verschwindet. (Groddeck, „Inversion", 108)

ihn adressiert ist, sondern dass er ein reflexiver Inkubator von Ideen ist. Sandro Zanetti weist darauf hin, dass Kleists Briefe immer mehr zu einem Selbstgespräch werden.[42] Bereits die einleitenden Sätze stellen klar heraus, dass es keine einfache Mitteilung an den Freund ist, es geht darum, das in dem Text entwickelte Verfahren selbst anzuwenden.

Der briefliche Dialog steht nicht im Zentrum, es geht um das solitäre Sprechen Kleists. Dies ist eine Vermutung, die dadurch verstärkt wird, dass der Brief nicht mit der Bitte nach Antwort, sondern mit einem lapidaren *„Die Fortsetzung folgt"* (DKV, III, 540) endet. Die Kommunikation soll also nicht durch Rühles Antwort, sondern von Kleist selbst fortgesetzt werden.[43]

4.2.2 Gedankenfindung durch Modulierung und Störung

Was Kleist in diesem Brief beschreibt, ist somit kein Dialog, aber auch kein einfaches Selbstgespräch, es ist ein Feedbacksystem. Der Zuhörer bzw. die Zuhörerin wird zu einem Verstärker oder Modulierer, der den Input zirkulieren lässt, aber nicht durch eigene Gedanken anreichert. Kleist spricht davon, dass durch die Interaktion mit dem Zuhörer Verzerrungen und Irritationen in das Sprechen hineinkommen, die sich schlussendlich in einem kathartischen Moment entladen können.

> Ich mische unartikulierte Töne ein, ziehe die Verbindungswörter in die Länge, gebrauche wohl eine Apposition, wo sie nicht nötig wäre, und bediene mich anderer, die Rede ausdehnender, Kunstgriffe, zur Fabrikation meiner Idee auf der Werkstätte der Vernunft, die gehörige Zeit zu gewinnen. Dabei ist mir nichts heilsamer, als eine Bewegung meiner Schwester, als ob sie mich unterbrechen wollte; denn mein ohnehin schon angestrengtes Gemüt wird durch diesen Versuch von außen, ihm die Rede, in deren Besitz es sich befindet, zu entreißen, nur noch mehr erregt, und in seiner Fähigkeit, wie ein großer General, wenn die Umstände drängen, noch um einen Grad höher gespannt. (DKV, IV, 535–536)

---

42 Zanetti, „Adressenwechsel", 213–214.
43 Dieser lapidare Abschluss ist allerdings philologisch nicht unproblematisch, genau wie der gesamte Text. Von der *Verfertigung* liegt nur eine Abschrift vor, in der einige redaktionelle Anmerkungen eingetragen sind. Da diese Abschrift nicht von Kleist stammt, nehme ich an, dass Kleist für diese redaktionellen Anmerkungen zuständig war. „Fortsetzung folgt" ist eine solche Ergänzung, und ich halte es für wahrscheinlich, dass dies von Kleist oder in Kleists Auftrag hinzugefügt wurde. Wer sonst hätte diese Möglichkeit einer Fortsetzung beurteilen können? Im Übrigen kann man Kleists *Allerneusten Erziehungsplan* als eine solche Fortsetzung verstehen, die an die elektrifizierte Pädagogik der „Verfertigung" anknüpft.

Dies ist eine äußerst moderne Art und Weise Kommunikation und Kreativität zu denken. Erkenntnis kommt nicht durch Konzentration und Klarheit, sie kommt, wie beispielsweise Gerhard Neumann herausgearbeitet hat, durch Stocken, Verzerrung und Zerstreuung zustande.[44] Diese Positionen, die in Störungen und Verzerrungen kreatives Potential oder Erkenntnisgewinn sehen, wurden in den letzten Jahren beispielsweise von Peter Krapp oder Caleb Kelly anhand einer Diskussion moderner Medientechnologien entwickelt.[45] Kleist zeigt hier aber bereits, ein Jahrhundert vor Dada, wie Sprache selbst zu einem entropischen Erkenntnisraum wird.

Es ist dabei entscheidend, dass Kleist durch die Pseudokommunikation nicht eine Organisationsstruktur einschaltet, er imaginiert vielmehr eine Verzögerung, die es ermöglicht, die bereits ungeordneten Gedanken noch einmal zu verzerren – es kommt zu keiner Organisation, sondern zu einer weiteren Steigerung der Entropie. Es kommt hier darauf an, das Chaos bis zu einem Punkt zu steigern, an dem es in eine neue Ordnung umschlagen kann. Dieser Umkipppunkt (tipping point) wird dabei jedoch noch durch einen externen Faktor initiiert, nämlich durch das Stoppsignal eines Gesprächspartners.[46] Es kommt hier nicht auf eine stringente lineare Organisation der Gedanken an, sondern auf eine *path dependence*, bei der sich die Gedanken in einer Sequenz entwickeln, die nicht einfach vorherzusehen war. Wie ich noch ausführlicher im siebten Kapitel diskutieren werde, ist es nicht nur anekdotisch, dass der Wirtschaftswissenschaftler Günther Ortmann die Theorie der *path dependence* als ein wesentliches Element der Theorie nicht-linearer Systeme anhand von Kleists Essay expliziert.[47]

---

44 Neumann, „Das Stocken der Sprache", 16.
45 Peter Krapp, *Noisy Channels*; Caleb Kelly, *Cracked Media*. Während Krapp und Kelly auf die Kultur des zwanzigsten Jahrhunderts eingehen, stellt Greiner heraus, dass Kleist bereits eine Theorie der gestörten bzw. misslungenen Sprache entwickelt, und sieht darin eine dezidierte Abwendung von einer klassischen bzw. kantischen Ästhetik. (Greiner, *Dramen und Erzählungen*, 37–51) Hinrich Seebas Ansicht, dass sich Kleist mit der *Allmählichen Verfertigung* gegen eine kantische Sprachphilosophie stellt, unterstreicht diesen Befund. (Seeba, „Sündenfall", 91)
46 Der Begriff des „Tipping Points" ist zentral für die Chaostheorie bzw. die Theorie nicht-linearer Systeme. Es wird dabei der Punkt in einem Prozess bezeichnet, bei dem eine irreversible Veränderung eintritt. Ohne sich auf die Chaostheorie zu beziehen, spricht allerdings auch Eybl von einem „Kipp-Prozess", den Kleist in seiner Bearbeitung der Fabel von Lafontaine erzeugt. (Eybl, *Kleist-Lektüren*, 71–72)
47 Ortmann, *Hypermoderne*, 123–132.

Des Weiteren bewegt sich Kleist hier bereits in dem metaphorischen Rahmen der Elektrizität, und es wird deutlich, dass es hier um eine elektrisierte Hermeneutik geht, bei der die Erkenntnis zu einer elektrischen Entladung wird, eben zu einem physikalischen Zustand.

Eine solche elektrisierte Hermeneutik ist auch immer eine körperliche Hermeneutik, da das, was aus der Elektrizität hervortritt, nicht Produkt eines reflexiven Prozesses, sondern eines körperlich wahrnehmbaren Schocks ist – es ist keine Reflexion, es ist Reaktion. Dementsprechend können Kleists Überlegungen über das verworrene Sprechen als Erkenntniskatalysator als eine Reflexion auf das Stottern verstanden werden. Kleist soll ein Stotterer gewesen sein, und auch wenn es mir nicht unproblematisch zu sein scheint, die *Allmähliche Verfertigung* als einen Text über das Stottern zu lesen,[48] so legt der Verweis auf das Stottern eine Quelle frei, die Kleist wahrscheinlich bekannt war.

Anke Bennholdt-Thomsen argumentiert, dass Kleist aller Wahrscheinlichkeit nach mit Moritz' *Magazin zur Seelenerfahrungskunde* vertraut war.[49] Im Band 1.3 gibt es einen Text, in dem Moses Mendelssohn auf das Verhältnis von Physischem und Psychischem eingeht und zu erklären versucht, wie psychische Zustände physische Wirkungen erzeugen können. Mendelssohn beschreibt dabei die Korrelation von Physischem und Psychischem anhand eines wohlgeordneten sequentiellen Prozessierens und macht das Stottern zu einem zentralen Störmoment, weil hier eine Parallelverarbeitung von zwei Eindrücken geschehen soll und so eine Störung verursacht.

> Mehrentheils aber scheint es eine spätere Idee zu seyn, die der Stotternde anticipirt, ein Glied der Ideenkette, das zu früh eintreten will, und dadurch die Bewegung hemmt. [...] Das Stottern wäre also, nach dieser Hypothese, nichts anders, als eine Art von Collision einer zweckmäßigen mit einer unzweckmäßigen Idee, welche beide auf die Sprachwerkzeuge zugleich wirken wollen, und fast gleiche Momente der Kraft haben. Die Glieder der Ideenkette, die sich ohne unmittelbare Lenkung der Seele einander nachziehen sollen, werden, durch eine fremde Idee, die sich dazwischen gelegt, aufgehalten, und nunmehr findet die hinzutretende Seele ihre Schwierigkeit, das Hinderniß aus dem Weg zu nehmen.

---

[48] Rohrwasser verweist mit kritischem Blick auf die Diskussion des Stotterns in der Kleistbiografik. (Beispielsweise Wichmann, *Heinrich von Kleist*, 88 oder auch Rohrwasser, „Bombenpost", 152) Die Annahme von einer Sprachstörung bei Kleist wird aus den Briefen vom 12. November 1799 und 5. Februar 1801 an seine Schwester Ulrike und aus dem Brief von Achim von Arnim an Wilhelm Grimm im Februar 1810 abgeleitet. (Sembdner, *Lebensspuren*, 347)
[49] Thomsen, „Kleists Standort", 27.

In einer Gemüthsbewegung drängen sich gewisse Ideen mit einer solchen Lebhaftigkeit und Wirksamkeit vor, daß sie gar leicht den Lauf der zweckmäßigen Ideen unterbrechen können.[50]

Mendelssohn beschreibt das Sprachverarbeitungssystem des Menschen als einen Prozess, in dem Daten immer nur streng sequentiell abgearbeitet werden können.[51] Wird die Sequentialität durch den Drang, zwei Aspekte parallel verarbeiten zu wollen, aufgehoben, kommt es zu einem Problem. Stottern wird zu einer Überlastung durch Komplexität.[52] Kleists Programm unterscheidet sich von dieser Theorie des Stotterns fundamental, bzw. wendet die dort diagnostizierte Problematik in den eigentlichen produktiven Moment um. Es geht nicht darum, Sprachverarbeitung als gleichmäßigen Fluss zu beschreiben, sondern Erkenntnis zu einem orgiastischen, nicht klar zu kontrollierenden Phänomen zu erklären. Sollte es in Kleists Text um das Stottern gehen, so geht es um Stottern als produktives Verfahren. Erkenntnis wird dabei zu einem explosiven Ausweg hin zu einem neuen stabilen Zustand, oder wie es in der Kybernetik genannt wird: Homöostase, und das ist der Punkt, an dem Kleist seine Theorie explizit elektrifiziert.

4.2.3 Die kleistsche Flasche

Dass es sich hier um ein kybernetisches Modell handelt, das auf Homöostase ausgerichtet ist, wird deutlich, wenn Kleist in die Welt der Elektrizität geht. Kleists Sprech- oder Erkenntnistechnik besteht in einem Auf- und Entladungsprozess. Das erste Beispiel, das Kleist nach seiner Exposition ausführt, geht auf die revolutionäre Rede Mirabeaus ein, die er als „Donnerkeil" qualifiziert, und im Folgenden beschreibt Kleist die Kraft dieser Rede innerhalb eines elektrischen Paradigmas. Der „neutrale" Mirabeau wird durch die Atmosphäre des revolutionären Frankreichs aufgeladen, und nachdem ein bestimmter Punkt überschritten ist, kommt es zu einer spontanen Entladung in der Rede. Nach dieser Rede ist Mirabeaus Ladung wieder „neutral", so dass er von Revolution auf Politik umschalten kann. Kleist sieht diesen Vorgang in Parallelität zur von seinem Vorfahren Ewald von Kleist entwickelten kleistschen Flasche.

---

50 Mendelssohn, „Seelennaturkunde", 58–59.
51 Wolf Kittler merkt an, dass es ein Problem des Chappe-Telegrafen war, dass Nachrichten immer nur in eine Richtung geschickt wurden, bzw. dass, wenn Nachrichten von beiden Seiten eintrafen, sie zu „stottern" begannen. (Kittler, „Bombenpost", 95)
52 Mendelssohn, „Seelennaturkunde", 57–59.

> Wenn man an den Zeremonienmeister denkt, so kann man sich ihn bei diesem Auftritt nicht anders, als in einem völligen Geistesbankerott vorstellen; nach einem ähnlichen Gesetz, nach welchem in einem Körper, der von dem elektrischen Zustand Null ist, wenn er in eines elektrisierten Körpers Atmosphäre kommt, plötzlich die entgegengesetzte Elektrizität erweckt wird. Und wie in dem elektrisierten dadurch, nach einer Wechselwirkung, der ihm inwohnende Elektrizitäts-Grad wieder verstärkt wird, so ging unseres Redners Mut, bei der Vernichtung seines Gegners, zur verwegensten Begeisterung über. Vielleicht, daß es auf diese Art zuletzt das Zucken einer Oberlippe war, oder ein zweideutiges Spiel an der Manschette, was in Frankreich den Umsturz der Ordnung der Dinge bewirkte. Man liest, daß Mirabeau, sobald der Zeremonienmeister sich entfernt hatte, aufstand, und vorschlug: 1) sich sogleich als Nationalversammlung, und 2) als unverletzlich, zu konstituieren. Denn dadurch, daß er sich, einer Kleistischen Flasche gleich, entladen hatte, war er nun wieder neutral geworden, und gab, von der Verwegenheit zurückgekehrt, plötzlich der Furcht vor dem Chatelet, und der Vorsicht, Raum. (DKV, IV, 537)

Kleist versucht hier, ein soziales bzw. rhetorisches Phänomen anhand von physikalischen Grundgesetzen zu beschreiben. Ein elektrisch neutraler Gegenstand gerät in ein elektrisch geladenes Umfeld, wird dadurch elektrisiert und entlädt sich dann blitzartig („Donnerkeil"). Die Forschung macht in diesem Zusammenhang beständig auf die Bedeutung der Polarität des Stroms aufmerksam.[53] Beispielsweise weist Hinderer darauf hin, dass die Polarität von Elektrizität von entscheidender Bedeutung für Kleist ist.[54] Kleists Darstellung fokussiert aber nicht nur auf einem negativen und positiven elektrischen Pol, sie geht vielmehr von einem dritten, neutralen Zustand aus. Was Kleist hier beschreibt, ist also kein bloßer Wechselprozess, der ein ständiges Pendeln zwischen den Polen impliziert, es ist ein Oszillieren um einen neutralen, stabilen Zustand. Diese Darstellung rekapituliert ziemlich genau die Ausführungen seine Lehrers Wünsch:

> Hieraus erhellet, sagte Philalethes, daß die Elektricität aus dem elektrisirten Leiter durch den zugespitzten Stift von innen heraus bricht, und wie ein Wind gegen die entfernten leitenden Körper strömt, so, wie sie im Gegentheile in das elektrisirte Reibzeug von außen hinnein fährt. Beide Wirkungen sind also in Hinsicht auf ihre Richtung einander gerade entgegen gesetzt, und heißen daher entgegengesezte Elektricitäten, indem die hervorbrechende den Namen der positiven oder glasartigen, die hinneinfahrende hingegen die Benennung der negativen oder harzartigen führt. Von einem Körper, welcher zu viel Elektricität besitzt, als daß dieselbe nicht aus ihm hervor brechen sollte, sagt man daher auch, er sey positiv oder bejahend elektrisch, so, wie er im Gegentheile negativ oder verneinend elektrisch genannt wird, wenn er von diesem Wesen zu wenig besitzt, und mithin andern um ihn herum befindlichen Körpern welches entziehet, folglich dasselbe von außen in sich

---

53 Siehe hierzu beispielsweise Riedl, „Die Macht des Mündlichen", 141–143 oder Lorenz, „Experimentalphysik".
54 Hinderer, „Rückseite der Naturwissenschaft", 36.

saugt. Hat aber ein Körper weder mehr noch weniger von diesem Wesen, als er braucht, oder als andere um ihn herum befindliche Materien; so stehet er in Rücksicht auf angeführte Wirkungen mit leztern im Gleichgewicht, und kann mithin gar keine elektrische Phänomene zeigen. Daher sagt man auch von ihm: seine Electricität sey Null, oder diese verhalte sich gegen andere Körper vollkommen unthätig.[55]

Kleist folgt dieser Beschreibung Wünschs, auch wenn er es nicht explizit macht.[56] Er kennt die Polarität des Stroms (im *Allerneusten Erziehungsplan* wird dies noch einmal explizit aufgenommen), aber er denkt sie nicht als eine binäre Differenz, es kommt noch ein weiterer Zustand, der der Neutralität, hinzu. Jürgen Daiber macht, ähnlich wie Hinderer, auf die Bedeutung der Polarität im kleistschen Denken aufmerksam, weist aber darauf hin, dass Kleist keine Synthese dieser Pole im Auge habe.[57] Die *Allmähliche Verfertigung* mit der Betonung einer elektrischen Neutralität scheint aber ein anderes Bild nahezulegen. Ich möchte Daiber zustimmen, dass es um keine Synthese im hegelschen Sinne geht, es ist vielmehr ein kybernetischer Zirkel, der auf Homöostase ausgerichtet ist. Es geht nicht um ein evolutionäres Bild, bei dem der positive und der negative Pol im neutralen Zustand zu einem dritten erhoben werden, sondern um eine eskalatorische Dynamik, die immer wieder von einem neutralen Zustand abgefangen wird. Genau diese Kontingenz meint Kleist, wenn er von dem „Zucken einer Oberlippe" oder dem zweideutigen Spiel an der Manschette spricht.

Kleist bettet diese Überlegungen zur Elektrodynamik in Fragen der Rhetorik ein, und Benjamin Specht verweist darauf, dass die kleistsche Flasche als Modell für Kommunikation gedacht werden kann:

> Im Grunde kombiniert die Kleist'sche Flasche also mehrere elektrische Effekte, die im 18. Jahrhundert im Zentrum des wissenschaftlichen Interesses standen: die elektrostatische Induktion (,Vertheilung'), die Verstärkung sowie den Funkenschlag (,Mittheilung'). Diese Abläufe erweisen sich nun als exakt strukturanalog zu den Redekonstellationen, die Kleist in seinem Essay beschreibt.[58]

---

55 Wünsch, *Kosmologische Unterhaltungen*, II, 657–658.
56 Lorenz geht genau auf Wünsch ein und konstatiert den interessanten Unterschied zwischen Kleist und Wünsch, dass hinter Wünschs Ideen von Wissenschaft das aufklärerische Ideal eines reflektierten und autonomen Subjekts steht. Dies ist eine Vorstellung, die Kleist gezielt mit seinen elektrogeschockten Protagonisten sabotiert. (Lorenz, „Experimentalphysik", 78) Roland Borgards hat einen sehr guten und detaillierten Aufsatz „Allerneuster Erziehungsplan" verfasst, in dem er den Quellen von Kleists Wissen über Elektrizität nachgegangen ist.
57 Daiber, „Nichts Drittes", 28.
58 Specht, *Physik als Kunst*, 354.

Ich halte es aber für fraglich, ob die kleistsche Flasche ein gutes Paradigma ist, um elektrische Kommunikation avant la lettre zu denken. Zwar konnten durch diesen Kondensator nun größere Strommengen abgerufen werden und durch eine Menschenkette, die in eine „kleistsche Reihe" geschaltet wurde, dieser Stromschlag kommuniziert werden,[59] aber Kleist geht in der *Allmählichen Verfertigung* nicht auf diese Effekte ein. Der Text beschreibt Kommunikation explizit nicht anhand eines Systems von Verteilung, Verstärkung und Mitteilung, sondern als geschlossenes Feedbacksystem, es geht um die Selbstaffizierung des Redners – das ist schließlich auch das eigentliche Thema der *Allmählichen Verfertigung*. Es geht hier vor allem um die Produktion einer Botschaft durch einen elektrischen Auflagdungsprozess, und nicht so sehr um eine Sendung dieser Botschaft auf elektrischem Wege. Und genau in diesem Sinn spricht Kleist auch von „Verstärkung". Was verstärkt wird, ist kein zu übertragendes Signal, es ist der Redner selber.

Es passt in diesen Zusammenhang, dass die Mirabeau-Episode auch anhand eines anderen technischen Kontextes beschrieben werden könnte, nämlich der Dampfmaschine. Mirabeau baut so viel Druck auf, dass er dringend buchstäblich „Dampf ablassen" müsste. Kleist imaginiert hier quasi ein Sicherheitsventil und verweist damit auf erste reflexive Steuermechanismen. Kurz gesagt, Kleist beschreibt hier eigentlich weniger ein elektrisches System, sondern die Überdruckregelung, die seit 1788 in der Form von Fliehkraftreglern eingesetzt wurde. Man kann die französische Entwicklung des Schnellkochtopfs hier vielleicht auch im Hintergrund mitdenken.[60] Ein weiterer Hinweis auf diesen wissenschaftlichen Kontext ist, dass Kleist mit Rühle zur gleichen Zeit auch über die Konstruktion eines U-Bootes diskutiert hat. Die zentrale Frage war dabei, welche Druckverhältnisse dieses Gefährt aushalten kann und muss.[61]

Unabhängig davon, welchem technischen Kontext das Mirabeau-Beispiel zuzuordnen ist, kreist es um die Frage von Kommunikation und Medialität. Insgesamt beschreibt die *Allmähliche Verfertigung* eine Figur der Selbst-Aufladung und steht damit nah an Formen des Feedbacks, die dann, wie Wolfgang Hagen ausgeführt hat, zum Radio und Computer führen, ihren Ursprung aber in der kleistschen Flasche haben:

---

59 Siehe hier Borgards, „Erziehungsplan".
60 Ein erster Schnellkochtopf wurde 1674 von Dennis Papin entwickelt und besaß einen Mechanismus zum Regeln von Überdruck.
61 Es ist interessant zu sehen, dass Joachim Theisen auch eine Beziehung zwischen der *Allmählichen Verfertigung* und dem Brief mit dem U-Boot erkennt, hier aber auf die verschiedenen Vorstellungen von Rhetorik eingeht, die in den Texten artikuliert werden. (Theisen, „Es ist ein Wurf", 723)

Nicht zufällig ist das Radio das erste in der Reihe der technischen Medien, das elementar auf dem Prinzip der Rückkopplung (elektromagnetischer Schwingungen) basiert [...]. Erst seit es Geräte gibt, [...] die auf [...] masse- und zeitlosen ‚Teilchen' (Photonen) in rückkoppelnden Wechselwirkungen basieren, existiert das, was wir Massenmedien nennen. [...] Wie Massenmedien erst benennbar, denkbar und beschreibbar sind seit und mit der technischen Fundamentalrealität des Radios, sollte eine [Analyse] der ‚Realität der Massenmedien' nicht ohne eine gründliche historische Dekonstruktion ihrer eigenen Begrifflichkeit auskommen, insofern sie sich dem technischen Medium selbst verdankt. Dann nämlich zeigte sich – erstens –, wie bemerkt, daß das Radio eben nicht das erste ist, sondern etwa in der Mitte einer engen Entwicklungskette der elektrischen Medien steht. Die Kette ‚zündet' in dem ersten Speichermedium der Elektrizität (der Leydener Flasche, 1745), beginnt mit der Telegrafie um 1820 und mündet derzeit in hochvermaschten, hochfrequenten, digitalen Computernetzen.[62]

Hagens Kommentar macht es möglich, Kleists technisch-rhetorische These in einen klaren historischen Rahmen zu setzen.[63] Sie reiht sich durchaus in eine Mediengeschichte ein, die zum Radio führt, aber nicht nur, weil Kleist mit diesem Beispiel Massenmedialität impliziert, sondern weil er die Bedeutung von auf Rückkopplung basierenden Schwingungskreisen erkennt. Diese Meditation über Feedbackprozesse ist hochkompliziert, da es hier auf der einen Seite darum geht, dass Denken und Sprache nicht einfach zu steuern sind, und es aber auf der anderen Seite darum geht, diese unkontrollierbare Dynamik zu nutzen. Kleist formuliert ein paradoxes Steuerungsprogramm. Er zeigt, wie komplexe Systeme nicht deterministisch bestimmt und kontrolliert werden können, im Text *Allerneuster Erziehungsplan* thematisiert er aber, wie man diese Kräfte dennoch nutzen kann.

4.3 Der allerneuste Erziehungsplan

Der *Allerneuste Erziehungsplan* ist ein humoristischer Text von Kleist, der in den *Berliner Abendblättern* erschien und ein pädagogisches Programm vorschlägt. Kleist formuliert ausgehend von einem „Gesetz des Widerspruchs", dass Erziehung nicht durch vorbildhaftes Handeln, sondern durch die Inszenierung des Gegensatzes wirken soll. Er beschreibt ein psychologisches Phänomen, wonach man die Tendenz habe, nach dem Gegensätzlichen zu streben, und gibt folgendes Beispiel:

---

62 Hagen, „Genealogie der Elektrizität", 139–140.
63 Sibylle Peters geht auch auf diesen Kommentar Hagens ein und sieht hierin die Möglichkeit, Kleists Schreiben medienhistorisch in eine Serie zu stellen, die zu den technischen Medien des zwanzigste Jahrhunderts führen wird. (Peters, *MachArt*, 171–173)

> Das gemeine Gesetz des Widerspruchs ist jedermann, aus eigner Erfahrung, bekannt; das Gesetz, das uns geneigt macht, uns, mit unserer Meinung, immer auf die entgegengesetzte Seite hinüber zu werfen. Jemand sagt mir, ein Mensch, der am Fenster vorübergeht sei dick, wie eine Tonne. Die Wahrheit zu sagen, er ist von gewöhnlicher Korpulenz. Ich aber, da ich ans Fenster komme, ich berichtige diesen Irrtum nicht bloß: ich rufe Gott zum Zeugen an, der Kerl sei so dünn, als ein Stecken. (DKV, IV, 546)

Diese Überlegung nimmt Kleist zum Anlass, eine neue sogenannte „Lasterschule" vorzuschlagen, in der die Lehrer untugendhaftes Verhalten predigen und so das gewünschte tugendhafte Handeln in den Schülern evozieren können. Dass diesem satirischen Essay eine ernsthafte philosophische Agenda unterliegt, die die Überlegungen aus der *Verfertigung* weiterträgt, macht die Einleitung des Textes klar. Kleist nimmt hier das Paradigma der elektrifizierten Rede auf. Er schreibt:

> Die Experimental-Physik, in dem Kapitel von den Eigenschaften elektrischer Körper, lehrt, daß wenn man in der Nähe dieser Körper, oder, um kunstgerecht zu reden, in ihre Atmosphäre, einen unelektrischen (neutralen) Körper bringt, dieser plötzlich gleichfalls elektrisch wird, und zwar die entgegengesetzte Elektrizität annimmt. Es ist als ob die Natur einen Abscheu hätte, gegen Alles, was, durch eine Verbindung von Umständen, einen überwiegenden und unförmlichen Wert angenommen hat; und zwischen je zwei Körpern, die sich berühren, scheint ein Bestreben angeordnet zu sein, das ursprüngliche Gleichgewicht, das zwischen ihnen aufgehoben ist, wieder herzustellen. Wenn der elektrische Körper positiv ist: so flieht, aus dem unelektrischen Alles, was an natürlicher Elektrizität darin vorhanden ist, in den äußersten und entferntesten Raum desselben, und bildet, in den, jenen zunächst liegenden, Teilen eine Art von Vakuum, das sich geneigt zeigt, den Elektrizitäts-Überschuß, woran jener, auf gewisse Weise, krank ist, in sich aufnehmen; und ist der elektrische Körper negativ, so häuft sich, in dem unelektrischen, und zwar in den Teilen, die dem elektrischen zunächst liegen, die natürliche Elektrizität schlagfertig an, nur auf den Augenblick harrend, den Elektrizitäts-Mangel umgekehrt, woran jener krank ist, damit zu ersetzen. Bringt man den unelektrischen Körper in den Schlagraum des elektrischen, so fällt, es sei nun von diesem zu jenem, oder von jenem zu diesen, der Funken: das Gleichgewicht ist hergestellt, und beide Körper sind einander an Elektrizität, völlig gleich. (DKV, IV, 545–546)

Kleist macht die Kybernetik der Spannungsverteilung hier wesentlich expliziter als in der *Verfertigung*. Während die elektrisierte Rede Mirabeaus durch die Entladung zu einem Ruhepunkt kommt, der dann eine weitere politische Handlung ermöglicht, stellt Kleist dieses Streben nach Gleichgewicht als die eigentliche Dynamik hinter dem elektrischen Phänomen dar.[64] Kleists Darstellung scheint auch

---

64 D.G. Dyer betont beispielsweise auch, dass hinter Kleists Reflexion über das Plus und Minus ein Streben hin zu einem Equilibrium zwischen diesen Polen steht. (Dyer, „Plus and Minus", 76)

wenig Interesse daran zu haben, streng elektrisch diese Umstände zu beschreiben. Kleist führt hier somit keinen rein theoretischen Diskurs, er stellt eine hoch kontaminierte Reflexion an, die ihren Erkenntniswert in dem Wert der Hypothesenbildung hat. Der Verweis auf Experimentalphysik fügt sich klar in diesen Zusammenhang ein.[65] Man darf nicht unterschätzen, dass Kleists Verständnis von Experimentalphysik wahrscheinlich weniger auf eine wissenschaftliche Methodologie als auf die theatralische Phänomenalität des Experiments verweist. Natürlich haben moderne wissenschaftliche Experimente wenig mit Theater, dafür viel mit Wiederholung und Datensammlung zu tun, aber Kleists Einführung in die Experimentalphysik wurde von Wünsch veranstaltet, der seine Wissenschaft sehr publikumswirksam kommunizierte. In dem Brief vom 12. November 1799 erklärt Kleist, wie Wünsch bei Zenges Experimente vorführt, wobei er eindeutig die theatralische und pädagogische Funktion des Experiments herausstellt („Es ist eine Brunnen-cur zum Nutzen u Vergnügen." [DKV, IV, 51]) Auch Specht weist in seinem Buch zum Elektrizitätsdiskurs um 1800 darauf hin, dass das Erscheinungsbild der Elektrizitätslehre maßgeblich von publikumswirksamen Experimenten geprägt war.[66] Dementsprechend ist es nur konsistent, wenn Kleist ein neues pädagogisches Programm aus der Experimentalphysik ableitet.

Dieses pädagogische Programm wird wieder, wie bereits in der *Verfertigung*, in ein Analogieverhältnis zur moralischen/sozialen Welt gebracht. Kleist beschreibt ein Erziehungsprogramm, das sich die Struktur des kybernetischen Regelkreises zur Hilfe nehmen soll. Die Überlegung ist, dass die Schüler der Erziehungsanstalt im Übermaß mit negativen sozialen Normen aufgeladen werden, so

---

David Martyn bringt das Gesetz des Widerspruchs in die Nähe von zeitgenössischen Überlegungen zum statistischen Durchschnitt und der Normalverteilung. (Martyn, „Figures of the Mean") Insgesamt wird aber in der Forschung Kleists Tendenz zu einem Equilibrium wenig in den Fokus gerückt. Daiber betont, dass es kein lösendes Drittes bei Kleist gibt (Daiber, „Nichts Drittes", 61), und auch Benjamin Specht betont, dass sich Kleist für Elektrizität als ein dezidiert bipolares Phänomen interessiert. (Specht, *Physik als Kunst*, 310–311) Ich stimme diesen Positionen dahingehend zu, dass Kleist kein dialektischer Denker in einem hegelschen Sinne ist, der eine teleologische Entwicklung aus dem Antagonismus von zwei Polen ableitet. Kleist denkt aber durchaus einen neutralen Zustand als ein Drittes zwischen zwei Ladungszuständen mit. Dieser Mittelzustand ist aber keine Weiterentwicklung oder ein absoluter Ruhepunkt, sondern wird als Ausgangspunkt für eine neue Dynamik gedacht. Die Marionetten, die zunächst in Bewegung gebracht werden und dann wieder in einen stabilen Ruhepunkt zurückpendeln, fassen diese Dynamik dann auch präziser als die elektrische Metaphorik.

65 Für den diskursgeschichtlichen Hintergrund siehe den hervorragenden Aufsatz zu dem *Erziehungsplan* von Roland Borgards. (Borgards, „Allerneuster Erziehungsplan")
66 Specht, *Physik als Kunst*, 36.

dass sie diese durch tugendhaftes Verhalten abarbeiten und zu einem gesunden neutralen Punkt kommen können.

Was Kleist hier also anstößt, ist ein kybernetischer Zirkel, der, einmal ins Ungleichgewicht geraten, wieder in einen stabilen Zustand zurückstrebt. Zentral ist dabei, dass dies eine Pädagogik ist, die ohne eine überwachende Außeninstanz auskommt und die Schüler als selbstregulierende Systeme begreift. Sicherlich, dieser Text ist gerahmt als ein anekdotischer Bericht und enthält klare satirische Untertöne, dennoch ist das Modell nicht einfach als bloßer Witz abzulegen. Kleist ist es durchaus ernst mit dieser kybernetischen Logik, seine Dramen und Erzählungen exerzieren ständig eine solche Struktur durch.

Ob, wie es die Überlegungen von D. G. Dryer oder Herminio Schmidt nahelegen, die Dialektik in Kleists literarischen Texten in der Adaption dieser Elektrizitätslehre aufgeht, halte ich für fraglich. Kleist beschäftigt sich mit der Elektrizität, aber es ist (besonders in der *Verfertigung*, wie die zahlreichen Beispiele aus verschiedensten Bereichen zeigen) ein Beispiel, um eine gewisse Dynamik zu beschreiben, die, wie Kleist es sagt, in „der moralischen und der physischen" Welt am Werke ist. Als eine weitere Quelle für Kleists Dialektik, besonders in Beziehung auf den *Allerneusten Erziehungsplan*, bietet sich Adam Müllers Gegensatzlehre an. Zur Zeit der Entstehung des *Erziehungsplans* waren Kleist und Müller in äußerst engem Kontakt. Müller publizierte in den *Berliner Abendblättern* eine Reihe von Texten zu der neu gegründeten Berliner Universität, was natürlich auch eine Nähe zu pädagogischen Fragen nahelegt.

Müllers erste philosophische Schrift *Die Lehre vom Gegensatze* scheint bereits von ihrem Titel her ziemlich genau in das Herz von Kleists *Erziehungsplan* zu zielen. Es wäre aber zu viel, von einem unmittelbaren Einfluss zu sprechen. Sicherlich war Kleist mit Müllers Schrift, die bereits 1803 entstand, vertraut, Kleists Theorie des Gegensatzes lässt sich aber nicht vollständig in dieser Theorie auflösen. Zunächst hatte dieser Text wohl noch keinen Einfluss auf die *Verfertigung*, die vor dem persönlichen Kennenlernen Müllers entstand, und außerdem geht es in Müllers Text auch wesentlich stärker um einen Antagonismus zwischen Objekt und Subjekt, der nicht auf ein Equilibrium ausgerichtet ist, als bei Kleist. Müller schreibt beispielsweise:

> Negativ ist dasjenige, was dem Positiven entgegensteht, positiv dasjenige, was dem Negativen entgegensteht, und nichts weiter. Ein Positives ohne ein Negatives und umgekehrt oder eine absolute Identität des Positiven und Negativen sind unmöglich. Beide, Positives und Negatives, sind darin *verschieden*, daß jedes *einem* andern, und darin *gleich*, daß jedes

dem andern entgegensteht; nur durch dieses Gemeinschaftliche wird jenes Entgegenstehen möglich; durch jenes Entgegenstehen allein dieses Gemeinschaftliche.[67]

Es kommt hinzu, dass Müller seine Anleihen aus tendenziell anderen diskursiven Feldern nimmt als Kleist. Zwar diskutiert Müller auch die Polarität von + und -; ihm geht es aber explizit um die mathematischen Operatoren und nicht um das Verhältnis von elektrischen Polen.[68] Insgesamt muss man konstatieren, dass Müllers Denken sicherlich von großem Einfluss auf Kleist war, sein Frühwerk sollte aber in seiner Bedeutung auf Kleist nicht überbewertet werden.[69] Kleists Denken macht, wie ich im nächsten Kapitel diskutieren werde, wesentlich mehr Anleihen bei den sozialtheoretischen Überlegungen Müllers, die dieser in Dresden entwickelte.

Zusammenfassend bleibt zu sagen, dass, auch wenn das Bild der Elektrizität von Kleist im *Erziehungsplan* in prominenter Weise ausgestellt wird, seine theoretischen Überlegungen nicht vollständig darin aufgehen. Es lohnt sich daran zu erinnern, dass es aber eben nicht nur das Echo der Elektrizität ist, das den Erziehungsplan und die *Verfertigung* verbindet. Auch in der *Verfertigung* selbst kommt es zu einer Reflexion über Pädagogik. Genauer gesagt endet dieser Text mit einer Kritik der etablierten schulischen Prüfungspraktiken.(DKV, III, 540) Kleist beschreibt die Schulprüfung („Examination") als denkbar ungeeignetes Medium, um Wissen abzufragen. Der Grund liegt für Kleist darin, dass die Examinatoren einfach undiskursiv Wissen abfragen und das Gemüt des Schülers nicht diskursiv erregen. Hier erscheint eine Inkonsistenz in Kleists Text: Anscheinend wird die Form des Dialogs, des Gesprächs bevorzugt. Dieser Eindruck verschwindet in der doch etwas enigmatischen Abschlusspassage des Texts, in der Kleist beschreibt, wie viele Prüfungen doch noch gut ausgehen, weil die Prüfer sich dieser Situation bewusst sind und selber keines eigenen Urteils fähig sind. Diese Situation ist also kein Dialog mehr, sondern simuliert wiederum das anfänglich abgewandte Pseudo-Gespräch mit der Schwester.

Diese Reaktion auf eine staatlich kontrollierte Pädagogik kommt dabei nicht historisch unmotiviert daher, besonders der *Allerneuste Erziehungsplan* hakt in Realpolitik ein. Es ist sicherlich kein Zufall, dass Kleist das Thema der Pädagogik, nachdem er es in der Verfertigung um 1805 angedacht hat, 1810 in den *Berliner*

---

67 Müller, *Schriften*, II, 222.
68 Müller, *Schriften*, II, 221–228.
69 Foley spricht gar davon, dass Kleist in seinem *Erziehungsplan* Müllers Lehre vom Gegensatz degradieren würde. (Foley, *Kleist und Müller*, 182) Diese Einschätzung halte ich für zu stark, da Müllers Text hier nur bedingt als Hintergrund gedacht werden kann, und Kleist mit dem Bild der elektrischen Polarität auf eine andere Konfiguration als Müller eingeht.

Abendblättern wieder aufnimmt. Am 10. Oktober 1810 begann der Lehrbetrieb an der Friedrich-Wilhelms-Universität in Berlin, und nur fünf Tage später veröffentlichte Kleist seinen Erziehungsplan. Auch Adam Müller publizierte eine Reihe von Artikeln zur Universitätsgründung in den *Abendblättern*, die ich im neunten Kapitel noch genauer diskutieren werde. Nun ist es schwer zu beurteilen, inwiefern hier ein Statement zur Hochschulpolitik verfasst wird. Es geht bei Kleist ja immerhin primär um Schulerziehung, und die Pädagogen, die herangezogen werden, sind Pestalozzi und Zeller. Auch das Pseudonym, das Kleist benutzt, beinhaltet einen klaren Verweis. Kleist legt den *Allerneusten Erziehungsplan* dem Konrektor C.J. Levanus in den Mund und spielt damit sehr explizit auf Jean Pauls pädagogischen Bestseller *Levana* aus dem Jahr 1806 an. Nancy Nobile arbeitet heraus, dass besonders im Postskriptum zu dem ansonsten hochpolemischen Erziehungsplan ein stark affirmativer Kern steckt, der Grundpositionen der Paulschen Pädagogik zusammenfasst, welche die Erziehung als wichtigen Einfluss, aber nicht als ein omnipotentes Kontrollsystem versteht.[70] Levanus formuliert diese Überlegung wie folgt:

> Eltern, die uns ihre Kinder nicht anvertrauen wollten, aus Furcht, sie in solcher Anstalt, auf unvermeidliche Weise, verderben zu sehen, würden dadurch an den Tag legen, daß sie ganz übertriebene Begriffe von der Macht der Erziehung haben. Die Welt, die ganze Masse von Objekten, die auf die Sinne wirken, hält und regiert, an tausend und wieder tausend Fäden, das junge, die Erde begrüßende, Kind. Von diesen Fäden, ihm um die Seele gelegt, ist allerdings die Erziehung Einer, und sogar der wichtigste und stärkste; verglichen aber mit der ganzen Totalität, mit der ganzen Zusammenfassung der übrigen, verhält er sich wie ein Zwirnsfaden zu einem Ankertau [...]. (DKV, III, 551)

Es fällt schwer, hier eine Verbindung mit dem *Marionettentheater* zu übersehen. Die Kinder entwickeln sich nicht autonom, sie werden wie Marionetten von einer Unzahl von Fäden gesteuert. Sicherlich beschreibt Kleist im *Marionettentheater* keinen solchen Marionettentypus, aber die Kinder sind wie die Puppen in Kleists berühmtestem Essay nicht unter der klaren Kontrolle eines Marionettenspielers, sondern die Vielzahl der Fäden verursacht in ihnen unvorhersagbare Entwicklungen.

Kleists Pädagogik ist eine Pädagogik, die nicht Strukturen vermitteln, sondern Strukturen hervortreten lassen will. Kleists kurzer Verweis in der *Verfertigung* auf Lafontaines Fabel „Die Pest unter den Tieren" betont den prinzipiellen Risikocharakter seines Lern- und Sprechsystems. In dieser Fabel geht es darum,

---

[70] Nobile, *School of Days*, 53.

dass die Tiere ein Tier finden wollen, das geopfert werden kann, um die Pest abzuwenden. Das Kriterium, das der Löwe dabei festlegt, ist moralisch: Dasjenige Tier, welches das größte Unrecht begangen hat, soll geopfert werden. Freimütig tritt der Löwe voran und gibt zu, dass er viele andere Tiere gefressen habe und deswegen bereit sei, geopfert zu werden. Er fordert aber alle Tiere auf zu prüfen, ob sie nicht noch ein größeres Unrecht getan haben. Die Fabel endet damit, dass der Esel, der „illegaler Weise" Gras von einer Klosterwiese gefressen hat, wegen dieses doch recht geringen Unrechts getötet wird. Es ist jedoch nicht diese Konsequenz, die Kleist an der Geschichte interessiert, sondern dass der Löwe eine höchst prekäre Gesprächssituation erschafft. Jedes Sprechen kann zum Tod führen, und jeder muss sprechen. Kleist fokussiert dabei auf den Monolog des Fuchses, der nicht nur einfach hofft, heile davon zu kommen; er interveniert gezielt, um nicht als Opfer in Frage zu kommen. Er beginnt zu reden, woraus dann allmählich und spontan ein Argument erwächst, das begründet, warum der Löwe nicht sündhaft gehandelt habe. Was Kleist hier hypostasiert, ist, dass die kommunikative Effektivität durch eine reflexive Dynamik erzeugt wird. Er kommentiert seine Darlegung der Fabel und des Monologs des Fuches wie folgt:

> Ein solches Reden ist ein wahrhaftes lautes Denken. Die Reihen der Vorstellungen und ihrer Bezeichnungen gehen neben einander fort, und die Gemütsakten für eins und das andere, kongruieren. Die Sprache ist alsdann keine Fessel, etwa wie ein Hemmschuh an dem Rade des Geistes, sondern wie ein zweites, mit ihm parallel fortlaufendes, Rad an seiner Achse. Etwas ganz Anderes ist es wenn der Geist schon, vor aller Rede, mit dem Gedanken fertig ist. (DKV, III, 538)

Effektive, kreative Kommunikation entspringt keinem klaren Plan, sie entzieht sich einer direkten Kontrolle durch das sprechende Subjekt. Erkenntnis, Wissen und Kommunikation sind nicht zentral zu regulieren, sie erschaffen sich quasi im Vollzug. Es geht nicht um einen Dialog, es geht um ein Relais, bzw. um eine Rückkopplung, in der sich das Gemüt konstituiert. Das Gemüt wird nicht gesteuert, die Ordnung und Steuerung entstehen aus den Um- bzw. Zuständen.

Wie Nobile argumentiert, geht es bei dieser Verflechtung von vielfältigen Diskursen in Kleists *Erziehungsplan* und in der *Verfertigung* darum, eine klare diskursive Zuordnung der Pädagogik zu durchbrechen und sie an naturwissenschaftliches Denken anschließbar zu machen.[71] Dieser interdisziplinäre oder besser überdiskursive Ansatz wird im *Marionettentheater* in eine theologische Dimension weiter getrieben. Was dieses Vorgehen aber zunächst motiviert, ist, dass Kleist Pädagogik als eine Form von Medialität denkt. Diese Medialität beinhaltet

---

71 Nobile, *School of Days*, 73.

aber kein einfaches Sender-Empfänger-Verhältnis, sie konstituiert sich im Strom der Nachrichtenvermittlung mit all seinen Turbulenzen. Der *Erziehungsplan* und die *Verfertigung* gehen nicht davon aus, dass pädagogische Programme oder Wissen unmittelbar einem Hörer oder Schüler zur Erkenntnis gebracht werden können, sie zeigen vielmehr, dass Wissen und Lernen innerhalb eines Kontextes/Mediensystems entstehen. Es ist das elektrische Umfeld, das die Subjekte auflädt und in Schwingungen versetzt. Was sich artikuliert, ist kein einzelner Sprechender, es ist die Medienökologie. Es geht nicht um den Ausdruck eines Individuums, es geht um die Performanz eines komplexen Systems.

4.4 Über das Marionettentheater

Kleists berühmtester Essay, *Über das Marionettentheater*, setzt an dem gleichen Punkt an wie die *Allmähliche Verfertigung*, nämlich an der spontanen Kraft von emergenten Strukturen. Dies fügt das *Marionettentheater* in die Geschichte der Selbstregulierung ein, die Weitin und Twellmann entwickeln. Auch Bianca Theisen erkennt in Kleists Reflexion über die Marionetten eine „cybernetics of dance", die den Puppenspieler durch eine Form der impliziten Selbstregulierung ersetzt.[72] Kleist geht in diesem Text aber nicht mehr wie in der *Verfertigung* von einem elektrischen Paradigma aus, sondern von dem Entstehen von körperlicher Eleganz in der Bewegung, von Grazie, und der Essay wird demzufolge in der Forschung ziemlich einheitlich als eine Kritik an Schillers Text „Anmut und Grazie" gelesen.[73]

Diese inhaltlichen Merkmale waren aber nicht alleine dafür verantwortlich, dass der Text über das Marionettentheater so eine große Aufmerksamkeit in der

---

[72] Bianca Theisen weist im Übrigen, ähnlich wie Weitin und Twellmann, darauf hin, dass diese Figuren der Selbstregulierung einen religionskritischen Effekt haben: „[T]he dancer moreover challenges the presupposition of an immovable mover, or, in the last instance, God." (Theisen, „Dancing with Words", 514)

[73] Franz Eybl und Bernhard Greiner haben in ihren Monographien besonders gut das Verhältnis von Kleists und Schillers Texten herausgearbeitet. (Eybl, *Kleist-Lektüren*, 261–265; Greiner, *Dramen und Erzählungen*, 197–218) Gail Hart legt auch eine äußerst interessante, geschlechtertheoretische Interpretation der Bedeutung von Anmut bzw. Grazie bei Kleist vor. Sie weist darauf hin, dass Grazie primär (auch bei Schiller) weiblich konnotiert ist, und Kleist diese Grazie von ihren weiblichen Attributen entfernt und männlichen (dem Jüngling) und mechanischen Wesen zuschreibt. (Hart, „Anmut's Gender") Anna Babka weist in ihrem Aufsatz „The Days of the Human May Be Numbered" auch explizit darauf hin, dass Kleists „Gliedermann" dualistische Konzepte wie Geist und Materie oder Männlich und Weiblich destabilisiert.

Forschung erfahren hat. Noch wichtiger ist, dass er als Aperçu der Theoriebildung um 1800 angesehen werden kann, und sich in ein diskursives Feld einhakt, das, grob gesprochen, von Schiller über Schelling hin zu Hegel reicht und in gewisser Weise den Kern des deutschen Idealismus ausmacht. Die Anziehungskraft des Textes liegt dabei besonders in seiner Interpretationsanfälligkeit, die dadurch verursacht wird, dass eine große Anzahl von Theoremen angesprochen, aber nur anekdotenhaft oder andeutungsweise ausgeführt wird.[74] Dies ist aber nicht als Kritik an diesem Text zu verstehen. In seiner mittlerweile kanonisierten Position als Grundlagentext der Romantik, gerät schnell aus dem Blick, dass er ein feuilletonistischer Text der *Berliner Abendblätter* war und keine akademische Vorlesung. Die Dunkelheit von Kleists Artikel sollte zumindest teilweise aus dieser publikationshistorischen Perspektive reflektiert werden. Das soll heißen, dass es Kleist gar nicht darauf ankam, klare akademisch legitimierbare Prosa vorzulegen, sondern Anekdoten zu schreiben, die seine Leserschaft interessierten, zum Nachdenken anregten. Dies sollte seine Leser idealerweise dazu provozieren Leserbriefe zu schreiben, die dann wiederrum neues Material für die *Berliner Abendblätter* werden würden. Das *Marionettentheater* ist ein Text über Medialität, der in einem Massenmedium veröffentlicht wurde. Dies entwertet die Bedeutung seiner Aussagen nicht, muss aber gerade in einer medientheoretischen Analyse des Textes reflektiert werden.[75]

---

[74] Eine erste signifikante Auseinandersetzung mit dem *Marionettentheater* bildet der von Sembdner herausgegebene Sammelband „Kleists Aufsatz über das Marionettentheater". Für eine kritische Auseinandersetzung mit dem Text, die besonders auf die ironischen und paradoxen Strukturen eingeht, ist Paul De Mans Aufsatz „Aesthetic Formalization" ausschlaggebend, der die interpretatorische Unschärfe quasi zum zentralen Merkmal des Textes erhebt. Dieser Ansatz hat durchaus eine fruchtbare Rezeption hervorgebracht, die versuchte diese dekonstruktive Lesart weiterzudenken. Helmut Schneider versucht beispielsweise in seinem Text „Dekonstruktion des hermeneutischen Körpers" De Mans rhetorischen Ansatz in einer kulturhistorischen Dekonstruktion des klassischen Körperparadigmas um 1800 weiterzuentwickeln, und Kathrin Maurer ersetzt das dekonstruktive Differenzdenken durch eine systemtheoretische Beschreibung, die anhand der luhmannschen Medium/Form-Unterscheidung zeigt, wie Sinn in Kleists Text als Differenz und nicht als Identität konstruiert wird. (Maurer, „Medium/Form-Differenzen") Es fehlt aber auch nicht an Kritik an De Man. Wolf Kittler geht beispielsweise in seinem Text „Falling after the Fall" polemisch mit De Mans Behauptung, dass Kleist kein guter Mathematiker gewesen sei, ins Gericht und wirft De Man eine unpräzise Lektürepraxis vor. (Kittler, „Falling after the Fall", 279–282)
[75] Es ist in der Forschung schon durchaus etabliert, darauf hinzuweisen, dass es sich bei dem *Marionettentheater* keineswegs um einen simplen diskursiven bzw. philosophischen Text handelt, der als Schlüssel zu Kleists Ästhetik benutzt werden könnte. (Siehe hier besonders Allemann, „Sinn und Unsinn") Vielfältig wird darauf hingewiesen, dass der Text durch seine Dialogform nicht eine bestimmte These artikuliert. Des Weiteren wird dem Text ein grundsätzlich

Im Folgenden werde ich, ausgehend von einer Analyse, die den Veröffentlichungsrhythmus in den *Berliner Abendblättern* miteinbezieht, die einzelnen Theoreme und Anekdoten herausarbeiten, um zu zeigen, wie Kleist in diesem Text eine Ästhetik und Theorie von emergenten Strukturen entwirft. Das Essay erschöpft sich aber nicht einfach in dieser Theoriebildung, es integriert sie in eine Reflexion über Polaritäten wie hohe und niedere Kunst und Geist und Materie.

4.4.1 Hohe und niedere Kunst

Die erste Lieferung des *Marionettentheaters* vom 12. Dezember 1810 stellt eine kondensierte Exposition des Problems dar, das in der Folge in den berühmten Anekdoten vom sich zierenden Jüngling und dem fechtenden Bären weiter expliziert wird. Allerdings kommt hier auch Kleist nicht ohne anekdotische Anspielungen aus, und die Verbindung von dem Diskurs der hohen und der niederen Kunst, die zunächst die primäre Folie des Textes abgibt, kann als metamediale Reflexion auf den Text selbst verstanden werden. Kleist eröffnet den Text als ein Gespräch zwischen einem namenlosen Ich und dem Tänzer Herr C. über die ästhetische Neugierde, die dieser Tänzer (und damit Vertreter der hohen Kunstsphäre) für die volkstümliche Kunst des Marionettenspiels habe.

Diese Eröffnung ist natürlich nicht ohne publizistisches Kalkül. Der Leser wird nicht sofort mit dem mathematisch-physikalischen Vokabular konfrontiert,

---

ironischer Charakter zugesprochen (siehe beispielsweise Rushing, „The Limitations oft he Fencing Bear"), und es ist wichtig, dass es sich bei dem *Marionettentheater* ganz zentral um einen feuilletonistischen Text handelt (siehe hierzu Brown, „Schlüssel zum Werk oder Feuilleton?"), der nicht zuletzt auch im Kontext der Theaterdebatten in Berlin gelesen werden muss. Richard Daunicht reflektiert dies in seinem Text „Heinrich von Kleists Aufsatz *Über das Marionettentheater* als Satire betrachtet", und auch Lucia Ruprecht hat diesen Aspekt sehr gut in ihrem Buch *Dances of the Self* herausgearbeitet. Ich werde auf die Auseinandersetzung mit Iffland noch genauer im neunten Kapitel eingehen. Eine gute tanzhistorische Aufarbeitung bildet Gunhild Oberzaucher-Schüllers Text "Leben und Werk des Herrn C.", in dem sie als historische Referenz für den Herrn C. den Tänzer Peter Crux, der in München als Choreograph, Lehrer und Ballettmeister tätig war, auftut. John Hibberd macht den interessanten Vorschlag, dass es sich bei dem Marionettenessay um einen hochverschlüsselten politischen Text handelt, der im Kontext von Kleists Konflikt mit der preußischen Regierung gelesen werden muss und nach modernen Formen des Regierens verlangt. (Hibberd, „Ein politisches Lied") In nicht unähnlicher Art und Weise schlägt auch Andreas Lixl vor, dass dieser Aufsatz durchaus eine politische Agenda hat. (Lixl, „Utopie", 258) Elizabeth Bridges sieht in Kleists Text auch eine Utopie, allerdings keine soziale, sondern die utopische Formulierung einer Bewusstseinsform, die den Dualismus von Geist und Materie hinter sich lässt. (Bridges, „Utopia through the Back Door")

das gezielt jeweils an das Ende einer jeden Lieferung gestellt wird. Diese Einleitung betont den Status der *Berliner Abendblätter* als Publikationsorgan, dem eine Trennung der Kunstsphären zuwider ist. Zudem dient die Themenstellung – ein Traktat über eine populäre Kunstform – auch als potentielles Publikumsmagnet.

Man kann darüber hinaus nicht außer Acht lassen, dass Kleist im ersten Absatz die etablierten Tricks seines novellistischen Erzählens systematisch vereinigt:

> Als ich den Winter 1801 in M... zubrachte, traf ich daselbst eines Abends, in einem öffentlichen Garten, den Hrn. C. an, der seit Kurzem, in dieser Stadt, als erster Tänzer der Oper, angestellt war, und bei dem Publico außerordentliches Glück machte. (DKV, III, 555)

Die fehlende Spezifität der Einleitung lässt sie zu einem ästhetischen und keinem akademischen Text werden, bei dem der Autor oder zumindest Urheber eines Theorems klar ausgemacht werden könnte. Herr C. bleibt ein unbestimmtes Phantom, was den anekdotisch-literarischen Charakter des Textes noch einmal hervorhebt. Auch wird kein klar abgegrenztes Konzept entwickelt, der Dialog über das *Marionettentheater* bleibt vielmehr vage und unabgeschlossen. Der erste abgedruckte Teil des Textes macht diesen Charakter äußerst explizit. Die Reflexionen über das Marionettentheater entstehen aus einem Frage-Antwort-Spiel, bei dem das namenlose Ich durch Nachfragen den Gedanken vorantreibt.

Innerhalb des ersten Teils des *Marionettentheaters* wird folgendes Theorem entwickelt: Die Marionetten seien ästhetisch anderen höheren Tanzkünsten nicht unterlegen, da sie aufgrund ihrer Mechanik durchaus zu äußerst graziösen Bewegungen im Stande seien. Diese Grazie komme dadurch zustande, dass der Puppenspieler nicht bewusst alle Glieder der Puppe steure, sondern durch ein komplexes Hebelspiel verursacht wird. Diese nicht-intentional erzeugten Bewegungen bzw. das Verrauschen der Bewegung des Puppenspiels durch diese Elemente verleiht den Puppen einen organischen oder grazilen Ausdruck. Dies ist eine ungefähre Zusammenfassung des Inhalts. Doch die Schwierigkeit, aber auch die Eleganz des kleistschen Textes besteht darin, dass er nicht einfach zu einem solchen klar identifizierbaren Befund kommt, sondern eine Denkbewegung darstellt. Was das Argument verkompliziert, ist die Position und Bedeutung des Puppenspielers.

Zunächst entwickeln Herr C. und das namenlose Ich eine metaphysische Vorstellung des Puppenspielers bzw. „Maschinisten". Herr C. führt aus, dass es zu einer Identifizierung des Spielers mit der Puppe kommen müsse, dass der Maschinist sich in den Schwerpunkt der Marionetten hineinversetzt und quasi so selber tanzt.⁷⁶ Den Einwand des namenlosen Ichs, dass er sich diesen Prozess geistlos, das heißt rein mechanisch vorgestellt habe, kontert der Tänzer mit einer Antwort, die den durchschnittlichen Leser der *Berliner Abendblätter* durchaus überfordert hat: „Keineswegs, antwortete er. Vielmehr verhalten sich die Bewegungen seiner Finger zur Bewegung der daran befestigten Puppen ziemlich künstlich, etwa wie Zahlen zu ihren Logarithmen oder die Asymptote zur Hyperbel." (DKV, III, 557) Was hinter dieser mathematischen Überlegung steht, ist, dass es ein klares lineares Zuordnungsverhältnis von Spieler- und Puppenbewegung gibt, wie etwa bei den x- und y-Werten einer Funktion.⁷⁷ Diese mathematische Überlegung wird aber wie gesagt aufgegeben, und der Tanz wird gänzlich ohne Intentionalität durch ein System erzeugt, das mechanisch Zufallsbewegungen in den Puppen erzeugen kann:

> Inzwischen glaube er, daß auch dieser letzte Bruch von Geist, von dem er gesprochen, aus den Marionetten entfernt werden, daß ihr Tanz gänzlich ins Reich mechanischer Kräfte hinübergespielt, und vermittelst einer Kurbel, so wie ich es mir gedacht, hervorgebracht werden könne. (DKV, III, 557)

Diese Überlegung, dass Kunst nicht mehr auf Intention und Rationalität, sondern auf mechanischen, aleatorischen bzw. nicht-linearen Faktoren basiert, gibt nun dem weiteren Verlauf des Essays seinen Grundsatz. Es geht nicht mehr einfach um ein Überwinden der Unterscheidung von hoher und niederer Kunst, wie es am Anfang des Textes nahegelegt wird. Kleist greift hier vielmehr die subjektiven und rationalen Grundlagen des Kunstschaffens an. Dem schaffenden Subjekt werden mechanische Systeme gegenübergestellt, die genauso oder vielleicht auch besser Performanzen hervorbringen können, die im Aufschreibesystem 1800 als graziös beschrieben und von Schiller als Equilibrium von Verstand und Spontaneität angeschrieben wurden. Kleist geht davon aus, dass Pendel mit ihrem Oszillieren selbst ohne direkte bzw. *nur* ohne direkte Kontrolle ästhetisch valide Performanzen hervorbringen.

---

76 Die Bezeichnung „Maschinist" für den Puppenspieler kann hier vielleicht bereits als Hinweis gelesen werden, dass der Marionettentanz vor allem als technisches System zu denken ist. Rolf-Peter Janz merkt dazu treffend an: „Die Marionetten verdanken die Anmut ihres Tanzes, welche ihnen die Bewunderung des Menschen sichert, allein ihrer technischen Perfektion. Einzig weil sie ganz und gar künstliche Gebilde sind, kann an ihnen menschliche Natur, im Idealzustand der Anmut, sichtbar werden." (Janz, „Über das Marionettentheater", 33)

77 Wolf Kittler geht in seinem Aufsatz „Falling after the Fall" detailliert darauf ein, wie Kleist hier dezidiert die Mathematik seiner Zeit und besonders das Werk Abraham Kästners anzitiert, auf das er ja auch in der *Verfertigung* anspielt.

Er antwortete, daß ich mir nicht vorstellen müsse, als ob jedes Glied einzeln, während der verschiedenen Momente des Tanzes, von dem Maschinisten gestellt und gezogen würde. Jede Bewegung, sagte er, hätte einen Schwerpunkt; es wäre genug, diesen, in dem Innern der Figur, zu regieren; die Glieder, welche nichts als Pendel wären, folgten, ohne irgend ein Zutun, auf eine mechanische Weise von selbst. (DKV, III, 556)

Dies ist nicht viel mehr als die technische Implementierung von Kleists kybernetischem *Erziehungsplan*. Kinder und Marionetten kann man nicht dadurch steuern, dass man alle ihre Handlungen permanent kontrolliert, man muss die ihnen gegebene Eigendynamik miteinbeziehen, die auf ein Gleichgewicht im buchstäblichen und metaphorischen Sinn hinausläuft. Es sind dabei keine einfachen Pendel, es sind komplexe Doppelpendel (wie es auch Wolf Kittler herausstellt[78] und ich noch im siebten Kapitel genauer diskutieren werde), die chaotische Systeme sind. Was Ästhetik und Subjektwerdung bestimmt, ist somit nicht Intention, Kontrolle und Rationalität, es ist das System selber. Genau dies versuchen die nun in den drei weiteren Lieferungen des *Marionettentheaters* ausgeführten Anekdoten zu zeigen.

4.4.2 Antigravität

Die zweite Folge des *Marionettentheaters* beginnt analog zum ersten Teil und setzt sich mit dem Konflikt von hoher und niederer Kunst auseinander. Das erzählende Ich wundert sich über die Aufmerksamkeit, die der Tänzer C. auf diese Kunstform richtet, und spekuliert, dass er ein konstruktives Interesse an dieser Technik habe. Herr C. stimmt dem implizit dadurch zu, dass er seine Überlegungen offenlegt, und meint, dass er mit Hilfe eines Mechanikus fähig sei, eine Puppe zu entwickeln, deren Tanz über die Fähigkeiten eines menschlichen Tänzers hinausgehen könne.

Bevor jedoch hier das Bild eines vollständig mechanischen Puppenkörpers evoziert wird, das beispielsweise auf die Spielautomaten der Zeit anspielt, ver-

---

[78] Wolf Kittler beschreibt die Dynamik der Pendel wie folgt: „As this pendulum starts swinging, the pendulum of its limbs starts oscillating, too. The resulting feedback loop turns the mechanism of the whole puppet into a double, or, since there are more limbs than just one, even a multiple pendulum. Its movements grow even more complex." (Kittler, „Falling after the Fall", 289) Diese Überlegung, dass die Marionetten im Prinzip eine chaotische oder nicht lineare Bewegungsdynamik haben, ist auch zentral für Christian-Paul Bergers Monographie *Bewegungsbilder*.

weist Herr C. auf die neusten Entwicklungen in der Prothesentechnik. Nach seinen Aussagen gibt es Prothesen, die erstaunlich natürliche und dynamische Bewegungen ermöglichen. Kleist macht mit diesem Bericht zwei Dinge klar: Zunächst schiebt er in den Text eine Form von Technik- oder Wissenschaftsjournalismus ein, die den allgemeinen Leser mit einem interessanten Referenzpunkt anspricht. Des Weiteren macht der ehemalige Soldat klar, dass diese neue Ästhetik auch eine militärische Ästhetik ist, da die Nachfrage nach Innovationen in der Prothetik wohl primär von neuen Entwicklungen, und das heißt auch von Verletzungen in und durch die Artillerie, hervorgerufen wurde.[79] Diese Vermischung von zivilem und militärischem Diskurs ist in der *Bombenpost* sicherlich expliziter, aber der Verweis auf Prothesen zeigt auf einen ähnlichen diskursiven Zusammenhang.

Die Referenz auf die Prothesen dient dem erzählenden Ich allerdings dazu, die Behauptung des Herrn C. noch einmal zuzuspitzen und darauf zu verweisen, dass eine solche Technologie nicht nur Supplemente des menschlichen Körpers, sondern einen gesamten künstlichen Körper herstellen könne. Im Folgenden geht es nun darum zu zeigen, dass dieses mechanische System von einem ästhetischen Standpunkt aus nicht hinter den Menschen zurückfällt, es besitzt vielmehr spezifische Vorteile.

Die folgenden Ausführungen des Herrn C. machen klar, dass das *Marionettentheater* durchaus an die kybernetische Logik des *Erziehungsplans* anschließt. Der Vorteil des Marionettenmenschen besteht zunächst nicht in einem gegebenen Vorteil, sondern in einem Mangel: „Der Vorteil? Zuvörderst ein negativer, mein vortrefflicher Freund, nämlich dieser, daß sie sich niemals *zierte*." (DKV, III, 559) Hier beginnt Kleist nun eine posthumane Ästhetik zu entwickeln, die ihre Maßstäbe nicht vom Menschen, sondern von dem systemischen Zusammenspiel physikalischer Systeme ableitet.

> Da der Maschinist nun schlechthin, vermittelst des Drahtes oder Fadens, keinen anderen Punkt in seiner Gewalt hat, als diesen: so sind alle übrigen Glieder, was sie sein sollen, tot, reine Pendel, und folgen dem bloßen Gesetz der Schwere; (DKV, III, 559)

Das Problem der menschlichen Tänzer sei, dass sie eben nicht aus solchen toten Hebeln bestehen, sondern sich durch Eigenbeobachtung blockieren. Was zu der berühmten theologischen Formulierung führt:

---

79 Wie Stefani Engelstein sehr detailliert in ihrem Aufsatz „Out on a Limb" diskutiert hat, muss Kleist durch seine Militärzeit äußerst vertraut mit Amputationen und Prothesen gewesen sein.

> Solche Mißgriffe, setzte er abbrechend hinzu, sind unvermeidlich, seitdem wir von dem Baum der Erkenntnis gegessen haben. Doch das Paradies ist verriegelt und der Cherub hinter uns; wir müssen die Reise um die Welt machen, und sehen, ob es vielleicht von hinten irgendwo wieder offen ist. (DKV, III, 559)

Hier führt Kleist nun ein kosmo-theologisches Weltbild ein, das sich dezidiert von einem Ideal der Aufklärung abwendet, nämlich der Vervollkommnung des Menschen durch gesteigerte Vernunfterkenntnis. Es passt zudem, dass Kleist hier kein teleologisches Geschichtsmodell entwickelt, er impliziert vielmehr eine zirkuläre temporäre Rückkehr. Es geht nicht um eine Weiterentwicklung, sondern um die Einsicht, dass reflektierender Geist der toten Materie nicht überlegen ist. Es ist dementsprechend auch hervorzuheben, dass Kleists mechanische Systeme nichts mit den in der Aufklärung so beliebten Spieluhren zu tun haben. Diese Spieluhren sind eher als der Versuch zu begreifen, zu beweisen, dass der Geist erhaben über die Materie ist und mechanische Systeme entwickeln kann, die den Eindruck (so unvollkommen dies auch bleiben mag) von Lebendigkeit hervorrufen. Marionetten gehen über Spieluhren hinaus, da sie nicht von einer zentralen Kraftquelle gesteuert werden. Ihre Dynamik entsteht aus einem komplexen Interdependenzsystem von Kräften.[80] Es kommt hinzu, dass die Marionetten eine andere physikalische Grundlage haben als tanzende menschliche Körper: Sie sind, wie Herr C. ausführt, „antigrav". Dieser Begriff kann zunächst als polemische Abgrenzung zu einem Newtonschen Weltbild gesehen werden, in dem die Schwerkraft die zentrale determinierende Rolle spielt. Kleist hat in seinem Bogenschluss bereits auf einen anscheinend paradoxen physikalischen Zusammenhang aufmerksam gemacht und so ein zu simples Verständnis von Kräften kritisch reflektiert. Die Antigravität der Marionetten ist in einem ähnlichen Strukturzusammenhang zu sehen, wobei mit „antigrav" zunächst einmal nichts anderes gemeint ist, als dass die Marionetten aufgehängt sind und keinen Boden als Ruhepunkt brauchen. Dies führt dazu, dass die den Menschen ermüdende Schwerkraft bei den Puppen zu der Kraft wird, die komplexe Pendelbewegungen erst ermöglicht.

Wie bereits angemerkt, ist die Marionette also ein simples Pendelsystem, das aber durch die Verkettung von mehreren Pendeln zu einem komplexen Eigenle-

---

80 Das entspricht in etwa Manuel DeLandas Unterscheidung von „clockwork" und „motor armies". DeLanda diagnostiziert, dass absolutistische Armeen zentral von einem Führer gesteuert werden und somit keine Möglichkeit der autonomen Handlung haben. DeLanda merkt an, dass unter Napoleon Armeen und einzelne Heeresteile zunehmend autonomer agieren konnten, so als wenn sie nicht von einer zentralen Kraftquelle gesteuert würden, sondern selber über einen eigenen Motor verfügten. (DeLanda, *Intelligent Machines*, 67–72)

ben erwacht. Dieses Eigenleben kann nicht durch vernunftmäßige Eigenbeobachtung korrigiert werden, es konstituiert ein simples pendelndes kybernetisches System, das seine Stabilität immer wieder im Gleichgewicht der Pendel findet und für neue Performanzen immer wieder angestoßen werden muss. Wie erwähnt, privilegiert Kleist hier nicht-rationale bzw. nicht-menschliche Systeme vor den Fähigkeiten eines vernunftbegabten Menschen.

Erziehung, Tanz oder Marionettenbewegungen können und sollen nicht einfach von einer zentralen Kraft gesteuert werden, sie müssen in einem komplexen Zusammenspiel von Kräften entstehen. Dies ist eine klare Abkehr von Träumen der Aufklärung, die Welt und die Entwicklung des Menschen vollständig bestimmbar zu machen. Die folgenden Lieferungen des *Marionettentheaters* exemplifizieren genau diesen Punkt, dass Rationalität nicht zur Weltbeherrschung ausreichen wird.

Es bleibt aber auch zu konstatieren, dass Kleist in diesem komplexen Text nicht nur philosophische Reflexionen anstellt, sondern durchaus auch an die Codes seines Veröffentlichungsorgans (also das Feuilleton) anschließt. Der Text wird eröffnet mit einer Debatte um hohe und niedere Kunst, darauf folgt die journalistische Reportage einer neuen Technologie, nämlich den Prothesen, um genau diese quasi anekdotische Meldung zu benutzen, und die philosophischen Reflexionen über die Positionen der Vernunft und der Antigravität daran anzuschließen.

4.4.3 Der Jüngling

Die dritte Folge des *Marionettentheaters* öffnet nicht noch einmal mit einer Thematisierung der hohen und der niederen Kunstsphäre, sondern konfrontiert den Leser mit einem theologischen Skandalon:

> Er versetzte, daß es dem Menschen schlechthin unmöglich wäre, den Gliedermann darin auch nur zu erreichen. Nur ein Gott könne sich, auf diesem Felde, mit der Materie messen; und hier sei der Punkt, wo die beiden Enden der ringförmigen Welt ineinander griffen. (DKV, III, 560)

Gott und reine Materie werden hier ineinander gefaltet, das Bild einer zirkulären Welt aus dem vorhergehenden Teil wird wieder aufgegriffen, und in diesem Zusammenhang wird die menschliche Fähigkeit zur Reflexion noch einmal mit dem Sündenfall gleichgesetzt. Grazie, Eleganz und Ordnung wird nicht von einer planenden Intuition erzeugt, dies bringt nur Unordnung hervor:

> Ich sagte, daß ich gar wohl wüßte, welche Unordnungen, in der natürlichen Grazie des Menschen, das Bewußtsein anrichtet. Ein junger Mann von meiner Bekanntschaft hätte, durch eine bloße Bemerkung, gleichsam vor meinen Augen, seine Unschuld verloren, [...]. (DKV, III, 560)

Diese Einsicht wird dann anhand der Anekdote über den Jüngling ausgeführt. Es geht dabei darum, dass das erzählende Ich von einer Begebenheit berichtet, bei der ein Jüngling sich auf eine äußert grazile Art und Weise den Fuß abtrocknet, diese Bewegungen aber nicht mehr wiederholen kann. Diese Anekdote gibt eindeutig das Theorem der rationalitätslosen Eleganz wieder, geht aber in zwei Aspekten darüber hinaus. Es ist nämlich nicht nur eine bloße Illustration dieser Vorstellung, es ist auch eine Reflexion auf Reproduzierbarkeit und noch zentraler auf Selbstbeobachtung; stellt also ein tölpelhaftes Selbst-Bewusstsein einem anmutig-unbewussten Agieren gegenüber.

Für die journalistische Qualität dieses Textes ist es durchaus von Bedeutung, dass Kleist auf eine durch Massenproduktion bekannte Statue des „Dornausziehers" als Vorbild und Ausgangspunkt der Anekdote eingeht: „der Abguß der Statue ist bekannt und befindet sich in den meisten deutschen Sammlungen." (DKV, III, 561) Dies sichert aber nicht nur den Wiedererkennungseffekt, es kann auch als ironischer Verweis auf den nun folgenden Versuch gewertet werden, genau diese Massenkopie noch einmal zu simulieren. Was geschieht aber genau bei der Szene mit dem Jüngling?

Der Junge trocknet sich den Fuß ab, er und auch das erzählende Ich sehen die Ähnlichkeit zur besagten Statue; der Junge kann dies nur erkennen, weil er quasi aus dem Augenwinkel, also nicht-intendiert, diese Bewegung beobachten kann. Aufgestachelt von dem erzählenden Ich versucht er in einer permanenten Selbstbeobachtung diese Bewegung zu reproduzieren, wobei ihm nur noch groteske Versionen dieser Bewegung gelingen, was zu einem selbstzerstörerischen Wahn des Jünglings führt:

> Von diesem Tage, gleichsam von diesem Augenblick an, ging eine unbegreifliche Veränderung mit dem jungen Menschen vor. Er fing an, Tage lang vor dem Spiegel zu stehen; und immer ein Reiz nach dem anderen verließ ihn. Eine unsichtbare und unbegreifliche Gewalt schien sich, wie ein eisernes Netz, um das freie Spiel seiner Gebärden zu legen, und als ein Jahr verflossen war, war keine Spur mehr von der Lieblichkeit in ihm zu entdecken, die die Augen der Menschen sonst, die ihn umringten, ergötzt hatte. (DKV, III, 561)

Kleist formuliert hier eine Beobachtungsparadoxie, dass man Bewegungen, die man beobachten kann, nicht reproduzieren kann, weil die Beobachtung genau diese Reproduktion behindert. Kontrolle behindert, schränkt ein, die ästhetische Dynamik natürlicher, d.h. nicht beobachteter Bewegungen kann sich nicht mehr frei entfalten. Ordnung kommt hier also nicht durch Kontrolle zu Stande, sie kann nur durch den Mangel an Beobachtung generiert werden.

4.4.4 Der Bär

Die Anekdote über den fechtenden Bären schließt in der letzten Folge an die Diskussion mit dem Jüngling an. Hier setzt der Artikel wieder mit den üblichen Mitteln von Kleists novellistischem Erzählen ein und erzählt von einer unbestimmten Reise nach Russland, bei der Herr C. auf einem Landgut mit dem Sohn des ansässigen Edelmanns einen sportlichen Fechtkampf austrägt. Herr C. dominiert bei Weitem den jungen Studenten, worauf er mit einem dort domestizierten Bären kämpfen soll, der jegliche Angriffe mit Leichtigkeit kontert und auf Finten überhaupt nicht eingeht. Der Bär wird hier an die Stelle der Marionetten gestellt, repräsentiert also ein vernunftloses Wesen, das einen vernunftbegabten Menschen dadurch dominiert, dass es auf die „List der Vernunft" überhaupt nicht eingeht – sprich, der Bär kann nicht getäuscht werden. Er antizipiert keine potenziellen Szenarien und reflektiert nicht über die Intentionen einzelner Bewegungen, er folgt einfach nur den wirklich gegebenen Bewegungen. Was ihn mit den Marionetten verbindet, ist, dass er nur von den tatsächlichen Kräften in einem System ausgeht und keine verborgene, geheime Kraft annimmt.

Kleist inszeniert hier nicht nur die narzisstische Kränkung eines begabten Fechters, sondern die Kränkung des aufgeklärten Menschen schlechthin. Die menschliche Vernunftbegabung wird von Kleist nicht mehr als Grund akzeptiert, dem Menschen eine hervorgehobene Stellung innerhalb der Weltzusammenhänge zu geben. Vielmehr löst er diesen anthropozentrischen Traum nach einer sehr düsteren mathematischen Reflexion in einem polaren Weltbild auf:

> [...] so findet sich auch, wenn die Erkenntnis gleichsam durch ein Unendliches gegangen ist, die Grazie wieder ein; so, daß sie, zu gleicher Zeit, in demjenigen menschlichen Körperbau am Reinsten erscheint, der entweder gar keins, oder ein unendliches Bewußtsein hat, d. h. in dem Gliedermann, oder in dem Gott. (DKV, III, 563)

Wie in der *Allmählichen Verfertigung* und im *Erziehungsplan* denkt Kleist die Welt nicht von einer stabilen zentralen Position aus, er etabliert ein System mit zwei Polen, in dem sich das menschliche Schicksal konfiguriert. Was sich dabei so radikal von der hegemonialen Ästhetik der Klassik abwendet, ist, dass das Subjekt nicht als weltschaffend, sondern als radikal weltabhängig gedacht wird. Es ist allerdings kein simpler Newtonscher Mechanismus, der die Welt in vorhersagbare Ellipsen integriert, sondern die Welt einer sich reflexiv kontrollierenden Entropie.

Diese Entropievorstellung entwickelt sich aus einer neuen Operationalisierung der Ästhetik. Im Aufschreibesystem 1800 wird die Ästhetik die Königin des Diskurses. Das *Systemfragment* ist hierfür vielleicht der beste Beweis. Diese Stellung bekommt die Ästhetik aber nicht nur, weil die Klassik den Dreiklang des Schönen, Wahren und Guten denkt, sondern weil die Ästhetik zu dieser Zeit der einzige zuverlässige Simulationsraum ist, in dem komplexe Systeme empirisch abgefragt werden können, etwas, was im neunzehnten Jahrhundert durch statistische Verfahren und im zwanzigsten Jahrhundert durch Computersimulationen abgelöst werden soll.

Kleist macht diese Funktion im *Marionettentheater* explizit. Es geht hier schließlich um nichts anderes als den Entwurf einer neuen Weltordnung, die sich auf systemische Emergenz und nicht mehr auf die Hegemonie des Menschen oder eines Gottes stützt. Der Testfall zur Verifizierung dieses Gedankenspiels ist die Ästhetik, genauer gesagt die grazile, ungezierte Bewegung. Dies ist nun primär eine Abrechnung mit Schillers Ästhetik, die die Dynamik der kantischen Einbildungskraft in einen kybernetischen Kreis überführt, der, konstituiert durch den Spieltrieb, zwischen Affektivität und Rationalität vermittelt. Der schillersche Text, der dabei besonders ins Auge fällt, ist „Über Anmut und Würde", da ähnlich wie im *Marionettentheater* der Tanz zu einem exemplarischen Fall für ästhetische Phänomene wird. Schiller geht dabei von einem Konditionierungsprozess aus, bei dem ein Tanz gelernt und dann frei und natürlich ohne große Reflexion getanzt werden könne. Dies scheint zunächst durchaus kompatibel mit Kleists Vorstellung zu sein, unterscheidet sich jedoch in einem entscheidenden Punkt von den geistlosen Marionetten: Für Schiller kann Anmut und Würde nur von einem vernunftbegabten Wesen erreicht werden, rein natürliche Bewegungen können dieses ästhetische Attribut nicht erhalten. Dennoch kann man auch Schiller durchaus als einen Kybernetiker verstehen, wie Thomas Weitin besonders im Rückgriff auf die medizinischen Schriften ausgeführt hat.[81] Das kybernetische Regelsystem konstituiert sich aber nicht aus einem komplexen System wie bei Kleist, es besteht im Antagonismus von Kontingenz und Selbststeuerung bzw. „Willkür". Diese kybernetische Spannung formuliert Schiller wie folgt: „Anmut liegt also in der *Freyheit der willkührlichen Bewegungen*; Würde in der *Beherrschung der unwillkührlichen*."[82]

---

81 Weitin, „Schiller als Kybernetiker".
82 Schiller, „Über Anmuth und Würde", 206.

Hier wird klar, wo der Unterschied zwischen Schiller und Kleist liegt. Schiller argumentiert anthropozentrisch und sieht die Frage von Selbststeuerung ausgehend vom menschlichen Subjekt, das in ständiger Rückkopplung mit den kontingenten Dynamiken der Welt steht. Kleist hingegen macht keinen Unterschied zwischen seelenlosem Naturobjekt und beseeltem Menschen. Für ihn kommt Anmut durch eine Dynamik zustande, die durch kein selbstgesteuertes Subjekt generiert oder überwacht wird. Dies ist, wie Weitin und Twellmann über Selbstregelung um 1800 schreiben, durchaus eine Provokation, und diese Provokation soll Folgen haben. Stefan Rieger macht darauf aufmerksam, dass Kleist durchaus auch in der Kybernetik des zwanzigsten Jahrhunderts reflektiert wurde und verweist auf eine Publikation *Über die menschliche Bewegung als Einheit von Natur und Geist,* in der sich die Experimentalwissenschaftler Frederik J. J. Buytendijk, Paul Christian, und Herbert Plügge mit den Theoremen des *Marionettentheaters* auseinandersetzten.[83]

4.5 Zusammenfassung: Kleists Medientheorie

Kleists „medientheoretische" Texte haben alle gemeinsam, dass sie Kommunikation nicht als ein einfaches Sender-Empfänger-Verhältnis denken, sondern vom Netzwerk als Basis komplexer Interaktionssysteme ausgehen. Es ist eben die spezifische Wendung der *Bombenpost,* das Sender-Empfänger-Szenario des Soemmering-Telegrafen hinten anzustellen. Was Kleist interessiert, ist keine Transformation von face-to-face-Kommunikation, es ist die Möglichkeit, ein schnelles und hocheffizientes Nachrichtennetzwerk zu installieren, das mit militärischer Präzision funktioniert.

Die *Allmähliche Verfertigung* beschreibt (vor der Erfindung des elektrischen Telegrafen) explizit Rhetorik in einem elektrischen Feld. Bei dieser Elektrifizierung geht es aber nicht um klare und unverrauschte Signalübermittlung, es geht um das komplexe Zusammenspiel von Faktoren, um Äußerungen von einer bestimmten rhetorischen Stärke zu produzieren. Kommunikation wird auch hier nicht von einem autonomen Sender, sondern von der Medienökologie als Ganzes gedacht. In Verbindung mit dem *Erziehungsplan* wird deutlich, dass dieses Modell einer Kybernetik erster Ordnung entspricht, die gezielt immer auf ein Equilibrium, auf eine Homöostase zuläuft. Die Erregung Mirabeaus pendelt, genauso wie die Erziehung in der „Lasterschule", zwischen zwei Extremen, um dann in einem Gleichgewicht, was allerdings jederzeit wieder irritiert werden kann, zur

---

[83] Rieger, „Choreographie und Regelung".

Ruhe kommen. Diese Pendelbewegung ist dann konstitutiv für das *Marionettentheater*.

Das *Marionettentheater* etabliert ganz explizit eine posthumane und antirationalistische Wende, die ästhetische Attribute wie Grazie und Eleganz nicht mehr zum Alleinstellungsmerkmal von menschlichem Handeln macht. Nach Kleist haben mechanische Systeme, da sie über keine reflexiven Beobachtungsmöglichkeiten verfügen, den Vorteil, Performanzen ohne Hemmungen durchzuführen, und so die gesamte Entropie ihrer Bewegungsradien abschreiten zu können. Diese mechanische Freiheit geht über die Wahlfreiheit hinaus, die den Menschen eigen sein soll.

Zusammengefasst kann Kleists „Medientheorie" als eine systemische Kybernetik erster Ordnung beschrieben werden. D.h. es ist entscheidend, dass Kleist Dynamik von Systemen aus denkt, die keine externen Kontrollmechanismen haben und demnach in ein eskalierendes Chaos auslaufen könnten. Diese Eskalation wird in Kleists Modellen jedoch abgefangen, so dass die Totalität des Systems immer auf Homöostase ausgerichtet ist. Aus diesem Grund geht auch von der Lasterschule keine wirkliche Gefahr aus.

Im Folgenden wird zu zeigen sein, wie diese kybernetische Ordnung auch für Kleists literarische Texte zentral ist. In diesem Zusammenhang darf auch nicht vergessen werden, dass das *Marionettentheater* bereits zeigt, dass die ästhetische Sphäre ein Simulationsraum für diese kybernetischen Planspiele ist.

5 Medienökonomie: Phönix, *Phöbus* und *Germania*

In einem Brief vom 10. Oktober 1801 an Wilhelmine von Zenge wendet sich Kleist vollmundig gegen jede ökonomische Intention bei der Schriftstellerei: „Aber *Bücherschreiben* für Geld – o nichts davon." (DKV, IV, 273) Ob Kleist sich später von diesem Ideal verabschiedete oder ob dies von Anfang an nur romantische Selbststilisierung war, soll an dieser Stelle nicht diskutiert werden. Fest steht in jedem Fall, dass Kleist im Laufe seiner schriftstellerischen Bemühungen doch von der ökonomischen Seite dieser Kunst abhängig war. Wie ich im dritten Kapitel diskutiert habe, zeigen seine ersten Dramen eine spezifische Publikums- und somit Marktorientierung. Die Ökonomie des Schreibens und deren pekuniäre Implikationen und Forderungen gehen aber bei Weitem über den Schriftsteller Kleist hinaus und werden besonders dann ersichtlich, wenn Kleist versucht, als Verleger, Redakteur oder – modern gesprochen – als Medienmanager aufzutreten. Er wurde bekannt für die Herausgabe der *Berliner Abendblätter*, und die Forschung zu diesem Komplex ist äußerst vital. Kleists Medienstrategien und Taktiken in dieser Zeit werden im letzten Kapitel dieser Arbeit diskutiert. Dieser äußerst prominenten Publikation geht aber eine Anzahl von Projekten voraus, die zentral für ein Verständnis der medialen Situation um 1800 sind, und die zeigen, wie Kleist versuchte, mit diesen Bedingungen umzugehen. Es sei vorweggenommen, dass Kleist hier seine Projekte nicht nur von einem ästhetischen, sondern auch dezidiert von einem ökonomischen Programm her dachte.[1]

Die Zeit, in der er versuchte über die Funktion des Schriftstellers hinauszuwachsen, und sich bemühte, andere diskursive Plätze im Aufschreibesystem 1800 einzunehmen, ist die Phase unmittelbar nach seiner französischen Kriegsgefangenschaft im Jahr 1807. In dieser Gefangenschaft hatte er genug Zeit und Gelegenheit einige Texte fertigzustellen, und musste nun von der Produktion zur Publikation übergehen. Dresden schien zunächst ein idealer Ort für solch ein Unterfangen zu sein, und er plante dort die Gründung einer Verlagsbuchhandlung, und damit verbunden die Herausgabe des *Phöbus*. Diese Projekte fanden keinen institutionellen oder finanziellen Rückhalt, und Kleist reiste nach Prag, wo er an

---

[1] In dem Brief vom 17. Dezember 1807 an Ulrike macht es Kleist explizit, dass er die Arbeit in Dresden durchaus als eine geschäftliche und nicht rein ästhetische Angelegenheit betrachtet, wobei die Verlegertätigkeit für ihn wesentlich befriedigender ist als seine amtliche Tätigkeit in Königsberg: „Ich muß schließen, ich bin wieder ein Geschäftsmann geworden, doch in einer angenehmeren Sphäre, als in Königsberg." (DKV, IV, 401)

einem anderen publizistischen Projekt arbeitete, nämlich der nationalen und anti-napoleonischen Zeitschrift *Germania*. Das Besondere an dieser Publikation war, dass es eine Menge von Texten für diese Zeitschrift gab, die Zeitschrift selbst aber nie zustande kam. Diese Texte sind für einen medienhistorischen Kontext aber wichtig, da sie, wie kaum andere Texte von Kleist, die journalistischen Praktiken seiner Zeit (wenn auch polemisch) reflektieren. *Germania* ist nicht nur ein polemischer Aufruf zum Volksaufstand, sie ist eine Reflexion über Zeitungen und Massenkommunikation.

In diesem Kapitel diskutiere ich drei von Kleists Publikationsprojekten: die Phönix-Buchhandlung, die Kunstzeitschrift *Phöbus* und die Texte für die *Germania*. Es geht mir dabei besonders darum zu zeigen, welche medienökonomischen Kalküle er entwirft. Anton Philipp Knittel weist in seinem Aufsatz „Ich bin wieder Geschäftsmann geworden" darauf hin, dass Kleists Dresdner Zeit nicht nur von ihm benutzt wurde, um sich in der Kunst- bzw. Schriftstellerszene zu etablieren, sondern auch als Geschäftsmann.[2] Knittel merkt weiterhin an, dass diese Wende zu einer Ökonomisierung der Literatur keinesfalls aus dem Nichts kommt, sie lässt sich vielmehr aus Kleists bisheriger beruflicher Laufbahn ablesen. Hier bezieht sich Knittel auf Kleists Arbeit im Berliner Finanzdepartment von Januar bis April 1805 und ab Mai 1805 in Königsberg als Diätar, wo er auch Vorlesungen des Wirtschaftstheoretikers Christian Jakob Kraus besuchte.[3]

Die Publikationsprojekte der Phönix-Buchhandlung, des *Phöbus* und der *Germania* haben gemeinsam, dass sie dieses ökonomische Denken aufnehmen. Alle diese Projekte wollen primär massenmediale Prozesse beeinflussen, was sich besonders in der Dresdner Zeit durch ökonomische Überlegungen auszeichnet. Die ökonomischen Ziele, die Kleist und sein Partner Adam Müller dabei im Auge hatten, sind aber nicht nur einfach auf Gewinnmaximierung ausgerichtet,

---

[2] Knittel, „Geschäftsmann", 35. Diese Sicht, die Kleist nicht nur als Schriftsteller, sondern auch verstärkt als homo oeconomicus darstellt, gehört zu den neueren Tendenzen in der Kleistforschung. Hier sei besonders der sehr wichtige Sammelband von Christine Künzel und Bernd Hamacher *Tauschen und Täuschen* und Georg Tscholls Dissertation *Krumme Geschäfte* erwähnt. Diese Ansätze schaffen es äußerst überzeugend, Kleists Poetik in einen für sein literarisches Schaffen evident wichtigen kulturhistorischen Kontexts zu stellen. Zentral für diese Arbeiten, besonders für Tscholl, ist hier Kleists Kontakt zur Ökonomie seiner Zeit in Königsberg, wo er durch Kraus die Grundzüge der smithschen Wirtschaftslehre kennenlernte. Tscholls Ansatz geht aber über eine wirtschaftshistorische Lesart hinaus und sieht hierin eine Auseinandersetzung mit kommunikativen Strukturen, wie er pointiert in seiner Lektüre der *Allmählichen Verfertigung* ausführt: „Es gibt bei jeweils *plötzlichem Geschäftswechsel* keine Unmittelbar- oder so genannte Gradlinigkeiten – Kommunikation oder das, was noch irgendwie geht, ist damit immer auch ein krummes Geschäft." (Tscholl, *Krumme Geschäfte*, 10)

[3] Knittel, „Geschäftsmann", 38.

Müller und Kleist versuchen vor allem einen schnell wachsenden Leserkreis zu erzeugen und somit ein soziales Feld zu konstruieren.

In der Darstellung dieser verschiedenen Projekte geht es mir darum, die spezifischen medienökonomischen Unterschiede zwischen den Zeitschriften herauszuarbeiten. Heinrich Aretz hat in seiner Studie *Heinrich von Kleist als Journalist* bereits auf die unterschiedlichen Tendenzen in den Zeitschriften hingewiesen, und zeichnet eine Entwicklung nach, bei der im *Phöbus* zunächst die dichterische Praxis für Kleist im Mittelpunkt steht. Die *Germania* wird in ihrem politischen Charakter dann bereits als ein Projekt verstanden, bei dem die Ästhetik hinter aktuellen politischen Zielen zurücktritt. Dies bildet nach Aretz die „Vorgeschichte des kleistschen Tagesjournalismus".[4] Ich stimme Aretz' Beobachtungen im Prinzip zu, es liegt mir aber daran zu betonen, dass diese äußerst unterschiedlichen Publikationsprojekte nur schwer in ein teleologisches Nacheinander einzureihen sind, das dann in den *Berliner Abendblättern* endet. Mir scheint, dass jede dieser Zeitschriften ein sehr eigenes kommunikationspolitisches und medienökonomisches Programm hatte. Der *Phöbus* war als Kunstmagazin konzipiert, die *Germania* als politische Kampfschrift und die *Berliner Abendblätter* als massenmediales Organ. Diese kategorialen Unterschiede machen es notwendig, die Zeitschriften auch als unterschiedliche Modelle von medialer Kommunikation zu verstehen. Jochen Marquardt hat den Zusammenhang treffend als einen „komplizierten und widersprüchlichen Lernprozess" beschrieben.[5] Zentrum dieses Lernprozesses war allerdings nicht primär das Bemühen, eine wie auch immer geartete Publikation zur Perfektion zu treiben, sondern Strategien für Publikumsinteraktionen zu intensivieren.[6]

5.1 Die Phönix-Buchhandlung

Als Kleist aus der Kriegsgefangenschaft entlassen wurde, hatte er großen unternehmerischen Elan, um seine literarischen Texte in Umlauf zu bringen. Dresden schien dafür ein idealer Ort zu sein. Wie Sembdner in seinem Nachwort zu seiner Sammelausgabe des *Phöbus* schreibt, war Dresden voll von Mäzenen und Plätzen

---

[4] Aretz, *Kleist als Journalist*.
[5] Marquardt „Selbsterkenntnis", 559.
[6] Marquardt versteht Kleists Publikationen als einen Versuch, die „aktive sinnliche und geistige Beteiligung im Lektüreprozeß" zu intensivieren. (Marquardt, „Selbsterkenntnis", 560) Diese produktive Irritation des Lesers nehme ich auch in meine Überlegungen auf, sehe sie jedoch nur als einen ersten Schritt zur Konstruktion eines sozialen Feldes, das durch die Zeitschriften gebildet werden soll.

des gesellschaftlichen Zusammenkommens. Zudem hielt sich eine Vielzahl von Künstlern und Intellektuellen wie Caspar David Friedrich, Ferdinand Hartmann oder Gotthilf Heinrich von Schubert dort auf.[7] Es kam hinzu, dass Kleists Freunde Pfuel und Rühle auch hier waren, und am wichtigsten war sicherlich die Bekanntschaft mit Adam Heinrich Müller. Müller wurde später berühmt als Geld- und Staatstheoretiker der Romantik und war ein wichtiger Wegbegleiter Kleists. Noch bevor er Kleist persönlich kennenlernte, schrieb er ein Vorwort zum *Amphitryon*, gab mit Kleist den *Phöbus* heraus und war auch später an den *Berliner Abendblättern* beteiligt. Müller war bereits seit 1805 in Dresden, wo er erfolgreich Vorlesungen zu ästhetischen Themen hielt, die er im Anschluss veröffentlichte. Dementsprechend verfolgte er auch ein äußerst ambitioniertes Publikationsprogramm seiner Schriften, nicht zuletzt auch, um damit Geld zu verdienen. Diese Einstellung zur Textproduktion korrelierte mit Kleists Plänen. Es ist dabei entscheidend, dass Kleist seine literarischen Texte hier explizit nicht als ätherische, ästhetische Konstruktionen begreift, er konzipiert sie vielmehr als pekuniär vermarktbare Waren.

5.1.1 Ein sicheres Geschäft

Der Plan, in Dresden eine Buchhandlung aufzumachen, wird ganz klar gefasst, um die Gewinne aus der literarischen Produktion zu steigern. Kleist formuliert dies wie folgt in dem Bettelbrief vom 17. September 1807 an seine Schwester Ulrike.

> Er sowohl, als ich, haben jeder ein Werk drucken lassen, das unsern Buchhändlern 6 mal so viel eingebracht hat, als uns. Vier neue Werke liegen fast zum Druck bereit; sollen wir auch hiervon den Gewinn Andern überlassen, wenn es nichts als die Hand danach auszustrecken kostet, um ihn zu ergreifen. (DKV, IV, 388)

Ein simples und bestechendes Kalkül: Der Mittelsmann soll ausgespart werden, um den eigentlichen Gewinn möglichst hoch zu halten. In einem weiteren Brief vom 17. Dezember bringt Kleist dies noch konziser auf den Punkt: „Es ist noch nie eine Buchhandlung unter so günstigen Aussichten eröffnet worden; eben weil wir die Manuscripte selbst verfertigen, die wir drucken und verlegen". (DKV, IV, 400) Kleists ökonomische Bilanzierung im Brief vom 17. September geht aber noch weiter über zu einer Risikoabwägung, die er als sehr günstig erscheinen lässt.

---

[7] Sembdner, *Phöbus*, 603.

> Die 1200 Rth, die das Privilegium kostet, können nie verloren gehen; denn mißglückt die Unternehmung, so wird es wieder verkauft; und die Zeiten müßten völlig eisern sein, wenn es nicht, auch im schlimsten Fall, einen größeren Werth haben sollte, als jetzt. (DKV, IV, 388)

Kleist unterfüttert diese Überlegungen noch mit einer wirtschaftshistorischen Kontextualisierung:

> Die ganze Idee ist, klein, und nach lieberalen Grundsätzen, anzufangen, und das Glück zu prüfen; aber, nach dem Vorbild der Fugger u Medicis, Alles hineinzuwerfen, was man auftreiben kann, wenn sich das Glück deutlich erklärt. (DKV, IV, 388)

Diese Formulierung ist verdächtig: Es ist unklar, ob hier der Verwaltungsangestellte oder doch vielleicht der Glücksspieler Kleist spricht,[8] sicherlich versucht Kleist hier beides miteinander zu verbinden. Das Kalkül ist dabei folgendes: Zunächst soll die Buchhandlung „lieberal" – wahrscheinlich ist radikal marktwirtschaftlich (ohne Rücksicht auf politischen oder ästhetischen Gehalt) gemeint – begonnen werden. Sollte sich der Markt als profitabel herausstellen bzw. sich eine Glücksträhne abzeichnen, soll der Einsatz erhöht werden, weil sich ja anscheinend das Risiko vermindert hat. Es ist dabei nicht nur erstaunlich, dass Kleist hier an ökonomische Unternehmungen wie an ein Glücksspiel herangeht, sondern auch, dass er die staatliche Regulierungsmaschine außer Acht lässt. Wie Kleist noch herausfinden wird, ist der Buchhandel hochreguliert und kann nicht einfach mit einem freien Markt im smithschen Sinne verglichen werden.

Dabei darf allerdings auch nicht vergessen werden, dass Kleist einen über das rein Ökonomische hinausgehenden Mehrwert an zwei Stellen in seinem Brief an Ulrike geschickt impliziert:

> Dir alle Gründe darzuthun, aus welchen die Zweckmäßigkeit und Nützlichkeit dieser Unternehmung hervorgeht, ist *schriftlich* unmöglich. […]
> Erwäge also die Sache, mein theuerstes Mädchen, und wenn du dich einigermaßen in diesen Plan, der noch eine weit höhere Tendenz hat, als die merkantilische, hineindenken kannst, so sei mir zu seiner Ausführung behülflich. Ich kann dir, wie schon erwähnt, nicht Alles sagen, was ich auf dem Herzen habe, […]. (DKV, IV, 388–389)

Hier verabschiedet sich Kleist von ökonomischen Argumenten und eröffnet zur Vermarktung seiner Ideen einen Leerraum, der nun nach Belieben von Ulrikes Imagination ausgeschmückt werden soll. Dies ist eine Strategie, die bereits, wie

---

8 Glücksspiel war immerhin auch eine der möglichen Erklärungen für die Würzburger Reise, und auch in den *Berliner Abendblättern* nimmt Kleist, in seiner Lotterie-Satire, dieses Thema wieder auf. (BA, I, 105)

ich im zweiten Kapitel diskutiert habe, bei der Würzburger Reise prävalent wurde. Kleist eröffnet ein Vakuum, das dann als Arkanum mit Kommunikation und Imagination gefüllt werden kann. Dieses Vakuum wird dabei zum eigentlichen Versprechen der ökonomischen Unternehmung und legt nahe, dass dieses Projekt einen ästhetischen, politischen oder ideologischen Kern besitzt. Dieser Kern wird von Kleist als höchst dynamisch dargestellt, so dass diese höhere Intention nicht mit den wirtschaftlichen Gegebenheiten kollidieren kann. Kleists verlegerisches Programm macht diese Pragmatik überaus deutlich.

5.1.2 Ökonomische Pragmatik: Der *Code Napoleon*

Der Plan, die Phönix-Buchhandlung aufzubauen, entwickelt sich nicht so, wie Kleist hofft, und die immer noch nicht eingetroffene, erhoffte, aber nie erteilte Genehmigung lässt auf sich warten. In einem Brief an Ulrike vom 25. Oktober 1807 beschwert er sich über diese Verzögerung und bemängelt vor allem, dass Müller und er so nicht an der Leipziger Buchmesse haben teilnehmen können. Diese Verspätung wird sich wohl primär mit dem Fehlen der Anschubfinanzierung erklären und nicht zu sehr auf die Behörden schieben lassen. Zu diesem Datum war augenscheinlich noch kein Antrag eingereicht und Adam Müller sollte dies auch erst am 21. Dezember 1807 tun.[9] Kleist ist dennoch äußerst guter Dinge und berichtet von seiner vielversprechenden finanziellen Situation:

> Mein Auskommen wird mir in der Folge, wenn Alles gut geht, aus einer doppelten Quelle zufließen; einmal aus der Schriftstellerei und dann aus der Buchhandlung. Da ich die Manuscripte, die ich jetzt fertig habe, zum eignen Verlag aufbewahre, so ernähre ich mich jetzt bloß, durch fragmentarisches Einrücken derselben in Zeitschriften, und Verkauf zum Aufführen an ausländische Bühnen [...]. (DKV, IV, 392)

Kleist ist so überzeugt, dass er seinen Lebensunterhalt durch die Schriftstellerei erwirtschaften wird, dass er Ulrike vorschlägt, seine Stelle zu übernehmen und als Aktionärin in den Buchhandel einzusteigen. Früher in dem Brief wirft Kleist einen überraschenden Köder aus, und berichtet, wie die Kontakte aus seiner Kriegsgefangenschaft es ihm vielleicht ermöglichen werden, den *Code Napoleon* zu publizieren. Hier erscheint Kleist ganz klar als publizistischer Geschäftsmann, der sehr wohl versteht, dass das große Geld nicht (nur) bei den literarischen Werken eines Goethe oder Schiller liegt, sondern in der massenhaften Produktion von gänzlich unästhetischen Schriften, nämlich dem Gesetzbuch für Frankreich und

---

9 Sembdner, *Lebensspuren*, 202a.

alle seine Provinzen. Es ist ein Buch, das nicht aus wissenschaftlichem Interesse oder ästhetischem Genuss, sondern einfach aus bürokratischer Notwendigkeit massenweise vertrieben werden soll, und zudem die Buchhandlung mit den hegemonialen Kräften zusammenbringt.[10] Kleist ist hier noch ein solcher Pragmatiker, dass er selbst über irgendwelche pro-französische Implikationen hinwegsehen kann.

> Es ist nicht unmöglich, daß wir den Codex Napoleon zum Verlag bekommen, und daß unsere Buchhandlung überhaupt von der französischen Regierung erwählt wird, ihre Publicationen in Deutschland zu verbreiten; wodurch, wie du leicht denken kannst, die Assiette des ganzen Instituts mit einem Male gegründet wäre. Du wirst nicht voreilig sein, politische Folgerungen aus diesem Schritte zu ziehn, über dessen eigentliche Bedeutung ich mich hier nicht weitläufiger auslassen kann. (DKV, IV, 391)

Auch hier bleibt Kleist strategisch im Unklaren, suggeriert, dass hinter diesem Verkaufsmagnet nicht nur pekuniäre, sondern durchaus politische Interessen stehen. Welche Pläne dies sind, bleibt der Phantasie des Lesers überlassen. Dennoch sollte klar sein, dass die Phönix-Buchhandlung ein durch und durch ökonomisches Projekt ist, in dem vielleicht ästhetische und politische Programme realisiert werden können, dessen Hauptzweck es aber ist, Geld zu verdienen. Das wird unterstrichen von dem zweiten Großprojekt, das besonders viel Prestige, aber auch Geld einbringen soll: eine Novalis-Prachtausgabe. Kleist schreibt an Ulrike am 8. Februar 1808:

> Ferner: die Familie Hardenberg hat uns beauftragt, die gesammten Schriften des Novalis (Hardenberg-Novalis, von dem du mir nicht sagen wirst, daß du ihn nicht kennst) zu verlegen, und verlangt nichts, als die Veranstaltung einer Prachtausgabe. Wenn die Sache klug, auf dem Wege der Subscription, angefangen wird, so kann dieser einzige Artikel (da soviel seiner Schriften noch ungedruckt waren) unsern Buchhandel heraufbringen; und wir wagen, im schlimmsten Fall, nicht das Allermindeste dabei. (DKV, IV, 412)

Diese Publikation unterscheidet sich nun gänzlich von einem Gesetzbuch, aber auch hier wird nicht inhaltlich argumentiert, um das Buch anzupreisen, sondern marktpolitisch von einer hohen Anzahl von Subskribenten ausgegangen. Der Kontrast von Novalis-Prachtausgabe und *Code Napoleon* erscheint dabei hart, aber diese unmittelbare Gegenüberstellung von ästhetischen und diskursiven Texten verweist bereits auf die Komposition des *Phöbus*, in dem in ähnlicher Weise Theorie und Dichtung aufeinanderprallen.

---

10 Siehe zur Bedeutung des *Code Civil* auch meine Diskussion im Kapitel 3.

Die Euphorie, die Kleist gegenüber potentiellen Geldgebern ausdrückt, ist nicht zuletzt von dem Ort der Buchhandlung bedingt, wie er in einem Brief an von Stein zum Altenstein klar darlegt: „Jetzt lebe ich in Dreßden, als dem günstigsten Ort in dieser, für die Kunst, höchst ungünstigen Zeit, um einige Pläne, die ich gefaßt habe, auszuführen." (DKV, IV, 403) Kleist soll sich allerdings mit dieser Einschätzung täuschen. Die Dresdner Verlagsszene wird seine Publikationsprojekte nicht günstig aufnehmen.

5.1.3 Raum und Kommunikation: die Lizenzverweigerung

Müllers und Kleists Projekt einer Verlagsbuchhandlung zeigt ganz klar, dass die beiden einen durchaus modernen Blick auf die Medienlandschaft um 1800 hatten. Sie verstanden ziemlich genau, dass es hier nicht nur um Inhalte ging, bzw. es nicht nur wichtig war, ästhetisch hochwertige Texte zu publizieren, sondern dass es auch von entscheidender Bedeutung war, über Distributionsnetze zu verfügen. Das Kalkül und der medienhistorische Kontext dieses Unternehmens sind eindrucksvoll dokumentiert in dem Gutachten der Dresdner Buchhändler.

Soweit es aus den Dokumenten ersichtlich ist, lief der gesamte Verwaltungsakt ziemlich schnell ab. Müllers Antrag ist vom 21. Dezember und das ablehnende Gutachten der Dresdner Buchhändler ist auf Ende Januar 1808 datiert. Die eigentlich zeitraubende Arbeit, die Kleist und Müller investierten, bestand darin, Sponsoren und Unterstützer für dieses Projekt zu finden. Dementsprechend liest sich der Antrag von Müller auch sehr offen und unspezifisch.

> Beauftragt von einer hiesigen Gesellschaft von Gelehrten, welche sich entschlossen hat, auf den Fonds eines bedeutenden Kapitals eine Buchhandlung hiesiger Residenz zu errichten, wage ich es in allertiefster Devotion, – Ew. p. um die Verleihung einer allergnädigsten Konzession zur Errichtung der verfassungsmäßigen fünften Buchhandlung, indem dermalen nur vier wirklich existiren, anzuflehen. (Sembdner, *Lebensspuren*, 202a)

An der Gesellschaft waren zentral beteiligt: Kleist, Müller und Kleists Freunde Rühle und Pfuel. Nach Kleists Aussagen konnten sie 2000Rth zusammenbringen, wobei das Buchhandlungsprivilegium bereits 1200Rth gekostet hätte.[11] Müllers Angabe über die fehlende fünfte Buchhandlung wird bestätigt von dem Gutachten der Dresdner Buchhändler. Müller spekulierte dabei, dass das Privilegium der Pintherschen Buchhandlung frei verfügbar sein würde. Der Inhaber dieser Buchhandlung war verstorben, und es trat keine neue Buchhandlung an deren Stelle.

---

11 Müller, *Schriften*, II, 559–560.

Was Müller nicht wusste oder ausblendete, war, dass diese Buchhandlung bereits insolvent war und in die Hand eines Insolvenzverwalters übergeben wurde.

Das Gutachten führt dann im Folgenden die Gründe aus, warum man Müller kein weiteres Privilegium zuweisen dürfe. Die Gründe richten sich dabei nicht auf eine spezifische Ablehnung des müller-kleistschen Projekts, sondern beschreiben eine bereits langanhaltende Übersättigung des Buchmarkts, die sich durch eine lange Geschichte von Konkursen auszeichnet. Neben dieser Kurzchronik des Dresdner Buchhandels geht das Gutachten auf eine Vielzahl von demographischen Daten und medienhistorischen Reflexionen ein, um die Ablehnung von Müllers Gesuch zu legitimieren.

Als erstes Kriterium wird angegeben, dass Dresden nun 70.000 Einwohner weniger als noch vor gut fünfzig Jahren habe und deshalb der Kundenkreis kleiner geworden sei. Darauf folgt eine Erklärung, dass Bücher im Prinzip ein Luxusgut seien („Nach dem Maasse, nach welchem die Lebens Bedürfnisse, und ihre Preisse steigen, nehmen die Kräfte ab, Bücher zu kaufen, als unter welchen die wenigsten sind."[12]), und es schließen sich eine Reihe von Argumenten an, die vor allem auf die gesteigerte Komplexität des medialen Umfelds eingehen.

Das Gutachten führt an, dass der Dresdner Buchmarkt bedroht wird von einer zunehmenden Publikation von Rezensionen, wonach viele Leser darauf verzichten, das eigentliche Buch zu lesen. Bibliotheken tun ihr Übriges, den Kauf von Büchern rückläufig werden zu lassen, und das Gutachten erwähnt eine Reihe von unlauteren Geschäftspraktiken, die es beispielsweise Antiquariaten ermöglichen, neue Bücher als alte zu verkaufen, um damit den Preis zu unterbieten. Zudem beklagen die Dresdner Buchhändler, dass Bücher zunehmend nicht mehr über sie, sondern von größeren Leipziger Anbietern bezogen werden. Auch wenn die Dramatik dieser Darstellung einer protektionistischen Einstellung der Buchhändler entstammt, macht dieser Text doch auch klar, dass, trotz einer steigenden Alphabetisierung und der vielbeschworenen Lesewut, sich das Buchhandelsgeschäft durchaus mit modernen Marktmechanismen quälen musste. Kleist und Müller wollten also in einen bewegten Markt eingreifen. In der Tat werden Kleist und Müller von den Dresdner Buchhändlern als eine große Gefahr betrachtet, die weitreichende ökonomische Implikationen haben könnte:

> Käme nun gar noch eine Sechste Buch-Handlung hinzu, so sind die Folgen leicht vorher zu sehen. Was zuviel ist, wird vernichtet. Welche Buch-Handlung es zuerst treffen würde, läßt sich zwar nicht voraussehen. Träfe es eine oder die andere der Fünf älteren, so braucht man

---

12 Münchner Ausgabe, III, 751.

sich nur in die Empfindungen ihres Besitzers zu versetzen, welcher siehet, daß ihn ein Ankömmling, der sich eingedrungen hätte, verdrängt habe.[13]

Dieses Urteil macht klar, dass die Dresdner Buchhändler kein Interesse hatten, in eine moderne Marktökonomie einzusteigen. Sie sahen in einer Erweiterung des Marktes nur eine potenziell chaotische Kettenreaktion, die dazu führen musste, dass mindestens einer der Mitbewerber ausscheiden würde. Das Problem dabei war, dass die unvorhersagbare Natur dieses Prozesses nicht die älteren und etablierten Buchhandlungen schützen würde. Aus der Perspektive der etablierten Buchhändler würde jede neue Buchhandlung also keine positive („kreative Zerstörung" im Sinne von Schumpeter[14]) Dynamik freisetzen, sondern ein fest etabliertes, institutionell verankertes System aufbrechen.

Kleists Denken interessiert sich, wie ich im vierten Kapitel diskutiert habe, sehr stark für solche dynamischen und fragilen Zustände, die sich potentiell jederzeit dem Chaos öffnen können. Auf der Oberfläche erscheint es so, dass Kleists Vorhaben einer Buchhandlung durchaus auf ökonomische Solidität ausgerichtet war. Aber ich halte es für bedenkenswert, dass Kleist und Müller hier nicht einfach ein solides Geschäft, sondern ein ökonomisches Experiment zum chaotischen Verhalten von Märkten durchführen wollten. Die protektionistischen Marktgesetze behindern aber die Entwicklung einer solchen Dynamik, die strukturell auch hinter den ästhetischen Performanzen von Kleists Marionetten oder auch seinem Erziehungsplan steht.

Insgesamt konstruiert das Gutachten der Buchhändler ein Gesellschaftsbild, das auf Statik und Stabilität ausgerichtet ist. Auch wenn Kleists und Müllers Projekt zunächst so erscheint wie der Plan zu einer äußerst finanziell sicheren Geschäftsgründung, was sie selbstverständlich auch so gegenüber ihren potentiellen Finanziers und Autoren betonen, so ist es evident, dass beide doch eine durchaus andere Vorstellung von gesellschaftlicher Entwicklung haben.

Es ist dabei entscheidend, dass Müller zwar ein Kritiker der angelsächsischen Marktpolitik war, aber das heißt wiederum nicht, dass er eine starr staatlich regulierte Wirtschaft favorisierte. Müllers Ökonomie, wie er sie dann in seinem Hauptwerk *Elemente der Staatskunst* entwickelt, kritisiert liberale Marktvorstellungen und favorisiert ein traditionelles mittelalterliches Gildensystem, was ihm,

---

13 Münchner Ausgabe, III, 753.
14 Der Ökonom Joseph A. Schumpeter ist berühmt geworden für seine These der „kreativen Zerstörung", bei der die Wirtschaft sich durch Bankrott selber erneuert. Die Formulierung dieses Konzeptes kann man beispielsweise in Schumpeters Buch *Capitalism, Socialism and Democracy* finden.

wie es Günther Rudolph darstellt, den Ruf eines reaktionären Denkers einbrachte.[15] Neuere Ansätze, beispielsweise Tetsushi Harada oder Richard T. Gray, erkennen aber in Müller einen Denker, der durch den Fokus auf die kulturelle Produktion einer Gesellschaft eine Alternative zu rein marktorientierten Wirtschaftstheorien bietet.[16] Müller stellt dabei der auf Wettbewerb ausgerichteten Theorie Smiths nicht einfach die Vorstellung eines homogenen ökonomischen Ganzen gegenüber, sondern entwirft die Vorstellung eines pulsierenden Organismus, der sich durch interne Prozesse weiterentwickelt. Den Staat beschreibt er als ein eben solches System:

> Der Staat ist nicht eine bloße Manufaktur, Meierei, Assekuranzanstalt oder merkantilistische Sozietät; er ist die innige Verbindung der gesamten physischen und geistigen Bedürfnisse, des gesamten physischen und geistigen Reichtums, des gesamten inneren und äußeren Lebens einer Nation zu einem großem energischen, unendlich bewegten und lebendigen Ganzen.[17]

Wenn Müller nun versucht, in den Markt der Dresdner Buchhändler einzusteigen, steht das also nicht in Konflikt mit seiner Haltung gegenüber Smith. Es geht bei der Etablierung der Buchhandlung aber nicht primär um pekuniäre Ziele, es ist, wie Dierk Spreen für den *Phöbus* herausgearbeitet hat, ein gezielt politisches Projekt.[18] Diese Überlegung werde ich im Folgenden noch genauer diskutieren; an dieser Stelle möchte ich darauf hinweisen, dass sich dieses Projekt nicht so sehr im *Phöbus*, sondern sich ganz besonders in der Etablierung einer Verlagsbuchhandlung manifestiert. Wie aus dem Gutachten der Buchhändler hervorgeht, wäre diese neue Phönix-Buchhandlung nicht nur das Ende von etablierten Geschäftspraktiken, sie würde auch zu einer wortwörtlichen Mobilisierung des Sozialen führen.

Dass es bei der Buchhandlung mehr um eine solche soziale Mobilisierung als um eine solide finanzielle Planung geht, wird auch durch den Plan, den *Code Napoleon* zu veröffentlichen, nahegelegt. Es sind keine Gebetsbücher oder Katechismen, die einen ähnlichen verlässlichen Absatz gehabt hätten, es ist diese Schrift, die maßgeblich daran beteiligt ist, das Feld der Öffentlichkeit um 1800 zu konstituieren. Pointiert gesagt verfolgen Kleist und Müller zunächst kein unternehme-

---

15 Rudolph, „Adam Müller und Kleist".
16 Siehe hierzu besonders Tetsushi Haradas Essay-Sammlung *Adam Müllers Staats- und Wirtschaftslehre* und Richard T. Grays Aufsatz „Hypersign, Hypermoney, Hypermarket".
17 Müller, *Elemente*, 51.
18 Spreen, *Krieg und Gesellschaft*, 134.

risches, sondern ein kommunikatives Projekt. Es geht nicht darum, eine Geldquelle zu schaffen; es soll eine kommunikative Plattform installiert werden, die den dort existierenden Markt in eine komplexe Dynamik verwickelt.

Spreen führt aus, wie eine solche permanente Dynamik zentral für Müllers ökonomische Theorie ist. Für Müller geht es nicht darum, dass sich Gegensätze wie in der hegelschen Dialektik aufheben, sondern dass Antagonismen Dynamiken freisetzen, die von fundamentaler Bedeutung für die Entwicklung der Gesellschaft sind.[19] Müllers Ökonomie ist nicht sehr weit entfernt von den antigraven Marionetten Kleists, die im Prinzip keinen Stillstand kennen und sich in einer permanenten Pendelbewegung befinden. Diese Refokussierung der Ökonomie von den Objekten auf die Dynamik zwischen Objekten und Agenten macht aber vor allem deutlich, dass nicht nur Produktion, sondern auch Kommunikation zum Ökonomischen gehört. Das setzt sich stark von Smiths Denken ab, und Spreen betont, dass Müller eine poetische Ökonomie entwickelt, die nicht einfach auf Warenproduktion und Tausch basiert, sondern auch immaterielle Güter und Kommunikation zum zentralen Element von Staaten und Märkten macht.[20] Kleists und Müllers Publikationsprojekte müssen auf genau einer solchen ökonomischen Linie gedacht werden, die sich nicht in der Akkumulation von Kapital erschöpft, sondern sich in der permanenten Suche nach einer sozialkommunikativen Dynamik äußert.

5.2 Der Phöbus

Kleists erstes größeres Publikationsprojekt entstand parallel zu dem Versuch, die Phönix-Buchhandlung aufzubauen. Es war die Zeitschrift *Der Phöbus*, und es unterscheidet sich von den späteren Projekten besonders dadurch, dass es aus einem primär ästhetischen Kontext entsteht. Wie Sembdner es in seiner Geschichte

---

[19] „Die Notwendigkeit, Verluste in der Systemkonstitution mitzudenken, wird von Hegels zentralem Vermittlungsmodus der ‚Aufhebung' festgehalten. Bei Müller gibt es keine Aufhebung der Gegensätze; er stellt sich Vermittlung als das Ausgleichen von Kräften in einer Mitte vor. Mit dieser Konstruktion zieht die große Ruhe in seine Idee von Vermittlung ein, die prinzipiell doch eher ‚hektisch' wirkt: ‚jedes einzelne ökonomische Objekt im Staate, jede Person, jede Sache vermittelt wieder andere ökonomische Objekte und ist also insofern auch wieder Subjekt der Zirkulation. Das belebende, bewegende Prinzip ist durchaus nicht in irgendein einzelnes Objekt, wie das Geld, hineingebannt, sondern alle Dinge im Umkreis der bürgerlichen Gesellschaft sind dessen teilhaftig; mit anderen Worten: [...] sie zirkulieren und werden zirkuliert, sie beleben und werden belebt.'" (Spreen, *Tausch*, 48)
[20] Spreen, *Tausch*, 46.

dieser Zeitschrift ausführt, entstammte die Grundidee der Überlegung, eine Anthologie von Dichtungen, versehen mit Stichen von Ferdinand Hartmann, herauszubringen.[21] *Der Phöbus* setzt auch genau dies um. Die Grafiken Hartmanns gehören zum zentralen Erscheinungsbild der Zeitschrift – von besonderer Bedeutung ist dabei Hartmanns Darstellung des Sonnengottes Phöbus, die zunächst als eine Skizze für einen Theatervorhang gedacht war. Bemerkenswert an dieser Skizze war, dass sie nicht nur auf einen antiken Symbolismus verwies, sondern den Gott über dem Stadtbild Dresdens darstellte. Der *Phöbus* ist somit nicht nur eine beliebige Zeitschrift, er war vielmehr eng mit dem lokalen Feld sozialer Kommunikation verbunden, in dem sich Kleist bewegte.

5.2.1 Die Medienlandschaft des *Phöbus*

Nach anfänglichem Erfolg stellte *Der Phöbus* jedoch nach ungefähr einem Jahr sein Erscheinen ein. In einem Artikel über die Jubilatenmesse von 1808 steht in der *Allgemeinen Zeitung*, von Sembdner dem Dresdner Archäologen Böttiger zugeschrieben, eine klare Analyse des Buchmarkts, bei dem der Misserfolg des *Phöbus* als symptomatisch hervorgehoben wird:

> Die *Journalistik*, die ein gutes Drittel unserer ganzen Literatur beträgt, schien zum Schreken aller sogenannten soliden Literaturmänner, so viel sich bei einer allgemeinen Meßübersicht bestimmen läßt, nach allen Seiten hin polypenartig, neue Absezlinge zu gewinnen, ob zum Heil oder zum Verderben des Buchhandels, läßt sich schwer bestimmen. Ein Journal oder eine Zeitung, die sich einmal ihren Weg gebahnt hat, steht durch die vielen Journalzirkel und Lesekabinetts auf fester Basis, da hier die Abnehmer und Leser gleichsam unsterblich sind ... So viel erhellt aus dem Gang, den unser Journalwesen nimmt, deutlich, daß die gemischten, blos zur allgemeinen Unterhaltung dienenden, monatlich erscheinenden, Journale oder Quartalschriften der durch die Tagblätter, wie die elegante Zeitung und das sachreiche Morgenblatt sind, schneller befriedigten Leselust schon viel zu altbaken vorkommen.
> So konnte die mit Anfang des Jahres von Wien und Dresden ausfliegenden Monatsschriften *Prometheus* und *Phöbus*, bei aller äußern Eleganz und Sorgfalt der Herausgeber kaum auf einen grünen Zweig gelangen.[22]

Dieser Bericht unterstreicht auf prägnante Art und Weise, was bereits durch das Gutachten der Dresdner Buchhändler dargelegt wurde: Der moderne Literatur-

---

21 Sembdner, *Phöbus*, 603–604.
22 Sembdner, *Phöbus*, 617.

markt wird nicht primär durch literarische Qualität, er wird vor allem durch soziale Kommunikation gesteuert. Der Buchmarkt verschiebt sich – um eine schmittsche Unterscheidung zu gebrauchen – vom Regulären ins Irreguläre: Vom regulären Verkauf, bei dem Produkt, Urheber und Empfänger klar zu bestimmen waren, hin zu einem irregulären Tausch, bei dem die Anschlussmöglichkeiten höchst polyvalent sind und es zu Konsumbedingungen kommt, bei denen Kunden nicht einfach die Produkte von Schriftstellern kaufen. Der literarische Erfolg wird jetzt durch ein quasi chaotisches Medium, nämlich die literarische Zeitung oder, wie Böttiger es nennt, die „Journalistik" erzeugt. Und Böttiger beschreibt die neue chaotische Struktur der Literaturverteilung, die nun hochfragmentiert wird, sowohl auf Sender- als auch auf Empfängerseite.

Auf der Senderseite tritt eine Fragmentierung ein, da in den literarischen Zeitschriften vermehrt Texte nur in bruchstückhafter Form oder als Fortsetzungen abgedruckt werden. Die Ganzheit eines literarischen Werks wird durch das Medium irritiert oder gar unterwandert. Eine weitere Fragmentierung ist damit verbunden, dass diese nun montagehafte Nebeneinanderstellung von Beiträgen eine innere Konsistenz einer Zeitschrift immer potentiell aufbricht. Ein ästhetisches Phänomen, das sich Müller und Kleist, wie ich noch diskutieren werde, gezielt zu Eigen machen werden. Auf der Empfängerseite tritt aber eine Fragmentierung ein, die vielleicht noch ausschlaggebender und mehrdimensionaler ist. Die Zeitschrift, da sie eine durchaus große Varianz von Artikeln hat, spricht auch automatisch eine breite Leserschicht an. Diese Attraktivität kommt jedoch nicht dadurch zustande, dass der Text in seiner Totalität verschiedensten Ansprüchen gerecht werden kann und beispielsweise zu einem Publikumserfolg wie dem *Werther* wird, sondern dadurch, dass verschiedene Texte unterschiedliche Lesertypen adressieren können. Die Journalistik wird somit zu einem hochflexiblen Publikationsorgan, das sehr viele verlegerische Ungewissheiten kompensieren kann.

Es sei hier betont, dass der Markterfolg nicht mit einer irgendwie bestimmbaren ästhetischen Qualität zusammenhängt, er basiert vielmehr auf der Fähigkeit, sich am effizientesten in die Bedarfs- und Nachfragemechanismen des Marktes einzuklinken. Der Erfolg auf dem Buchmarkt wird durch die Adressierung einer diversifizierten Masse bestimmt. Interessant an Böttigers Beschreibung ist dabei, dass dies nicht durch verlegerisches Marktkalkül, sondern durch eine biologische Metapher beschrieben wird, die noch einmal die ungesteuerte Eigendynamik dieses Prozesses betont. Er wird als organisches Wachstum von Polypen verstanden (Polypen können auch Pflanzen sein, die sich klonen können), die aus sich heraus immer weitere „Absezlinge" generieren, und somit aus sich heraus die Möglichkeit einer weiteren Potenzierung dieser Journale implizieren. Die

Stabilität dieses Wachstums wird durch institutionalisierte Verteilungsformen sichergestellt, die nicht mehr von individuellen Käufern abhängig sind, sondern von abonnierenden Institutionen. Kleist war sich dieser strukturellen Eigenschaft des Verlagswesens um 1800 bewusst, wie sein Vorschlag, die Novalis-Ausgabe durch Subskriptionen zu finanzieren, zeigt. (DKV, IV, 412)

Dieses durchaus stabile System hat jedoch auch Grenzen des Wachstums und kennt Verlierer. Zunächst fallen die ästhetischen Spitzen, die Höhen und Tiefen heraus. Es setzt so etwas wie eine Normalisierung des Inhalts ein, die Böttiger dann doch äußerst wertend als „altbaken" charakterisiert. Zeitschriften, die sich diesen Normalisierungstendenzen entziehen, können nicht in dieses organische Wachstum des Zeitschriftenmarkts hineinkommen und, um Böttigers organische Metapher zu übernehmen, nie „auf einen grünen Zweig kommen". Kleists und Müllers *Phöbus* ist ein solches Avantgarde-Produkt, das sich nicht in die Normalisierungstendenzen dieses Marktes einfügen will.

Ludwig Uhland diagnostiziert simpler, aber durchaus treffend, dass der *Phöbus* auf einen hochgesättigten Markt trifft: „Prometheus, Jason, Phöbus, Selene, Isis, Teutona, Freimüthiger, Morgenblatt, Teutscher Merkur, Zeitung für die elegante Welt, Asts Journal für Wissenschaft und Kunst etc. und so viele Almanache! O teutsche Literatur!"[23] In der Tat ist der Einfall, eine Kunstzeitschrift zu publizieren, keine besonders innovative Idee, es ist vielmehr die Diskursnormalität der Weimarer Klassik, wie Michael Gross in seinem Buch *Ästhetik und Öffentlichkeit* oder auch Meierhofer in seinem Aufsatz „Hohe Kunst und Zeitungswesen" ausführen.[24] Böttigers Beschreibung und das Gutachten der Dresdner Buchhändler zeigen jedoch, dass diese Publikationslandschaft für alle Involvierten nicht ruhig und harmonisch war, sondern eine schwer vorherzusagende Medienökonomie hervorbrachte. In dieser Medienökonomie geht es eben nicht nur um ästhetische, soziale Ausdifferenzierung, es geht ganz zentral um das Besetzen von wichtigen kommunikativen Schnittstellen wie Verlagen oder Abonnements der Leihbibliotheken und Lesekreise.

Kleist und Müller begriffen, dass sie zunächst einen Platz für sich produzieren mussten, und das Programm des *Phöbus* kann so verstanden werden. Die Publikation des ersten Heftes, bei dem Sonderausgaben an alle Fürsten Europas geschickt werden sollten, unterstreicht diese Intention.[25]

---

23 Sembdner, *Phöbus*, 605.
24 Meierhofer, „Hohe Kunst", 162–163.
25 Soweit bekannt, wurden Hefte an den Kaiser von Österreich, König Jérôme von Westfalen und Goethe geschickt. (Sembdner, *Phöbus*, 605)

5.2.2 Ästhetik der Gegensätze

Müller und Kleist waren zur Zeit des *Phöbus* stark damit beschäftigt, eine Ästhetik des Gegensätzlichen zu entwickeln. Müller erkennt in Kleists Texten eine Qualität, die nicht auf die Versöhnung dieser Gegensätze ausgerichtet ist, sondern diese Spannung aushält. In der damit verbundenen „Gemüthsfreiheit" sieht Müller aber nicht nur ein ästhetisches Empfinden, es ist vielmehr eine politische Haltung:

> Die Antike und (nicht das Christenthum, aber) die christliche Poesie des Mittelalters sind die beiden lichtesten Erscheinungen in der Weltgeschichte, aber für uns, die wir durch uns selbst gelten sollen und nach langer Gebundenheit wieder frei geworden sind, ist keine von beiden als Muster genügend. Bonaparte'sche Ketten drücken und werden auch abgeschüttelt werden; gedenken wir aber der andern und schrecklicheren Bande, in die unser Gemüth geschlagen war, damals als an Bonaparte noch nicht gedacht wurde; denken wir an die unzähligen kleinen Tyrannen, die unser Gemüth mit nichtswürdigen Autoritäten, elenden Pflichts- und Anstandsbegriffen, absoluten Vorschriften für das Handeln, Dichten und Leben zusammenschnürten, so wird es erlaubt seyn, sich auch selbst unter dem neuen Tyrannen frei zu fühlen. Gemüthsfreiheit ist mehr als die bürgerliche; denn sie ist die Ursache, diese die Folge; sie ist da, wenn auch in Wenigen; den übrigen entgeht sie nicht, denn inwiefern sie auch nur in Einem da ist, ist sie dennoch ewig. Kleist ist gemüthsfrei, also weder die antike noch die christliche Poesie des Mittelalters hat ihn befangen.[26]

Dieses Projekt einer Poetik der Gegensätze entzieht sich nicht dem Politischen, es wird zu einem Versuch, eine historische Autonomie des Bürgertums um 1800 zu konstruieren. Müller sieht dabei Napoleon als symptomatisch für eine Unterdrückung oder Irritation der bürgerlichen Klasse, die bereits seit der Renaissance in der versuchten Abgrenzung zu Antike und Christentum prävalent wird. Müllers Ziel ist keine realpolitische Befreiung von dem Tyrannen Napoleon, sondern eine allgemeine Autonomie, die Müller in der Vorstellung einer Gemütsfreiheit ausdrückt. In dem Brief an Gentz wird klar, dass es sich hier primär um ein ästhetisches Programm handelt, das sich dann in der Person Kleist manifestiert. Kleist ist „gemütsfrei", weil er sich den ästhetischen Alternativen von Christentum und Antike nicht unterwirft, er bringt sie vielmehr in eine produktive Spannung. Es sei dabei daran erinnert, dass Kleists Beiträge zum *Phöbus* u.a. im *Guiskard* und in der *Penthesilea* bestanden, die genau diese Spannung wiedergeben. Wobei Müller in Bezug auf die *Penthesilea* explizit macht, dass es sich eben um einen Text handelt, der sich nicht einem antiken Formgesetz unterordnet, sondern sich

---

[26] *Briefwechsel zwischen Gentz und Müller*, 128.

durch anachronistische Ausgestaltungen genau einer solchen eindeutigen Zuordnung entzieht.

Was sich für Müller in Kleist und seinen Schriften manifestiert, ist ein dynamisches Prinzip, das ästhetische Autonomie durch eine parasitäre Irritation bestehender ästhetischer Codes initiiert. Dies ist nicht nur eine Beschreibung von Kleists Poetik, es gibt gleichsam das Programm des *Phöbus* an, wie aus Müllers Abgrenzung zu den *Horen* und zum *Athenäum* deutlich wird.

> Den Vergleich mit den Horen können wir uns aus vielen Gründen nicht gefallen lassen; Goethes Gemeinschaft und seinen Antheil wird niemand verkennen, aber Schillers philosophische Arbeiten, wie gewiß sie auch sein Meisterstück seyn mögen, und wie sehr sie auch die Kunstansichten in Deutschland gefördert haben mögen, qualificiren ihn zu einer Art von Oberkammerherrn oder Ceremonienmeister im Gefolge jenes königlichen Dichters; aber von einem wahren Gegensatze zwischen Poesie und Philosophie, also von einer ächten Allianz zwischen beiden, war wenigstens im Bezirke des Journals nichts zu spüren; ferner waren, dem eigenen Geständniß des Herausgebers nach, die Horen zu einer Art von Lust- und Thiergarten bestimmt, zu einer sonntäglichen Retraite oder Ressource, wo man das wirkliche Leben und alles politische Kreuz der Zeitumstände eine Weile vergessen sollte.[27]

Müller ist deutlich in seiner Kritik. Die *Horen* sind ein wenig attraktives Unterhaltungsmagazin, das sich durchaus im Sinne von Böttigers Marktlogik der Nachfrage anpasst. Diese harsche Kritik Müllers mag auf den ersten Blick verwundern, da an vielen Stellen gerade die *Horen* potenziellen Finanziers und Beiträgern als Modell für den *Phöbus* ausgebreitet wurden. Es ging dabei allerdings meist darum, die finanzielle Sicherheit des Projekts zu untermauern. Mit einer ästhetischen Nähe hat dies, wie die Worte Müllers zeigen, wenig zu tun. Der prinzipielle Kritikpunkt wird mit einer etwas enigmatischen Formulierung ausgedrückt: „Von einem wahren Gegensatze zwischen Poesie und Philosophie, also von einer ächten Allianz zwischen beiden, war wenigstens im Bezirke des Journals nichts zu spüren."[28] Was hier abgerufen wird, ist Müllers Lehre vom Gegensatz, die ja auch in der Kleist zugeschriebenen Gemütsfreiheit angelegt war.[29] Müller ist aber

---

27 Sembdner, *Phöbus*, 614–615.
28 Sembdner, *Phöbus*, 615.
29 Müllers Lehre vom Gegensatz, wie er sie 1805 formuliert, sucht mit ihrer Abstraktion die Nähe zum philosophischen Diskurs, wie er von Fichte, Schelling oder Hegel um 1800 getragen wird. Aber bereits in diesem Text verbindet Müller abstrakte Gedanken zu Dialektik mit Rhetorik, in seinen Beiträgen im *Phöbus* ist es meist Ästhetik, die zur Weiterentwicklung dieser Ideen führt, was dann in der Staatslehre, die 1809 in Dresden entsteht, in den Bereich des Wirtschaftlichen transponiert wird. Richard T. Gray hat diese Entwicklung von Müllers Denken gut auf den Punkt gebracht: „In Müller's economics, *Gegensatz* is transmorgified into *Wechselwirkung*, reciprocity or mutual interchange, the dynamic give-and-take that forms the basis of economic practice.

sehr daran gelegen, diese gegensätzliche Spannung als ein spezifisches Markenzeichen zu etablieren. Die Abgrenzung zum *Athänum* macht dies deutlich.

> Wir fürchten nicht, daß Sie den Phöbus mit dem Athenäum, weder von philosophischer noch poetischer Seite, vergleichen werden; ein anderes ist es, paradox erscheinen und paradox seyn. Die Paradoxie in dem Athenäum mußte sich selbst mit neuer Paradoxie überbieten; aber jene Kraft des Herzens, die, wie die Lessing'sche in einer kleinen Sphäre, nicht aus Hoffart, sondern um der Klarheit willen paradox scheint, welche schlägt, um recht zu besänftigen, welche aus einem thierischen Schlaf aufrüttelt, um eine göttliche Ruhe zu geben, wird wohl Niemand im Athenäum spüren.[30]

Hier formuliert Müller klar eine Kritik romantischer Reflexivität, die sich immer wieder selber überbieten muss, um innovatives Potential liefern zu können. Müller identifiziert eine nur scheinbare Paradoxie, die durch Undurchschaubarkeit hergestellt wird und somit nicht um „der Klarheit willen paradox scheint". Diese Formulierung befindet sich selbst in der Nähe des Paradoxen, aber die Programmatik des *Phöbus* kann aufschließen, was damit gemeint ist.

> Kunstwerke, von den entgegengesetztesten Formen, welchen nichts gemeinschaftlich zu seyn braucht, als Kraft, Klarheit und Tiefe, die alten, anerkannten Vorzüge der Deutschen – und Kunstansichten, wie verschiedenartig sie seyn mögen, wenn sie nur eigenthümlich sind und sich zu vertheidigen wissen, werden in dieser Zeitschrift wohlthätig wechselnd aufgeführt werden.
> Wir stellen den Gott, dessen Bild und Name unsre Ausstellungen beschirmt, nicht dar, wie er in Ruhe, im Kreise der Musen auf dem Parnaß erscheint, sondern vielmehr, wie er in sicherer Klarheit die Sonnenpferde lenkt. Die Kunst, in dem Bestreben recht vieler gleichgesinnter, wenn auch noch so verschieden gestalteter Deutschen darzustellen, ist dem Charakter unsrer Nation angemessener, als wenn wir die Künstler und Kunstkritiker unsrer Zeit in einförmiger Symmetrie und im ruhigen Besitz um irgend einen Gipfel noch so herrlicher Schönheit versammeln möchten. – Unter dem Schutze des daherfahrenden Gottes eröffnen wir einen Wettlauf; jeder treibt es, so weit er kann, und bleibt unüberwunden, da niemand das Ziel vollkommen erreichen, aber dafür jeder neue Gemüther für den erhabenen Streit entzünden kann, ohne Ende fort.[31]

Diese Programmatik löst die von ihr geforderte Klarheit ein. Ziel des Journals ist es nicht, nach ästhetischer Harmonie oder einem Ideal zu streben, sondern eine

---

Money, both as matter and as concept, takes center stage in Müller's economic thinking because it is the highest manifestation of this reciprocal relationship. Contrariety, reciprocity, dialogue, dialectic: these are the various names with which Müller designates the primary figure of his thought, the productive interaction of distinct principles or forces." (Gray, „Hypersign", 296)

30 Sembdner, *Phöbus*, 615.
31 Sembdner, *Phöbus*, 612.

polare Spannung zu erzeugen. Die Gegensätzlichkeit wird hier zum kommunikativen Prinzip. Die Ankündigung des *Phöbus* spiegelt die antagonistischen Modelle, die ich im vierten Kapitel diskutiert habe. Die Ästhetik des *Phöbus* basiert auf denselben Annahmen, wie sie in der *Allmählichen Verfertigung* angedacht und dann im *Erziehungsplan* oder auch im *Marionettentheater* ausgearbeitet wurden. Der *Phöbus* sollte eine dynamische Irritation einer sozialen Diskursfläche erschaffen. Diese Irritation verweist aber nicht ins Propagandistische oder gar Militärische, sie wird vielmehr als ästhetischer Streit verstanden. Der Raum der Kunst ist der Raum, in dem ein solcher Streit in einer ständigen Eskalation fortbestehen kann, und nach Kleist und Müller auch sollte. Wie Blamberger sagt, hat das Journal agonalen und operativen Charakter.[32] Jetzt bleibt zu fragen, inwiefern dieses Programm im *Phöbus* eingelöst und von den Lesern aufgenommen wurde.

5.2.3 Der antagonistische Inhalt des *Phöbus*

Dass der *Phöbus* recht schnell nach dem ersten Jahr scheitert, soll nicht heißen, dass es sich bei der Zeitschrift nicht um ein durchaus aufwendig gestaltetes Produkt handelte. Müller und Kleist hatten eine recht gewaltige Aufgabe gemeistert, aus dem Nichts bzw. behindert durch allerlei Einflüsse, eine doch mehr oder weniger regelmäßig erscheinende Zeitschrift zu erschaffen, die einige der explosivsten Texte der deutschen Literatur und hochkomplexe Essays zum Verhältnis von Ästhetik und Gesellschaft beinhaltete. Diese literarischen und philosophischen Koordinaten-Texte stammen aus der Feder Müllers und Kleists und bestimmen maßgeblich das Erscheinungsbild der Zeitschrift. Sicherlich spielte ein Mangel an weiteren Autoren (besonders natürlich die von Kleist erhofften, aber ausbleibenden Beiträge Goethes)[33] eine große Rolle dafür, dass vor allem die Herausgeber ihre eigene Zeitschrift beschicken mussten, aber gerade Kleists literarische Texte und Müllers philosophische Traktate bilden eine gegensätzliche Spannung aus, und konstituieren so zu einem guten Stück die antagonistische Grundfolie des *Phöbus*.

Kleists Dramen und Erzählungen stehen die diskursiven Texte Adam Müllers gegenüber. Dieser Kontrast wird in den Fällen von Kleists Dramen auch durch die spezifisch andere Textgestalt (in Versen) unterstrichen. Das Programm geht auf,

---

32 Blamberger, *Kleist*, 318.
33 Kleist versucht vergeblich, prominente Autoren seiner Zeit mit ins Boot zu holen. Im Brief vom 17. Dezember 1807 an Ulrike spricht er von Goethe und Wieland. (DKV, IV, 400–401)

denn Kleists Texte, die bereits für sich genommen explosiv sind, entfalten ihr Potential um so mehr, wenn sie diskursiven philosophischen Texten zum Schönen gegenübergestellt werden.

Es ist demnach nur logisch, dass der *Phöbus* mit der *Penthesilea* eröffnet. Dieser Text schließt oberflächlich mit seinem Verweis auf die griechische Antike an die Klassik an, aber er gehört bekannterweise zu Kleists irritierendsten Texten. Goethe hat in prominenter Weise in einem Brief vom 1. Februar 1808 klar gemacht, dass er nichts mit der *Penthesilea* anfangen kann (DKV, IV, 410), und Kleist wählt nun gerade einen solchen hochexplosiven Text aus, um den *Phöbus* zu eröffnen. Die Benennung dieser *Penthesilea*-Version als „Organisches Fragment" verweist auch bereits auf einen romantischen Diskursrahmen, der jenseits der von Goethe und Schiller etablierten Klassik verortet ist, jedoch mit seinem Antikebezug genau auf diesen Kontext zurückverweist. Adam Müller soll diesen Antagonismus noch recht klar zur Grundlage in seinem Text „Vorlesungen über das Schöne" machen:

> Das ganze Geheimnis der Poesie liegt demnach in der Verbindung mehrerer streitenden Bewegungen zu einer ruhigen. – Ich kehre wieder zu dem Bilde des Tanzes zurück, das mich verfolgt: was ist der Tanz anders als die Verbindung mehrerer streitenden Bewegungen zu einer ruhigen.[34]

Hier ruft Müller etwas ab, was ich im vierten Kapitel als Kleists Kybernetik diskutiert habe. Poesie, wie die Tanzbewegungen der Marionetten im *Marionettentheater*, entsteht aus komplexen Prozessen, die sich gegenseitig irritieren. Dieser Antagonismus produziert dann ein organisches Ganzes von hoher ästhetischer Qualität. Mit Blick auf das *Marionettentheater* ist es evident, dass Müller und der *Phöbus* den Tanz zu einem elementaren Moment des ästhetischen Denkens gemacht haben. Für Müller, und dann auch für die Konzeption des *Phöbus*, ist der Tanz als ästhetisches Paradigma so wichtig, weil hier Dynamik und Antagonismus in eine produktive Einheit gebracht werden. Die Heterogenität innerhalb eines Tanzes (beispielsweise durch zwei Tänzer) ist kein Hindernis, sie wird als essentiell für das Zustandekommen von ästhetischen Strukturen begriffen. Diese Prävalenz des Tanzes für die Ästhetik Müllers und des *Phöbus* wird dadurch betont, dass der Tanz bereits zentral in der ersten Ausgabe mit Christian Gottfried Körners Text „Über die Bedeutung des Tanzes" vertreten ist. Auch wenn von hier aus sicherlich eine Verbindungslinie zum *Marionettentheater* zu ziehen ist, wird Tanz hier vor allem als soziale Praxis und nicht als Performanz eines Individuums

---

34 Sembdner, *Phöbus*, 133.

beschrieben. Dementsprechend wird in diesem Text nicht so sehr auf theatralischen Tanz, sondern auf den nationalen Volkstanz eingegangen. In ihm wird nicht die Bemühung, etwas zu repräsentieren, zum funktional-ästhetischen Merkmal; es geht vielmehr darum, den Antagonismus von Weiblichkeit und Männlichkeit in eine harmonische ästhetisch-soziale Praxis zu überführen.

> Aber der dramatische Tanz ist gar nicht genöthigt, in dem Gebiete der Poesie und Mimik sein Object der Darstellung zu suchen. Ein äusserst reichhaltiger Stoff liegt ihm sehr nahe, und ist in dem Inhalte der meisten Nationaltänze gegeben.
> Das männliche und das weibliche Ideal dürfen einander nur gegenüber gestellt werden. Aus dem Verhältnisse der beiden Geschlechter entsteht alsdann eine Situation, die für die mannichfaltigste Characterdarstellung unerschöpflich ist. Es bedarf keiner historischen oder mythologischen Personen und keiner künstlichen Dichtung. Aber das allgemein-menschliche Drama gewinnt an Individualität, wenn es durch das Nationelle des Volkstanzes irgend eine bestimmte, willkürlich scheinende Form erhält.
> [...]
> Um den Tanz vor solchen Abwegen zu verwahren, hat die Theorie noch wenig geleistet. Sie beschäftigte sich fast bloss mit dem theatralischen Tanze, und der gesellschaftliche wurde entweder ganz seinem Schicksal überlassen, oder aus der Classe der schönen Künste unter die angenehmen Spiele herabgesetzt, oder durch Vorschläge zu verbessern gesucht, die theils nicht ausführbar waren, theils die Sphäre der Kunst beschränkten.[35]

Dieser Text gehört buchstäblich zur programmatischen Mittelachse der ersten *Phöbus*-Ausgabe und verweist auf die *Phöbus*-Konzeption insgesamt. Der Antagonismus von Weiblichem und Männlichem auf einer erotisch-militärischen Ebene ist mehr als evident in der *Penthesilea*. Die Eröffnung mit der *Penthesilea* macht überdeutlich, dass der *Phöbus* nicht in irgendeiner passiven Weise gefallen will, er soll vielmehr zu einem Medium werden, das die Rezipienten aktiviert.[36] Müllers ästhetische Texte, die mit recht unschuldigen Namen wie „Fragmente über die dramatische Poesie und Kunst" oder „Vorlesungen über das Schöne" daherkommen, bieten dementsprechend auch keine Konsolidierung einer auf das Kunstwerk gerichteten Ästhetik, sie benutzen ästhetische Reflexionen, um eine Theorie des Sozialen anzuschreiben. Der in der ersten Ausgabe abgedruckte Text „Fragmente über die dramatische Poesie und Kunst" (die Titelnennung „Fragment" verbindet hier *Penthesilea* und Müllers ästhetischen Text), geht bereits programmatisch auf die soziale Dimension des Dramatischen ein und schließt somit an Körners Tanztext an.

---

35 Sembdner, *Phöbus*, 38–40.
36 Siehe hierzu auch: Marquardt, „Selbsterkenntnis", 561.

Müllers Text diskutiert zunächst die Modi des Monologischen, Dialogischen und Dramatischen im Kontext von Kommunikation auf dem Theater. Der letzte Abschnitt des Textes in der ersten *Phöbus*-Ausgabe (der Text wird in Fortsetzungen publiziert) „Von der schlechten, von der s.g. guten und von der schönen Gesellschaft" macht aber explizit, dass es sich bei diesen Reflexionen nicht um eine ästhetische, sondern um eine soziale Theorie handelt:

> In den gewöhnlichen Mittheilungen des Lebens zeigt sich ganz dasselbe: entweder wird monologisch um das Rechthaben, um den Sieg dieser oder jener Meinung, um den Triumph dieses oder jenes Helden, dieser oder jener Parthei gestritten; oder dialogisch, wo hinüber und herüber künstlich und zierlich mit Worten gespielt, mit Sophismen gewechselt und völlig gleichgültig gegen irgend ein Resultat, die Lust des Sprechens an sich, und der wunderlichen, zeitverkürzenden Sprünge gewandter Köpfe genossen wird. – In dem ächten dramatischen Gespräch hingegen mag immerhin der Streit um den Sieg einer einzelnen Sache beginnen: unter den Händen der kunstreichen Redner wächst aber allmählig diese Sache, wie der Held im fortschreitenden Drama. Es läuft nicht darauf hinaus, dass endlich eine der beiden streitenden Partheien zum Stillschweigen gebracht sei, und die andre den gewonnenen Satz beistecke und nach Hause gehe: es läuft auch nicht darauf hinaus, dass beide wie nach dialogischem Gespräch in wohltätige Schwingung und Seelenmotion versetzt sich trennen. Sondern wachsend über alle persönliche Schranken der ersten Erscheinung hinaus reinigt sich, läutert sich der Gegenstand des dramatischen Gesprächs zu einer Art von Schutzgott des edelgeführten Streits, der jeden Streiter mit eigenthümlichem Kranze belohnt, beide einander nähert, sie gegenseitig verständigt und mildert, sie erinnert, dass der Streit wohl ein unendlicher sei, dass aber er, der Schutzgott des Streits, die gemeinschaftlich erstrittene Idee, oder wie wir ihn sonst nennen mögen, in immer schönerer Gestalt dabei zugegen sein, an welcher Stelle sie sich wieder treffen möchten, sie schon erwarten werde.[37]

Dieser Schutzgott ist nun Phöbus, und man kann in dieser Favorisierung dann auch Kleists kybernetische Ästhetik durchscheinen sehen. Immerhin breitet ja auch die *Allmähliche Verfertigung* ein Kommunikationsmodell aus, das auf Irritation und Antagonismus aufgebaut ist. Neben diesem Verweis auf die produktive Struktur des Streits, der ja durchaus nicht so revolutionär neu ist und sich auch in der polemischen Kultur des achtzehnten Jahrhunderts niederschlägt, ist es entscheidend, dass Müller diese Konzepte zwar von der Frage der Ästhetik zu denken beginnt, aber dann schnell zu einer gesellschaftlichen Theorie des Gesprächs umformt.[38] Innerhalb des *Phöbus* wird dies die Tendenz von Müllers Tex-

---

[37] Sembdner, *Phöbus*, 52.
[38] Müllers *Reden zur Beredsamkeit* können hier durchaus als eine Fortsetzung seiner Arbeiten im *Phöbus* verstanden werden.

ten bleiben. Diese Soziologie des Gesprächs bleibt aber nicht auf die theoretischen Texte beschränkt, sie soll sich auch in Kleists dichterischen Beiträgen manifestieren. Der Beitrag, der soziale Kommunikation am deutlichsten thematisiert, ist der *Guiskard*.

Dieses Drama scheint gerade durch seine einzige Publikation als Fragment im *Phöbus* einen besonderen Akzent auf das Publikationsorgan der Zeitschrift zu setzen. Die fragmentarische Struktur legt zumindest die Aufführung nicht nah, und macht es somit recht explizit zu einem Lesedrama. Im Gegensatz dazu liefert Kleist beim *Käthchen von Heilbronn* weitere Teile oder publiziert sie vollständig andernorts, auch den *Zerbrochnen Krug* oder *Penthesilea* – Texte, die (ganz oder teilweise) im *Phöbus* erschienen. Der *Guiskard* ist somit kein „Teaser", er ist unvollständig.[39] Dies wird nicht die einzige Erklärung für die Fragmentarität des *Guiskard* sein, aber es erscheint doch plausibel, dass sich der Text in dieser Form selbstreferentiell als Zeitschriftentext und nicht als Dramentext in den *Phöbus* einschreibt. Die zumindest mangelhafte Aufführbarkeit ist dabei jedoch nur der formale Aspekt, auf inhaltlicher Ebene geht dieses Stück explizit, wie es auch Torsten Hahn dargelegt hat,[40] auf die Frage nach Massenkommunikation ein, und verschränkt seinen inhaltlichen mit seinem medialen Diskurs als Zeitschriftenartikel.

Im dritten Kapitel habe ich bereits diskutiert, wie der *Guiskard* ein komplexes Botennetzwerk entfaltet und sich so in die Logik der Frühdramen integriert. Der entscheidende Unterschied zur *Familie Schroffenstein* ist dabei allerdings, dass der *Guiskard* nicht die Kommunikation von Sender und Empfänger thematisiert, sondern die gesellschaftliche Verteilung von Kommunikation zum Gegenstand macht: Wer darf mit dem Herrscher sprechen? wer darf Informationen über den gesundheitlichen Zustand des Führers haben? wer darf die massenmediale Verteilung steuern?

Müllers und Kleists Intention, durch den *Phöbus* einen kommunikativen Raum zu etablieren, lässt sich nicht einfach von der Oberfläche dieser Zeitschrift ablesen. Die klassizistische Ästhetik, die der *Phöbus* gerade durch seine Stiche vor sich her trägt, weist ihn zunächst, ganz anders als die *Berliner Abendblätter*, als Teil einer höheren Kunstsphäre aus. Das Durchbrechen solcher ästhetischen Felder ist aber das eigentliche Projekt des *Phöbus*. Müllers und Kleists Texte thematisieren explizit das Durchbrechen von kommunikativen Hierarchien. Der *Guiskard* macht dies am deutlichsten klar. In dieser Zeitschrift geht es nicht ein-

---

39 Zum Fragmentstatus des *Guiskard* siehe Spoerhase, *Guiskard*, 60–62.
40 Hahn, „Rauschen".

fach um Kunstkritik und eine Ästhetik des Antagonismus. Es geht darum, die Leserschaft mit einem neuen Paradigma zu konfrontieren, das nicht einfach auf einen Nenner zu bringen ist, und so dann Reaktionen evoziert. Sicherlich, der *Phöbus* ist keine explizit politische Kampfschrift, wie sie Kleist dann wenig später mit der *Germania* begründen will. Die ästhetischen Diskurse sind auch nicht nur ein geschickter Deckmantel für diese unter einer klassizistischen Oberfläche verborgenen politischen und sozialen Reflexionen. Der *Phöbus* versucht, an die Rezeptionsformen der Weimarer Klassik anzudocken und in ihnen eine neue sozialästhetische Reflexions- und Kommunikationsform zu entwickeln.

Eine solche sozialkommunikative Funktion ist im Übrigen bei den meisten von Kleists Beiträgen zum *Phöbus* zu verorten. *Michael Kohlhaas* zeigt, wie ich im neunten Kapitel diskutieren werde, eine komplexe virale Sozialdynamik, und besonders die Novelle *Die Marquise von O…* reflektiert auf den Modus der massenmedialen Kommunikation.

Das ästhetische Prinzip des *Phöbus* war also auf Antagonismus aufgebaut, und die Herausgeber entwarfen im Text „Kunstkritik" eine Rezeptionshaltung, die den Leser programmatisch zu einer freien Willensgestaltung aufrief und so auf die spontane Interaktion einer breiten Leserschaft baute.[41] Dieses Projekt konnte, genauso wie der Plan mit der Phönix-Buchhandlung das Verlagswesen aufzumischen, ökonomisch nicht Fuß fassen, und wurde nach einem Jahr eingestellt. Sembdner gibt in seiner Darstellung der Geschichte der Zeitschrift eine durchaus umfassende Liste der Gründe an, die das Scheitern des *Phöbus* erklären.[42] Zunächst betont er, dass der Zeitschriftenmarkt mehr als übersättigt war. Hier zeigt sich auf bezeichnende Weise eine Strukturähnlichkeit zu der Situation mit der Verlagsbuchhandlung, und auch hier würde ich den Gedanken nahelegen, dass Kleist und Müller durchaus programmatisch in einem solchen Feld intervieren wollten, um dort komplexe Veränderungen durch eine kleine Irritation, nämlich den *Phöbus*, zu initiieren. Müllers ästhetische Schriften, die immer wieder auf die Produktivität des Streites kommen, legen nahe, dass diese Provokation auch das medienökonomische Kalkül war: ein Medium des Streits zu konzipieren. Als weiteres Problem gibt Sembdner an, dass die großen Namen wie Goethe, Jean Paul, Tieck oder Friedrich Schlegel, die Müller und Kleist erhofft hatten als Autoren zu gewinnen, nicht wie gewünscht mitarbeiteten. Im Kern war der *Phöbus* eine auf Dresden fokussierte Zeitschrift, die vor allem durch Müller und Kleist bestückt wurde. Gerade in dieser inhaltlichen Konstellation sieht

---

41 Sembdner, *Phöbus*, 322–324.
42 Sembdner, *Phöbus*, 605–606.

Sembdner einen weiteren Grund für das Scheitern der Zeitschrift: „Im Unterschied zu den zwar überspitzten, jedoch gewandten und geistreich-vermittelnden Arbeiten Müllers klang die Sprache Kleists zu schroff und ungewohnt in den Ohren der Zeitgenossen."[43] Es mag sein, dass dies die Rezeptionslage konstituierte, aber ich möchte noch einmal betonen, dass diese Gegenüberstellung von stilistisch doch radikal verschiedenen Texten kein bloßer Zufall war, der der Publikationslage geschuldet war. Diese Dialektik war die eigentliche Intention des *Phöbus*. Müller und Kleist wollten ihre Leser zu freien Kunstrichtern in einem sozialen „dramatischen" Dialog machen.

Dieses Kalkül war sicherlich zu diffizil, um von den Lesern aufgenommen zu werden. Finanzielle Nöte quälten die Herausgeber, und Müller ging ohne Kleists Wissen ein Geschäft mit dem Buchhändler Walther ein.[44] Als Kleist dies bei der Jahresendabrechnung erfuhr, kam es zum Streit und zu einer Duellforderung.[45] Der Antagonismus des *Phöbus* hatte die Herausgeber und Autoren eingeholt, was eine neue Dynamik freisetzte. Kleist brach mit Müller und verließ Dresden, um nun vor allem explizit politisch zu agieren und eine gänzlich andere Zeitschrift zu publizieren: *Germania*.

5.3 *Die Germania*

Kleist ist als Eigenbrötler bekannt, er hat jedoch die Tendenz, große Projekte nie ganz alleine zu beginnen. Dies hängt sicherlich auch damit zusammen, dass Kleist meistens auf Reisen war, und dies oft in Begleitung. Die Würzburger Reise, bei der er sich mit Brockes auf den Weg machte, ist das prominenteste Beispiel; dann gibt es noch die Reise mit seiner Schwester nach Paris. Der Aufenthalt in der Schweiz hätte eigentlich von Wilhelmine begleitet werden sollen. In Dresden beginnt Kleist seine publizistische Karriere auch nicht alleine, sondern mit Müller, und Dresden wird er ebenso nicht alleine verlassen, sondern zusammen mit dem jüngeren Freund Dahlmann. Sie brechen zusammen Richtung Österreich auf, um einer bevorstehenden Niederlage Napoleons beiwohnen zu können (was dann in Aspern auch geschieht), und sie besuchen am Tag nach der Schlacht den

---

43 Sembdner, *Phöbus*, 605.
44 In einem Brief vom 5. April 1809 schreibt Kleist dem Buchhändler, dass Müller ohne sein Wissen den *Phöbus* abgetreten hat. (DKV, IV, 429–430) Zur Dokumentation dieser Abschlusszeit des *Phöbus* siehe Robert Mühlhers Essay *Kleist und Adam Müllers Freundschaftskrise*.
45 Sembdner, *Phöbus*, 607.

Ort des Kampfes. Hier kommt es wie so oft dazu, dass Kleist beinahe als feindlicher Spion festgenommen wird. Um seine Identität und Gesinnung zu kommunizieren, setzt er seine Dichtung ein.

> Hunderte von Soldaten strömten herbei, die einander zuriefen, man habe ein paar französische Spione gefangen. Da machte es mich nun wahrhaftig ingrimmig, als Kleist von seinen Gedichten hervorzog und namentlich das vom Kaiser Franz ein paar Offizieren reichte. Diese tapfern ehrlichen Leute betrachteten jedes politische Gedicht als eine unberufene vorwitzige Einmischung, und als sie nun vollends hinter Kleists Namen kamen, machten sie mit einer unglaublichen Geringschätzung der preußischen Waffentaten ihm geradezu die Übergabe von Magdeburg durch seinen Verwandten zum Vorwurf.[46]

Dies muss eine bittere Enttäuschung für den Dichter und Propagandisten Kleist gewesen sein, und Blamberger sieht diese Szene als Beweis dafür, dass Kleists Propaganda nicht zeitgemäß war.[47] Bei der Verteilung der Texte auf dem Schlachtfeld von Aspern geht es aber nicht um Propaganda, es geht um Identifikation. Die Dichtungen sollen nicht die Gesinnung der Soldaten ändern oder befördern, sie sollen Kleist als preußischen Patrioten und Gegner Napoleons identifizieren. Dies funktioniert durchaus, und der Übermut der Soldaten lässt sich dann natürlich mit dem Sieg erklären, der nun Österreich klar über Preußen stellt. Diese Erfahrung lässt Kleist aber nun nicht davor zurückschrecken, politische Agitation zu seinem nächsten wichtigen dichterischen Projekt zu machen.

5.3.1 *Die Germania* als Massenmedium

Die (kurz andauernde) Siegesphase Österreichs macht politische Agitation keineswegs überflüssig. Kleist will den Erfolg Österreichs als eine verstärkende Echokammer nutzen. Das Signal, das hier aufgewertet werden soll, ist die *Germania*. Die *Germania* wird in einem Brief an Schlegel als vaterländisches Magazin erwähnt, und Schlegel soll die Genehmigung beschleunigen. (DKV, IV, 435) Die *Germania* ist dabei als ein äußerst deutliches Publikationsorgan gemeint, das sich nicht mehr mit einer ästhetischen Polyfonie abgibt, sondern bereits durch seinen Titel deutlich spricht. Kleist hielt den Titel für so selbstevident, dass er Schlegel keine weitere programmatische Klärung zukommen ließ: „Was dieses Blatt enthalten soll, können Sie leicht denken; es ist nur ein Gegenstand, über den der Deutsche jetzt zu reden hat." (DKV, IV, 435)

---

[46] Sembdner, *Lebensspuren*, 317.
[47] Blamberger, *Kleist*, 360.

Dieser Programmatik ist eine massenmediale Utopie untergeschoben, die Kleist explizit in einem Brief an Collin entwirft: „Ich wollte, ich hätte eine Stimme von Erz, und könnte sie, vom Harz herab, den Deutschen absingen." (DKV, IV, 431) Das soll durch eine massenmediale Verteilung geschehen, um die er Collin bittet:

> Geben Sie die Gedichte, wenn sie Ihnen gefallen, *Degen* oder wem Sie wollen, in öffentliche Blätter zu rücken, oder auch einzeln (nur nicht zusammenhängend, weil ich eine größere Sammlung herausgeben will) zu drucken [...]. (DKV, IV, 431)

Auch sind seine patriotischen Gedichte mit der folgenden Instruktion versehen:

> Diese drei Lieder überläßt der Verfasser jedem, der sie drucken will, und wünscht weiter nichts, als daß sie einzeln erscheinen und schnell verbreitet werden. H.v.Kl[48]

Kleist verändert hier also die Medienökonomie in seiner Publizistik. Es geht nun überhaupt nicht mehr um pekuniäre Fragen, es geht primär um die Erzeugung von Kommunikation. Die Einleitung zur *Germania* spricht nun auch eine ganz andere Sprache als die des *Phöbus*. Die *Germania* will nicht in einen bereits existierenden medialen Diskurs einsteigen und ihn irritieren, wie es beim *Phöbus* geschah, sondern, wie es Kleist in der „Einleitung" zu der Zeitschrift sagt, einen neuen kommunikativen Diskurs stiften.

> Diese Zeitschrift soll der erste Atemzug der deutschen Freiheit sein. Sie soll Alles aussprechen was, während der drei letzten, unter dem Druck der Franzosen verseufzten, Jahre, in den Brüsten wackerer Deutscher, hat verschwiegen bleiben müssen: alle Besorgnis, alle Hoffnung, alles Elend und alles Glück. (DKV, III, 492)

Die *Germania* soll nun eine neue kommunikative Situation installieren, und kann das, wie bereits angedeutet, nur durch die parasitäre Nutzung der militärischen Erfolge Österreichs tun. Dies sagt zumindest Kleist:

> Jetzt aber hat der Kaiser von Österreich, an der Spitze seines tapferen Heeres, den Kampf für seiner Untertanen Wohl und den noch großmütigeren, für das Heil des unterdrückten, und bisher noch wenig dankbaren, Deutschlands unternommen. (DKV, III, 492)

Mit der *Germania* wendet sich Kommunikation von ästhetischen oder ökonomischen Kalkülen in den Versuch, politische Massenwirkung zu entfalten. Kleist inszeniert sich dabei als Diskursparasit, der nun in einer Lage intervenieren will, in der er meint, seine Überzeugungen großflächig verbreiten zu können.

---

48 Sembdner, *Werke*, I, 29.

5.3.2 Ökonomie der Kommunikation – kurz und bündig

Die Texte, die Kleist im Kontext der *Germania* schreibt, reflektieren dieses Verlangen nach breiter, massenmedialer Kommunikation. Während der *Phöbus* die bei weitem sperrigsten Texte Kleists beherbergte (wie die *Penthesilea* oder das *Käthchen von Heilbronn*) sind Kleists propagandistische Texte ziemlich kurz und klar geschrieben, und weisen eine didaktische Struktur auf. Dies wird besonders deutlich bei dem *Katechismus der Deutschen*, der textuell sein Vorbild im spanischen Bürgerkrieg hat[49] und auch damit auf diesen Krieg als propagandistisches Ideal anspielt. Darüber hinaus ist die Form des Katechismus eine etablierte didaktische Form, die eine effiziente Rezeption ermöglichen soll.

Eine solche katechetische Dialektik von Rede und Antwort ist auch das entscheidende Strukturmerkmal von Kleists Ode *Germania an ihre Kinder*. Hier wird der zu mobilisierende Volkskörper als eine Gruppe von Kindern beschrieben, die nun durch die erwachende Mutter zum Kriegführen aufgefordert bzw., um im pädagogischen Kontext zu bleiben, erzogen werden. Paragraph 2 der Ode macht dies besonders klar.

> Deutsche, mut'ger Völkerreigen,
> Meine Söhne, die, geküßt,
> In den Schoß mir kletternd steigen,
> Die mein Mutterarm umschließt,
> Meines Busens Schutz und Schirmer,
> Unbesiegtes Marsenblut,
> Enkel der Kohortenstürmer,
> Römerüberwinderbrut!
>
> *Chor*
> Zu den Waffen! Zu den Waffen!
> Was die Hände blindlings raffen!
> Mit der Keule, mit dem Stab,
> Strömt in's Tal der Schlacht hinab!
> (DKV, III, 426)

In Kleists Publizistik bekommt diese aklamatorische Dringlichkeit eine neue temporale Struktur. Während der *Phöbus* nach und nach und auch mit starken Verzögerungen erscheinen konnte, ist dies für die *Germania* nicht hinreichend. Die

---

[49] Der DKV-Kommentar gibt als Vorbild für den Katechismus an: „Bürger-Katechismus und kurzer Inbegriff der Pflichten eines Spaniers nebst praktischer Kenntniss seiner Freyheit und Beschreibung seines Feindes. Von großem Nutzen bey den gegenwärtigen Angelegenheiten. Gedruckt zu Sevilla und für die Schulen und Provinzen vertheilt." (DKV, III, 1073)

Texte der *Germania* sind, genauso wie Kleist es für die *Herrmannsschlacht* sagen wird, „für den Augenblick berechnet". Das heißt, sie haben ihre kommunikative Relevanz nur für einen bestimmten Moment.[50] Die Etablierung einer Zeitschrift war nur sekundär, das primäre Interesse war, das Drängende, was sich in den Versen der Ode artikuliert, zur richtigen Zeit in Umlauf zu bringen.

5.3.3 Das Lehrbuch der französischen Journalistik

Publizistik hat im Kontext der *Germania* also nichts mehr mit dem relativ trägen Medium des schriftstellerischen Schreibens zu tun, sie wird für Kleist zur tagespolitischen Journalistik. In diesem Zusammenhang ist es dann auch nicht verwunderlich, dass zu den Texten aus dem *Germania*-Kontext ein polemischer Text zur französischen Journalistik gehört, der die Funktion der Zeitung in der unmittelbaren politischen Information fasst, und Formen der politischen Zensur kritisiert. Kleist zeichnet zunächst ein ironisch idealisiertes Bild des Journalismus:

> Die Journalistik überhaupt, ist die treuherzige und unverfängliche Kunst, das Volk von dem zu unterrichten, was in der Welt vorfällt. Sie ist eine gänzliche Privatsache, und alle Zwecke der Regierung, sie mögen heißen, wie man wolle, sind ihr fremd. Wenn man die französischen Journale mit Aufmerksamkeit liest, so sieht man, daß sie nach ganz eignen Grundsätzen abgefaßt worden, deren System man die *französische Journalistik* nennen kann. (DKV, III, 462)

Kleist eröffnet in diesem Lehrbuch eine interessante Reflexion über Massenkommunikation. In der zitierten Einleitung artikuliert er ein Ideal, das mit den Forderungen der Aufklärung nach einer freien rationalen Diskursivität des Zeitungswesens zu vereinbaren ist. Die Zeitung soll zur Information und Reflexion dienen. Kleist zeigt in seinem Text aber, dass die französische Journalistik nicht die Funktion hat, Informationen zu verbreiten, sondern hegemoniale Strukturen zu festigen. („Ihr Zweck ist, die Regierung, über allen Wechsel der Begebenheit hinaus, sicher zu stellen, und die Gemüter, allen Lockungen des Augenblicks zum Trotz, in schweigender Unterwürfigkeit unter das Joch derselben niederzuhalten." (DKV, III, 462))

---

[50] Aretz verweist darauf, dass diese Zeitgebundenheit im Prinzip Kleists Publikationsmodus von der regelmäßig erscheinenden Zeitschrift zum taktisch eingesetzten Flugblatt verschiebt: „Insofern eigneten sich diese Texte allein besser für ein ad hoc verbreitetes Flugblatt als für eine regelmäßig erscheinende politische Wochenschrift, indem sie absolut situationsgebunden in ihrer möglichen Wirkung sind und wohl kaum ohne andersartige textliche Ergänzung eine Wochenschrift hätten tragen können." (Aretz, *Kleist als Journalist*, 73)

Kleist polemisiert im Folgenden, dass die französischen Zeitungen gezielt Nachrichten verschweigen und beschönigen.[51] Dieser Befund ist relativ trivial und setzt eine Kritik frei, die durchaus gewisse Allgemeinplätze abruft. Was allerdings an diesem Lehrbuch zur Journalistik so äußerst interessant ist, ist, dass Kleist in sehr kurzer Zeit von einem Autor ästhetisch höchstkomplexer Texte zu einem Autor und Theoretiker schnell zirkulierender Gebrauchstexte wurde.[52] Die Texte der *Germania* sind gar nicht so verschieden von der Struktur der französischen Journalistik. Sicherlich klagt Kleist die Politisierung des freien Journalismus an. Mit Blick auf die *Herrmannsschlacht* und den großen Kommunikationsmanipulator Herrmann kann man aber ziemlich sicher sein, dass Kleist sich kaum selber an die kommunikative Transparenz gehalten hätte, die er in seinem Text einfordert. *Das Lehrbuch zur französischen Journalistik* sollte deshalb nicht so sehr als Utopie einer freien Kommunikation in der bürgerlichen Gesellschaft gelesen, sondern vielmehr als präzise kalkulierte Kommunikationsstörung verstanden werden, die jegliche Information aus französischen Quellen zweifelhaft macht. Kleist wusste, dass er die hegemonialen Medien nicht besetzen konnte. Dieses Lehrbuch war sein Versuch, diese Kommunikation gezielt zu stören bzw., wie Gustave Mathieu präzise beobachtet, eine Gegen-Propaganda zur französischen Propaganda zu konstituieren.[53]

5.4 Zusammenfassung: Ökonomien der Kommunikation

Kleists publizistische Projekte hatten nicht alle den gleichen Charakter oder eine gemeinsame Agenda, sie unterschieden sich deutlich voneinander. Während es im *Phöbus* um die Präsentation eines neuen ästhetischen Paradigmas ging, hatte die *Germania* politische, massenwirksame Kommunikation zum Ziel. Was diese Projekte allerdings zusammenbringt, ist, dass die Steuerung von Kommunikation bei ihnen jeweils von großer Bedeutung war. Der *Phöbus* wollte provozieren, Kommunikation erzeugen und die Weimarer Kulturhegemonie durchbrechen, auch die *Germania* hatte zum Ziel, Reaktionen zu evozieren, diese sollten aber

---

51 Mathieu legt in seinem Aufsatz „Kleist's Primer" eine sehr ausführliche Analyse des Lehrbuchs vor, die zeigt, wie Kleist auf Napoleons Propagandapolitik reagierte und mit seinem Text die Leserschaft für solche Kommunikationsmanipulationen sensibel machen wollte.
52 Herrmann F. Weiss weist daraufhin, dass das Lehrbuch bereits in Dresden entstanden ist. (Weiss, „Datierung", 568) Weiss gehört im Übrigen zu den wenigen Forschern, die sich näher mit der *Germania*-Periode auseinandergesetzt haben, wobei er sich in seinen Beiträgen auf Quellenarbeit konzentriert und wenig zu einer medienhistorischen Einordnung beiträgt.
53 Mathieu, „Kleist's Primer", 376.

ganz explizit politischer Natur sein. Kleists Publikationsprojekte stellen Kommunikationsprogramme dar, und sollten demnach nicht nur auf den inhaltlichen Faktor reduziert werden. Es muss auch der publikationshistorische Kontext berücksichtigt und reflektiert werden, beispielsweise wie die Interaktion mit den Lesern gestaltet werden sollte. Es ist in diesem Zusammenhang bemerkenswert, dass Kleist und Müller in Dresden zunächst eine Buchhandlung eröffnen wollten und damit klar auf der ökonomischen Seite von literarischer Kommunikation standen.

Es ging ihnen dabei aber nicht einfach um das reine Geldverdienen, sondern vielmehr darum, mit den Mechanismen der Massenmedien zu experimentieren. Müllers Theorie der Gegensätze bildete die Grundlage des Versuchsaufbaus und führte dazu, dass der *Phöbus* zu einem Journal wurde, das diesen Antagonismus in seinem Inhalt inszenierte. Dies hatte aber nur zu einem geringen Maße den erwünschten Erfolg: die Zeitschrift konnte nur bedingt wie gewünscht den ästhetischen Diskurs um 1800 aufmischen.

Was diese Experimente aber vor allem zeigen, ist, dass Kleist die Logiken des Zeitschriftenmarktes verstand und auch wusste, dass Literatur nicht in einem Vakuum entstand, sondern durchaus von den Mechanismen der massenmedialen Kommunikation mit bestimmt wurde. Seine Novellen zeigen diese Verbindung, wie ich im nächsten Kapitel diskutieren werde, in exemplarischer Weise, und müssen als Teil des kleistschen Publikationsmanagements verstanden werden.

6 Kleists Journalistik

Zu den kanonischen Texten, die Kleist hinterlassen hat, gehören neben den Dramen unzweifelhaft seine Erzählungen bzw. Novellen. Diese Texte scheinen durch ihren Fokus auf Ausnahmensituationen wie Erdbeben, unerklärliche Schwangerschaften oder eine Sklavenrebellion eine besondere Affinität zu Goethes berühmter Gattungsbestimmung der Novelle („eine sich ereignete unerhörte Begebenheit") zu haben.[1] In diesem Kapitel geht es mir aber darum, zu zeigen, dass Kleists erzählende Texte nicht einfach im Diskurs der Literatur aufgehen, sondern quasi als Sensationsmeldungen die Grenze von journalistischem und literarischem Schreiben verwischen. Diese Erzählungen sind äußerst hybride Konstrukte, die auf das mediale Umfeld um 1800 reagieren. Es ist dabei entscheidend zu betrachten, dass Kleists novellistische Texte nicht aus dem Selbstverständnis heraus geschrieben wurden, Novellen zu sein. Weder verwendet Kleist selbst diese Bezeichnung (er schlug als Titel für seine Erzählungssammlung „Moralische Erzählungen" vor), noch war der Begriff der Novelle als literarische Gattung etabliert, vielmehr war es neues, umkämpftes Gebiet.[2] Es kommt hinzu, dass Kleists Texte in einer anderen Konfiguration als Goethes *Unterhaltungen deutscher Ausgewanderten* zustande kamen, die gemeinhin als die zentrale Wiederaufnahme von barocken Novellenmustern verstanden wurden.

Mit einer strukturellen Transposition des *Decamerone* in die Zeit nach der französischen Revolution schließt Goethe in den *Unterhaltungen* an die Tradition des Novellenzyklus an, der durch eine Rahmenstruktur organisiert ist. Kleists narrative Texte zeigen eine andere Gestalt. Sie sind zunächst in Zeitschriften bzw. Zeitungen ohne die Simulation des geselligen Erzählens durch einen Rahmen erschienen. Seine erste Novelle *Jeronimo und Josephe* erschien bei Cotta (und er forderte sie vergeblich zurück, um sie in seinem *Phöbus* zu publizieren). *Die Marquise von O...* und *Michael Kohlhaas* erschienen dann im *Phöbus*, und auch *Die Verlobung in St. Domingo* wurde zunächst in der Zeitschrift *Der Freimüthige* publiziert. Nur wenige Texte, wie *Der Findling* oder *Der Zweikampf*, schrieb Kleist als gesondert publizierte Erzählungen, die nur in seinem Erzählungsband und nicht vorher in Zeitschriften veröffentlicht wurden. Kleists Schreiben fand in einem medialen Kontext statt, der gewissen Gesetzen des journalistischen, massenmedia-

---

1 Eckermann, *Gespräche mit Goethe*, 171.
2 Wie Greiner (Greiner, *Dramen und Erzählungen*, 274) oder auch Siegfried Weing in seinem Buch *The German Novella* ausführen (Weing, *Novella*, 3–4), bildet sich die deutsche Novelle erst im späten achtzehnten Jahrhundert mit Goethes *Unterhaltungen* als Zentrum heraus.

len Schreibens gehorchte. Die Texte tragen die Markierung dieser massenmedialen Produktionsbedingungen: Sie sind kurz und in Fortsetzungen zerstückelt, das Medium gab die Notwendigkeit vor, Stoff zu produzieren, und es wurde ein breites Leserpublikum adressiert.

In diesem Kapitel möchte ich zeigen, wie die Novelle in der Verflechtung mit der Verbreitung von Zeitungen und Zeitschriften gedacht werden muss, um dadurch eine Grundlage für die Beurteilung von Kleists Erzählungen zu finden. Ich diskutiere im Anschluss an diese gattungshistorischen Überlegungen, wie die *Marquise von O…* einen Metadiskurs über die Funktion von Massenmedien entfaltet. Dann werde ich anhand der *Verlobung in St. Domingo* die Verbindung von journalistischem und novellistischem Schreiben nachzeichnen, und thematisieren, wie *Das Erdbeben in Chili* Aktualitätsmarkierungen setzt, um anschließend zu diskutieren, wie Kleists Anekdoten eine ästhetische Simulation aktueller Zeitungsartikel sind, die dann als Surrogat für Berichterstattung in die *Berliner Abendblätter* eingehen.

6.1 Novelle und Journalistik um 1800

Die Novelle hat ihre literaturwissenschaftliche Prominenz dadurch erhalten, dass sie Objekt genretheoretischer Reflexionen wurde. Die Geschichte der Novelle ist mehr als bei den meisten anderen Gattungen (eine Ausnahme ist hier höchstens das Drama) abhängig von ihrer Theorie. Die Theorien konzentrieren sich darauf, die kondensierte, innere Struktur dieser erzählenden Texte aufzuschließen. Heyses Dingsymboltheorie[3] genauso wie Tiecks Wendepunkt[4] verstehen die Novelle als einen Kristallisationsprozess, der Ereignisse in Momente komprimiert, sie, wenn man eine mediale Referenz anbringen will, schlagzeilenfähig macht. In der

---

[3] Heyse führt in seiner Einleitung zum *Deutschen Novellenschatz* aus, dass sich die Novelle (im Gegensatz zum Roman) durch einen spezifischen Konflikt auszeichnet. Heyse exemplifiziert das anhand von Boccaccios *Falkennovelle*, in der das Objekt des Falken zum pointierten Zentrum der Geschichte wird. (Heyse, „Deutscher Novellenschatz", 66–68)

[4] Tieck sieht das besondere Merkmal des novellistischen Schreibens in einer unerwarteten Wendung, die vom Leser nicht antizipiert, dennoch aber als ein alltägliches Ereignis begriffen werden kann: „Diese Wendung der Geschichte, dieser Punkt, von welchem aus sie sich unerwartet völlig umkehrt, und doch natürlich, dem Charakter und den Umständen angemessen, die Folge entwickelt, wird sich der Phantasie des Lesers um so fester einprägen, als die Sache, selbst im Wunderbaren, unter andern Umständen wieder alltäglich sein könnte." (Tieck, „Vorbericht", 53) Dieses Changieren zwischen dem Wunderbaren und dem Alltäglichen weist bereits eine gewisse Ähnlichkeit mit Nachrichtenmeldungen aus, die zwar aus der Kontinuität des Alltags erwachsen, aber hier doch als Singularität wahrgenommen werden.

Tat ist spätestens seit Goethes berühmtem Ausspruch über die sich ereignende unerhörte Begebenheit die Nähe zum Sensationsjournalismus nicht wegzudiskutieren.[5]

6.1.1 Novelle und Aktualität

Gemeinhin wird der Anfang der deutschen Novelle mit Goethes Novellenzirkel *Unterhaltungen deutscher Ausgewanderten* angegeben, da hier das gesellige Erzählmodell des *Decamerone* wieder aufgenommen wird.[6] Was Goethes Text auszeichnet, ist, dass es in dem Erzählrahmen zu einer Verschränkung von Aktualität und Literatur kommt, die aber nicht einfach im Politischen aufgeht. Das soll heißen, dass dieser Text als eine kritische Reflexion auf die Auswirkungen der französischen Revolution zu verstehen ist. Der Erzählanlass ist der erzwungene Rückzug deutscher Adeliger ins Private und Gesellige, um die Präsenz der französischen Revolutionstruppen zu verdrängen. Was die *Unterhaltungen* und ihr Konglomerat von verschiedensten volkstümlichen und anekdotischen Geschichten in die Gegenwart des Lesers katapultiert, ist der Erzählrahmen. Goethes *Novelle* unterscheidet sich stark von diesem Modell. Diese Erzählung, um einen entlaufenen Tiger, ist in keinen Erzählrahmen integriert, sie steht vielmehr für sich alleine. Hier wird das Innovative des Novellistischen primär durch den Inhalt signalisiert. Was diese beiden Texte aber gemeinsam haben, ist, dass jeder für sich Elemente des journalistischen Schreibens trägt.

Die *Unterhaltungen* treffen auf einen tagesaktuellen Hintergrund und die *Novelle* wird zu einem „News-Item", das eine wirklich klassische schlagzeilenfähige

---

5 Dieser mediale Kontext der Novelle, auf den ich noch genauer eingehen werde, ist aber durchaus nicht immer präsent in den Diskussionen um die Novelle. Selbst in neueren Forschungen wie Florentine Bieres Monographie *Das andere Erzählen* fehlt eine Thematisierung dieses Zusammenhangs. Die Novellentheorie sucht die Grundlagen ihres Genres zunächst nicht in der Yellow Press, sondern im Literarischen. Dabei wird der Novelle, wie es Bianca Theisen ausgeführt hat, oft eine Nähe zum Drama zugesprochen. (Theisen, „Strange News", 82) Ihre anscheinend so komprimierte Struktur lädt Vergleiche zu Aristoteles' Poetik ein, und Tiecks Wendepunkt ist zu einem guten Stück sicher auch die Peripetie des klassischen Dramas. Darüber hinaus wird die Novelle angeschlossen an barocke italienische Formen des Erzählens. Boccaccios *Decamerone* wird hier zentral angeführt, wobei der Erzählrahmen als entscheidendes Merkmal verstanden wird, das den Erzählungen einen Zusammenhang und der Gattung ihre Bestimmung gibt. Siehe hierzu beispielsweise die Diskussion des Erzählrahmens als wichtiges strukturelles Merkmal in Winfried Freunds Monographie *Novelle* (Freund, *Novelle*, 30–33) oder bei Hugo Aust (Aust, *Novelle*, 17–20).
6 Weing, „Novelle", 19–36.

Geschichte ausstellt – „Tiger entlaufen". Reinhart Meyer geht in seinem äußerst erhellenden Buch *Novelle und Journal* auf die Zeitung als gattungsbildende Bedingung für die Novelle ein. Er polemisiert scharf gegen die Novellentheorie, die die Gattung der Novelle literaturintern bestimmen will und dann nur Beschreibungen anbieten kann, die bestenfalls auf eine bestimmte Gruppe von novellistischen Texten passen. Laut Meyer kann man das Novellistische nicht aus einer Gattungspoetik heraus verstehen, man muss seine Entstehung und Funktion in der Zeitschriftenkultur sehen.

6.1.2 Die Ökonomie der Novelle

Es ist entscheidend für Meyer, dass der Novellen-Begriff bis ins späte achtzehnte Jahrhundert zunächst keine primär literarische Funktion hatte. Für Meyer ist die Novelle die journalistische Nachricht. Dies bedeutet aber nicht, dass er die Novelle als nicht-fiktionalen Text charakterisiert – er bestimmt sie zunächst als ökonomische Einheit: „Die ‚Novelle' ist kommerziell verwertete Nachricht, die Neuigkeit, mit der gehandelt wird, der Bericht, der gewerbsmäßig an- und verkauft wird."[7] Diese Bestimmung hat den Vorteil, dass sie zunächst relativ neutral zum semantischen Inhalt des Textes ist und die ökonomischen Bedingungen der Zeitung zum zentralen Strukturmerkmal macht. Dementsprechend legt Meyer auch großen Wert darauf, die Merkmale des novellistischen Erzählens (relative Kürze, Wendepunkt etc.) aus der Publikations- und Arbeitslogik der Zeitung zu erklären. Zunächst betont er die Bedeutung des Zeitungsformats als Bedingung einer novellistischen Gestalt: „Journalprosa hatte sich in feste, vorgegebene Umfänge einzupassen oder wurde in Fortsetzungen gebrochen;"[8] dann bezieht er aber auch die Notwendigkeit einer kontinuierlichen Produktion mit ein: „Die Arbeitsbedingungen der Autoren und die meist kurzfristige Entstehung der Erzählprosa führt fast zwangsläufig zu dieser Form punktueller Quellenausnutzung."[9] Die Novelle trägt den Stempel des massenmedialen Schreibens, es ist ein Schreiben für einen bestimmten Markt in einem klar umrissenen Kontext. Diese Texte sind auf ihre Verwertbarkeit ausgelegt, was sie auch zu einem bestimmten Grad angleicht. Meyer betont, dass der Publikationsort der Zeitung die Differenz von journalistischem, historischem und literarischem Schreiben verschleift.

---

[7] Meyer, *Novelle und Journal*, 59.
[8] Meyer, *Novelle und Journal*, 68.
[9] Meyer, *Novelle und Journal*, 77.

Für die Journalprosa gilt auch im 19. Jahrhundert noch weitgehend, was die Theoretiker des 17. Jahrhunderts von ihrem Medium forderten und was sie als Charakteristika der Zeitung, der „Novelle", ausmachten. Und deshalb ist auch im 19. Jahrhundert eine klare Differenzierung zwischen Bericht und Erzählung nicht zu leisten.[10]

Meyer verkündet in seinem Buch nichts weniger als das Scheitern einer jeden Novellentheorie, die versucht, diese Textsorte aufgrund inhaltlicher Merkmale zu bestimmen. Für Meyer ist gerade bei der Novelle *the medium the message,* und das heißt, dass novellistische Texte keinen inhaltlichen Kern haben, sondern durch die mediale Formatierung der Zeitung bestimmt sind. Dementsprechend können historische Darstellungen, aktuelle Berichterstattung und literarische Fiktionen alle unter dem Label „Novelle" zusammengebracht werden.

6.1.3 Fiktion und Journalismus

Novellistisches und journalistisches Schreiben verkapseln sich auf das Engste. Sie sind beide auf äußerst pointierte Stoffe angelegt, die aber stark auf ihre Glaubhaftigkeit bzw. Wahrhaftigkeit abheben. Diese enge Verbindung von novellistischem Schreiben, journalistischem Nachrichtenwert und Kontingenz hat Bianca Theisen explizit in Bezug auf Kleist ausgearbeitet.

Theisen betont, dass die Aktualität („recentness") das entscheidende Strukturmerkmal der Novelle ist. Das zu Erzählende ist nicht einfach eine alte Geschichte, es wird durch die Rahmengeschichte in die Relevanz der Gegenwart geholt.[11] Novellen sind eben keine immer wieder iterierten Geschichten, sie verkünden, auch wenn Sie auf historischem Material beruhen, eine singuläre, unerhörte Begebenheit, die dadurch zumindest für den Leser neu ist.[12] Den Grund für die Aktualitätsästhetik der Novelle sieht Theisen in einer medientechnischen Umstellung, die durch den Buchdruck verursacht wird.[13]

---

10 Meyer, *Novelle und Journal,* 63.
11 Theisen, „Strange News", 84.
12 Theisen, „Strange News", 84. Diese Überlegung stimmt mit Luhmanns Beurteilung von Information im System der Massenmedien überein: „Die wohl wichtigste Besonderheit des Codes Information/Nichtinformation liegt in dessen Verhältnis zur Zeit. Informationen lassen sich nicht wiederholen; sie werden, sobald sie Ereignis werden, zur Nichtinformation. Eine Nachricht, die ein zweites Mal gebracht wird, behält zwar ihren Sinn, verliert aber ihren Informationswert." (Luhmann, *Massenmedien,* 41) Dies setzt die Dynamik der Massenmedien frei, die immer wieder Neues berichten müssen.
13 Theisen, „Strange News", 84–85.

Der Buchdruck schafft eine schnellere Informationsdistribution, da durch den Druck Informationen relativ bald nach einem Ereignis verbreitet werden können. Schrift funktioniert nun nicht mehr nur als Speicher von historischen Ereignissen, sie erzeugt vielmehr Neuigkeiten, oder in diesem Wortsinn Novellen. Diese neue mediale Bedingung sieht Theisen als die Grundstruktur des Novellistischen an: „Breaking down the temporal distance between reader and event, the new type of narrative allegedly guaranteed an immediacy and recentness the older oral discourse was never able to warrant."[14] Die Schrift wird nun zur Voraussetzung der Neuigkeit, bildet eine Alternative zum Gerücht und hängt, wie es auch Meyer betont, von einer bestimmten Wahrhaftigkeit oder Wahrscheinlichkeit ab. Theisen weist aber darauf hin, dass diesen Nachrichten ein expliziter Neuigkeitswert zukommen muss, der sich in ihrer Unwahrscheinlichkeit bzw. Außergewöhnlichkeit ausdrückt.

> The genre of the novella, I have argued, does not conform to the discursive and narrative norms that model our expectations of cause and effect; rather, it positions the chance encounter or the turning point so as willfully to overturn such expectations of causal determination. The expected is countered by the unexpected. Kleist serializes such turns for the unexpected.[15]

Kleists Novellen werden hier zu einer fortgesetzten Berichterstattung, einer Reihe von außergewöhnlichen Ereignissen. Pointiert gesprochen schreibt Kleist keine Novellen, er schreibt Zeitungsartikel. Meyers und Theisens Forschungen machen klar, dass dies nicht nur metaphorisch zu verstehen ist, sondern wirklich medienhistorisch so war. Zunächst weist Meyer darauf hin, dass Kleist keiner seiner Erzählungen die Genrebezeichnung „Novelle" zugesprochen hat.[16] Vielmehr hat Kleist so gut wie alle seine Erzählungen in Zeitschriften publiziert. Sie sind aber auch deshalb alle Novellen oder Nachrichten, weil sie Marker setzen, die diesen Geschehnissen eine explizite Wahrhaftigkeit zugestehen. Theisen betont die enge Nachbarschaft von Anekdote und Novelle, und Kleists Erzählungen basieren genau wie seine Anekdoten auf dem Trick, dass sie vom Leser permanent einfordern, dass er sie, zumindest potentiell, als authentisch und wahr bewerten können muss. Dadurch verschwimmen die klaren Demarkierungslinien zwischen literarischer Bearbeitung und journalistischer Berichterstattung, und Kleists Erzählungen versuchen ständig, in die Gegenwart des Lesers einzubrechen. Das deutlichste Beispiel für dieses Verlangen ist die *Marquise von O....*

---

14 Theisen, „Strange News", 84–85.
15 Theisen, „Strange News", 90.
16 Meyer, *Novelle und Journal*, 17.

6.2 Die Marquise von O...

Kleists Erzählung über die Marquise von O...[17] nimmt den Faden der *Familie Schroffenstein* auf und stellt Kommunikation, wie es auch Franz Eybl in seinem Aufsatz „Zeugen und Zeugen" detailliert herausgearbeitet hat, als höchst medial vermittelt dar.[18] Während bei der *Familie Schroffenstein* Boten mündlich ihre Botschaften überbringen, ist es bei der *Marquise von O...* ein komplexes Alternieren von mündlicher und schriftlicher Kommunikation, das die Erzählung durchzieht.[19] Es ist bei dieser Erzählung entscheidend, dass Medialität eine klare räum-

---

[17] Die *Marquise von O...* ist ein Text, der eine ungeheuer facettenreiche und fruchtbare Forschung hervorgebracht hat. Die Sekundärliteratur zu diesem Text ist sehr weitreichend, kann jedoch in drei starke Strömungen gegliedert werden, die sich überschneiden und ergänzen. Die Novelle wird oft als ein Subjektivierungsversuch der Frau um 1800 verstanden (siehe hierzu: Gail Newman, „The Status of the Subject in Novali's *Heinrich von Ofterdingen* and Kleist's *Die Marquise von O...*", Marjorie Gelus, „Patriarchy's Fragile Boundaries"). Vielfältig wird die Frage der Vergewaltigung thematisiert, beispielsweise Christine Künzel, „Anmerkungen zur Repräsentation von Vergewaltigung" oder Seán Allans Aufsatz „Auf einen Lasterhaften war ich gefasst, aber auf keinen – Teufel" (wobei Ansätze, die versuchen, die Vergewaltigung in ihren rechtlichen oder moralischen Dimensionen herunterzuspielen, einen sehr schalen Beigeschmack haben, wie etwa Eberhard Schmidhäusers Anmerkung, dass „es da gar kein Verbrechen im üblichen Sinne gibt" sondern es sich um ein „Ver-Sehen[s] in einer überstarken erotischen Erregung unter einzigartigen äußeren Umständen" [Schmidhäuser, „Das Verbrechen", 174–175] handele – MacAllister weist daraufhin, dass die neuere Forschung sich gegen solche Trivialisierung der Vergewaltigung wendet. [McAllister, *Femal Leading Characters*, 52])
[18] Eybl weist beispielsweise auf die große Bedeutung von Botenfiguren in der Novelle hin, die nicht nur in der Informationsübertragung, sondern auch in der Verifikation der Nachricht besteht. Beispielsweise merkt Eybl an, dass der Kurier, der von dem angeblichen Tod des Grafen F... berichtet, auch ein Augenzeuge der Verwundung des Grafen war. (Eybl, „Zeugen", 173; DKV, III, 147–148) Zudem gibt es eine Tradition von Lesarten, die die *Marquise von O...* als Problematisierung von Wissensprozessen lesen. (Siehe hierzu: Curtis C. Bentzel, „Knowledge in Narrative" oder Lilian R. Furst, „Double-Dealing") Zu den Ansätzen, die noch eine weitere kultur- und medienhistorische Dimension des Textes aufmachen, gehören Matthew H. Birkholds Aufsatz „The Trial of the Marquise of O ...", der die rechtsgeschichtlichen Hintergründe aufgearbeitet hat, sowie Bianca Theisens Texte zu Kleists Novellen und Franz Eybls Aufsatz „Zeugen und Zeugen". Diese Arbeiten gehen auf die kommunikativen, publizistischen und medienhistorischen Implikationen dieser Novelle ein.
[19] Eybl verweist darauf, dass innerhalb der Novelle Kommunikation permanent in der Umgebung von Störung stattfindet, und dass dies dazu führt, dass immer wieder neue Medien benutzt werden müssen: „Kleists Inszenierung des Informationstransfers legt an allen Instanzen des Kommunikationsmodells die potentiellen Störstellen bloß. Von der Mündlichkeit ist das offen-

liche Trennung zwischen Sender und Empfänger einzieht, die dann von dem Grafen überwunden werden muss. Dies wird besonders klar in dem Moment, in dem der Vater der Marquise sie aus seinem Haus verweist:

> Kaum war die Hebamme aus dem Zimmer, als ihr ein Schreiben von der Mutter gebracht ward, in welchem diese sich so ausließ: „Herr von G ... wünsche, unter den obwaltenden Umständen, daß sie sein Haus verlasse. Er sende ihr hierbei die über ihr Vermögen lautenden Papiere, und hoffe daß ihm Gott den Jammer ersparen werde, sie wieder zu sehen." – Der Brief war inzwischen von Tränen benetzt; und in einem Winkel stand ein verwischtes Wort: diktiert. (DKV, III, 165–166)

The medium is the message oder zumindest setzt hier der Brief den Ton der Kommunikation, und dies nicht nur durch seinen Inhalt, sondern auch durch die Betonung seiner medialen Struktur als ein höchst vermitteltes Schriftstück. Die Mutter fungiert als Botin. Der Vater baut gezielt eine mediale Mauer zwischen sich und seiner Tochter auf,[20] was in ironischer Weise noch dadurch betont wird, dass durch das „diktiert" die Unmittelbarkeit mündlicher Kommunikation anzitiert, aber eben durch das Diktat in die Mittelbarkeit der postalisch vermittelten Schrift gestellt wird. Die Marquise ist jetzt durch einen medialen Wall von ihrem Vater genau so wie von dem Vater ihres Kindes abgeschnitten. Gezielte unmittelbare Kommunikation kann in beiden Fällen nicht zustande kommen, und die Marquise muss selber zu Medien greifen, um neue Kommunikationen zu etablieren.[21]

---

sichtlich und für diese Erzählung konstitutiv – der Versuch, mit der Marquise im ‚hortus conclusus' der Villa ins Gespräch zu kommen, scheitert, sodaß der Graf auf Schriftlichkeit verwiesen ist." (Eybl, „Zeugen", 172)

[20] Die Forschung zeigt, dass das Wechselspiel von Nähe und Distanz, das durch den Vater inszeniert wird, ein komplexes und hochgegensätzliches ist. Während der Vater in einer radikalen Weise die Verbindung zur Tochter zunächst trennt, so ist auch die spätere Versöhnung äußerst emotional aufgeladen. Die Versöhnungsszene mit dem Vater (DKV, III, 180–181) wird oft als inzestuöses Motiv verstanden und bietet einen weiteren sexuell determinierten Diskurs, der die Rezeption dieser Novelle prägt. (Siehe hierzu Joachim Pfeifer, „Die wiedergefundene Ordnung") Unmittelbar eminent ist dabei natürlich auch die klare Anspielung auf die Marienempfängnis. (Siehe hierzu Vinken und Haverkamp, „Die zurechtgelegte Frau" oder auch Thomas Friedrich, „Ein Scandalum durch Anspielung auf das Mysterium [...] erkären!") Etwas verkürzt, aber durchaus treffend hat Marjorie Gelus formuliert: „This story is about almost nothing *but* gender and sex—and about the fervor with which that realm is suppressed." (Gelus, „Patriarchy's Fragile Boundaries under Siege", 64) Dies verweist auf der einen Seite darauf, dass die *Marquise von O...* natürlich äußerst fruchtbar für genderorientierte Forschungen ist, zeigt aber auch, dass neuere Interpretationen sich meist auf diese Fragen beschränken.

[21] Eybl merkt pointiert an: „strukturell kreist der Text um die Frage Wer kommt herein?" (Eybl, *Kleist-Lektüren*, 115) Eybl hebt darauf ab, dass die Dynamik der Novelle anhand von Zugang und

6.2.1 Subjektivierung durch Massenmedien

Das grundsätzliche Problem der Marquise ist im Fall des Vaters ihres Kindes, dass sie nicht weiß, wen sie adressieren soll, und sie muss dementsprechend Kommunikation streuen. Sie kann sich nicht wie ihr Vater hinter dem Privatbrief verstecken, bei dem die Leserschaft in einem kontrollierbaren Rahmen steht; sie muss auf öffentliche Medien ausweichen. Sie kann nicht einfach die Information ihrer Schwangerschaft gezielt an den Vater ihres Kindes weitergeben, sondern muss selber eine Anzeige schalten, die sich damit in eine Zeitungsnachricht, eine Novelle, verwandelt.

> Doch da das Gefühl ihrer Selbstständigkeit immer lebhafter in ihr ward, und sie bedachte, daß der Stein seinen Wert behält, er mag auch eingefaßt sein, wie man wolle, so griff sie eines Morgens, da sich das junge Leben wieder in ihr regte, ein Herz, und ließ jene sonderbare Aufforderung in die Intelligenzblätter von M ... rücken, die man am Eingang dieser Erzählung gelesen hat. (DKV, III, 168)

Dieser Entscheidungsprozess führt zu einer Subjektivierung der Marquise durch die Massenmedien.[22] Sie nutzt die Zeitung als Kommunikationsmedium, um sich für den Vater des Kindes adressierbar zu machen. Sie produziert also einen diskursiven Platz für sich selbst. Sie subjektiviert sich im Medium der Zeitung, wird hier in dem Sinne selbstständig und von ihrem Vater emanzipiert, da sie die weite Öffentlichkeit von ihrer durchaus einzigartigen Lage informiert.

Zugangsberechtigung strukturiert ist. Ich möchte dies nur durch die Anmerkung ergänzen, dass dies auch für das Senden und Empfangen von Informationen zutrifft. Es geht also nicht nur um die Frage von unmittelbarem Zugang, sondern auch um die Öffnung und Schließung von Informationskanälen – etwas, was Eybl dann auch zentral in seinem Aufsatz „Zeugen und Zeugen" herausgearbeitet hat, wobei er besonders anmerkt, dass die Kommunikation in der *Marquise von O...* tendenziell immer gestört ist. (Eybl, „Zeugen", 171) Ich würde aber hervorheben, dass Informationsstörung meist nicht das zentrale Problem in der *Marquise von O...* ist, sondern die Etablierung von Kommunikation. Es geht also nicht um die Probleme, die verrauschte Botschaften mit sich bringen, sondern darum, Kommunikation (beispielsweise zwischen dem Grafen und der Marquise) aufzubauen und funktional zu halten.

22 Lorelle Raihala weist darauf hin, dass sich in der Geschichte die Marquise durchaus subjektiviert, merkt jedoch auch kritisch an, dass sie am Ende wieder in den Schoß der patriarchalen Familie zurückkehrt. (Raihala, „Who has Control", 16) Eine Beobachtung, die auch Greiner unterstreicht. (Greiner, *Dramen und Erzählungen*, 289) Wesentlich positiver beurteilt Martin Beckmann den Subjektivierungsversuch durch die Anzeige. Er beschreibt sie als das Annehmen einer Selbstverlorenheit und weist darauf hin, dass die Marquise sowohl den Forderungen der Familie nachkommt als auch kritisch, durch eine Verlagerung des Familiären in das Öffentliche, die Familienhierarchie in Frage stellt. (Beckmann, „Das Geheimnis der Marquise von O ...", 118)

> In M..., einer bedeutenden Stadt im oberen Italien, ließ die verwitwete Marquise von O..., eine Dame von vortrefflichem Ruf, und Mutter von mehreren wohlerzogenen Kindern, durch die Zeitungen bekannt machen: daß sie, ohne ihr Wissen, in andre Umstände gekommen sei, daß der Vater zu dem Kinde, das sie gebären würde, sich melden solle; und daß sie, aus Familien-Rücksichten, entschlossen wäre, ihn zu heiraten. (DKV, III, 143)

Die Novelle öffnet mit genau dieser Anzeige und bezieht so den Ton der Massenmedialität mit in die Lesebewegung ein. Diese Strategie adressiert den Leser in vielfacher Weise. Zunächst als Novellenleser, aber dann auch als Leser einer Zeitungsmeldung. Die Tatsache, dass Kleist den Text im *Phöbus*, also einem Journal, publizierte, macht die Faltung dieser beiden Sphären nur noch evidenter. Es kommt hinzu, dass Kleist hier noch eine kleine aber äußerst pointierte Anmerkung zum Verhältnis von Erzählen und Berichterstattung macht.

Zu Beginn der Novelle schreibt Kleist, dass die Marquise ihre Geschichte durch die Zeitungen kommuniziert. An den beiden anderen Stellen in der Erzählung, an der diese Anzeige thematisiert wird, wird aber zudem spezifischer von „Intelligenzblättern" als Publikationsmedium gesprochen. (DKV, III, 168; DKV, III, 173) Das mag zwar nur eine kleine Differenz sein, aber sie verweist auf eine interessante Poetik der Novelle und der journalistischen Publizistik. Intelligenzblätter waren primär Anzeigenblätter, die faktische Informationen vermittelten. Diese Wortbedeutung von „Intelligenz" lebt heute noch im Geheimdienst- und Militärjargon fort. Der Erzählanlass in der *Marquise von O...* ist eben keine Sensationsmeldung, es ist eine private Anzeige, genauer gesagt ein Heiratsgesuch. Die besonderen Umstände der Marquise machen aber diese Anzeige zu einer Zeitungsnachricht im besten Sinne bzw., wie Neumann hervorhebt, zum Skandalon.[23] Es ist wortwörtlich eine unerhörte Begebenheit, die höchstens noch im Evangelium ihren Vorboten hat. Diese Spannung zwischen Informationsvermittlung bzw. -suche und Sensationsmeldung schlägt sich auch im Leserverhalten nieder, und Kleist fokussiert in seinem Text auf eine solche Rezeptionshaltung, nämlich die der Eltern.

6.2.2 Vermischte Medien

Die Eltern unterscheiden sich in ihrem Wissensdefizit weder von der Marquise noch von anderen Zeitungslesern und müssen die Anzeige dementsprechend im goethischen Sinne als unerhörte Begebenheit verstehen:

---

23 Neumann, „Skandalon", 11.

> Der Commendant bat immer, auf eine Art, die einem Befehle gleich sah, zu schweigen; versicherte, indem er einst, bei einer solchen Gelegenheit, ein Porträt herabnahm, das noch von ihr an der Wand hing, daß er sein Gedächtnis ihrer ganz zu vertilgen wünsche; und meinte, er hätte keine Tochter mehr. Drauf erschien der sonderbare Aufruf der Marquise in den Zeitungen. Die Obristin, die auf das lebhafteste darüber betroffen war, ging mit dem Zeitungsblatt, das sie von dem Commendanten erhalten hatte in sein Zimmer, wo sie ihn an einem Tisch arbeitend fand, und fragte ihn, was er in aller Welt davon halte? Der Commendant sagte, indem er fortschrieb: o! sie ist unschuldig. Wie! rief Frau von G ..., mit dem alleräußersten Erstaunen: unschuldig? Sie hat es im Schlaf getan, sagte der Commendant, ohne aufzusehen. Im Schlafe! versetzte Frau von G ...Und ein so ungeheurer Vorfall wäre–? Die Närrin! rief der Commendant, schob die Papiere über einander, und ging weg. (DKV, III, 173)

Zunächst hat die Zeitungsannonce den für den Kommandanten unerwünschten Effekt, dass er in seinem Verdrängungsversuch gestört wird. Die Marquise subjektiviert sich gerade zu einer öffentlichen Person, und kann genau deshalb auch nicht mehr einfach ignoriert werden. Dies verärgert den Kommandanten um so mehr, als dass er immer noch nicht an die Wahrhaftigkeit der Marquise glaubt, und ein moralisches Fehlverhalten, gefolgt von einer Lüge an die Eltern, annimmt. Diese Lüge wird jetzt aber aus dem privaten Umfeld der Familie in die Öffentlichkeit gebracht. Dies hat wiederum ungeahnte Vorteile für den Grafen, der keinen Erfolg mit einem Gespräch mit der Marquise hat, aber, wie zu sehen sein wird, durch den öffentlichen Diskurs wieder anschlussfähige Kommunikation generieren kann. Dementsprechend nimmt er die Anzeige gänzlich anders auf:

> [der Forstmeister], der ihn auch sogleich befragte, ob er seinen Antrag in V .... glücklich angebracht habe? Der Graf antwortete kurz: nein! und war sehr gestimmt, ihn mit einer bitteren Wendung abzufertigen; doch um der Höflichkeit ein Genüge zu tun, setzte er nach einer Weile hinzu: er habe sich entschlossen, sich schriftlich an sie zu wenden, und werde damit in kurzem ins Reine sein. Der Forstmeister sagte: er sehe mit Bedauern, daß seine Leidenschaft für die Marquise ihn seiner Sinne beraube. Er müsse ihm inzwischen versichern, daß sie bereits auf dem Wege sei, eine andere Wahl zu treffen; klingelte nach den neuesten Zeitungen, und gab ihm das Blatt, in welchem die Aufforderung derselben an den Vater ihres Kindes eingerückt war. Der Graf durchlief, indem ihm das Blut ins Gesicht schoß, die Schrift. Ein Wechsel von Gefühlen durchkreuzte ihn. Der Forstmeister fragte, ob er nicht glaube, daß die Person, die die Frau Marquise suche, sich finden werde? – Unzweifelhaft! versetzte der Graf, indessen er mit ganzer Seele über dem Papier lag, und den Sinn desselben gierig verschlang. Darauf nachdem er einen Augenblick, während er das Blatt zusammenlegte, an das Fenster getreten war, sagte er: nun ist es gut! nun weiß ich, was ich zu tun habe! kehrte sich sodann um; und fragte den Forstmeister noch, auf eine verbindliche Art, ob man ihn bald wiedersehen werde; empfahl sich ihm, und ging, völlig ausgesöhnt mit seinem Schicksal, fort. (DKV, III, 171–172)

Diese Passage läuft ein Mediensystem durch, das zunächst mit dem Scheitern der mündlichen Kommunikation beginnt, um dann auf die Briefkommunikation auszuweichen. Ob der Privatbrief nun zur Kontaktaufnahme taugt oder nicht, muss aber gar nicht probiert werden, weil sich nun ein anderer Kommunikationsmodus eröffnet. Es ist in diesem Kontext bezeichnend, dass der Graf auch jetzt nicht als Antwort auf das Inserat einen Brief, sondern die Zeitung wählt. Kleist lässt den Grafen selber eine Anzeige schalten, er wird damit auch zu einem Nutzer des Mediums Zeitung und begibt sich damit auf dieselbe kommunikative Ebene wie die Marquise.

> Wenn die Frau Marquise von O ... sich, am 3ten ... 11 Uhr Morgens, im Hause des Herrn von G ..., ihres Vaters, einfinden will: so wird sich derjenige, den sie sucht, ihr daselbst zu Füßen werfen. (DKV, III, 173)

Was Kleist hier tut, ist, dass er die Dynamik der Novelle durch eine weitere Novelle vorantreibt. In gewisser Weise ist, wie Bianca Theisen argumentiert hat, die Geschichte um die Marquise die Rahmenhandlung für die beiden Zeitungsannoncen, die im Wortsinne Novellen sind.[24]

6.2.3 Anschlusskommunikation

Die Antwort auf das Inserat der Marquise ist kein Brief, sie ist eine Anzeige, und wird, ebenso wie das Inserat der Marquise, zu einer Neuigkeit, d.h. sie hat als singuläres, außergewöhnliches Ereignis eine Bedeutung. Der Leser der Erzählung wird dabei auf den gleichen Wissensstand wie die Eltern versetzt, weil noch nicht explizit klar ist, dass der Graf diese Anzeige geschaltet hat. Die Eltern als Zeitungsleser sind äußerst erzürnt über diese Meldung.

> Der Obristin verging, ehe sie noch auf die Hälfte dieses unerhörten Artikels gekommen war, die Sprache; sie überflog das Ende, und reichte das Blatt dem Commendanten dar. Der Obrist durchlas das Blatt dreimal, als ob er seinen eigenen Augen nicht traute. Nun sage mir, um des Himmels Willen, Lorenzo, rief die Obristin, was hältst du davon? O die Schändliche! versetzte der Commendant, und stand auf; o die verschmitzte Heuchlerin! Zehnmal die Schamlosigkeit einer Hündin, mit zehnfacher List des Fuchses gepaart, reichen noch an die ihrige nicht! Solch eine Miene! Zwei solche Augen! (DKV, III, 173–174)

Die Eltern glauben der Zeitung also nicht und vermuten einen Trick der Marquise. Die Novelle wird diese Spannung aber noch in Wohlgefallen auflösen. Für mich

---

24 Theisen, „Gerahmte Rahmen", 161–162.

bleibt hier festzuhalten, dass die *Marquise von O...* nicht nur eine Erzählung ist, die in einer Zeitschrift erschienen ist und dadurch einen medialen Kontext abruft, sondern dass Massenmedien zentral für die Handlungsdynamik der Erzählung werden: Die Novelle konstituiert sich durch Novellen, durch Zeitungsmeldungen.[25]

Zunächst ist es das Inserat der Marquise, dann die Antwort des Grafen. Intime Kommunikation wird hier aus dem Rahmen der Familie, der mündlichen oder brieflichen Vermittlung, genommen und zu einem öffentlichen Sprechen in Massenmedien gemacht. Diese Verschachtelung wird noch einmal durch die beinah komödiantische Szene, in der der Graf nun seine Identität als Vater und Vergewaltiger offenbaren will, thematisiert. Durch die mediale Streuung der Zeitung erwarten die Eltern und die Marquise potenziell jeden, aber gerade nicht jemanden, der ihnen bereits nahesteht. Dementsprechend geraten die Eltern in Panik und versuchen sich zu verstecken, als der Graf vorfährt:

> Die Marquise rief: Verschließt die Türen! Wir sind für ihn nicht zu Hause; stand auf, das Zimmer gleich selbst zu verriegeln, und wollte eben den Jäger, der ihr im Wege stand, hinausdrängen, als der Graf schon, in genau demselben Kriegsrock, mit Orden und Waffen, wie er sie bei der Eroberung des Forts getragen hatte, zu ihr eintrat. (DKV, III, 182–183)

Diese Szene stellt nicht nur eine komische Situation dar, sie macht auch deutlich, dass in den Figuren der Marquise und des Grafen verschiedene Medienstrategien abgearbeitet werden. Der Graf setzt im Prinzip auf möglichst unmittelbare Formen der Medialität, er möchte keine symbolischen Nachrichten schicken, sondern Informationen quasi körperlich übertragen.[26] Er setzt eher Markierungen, als dass er semantisch kodierte Nachrichten übermittelt. Mündliche und briefliche Kommunikation schlägt bei ihm ständig fehl. Auch seine Annonce enthüllt nicht einfach seine Identität, sie fordert vielmehr seine pure körperliche Präsenz als Beweis ein. Die erste Kommunikation mit der Marquise hat bereits durch die Schwangerschaft vor allem eine somatische Kodierung erzeugt, und auch der mäeutische Trick mit der Uniform zielt auf unmittelbare Evidenz.[27] Der Graf und

---

25 Bianca Theisen weist darauf hin, dass die eigentliche Novelle eben die Anzeige am Anfang der Erzählung ist. (Theisen, „Gerahmte Rahmen", 162)
26 Eybls Beobachtung, dass der Graf zwar versucht, einen Brief an die Marquise zu schreiben, dies dann aber nicht durchführt, unterstreicht meinen Befund, dass der Graf eine Tendenz gegen Schriftkommunikation hat. (Eybl, „Zeugen", 172)
27 Auf die große Bedeutung von somatischen Zeichen und ihrer Interpretation für den Verlauf der Erzählung weisen beispielsweise auch Katharina Grabbe (Grabbe, „Frauentausch", 131) und Franz Eybl (Eybl, *Kleist-Lektüren*, 119–121) hin, der die Zeugung dann auch explizit als einen Informationsprozess liest. (Eybl „Zeugen", 176–180)

die Marquise stehen sich als unterschiedliche Medienbenutzer gegenüber. Während die Marquise sich moderner Massenmedien bedient, setzt der Graf primär auf archaische, vorsprachliche Formen der Kommunikation. Das Vexierspiel zwischen Engel und Teufel, das die Marquise in dem Grafen erkennt, kann als ein weiterer Hinweis darauf gelesen werden, immerhin handelt es sich bei Teufeln und Engeln um Botenwesen aus archaischen Zeiten.[28]

Kleist experimentiert mit dem *Phöbus* als einem Massenmedium, und die *Marquise von O...* ist eine Geschichte darüber, wie Kommunikation durch die Massenmedien gesteuert werden kann. Kleist wendet in einer explizit selbstreferentiellen Geste die Zeitung in die Zeitung, um eine Novelle, und das heißt wiederum eine Zeitungsmeldung zu konstruieren. Während die *Marquise von O...* primär durch formale Strukturen zu einem Text über Zeitungen wird, verfährt Kleist anders in der *Verlobung in St. Domingo* und lässt diesen Text durch inhaltliche Markierung zu einem tagesaktuellen Text werden.

6.3 *Die Verlobung in St. Domingo*

Viele von Kleists Novellen (und auch Dramen) spielen in historisch entlegenen Zeiten. Der *Kohlhaas* stammt, wie das Inhaltsverzeichnis der *Erzählungen* verzeichnet, „aus einer alten Chronik", und Texte wie *Das Bettelweib von Locarno* oder *Der Zweikampf* tragen eine eindeutig mittelalterliche Patina. *Die Marquise von O...* steht dieser Poetik gegenüber als ein Text, der in der Gegenwart des Lesers spielt. Mehr noch, dieser Text instrumentalisiert die Medienpraxis der Zeitung, um einen Aktualitätscharakter zu simulieren. Er versucht das novellistische Erzählen und die Unmittelbarkeit journalistischer Berichterstattung in eins zu setzen. Das explizit Neue oder Novellistische an der Geschichte um die Marquise ist die Zeitungsannonce, die sie aufgibt. So werden Publikations- und Erzählzeit aufs engste ineinandergefaltet. Ein weiterer Text Kleists, der den Zeitungsdiskurs benutzt, um eine Form der Unmittelbarkeit zu generieren, ist *Die Verlobung in St. Domingo*,[29] ein Text, der innerhalb der neueren Kleistforschung

---

28 Diese göttlichen Figuren beschränken sich keinesfalls nur auf die *Marquise von O...* Auf die Bedeutung von göttlichen Botenwesen bei Kleist hat Wolf Kittler im Zusammenhang mit der *Bombenpost* hingewiesen (Kittler, „Bombenpost"), und den Motivkomplex Engel/Teufel hat Imre Kurdi genauer in dem Text „Der Engel, der der Teufel ist" ausgeleuchtet.

29 Hansjörg Bay weist explizit auf diese Aktualitätsmarkierung hin und attestiert, dass im „Gegensatz zu allen anderen Erzählungen und Dramen Kleists [...] die 1811 erschienene ‚Verlobung in St. Domingo' in einem konkreten Konflikt der allerjüngsten Vergangenheit [spielt]". (Bay, „Als

besondere Aufmerksamkeit erhalten hat.[30] Hier sind es aber nicht so sehr metamediale Markierungen, wie in der *Marquise von O...*, sondern Versatzstücke aus journalistischen Diskursen, die bei dem damaligen Leser eine Aktualitätsmarkierung setzen. Die Novelle fasst mit der unglücklichen Liebesgeschichte um Toni und Gustav ein heißes Eisen an, das eben nicht nur eine erstaunliche unerhörte Begebenheit mit einer durchaus bemerkenswerten Menge an Wendepunkten

---

die Schwarzen die Weißen ermordeten", 82) Bay hat Recht, dass Kleist das hier besonders explizit tut, aber viele andere Texte Kleists haben dies ebenso subkutan eingeschrieben.

30 Wie Hansjörg Bay in seiner Forschungsübersicht zeigt, hat *Die Verlobung in St. Domingo* besonders in der neueren Forschung Aufmerksamkeit erhalten. (Bay, „Germanistik und (Post-)Kolonialismus") Viele gendertheoretische und besonders postkoloniale Lektüren wie Hee-Jun Kims Text „Identitätskonstruktion im Diskurs der Rassen", James O. Martins „Reading Race in Kleist's ‚Die Verlobung in St. Domingo'", Hans Jakob Werlens „Seduction and Betrayal", Paul Michael Lützelers „Verführung und Missionierung" oder Britta Herrmanns Artikel „Der Fremde und das Mädchen" widmen sich diesem Text. Größere Arbeiten in diesem Zusammenhang sind Barbara Gribnitz' Monographie *Schwarzes Mädchen, weißer Fremder* und der von Reinhard Blänkner herausgegebene Sammelband *Die Verlobung in St. Domingo. Literatur und Politik im globalen Kontext um 1800*. Als zentraler Text, der diese Fragestellungen angestoßen hat, kann Peter Horns Aufsatz „Hatte Kleist Rassenvorurteile" angesehen werden. Horn versucht zu argumentieren, dass Kleists Text nicht als rassistisch einzustufen ist (für eine kritische und sehr differenzierte Auseinandersetzung mit der Frage nach Rasse und Rassismus bei Kleist siehe: Michael Perraudin, „Babekan's ‚Brille'", Carl Niekerk „The Legacy of Enlightenment Anthropology"; Susanne Zantorp merkte an, dass es nicht so entscheidend ist, Kleist Rassenvorurteile zu attestieren oder ihn davon freizusprechen, denn es steht in jedem Fall fest, dass der Text in zentraler Weise die Frage nach Rasse stellt. [Zantorp, „Discourses of Miscegenation", 203–204]) Ulrich Beil setzt sich in seinem Aufsatz „Was ist Literatur" mit der methodischen Frage auseinander, warum dieser Text eine solche Rezeptionslage ausgebildet hat. Beil argumentiert, dass dies nicht nur auf den historischen Stoff zurückzuführen sei, sondern aus einem internen Moment der kleistschen Poetik abzuleiten ist: „Begriffe wie Hybridität, Doppelung, Deplatzierung oder ‚Dritter Raum' wirken wie für Kleist erfunden – nicht, weil Kleist aus einer wirklich kolonial/antikolonialen Position heraus schriebe, sondern weil er gegenüber Master-Diskursen des ‚Zentrums', des deutschen Idealismus (Kant) oder der deutschen Klassik (Schiller, Goethe), immer wieder eine kritisch-experimentierende, ironisch-distanzierte oder subversive Haltung einnahm [...]." (Beil, „Was weiss Literatur?", 67) Diese Ansätze kontextualisieren Interpretationen, die in diesem Text vor allem Fragen des Vertrauens und des Verrats oder der kommunikativen und epistemischen Unsicherheit sahen. (Siehe beispielsweise Johannes Harnischfeger, „Liebe und Vertrauen in Kleists Verlobung in St. Domingo" oder auch Meike Bohn, „Kommunikationsproblematik in Heinrich von Kleists *Die Verlobung in St. Domingo*") Sie stelle die komplexen Interaktionen zwischen Klasse, Geschlecht, Rasse bzw. Hautfarbe als eigentliche Dynamik der Novelle dar und zeigen, wie sich in vielfältiger Weise das anthropologische Wissen dieser Zeit in Kleists Text kristallisiert. (Siehe hier auch besonders Marianne Schullers Aufsatz „Literatur und Wissenschaft".)

ist,[31] sondern mit der Thematisierung der Sklavenrevolution, die dann in die Gründung des Staates Haiti führte, auch politisch höchst aktuell war.[32]

Haiti und seine Sklavenaufstände waren ständig Teil der Nachrichtenlage, und hatten auch in Kleists *Berliner Abendblätter* Eingang gefunden.[33] Die *Verlobung* ist somit kein rein fiktiver literarischer Text; er kann zunächst durchaus als die dokumentarische Szene eines entfernten Ereignisses angesehen werden, das von großer weltpolitischer Bedeutung war. Der Text verbindet in dieser Hinsicht Berichterstattung und literarisches Schreiben aufs Engste und lässt daraus etwas Novellistisches entstehen.[34]

6.3.1 Politische Berichterstattung

Wie Iwan-Michelangelo D'Aprile in seinem Aufsatz „,St. Domingo, die Achse des großen politischen Schwungrades von Europa'" ausführt, ist der Sklavenaufstand, der 1791 begann und 1804 in die Gründung des Staates Haiti mündete, ein Ereignis, das durchaus häufig in den Tagesmedien vorkam.[35] Es war, wie David

---

[31] Bianca Theisen beschreibt das Wechselspiel von Verrat, Vertrauen, Rettung und Katstrophe als eine Potenzierung der Novellenstruktur, die die Kohärenz dieser Gattung explodieren lässt: „In ‚Die Verlobung in St. Domingo' Kleist triples the novella's turning point and thereby creates a highly complex play on reader expectations that overruns the semantic closure of novelistic writing altogether." (Theisen, „Strange News", 87–88) In ähnlicher Weise spricht Gerhard Neumann von der Struktur der Novelle als einer Kette von Experimenten. (Neumann, „Anekdote und Novelle", 181)

[32] Blänkner hebt in der Einführung zu seinem Sammelband zur *Verlobung* hervor, dass es sich bei dem Setting nicht um einen Ort eskapistischer Fantasien, sondern um einen wohl bekannten politischen Brennpunkt handelte: „So wenig marginal also Kleists Novelle mit Blick auf sein Gesamtwerk ist, so wenig exotisch ist die französische Plantagenkolonie Saint-Domingue um 1800." (Blänkner, „Einführung", 14–15)

[33] Kleist publizierte in den *Berliner Abendblättern* einen Text „Über den Zustand der Schwarzen in Amerika". (BA, II, 53–54, 60–61, 65–66)

[34] Nicola Kaminski arbeitet diesen ambivalenten Charakter des Textes zwischen Literatur und Journalismus sehr überzeugend in ihrem Text „Zeitschriftenpublikation als ästhetisches Versuchsfeld" heraus.

[35] Büttner weist in ihrem Aufsatz „Die Entdeckung Saint Domingues in der Schweiz" eine Reihe von möglichen Quellen nach und weist darauf hin, dass allein in der *Zürcher Zeitung* zwischen Januar 1802 und August 1803 in 55 Ausgaben Berichte zu Saint-Domingue zu finden sind. (Büttner, „Die Entdeckung Saint Domingues", 125) Die wahrscheinlich wichtigste Publikation war allerdings ein Artikel von Kleists Bekanntem, Heinrich Zschokkes, der am 29. August und am 2.

Geggus in seinem Text „Saint-Domingue und die Haitische Revolution im atlantischen Kontext" darlegt, von großer weltpolitischer Bedeutung,[36] und stellte zudem die erste große Niederlage Napoleons dar.[37] Dies ist nicht nur bedenkenswert in Bezug darauf, dass Kleist auf eine Vielfalt von Informationen zurückgreifen konnte, es ist vielmehr auch relevant, weil dieses Ereignis beim Leser die Markierung „Berichterstattung" und nicht notwendigerweise „literarische Erzählung" evozierte. St. Domingo zirkulierte nicht als literarischer Topos, es war als tagespolitisches Thema präsent in den Medien.

Der Publikationsmodus der *Verlobung* unterstreicht diese mediale Verortung. Kleist publizierte diesen Text in einer Serie von neun Folgen vom 25. März bis zum 8. April 1811 in *Der Freimüthige. Berlinisches Unterhaltungsblatt für gebildete, unbefangene Leser*, und richtete sich, wie es Nicola Kaminski herausgearbeitet hat, an einen zerstreuten Leser, der nach immer wieder neuen Nachrichten und Geschichten suchte.[38]

Diese Novelle erzählt eine Geschichte aus einem Kontext, aus dem ständig neue Zeitungsnachrichten erzeugt wurden. Der Haitische Aufstand erschien als eine historische Singularität und war aus diesem Grund von Interesse. Es geht in Kleists Text aber um mehr. Es ist ein Text, der eine Verbindung zwischen dieser Sklavenrevolution und der unmittelbaren Wirklichkeit in Europa herstellen will.

September 1807 in den *Miscellen für die Neuste Weltkunde* erschien, und den Büttner als strukturelle Vorlage zur *Verlobung* identifiziert. (Büttner, „Die Entdeckung Saint Domingues", 132–134)

36 Geggus weist wie folgt auf die Bedeutung dieser Revolution hin: „Signifikant ist dieser Befreiungsakt jedoch nicht nur durch seine zahlenmäßige Größenordnung und sein zeitliches Vorausgehen, sondern vielmehr auch durch seinen Ursprung in einer Rebellion der Versklavten. Die Sklavenrevolte von Saint-Domingue in den Jahren 1791–1793, an welcher sich Zehntausende von Aufständischen beteiligten, war mit Abstand die größte, langlebigste und erfolgreichste in der Geschichte Nord-, Süd- und Mittelamerikas. Bei der vierten und letzten wegweisenden Errungenschaft der Haitianischen Revolution handelte es sich um die Gründung eines souveränen Staates. Haiti wurde die zweite postkoloniale Gesellschaft nach den Vereinigten Staaten, damit die erste in Lateinamerika, und es wird bisweilen auch als der erste moderne Staat in einer Tropenregion bezeichnet." (Geggus, „Saint-Domingue", 32) Susan Buck-Morss hat mit ihrem bedeutenden Essay „Hegel und Haiti" besonders die Diskussion über den Einfluss dieser Revolution auf die Geschichte des 19. Jahrhunderts belebt.

37 Als Auslöser für den Sklavenaufstand, wie es Blänkner darlegt, kann die Wiedereinsetzung der Sklaverei am 20. Mai 1802 angesehen werden (sie war zunächst im Jahr 1794 aufgehoben worden). Napoleon wollte so die Produktion auf der Insel fördern. Blänkner weist aber darauf hin, dass Haiti nicht nur aus ökonomischen, sondern auch aus geostrategischen Gründen für eine potentielle Ausbreitung des französischen Reiches wichtig war, und dass Napoleons großer „American Dream" mit dieser Revolution endete. (Blänkner, „Einführung", 12–13)

38 Kaminsiki, „Zeitschriftenpublikation", 583–584.

Bereits auf der ersten Seite werden europäische Politik und die Geschehnisse in Haiti aufs Engste zusammengeknüpft:

> Congo Hoango war, bei dem allgemeinen Taumel der Rache, der auf die unbesonnenen Schritte des National-Konvents in diesen Pflanzungen auflöderte, einer der Ersten, der die Büchse ergriff, und, eingedenk der Tyrannei, die ihn seinem Vaterlande entrissen hatte, seinem Herrn die Kugel durch den Kopf jagte. (DKV, III, 222)

Kleist macht klar, dass europäische Politik unmittelbare globale Auswirkungen hat. Dies ist aber nicht so sehr eine Bemerkung über die moderne globale Medienstruktur (wie er es beispielsweise in der „Bombenpost" beschreibt), sondern eine literarische Funktion, um Identifikationspotential zu erzeugen. Durch diese Verschachtelung wird der europäische Leser stärker in die Handlung mit hineingezogen. Auch wenn die Erzählung in einer exotischen Umgebung spielt, bleibt der deutsche bzw. preußische Leser angesprochen, was im Übrigen noch dadurch verstärkt wird, dass auch Gustav explizit kein Franzose, sondern ein Schweizer ist, obwohl die französischen Besatzer die Mehrheit der weißen Bewohner der Insel stellten. Auch bietet der Name „von Ried" eine Identifikationsmöglichkeit bei einer deutschen Leserschaft, und es kommt hinzu, dass Gustavs Biographie in der Schweiz und an der Aar durchaus ein Echo in Kleists Leben haben.[39] Die Schachtelstruktur der Novelle, die noch die Episode aus der französischen Revolution, bei der Gustavs Verlobte anstatt seiner hingerichtet wurde, einspeist, macht es noch einmal evident, dass die *Verlobung* im Prinzip eine höchst europäische Angelegenheit ist.

6.3.2 Die Konstruktion von Unmittelbarkeit

Die *Verlobung* spiegelt nicht nur auf den Rahmen der Novelle zurück, sie macht jedem damaligen Leser klar, dass es sich hier nicht um irgendeine Geschichte in irgendeinem exotischen Milieu handelt. Was hier geschildert wird, ist direkt verknüpft mit den Geschehnissen in Europa. Es ist keine rein im Literarischen aufgehende Erzählung, es ist eine politische Analyse. Es geht darum zu zeigen, dass die Sklavenrevolution in Haiti kein singuläres Ereignis bleiben muss, sondern durchaus nach Europa zurückschwappen und sich in einer analogen Rebellion gegen Napoleon manifestieren kann. Aus diesem Grund ist es auch zentral für

---

39 Ein weiterer biographischer Reflex besteht darin, dass Kleist am gleichen Ort interniert war, an dem der Revolutionsführer Toussaint Louverture verstarb, nämlich in Fort de Joux.

Kleists Text, dass er von dem damaligen Leser durchaus als Zeitungsreportage gelesen werden konnte.

Ein zentrales Strukturmerkmal dieser Novelle ist, wie es Bianca Theisen herausgearbeitet hat, eine extreme Häufung von Wendepunkten.[40] Sie spielt damit im Sinne Meyers darauf an, dass diese Novelle ihre Dynamik auch dadurch erhält, dass sie in Fortsetzungen publiziert wurde und somit ihre Cliffhanger benötigte, wie es auch Reinhold Steig bereits 1901 hervorgehoben hat:

> Mit Kuhn muß er sich vereinigt haben: als eins der Mittel, mit denen er bezahlte, bezeichne ich die Lieferung der Novelle „Die Verlobung" (in St. Domingo) in Kuhn's Freimüthigen 1811, wo sie durch die Nummern vom 25. März bis zum 5. April sich hindurchschiebt, mit dem sichtlichen Zwecke, die Leser des ersten Quartals mit sanfter Gewalt in das zweite hinüberzugeleiten.[41]

Das soll heißen, dass dieser Text in seiner Struktur ganz klar auf eine Verwertung in Massenmedien hin komponiert wurde. Der Adressat war explizit der gegenwärtige Leser. Sicherlich, die *Verlobung* ist nicht in gleichem Maße in den Medienkontext eingeschrieben wie die *Marquise von O...*. Die *Verlobung* ist keine Erzählung über Medien, aber sie ist zutiefst verstrickt in die Logik der Zeitungsmeldung. Es kommt hinzu, dass diese Geschichte nicht einfach eine quasi-dokumentarische Darstellung ist, sie besitzt vielmehr einen versteckten appelativen Charakter, der einen politischen Aufruf impliziert. Die Dringlichkeit einer politischen Aktion wird hier durch das novellistische Erzählen getarnt. Was Meyer und Theisen als Kernelemente des novellistischen Erzählens herausgearbeitet haben, ist nicht mehr darauf gerichtet, eine literarische Form der Novelle zu finden, sondern ihre kommunikative Funktion zu bestimmen. Diese kommunikative Funktion besteht in der Aktualisierung bestimmter Ereignisse, die nicht mehr exemplarisch sind. Diese Form der Novelle impliziert vielmehr durch ihre Singularität einen Schock, eine Aktivierung des Lesers. Diese kontinuierlichen Täuschungen, die Kleist auf der Plotebene der Novelle durchspielt, verweisen genau auf diese Situation.

---

40 Theisen, „Strange News", 90.
41 Steig, *Berliner Kämpfe*, 164–165.

6.3.3 Infektion als Kommunikation

Die Novellen müssen als ein Nachrichten- bzw. Übertragungssystem verstanden werden. Im vierten Kapitel hatte ich diskutiert, wie Kleist auch auf einer technischen Ebene anhand des Telegrafen bzw. der Bombenpost über Kommunikation nachdachte. In der *Verlobung von St. Domingo* ruft er einen anderen Diskurs der Übertragung auf, und zwar das biologische Bild der Ansteckung. Kleist nimmt dieses Motiv innerhalb der Erzählung mit der Geschichte von dem Mädchen auf, das willentlich französische Soldaten infiziert. (DKV, III, 233) Der Infektionsdiskurs umrahmt aber die gesamte Handlung. In den *Abendblättern* wurde ein Text über das gelbe Fieber und über die Verbreitung dieser Seuche publiziert.[42] Ein elementarer Bestandteil dieses Textes thematisiert die mögliche Übertragung nach Nordeuropa.

> Schon das Schleswighollsteinische Sanitäts-Collegium hat die sehr richtige Bemerkung gemacht, daß das nördliche Klima kein Schutz gegen das gelbe Fieber ist, da diese Krankheit in Newyork, welches, obgleich südlicher liegend wie das nördliche Deutschland, dennoch, der großen amerikanischen Seen und Wälder wegen, das Klima von Norddeutschland hat, bösartiger gewesen ist, wie in ihrer Heimath, den südlichen Himmelsstrichen. (BA, II, 103)

Betrachtet man diesen Publikationskontext, wird klar, dass es auch in der *Verlobung* um eine mediale Bewegung geht. Es geht um die enge Verschränkung von Ereignissen in der Südsee und ihren Auswirkungen in Europa, die sich wie eine Infektion ausbreiten.

Der Text, genauso wie der sich ständig verändernde (oder scheinbar verändernde) Status von Toni, changiert zwischen historischer Dokumentation und politischem Appell. Der Text selbst zeigt dabei, dass Kleist sich bewusst war, dass eine Insurrektionsbewegung nicht einfach angeordnet werden kann. Solche Dynamiken wie die einer Revolution lassen sich nicht gezielt freisetzen, sie müssen vielmehr aus dem unkontrollierbaren Moment komplexer Prozesse hervorgehen. Das Wechselspiel in der Novelle, bei dem Toni zwischen den Parteien ständig hin und hergerissen wird, soll dann zu Gustavs Blitzreaktion führen. Dieser Text benutzt Moral und Verrat nicht als ethische Kategorien, sondern als Kraftpole, um eine bestimmte Dynamik ausbrechen zu lassen. Wichtig ist nicht so sehr die Frage nach einem richtigen oder falschen Handeln, sondern nach der Mobilisierung von Aktion. Dies wird klar, wenn man bedenkt, dass die eigentlich in den

---

[42] BA, II, 102–106; Ethel Matala de Mazza, „Hintertüren", 197–199 und auch Nicola Kaminski weisen auf diesen Infektionsdiskurs hin (Kaminski, „Zeitschriftenpublikation", 590–591)

Hintergrund gerückte Hauptfigur der Novelle Congo Hoango ist. Er ist eine Spiegelfigur Gustavs, da er zu Beginn der Erzählung aufgrund einer spontanen Reaktion seinen ehemaligen Herren umbringt. Die Szene, in der Gustav Toni erschießt, ist strukturell sehr ähnlich.

Dem Text hängt damit ein gespenstisches Element an, da Congo Hoango offensiv als ein solcher Gewalttäter aufgebaut wird, dass der Leser ihn wohl spontan erschießen würde. Der kleistsche Leser müsste aber dann wohl einsehen, dass er damit einen potentiell entscheidenden Verbündeten im Kampf gegen Napoleon zur Strecke gebracht hätte. Der Erzähler der *Verlobung in St. Domingo* ist wahrscheinlich der manipulativste Erzähler in Kleists Werken, und das macht die Brisanz dieser Geschichte auch aus.[43] Die gesamte Novelle dreht sich immer stärker darum, dass es unentscheidbar wird, wem zu trauen und wie zu handeln sei. Ich lese dies aber nicht als den Versuch, eine epistemologische oder auch ethische Ungewissheit auszustellen, es ist vielmehr der Versuch, den Leser genauso die Kontrolle verlieren zu lassen, wie es bei den handelnden Gestalten geschieht.[44] Was Kleist hier implementiert, ist eine ähnliche Logik wie bei der

---

43 Horn macht die komplexe Erzählerfiguration in der Novelle zum Ausgangspunkt seiner Neuinterpretation, die den rassistischen Gehalt nicht einfach als Kleists Meinung liest. (Horn, „Rassenvorurteile", 120)

44 Insgesamt ist zentraler Ausgangspunkt vieler Arbeiten, dass die *Verlobung* eine Darstellung der brüchigen Zeit um 1800 ist, in der durch verschiedene Revolutionen die moralischen, politischen und epistemologischen Grundlagen ins Wanken geraten waren. Joachim Harnischfeger hat dies klar herausgearbeitet. Auch beispielsweise Victor Fusilero hebt in seinem Text „Die gebrechliche Ordnung der Welt" auf diese zerrüttete Ordnung ab und erkennt in der *Verlobung* eine Demontage patriarchaler Machtstrukturen in der Familie. (Fusilero, „Gebrechliche Einrichtung", 18–29) David Pan weist in seinem Essay „Defending the Premodern Household" sehr pointiert darauf hin, dass sich um Congo Hoango ein Gesellschaftsmodell formiert, das nichts mit modernem bürgerlichem Nationalismus, sondern vielmehr mit vormodernen Haushaltsbzw. Klanordnungen zu tun hat. (Pan, „Defending the Premodern Household", 179) Sander Gilmans „The Aesthetics of Blackness in Heinrich von Kleist's ‚Die Verlobung in St. Domingo'" versucht zu zeigen, wie der Rassendiskurs diese Geschichte nicht auf Kulturgeschichte reduzieren lässt, sondern vielmehr als eine kritische Reflexion auf die Ästhetik der Aufklärung gelesen werden sollte. In hermeneutische und dekonstruktive Zusammenhänge stellen Texte wie Joshua Golds „Face Value" oder Volker Kaisers Essay „Epistemological Breakdown" die *Verlobung*, die durch die Vielzahl von Kommunikationsstörungen und Ambivalenzen die Frage nach der Möglichkeit von Interpretation stellt. („Kleist's *Verlobung* figures itself as an allegory of reading by staging the collision and collusion of the literary text and its interpretation, and by suspending the epistemological status of its figurative statements upon which the figuration of the interpretation relies." [Kaiser, „Epistemological Breakdown", 344]) Diese dekonstruktiven Lektüren finden ein eminent philologisches Echo in der Fehlerhaftigkeit von Kleists Text, die Roland Reuß in der Brandenburger Ausgabe offengelegt hat (siehe hierzu auch: Reuß, *Im Freien*, 245–291 und

Penthesilea oder dem *Prinz Friedrich von Homburg*, wo die Handlung nur dadurch vorangetrieben wird, dass es zu Taten kommt, die nicht bewusst ausgeführt werden, sondern aus der Gemengelage der Situation entstehen. Dass Kleist dieses Verfahren in der *Verlobung* nur minimal als ästhetischen Text rahmt und eigentlich den appelativen und dokumentarischen Charakter dieses Textes ausstellt, macht ihn zu einer gefährlichen Brandbombe. Genau durch diese medial gestreuten Assoziationen kann Kleist *Die Verlobung* auch als politisch brisanten Text mit Appellcharakter konzipieren.[45]

6.4 Das Erdbeben in Chili

Die Verbindung von zwei Zeitlichkeiten erscheint als ein zentrales Kompositionsprinzip im *Erdbeben in Chili*. Neben der räumlichen Distanz (die zentral für die *Verlobung* war), gibt es im *Erdbeben* eine große historische Entfernung zum zeitgenössischen Leser. Sowohl im *Erdbeben* als auch in der *Verlobung* werden Ereignisse in Südamerika geschildert. Diese Ereignisse haben aber durchaus einen Aktualitätsanspruch in Europa, da sie auf das Lissabonner Erdbeben von 1755 verweisen und die Frage nach dem Sinn einer solchen Katastrophe stellen.[46] In

---

Roswitha Burwicks Diskussion von Reuß' Edition [Burwick, „Issues of Language and Communication", 318–319])

45 Horns Lesart, die Kleist von rassistischen Diskursen abkoppeln will, macht auch den Vorschlag, dass Kleist hier eine verschlüsselte Insurrektionsbotschaft schaltet. (Horn, „Rassenvorurteile", 125–126) Genauer geht Nicola Kaminski auf den publizistischen Gehalt der Novelle ein. Sie merkt jedoch, ähnlich wie Sander Gilman, an (Gilman, „Blackness", 663), dass dieser Text nicht vollständig in seinem Charakter als tagespolitischer oder kolportagehafter Text aufgeht, sondern eine delikate Balance zwischen referentiellen und nicht-referentiellen Elementen aufspannt. (Kaminski, „Zeitschriftenpublikation", 592–597)

46 *Das Erdbeben in Chili* gehört wohl zu den bekanntesten Texten Kleists und wird in der Forschung zentral als ein Narrativ über den Zerfall von epistemologischen und moralischen Normen verstanden. David E. Wellberys Sammelband zum *Erdbeben* benutzt diesen Text als Folie, um verschiedenste literaturtheoretische Reflexionen zu präsentieren, und zentrale Beiträge, wie Altenhofers hermeneutische und Hamachers dekonstruktive Lektüre, kommen zu dem Ergebnis, dass dieser Text die Interpretationsanfälligkeit bzw. die interpretative Unmöglichkeit von Literatur darlegt. (Marjorie Gelus' Aufsatz „Birth as Metaphor" kann als eine kritische Auseinandersetzung mit diesem Sammelband angesehen werden. Sie schließt an Wellberys semiotische Lektüre eine feministische Interpretation an, und in der Tat sind gender- und kulturwissenschaftliche Zugänge der blinde Fleck von Wellberys Projekt.) Greiner fokussiert in der Lektüre dieser Novelle in seinem Kleist-Buch in ähnlicher Weise wie Altenhofer und Hamacher darauf, dass der Text eine kritische Auseinandersetzung mit der kantischen Philosophie ist, und nicht nur die Lesbarkeit von Literatur, sondern allgemeiner von Welt erzählerisch darstellt. (Greiner, *Dramen*

der *Verlobung* gibt die Sklavenrevolte einen unmittelbaren tagesaktuellen Kontext vor, im *Erdbeben* wird diese Aktualität aber durch einen historischen Schleier vom Leser entfernt. Der Titel, unter dem Kleist die Erzählung in *Cottas Morgenblatt* veröffentlichte, war *Jeronimo und Josephe. Eine Szene aus dem Erdbeben zu Chili, vom Jahr 1647*. Für die Veröffentlichung in seinen *Erzählungen* wählte er allerdings den schlagzeilenfreundlicheren Titel, *Das Erdbeben in Chili*. Es ist bemerkenswert, dass Kleist mit dieser Titeländerung den journalistischen Gehalt seiner Erzählung betont, wenn er diese Novelle in seinem Erzählungsband publiziert. Dies ist eine interessante Inversion von literarischem und journalistischem Schreiben, die deutlich macht, dass Kleist sich immer mehr hin zum Journalistischen wendet. Während ein Titel wie „Jeronimo und Josephe" klar an Liebesliteratur wie beispielsweise „Romeo und Julia" anschließt, zeigt der Titel „Erdbeben in Chili" nicht auf literarische Fiktion, sondern auf historische bzw. journalistische Dokumentation. Es kommt hinzu, dass dieser Text trotz seiner klaren historischen Einordung dem Leser eine transtemporale Struktur nahelegt, die zeigt, dass er mehr ist als die Dokumentation eines historischen Ereignisses im Jahre 1647.

6.4.1 Die Aktualität der Novelle

Dass das *Erdbeben* sich von seiner historischen Situierung emanzipiert und nicht wirklich als eine Szene aus dem Jahr 1647 aufzufassen ist, ist der Forschung wohl

---

und Erzählungen, 363–383) David Pan wendet ähnliche Denkmodelle an, verweist jedoch primär auf die ethischen Dimensionen des Textes: „Rather than supporting a unified ethic dominated by reason, each sacrifice in the story has a different meaning and leads to alternative and even conflicting notions of morality." (Pan, „Aesthetic and Morality", 59) In gewisser Weise können diese Ansätze als Fortsetzung der Theodizee-Diskussion angesehen werden, in die dieser Text seit seiner Publikation eingebettet war. Neuere Beiträge, die diesen Text in einen kulturhistorischen Kontext um die Katastrophe setzen, wie Isak Winkel Holm („Earthquake in Haiti"), Christoph Weber („Santiagos Untergang") oder Kate Rigby („Romantic Reframing"), sehen in ihm vielmehr den Versuch, diese Katastrophe medial/erzählerisch abzubilden. Rigby schreibt beispielsweise: „However, whereas Voltaire uses narrative to mount a philosophical argument by literary means, Kleist's writing is insistently interrogative, using narrative to explore the very process of meaning making. It is a story about story-telling; about the use of narrative to make sense of an occurrence in ways that have critical implications for action." (Rigby, „Romantic Reframing", 149)

bekannt.⁴⁷ Dieser Text konfrontiert den Leser mit einer äußerst komplexen Zeitstruktur, die eine historische Tiefenzeit mit novellistischer Rahmung und dann auch politischer Analyse verbindet.

Die Novelle ist rekursiv aufgebaut. Sie beginnt in der Stadt, geht nach der Katastrophe über in das Tal außerhalb der Stadt, und endet dann wieder in der Stadt. Diese Struktur legt es nah, dass hier eine Ordnung aufgebrochen, von einem anderen Moment abgelöst und dann wieder rekonstituiert wird. Diese Ordnung bzw. Kontinuität von Ordnungen ist durch historische Marker gekennzeichnet. Zunächst eröffnet die Geschichte mit einer Konstitution von Präsenz: Jeronimo „stand gerade in dem Augenblicke der großen Erderschütterung vom Jahre 1647" (DKV, III, 189) an einem Pfeiler seines Gefängnisses, an dem er sich erhängen wollte. Auch wenn es hier natürlich eine historische Markierung gibt, wird der Leser unmittelbar in die Gegenwart („Augenblick") der Handlung gerückt. Diese Erzählebene markiert somit die Gegenwart der Handlung. Nach dem Erdbeben, außerhalb der Stadt, wird aber gezielt eine andere Zeitdimension anzitiert, nämlich die des Paradieses bzw. „das Tal von Eden". (DKV, III, 201) Kleist motiviert diesen Zeitsprung nicht nur durch stereotypische Schilderungen paradiesischer Zustände, sondern auch durch die Anspielung an eine (kollektive) Amnesie: „Es war, als ob die Gemüter, seit dem fürchterlichen Schlage, der sie durchdröhnt hatte, alle versöhnt wären. Sie konnten in der Erinnerung gar nicht weiter, als bis auf ihn, zurückgehen." (DKV, III, 205)⁴⁸ Der Auszug aus der Stadt geht bei

---

47 Christoph Weber führt aus, wie die zeitgenössische Rezeption sehr schnell in Kleists Darstellung das Lissabonner Erdbeben von 1755 erkannte. (Weber, „Santiagos Untergang", 317) Isak Winkel Holm geht noch weiter und attestiert nicht einfach, dass Kleist hier auf die zeitgenössische Situation referiert, sondern vielmehr, dass er an der Produktion eines destabilisierenden Desasterdiskurses beteiligt ist: „Kleist's ‚Earthquake in Chile' documents that the modern disaster discourse has deep historical roots. As I read the short story, Kleist is not just *relating* to the eighteenth-century debate of the Lisbon earthquake; he is also *constructing* modern disaster discourse. To be more precise, he is contributing to the construction of the subset of modern disaster discourse about vulnerability and resilience." (Holm, „Earthquake in Haiti", 65) Diese Lektüren werden von John Hibberds Essay „Heinrich von Kleist and Earthquakes" unterstrichen, in dem er darauf hinweist, dass Kleist auch über Erdbeben berichtet und so über die Novelle hinaus in seinem eigenen Massenmedium an diesem Diskurs mitgearbeitet hat. Friedrich Kittler sieht aber hier nicht nur den Desasterdiskurs am Werk, sondern erkennt in der Geschichte vielmehr einen Reflex auf die Situation Preußens und die Hoffnung nach einer spontanen Insurrektion (Kittler, „Erdbeben in Preußen"), und Talib M. Ibrahim liest das *Erdbeben* als eine Erzählung über die Erschütterungen der Französischen Revolution. (Ibrahim, *Darstellung von Naturkatastrophen*, 149–159)
48 Auf die Bedeutung von Amnesie in der Erzählung weist auch Claudia Liebrand in ihrer detaillierten Lektüre „Das suspendierte Bewusstsein" hin.

Jeronimo mit einer Bewusstlosigkeit und absoluten Verdrängung der vorparadiesischen Ordnung einher. Es geht soweit, dass Jeronimo und Josephe ihre Fluchtpläne aufgeben und wieder in die Stadt zurückkehren wollen. (DKV, III, 209)

6.4.2 Katastrophe und Eskalation

Dieses Vergessen soll sich jedoch als gravierender Fehler herausstellen, da die Gemeinschaft im Dom durch die mäeutische Hilfe des Predigers in die Gegenwart des Moments zurückgebracht wird und sich zur Lynchjustiz hinreißen lässt.[49] Diese Geschichte kann durchaus als eine bittere Adaption eines Novellenmusters gelesen werden, das Goethe mit seinen *Unterhaltungen* aktualisiert hatte. Während in der Tradition des *Decamerone* das Erzählen außerhalb der Stadt in Sicherheit geschieht, um dann potentiell wieder sicher zurückkehren zu können, wird das gesellige Erzählen in einer sicheren Zone bei Kleist zu einer trügerischen Illusion. Durchaus vereinbar mit Boccaccio und Goethe, ist das paradiesische Tal ein Ort des Erzählens, in dem von den Schrecken, Wundern und Heldentaten während des Erbebens berichtet wird (DKV, III, 205), aber es sind genau diese novellistischen Erzählungen von Heldentaten, die dann Jeronimo und Josephe dazu bewegen zurückzukehren, und so zu ihrem Tod führen.[50]

Es geht in dieser Erzählung aber noch um mehr als um ein ironisches Spiel mit der Novelle, es geht um die Konstitution von Gegenwart bzw. Aktualität. Die Forschung verweist immer wieder darauf, dass Kleist hier nicht wirklich das Erdbeben in Chili, sondern das in Lissabon meinte, das durch sein ungeheures Leid maßgeblich zu einer neuen Diskussion über die Gerechtigkeit Gottes führte.[51] Ich

---

[49] Als der Prediger in der Kirche auf einen Riss als Überbleibsel des Erdbebens hinweist und die Gemeinschaft an das Vergehen von Jeromino und Josephe erinnert, formiert sich der Lynchmob, der die beiden töten wird. (DKV, III, 215)

[50] Claudia Liebrand stellt heraus, dass das Erzählen zu einem Verdrängungsmechanismus wird: „Beide, Josephe und auch Jeronimo, holen durch ihr Erzählen nicht das Vergangene ein, stellen sich nicht den Erfahrungen der Desintegration, des Bruchs, dissoziierter Subjektivität, um die verlorene Kontinuität in der Erinnerung wieder zu stiften. Ihr Erzählen, das mehr ein Vergessen als ein Erinnern ist (so werden die durchaus als Skandalon zu begreifenden Momente der Vergangenheit eliminiert), ist begleitet von Leugnung und Verdrängung, von der entschiedenen Umdeutung von irritierenden Zeichen, in denen Gewesenes aufbewahrt ist." (Liebrand, „Das suspendierte Bewusstsein", 104) Anders als beim *Decamarone* wird also das Erzählen nicht zum Überleben, sondern zum Tod führen, denn genau diese Verdrängung wird die beiden zurück in die Stadt locken, wo sie dann umkommen.

[51] Siehe hier beispielsweise Christoph Webers „Santiagos Untergang – Lissabons Schrecken". Ein neuerer Beitrag, der in dem Text eine Auseinandersetzung mit der Theodizeefrage sieht, ist

möchte nicht bestreiten, dass man diesen Aspekt bei dieser Erzählung durchaus mitdenken muss, aber das eigentlich Novellistische, Neue scheint doch nicht in dieser Frage zu liegen.

Es stimmt, dass dieser Text von einem recht blutigen Gerechtigkeits- bzw. Rechtsdiskurs gerahmt wird. Zunächst geht es um die Verurteilung von Jeronimo und Josephe, und dann um den Lynchmob, dessen Handlung in Anschluss an dieses Urteil zu verstehen ist. Was diesen Text aber bei Weitem interessanter als die Frage nach der Gerechtigkeit macht, ist, dass es hier zu sozialen Dynamiken kommt, die sich spontan entladen.[52] Zunächst gibt es die Konstitution einer utopischen Gesellschaft im Tal, dann die spontane Entladung einer anderen, gewalttätigen sozialen Dynamik im Dom. Beide Ereignisse treten ein, ohne dass sie gezielt von einem Führer begonnen worden wären.

Dieser Text fragt, wie singuläre Ereignisse zustande kommen – dies ist ein Text über die soziale Dynamik von Revolutionen, und das heißt natürlich auch über die Französische Revolution. In diesem Sinn ist das *Erdbeben* ein hochaktueller Text, der eine Analyse von sozialen Dynamiken in modernen Gesellschaften gibt. Es wäre dabei aber wohl zu kurz gegriffen, diesen Text einfach als Propaganda für einen spontanen Guerillakrieg zu verstehen, es ist ein Text, der durchaus kritisch das Potenzial von Volksmassen reflektiert und sowohl die utopische als auch die destruktive Kraft sozialer Dynamiken beschreibt. Es ist ein Text, der sich nicht eindeutig für die spontane Selbstbefreiung des Volkes ausspricht, sondern als novellistischen Gehalt deren Polaritäten durchspielt. Diese Ambivalenz macht ihn auch moralisch so schwer zu beurteilen, und vielleicht ist der Gehalt dieser Erzählung auch mehr in einer Ästhetik des Sensationsjournalismus zu verorten, der sich besonders auf spontane und somit unvorhersagbare Phänomene fokussiert.[53] Dass eine solche Optik, die auf unvorhersagbare Ereignisse abhebt,

---

Konrad Kirschs Aufsatz „Die Gesellschaft in St. Jago". Kirsch liest die Novelle als eine Reflexion über die heilige Familie.

52 Friedrich Kittler hat auf diese Dynamik hingewiesen und sieht darin eine Anspielung auf die „unsichtbare Hand" von Adam Smiths Ökonomie. (Kittler, „Erdbeben in Chili und Preußen", 36)

53 Robert H. Brown weist in seinem Essay „Fear of Social Change" darauf hin, dass es in dieser Novelle nicht um die Identifizierung einer richtigen moralischen Position geht, sondern um die Dynamiken und Ambivalenzen, die einen solchen Standpunkt in modernen Gesellschaften immer wieder unterlaufen: „[...] Kleist's ‚Erdbeben' explores contemporary social conflicts and their possible outcomes as frightening dilemmas with no easy solutions." (Brown, „Fear of Social Change", 456) Eine solche Gesellschaft befindet sich in einer permanenten Veränderung, die dann durch neue Massenmedien immer weiter kommuniziert wird.

zentral für Kleists Schreiben ist, wird besonders bei seinen Anekdoten sichtbar, die in ihrer Grausamkeit dem *Erdbeben* kaum nachstehen.[54]

6.5 Anekdoten

Während die Novellen Texte sind, die die Demarkierung von journalistischem und literarischem Schreiben zur Diskussion stellen, sind Kleists Anekdoten noch stärker an den journalistischen Diskurs angeschlossen.[55] Sembdner hat in seiner Kleist-Ausgabe die kürzeren Texte aus den *Berliner Abendblättern* in verschiedenen Kategorien organisiert. Er bildet die Kategorie der „Anekdote", der „kleinen Schriften" (worunter unter anderem auch der *Allerneuste Erziehungsplan* und das *Marionettentheater* fallen), der „Berichterstattung" und „Tageskritik" (in die neben den Polizeimeldungen aus den *Berliner Abendblättern* auch redaktionelle Bemerkungen fallen). Diese Aufteilung führt eine entscheidende mediale Verschiebung durch. Sie nimmt die Texte aus ihrem Zusammenhang in den *Berliner Abendblättern* und verschleiert, wie sie in dieser Zeitschrift nebeneinandergeschaltet wurden. Sembdner hat auch eine Faksimile-Ausgabe der *Berliner Abend-*

---

[54] Fritz Breithaupt merkt in seinem Aufsatz „Kleists Anekdote und die Möglichkeit von Geschichte" an, dass Kleists Erzählungen der Kontingenz auf eine Destabilisierung von Institutionen ausgerichtet sind und seine Publikationsstrategien sich gegen Habermas' Vorstellungen der öffentlichen Medien richten, die laut Habermas auf Rationalität und Konsens ausgerichtet seien. Breithaupt betont, dass Kleist mit den *Abendblättern* und den in ihnen enthaltenen Anekdoten genau gegen eine solche stabilisierende Dynamik von Kommunikation anschreibt. (Breithaupt, „Kleists Anekdoten", 351)

[55] Die Forschung hat die Funktion der kleistschen Anekdoten als die Darstellung von Kontingenz identifiziert. Christian Moser etwa schreibt: „Um es pointiert zu formulieren: Die Anekdote generiert Bedeutung (und wehrt auf diese Weise Kontingenz ab), indem sie das Kontingente bewusst evoziert. Sie balanciert auf der Schwelle zwischen dem Zufälligen und dem Sinnhaften, der Kausalität und der Koinzidenz." (Moser, „Ankedotisches Erzählen", 176) Diese Kontingenz gehört zum Strukturmerkmal der Zeitungsmeldung, da die Zeitung immer von Veränderungen berichten kann, die sich schlussendlich nur als kontingent verstehen lassen. Wolfgang Struck weist aber noch auf ein weiteres Strukturmerkmal hin, das die Anekdote mit der Tagesberichterstattung kurzschließt: „Das [...] Spiel von Ferne und Nähe bestimmt in erster Linie die Anekdoten, die nicht zufällig die markanteste Textsorte der *Abendblätter* bilden. Sie ermöglichen es genau deshalb, in das Spannungsfeld profaner Tagesnachrichten und prätendiertem Sinn einzutreten, weil sie sich auf das Modell der ‚geheimen Geschichte' rückbeziehen, einer Geschichte, die in irgendeiner Weise aus der Fremde kommt und die es zumindest vorläufig notwendig macht, sich auf ihre – möglicherweise verquere, fremde, undurchsichtige – Logik einzulassen." (Struck, „Kunst des Anekdotisierens", 199)

blätter herausgegeben, an der man klar sehen kann, dass hier verschiedenste Beiträge gleichberechtigt nebeneinander standen, und selbst als „Opener" kamen alle möglichen Textgattungen in Frage. Diese Anmerkung ist nicht so sehr als eine Kritik an Sembdners Herausgabepraxis gemeint, sondern soll vielmehr bewusst machen, dass die Gattungszuschreibungen, besonders die der Texte in den *Berliner Abendblättern*, aus einer bestimmten editorischen Praxis und nicht aus einem zeitgenössischen literarischen Diskurs stammen. Die Texte, die Sembdner unter der Überschrift „Anekdote" versammelt, sind von Kleist nur teilweise mit dieser Genremarkierung versehen worden. Darüber hinaus sind diese Texte auch thematisch so ungeheuer heterogen, dass man vor allem ihre Kürze als ein gemeinsames Merkmal bezeichnen muss.

6.5.1 Pointiertes Erzählen

Kleists Anekdoten drehen sich um einige motivische Komplexe, ohne vollständig darin aufzugehen. Zunächst gibt es die Kriegsanekdoten, wie „Anekdote aus dem letzten preußischen Kriege" (DKV, III, 356–357), es gibt eine Reihe von Erzählungen, die eine große darstellerische Freude an äußerst grausamen und blutigen Szenarien haben wie „Mutterliebe" (DKV, III, 375) oder „Anekdote (Baxer)" (DKV, III, 366–367), oder einfach seltsame Absurditäten ausstellen, wie „Der Branntweinsäufer" (DKV, III, 360). In dieser Aufzählung fehlen dann aber die Geschichten wie „Gottes Griffel" (DKV, III, 355), die Rechtsdiskurse thematisieren, oder einige Anekdoten, die Miniaturen oder Alternativen zu Kleists Novellen sind, wie beispielsweise „Geschichte eines merkwürdigen Zweikampfs" (DKV, III, 383–385) oder „Sonderbare Geschichte" (DKV, III, 368–371). Diese Heterogenität zeigt, dass die literarische Produktion von den Erfordernissen der Zeitung getragen wurde, immer wieder neue Informationen zu generieren. Kleist hatte hier nicht den Raum, einen bestimmten Motivkomplex auszuarbeiten, er musste vielmehr ständig zwischen verschiedensten Materialien hin und herspringen, um Innovation zu simulieren. Diese Produktionsnotwendigkeit ist diesen Texten durchaus anzumerken. Zunächst bestehen sie nicht wie Kleists Novellen aus einer ständigen Folge von Wendepunkten, sondern suchen eine klare Pointe, die nur allzu oft in recht flachen Brutalitäten und Obszönitäten aufgeht. Beispielsweise gibt es in der „Anekdote aus dem letzten Kriege" (DKV, III, 361) den preußischen Renegaten, der, nachdem er von französischen Truppen aufgegriffen wurde, darum bittet, in den After geschossen zu werden.

6.5.2 Journalismus oder Anekdote?

Der Text *Mutterliebe* bildet die Miniaturform eines tragischen Szenarios, in dem Kinder von einem tollwütigen Hund zerfleischt werden, die Mutter den Hund erwürgt, ihre Kinder gerade noch beerdigen kann, um dann wenige Tage später selber an den Folgen der Tollwutinfektion zu sterben. Dieser kurze Text spielt mit durchaus etablierten Topoi, ist sehr populär geschrieben und, was vielleicht noch entscheidender ist, es ist recht unklar, warum dieser Text eine Anekdote sein soll. Er ist mit einer klaren Orts- und Zeitmarkierung versehen: „Zu St. Omer im nördlichen Frankreich ereignete sich im Jahr 1803 ein merkwürdiger Vorfall", (BA, II, 39) und könnte genauso auch als ein Element der Tagesberichterstattung angesehen werden, zumal die Nachricht von einem tollwütigen Hund in den *Abendblättern* auftaucht. (BA, I, 45) Aber selbst diese faktische Meldung erhält noch eine literarische Wendung dadurch, dass der Hund, der daraufhin erschossen wurde, wahrscheinlich gar nicht tollwütig gewesen war.

Es ist aber nicht einfach so, dass Kleist den Unterschied zwischen fiktionalem und faktischem oder journalistischem und anekdotischem Schreiben durch die Juxtaposition dieser Texte verschleift. Die klare Markierung dieser Texte ist durchaus wichtig, wie aus folgendem Erratum in den *Berliner Abendblättern* klar wird.

> In dem gestrigen Abendblatte ist aus einem Versehen die Rubrik: Polizeiliche Tages-Mittheilung *über* dem Artikel vom tollen Hunde in Charlottenburg gedruckt, anstatt *nach* diesem Artikel zu folgen; der Artikel ist keine Tages-Mittheilung und seine Fassung beruht bloß auf der Redaction. (BA, I, 50)

Hier wird gezeigt, dass die Trennung von journalistischen und erzählerischen Texten mehr mit redaktionellen paratextuellen Einordnungen als mit Referentialität zu tun hat. Die Meldung um den tollwütigen Hund war eigentlich gar keine Meldung, sie war eine Erzählung, und somit zeigt Kleists redaktionelle Anmerkung, wie nah novellistisches und journalistisches Schreiben zusammenliegen – sie sind für den Leser nicht mehr zu unterscheiden.[56] Neuigkeiten und Anekdoten zeichnen sich durch ihre verkürzte, auf den Punkt gebrachte Thematik aus, und können nur durch paratextuelle Markierung voneinander unterschieden werden. Aber Kleist nutzt genau diese Markierungen, um literarisches und journalistisches Schreiben um so näher aneinander zu führen.

---

[56] Sibylle Peters weist darauf hin, dass man wohl davon ausgehen kann, dass Kleist diesen „Druckfehler" fingiert hat. (Peters, *MachArt*, 118)

Kleist baut hier eine geschickte Logistik des Medialen auf. Er versteht, dass die Illusion von Wahrhaftigkeit nicht aus der Fiktion allein gestiftet werden kann, sondern durch eine Kontamination mit dem Faktischen geschehen muss. Ironischerweise vollzieht Kleist diese Kontamination durch eine klare Abgrenzung dieser Bereiche, die dann motivisch in eine Kommunikation miteinander gebracht werden. Das Medium der Zeitung ist das Instrument, in dem diese heterogenen Funktionen nahtlos miteinander verschaltet werden können.

Die Texte in Kleists *Abendblättern* sind nicht einfach klaren Sparten zuzuordnen, sie befinden sich in einer dynamischen Interaktion miteinander. Das Fiktionale soll das Faktische ins Wunderbare treiben und das Wunderbare soll durch die Einbettung ins Faktische glaubhaft gemacht werden. Der Text *Charite Vorfall* macht dieses Verfahren exemplarisch klar. Dieser Text, der davon handelt, wie ein unglücklicher Mensch immer wieder in Kutschenunfälle verwickelt und dadurch furchtbar entstellt wird, muss dem Leser der *Berliner Abendblätter* bekannt vorgekommen sein, denn am 7. Oktober gab es die Meldung von einem vergleichbaren Kutschenunfall in den „Polizei-Rapports".

> Ein Arbeitsmann, dessen Namen noch nicht angezeigt ist, wurde gestern in der Königsstraße vom Kutscher des Professor Grapengießer übergefahren. Jedoch soll die Verwundung nicht lebensgefährlich sein. (BA, I, 40)

Man kann hier natürlich vermuten, dass Kleist gerne aus schreibökonomischen Gründen die Themen seiner Nachrichten recycelte (Brände und Blitzschläge sind ein anderes Beispiel, auf das ich im letzten Kapitel genauer eingehen werde), aber diese Erklärung greift zu kurz, weil sie die Wirkung auf die Rezeptionshaltung ignoriert. Kleists Zirkulation von Themen aus den verschiedenen Bereichen seiner Zeitung lässt eine neue Art von Literatur entstehen, die jenseits einer Differenzierung von fiktionalem und faktischem Schreiben steht, und vielleicht so das eigentlich Novellistische in Kleists Werk ausmacht.

6.6 Zusammenfassung: Journalistisches Schreiben als eine Beschreibung der Moderne

In diesem Kapitel habe ich gezeigt, wie Kleists Schreiben maßgeblich von seiner medialen Umgebung geprägt wurde. Kleists erzählerische Texte zeichnen sich dabei dadurch aus, dass sie den literarischen und journalistischen Diskurs zusammenlaufen lassen. Gerade seine Texte in den *Berliner Abendblättern* lassen durch parasitäre Strategien diese Formen des Schreibens gegeneinander laufen und verwischen gezielt diese Differenz, um auch aus der literarischen Imagination Tagesnachrichten entstehen zu lassen. Dies hat sicherlich ökonomische und schreibpragmatische Gründe, denn diese Texte werden zur unmittelbaren Vermarktung produziert. Es wäre jedoch falsch, durch diesen medienökonomischen Kontext diesen Texten ihre Bedeutung abzusprechen. Kleists Texte zeichnen sich gerade durch diese enge Verzahnung von Literatur und Medienpraxis als hochmodern aus, bzw. formulieren implizit eine Beschreibung der Moderne.

Kleists Moderne ist dabei durch Direktheit gekennzeichnet. Kommunikation in der Moderne, und das heißt, in der Präsenz von Massenmedien, richtet sich ihrer Funktion nach nicht primär auf das Speichern, sondern auf das Hervorbringen von Information. Dies ist genau das, was die Novelle macht. Die Novelle beschreibt nicht einfach, sie produziert neue Ereignisse. Aus diesem Grund ist die Gattung Novelle relativ neutral zu ihrem Thema und kann sowohl aktuelle als auch historische Ereignisse aufnehmen. Es ist nicht wichtig, dass sie „novelle" (also neu) sind, sie sollen dem Leser so erscheinen.

Wie ich in diesem Kapitel diskutiert habe, setzt Kleist viel daran, die Ereignisse der Erzählungen in die Gegenwart des Lesers zu katapultieren. Es geht Kleist darum, eine Evidenz zu erzeugen, die den Leser spüren lässt, dass die Erzählung nicht einfach historisches oder fiktionales Material ist, sondern ihn auch unmittelbar betrifft: Die Annonce der Marquise ist auch an ihn gerichtet, Congo Hoango kämpft gegen den gemeinsamen Feind Napoleon, und das Erdbeben in Chili führt zu einer Massendynamik, die man in Frankreich sehen konnte und vielleicht auch bald in Preußen sehen wird. Kleists Schreiben nähert sich mit dieser Poetik der kommunikativen Funktion der Zeitungsnachricht an, die suggeriert, dass auch Nachrichten aus weit entfernten Regionen der Welt Relevanz haben oder mindestens von Interesse für die Leser sind. Es kommt hinzu, dass diesem apostrophischen Charakter von Kleists Erzählungen noch der propagandistische Zweck anhängt, gegen Napoleon mobil zu machen.

Was Kleists novellistischen Texten weiterhin anhängt, ist, dass sie ihr Potenzial aus Konstellationen der (Un-)Wahrscheinlichkeit generieren. Es ist dabei entscheidend, dass Handlungsergebnisse oft nicht bewusst auf einen Agenten zurückgeführt werden können, oder dass die Wirkungen von Ereignissen disproportionale Effekte haben. Dies zeichnet das Bild von einer Welt, in der so viele Faktoren ineinandergreifen, dass es immer schwieriger vorherzusagen ist, was geschehen wird. Dies macht es demnach auch möglich, immer mehr Neuigkeiten zu generieren, denn in einer solchen Welt ist nichts mehr selbstverständlich.[57]

---

[57] Diese Ambivalenz, die auf der einen Seite eine große Informationsentropie freisetzt, aber natürlich auch eine existenzielle Unsicherheit mitbringt, hat Jeffrey L. High in dem Aufsatz „Crisis,

Wie ich im Folgenden zeigen möchte, ist dieser Fokus nicht nur ein zentrales Merkmal von Kleists Novellen, er gehört vielmehr zu den Eigenschaften seines gesamten Schaffens und reflektiert auf Vorstellungen von Wahrscheinlichkeit und Komplexität, die um 1800 prävalent werden, und sich besonders im militärischen Diskurs verfestigen.

Denial and Outrage" sehr pointiert wie folgt zusammengefasst: „Losing faith in everything: progressive politics, religious certainty, and secure knowledge, on a short time span is a bad situation to be in, but a good place from which to beginn writing the German novella of modernity." (High, „Crisis", 198)

7 Kleists Wahrscheinlichkeiten

Kleists Texte zeichnen sich durch eine beständige Faszination für komplexe, unvorhersagbare Situationen aus, in denen nichts auszuschließen, sondern mit allem zu rechnen ist. Die kleinsten Irritationen können hier die größten Auswirkungen haben, und bereits 1800, bei seinen Überlegungen zur Wahl eines Studienfaches, gibt Kleist eine Beschreibung der Wirtschaftswissenschaften, die auf eine solche Poetik verweist: „Endlich bleibt es mir noch übrig *die Öconomie* zu studieren, um die wichtige Kunst zu lernen, mit geringen Kräften große Wirkungen hervorzubringen." (DKV, IV, 56) Solche Denkfiguren durchziehen Kleists Werk. Das prominenteste Beispiel dafür ist die Verwechselung der Worte „Küsse" und „Bisse" in der *Penthesilea* – kleinste Einflüsse können gewaltige Auswirkungen haben, was nicht nur zur ökonomischen Wertmaximierung beiträgt, sondern die Welt zu einer potentiell undurchschaubaren Sphäre macht.[1]

Arbeiten wie Pethes' und Hahns Sammelband *Kontingenz und Steuerung* weisen darauf hin, dass die Welt des achtzehnten Jahrhunderts zunehmend als eine Kette von Kontingenzen wahrgenommen wird, in der Sinn nicht mehr einfach gegeben ist, sondern erst mühsam konstruiert werden muss. Wie Pethes und Hahn ausführen, nimmt Literatur in dieser Situation die Funktion ein, diese Kontingenzen zu beschreiben und damit sichtbar zu machen – Kleists Texte tun genau dies.

Wissenschaftshistorisch fällt dieses gesteigerte Bewusstsein für eine sich als immer komplexer zeigende Welt mit der Entwicklung der Wahrscheinlichkeitsrechnung zusammen.[2] Die moderne Wahrscheinlichkeitsrechnung geht dabei auf eine Theorie des Glücksspiels zurück. Am bedeutendsten ist in diesem Zusammenhang der Briefwechsel von 1654 zwischen den Mathematikern Blaise Pascal und Pierre Fermat. Das zentrale Problem, dem sich die beiden Denker stellten,

---

[1] Diese Figuren erinnern an chaostheoretische Überlegungen, nach denen es unmöglich ist, genau vorherzusagen, wie sich ein System entwickeln wird, weil eine so große Anzahl von Faktoren in einem dynamischen Wechselspiel steht, dass die Prozesse nicht einfach linear (also vorhersagbar) ablaufen, sondern sich dem Chaos öffnen. Für einen Überblick über diese Modelle siehe James Gleicks Buch *Chaos: Making a New Science* und den besonders in Hinsicht auf den militärischen Bereich relevanten Text *Chaos Theory: The Essentials for Military Application* von Glenn E. James und Bianca Theisens Artikel „Chaos – Ordnung" in *Ästhetische Grundbegriffe*.
[2] Zu den Standardwerken zur Geschichte der Wahrscheinlichkeitstheorie gehören Lorraine Dastons *Classical Probability in the Enligthenment* und Ian Hackings *The Emergence of Probability*. Rüdiger Campe hat mit seiner Habilitation *Spiel der Wahrscheinlichkeiten* diesen Forschungsschwerpunkt noch um eine wichtige kultur- und literaturwissenschaftliche Nuance erweitert und auf das Verhältnis von Wahrscheinlichkeitsrechnung und der Emergenz neuer literarischer Formen hingewiesen.

war, wie man bei einem Glücksspiel den Wetteinsatz verteilen könnte, wenn das Spiel vor Ende abgebrochen würde. Christaan Huygens nahm diese Diskussion auf und entwickelte sie in seinem Text *De ratiociniis in ludo aleae* (1657) weiter. Begründer der modernen Wahrscheinlichkeitslehre, die dann auch die Grundlage für Statistik bilden sollte, war Jacques Bernoulli.

In seinem 1713 posthum erschienenen Buch *Ars Conjectandi* führt er die Idee ein, dass man die Wahrscheinlichkeit eines Ereignisses besser prognostizieren könne, wenn man seine Beobachtung auf eine große Datenmenge stütze. Diese Vorstellung wurde von Abraham de Moivre hin zu dem Konzept der Normalverteilung weiterentwickelt, das er in der zweiten Auflage seiner *Doctrine of Chance* (1718) artikulierte. Schließlich war es der französische Mathematiker Pierre-Simon Laplace, der 1812 in seinem *Essai philosophique sur les probabilités* die Wahrscheinlichkeitstheorie zu einem wissenschaftlichen und epistemologischen Grundgerüst ausbaute.

Das Bedeutende an der Wahrscheinlichkeitstheorie ist, dass sie die hypostasierte Komplexität der Welt (also die Wahrscheinlichkeit oder Unwahrscheinlichkeit, mit der ein Ereignis eintritt) nicht reduziert, sondern operationalisiert. Beispielsweise setzt die Statistik dem Einzelfall das Gesetz der großen Zahl entgegen und entwickelt eine Mathematik bzw. Perspektive, die von Häufungen ausgeht, den Sonderfall nicht ausschließt, sondern zu einer parasitären Störung erklärt. Wie ich in diesem Kapitel zeigen werde, kommt es bei Kleist zu einer Art von Reverse Engineering dieser Struktur – da wird als novellistisch dargestellt oder stellt sich als novellistisch dar, was sich jeglicher Häufung entzieht. Dass dies nicht nur ein Bild für Kleists Schreibprozess war, bezeugt ein Brief, in dem er sich Gedanken über Wahrscheinlichkeiten macht. Er teilt darin seiner Schwester folgende Überlegungen mit, die nicht nur ökonomischer Natur, sind sondern auch klar Wahrscheinlichkeiten miteinbeziehen:

> Ich scheibe Dir hier folgende Berechnung auf, welche Du während Deiner Herreise prüfen kannst.
> 1. Die Pferde sind, da das Frühjahr u der Marsch (denn es rücken von hier einige Regimenter ins Feld) zusammenkommen, sehr theuer u wir können rechnen, daß 2 Pferde jetzt wenigstens 10 Fr.d'or mehr kosten, als sie unter günstigeren Umständen gekostet haben würden. Sie sind bei unsrer Rückkehr, wo der Winter (u vielleicht auch der Friede) eintritt, sehr wohlfeil, überdieß auch nach der Wahrscheinlichkeit schlechter geworden; also kann man rechnen, daß wir wenigstens bei ihrem Verkauf 20 Fr. daran verlieren.
> 2. Sie kosten uns monatlich (mit dem Kutscher) wenigstens 6 Fr.d'or, macht für 6 Monate 36 Fr.d'or.
> 3. Man kann Unfälle nach der Wahrscheinlichkeit in Anschlag bringen u etwa annehmen, daß von 10 Reisen durch Krankwerden u Fallen der Pferde eine verunglückt. Man müßte also für jede Reise den 10^t Theil des Pferdepreises in Anschlag bringen, macht, die Pferde zu 50 Fr.d'or gerechnet, 5 Fr.d'or.

Also 20 Fr.d'or
36
5

Summa 61 Fr.d'or.
4. Dagegen kann man rechnen, daß man zwar, durch die Chikane der Postbedienten, der Wagen mag noch so leicht sein, nach der Regel 3 Extra-Post-Pferde zu nehmen gezwungen ist; es muß aber durch Geschicklichkeit oft gelingen (besonders in Frankreich, wo man, wie ich häufig höre, sehr wohlfeil reisen soll,) mit 2 Pferden wegzukommen; auch kann man gelegentlich mit Bauernpferden reisen. Gesetzt nun, man müßte die Hälfte der ganzen Reise nach Paris, das heißt 60 Meilen, 3 Pferde bezahlen, macht (in preuß. Staaten à 12 gr, in Frankreich aber weit wohlfeiler à 8 gr, also das Mittel à 10 gr) 60 x 30 = 1800 gr, zweimal genommen (nämlich hin u zurück) 3600 gr = 150 Rth Gesetzt ferner, man könnte nur 1/4 der ganzen Reise, also 30 Meilen, mit 2 Pferden wegkommen, macht 30 x 20 x 2 = 1200 gr = 50 Rth. Gesetzt endlich, man könnte nur das letzte Viertel der Reise mit Bauernpferden à 6 gr fahren, macht 30 x 12 x 2 = 720 gr = 30 Rth.
Also 150 Rth.
50 ------
30 ------
----
230 Rth.
Gesetzt, da Alles wohlfeil gerechnet, auch das Biergeld für Postillione vergessen ist, die ganze Reise kostete 70 Rth mehr, als dieser Anschlag, so würde doch der Betrag nicht größer sein, als 300 Rth. (DKV, IV, 211–212)

Kleist geht bei seinen finanziellen und logistischen Überlegungen zur geplanten Reise nicht von festen und unveränderlichen Gegebenheiten aus, er versucht vielmehr sehr genau alle möglichen Probleme mit einzukalkulieren. Er ist sich der Bedeutung von Wahrscheinlichkeiten augenscheinlich sehr bewusst und versucht sie gezielt zu operationalisieren, um mögliche Probleme abzufedern. Dieser Text präsentiert damit das invertierte Verfahren der Novelle und zeigt einen durchaus modernen Gebrauch der Wahrscheinlichkeit. Wahrscheinlichkeit wird hier nicht benutzt, um Unsicherheiten zu beschreiben. Es ist umgekehrt, die Wahrscheinlichkeiten von Unfällen und Störungen werden als Paradigma genommen, um Redundanzen einzubauen, die dann sicherstellen sollen, dass die Friktion der Realität nicht die Reise stören wird. Kleists ästhetisches Verfahren ist diametral einer solchen Logik entgegengesetzt und inszeniert vielmehr Szenarien, die trotz ihrer eigentlichen Gewissheit sich im Chaos und in der Komplexität auflösen. Kleist macht klar, dass in jeder Situation immer das Chaos durchbrechen kann.

Mit besonderer Deutlichkeit wird diese Frage von Wahrscheinlichkeiten in drei Texten abgehandelt: *Unwahrscheinliche Wahrhaftigkeiten*, *Der Zweikampf* und *Der Findling*. In allen diesen Texten geht es darum, dass sich die Handlung durch unerwartbare und zunächst wenig bedeutsame Ereignisse in eine Richtung entspinnt, die man unmöglich aus der anfänglichen Konstellation hätte ableiten können. Abschließend werde ich noch einmal auf das *Marionettentheater* eingehen, das eine quasi technische Implementierung dieser Struktur beschreibt.

7.1 *Unwahrscheinliche Wahrhaftigkeiten*

Es besteht eine enge Verbindung von Komplexität und Wahrscheinlichkeit bzw. Unwahrscheinlichkeit. Komplexe Situationen zeichnen sich dadurch aus, dass es äußerst schwierig ist vorherzusagen, wie sich eine Situation verändern wird. Medial wird dieses Weltbild, das darauf fußt, dass die Tagesereignisse nicht mehr einfach Trivialitäten sind, sondern Neuigkeitswert haben können, durch die Zeitungen transportiert. Die Zeitungen sind, wie ich im Kapitel zu Kleists Novellen diskutiert habe, Symptom und Erzeuger einer gesteigerten Komplexität, weil sie davon abhängen, dass die Welt sich ständig so verändert, dass Situationen entstehen, die eine Nachricht sind. Bei der Frage von Komplexität in Kleists Werk nimmt die kurze Anekdote bzw. Anekdotensammlung *Unwahrscheinliche Wahrhaftigkeiten* einen äußerst zentralen Ort ein,[3] da dieser Text als ein Zeitungsartikel diese Struktur der Pressenachricht selbstreferentiell bereits im Titel reflektiert

---

[3] Rüdiger Campe widmet in seinem Buch *Spiel der Wahrscheinlichkeiten* ein ganzes Kapitel dieser Erzählung und beschreibt sie als eine Miniaturform bzw. Theorie des Romans. (426) Damit stellt er diese Erzählung in einen anderen medialen Kontext als ich. Es ist dabei entscheidend, dass Campe das romanhafte Erzählen in Beziehung zum wissenschaftlichen Experiment setzt und den Roman quasi zu einem Diskursraum der Kontingenz erklärt. Über die *Unwahrscheinlichen Wahrhaftigkeiten* führt er aus: „Die Radikalität der *Unwahrscheinlichen Wahrhaftigkeiten* hat ihren Grund darin, daß das probabilistische Ereignis in Kleists Geschichten zwei Züge hat: Es ist ein singuläres Ereignis und ein kontingentes, also in der Serie der Wiederholungen markiertes Ereignis. Die phantasmatische Gegenwart, in der in der dritten Geschichte die Explosion geschieht und der Körper des Fahnenjunkers vom einen auf das andere Scheldenufer geschleudert wird, vereinigt offenbar den Charakter des Explosiven und des militärischen Vorgangs aus der ersten mit dem des experimentell nachzustellenden Naturschauspiels der zweiten Geschichte. In der zweiten Geschichte ist Unsichtbarkeit des Ereignisses ‚selbst' ein ebenso prachtvolles wie scheinbar zufälliges Schauspiel: Man geht tagelang zum Ufer, um den Sturz des Felsen zu sehen; dann ist man im entscheidenden Augenblick beim Mittagessen. Das ist eine naturwissenschaftliche Geschichte par excellence; eine Geschichte aus dem Labor des *Experimentalphysikers*." (Campe, *Spiel der Wahrscheinlichkeiten*, 433) Was diese Situation des Experimentallabors mit dem Medium der Zeitung verbindet, ist, dass beide Institutionen Kontingenz beobachten, und es ist kein Zufall, dass die Fieberkurven der Börse oder der Wetterberichte ihren Ursprung in der graphischen Methode von Experimentallaboratorien haben. Dale Adams' Lek-

– Nachrichten zeichnen sich eben dadurch aus, dass sie Neuigkeitswert besitzen, also zu einem gewissen Grad unwahrscheinlich sind, aber auf jeden Fall glaubhaft sein müssen.

7.1.1 Spiel der Wahrscheinlichkeiten

Kleists kurzer Text stellt eine hochkomprimierte Novellentheorie aus,[4] die sich dann inhaltlich um eine Bestimmung von Komplexität dreht. Die kurze Erzählung eröffnet mit einem poetologischen Diskurs, der zentral auf die Frage der Wahrscheinlichkeit eingeht:

> „Drei Geschichten," sagte ein alter Offizier in einer Gesellschaft, „sind von der Art, daß ich ihnen zwar selbst vollkommenen Glauben beimesse, gleichwohl aber Gefahr liefe, für einen Windbeutel gehalten zu werden, wenn ich sie erzählen wollte. Denn die Leute fordern, als erste Bedingung, von der Wahrheit, daß sie wahrscheinlich sei; und doch ist die Wahrscheinlichkeit, wie die Erfahrung lehrt, nicht immer auf Seiten der Wahrheit." (DKV, III, 376)

Der alte Offizier bringt hier die Probleme des novellistischen Erzählens, die Unanschaulichkeit mathematischer Wahrscheinlichkeitsanalyse und die medialen Bedingungen der Zeitungsmeldung in einer komprimierten Form vor. Zunächst verweist er darauf, dass das Erzählerische sich an dem Wahrscheinlichen orientiert und somit durchaus noch glaubhaft ist, weil es nicht in einem zu klaren Konflikt mit Erfahrungswissen steht. Die radikale Unwahrscheinlichkeit vom Tatsächlichen scheint somit aus dem Bereich des Narrativen herauszufallen. Der

---

türe der *Unwahrscheinlichen Wahrhaftigkeiten* geht nicht so sehr von der Verbindung von Wahrscheinlichkeit und Kontingenz aus, sondern untersucht die epistemologische Frage wie Wahrheit und Wahrscheinlichkeit zusammenhängen, und liest Kleists Erzählen als epistemologische Kritik: „Kleists Erzählung situiert sich genau an der Schnittstelle zwischen diesen Kategorien und führt sie auseinander. Der Punkt, so wird hier argumentiert, an dem der Bruch geschieht, ist aber die Kategorie des *Wissens*. In einem Text, in dem auf den ersten Blick das Verhältnis von Wahrscheinlichkeit zu Wahrheit auf dem Spiel steht, wird Schritt für Schritt demonstriert, wie unter der Bedingung von unvollständigem Wissen die beiden nicht aufeinander zu beziehen sind." (Adams, „Unwahrscheinliche Wahrhaftigkeiten", 220)

[4] Wolfgang Struck merkt an, dass diese Erzählung nicht so sehr eine Theorie des Romans ist, wie Campe es vorschlägt, sondern eine Theorie der Anekdote ausstellt (Struck, „Kunst des Anekdotisierens", 199), wobei er die Anekdote explizit als die Erzählform der Kontingenz beschreibt: „Das Wissen der Anekdote ist ein Wissen darum, dass etwas anders sein könnte." (Struck, „Kunst des Anekdotisierens", 205)

Offizier bzw. Kleist kann aber dieses Problem durch die Novellenrahmung kompensieren. Die *Unwahrscheinlichen Wahrhaftigkeiten* imitieren die Struktur der Novellensammlung, indem der Offizier als Initiator eines geselligen Erzählens dargestellt wird. Dieser Erzählrahmen, der nun die drei folgenden Geschichten zusammenbindet, setzt die Markierung, dass das, was jetzt erzählt wird, die vorgegebenen poetologischen Muster übersteigen wird. Die Erzählungen sind also nicht dem Wahrscheinlichen, sondern der Wahrscheinlichkeit verpflichtet.

Man kann in dieser doch problematischen Differenzierung den Unterschied zwischen dem, was antizipiert werden kann, und dem, was nicht mehr antizipiert werden kann, sehen. Das Wahrscheinliche ist etwas, was vom Rezipienten durchaus noch erwartet werden kann, aber die Wahrscheinlichkeit (als mathematisches Modell) geht über diesen lebensweltlichen Kontext hinaus. Die Erzählungen sollen solche Ereignisse beschreiben, die von den Zuhörern nicht antizipiert hätten werden können. Dies sind Neuigkeiten in ihrer reinsten Form, weil sie nicht nur über Veränderungen in der Welt informieren, sondern auf unbekannte (neue) Phänomene verweisen.[5] Wenn Kleist diese Erzählung nun in den *Berliner Abendblättern* publizierte, schließt er hier ein dichtes Netz von sich gegenseitig bedingenden Wahrheits- und Wahrscheinlichkeitskonfigurationen miteinander kurz.

Bei diesen Erzählungen ist es aber nicht entscheidend, ob ein heutiger (oder auch damaliger) Leser diese geschilderten Ereignisse für dermaßen unwahrscheinlich gehalten hat, sondern wie Kleists Anekdoten diese Unwahrscheinlichkeit inszenieren.

7.1.2 Unzuverlässiges Militärgerät

Die erste und die letzte Erzählung der *Unwahrscheinlichen Wahrhaftigkeiten* stammen aus dem militärischen Kontext und haben mit unwahrscheinlichen Wirkungen von Kriegsgerät zu tun. Die erste Erzählung handelt von einem Soldaten, der einen Brustschuss mit Austrittswunde am Rücken hat, aber davon anscheinend körperlich nicht beeinträchtigt wurde. Die Erklärung für diesen Vorfall ist, dass die Kugel nicht mehr genug Kraft hatte, durch den Brustkorb in den Körper einzudringen, statt dessen um die Rippen herum bis zum Rückgrat glitt, wo sie dann wieder aus dem Körper austrat.

---

5 In diesem Sinne verweist Campe vollkommen zu Recht auf die Beziehung von Kleists Erzählen zu experimentellen Verfahren. (Campe, *Spiel der Wahrscheinlichkeiten*, 428–431)

Die dritte Geschichte handelt von einem Soldaten, der bei einer Explosion von einem Fluss-Ufer an das andere geschleudert wird, ohne dass er dabei verletzt wird. Nun, was ist daran so unwahrscheinlich, dass die Zuhörer darüber maßgeblich erstaunt sind? Diese beiden Erzählungen haben gemeinsam, dass hier Kriegstechnologien benutzt werden, die aber ihren tödlichen Zweck verfehlen. Das Überleben im Krieg wird zu einer Unwahrscheinlichkeit deklariert, denn Explosionen zerstören und Kugeln töten. Was an diesen Szenen bedenkenswert ist, ist, dass diese Technologien keine präzisen Angriffswaffen darstellten. Kleist muss selber nur allzu gut gewusst haben, dass das Gewehrfeuer auf den Schlachtfeldern um 1800 mehr auf Wahrscheinlichkeitsstreuung als auf genaues Zielen fundiert war. Auch die Explosion in der zweiten Erzählung spielt sich in einem höchst instabilen System ab, hier treiben Schiffe mit einer Explosionsladung einen Fluss herunter; ob sie zum richtigen Zeitpunkt und am richtigen Ort explodieren, ist nicht präzise vorhersagbar.

Was Kleist hier schildert, wird einige Jahre später von Carl von Clausewitz zum neuen Zentrum des militärischen Denkens gemacht werden. Während das achtzehnte Jahrhundert französische und preußische Armeen als reibungslose Kommunikationsmaschinen verstand, konstituiert Clausewitz' Hauptwerk *Vom Kriege* eine Perspektive, die sich radikal von diesen Modellen abwendet. Der „Nebel des Krieges" begleitet jegliche Handlung auf dem Schlachtfeld. Er suspendiert absolute Gewissheit und verwandelt jeden noch so durchdachten Plan in ein Glücksspiel. Alle Möglichkeiten der Vorhersage kollabieren unter den Kampfbedingungen.

Um diese Situation der prinzipiellen Ungewissheit zu beschreiben, führt Clausewitz den Begriff der „Friktion" ein: „Es ist alles im Kriege sehr einfach, aber das Einfachste ist schwierig. Diese Schwierigkeiten häufen sich und bringen eine Friktion hervor, die sich niemand richtig vorstellt, der den Krieg nicht gesehen hat."[6] Friktion ist der zentrale Angelpunkt, um den Clausewitz seine Theorie des Krieges aufbaut. Er versteht diese dabei nicht als einfachen Widerstand, er beschreibt sie als eine Form der Komplexität, die jede militärische Aktion in einen Schleier von Ungewissheit und Zufälligkeit hüllt:

> Diese entsetzliche Friktion, die sich nicht wie in der Mechanik auf wenige Punkte konzentrieren läßt, ist deswegen überall im Kontakt mit dem Zufall und bringt dann Erscheinungen hervor, die sich gar nicht berechnen lassen, eben weil sie zum großen Teil dem Zufall angehören.[7]

---

6 Clausewitz, *Vom Kriege*, 76.
7 Clausewitz, *Vom Kriege*, 77.

Kleist beschreibt in der ersten und dritten Anekdote der *Unwahrscheinlichen Wahrhaftigkeiten* diese Friktion auf der materiellen Ebene von unzuverlässigem Kriegsgerät und spielt damit auf die komplexe Dynamik moderner Kriege an. Die Ereignisse dieser Geschichten sind keine unerhörten Begebenheiten im Goethischen Sinne, sie spielen sich innerhalb von hochkomplexen Systemen ab, in denen nicht mehr einfach zu sagen ist, was als Nächstes passieren kann.[8] Die prognostische Unschärfe wird dann zum zentralen Kern der zweiten Erzählung, die nicht auf einen militärischen Kontext verweist.

7.1.3 Unumkehrbarkeit

Die zweite Geschichte macht deutlich, dass der Begriff der Wahrscheinlichkeit, mit dem Kleist hier spielt, nicht aus einer poetologischen, sondern aus einer mathematischen bzw. physikalischen Tradition stammt. Sie geht noch expliziter als die anderen Erzählungen auf die Fragilität und Komplexität physikalischer Systeme ein. Diese Erzählung berichtet von der Arbeit in einem Steinbruch, bei der es nicht mehr um gezielte menschliche Handlungen, sondern um die Initiation eines irreversiblen Momentes, geht.

> Die Arbeiter pflegen, bei großen Blöcken, wenn sie mit Werkzeugen nicht mehr hinzu kommen können, feste Körper, besonders Pfeifenstiele, in den Riß zu werfen, und überlassen der, keilförmig wirkenden, Gewalt dieser kleinen Körper das Geschäft, den Block völlig von dem Felsen abzulösen. (DKV, III, 377)

Diese physikalische Erklärung kann auch als eine poetologische Kurzform für Komplexität verstanden werden. Es geht hier nicht mehr darum, dass eine zentrale, klar gesteuerte Kraft wirkt, sondern, dass aus der Akkumulation kleinster Faktoren an einem bestimmten Punkt eine Kraft entsteht, die irreversible Folgen hat. Dieses Verhalten wird sicherlich noch bis zu einem gewissen Grad gesteuert, da es von den Arbeitern intendiert ist; es ist aber auch unberechenbar, da sich der Zeitpunkt der Wirkung nicht vorhersagen lässt.

---

[8] Christian Moser identifiziert diese kinetische Komplexität als das verbindende Element zwischen den Erzählungen: „In allen Geschichten treffen jeweils zwei Körper aufeinander (Soldat und Kugel, Fels und Kahn, Fähnrich und Brander), ohne doch direkt zusammenzustoßen. Sie verfehlen einander knapp, schrammen haarscharf aneinander vorbei, was zur Folge hat, dass der zu erwartende Fall ausbleibt und die Falllinie auf eine alineare Flugbahn umgelenkt wird. Die Geschichten handeln somit von ausgefallenen Fällen [...]." (Moser, „Anekdotisches Erzählen", 186)

> Es traf sich, daß, eben um diese Zeit, ein ungeheurer, mehrere tausend Kubikfuß messender, Block zum Fall auf die Fläche des Elbufers, in dem Steinbruch, bereit war; und da dieser Augenblick, wegen des sonderbar im Gebirge widerhallenden Donners, und mancher andern, aus der Erschütterung des Erdreichs hervorgehender Erscheinungen, die man nicht berechnen kann, merkwürdig ist: (DKV, III, 377–378)

Das Besondere an dieser Situation ergibt sich also daraus, dass man es hier mit einem System zu tun hat, das nicht mehr einfach durch deterministisch herunterzubrechende Regeln zu bestimmen ist. Die Beobachtungssituation um den Steinblock simuliert somit die Lage des modernen (zeitungslesenden) Menschen, der sich jeden Tag fragt, was wohl passiert ist. Ein solches System generiert automatisch ständig Informationen, da es nicht klar ist, in welchem Stadium sich dieses System befindet, was dazu führt, dass dieser Steinbruch unter ständiger Beobachtung steht:

> [S]o begaben, unter vielen andern Einwohnern der Stadt, auch wir uns, mein Freund und ich, täglich Abends nach dem Steinbruch hinaus, um den Moment, da der Block fallen würde, zu erhaschen. (DKV, III, 378)

In diesem Moment sind auch keine Neuigkeiten Nachrichten, aber der Moment, in dem sich der Block löst, zur Mittagsstunde, setzt eine Kettenreaktion frei, die zu weiteren unvorhersagbaren Ereignissen führt. Ein Elbkahn, der sich zufällig zum Zeitpunkt des Falls an dieser Stelle des Flusses befindet, wird von der Druckwelle, ausgelöst durch den Felsbrocken, auf das andere Elbufer gesetzt.

Kleists *Unwahrscheinliche Wahrhaftigkeiten* überspannen die Erwartungshaltungen des Zuhörers vielleicht gar nicht so sehr, wie die Vorrede nahelegt. Alle diese Ereignisse können einen wundern lassen, aber sie sind eingebunden in einen physikalischen Erzählkontext, der durchaus Plausibilität generiert und alles klar von den magischen Spielen des Wunderbaren abgrenzt. Es scheint mir hier durchaus bedeutsam, dass es nie um das Übernatürliche geht, sondern um das komplexe Zusammenspiel von physikalischen Faktoren, das schließlich zu unwahrscheinlichen Ergebnissen führt.

In der Tat, im Zentrum aller diese Erzählungen stehen physikalische Phänomene. Die menschlichen Subjekte sind wortwörtlich von diesen Dingen betroffen und verursachen diese Ereignisse nicht. Der Soldat der ersten Erzählung ist ein reines Objekt, das sein Überleben keiner Heldentat verdankt, sondern der Schwäche eines Projektils, das wahrscheinlich relativ ungezielt abgeschossen wurde. Genau so steht es um den Soldaten in der letzten Geschichte, der dann allerdings nicht von einem Geschoss getroffen wird, er avanciert vielmehr selber zur Bombenpost.

Die Geschichte, die die Mittelachse bildet, macht dies deutlich, indem sie nur noch den physikalischen Aufbau eines komplexen Systems darlegt. Um was es in diesen Erzählungen geht, ist also nicht so sehr die poetologische Frage nach der Glaubhaftigkeit des Wahren oder Wahrscheinlichen, es geht darum zu zeigen, dass komplexe Systeme sich nur noch an Probabilitäten orientieren, in denen Wirkungen entstehen und nicht mehr gezielt eingebracht werden können. Kleists Novellen *Der Zweikampf* und *Der Findling* führen diese Struktur ebenso prononciert aus wie die *Unwahrscheinlichen Wahrhaftigkeiten*.

7.2 *Der Zweikampf* und *Der Findling*

Der *Zweikampf* ist vielleicht der dichteste Text Kleists, in dem ein gewaltiges Feuerwerk von Verzweigungen und Verirrungen abgebrannt wird. Zunächst kommt diese Erzählung als ein historisches Narrativ daher, das eine reiche mittelalterliche Kulisse vor dem Leser ausbreitet. Es gibt Grafen, Verschwörungen, Liebesschwüre und den titelgebenden Zweikampf, der als Gottesurteil in einem Gerichtsverfahren entscheiden soll.[9] Es geht in dieser Erzählung um den Mord an Herzog Wilhelm von Breysach, der bei der Rückkehr auf sein Schloss aus dem Hinterhalt erschossen wird. Der Pfeil weist seinen Bruder Graf Jakob, genannt der Rotbart, als möglichen Täter aus. Rotbart hat jedoch ein Alibi, er behauptet, dass er eine Liebesnacht mit der verwitweten Littegard von Auerbach verbracht habe. Als Beweis kann er den Ring von Littegards verstorbenem Mann vorzeigen. Littegard weist dies jedoch von sich, und Friedrich von Trota, ein Vertrauter Littegards, fordert zur Ehrenrettung Littegards Rotbart zu einem Zweikampf heraus, bei dem durch Gottesurteil die Schuldfrage geklärt werden soll. Bei diesem Zweikampf verliert von Trota und wird anscheinend tödlich verwundet. Littegard und von Trota sollen daraufhin auf dem Scheiterhaufen verbrannt werden. Von Trotas Wunden heilen aber sehr schnell, und im Gegensatz dazu verwandelt sich Rotbarts oberflächliche Verletzung in eine tödliche Infektion. Auf dem Sterbebett erfährt er, dass er von der Kammerzofe getäuscht wurde. Er hatte mit ihr anstatt mit Littegard die Nacht verbracht, und er erhält die Nachricht, dass die Zofe ein

---

9 Auch Linda C. Demeritt erkennt in dieser Geschichte keine Darstellung von Kontingenz, sondern vielmehr einen komplexen Erkenntnisprozess: „on two different but interwoven levels, one impersonal and the other societal, a riddle is presented, its answer rendered increasingly obscure, a turning point reached, and the clarity or truth established." (Demeritt, „Role of Reason", 49)

von ihm gezeugtes Kind geboren hat. Daraufhin erklärt er von Trota und Littegard, die bereits auf dem Scheiterhaufen stehen, für unschuldig, gesteht ein, dass er den Mord an seinem Bruder beauftragte, und verstirbt.

Diese äußerst verworrene Erzählung spielt natürlich mit der Mittelalterbegeisterung der Romantik, unterscheidet sich aber auch entscheidend davon.[10] Die Einbildungskraft, die blaue Blume, Poesie, Musik und Dichtung spielen hier – ganz anders als beispielsweise in Novalis' *Heinrich von Ofterdingen* – keine große Rolle. Wie auch beim *Kohlhaas* geht es beim *Zweikampf* um einen Verwaltungsakt.[11] Anders als beim *Kohlhaas* wehrt sich hier aber kein kleiner Untertan gegen die Herrschaftswillkür der Mächtigen. Im *Zweikampf* geht es um große Politik, um das verzweigte Interagieren von Fürsten und Königen.

7.2.1 Die Tat der Zofe

Kleist spannt ein hochkomplexes Netz von Kommunikationen auf, die ständig sich widersprechende Informationen generieren. Zentrum der Erzählung ist dabei eine doppelte Täuschung. Zunächst versucht Rotbart von seiner Täterschaft durch seine Liebesnacht mit Littegard abzulenken. Der ganze Zweikampf entspinnt sich aber überhaupt erst, weil auch Rotbart ein Getäuschter ist. Er ist nämlich von Littegards Kammerzofe hinters Licht geführt worden, die sich als seine ehemalige Geliebte aus Eifersucht an ihm rächen will. Diese Täuschung der Zofe

---

10 Ernst Schubert gibt den interessanten Hinweis, dass es sich bei dem *Zweikampf* um einen Text handelte, der sich mit den Verboten des Duells nach dem Allgemeinen Landrecht auseinandersetzt und so durchaus auf aktuelle Ereignisse in Kleists Gegenwart zu beziehen ist. (Schubert, „Der Zweikampf", 280–281)

11 Azade Seyhan bringt diese bürokratische Tiefenstruktur wie folgt präzise auf den Punkt: „*Der Zweikampf*, as a forum for various articulations – myth, riddle, tragic wonder, gesture – relativizes the legitimacy and ancity of moral discourses inscribed into institutional forms – courts of law, church, imperial rule. Here Kleist transposes his own experience of Prussian bureaucracy onto a fictional medieval past that presages Kafka's allegorical world of bureaucratic nightmares." (Seyhan, „Ethics of Irony", 26) Dass die Geschichte auch eine Erzählung über Verwaltungsprozesse ist, wird spätestens dann klar, wenn Littegard den Kaiser aufgrund der Aktenlage über die Vorkommnisse informiert: „Sie schickte ihm, auf den Rat des Kanzlers, sämtliche über den Vorfall lautende Aktenstücke zu, und bat, in seiner Eigenschaft als Reichsoberhaupt ihr die Untersuchung in einer Sache abzunehmen, in der sie selber als Partei befangen sei." (DKV, III, 319)

bringt damit nicht nur zahlreiche Herrschaftsansprüche ins Wanken, sie verunsichert auch die irdische Gerichtsbarkeit, und nur ein Gottesurteil scheint diese Verwirrungen auflösen zu können.[12]

Hier kommt im Übrigen wieder eine Doppelgängerfigur vor, wie sie für Kleists Texte von der *Familie Schroffenstein* bis zum *Findling* zentral ist. Die Zofe will sich am Grafen rächen und schickt einen Brief als Littegard und lädt ihn ein. Sie empfängt den Grafen verschleiert und gibt sich als Littegard aus. Um ihre Identität aber noch symbolisch zu unterstreichen, gibt sie ihm einen von Littegard gestohlenen Ring. Die anscheinend so überzeugende Evidenz in der Form des Ringes von Littegards Mann ist genauso trügerisch wie das Diadem in *Amphitryon*. Die Zofe hat Littegrad diesen Ring gestohlen, um ihn dann Rotbart zu geben und so die Täuschung perfekt zu machen. Der Ring verstärkt somit die Täuschung und verhindert die Aufklärung, sowohl der Liebesnacht als auch des Mords. Diese kleine Rache aus Eifersucht hat, da sie in der gleichen Nacht wie der Mord geschah, enorme Folgen – ein kleines Techtelmechtel hat ungeheure Auswirkungen, die eigentlich vollkommen außerhalb der Wirkungskraft der Zofe liegen.

Diese Erzählung verhandelt in plakativer Weise Rechtsdiskurse und Machtspiele, allerdings werden alle diese Strategien dadurch entmächtigt, dass minimale Irritationen ungeahnte Auswirkungen haben. Die Zofe setzt sich parasitär in das Netz der Mächtigen, um es dann durch eine List in einer Liebesnacht aufs tiefste zu erschüttern. Der eigentliche Zweikampf dupliziert diese Struktur noch einmal in einer redundanten und somit äußerst expliziten Art und Weise.

---

12 Greiner fokussiert auf diese erkenntnisskeptischen Aspekte der Erzählung und verweist darauf, dass die historische Situierung „gegen das Ende des vierzehnten Jahrhunderts" mit einer neuen Form des novellistischen Erzählens wie dem *Decamerone* zusammenfällt. (Greiner, *Dramen und Erzählungen*, 389) Barbara Belhalfaoui deutet diese komplexen Verschlingungen in einer existenzialistischen Dimension: „Zweikampf bedeutet zunächst vordergründig-anekdotisch das Duell zwischen dem Grafen und Friedrich von Trota; Zweikampf waltet aber auch in Friedrichs Brust als Ausdruck der Dialektik von Absolutheit und ihrer Selbstentfremdung. Zweikampf meint in der Gesellschaft die Überwindung egoistischer Macht- und Habsucht und das Wiederfinden der Menschlichkeit im selbstlosen, die Herzen mit dem Göttlichen verbindenden Vertrauen." (Belhalfaoui, „Zweikampf", 42) Diese Lesart gibt den einzelnen Subjekten aber eine zu starke Handlungsmöglichkeit. Ich lese den *Zweikampf* wesentlich stärker als die Darstellung von Prozessen, die sich der Kontrolle von Individuen entziehen.

7.2.2 Ursache und Wirkung

Der Zweikampf kommt dadurch zustande, dass Littegard die Affäre mit Rotbart bestreitet und ihr Freund Friedrich von Trota ihre Unschuld durch ein Gottesurteil beweisen will. Der Zweikampf erzeugt ein überraschendes Ergebnis. Zu Beginn wird Rotbart leicht an der Hand verwundet, kann aber ohne Probleme weiterkämpfen. Von Trota wird hingegen am Ende des Kampfes so schwer verletzt, dass niemand daran glaubt, dass er die Verletzungen überleben wird. Diese Situation wird sich jedoch schnell umkehren. Die Wunden des schwer verwundeten Ritters heilen schnell ab, und die oberflächlichen Verletzungen des anderen Kämpfers bringen ihm eine solche Infektion ein, dass selbst die Amputation des gesamten Arms ihn nicht mehr retten kann.

Es erscheint nun recht plausibel, diese Konfiguration als so etwas wie die Darstellung einer übergeordneten Gerechtigkeit zu verstehen, bei der das Gottesurteil schlussendlich doch noch basierend auf den faktischen Umständen vollzogen wird, und nicht die Unschuldigen auf dem Scheiterhaufen umkommen.[13] Dies ist durchaus eine Art und Weise diesen Text zu lesen, aber strukturell scheint es mir auch um das Auseinanderklaffen von Ursache und Wirkung zu gehen.[14]

Der Zweikampf stellt eine Welt dar, in der Ursache, Kräfte und Wirkungen nicht in einem eindeutigen deterministischen Verhältnis zueinander stehen. Die gesamte Situation ist so komplex, weil das Verhältnis von Ursache und Wirkung nicht mehr trivial oder klar linear ist. Das setzt nicht die Kausalität außer Kraft, macht es aber schwierig, den Täter zu finden.

Es ist gerade das Spezifische dieses Textes, dass das Verwechslungsspiel der Zofe nicht einfach zu falschen Schlüssen führt, sondern dass es durch den Zu-

---

13 Brian Tucker führt in seinem Aufsatz „Ordeal and Uncertainty" eine interessante Spezifizierung ein, die in diesem Gottesurteil eine durchaus stringente Dynamik erkennt. Er merkt an, dass in dem Text zwei Arten von Gottesurteil durchgeführt werden. Einmal „trial by combat" und im Anschluss „trial by ordeal", als die Frage nach dem Überleben der Wunden. Tucker betont dabei, dass aus einer solchen Perspektive das „Gottesurteil" keineswegs ambig ist, sondern ein klares Ergebnis, nämlich den Sieg Jakobs indiziert. (Tucker, „Ordeal and Uncertainty", 471)
14 Irmela Marei Krüger-Fürhoff macht diese Ambivalenz zwischen Schwere der Verwundung und Schwere der Erkrankung als eine maßgebliche Irritation aus, die Kleist in die Erzählung einführt: „Drittens bricht dort, wo eine Wunde klafft, nicht nur die Unentscheidbarkeit von außen und innen zusammen, sondern – und das ist die Pointe des ‚Zweikampfs' – ihre Polarität verkehrt sich zumindest vorübergehend in ihr Gegenteil: Wenn eine tiefe Fleischwunde zum Oberflächenphänomen verflacht, eine Hautritzung aber Mark und Bein befällt, dann bleibt keine noch so selbstverständlich erscheinende Opposition unangetastet." (Krüger-Fürhoff, „Verwunderter Körper", 29)

sammenfall mit dem Mord zu einer äußerst unglücklichen und unwahrscheinlichen Verkettung von Ereignissen kommt. Diese Zusammenhänge können nicht mehr einfach durch rationales Denken aufgelöst werden, sie fordern vielmehr einen Einsatz zufallsgenerierender Instrumente: Der Zweikampf bzw. das Gottesurteil ist ja genau das: es ist ein Glücksspiel, das dazu dient, eine Entscheidung in der Angelegenheit zu erzwingen.[15]

7.2.3 Der Findling

Aus dieser Konfiguration wird klar, dass *Der Zweikampf* nicht so sehr eine historische Erzählung als vielmehr eine Darstellung von Komplexität in modernen Gesellschaften ist. *Der Findling* extrapoliert ebenfalls, wie wichtig anfängliche Bedingungen für die Entwicklung und dann die Eskalation von Situationen sind. Die Novelle beginnt mit einer kleinen Begebenheit, die extreme Auswirkungen haben soll. Der Kaufmann Piachi begegnet bei seiner Abreise aus Ragusa (das er aus Angst vor einer dort herrschenden Epidemie verlassen will) einem Jungen. Er nimmt diesen erkrankten Junge mit sich, was dazu führt, dass er aus Quarantänegründen wieder zurück nach Ragusa muss, wo der aufgelesene Junge gesund wird und sein eigener, ihn begleitender Sohn, erkrankt und stirbt.[16] Diese chiastische Struktur spiegelt die Situation des *Zweikampfs* wider, bei der der schwer

---

15 Diese permanente Ambivalenz bzw. die plötzlichen Wendungen in der Handlung liest Bernd Fischer als Ironie. Ironie konstituiert dabei für ihn eine spezifische Beobachtungsposition des Lesers. Die Erzählung setze bereits einen Leser voraus, „der von vornherein über genügend kritischen Impetus verfügt, um sich zum widersprechenden Lachen über die Engpässe der aktuellen ‚Lieblingsvorstellungen' reizen zu lassen." (Fischer, „Der Ernst des Scheins", 234)

16 Cornelia Zumbusch reiht diese Erzählung in Kleists „Pestgeschichten" ein. Infektiöse Krankheiten durchziehen in der Tat Kleists Texte. Sowohl Texte wie *Robert Guiskard*, *Die Verlobung in St. Domingo*, als auch Kleists Berichterstattung in den *Berliner Abendblättern* nehmen diesen Infektionsdiskurs auf. Dementsprechend liest Zumbusch den *Findling* auch nicht so sehr als eine Erzählung über Kontingenz und Austauschbarkeit, sondern als ein immunologisches Exemplum, das Schutz nur durch den Ausschluss von Fremdkörpern verspricht. „Der ‚Findling' verhandelt zwar auf den ersten Blick den ungewissen Ursprung und die unkontrollierbare Verbreitung eines von Nicolo verkörperten moralischen Übels. Die Pointe der Erzählung liegt aber darin, dass die getroffenen Schutzvorkehrungen nicht nur scheitern, sondern das Übel erst hervorrufen. Bereits die Substituierungen der Vorgeschichte, die Verluste durch Ersetzungen kompensieren sollen, sind höchst fatale Heilungsversuche. An den Strategien des Absperrens und Verschließens vor der Pestquarantäne, dem pädagogischen Disziplinierungsversuch, bis hin zu Piachis rechtlicher Absicherung der genealogischen Ordnung wird erst recht sichtbar, wie alle nachträglich eingesetzten Regulierungen in ihr Gegenteil umschlagen. Medizinische, affektpsychologische sowie juristische Abwehr, die auf bloße Eindämmung setzen, versagen. In dem

verletzte Ritter genest und der eigentliche, kaum verwundete Sieger des Kampfes stirbt. Was diese Erzählungen jedoch stark voneinander unterscheidet, ist die Zeitdimension, in der die Auswirkungen dieses chiastischen Wechsels bemerkbar werden.[17] Die extremen Auswirkungen der Vertauschung sollen im *Findling* erst Jahre später spürbar werden. Es ist dabei zentral für Kleists Narrativ, dass Nicolo vollständig die Rolle Paolos übernimmt, und die Unterschiede zwischen den beiden Kindern zunächst nivelliert werden.

Die Novelle handelt nun von den Konflikten, die zwischen dem Findling und seinem Ziehvater herrschen. Nicolo zeichnet sich durch einen freizügigen Lebenswandel aus. Er hat eine Affäre mit der „Beischläferin des Bischofs", Xaviera Tartini, die auch nicht durch seine Ehe unterbrochen wird. Als Nicolos Frau bei der Geburt ihres ersten Kindes stirbt, spielt Piachi ihm einen Streich. Der Ziehvater fälscht einen Brief Xavieras. In diesem Brief lädt sie Nicolo zu einem Rendezvous in der Magdalenenkirche ein. Piachi verlegt allerdings das Begräbnis von Nicolos Frau auf diesen Ort und diesen Zeitpunkt vor, so dass Nicolo nicht zu einem Rendezvous, sondern zum Begräbnis seiner Frau kommt.

Neben dieser Auseinandersetzung mit seinem Adoptivvater gibt es auch eine komplexe Beziehung zu seiner Adoptivmutter Elvire. Elvire wurde im Alter von 13 Jahren von einem genuesischen Ritter aus einem brennenden Haus gerettet.

Maße, in dem ‚Der Findling' den nachträglichen, lediglich defensiven Schutz als das eigentliche Übel verwirft, entwirft das novellistische Szenario eine politische Immunologie." (Zumbusch, „Übler Schutz", 510) Carl Niekerk liest den *Findling* in ähnlicher Weise als ein Traktat zur biopolitischen Ausgrenzung: „In the ‚Findling,' Kleist confronts his readers with a paranoid view of the world. In Kleist's rewriting of *Nathan der Weise*, the ‚other,' and every ‚other,' is a potential enemy, a source of disease and never to be trusted." (Niekerk, „Disease and Displacement", 119)

17 C.C. Wharram und auch Christine Künzel merken an, dass diese Novelle von einer Ökonomie des Tausches ausgeht, was noch dadurch unterstrichen wird, dass Piachi ein Kaufmann ist. (Wharram, „Desire in the Literary Field", 228) Diese Überlegungen schließen gut an meine Diskussion um Kleists Kommunikationsökonomie im fünften Kapitel an. Der Tausch im *Findling* ist eben kein einfaches Geschäft, sondern wird eine ungeahnte Dynamik freisetzen, die nichts mehr mit einfachen Austauschbeziehungen zu tun hat. Künzel untersucht in ihrem Aufsatz die Kaufmannfiguren Piachi und Kohlhaas und kommt zu einem interessanten Ergebnis: „Sie [Kohlhaas und Piachi] beherrschen das + und – der Algebra, sie verstehen sich gewissermaßen auf die ‚Formel[n]', doch sie scheinen an jener Form der Realitätsverdopplung, jener ‚Mathematik des Kontingenten', zu scheitern, die die Voraussetzung für die moderne Wahrscheinlichkeitsrechnung bildet und die auch für die Berechnung ökonomischer Gewinne und Risiken in der Folgezeit eine große Rolle spielen soll." (Künzel, „Rächenfehler", 197) Piachi und Kohlhaas können also die Komplexität der Moderne nicht verstehen. Wie ich im neunten Kapitel zeigen werde, beherrscht Kohlhaas durchaus ein modernes Kommunikationsmanagement, aber es ist richtig, dass im *Findling* ein einfacher äquivalenter Tausch angenommen wird, der dann aber in novellistischer Manier eine unerhörte Begebenheit produziert.

Der Ritter starb an den Verletzungen, die er sich bei dieser Aktion zugezogen hatte, und Elvire vergöttert ihn im Geheimen immer noch. Als Nicolo von einer durchfeierten Nacht in der Verkleidung eines solchen genuesischen Ritters auf Elvire trifft, fällt diese in Ohnmacht, ohne dass sich Nicolo diese Reaktion erklären kann. Der angebetete Ritter hat in der Tat große Ähnlichkeiten mit Nicolo, und wie sich herausstellt, ist sein Name eine anagrammatische Umstellung des Namens dieses Ritters „Colino", was zu einem verhängnisvollen Missverständnis führen wird.

> Es traf sich, daß Piachi, wenige Tage zuvor, nach einer Schachtel mit kleinen, elfenbeinernen Buchstaben gefragt hatte, vermittelst welcher Nicolo in seiner Kindheit unterrichtet worden, und die dem Alten nun, weil sie niemand mehr brauchte, in den Sinn gekommen war, an ein kleines Kind in der Nachbarschaft zu verschenken. Die Magd, der man aufgegeben hatte, sie, unter vielen anderen, alten Sachen, aufzusuchen, hatte inzwischen nicht mehr gefunden, als die sechs, die den Namen: *Nicolo* ausmachen; wahrscheinlich weil die andern, ihrer geringeren Beziehung auf den Knaben wegen, minder in Acht genommen und, bei welcher Gelegenheit es sei, verschleudert worden waren. Da nun Nicolo die Lettern, welche seit mehreren Tagen auf dem Tisch lagen, in die Hand nahm, und während er, mit dem Arm auf die Platte gestützt, in trüben Gedanken brütete, damit spielte, fand er – zufällig, in der Tat, selbst, denn er erstaunte darüber, wie er noch in seinem Leben nicht getan – die Verbindung heraus, welche den Namen: *Colino* bildet. Nicolo, dem diese logogriphische Eigenschaft seines Namens fremd war, warf, von rasenden Hoffnungen von neuem getroffen, einen ungewissen und scheuen Blick auf die ihm zur Seite sitzende Elvire. Die Übereinstimmung, die sich zwischen beiden Wörtern angeordnet fand, schien ihm mehr als ein bloßer Zufall, er erwog, in unterdrückter Freude, den Umfang dieser sonderbaren Entdeckung, und harrte, die Hände vom Tisch genommen, mit klopfendem Herzen des Augenblicks, da Elvire aufsehen und den Namen, der offen da lag, erblicken würde. Die Erwartung, in der er stand, täuschte ihn auch keineswegs; denn kaum hatte Elvire, in einem müßigen Moment, die Aufstellung der Buchstaben bemerkt, und harmlos und gedankenlos, weil sie ein wenig kurzsichtig war, sich näher darüber hingebeugt, um sie zu lesen: als sie schon Nicolos Antlitz, der in scheinbarer Gleichgültigkeit darauf niedersah, mit einem sonderbar beklommenen Blick überflog, ihre Arbeit, mit einer Wehmut, die man nicht beschreiben kann, wieder aufnahm, und, unbemerkt wie sie sich glaubte, eine Träne nach der anderen, unter sanftem Erröten, auf ihren Schoß fallen ließ. Nicolo, der alle diese innerlichen Bewegungen, ohne sie anzusehen, beobachtete, zweifelte gar nicht mehr, daß sie unter dieser Versetzung der Buchstaben nur seinen eignen Namen verberge. (DKV, III, 277– 278)

Was an dieser Szene bemerkenswert ist, ist, dass sich die gesamte Dynamik auf keine gezielte Intention zurückführen lässt, sondern alle Subjekte durch den Zufall geleitet werden. Es beginnt mit dem Befehl zur Suche, geht dann über zu der Erklärung, warum nur die Buchstaben für NICOLO übriggeblieben waren, und am zentralsten ist natürlich der Umstand, dass Nicolo durch das Spiel mit den Buchstaben zu einer zufälligen Erkenntnis kommt. Es kommt an dieser Stelle zu einer höchst interessanten Verwechslung. Nicolo bezieht das Erröten auf sich, und Elvire denkt an den im Anagramm enthaltenen, aber nicht präsenten Geliebten. Wenn Nicolo später über Elvire herfällt, ist dies das Resultat einer äußerst unglücklichen Verkettung von Umständen, die dann auch zu seinem Rauswurf und schlussendlich zur Ermordung durch den Adoptivvater führt.[18]

Dies wäre mit dem Namen des eigentlichen Sohns Paolo nicht geschehen. Die Szene mit der Permutation der Buchstaben verweist darüber hinaus auf Kleists Interesse für Geheimschriften, wie es bereits bei dem Pseudonym „Klingstedt" deutlich wurde. Sie geht aber noch weiter und zeigt dezidert ein Verständnis dafür, wie Mikrostrukturen des Medialen enorme Auswirkungen haben können.[19] Die schlussendliche Eskalation wird durch die zufällige Manipulation von Zeichenketten erzeugt.

Es kommt noch hinzu, dass auch in dieser Geschichte, ähnlich wie in Kleists frühen Dramen, ein Doppelgänger den handelnden Charakteren den Boden unter den Füßen entzieht. Es ist der tote Ritter Colino, der in der Form von Nicolo als Wiedergänger auftritt. Nicolo ist sich dessen allerdings zunächst nicht vollkommen bewusst, erst Xavieras Tochter Klara erkennt die Ähnlichkeit zwischen den beiden: „Signor Nicolo, wer ist das anders, als Sie?" (DKV, III, 275). Die Novelle

---

18 Marjorie Gelus merkt an, dass die Erzählung insgesamt von kleinen Details durchzogen ist, die unvorhersagbare Wirkungen haben: „We have discussed a number of ways in which peripheral material can alter or undermine the apparent meanings of a story. Specifically, we have seen that analysis of such material in ‚Der Findling' reveals many of the devices by which the narrator manages to impart to reality an air of dangerously unfathomable mystery [...]." (Gelus, „Kleist's ‚Findling'", 549–550) Marianne Schuller weist in ihrem Aufsatz „Bild im Text" darauf hin, dass nicht nur durch das Anagramm, sondern auch durch Bild-Konstellationen Kontingenz erzeugt wird.

19 Jürgen Schröder weist in seinem Aufsatz „Ein Plädoyer für Nicolo" darauf hin, dass dem Leser permanent die Identifikationsfigur entzogen wird. (Schröder, „Plädoyer", 127) Dem stimme ich zu, sehe dies aber nicht so sehr als einen negativen Befund an, sondern erkenne darin eine Erzählstrategie, die eben nicht auf Personen, sondern auf systemische Interaktionen, Lese- und Erkenntnisprozesse fokussiert. Es ist eine Erzählung über Austauschprozesse und nicht über Individuen, was sich in Miniaturform, wie Wharram hervorhebt, durch das anagrammatische Spiel ausdrückt. („And, on the most basic level of plot, is not *The Foundling* about six dead ‚characters'?" [Wharram, „Desire in the Literary Field", 237]) Greiner beschreibt die Novelle als die Darstellung einer nihilistischen Welt, „in der es als Handlungsmuster nur den Umschlag von Glück in Unglück zu geben scheint, der ethisch durchaus positive Figuren betrifft, die im Sinne aufklärerischer Redlichkeit handeln. So erscheint die Novelle als ein Studie über das Böse." (Greiner, *Dramen und Erzählungen*, 349) Diese Lesart fokussiert auch zu sehr auf die Frage des ethischen Handelns der einzelnen Personen. Im Sinne von Campes Lektüre der *Unwahrscheinlichen Wahrhaftigkeiten* sollte man den *Findling* besser als eine Versuchsanordnung sehen, in der ein bestimmtes Szenario durchgespielt wird.

verkettet Austauschprozesse, die mit dem Kernkonflikt zwischen Piachi und Nicolo wenig zu tun haben. Es ist nicht einfach so, dass Nicolo Paolo in einer unheilvollen Weise ersetzt, er wird auch zur Substitutionsfigur für den von Elvire vergötterten Ritter.

7.3 Über das Marionettentheater

Der Text über das Marionettentheater gehört sicherlich zu den komplexesten Schriften Kleists und hat eine ungeheure Menge von kritischen Auseinandersetzungen provoziert. Im vierten Kapitel bin ich auf die Regelungs- und Steuerungsfantasien eingegangen, die sich in diesem Text manifestieren, und der Text hat eine solche Polyvalenz, dass er einen noch weiteren Bereich von Fragestellungen anspricht. Neben der Frage von Steuerung durchzieht diesen Text auch der Gedanke, wie die Welt von Komplexität bestimmt wird.

7.3.1 Selbstähnlichkeit

Zunächst scheint die kosmologische Ordnung, die Kleist im *Marionettentheater* entwickelt, nicht viel mit Komplexität zu tun zu haben, sie artikuliert vielmehr eine absolut radikale Reduktion, die Verstand und Absenz von Verstand ineinanderfaltet. Die Komplexität des gezielten menschlichen Handelns wird dabei diskriminiert, da die menschliche Subjektivität nicht mit der absoluten Handlungskraft Gottes und auch nicht mit der absoluten Unintentionalität des Gliedermannes mithalten kann. Es herrscht also eine Selbstähnlichkeit zwischen dem absoluten Geist und der reinen Materie.

Die Frage der Selbstähnlichkeit beschränkt sich aber nicht nur auf diesen strukturellen Zusammenhang, Kleist setzt sich in diesem Text an einer weiteren zentralen Stelle mit dieser Frage auseinander. Selbstähnlichkeit wird zum zentralen, äußerst ironischen Moment in der zweiten Geschichte um den Jüngling. Der Jüngling hat eine Bewegung vollzogen, die der Erzähler als eine äußerst ästhetisch wohlgeformte wahrgenommen hat und darin die berühmte Statue des dornenausziehenden Knaben erkannte.[20] Der Jüngling versucht daraufhin, diese Bewegung zu reproduzieren, was allerdings nur groteske Transformationen der ursprünglichen Geste hervorbringt – der Versuch, bewusst eine „selbstähnliche"

---

[20] Siehe hierzu auch meine Diskussion dieser Textstelle in Kapitel 4.

Bewegung durchzuführen, scheitert und zeigt dadurch die Variantenbreite des menschlichen Bewegungsapparats.

> Er errötete, und hob den Fuß zum zweitenmal, um es mir zu zeigen; doch der Versuch, wie sich leicht hätte voraussehn lassen, mißglückte. Er hob verwirrt den Fuß zum dritten und vierten, er hob ihn wohl noch zehnmal: umsonst! er war außer Stand, dieselbe Bewegung wieder hervorzubringen – was sag' ich? die Bewegungen, die er machte, hatten ein so komisches Element, daß ich Mühe hatte, das Gelächter zurückzuhalten: – (DKV, III, 561)

Die ständige Wiederholung kann nicht mehr die exakt gleiche Bewegung hervorbringen. Das heißt, dass ästhetische Bewegungen nicht einfach mechanischen Gesetzen gehorchen, sondern immer von Varianzen geprägt sind, die nicht mit Intentionen ausgeglichen werden können. Die permanente Wiederholung einer idealen Form bringt nur noch gebrochene Derivationen dieser Form hervor. Diese Interpretation bringt eine deutliche Invertierung etablierter Lektüren des *Marionettentheaters* mit sich. Während gerade auch im Spannungsfeld von Schillers „Anmut und Würde" die anfängliche Bewegung die komplexe, ungezwungene und damit ästhetische Performanz darstellt, hinter der die Iterationen lächerlich werden, sind die Wiederholungen aber genau der Ort, an dem sich die Komplexität dieses kinetischen Moments manifestiert. Die Wiederholungen zeigen eben nicht nur, dass eine solche Iteration unmöglich ist, sondern dass es anscheinend eine quasi unendliche Menge von analogen Bewegungen gibt, die aber nie wirklich exakt die erste Bewegung wiedergeben.[21] Nach so einer Lesart geht es also nicht so sehr um die singuläre und in ihrer Eleganz simple Bewegung, sondern um die komplexen Varianten, die in der unästhetischen Nachahmung generiert werden.

7.3.2 Das Doppelpendel

Die Beschreibung der Marionetten schließt an eine solche Struktur an. Die Bewegungen der Marionetten sind strukturell näher an den vergeblichen Bemühungen des Jünglings als an dem „ursprünglichen" Ausdruck von Grazie. Es wird nicht

---

[21] Kleist stellt hier ein Phänomen dar, das mit einiger Vorsicht betrachtet an die Attraktoren der Chaostheorie heranreicht. Attraktoren sind die Punkte in einem nicht-linearen System, um die sich die Werte gruppieren. (Siehe hierzu beispielsweise Gleick, *Chaos Theory*, 32–34) Die Wiederholungen des Jünglings können als Annäherungen an den „Attraktor" der ursprünglichen Bewegung verstanden werden.

explizit diskutiert, ob die Bewegungen der Marionetten wiederholt werden können, aber es scheint doch evident zu sein, dass diese „geistlosen" physikalischen Systeme nicht einfach die bereits ausgeführten Bewegungen wieder ausführen können. Diese Gliedermänner generieren keinen klar vorgegebenen Tanz, sie tanzen keinen Walzer, sondern produzieren ein kinetisches Rauschen.[22] Die Bewegungen, die durch den Puppenspieler, Maschinisten oder durch eine Kurbel hervorgerufen werden, können prinzipiell die gleichen sein, die Bewegungen der Marionetten werden aber immer Varianzen produzieren, so dass jeder Tanz ein neuer sein wird. Dies sind Tropen der modernen Chaostheorie, und auch hier wäre es problematisch, Kleist als großen Visionär einer postmodernen Anschauung zu beschreiben. Was diese Analyse aber sichtbar macht, ist, dass Kleist in diesem Text explizit ein Instrument beschreibt, das am Ursprung der modernen Chaostheorie steht:[23] das Doppelpendel, also ein Pendel, an dem noch ein weiteres Pendel angeschlossen ist. Die Kopplung dieser beiden Pendel macht die Bewegungen unvorhersagbar, weil die Interaktion der beiden Pendel bereits eine Komplexität erzeugt, die weit über die periodische Bewegung eines einzelnen Pendels hinausgeht.[24]

7.3.3 Laplaces Dämon

Mit dem Fokus auf den verketteten Glieder der Marionetten beschreibt Kleist ein Doppelpendel. Die Marionette ist kein einfaches deterministisches System. Niemand kann mit Sicherheit bis an das Ende der Geschichte prognostizieren, wie genau ihre Bewegungen aussehen werden, und auch die Wiederholungen des Jünglings produzieren Varianzen, die sich einfacher Vorhersagbarkeit entziehen.

Diese Überlegung wird möglich durch die Analyse der Marionette, deren Bewegungen in der Physik um 1800 nur unzureichend zu beschreiben waren. Hier

---

22 Wolfgang Kurock unterstreicht in seinem Aufsatz „Heinrich von Kleist und die Marionette", dass Tanzbewegungen in Marionetten durch bloße Erschütterung generiert werden, und weist in diesem Zusammenhang auf Schüttelmarionetten hin, deren Dynamik gänzlich auf diesem Prinzip beruht. (Kurock, „Marionette", 104)
23 Auch Wolf Kittler erkennt in den Marionetten die Struktur des Doppelpendels. (Kittler, „Falling after the Fall", 289)
24 Ohne direkt auf das Doppelpendel einzugehen, weist Christian Moser auf die „antigrave" Komplexität der Marionetten als strukturelles Modell für Kleists anekdotisches Erzählen hin: „Wie die Marionetten sind Kleists Anekdoten ‚antigrav', ohne doch die Gesetze der Schwerkraft außer Kraft zu setzen. Sie artikulieren eine unberechenbare Kraft der Ablenkung, der Unschärfe und der Zerstreuung." (Moser, „Anekdotisches Erzählen", 190)

kann man auch den Grund erkennen, warum Kleists Text, auch wenn er immer wieder mathematische Analogien nahelegt, im Prinzip im Reich des Ästhetischen bleibt. Die Mathematik kann diese Strukturen dynamischer, nicht-deterministischer Systeme noch nicht ausreichend erklären. Kleist denkt diese Strukturen jedoch nicht in die exakt gleiche Richtung wie die moderne Chaostheorie (er beschreibt aber eine ähnliche Phänomengruppe). Dieser Unterschied wird besonders deutlich am Ende des Essays, an dem Kleist eine neue Form der Vorhersagbarkeit einführt.

Der französische Philosoph Pierre-Simon Laplace argumentiert in seinem *Essai philosophique sur les probabilités*, dass die Notwendigkeit, sich mit Wahrscheinlichkeiten auseinanderzusetzen, nicht von der Existenz von Ungewissheiten in der Welt kommt, sondern von der menschlichen Unfähigkeit, alle Faktoren zu kennen, die zu dem Eintreten eines Ereignisses beitragen. Aus diesem Grund muss man aus prinzipiell unvollständigen Datenmengen durch Wahrscheinlichkeiten auf das Eintreten von Ereignissen schließen. Nach Laplace kann nur eine höhere Intelligenz, später benannt als „Laplaces Dämon", alle Faktoren im Universum kennen und somit jegliche Ereignisse vorhersagen. Laplace diagnostiziert, dass Ungewissheit aus dem Mangel an Daten und der Unfähigkeit, sie vollkommen interpretieren zu können, entsteht. Menschen haben keinen Zugang zu absoluter Gewissheit, da sie nicht unbegrenzt Daten sammeln können, und weil diese Daten auch immer von den Grenzen und Ungenauigkeiten der Beobachtungsmittel (beispielsweise Messinstrumente) verzerrt werden.

Dieser laplacesche Dämon, der mechanische Systeme bis in alle Ewigkeit vorhersagen und dies auf Grund eines absoluten Wissens tun kann, wird in Kleists Text durch den Bären präfiguriert, der ein anscheinend ähnliches prognostisches Talent hat. Dieser Bär hat eine hundertprozentige Erfolgsrate, den Weg der Stöße des Fechters zu antizipieren. Was diese Geschichte dabei besonders mit der des Jünglings verbindet, ist, dass es auch hier, nachdem das handelnde Subjekt sein Defizit erkennt – in diesem Fall sieht der Fechter die Überlegenheit des Bären ein – zu einem Wiederholen kommt, bei dem eine immer größere Kontrolle über die Bewegungen auszuüben versucht wird. Diese Kontrolle entgleitet den handelnden Subjekten aber genau durch diese Wiederholung.

Der laplacesche Dämon zeigt, dass die Wahrscheinlichkeitsrechnung eine doppelschneidige Epistemologie entwickelt. Auf der einen Seite ist sie ein System, das über die mechanischen Prozesse eines newtonschen Weltbildes hinausgeht und exakt beschreibt, wie Dinge nie einfach als mechanische Abfolgen, die mit deterministischer Sicherheit eintreten, vorherzusagen sind. Nur ein laplacescher Dämon könnte dies, Menschen ist dies nicht möglich. Aus dieser Perspektive verkomplizierte die Wahrscheinlichkeitstheorie den epistemologischen Zugriff auf die Welt, auf der anderen Seite ist sie aber genau das Instrument, das diese Komplexität nicht nur konstatiert, sondern auch wieder beschreibbar macht.

7.4 Zusammenfassung: Kleists Chaos

In diesem Kapitel ging es darum, Kleists Texte historisch in einem Kontext zu verorten, in dem Konzepte der Komplexität von immer größerer Bedeutung wurden. Kleist reagiert in seinen Texten auf diesen diskursiven Wechsel, der sich auch in den Revolutionen der Naturwissenschaften manifestiert. Das führte dazu, dass Kontingenz und Chaos nicht einfach zu systemischem Müll wurden, sondern dass man dazu überging, diese Elemente als Teil der Dynamik von Systemen zu begreifen. Bianca Theisen bringt in ihrem Eintrag „Chaos" in den *Ästhetischen Grundbegriffen* diese Veränderung um 1800 wie folgt auf den Punkt:

> In dem Maße, wie der Begriff des Chaos sich also von seiner bloß negativen Definition als Nicht-Ordnung ablöst, schwindet auch der alte Ordnungsbegriff, um dem neuen Konzept der Komplexität Raum zu geben, das das alte Begriffspaar umfaßt. Dieser begriffsgeschichtliche Umbruch fällt in eins mit der Ausdifferenzierung der Naturwissenschaften seit dem späten 18. Jh..[25]

Theisen führt weiter aus, dass diese Vorstellungen zentral in den neuen ästhetischen Konfigurationen um 1800 aufgenommen wurden.

> Die Frühromantik inkorporiert das Chaos ihrer Idee einer ins System gebrachten Systemlosigkeit und strebt eine Durchdringung von Ordnung und Chaos an, die ein ‚vernünftiges Chaos', ein Chaos in der ‚zweiten Potenz' oder ein ‚künstliches Chaos' als geschichtsphilosophische Figur vorsieht, die den Übergang von einer alten in eine neue Ordnung erfaßt.[26]

Kleists Erzählungen unterscheiden sich von den ästhetischen Strategien der Frühromantiker, die Chaos als so etwas wie einen Katalysator zu neuen ästhetischen Formen verstanden. Die Entwicklung des Romans ist ein direktes Resultat dieser Experimente. Kleists Texte spielen zwar auch mit dieser Verschränkung von Ästhetik und Komplexität, die Reflexionsebene dieser Texte geht aber nicht so sehr der Frage der ästhetischen Form nach, sondern fokussiert auf epistemologische und kommunikationstheoretische Probleme. Kleist interessierte sich

---

25 Theisen, „Chaos – Ordnung", 751.
26 Theisen, „Chaos – Ordnung", 752.

nicht so sehr für eine Konfiguration eines ästhetischen Chaos, sondern für eine Realität, die sich immer mehr in Unwahrscheinlichkeiten auflöste. Um 1800 war die Ästhetik, und damit auch Drama und Literatur, der Raum, in dem diese Vernetzung von Wahrscheinlichkeit, Kontingenz und Chaos am besten simuliert werden konnte. Wie ich im nächsten Kapitel diskutieren werde, bilden Kleists Dramen einen solchen Simulationsraum.

8 Kriegsspiele

Die Zeit um 1800 zeichnete sich u.a. durch einen starken Anstieg der Bevölkerung, eine Ausdehnung medialer Kommunikationsmittel und das Entstehen einer modernen Marktwirtschaft aus. Dies sind Faktoren, die die Welt unübersichtlicher und damit komplexer machten. Diese Einflüsse veränderten nicht nur die zivile Gesellschaft, sie stellten auch in der Epoche Napoleons neue Herausforderungen für die Kriegführung dar. Die Größe der Armeen, neue Kommunikationsmittel wie der Chappe-Telegraf, oder auch die Umstellung von großen Kampfformationen hin zu mehreren kleineren Kampfverbänden machten den Krieg um 1800 wesentlich unberechenbarer. Das bedeutet aber nicht nur, dass es schwieriger wurde, diese Kriege zu führen, sondern auch, diese Kriege zu planen und darzustellen.

Die Darstellung bzw. Simulation von kriegerischen Auseinandersetzungen hat eine lange Geschichte, und das Schachspiel ist sicherlich das bekannteste Beispiel dafür, wie strategische Prozesse und taktische Interventionen außerhalb des Schlachtfelds abgebildet werden konnten. Das Schachspiel reduziert allerdings den „Nebel des Krieges" auf eine sehr überschaubare Anzahl von Faktoren, und es ist gerade die Zeit um 1800, die mit einer Weiterentwicklung von Kriegsspielen auf die gesteigerte Geschwindigkeit und Komplexität von Kriegen reagierte. Philipp von Hilgers hat eine ausführliche Studie zum Kriegsspiel vorgelegt und betont darin die Bedeutung von Würfeln für das Kriegsspiel.[1] Durch den Einsatz der Würfel wird nicht nur der Zufall simuliert, sie beeinflussen auch die Funktion des Kriegsspiels. Beim Schach ging es beispielsweise noch darum, primär das strategische Denken zu üben, also die Fähigkeit zu entwickeln, einen allgemeinen Plan für den Verlauf des Kampfes zu fassen. Durch den Einsatz der Würfel wird die Planungssicherheit, die das strategische Denken voraussetzt, unterhöhlt, so dass nicht nur strategische Weitsicht, sondern vor allem taktische Flexibilität trainiert werden muss.[2]

Taktik unterscheidet sich von Strategie darin, dass es nicht darauf ankommt, einen bestimmten Plan zu verfolgen, sondern sein Handeln den aktuellen Gegebenheiten anzupassen.[3] Die Einführung des Würfels in das Kriegsspiel ist allerdings erst eine Entwicklung, die in Kleists Todesjahr 1811 einsetzte, und zwar mit dem neuen Kriegsspieldesign von Georg Leopold von Reiswitz.

---

1 Hilgers, *Kriegsspiele*, 61.
2 Hilgers, *Kriegsspiele*, 61.
3 Die Unterscheidung zwischen Taktik und Strategie, die ich in dieser Arbeit benutze, begreift Strategie als eine globale Perspektive, die versucht, größere Zusammenhänge in kriegerischen

Bis hin zu Reiswitz kann Johann Christian Ludwig Hellwigs Kriegsspiel als das verbreitetste und bekannteste des achtzehnten Jahrhunderts verstanden werden. Hellwig war Philosoph, Insektenkundler und Mathematiker, der durch sein Kriegsspiel und die Entwicklung der ersten Lebensversicherungen hervortrat.[4] Hellwig hinterließ ein detailliertes Buch über das Kriegsspiel, in dem er, neben den Regeln, seine Theorie des Krieges und des Kriegsspiels ausbreitete. Bereits der Titel verweist auf das Kriegsspiel als einen Simulationsraum, in dem die Regeln der Kriegführung quasi experimentell durchgetestet werden können: *Das Kriegsspiel, ein Versuch die Wahrheit verschiedener Regeln der Kriegskunst in einem unterhaltenden Spiele anschaulich zu machen.* Hellwig geht zu Anfang des Buchs auf den Krieg ein, um darzustellen, welche Faktoren sein Spiel simulieren soll und muss.

Diese Beschreibungen nehmen Carl von Clausewitz' Theorie der Friktion zu einem guten Stück vorweg, die im Prinzip beschreibt, dass die Kriegführung von einer solchen Vielzahl von Faktoren beeinflusst wird, dass man keine sicheren prognostischen Aussagen über einen Schlachtverlauf machen kann.[5] Hellwig schreibt: „Eine Schlacht ist, wie in der Natur so auch hier, manchen nicht berechneten Zufällen unterworfen, und sie kann bei den besten dazu getroffenen Anstalten unglücklich ausfallen."[6] Hellwig betont auch die Bedeutung von kommunikativen bzw. infrastrukturellen Systemen. „Man muss den Feind mehr durch

---

Kontexten zu fassen und damit auch eine gewisse Planbarkeit des Krieges zu implizieren. Taktik hingegen befindet sich auf einer niederen Ebene, die sich mit den aktuellen Ereignissen des Kampfes beschäftigt und erkennt, dass die vielfältigen kleinen Elemente, die die Kampfhandlung beeinflussen, eine Grenze der Planbarkeit des Krieges markieren. Diese Unterscheidung findet ihr Echo in der Bestimmung dieser Begriffe im neunzehnten Jahrhundert. Beispielsweise beschreibt *Pierer's Universal Lexikon* „Strategie" wie folgt. „Strategie (v. gr., d.i. Heerführung), die Feldherrnwissenschaft u. Feldherrnkunst, die höchste Potenz der Kriegskunst; sie umfaßt alle einzelnen Wissenschaften derselben, aber nicht ihre Details, sondern nur die Idee; sie verhält sich zu diesen Details wie die höhere Mathematik zur niederen, wie die Hauptwissenschaft zu ihren Hülfswissenschaften. Sie umfaßt die Lehre von den Operationen großer Kriegsheere, von den Lagern u. Stellungen, die Kenntniß des Terrains im Großen u. schließt selbst die allgemeine Sorge für die Verpflegung, so wie die Kunst der Einleitung zu Schlachten od. Gefechten nicht aus; sie ist die Anordnung des Kriegs, wie die Taktik dessen Ausführung ist." (908) Auch in diesem Eintrag werden Strategie und Taktik als verschiedene Perspektiven auf das Kampfgeschehen verstanden, wobei die Strategie die reflektiertere, die Taktik aber die pragmatischere ist.

4 Für biographische Hinweise zu Hellwig siehe: Nohr und Böhme, *Die Auftritte des Krieges sinnlich machen*.
5 Zentral entwickelt Clausewitz diese Vorstellung von Komplexität im Kapitel 7 des ersten Buchs in *Vom Kriege*.
6 Hellwig, *Kriegsspiel*, V.

Division und durch Bedrohung seiner Communication aus seiner vorteilhaften Stellung zu bringen suchen, als durch das Gerade auf den Leib gehen."[7]

Hellwig konstatiert weiter, dass ein Feldherr eine Sensibilität für die „kleinsten Ereignisse" haben müsse: „Die kleinsten Ereignisse verdienen im Kriege die Aufmerksamkeit des Feldherrn; nichts ist ihm Kleinigkeit."[8] Diese Bestimmung findet nicht nur ihr Echo in Clausewitz' Begriff der Friktion, sondern auch in der „sensitivity to initial conditions", wie sie die Chaostheorie für nicht-lineare Systeme annimmt, bei der nicht-messbare kleine Unterschiede in den Ausgangsvoraussetzungen stark abweichende Ergebnisse in der gesamten Performanz eines Systems generieren. Dabei sind diese kleinen Ereignisse oder Differenzen nicht vollständig beobachtbar, aber der Feldherr muss einen Weg finden, sich mit diesen kleinen Störungen, die große und unvorhersagbare Effekte haben können, zu arrangieren. Wie ist dies möglich? Für Hellwig ist das Kriegsspiel das Instrument, mit dem sich der Feldherr schulen kann. Was nun das Kriegsspiel vom Schachspiel unterscheidet, ist eine größere Anzahl von Faktoren, die das Spielgeschehen bestimmen und damit die gesteigerte Komplexität von Kriegen abbilden können. Diese Zufälligkeit wird nicht durch Würfel erzeugt, wie es bei Reiswitz geschieht, sondern dadurch, dass eine möglichst vollständige Simulation aller Faktoren des Krieges versucht wird. Das Spiel besteht aus einem gerasterten Feld, auf dem Landschaften mit Bäumen, Hügeln, Flüssen installiert werden können. Hellwig schlägt als Größe ein Format von 49 mal 33 vor, was mit 1617 Feldern eine bemerkenswerte Anzahl an möglichen Manövern ergibt.[9] Es kommt hier also nicht zu einer aleatorischen Komplexitätssteigerung, die Komplexität des Krieges wird durch eine Akkumulation verschiedenster spielbestimmender Faktoren simuliert.[10] Dieses Kriegsspiel will den Krieg nicht vereinfachen, es versucht, dessen irreduzible Komplexität in der Simulation nachvollziehbar zu machen. Das Kriegsspiel Hellwigs ist kein Instrument, um den Krieg als ein rationales System zu bändigen, es ist eine Darstellung seiner Unberechenbarkeit.

Kleist kannte durch seinen Militärdienst nicht nur die Praxis des Krieges, er gehörte auch den Kriegsspielern um 1800 an.[11] Sein Reisegefährte nach Aspern, Dahlmann, bezeugt dies und erzählt die Anekdote, dass Kleist und er so von dem

---

7 Hellwig, *Kriegsspiel*, V.
8 Hellwig, *Kriegsspiel*, VII. Zu dem Verhältnis von Clausewitz und Chaostheorie siehe beispielsweise Alan Beyerchens Aufsatz „Clausewitz, Nonlinearity, and the Unpredicatbility of War".
9 Für eine Beschreibung und einen historischen Eindruck von Hellwigs Spiel siehe: Nohr und Böhme, *Die Auftritte des Krieges sinnlich machen*
10 Nohr, *Auftritte des Krieges*, 26–27, Pias, *Computer Spiel Welten*, 171.
11 Bereits in der *Familie Schroffenstein* gibt es eine längere Passage über das Kriegsspiel des verstorbenen Philipp. (DKV, I, 141)

Kriegsspiel gefangen waren, dass sie von ihrem Wirt an die eigentliche Schlacht in Aspern erinnert werden mussten. Dahlmann berichtet dabei auch von einer Auseinandersetzung zwischen Kleist und dem preußischen Offizier Knesebeck über die Simulationskraft des Kriegsspiels. Während Knesebeck einwendet, dass beim Kriegsspiel „gerade Alles fehle was das Wesen des Kriegs ausmache", entgegnet Kleist: „Es ist aber Alles darin, lieber Knesebeck."[12] Kleists Antwort verweist darauf, dass das Kriegsspiel für ihn kein reines Spiel, sondern eine realistische Darstellung von Prozessen war.

Kleists dramatischer Output in den Jahren 1808 bis zu seinem Tode fällt dementsprechend mit der Zeit zusammen, in der er sich aktiv mit dem Kriegsspiel auseinandersetzte. Dies scheint mir relevant, da Kleist augenscheinlich das Kriegsspiel als Darstellungssystem versteht, das komplexe Abläufe simulieren kann. Diese Darstellung ist aber nicht der Versuch, die Friktion des Krieges zu zähmen, sondern am Spieltisch erfahrbar zu machen. Wie es Elisabeth Krimmer in Bezug auf *Penthesilea* und die *Herrmannsschlacht* ausführt, wird in diesen Dramen gezeigt, wie der Krieg zu etwas wird, was in seiner Unvorhersagbarkeit kaum zu bändigen ist.[13] Genau diese eskalatorische Natur des Krieges steht im Zentrum von Kleists Dramen.

Natürlich sind Kleists spätere Dramen keine Kriegsspiele. Ihre Struktur folgt einer vorgegebenen Handlung und in ihnen wird nicht „gewürfelt". Was sie jedoch mit den Kriegsspielen verbindet, ist, dass sie solche Szenarien inszenieren, die nicht mehr unter strategisches Denken fallen, sondern nur noch aus dem Feld der Taktik her zu begreifen sind. Sie sind quasi als Protokolle von Kriegsspielen zu verstehen, die im Nachhinein den Kriegsverlauf darstellen. Dies ist auch keinesfalls eine Metaphorik, die dem Theater den militärischen Diskurs überstülpt. Kleists Dramen, in den letzten Jahren seines Lebens, sind Texte, die die dramatische Dynamik aus dem Militärischen heraus entwickeln. Hier ist vielleicht der

---

12 Sembdner, *Lebenspuren*, 317.
13 Krimmer, „The Gender of Terror", 80. Seán Allan sieht in der *Penthesilea* nicht einfach die Diagnose einer gesteigerten Komplexität der Moderne, sondern vielmehr auch eine therapeutische Dimension, um mit dieser Situation umzugehen: „Thus the real import of *Penthesilea* is to emphasize that violence of this kind is not an ‚inevitable' factor of human life, but is, to a large extend, avoidable. For if human beings would renounce their fruitless quest of monolithic certainty and stop regarding their contingent man-made conventions as infallible truths about human nature and conduct, they would avoid many of the crippling and potentially catastrophic disappointments in life with which they are repeatedly beset." (Allan, *Plays*, 177) Ich halte Allans Einschätzung für zu versöhnlich, und schließe mich Helga Gallas' Beurteilung des Stückes an: „Penthesileas Diskurs belehrt nicht, er verunsichert, er fordert heraus, und er macht die Gespaltenheit des menschlichen Subjekts sichtbar." (Gallas, „Anti-Iphigenie", 218)

größte Unterschied zu seinen früheren Dramen zu erkennen. In *Familie Schroffenstein* kündigen sich potenzielle militärische Interventionen an, es bleibt im Prinzip aber bei der Aufklärung eines Kriminalfalls. *Der Zerbrochne Krug* ist ein Drama, das im Verwaltungskontext der Kameralistik und der Jurisprudenz spielt, auch wenn hier im Hintergrund Kriege lauern, und *Amphitryon* handelt zwar von Soldaten, geht aber nicht auf die Kriegführung als Schauspiel ein.

Diese Supplementarität des Militärischen ändert sich drastisch mit der *Penthesilea*. Hier gibt es buchstäblich ein Liebesdrama in Kriegszeiten, bei dem das Rauschen des Krieges den Unterschied zwischen Bissen und Küssen verschleift. Der Prinz Friedrich von Homburg ist ein Soldat, dessen Fehlverhalten in der Schlacht zum Thema des Dramas wird, Herrmann zettelt einen ganzen Krieg an, und auch das *Käthchen von Heilbronn* ist nicht nur eine im wahrsten Sinne des Wortes „wunderbare" Liebesgeschichte, sondern wird um eine Militäraktion herum gebaut, die konstitutiv für die Handlung ist. Kleists Dramen nehmen das Militärische nicht einfach als eine historische oder politische Matrix auf, sondern benutzen den Krieg, um eine eskalatorische Dynamik ästhetisch darstellbar zu machen.

In diesem Kapitel möchte ich nun zeigen, wie Kleist in diesen Dramen das Militärische als einen Möglichkeitsraum inszeniert, in dem die einzelnen Subjekte keine Kontrolle über ihre Handlungen haben, und in dem die unberechenbare Struktur des Krieges die dramatische Handlung voran bringt. Kleist stellt seine Helden so dar, dass sie von der Friktion des Krieges getrieben werden; gerade die Penthesilea und der Prinz Friedrich von Homburg werden zu Figuren, die wortwörtlich bewusstlos agieren. Kleist zeigt dabei aber nicht nur die Ohnmacht des Individuums, er macht auch sichtbar, mit welcher Gewalt sich Dynamiken entwickeln können, die von keiner Intention geleitet und kontrolliert werden. Im Prinzip gibt es hier wieder eine ähnliche Figur wie im *Marionettentheater*, in der *order from noise* entsteht. In *Penthesilea* soll das noch fehlschlagen, bei *Prinz Friedrich von Homburg* wird nun diese Dynamik zu einer hilfreichen Kraft, die den Text in die Nähe der Komödie bringt. In der *Herrmannsschlacht* wird dieses Prinzip aber dann noch erweitert. Hier versucht Herrmann das Zusammenspiel verschiedenster Faktoren gezielt zu entfesseln, und es ist bezeichnend, dass dies nur gelingt, indem er Kontrolle abgibt. Er vertraut beispielsweise Marbod blind seine Söhne an.

Im Folgenden soll es also darum gehen, die Entwicklung von Kriegsspielen in Kleists Dramen nachzuzeichnen, und zu zeigen, wie Kleist hier die Unberechenbarkeit des Krieges inszeniert.

8.1 *Penthesilea*

Penthesilea ist sicherlich das verstörendste Drama Kleists, das bereits Goethe nicht behagte, das aber gerade deshalb in der Forschung besondere Beachtung findet.[14] Diese Verstörung ist aber nicht nur eine Reaktion der Rezipienten auf das Stück, auch die Handlung selbst thematisiert ständig das Unbehagen der Beobachter gegenüber undurchschaubaren Vorgängen und Konfigurationen. Das Drama ist die Darstellung eines erotischen Verlangens, das sich dann in einem kannibalischen Exzess äußert. Das Drama setzt diese Liebesgeschichte zwischen Achill und Penthesilea in den militärischen Kontext; es ist dieses erotische Begehren, was über diesen kriegerischen Kontext hinausgeht und das Drama zu seinem eskalatorischen Höhepunkt führt.

Kleist thematisiert wiederholt, wie eine „normale" strategisch zu denkende Kriegführung ständig durch das Verhalten der Amazonen gestört wird, was bei Griechen und Trojanern zu Unverständnis führt („Antilochus: Und Niemand kann, was sie uns will, ergründen? " / Diomedes: Kein Mensch, das eben ist's:" [DKV, II, 149]). Die Amazonen durchbrechen eine einfache antagonistische Logik des Krieges, die auf einer Feind-Freund-Dichotomie aufbaut, und übersteigen die Verstandesgrenzen der Feldherren:

> Sie muß, beim Hades! diese Jungfrau, doch,
> Die wie vom Himmel plötzlich, kampfgerüstet,
> In unsern Streit fällt, sich darin zu mischen,
> Sie muß zu Einer der Parteien sich schlagen;
> Und uns die Freundin müssen wir sie glauben,
> Da sie sich Teukrischen die Feindin zeigt.

---

[14] Der irritierende, radikale und enigmatische Inhalt der *Penthesilea* hat die Forschung in vielfältiger Weise beschäftigt, und die *Penthesilea* gehört zu den Texten Kleists, die in den letzten Jahren die meiste Forschung generiert haben. Neben dem Band von 2003 der *Beiträge zur Kleist-Forschung*, der die Vorträge eines Forschungskolloquiums zu *Penthesilea* versammelt, ist eine aktuellere Arbeit, die heraussticht, der von Rüdiger Campe herausgegebene Band *Penthesileas Versprechen*. Campe setzt sich im Vorwort mit dieser Forschungsvitalität auseinander und konstatiert, dass die Forschung sich entweder auf die Frage der sprachlichen Konstruktion oder des kulturhistorischen Kontextes konzentriert, und dass diese beiden Perspektiven kaum Überschneidungen finden. (Campe, „Intensiv und Extensiv", 7–9) Birgit Hansen konfiguriert in ihrem Aufsatz „Poetik der Irritation" ihre Forschungsübersicht anders als Campe und beschreibt die vorherrschende Forschungsmatrix wie folgt: „So wird das Geschehen der *Penthesilea* weiterhin häufig als Geschlechterkampf, als Manifestation diverser psychopathologischer Persönlichkeitsstörungen oder als Staats- bzw. Rationalismuskritik gelesen[...]." (Hansen, „Poetik der Irritation", 227)

> Antilochus: Was sonst, beim Styx! Nichts anders gibt's.
> (DKV, II, 146)

Hier irrt Antilochus gewaltig, weil es noch die Fortpflanzungspolitik der Amazonen gibt, die nicht in das etablierte Bild des Krieges fällt. Das Drama konfrontiert den Zuschauer also mit einem Krieg, der die bekannten Gesetze der Kriegführung übersteigt. Dieses Spektakel wird dem Zuschauer aber in einer hochmedialisierten Form vorgeführt. In der Eingangsszene berichten beispielsweise die beiden Kriegsparteien des trojanischen Kriegs davon, wie die Schlacht sich durch das Eingreifen der Amazonen in eine unerwartete Richtung veränderte. Das In-Szene-Setzen des Krieges wird dabei meist durch die Teichoskopie, durch die Mauerschau, vermittelt.[15] Der Zuschauer wird also vom Kriegsverlauf nur mittelbar durch Gespräche informiert. Odysseus schildert die Lage wie folgt:

> Schlecht, Antiloch. Du siehst auf diesen Feldern,
> Der Griechen und der Amazonen Heer,
> Wie zwei erboste Wölfe sich umkämpfen:
> Beim Jupiter! sie wissen nicht warum?
> Wenn Mars entrüstet, oder Delius,
> Den Stecken nicht ergreift, der Wolkenrüttler
> Mit Donnerkeilen nicht dazwischen wettert:
> Tot sinken die Verbißnen heut noch nieder,
> Des einen Zahn im Schlund des anderen.
> (DKV, II, 145)

Diese Lage auf die Bühne zu bringen, hätte sicherlich jedes Theater überfordert, und man kann diese Berichterstattung als eine Geste erkennen, die den praktischen Anforderungen des Theaters geschuldet ist, auf dessen Bühne keine Schlacht aufgeführt werden kann. Es greift aber zu kurz, diese theatrale Strategie nur in ihrer Pragmatik aufgehen zu lassen. *Der Zerbrochne Krug* entfaltet seine Dynamik quasi aus dem Hören-Sagen, die Eskalation der Familienfehde in der *Familie Schroffenstein* kann zu einem großen Teil auf den Botenverkehr zurückgeführt werden und *Amphitryon* ist ganz explizit ein Drama über die Boten Sosias und Merkur. Auch die *Penthesilea* ist ein Drama über Kommunikation und the-

---

[15] Man kann in dieser dramatischen Technik der Mauerschau auch die Perspektive des Kriegsspiels erkennen, bei der der Spieler einen Überblick über den Spielplan hat. Das soll aber nicht heißen, dass diese Perspektive einfach alle notwendigen Informationen objektiv offenbart. Gernot Müller betont in seinem Text „Die *Penthesilea* als poetisches Panorama", dass durch die Teichoskopie eine Poetik erzeugt wird, die durch den Einsatz von verschiedenen Sprechern ein multiperspektivisches Panorama aufbaut." (Müller, „Poetisches Panorama", 93)

matisiert an zentralen Stellen die Kommunikation in der Schlacht bzw. die Möglichkeit der Beobachtung des Kampfgeschehens.[16] Es ist nicht nur die Darstellung einer kriegerischen Auseinandersetzung, es ist das In-Szene-Setzen der hochmedialisierten Kommunikation auf dem Feldherrenhügel, die ihre eigenen hermeneutischen Probleme hat und damit die dramatische Dynamik frei setzt.

8.1.1 Der Krieg als Rätsel

Penthesilea inszeniert den Krieg als ein Rätsel: Die Feldherren können das Verhalten der Amazonen nicht verstehen und die Amazonen können Penthesileas Verhalten nicht begreifen. Kleist zeigt dies durch die vielfältigen Berichte des Dramas, da diese Berichte in einen hermeneutischen Kontext eingebunden sind und ständig von den Empfängern angezweifelt und interpretiert werden. Es geht nicht nur einfach darum, durch die Teichoskopie das Schlachtengetümmel darzustellen, es ist auch eine Methode um klarzustellen, dass die Feldherren Probleme haben zu verstehen, was auf dem Kriegsschauplatz geschieht.

Kleist entfaltet im ersten Auftritt eine Situation, in der Annahmen und Vorhersagen über mögliche Allianzen systematisch ausgehöhlt werden. Die Triangulierung der Parteien erschafft ein Kriegsszenario, das asymmetrisch ist, und nicht in die Ordnung des Krieges passt, wie Odysseus und Antilochus sie noch verstehen. Odysseus stellt verwirrt fest: „So viel ich weiß, gibt es in der Natur / Kraft bloß und ihren Widerstand, nichts Drittes." (DKV, II, 148)[17] Dies ist ganz klar ein Irrtum. In der *Penthesilea* übersteigt der Krieg eine dichotomische Struktur, es bleibt aber auch nicht bei einer Triangulierung. Die Komplexität, die durch die dritte Kriegspartei eingeführt wird, wird durch Penthesileas individuelles Verhalten noch weiter gesteigert.[18]

---

16 Bianca Theisen liest die *Penthesilea* als einen Indikator, dass sich die Funktion des Theaters um 1800 maßgeblich von der Funktion des Theaters bei den Griechen unterschieden hat: dass es nicht mehr auf eine Repräsentation auf der Bühne fokussiert sei, sondern Beobachtungszenarien ausstellt. (Theisen, „Hundekomödie", 155)

17 Christian Benne geht auf diese Dreierkonstellation in seinem Aufsatz „Erzgekeilt" explizit ein und argumentiert, dass Kleist sich hier von einem klassisch dialektischen Denken verabschiedet und eine triolektische Logik einführt.

18 Penthesileas erotisches Verlangen, das noch aus der Ordnung der Amazonen herausbricht, macht evident, dass dieses Drama dezidiert Differenzen immer wieder durchbricht. Dies zieht nicht nur dekonstruktive, sondern auch vielfältige genderorientierte Lektüren an, die das komplexe Spiel der Geschlechterdifferenzen in diesem Stück thematisieren. Eine Forschungsüber-

Auf der Seite der Amazonen herrscht dementsprechend auch keine Klarheit. Die Amazonen kennen zwar die wahren Motive ihres Angriffs und haben dadurch keine Probleme, die Schlachtdynamik zu begreifen, sie verstehen aber nicht Penthesileas gezielt auf Achilles gerichtetes erotisches Verlangen.

> Die Oberpriesterin: Vor wenigen Minuten
> In jenes Obelisken Schatten stand ich,
> Als der Pelid, und sie, auf seiner Ferse,
> Den Winden gleich, an mir vorüberrauschten.
> Und ich: wie geht's? fragt, ich die Eilende.
>
> Zum Fest der Rosen, rief sie, wie du siehst!
> Und flog' an mir vorbei und jauchzte noch:
> Laß es an Blüten nicht, du Heil'ge, fehlen!
>
> Die erste Priesterin *zu den Mädchen*:
> Seht ihr sie? sprecht!
>
> Das erste Mädchen *auf dem Hügel*: Nichts, gar nichts sehen wir!
> Es läßt kein Federbusch sich unterscheiden.
> Ein Schatten überfleucht von Wetterwolken
> Das weite Feld ringsher, das Drängen nur
> Verwirrter Kriegerhaufen nimmt sich wahr,
> Die im Gefild' des Tod's einander suchen.
> (DKV, II, 178–179)

Diese Szene ist nicht nur von Bedeutung, weil Penthesileas Begierde klar hervortritt, sondern auch weil die Probleme der Kriegführung und Berichterstattung, die die Griechen zunächst hatten, auch bei den Amazonen vorkommen. Hier wird ein Botenbericht benutzt, um die Lage auf dem Schlachtfeld darzustellen. Jedoch ist die Lage undurchsichtig und Penthesilea ist von den Beobachterinnen nicht einfach auf dem Schlachtfeld zu identifizieren. Aus diesem Grund müssen nun

---

sicht über die genderorientierten Lesarten liefert Jost Hermand in seinem Text „Kleists *Penthesilea* im Kreuzfeuer geschlechtsspezifischer Diskurse", allerdings polemisiert dieser Text gegen feministische und queer-orientierte Lesarten, was von Stephan Schindler zu Recht kritisch reflektiert wird. (Schindler, „Sexualität", 192) Genderorientierte Auseinandersetzungen wie „Woman Warrior as Hero" von Julie D. Prandi, McAllisters *Penthesilea*-Kapitel in seinem Buch *Kleist's Female Leading Characters* (125–165), Joachim Pfeiffers Text „Grenzüberschreitungen" und Carola Köhlers Aufsatz „Aktive Penthesilea – Passiver Achill" gehen dabei stark auf die Inszenierung von weiblichen und männlichen Figuren ein, und thematisieren besonders den Antagonismus bzw. eine potenzielle Invertierung von Geschlechterrollen.

auch die Amazonen, ähnlich wie die Griechen, beginnen, über den Schlachtverlauf bzw. die Strategie zu spekulieren.

> Die zweite Priesterin: Sie wird des Heeres Rückzug decken wollen.
> Die Erste: Das denk' ich auch.
> (DKV, II, 179)

Diese Überlegung zu Penthesileas Verhalten ist eine Fehldeutung, wie sie bei den Griechen vorkommt, wenn sie versuchen zu identifizieren, mit bzw. gegen wen die Amazonen kämpfen. Es geht Penthesilea nicht um ein rationales militärisches Kalkül, sondern um erotisches Begehren nach einem bestimmten männlichen Subjekt – ein Verhalten, das aus der Logik der Amazonen herausfällt. Dadurch, dass die Rätselhaftigkeit dieser Vorgänge immer wieder zum Thema gemacht wird, wird klar, dass die panoramahafte Technik Kleists, die von der vielfältigen Benutzung der Teichoskopie ausgeht, keinesfalls dem Zuschauer einen allwissenden, objektiven Blick vermittelt, sondern das Kriegsgeschehen als ein interpretationsbedürftiges Ereignis darstellt. Der „Nebel des Krieges" kann nicht einfach durch eine erhöhte Beobachtungsposition gelichtet werden, es muss interpretiert werden, was immer auch bedeutet, dass es zu Missverständnissen kommen kann. Es ist bezeichnend, dass weder die Amazonen noch die anderen Kriegsteilnehmer von dieser Friktion ausgeschlossen werden. Es geht dabei nicht einfach darum, dass der Krieg an sich ein komplexer Vorgang ist; eine Hauptmännin der Amazonen macht klar, dass dieser „Nebel" bzw. die „eherne Stimme" des Krieges den Amazonen bekannt ist und auch von ihnen geschätzt wird.

> [...] Wenn du
> Dem Wind, der von den Bergen weht, willst horchen,
> Kannst du den Donnerruf der Königin,
> Gezückter Waffen Klirren, Rosse wiehern,
> Drommeten, Tuben, Cymbeln und Posaunen,
> Des Krieges ganz ehrne Stimme hören.
> (DKV, II, 178)

Penthesilea interveniert nicht einfach in einer komplexen kriegerischen Auseinandersetzung, sie bringt vielmehr mit ihrem erotischen Verlangen einen völlig neuen Aspekt in den Krieg ein, der dann den Verlauf der Auseinandersetzung für alle nicht mehr vorhersagbar macht.

Die teichoskopischen Berichte zeichnen sich dadurch aus, dass in ihnen immer wieder Unverständnis geäußert und das eben Berichtete hinterfragt wird. Es passt in diese Logik, dass die Szene, in der Penthesilea Achill zerreißt, zunächst in Echtzeit durch Teichoskopie übermittelt und anschließend wieder detailliert als Bericht Penthesileas präsentiert wird. Diese Redundanz im Drama stellt noch einmal die Rätselhaftigkeit dieser Aktion aus. Es wird so gezeigt, dass man nur im Nachhinein überhaupt erst beginnen kann, über den Sinn oder Nicht-Sinn dieser Handlung nachzudenken.[19]

8.1.2 Eine unerhörte Begebenheit

Die Aufteilung des Stückes in vierundzwanzig Auftritte unterstreicht, dass es in diesem Drama nicht um die Darstellung einer geschlossenen, in sich logischen Handlung geht, sondern um die Aneinanderreihung von rätselhaften Momenten, die nicht darauf angelegt sind, vom Zuschauer antizipiert werden zu können. Die Forschung weist darauf hin, dass Kleist sich mit dieser Aufteilung an den Gesängen der *Illias* orientiert hat.[20] Auch wenn dies auf ein spezifisches literarisches Modell verweist, weicht Kleist hier doch stark von einer etablierten Konstruktion des Dramas in fünf Akten ab, die ja auch eine Orientierung für den Zuschauer

---

19 Die Grausamkeit und die komplexe, indirekte Repräsentation dieser Zerreißszene werden in der *Penthesilea*-Forschung oft zum Anlass genommen, diesen Text als eine Anti-Ästhetik zum klassischen Weimarer Theater zu lesen. Siehe hierzu beispielsweise Nölles „Eine ‚gegenklassische' Verfahrensweise". Walter Müller-Seidel „*Penthesilea* im Kontext der deutschen Klassik" und Elystan Griffiths arbeiten heraus, wie *Penthesilea* als eine Kritik an einem Aufklärungsrationalismus zu verstehen ist, der sich auch in der Weimarer Klassik festsetzte: „[…], in *Penthesilea* Kleist scrutinizes the rational, civilized society of the Greeks, and demonstrates not only its latently barbaric and irrational side, but also the bloody consequences of a discourse of the rational and the natural that makes claims to universal validity." (Griffiths, „Hundekomödie", 471) Michel Chaouli erkennt in diesem Text eine Auseinandersetzung mit den Repräsentationsgrenzen von Kants ästhetischem Denken. (Chaouli, „Devouring Metaphor", 140) Auch Bernhard Greiner liest den Text als ein Experiment mit den Grenzen der Darstellbarkeit (Greiner, "Ich zeriss ihn") und ebenso erkennt Heather Merle Benbow in der Betonung der Oralität, die dann im Kannibalismus endet, eine klare Abkehr von idealistischen Paradigmen. (Benbow, „Oral Transgression") Franz Eybl sieht weiter die *Penthesilea* als eine Fortschreibung des erkenntniskritischen Diskurses der *Marquise von O…* an. (Eybl, *Kleist-Lektüren*, 140) Lektüren, die sich mit der Aufführbarkeit der *Penthesilea* auseinandersetzen, schließen in gewisser Weise an diese Diskussion an, und fragen nach der Ästhetik von Kleists Schreiben. In diesem Zusammenhang ist der von Ortrud Gutjahr herausgegebene Sammelband zu Stephan Kimmigs Aufführung der *Penthesilea* am Thalia-Theater zu verstehen, in dem zentrale Beiträge wie der Text „Penthesilea weint" von Marianne Schuller die Frage von einer Ästhetik der Darstellbarkeit engführen mit der Frage der Aufführbarkeit.
20 Siehe hierzu beispielsweise Carol Jacobs „Der Dolch der Sprache", 21–22 oder Marianne Schuller „Liebe ohne Gleichen", 47. Für einen genaueren Vergleich siehe Linda Hoff-Purviance „The form of Kleist's *Penthesilea* and the *Iliad*".

impliziert. Kleists Drama simuliert durch diesen Aufbau die Struktur eines Kampfes, der sich durch taktische Schritte entfaltet. Jeder Auftritt kann eine ungeahnte Wendung hervorbringen und die Handlung entwickelt sich sukzessive von Auftritt zu Auftritt, ohne von einer teleologischen Prognostik abgefangen werden zu können.[21]

Kleist schreibt also kein moralisches Stück, er berichtet von einer (durchaus im novellistischen Sinne) unerhörten Begebenheit, die die erste Ausgabe des *Phöbus* eröffnete. Diese Begebenheit manifestiert sich allerdings nicht nur in der grausamen Zerfleischung Achilles, sie beruht berühmter Weise auf einem linguistischen Problem:

> So war es ein Versehen. Küsse, Bisse,
> Das reimt sich, und wer recht von Herzen liebt,
> Kann schon das Eine für das Andre greifen.
> (DKV, II, 254)

Penthesilea hat zwar Achilles nicht zerrissen, weil sie die Worte „Küsse" und „Bisse" verwechselt hat, sondern weil ihr die Differenz zwischen ihren Handlungen so gering wie die zwischen diesen Wörtern erschien. Beiträge wie Daniel Grafs Aufsatz „Das gebrochene Wort" oder auch Carol Jacobs' Lektüre „Der Dolch der Sprache" sehen in der *Penthesilea* zunächst eine Auseinandersetzung mit Sprache und Rhetorik. Die Differenz von „Küssen" und „Bissen" gibt solchen Zugängen, die in der Tradition der Dekonstruktion stehen, natürlich eine starke Evidenz, ich möchte aber betonen, dass es bei dieser Textstelle nicht so sehr um Sprachkritik, sondern um eine Beschreibung von eskalatorischen Dynamiken geht. Kleist stellt hier dar, wie kleinste Differenzen katastrophale Effekte haben können. Dies lässt sich durchaus mit der von der Chaostheorie betonten „sensitivity to inital conditions" beschreiben, findet aber natürlich auch in Kleists Essays, beispielsweise in der zuckenden Oberlippe von Mirabeau in der *Allmählichen Verfertigung*, eine Entsprechung.[22] Mit Blick auf die linguistische Verwirrung der Penthesilea muss aber auch angemerkt werden, dass in der Verwechslung von Küssen/Bissen auch Kleists Faszination mit Anagrammen bzw. Buchstabenkombinationen aufscheint. Anagramme, von „Klingstedt" hin bis zu der Permu-

---

21 Auch Zachary Sng verweist auf diese irreversible bzw. komplexe Logik des Dramenaufbaus: „Wie auch im Fall der *Penthesilea*/Penthesilea kennt man das Ende, aber ist nicht in der Lage, von dort den Lauf zurückzuverfolgen." (Sng, „Die Sprache der Amazonen", 88)
22 Siehe hierzu auch meine Diskussion der *Allmählichen Verfertigung der Gedanken beim Reden* in Kapitel 4.

tation von „Nicolo" bzw. „Colino" im *Findling*, produzieren Identitäten bzw. treten Dynamiken los, die von keinem Subjekt, sondern vom System der Sprache bzw. der Symbole erzeugt wird.[23] Was hier entscheidend für die Logik von Kleists Text ist, ist, dass die Dynamik dieses Textes aus einer Differenz abgeleitet wird, die das Subjekt (in diesem Fall Penthesilea) nicht erkennen kann, die aber dennoch so groß ist, dass sie entscheidende, aber nicht vorhersagbare, Konsequenzen hatte. Das wird innerhalb des Dramas dadurch dargestellt, dass die aus ihrer Ohnmacht erwachte Penthesilea keine Erinnerung an und Verständnis für diese Tat hat. Auch sie hätte ihr eigenes Verhalten nicht prognostizieren können. Dementsprechend kann das Zerfleischen des Achilles auch nicht als die intentionale Tat Penthesileas verstanden werden.

Die kriegerische Auseinandersetzung geht durch solche Konfigurationen über den Rahmen dessen hinaus, was strategieorientierte Kriegsspiele darstellen können. So etwas wie das Einfallen der Amazonen kann aber sehr wohl in einem Kriegsspiel wie Hellwigs integriert werden, das eine Fülle von verschiedensten Faktoren, auch eine weitere Kriegspartei, im Prinzip aufnehmen kann. Es ist aber fraglich, ob Penthesileas Verhalten in einer solchen Simulation aufgefangen werden könnte. Auch wenn Kleist gegenüber Knesebeck auf der holistischen Kraft des Kriegsspiels beharrte, geht Penthesileas Verhalten doch über die Möglichkeiten des Spieltischs hinaus.

8.1.3 Die Logik der Berserkerin

Penthesilea ist keinesfalls die einzige Figur Kleists, die unter Kontrollverlust leidet. Die Marquise von O... wird ohne ihr Wissen schwanger, und die Ereignisse in der *Familie Schroffenstein* können auch keiner einfachen intentionalen Handlung zugeordnet werden. *Penthesilea* ordnet sich in diese Reihe ein und stellt natürlich keinen Einzelfall in Kleists Werk dar. Es ist auch typisch für das Drama, dass hier Handlungen und Ereignisse inszeniert werden, die sich dem geordneten Agens eines Willens entziehen.

Dieser Umstand wird dadurch unterstrichen, dass Kleist den Kampf von drei Armeen auf die Auseinandersetzung zwischen Penthesilea und Achill herunterbricht. Krimmer sieht darin einen Wechsel vom politischen zum privaten Diskurs:

---

23 Auch Roland Reuß hat mehrfach auf die Bedeutung von Anagrammen in Kleists Schreiben aufmerksam gemacht. Siehe hier beispielsweise Reuß, *Im Freien*, 24–35 und 239–240.

> Whereas both the Amazons and Greeks pursue wars that are, in the Clausewitzian sense of
> the term, political acts, Achilles and Penthesilea are engaged in a war of passion.[24]

Kleist führt die Auseinandersetzungen in der *Penthesilea* als politische Projekte mit strategischen Zielen ein. Der Krieg zwischen Troja und den Griechen ist im Prinzip ein regulärer Krieg zwischen zwei Parteien. Auch wenn die Amazonen diese Dichotomie verkomplizieren, ist auch ihr Kampf auf ein klar zu verstehendes Ziel gerichtet, nämlich, für Nachwuchs zu sorgen.[25] Penthesilea durchbricht diese „Fortpflanzung mit kriegerischen Mitteln" durch ein zerstörerisches erotisches Verhalten, das auf allen beteiligten Seiten nicht in die Ordnung des Krieges passt. Die Transposition des Krieges ins Erotische hat den Effekt, dass diese strategischen Ziele aus dem Blick geraten, und es nur noch um das eskalierende Verschlingen des anderen geht. In der *Penthesilea* wird eine Erotik des Kampfes entwickelt, die sich dezidiert von einem rationalen Diskurs absetzt und zu einem Schauspiel von Unberechenbarkeit, Spontaneität und Gewalt wird.

Penthesilea begeht dann schlussendlich auch nicht Selbstmord, um den Mord an Achilles zu sühnen, sondern, um sich der politischen Ordnung der Amazonen zu stellen, in der diese individualisierte Erotik des Krieges keinen Platz hat, um damit auch in einem gewissen Maße die Eskalation des Krieges über den politischen Bereich hinaus wieder zu neutralisieren.

Ich verstehe *Penthesilea* als Kritik an einer Moderne, die glaubt, Individuen in ihrer Verhaltensstruktur vorhersagbar zu machen. Die Berserkerin Penthesilea durchbricht in dieser Perspektive die Mechanik des Dramas und des Lebens und eröffnet das Feld des modernen Krieges. *Das Käthchen von Heilbronn*, das, wie Kleist bekennt, analog zu *Penthesilea* sei, (DKV, IV, 398) setzt eine solche Konstellation fort.

---

24 Krimmer, *Representation of War*, 57.
25 Diese Auseinandersetzung zwischen verschiedenen politischen Systemen bzw. Rechtsordnungen ist ein weiterer Schwerpunkt innerhalb der Penthesileaforschung. Siehe hier beispielsweise: Hans M. Wolff, „Kleists Amazonenstaat im Lichte Rousseaus", Peter Michelsen, „Der Imperativ des Unmöglichen" oder auch Anthony Stephens, „Die Änigmen der Einsicht in Kleists *Penthesilea*". Dieter Harlos, im *Penthesilea*-Kapitel seines Buchs *Die Gestaltung psychischer Konflikte einiger Frauengestalten im Werk Heinrich von Kleists*, und Falk Horsts Aufsatz „Kleists *Penthesilea* oder die Unfähigkeit aus Liebe zu kämpfen" gehen spezifisch auf den Konflikt zwischen Penthesileas Begehren und dem Gesetz des Amazonenstaates ein, etwas, das Gerhart Pickerodt klar auf eine gesellschaftstheoretische Dimension projiziert: „Kleists Drama handelt von der Leidenschaft als der gewaltsamen Wiederkehr einer unter den Bedingungen der aufgeklärten Moderne rationalistisch unterdrückten Natur." (Pickerodt, „Penthesilea und Kleist", 53)

8.2 Das Käthchen von Heilbronn

In seiner Rätselhaftigkeit steht *Das Käthchen von Heilbronn* der *Penthesilea* in keiner Weise nach.[26] Wie in der *Penthesilea*, so bildet auch im *Käthchen von Heilbronn* eine unerhörte Begebenheit bzw. ein irrationales, erotisches Verlangen das Zentrum des Stücks, und bereits Kleist selbst hat auf die enge Verbindung der *Penthesilea* und des *Käthchens* hingewiesen:

> Es ist wahr, mein innerstes Wesen liegt darin [in der *Penthesilea*], und Sie haben es wie eine Seherin aufgefaßt: der ganze Schmutz zugleich und Glanz meiner Seele. Jetzt bin ich nur neugierig was Sie zu dem Käthchen von Heilbronn sagen werden denn das ist die Kehrseite der Penthesilea ihr andrer Pol, ein Wesen das eben so mächtig ist durch gänzliche Hingebung als jene durch Handeln. (DKV, IV, 397–398)

Kleist konstatiert in einem Brief vom Spätherbst 1807 an Marie von Kleist, wie sich die beiden Figuren zueinander verhalten, und benutzt dabei das Bild der Polarität, wie es zentral für sein Essay über die *Allmähliche Verfertigung der Gedan-*

---

[26] Während *Penthesilea* zu den meistdiskutierten Texten Kleists gehört, hat, wie es beispielsweise Manfred Weinberg hervorhebt, die Kleist-Forschung das *Käthchen von Heilbronn* nicht in das Zentrum der Diskussion gestellt, (Weinberg, „Natur und Kunst", 568–569) auch wenn es Kleists publikumswirksamstes Stück ist (neben dem *Zerbrochnen Krug*). Nancy Nobile setzt sich in ihrem Text „Entertainment and Public Sphere in Kleist's *Käthchen von Heilbronn*" dezidiert mit diesem Charakter des Stücks als populäres Drama auseinander. Kleists hybrides Mittelalter gibt viele Rätsel auf. Studien wie William C. Reeves Buch *Kleist's Aristocratic Heritage* versuchen zwar, diese Rätsel zu dekodieren, bleiben aber schlussendlich doch in den fantastischen Exzessen des Stückes, wie der Erscheinung des Cherubs, stecken. Die Forschung zu *Käthchen* fokussiert, wie McAllister in seiner Forschungsübersicht herausstellt, stark auf die Frage einer Beurteilung der Hauptfigur. Es geht hierbei meist um eine Beurteilung der Unterwürfigkeit dieser Figur, und McAllister erkennt in diesem Stück eine feministische Kritik an einer primär männlich kodierten Ästhetik der Romantik. (McAllister, *Kleist's Female Leading Characters*, 87–96) Yixu Lü betont einen parodistischen Charakter des *Käthchens* und erkennt eine Ironisierung der Liebesvorstellungen der Weimarer Klassik und Romantik. (Yixu Lü, „Verklärte Liebe") Seán Allan nimmt Kleists Hinweis auf, dass das *Käthchen* und die *Penthesilea* gekoppelt sind, und erkennt hier zwei Dramen, die sich mit der Beziehung von Frau und Gesellschaft auseinandersetzen. Während *Penthesilea* einen Entwurf eines femininen Aktivismus darstellt, sieht er im *Käthchen* primär die Geschichte eines Scheiterns. (Allan, *Plays*, 196) Ein Scheitern konstatiert auch Bettina Knauer, die in dem Scheitern des Käthchens aber eine produktive und kritische Auseinandersetzung mit epistemologischen und ästhetischen Codes erkennt: „Das *Käthchen von Heilbronn* scheitert an der für Kleist einzig möglichen Wahrmachung ihrer Verkündigung, eben an der Kunst. Die Ohnmacht Käthchens ist eine, die, nachdem sie die Fundamente des Wissens zum Einsturz brachte, nun auch die Fundamente der Kunst betrifft." (Knauer, „Die umgekehrte Natur", 146)

ken oder auch für seine Konzeption des *Phöbus* war, in dem beide Dramen (zumindest in Teilen) zuerst veröffentlicht wurden. *Käthchen von Heilbronn* und *Penthesilea* fokussieren auf ein erotisches Verhalten, das die Zuschauer und auch die weiteren Charaktere innerhalb des Dramas vor Rätsel stellt. Es geht um eine Leidenschaft, die sich in einer radikalen Hingebung bzw. Handlung äußert.[27] Bereits in der anfänglichen Prozessszene wird diese Analogie, aber auch die Differenz zur *Penthesilea* herausgearbeitet. Käthchens Vater schildert ihr Verhalten nach dem ersten Zusammentreffen mit dem Grafen Wetter vom Strahl wie folgt:

> Und da wir an das Fenster treten: schmeißt sich das Mädchen, in dem Augenblick, da er den Streithengst besteigt, dreißig Fuß hoch, mit aufgehobenen Händen, auf das Pflaster der Straße nieder: (DKV, II, 328)

Der Vater kann diesen potenziell selbstzerstörerischen Fenstersturz natürlich nicht als Leidenschaft entziffern und muss darin schwarze Magie erkennen.[28] Ein Eindruck, der noch dadurch verstärkt wird, dass Käthchen, nachdem sie sich von ihren schweren Verletzungen erholt hat, dem Grafen auf Schritt und Tritt folgen soll. Dieses Verhalten zeigt die Komplementarität zwischen *Käthchen von Heilbronn* und der *Penthesilea*, denn während Penthesilea die gewalttätige Seite des Hundes zeigt, repräsentiert Käthchen ganz explizit das Bild des Hundes als bedingungsloser Begleiter: „wie ein Hund, der von seines Herren Schweiß gekostet, schreitet sie hinter ihm her [...]." (DKV, II, 329)[29] Genau dieses irrationale Verhalten, das nur mit der animalischen Hingabe eines Hundes erklärt werden kann, stellt den Zuschauer und auch Käthchens Vater vor ein unlösbares Rätsel. Die einzig naheliegende Erklärung scheint Magie zu sein, und aus diesem Grund klagt Käthchens Vater auch den Grafen vor dem Vehmgericht an.

Kleist setzt in dieser Szene die Anhänglichkeit Käthchens mit dem Kampfeswillen Penthesileas gleich. Käthchens Liebe ist dabei nicht zerstörend. Die Transformation vom Politischen ins Intime/Private/Persönliche, wie ich es bei *Penthesilea* diskutiert habe, kommt aber auch beim *Käthchen* vor, allerdings in einer invertierten Form. Kleists Mittelalterdrama beginnt mit einem leidenschaftlichen

---

[27] Monika Meister weist in ihrem Text „Verführt" darauf hin, dass „Verführung" etymologisch auf „fehlgeleitet" zurückgeführt werden kann. (205)
[28] Für eine Diskussion von okkulten Einflüssen auf das Drama siehe beispielsweise Heinz Schott, „Erotik und Sexualität im Mesmerismus" und Falk Horst, „Kleists Käthchen von Heilbronn – oder hingebende und selbstbezogene Liebe".
[29] William Reeve stellt beispielsweise heraus, wie die Figuration des Hundes auf den Wert der Loyalität ausgerichtet ist und durch Käthchen dann verkörpert wird. (Reeve, *Aristocratic Heritage*, 29) Zum Animalischen als Figur des Irrationalen siehe beispielsweise Konstanze Fladischer, „Gleich einer Hündin, Hunden beigestellt".

und radikalen Liebesakt, der nicht auf Rationalität fußt: dem Sprung aus dem Fenster. Hier geht es noch nicht um politische Interessen und es taucht auch noch nicht am Horizont auf (wie es sich am Ende des Dramas herausstellen wird), dass Käthchen die uneheliche Tochter des Kaisers und damit eine wichtige politische Figur sein könnte. Die Schwärmerei für den Grafen kann genau deshalb nur als eine Verzauberung bzw. Verwirrung erscheinen, und auch der Zuschauer ahnt noch nichts von der übergeordneten Bedeutung Käthchens als Figur politischer Stabilität.

Wenn *Penthesilea* im Zerfleischen des Achilles gipfelt, so beginnt *Käthchen von Heilbronn* mit einem anscheinend besinnungslosen Schlafwandel. Es ist aber in beiden Dramen so, dass dieses irrationale Handeln der Subjekte auf einer tieferen Ebene motiviert wird. In der *Penthesilea* ist es die Prophezeiung der Mutter, dass sich Penthesilea mit Achilles verbinden wird (DKV, II, 220) und im *Käthchen von Heilbronn* ist es der telepathische Traum in der Silvesternacht, der Käthchen und den Grafen ohne ihr Wissen bereits vor ihrem Zusammentreffen zusammengebracht hat. Insgesamt geht es auch im *Käthchen von Heilbronn* immer wieder darum, dass die Subjekte nicht aus ihren Intentionen heraus handeln, sondern auf ein bestimmtes Schicksal hin gedrängt werden. Käthchens Verhalten erscheint so auch am Ende nicht als irrational, es ist durch so etwas wie das Schicksal motiviert. Sie ist, wie sich am Ende des Dramas herausstellen wird, kein frei handelndes Individuum, sondern (als Tochter des Kaisers) das Medium einer politischen Ordnung.

8.2.1 Berichte vor Gericht

Die *Penthesilea* und das *Käthchen* ähneln sich aber nicht nur in dem irrationalen Verhalten ihrer Hauptfiguren, sondern auch darin, wie dieses Verhalten dargestellt wird. Im *Käthchen von Heilbronn* benutzt Kleist einen theatralischen Trick, um Käthchens „hündisches" Verlangen zu zeigen. Es wird nicht direkt auf der Bühne dargestellt, wie Käthchen dem Grafen folgt, dies ist zunächst (im ersten Akt) Teil eines Gerichtsprozesses. Dem Zuschauer wird Käthchens Verhalten retrospektiv in einem Bericht präsentiert. Der Vater klagt den Grafen wegen Zauberei an, und das Drama öffnet mit der Beweisaufnahme vor Gericht. Die Beweise können aber nicht in Form von Indizien vorgebracht werden, sie bestehen in den Aussagen des Vaters und des Grafen. Hier schildert der Vater Käthchens Besessenheit, die sich in dem Fenstersturz und darin äußert, dass sie dem Grafen nach ihrer Genesung unmittelbar nachreist. Der Graf seinerseits berichtet mit Erstaunen davon, wie Käthchen auf seiner Reise auftaucht, und wie sie ihn weiter begleitet, auch wenn sie bei den Pferden schlafen muss. Was Vater und Graf vor Gericht vorbringen, sind aber keine Erklärungen von Käthchens Verhalten. Beide Männer versuchen eine Interpretation dieses Handelns zu geben. Was das Gericht als kommunikative Strategie hier zeigt, ist die Auseinandersetzung der Feldherren in der *Penthesilea*, die darüber spekulieren, gegen und mit wem die Amazonen kämpfen. Theobalds Vorschlag, dass es sich bei Käthchens Verhalten um schwarze Magie handeln könnte, macht vor allem sein Unverständnis für die Handlungen seiner Tochter klar – zeigt, dass Käthchen, genau wie Penthesilea, zunächst ein Rätsel ist.

Wie in der *Penthesilea* reflektiert auch im *Käthchen von Heilbronn* die Hauptfigur über ihr eigenes Verhalten. Sie muss vor dem Gericht über ihre Taten aussagen. Aber auch sie kann dieses Verhalten nicht hermeneutisch oder rational deuten („Auf das, was du gefragt: ich weiß es nicht." (DKV, II, 338)) und die weitere Befragung Käthchens hat die Funktion, klarzumachen, dass den Grafen keine Schuld an Käthchens Verhalten trifft, er sie also nicht mit Magie manipuliert hat. Während in der *Penthesilea* der Versuch der Hauptperson, die eigenen Handlungen zu verstehen, zum Selbstmord und damit zum Abschluss des Dramas führt, konstituiert die Suche nach einer Erklärung für Käthchens Verlangen den Beginn der Handlung. Zum Ende des ersten Aktes gibt Käthchen dem Grafen das Versprechen, ihm nicht mehr zu folgen, und erscheint nun als eine durchaus rationale Figur, die nicht mehr von Emotionen oder übergeordneten Mächten getrieben wird. Zunächst hält sie sich auch an die Absprache, dem Grafen nicht mehr zu folgen, und wenn sie später im Drama wieder zum Grafen reist, hat das nichts mit irrationalem Begehren, sondern mit geheimdienstlicher Information zu tun, da sie die Nachricht eines bevorstehenden Angriffs abgefangen hat und dem Grafen überbringen will.

8.2.2 Käthchens Botschaft

Nach dem Gericht scheint Käthchen ihre Besessenheit abgelegt zu haben. Sie erscheint jedoch nach einiger Zeit wieder beim Grafen, was diesen zunächst verstört. Käthchen kommt aber nicht als Liebestolle, sondern als Botin. Dass sie dies tut, hängt von zwei Zufällen und einer sehr berechnenden Tat Käthchens ab. Nach dem Gerichtsspruch will Käthchen in ein Kloster eintreten. Auf dem Weg dorthin entscheidet sie sich jedoch plötzlich anders und übernachtet deshalb auf dem Rückweg nach Heilbronn bei dem Prior Hatto. Dieser Prior steht in Kontakt mit dem Rheingrafen, der einen Angriff auf den Grafen von Strahl plant. Durch eine Verwechslung sendet der Rheingraf seinen Angriffsplan an den Prior und Käthchen reagiert schnell darauf:

> Der Brief ward Prior Hatto übergeben,
> Als ich mit Vater just, durch Gottes Fügung,
> In dessen stiller Klause mich befand.
> Der Prior, der verstand den Inhalt nicht,
> Und wollt' ihn schon dem Boten wiedergeben;
> Ich aber riß den Brief ihm aus der Hand,
> Und eilte gleich nach Thurneck her, euch Alles
> Zu melden, in die Harnische zu jagen;
> Denn heut, Schlag zwölf um Mitternacht, soll schon
> Der mörderische Frevel sich vollstrecken.
> (DKV, II, 386)

Dieser Bericht Käthchens beschreibt, wie der Prior diesen Brief erhält und den Inhalt nicht versteht, woraufhin Käthchen die Initiative ergreift und den Brief entwendet. Käthchen wird hier also zu einer Botin, jedoch ist sie kein gesandter Herold, sie unterscheidet sich klar von den Botenfiguren, wie man sie in Kleists ersten Dramen sehen kann. Auch wenn Käthchen zur Informationsüberbringerin wird, bleibt sie ein handelndes Subjekt, oder beginnt vielmehr erst durch diese Handlung aktiv in die politischen Verhältnisse einzugreifen. Dass sie bei dem Prior übernachtet, ist reiner Zufall, genauso wie der Umstand, dass dieser Brief dorthin gelangt. Dass sie diesen Brief bekommt, ist jedoch kein Zufall, es ist das Resultat einer aktiven bzw. gewalttätigen Aneignung. Käthchen ist hier somit mehr als eine Botin (im Sinne von Krämer), sie ist eine Agentin, die nicht als bloße Informationsübermittlerin, sondern als politisch Handelnde auftritt. Neben dieser Aktion ist Käthchen aber noch in einem anderen medialen Zusammenhang in die Handlung eingebunden.

Diese Szene um den Brief weist auf die Bedeutung des Medialen in dem Stück hin, die zentrale mediale Verbindung innerhalb des Dramas ist jedoch der Traum in der Silvesternacht, der den Grafen und Käthchen in telepathischer Weise miteinander verbindet.[30] Der Graf träumt von der kaiserlichen Tochter, die er zur Frau nehmen wird, und Käthchen wird von einer Magd die Prophezeiung gemacht, dass sie einen Ritter heiraten wird, woraufhin ihr im Schlaf der Graf vom Strahl erscheint. Was Kleist hier inszeniert, ist eine mediale Szene, die nicht von einem Sender oder Empfänger begonnen wird. Es will niemand eine Nachricht senden, und es schaltet niemand auf „empfangsbereit", die mediale Verbindung

---

[30] In der Forschung wird dieser Traum oft als eine Thematisierung des Magnetismus gelesen. Siehe hierzu beispielsweise Katharine Weder, *Kleists magnetische Poesie*, 159–172.

ergibt sich einfach durch den telepathischen Traum. Dies ist der Kern des Wunderbaren dieses Stückes, macht aber deutlich, dass dieser Text in das mediale Bild passt, das Kleist auch in anderen Texten entwarf. Der Graf und Käthchen sind wie die Figuren im *Marionettentheater* Gestalten, die durch systemische Umstände in Bewegung versetzt werden und nicht selber intentional handeln,[31] d.h. sie haben keinen Einfluss auf das Sende-Empfangssystem, das sie miteinander verbindet. Kunigunde ist im Gegensatz dazu die zentrale Antagonistin dieses Stücks, die nicht nur getrieben wird, sondern politische Prozesse manipulieren will.

8.2.3 Kunigunde

Insgesamt befindet sich der Graf in einer höchst prekären Situation. Was schnell aus dem Blick gerät, ist die Tatsache, dass im Kern der Handlung eine Militärintervention steht. Es geht neben der Verbindung zwischen Käthchen und dem Grafen um das Verhältnis zwischen dem Grafen und Kunigunde, die zunächst seine Widersacherin ist, ihn dann aber verführen kann, und von ihm zunächst als seine Braut auserkoren wird.[32] Kunigunde zeichnet sich bei ihren Plänen und Handlungen durch eine subtile Art der Kriegführung aus, und agiert meist vermittelt durch Verbündete:

> Der Graf vom Strahl: Des Rheingrafen! – Was hab ich mit dem Rheingrafen zu schaffen, Flammberg?
> Flammberg: Mein Seel! Was hattet Ihr mit dem Burggrafen zu schaffen? Und was wollte so mancher Andere von euch, ehe ihr mit dem Burggrafen zu schaffen kriegtet? Wenn ihr den kleinen griechischen Feuerfunken nicht austretet, der diese Kriege veranlaßt, so sollt ihr noch das ganze Schwabengebirge wider euch auflodern sehen, und die Alpen und den Hundsrück obenein.
> Der Graf vom Strahl: Es ist nicht möglich! Fräulein Kunigunde –

---

[31] Autoren wie Greiner und Wolfgang Nehring führen diese Verbindung vom *Marionettentheater* und dem Drama explizit aus. Greiner sieht hier eine Inszenierung des Graziediskurses (Greiner, *Dramen und Erzählungen*, 253–272) und Nehring erkennt im *Prinz Friedrich von Homburg* die Inszenierung der Frage einer möglichen Rückkehr zur Unschuld, die im theologischen Zentrum des *Marionettentheaters* steht. (Nehring, „Die Marionette auf dem Weg zu Gott")

[32] Das Verhältnis zwischen Kunigunde und dem Grafen vom Strahl ist ein komplexes. Zunächst wird sie als Feindin des Grafen eingeführt (DKV, IV, 351–352), dann befreit der Graf sie, (DKV, IV, 360–362) und Brigitte, die Haushälterin des Grafen, erkennt in ihr die Kaisertochter, die dem Grafen in einem halluzinatorischen Traum erschienen ist. (DKV, IV, 367–368) Diese Prophezeiung führt dazu, dass der Graf nun seine ehemalige Feindin heiraten will. (DKV, IV, 373–374)

> Flammberg: Der Rheingraf fordert, im Namen Fräulein Kunigundens von Thurneck, den Wiederkauf eurer Herrschaft Stauffen; [...]
> (DKV, II, 351)

Diese Situation ist typisch für Kunigundes Form des Handelns. Sie versucht nie, als direkt Handelnde zu erscheinen, und ihre Pläne werden meist von Vertretern (bzw. Verlobten) oder Boten durchgeführt. Kunigunde versucht, den Grafen vom Strahl zu benutzen, um ihre Macht auszubauen, sie schickt Käthchen zurück in die brennende Burg, um das Futteral mit den Dokumenten zu holen (auch wenn dies nur ein Vorwand ist, um Käthchen einer tödlichen Gefahr auszusetzen), und schließlich beauftragt sie ihre Kammerzofe Rosalie, Käthchen zu vergiften.

Kunigunde ist aber mehr als ein hinterhältiger Bösewicht, sie ist eine Kriegsspielerin. Sie steht Herrmann nahe, der seine Überlegenheit aus der Initiation von Wendepunkten zieht, die bestimmte Prozesse einleiten, die dann nicht mehr einfach zu kontrollieren sind. Ihre Art des Taktierens basiert darauf, dass sie Situationen permanent destabilisiert, um so ihren Gegner zu schwächen und gerade in einer unterlegenen Position die Überhand zu gewinnen. Sie ist nicht wie Käthchen und der Graf in somnambulen Träumen gefangen, sie handelt sehr bewusst, auch wenn diese Handlungen Dynamiken entwickeln sollen, die dann nur noch schwer von ihr zu kontrollieren sind.

Kunigundes Verhalten kann ins Verhältnis zu den Steuerungsphantasien des *Marionettentheaters* gesetzt werden. Es geht bei den Marionetten nicht darum, jedes Element intentional genau zu steuern, sondern darum, die Marionetten in Schwingung zu versetzen. Kunigunde initiiert durchgehend Prozesse, die sich ihrer genauen Kontrolle entziehen. Sie schickt Käthchen zurück in das brennende Schloss, damit sie dort umkommt. Kunigundes Spiel geht auch beinahe auf, nur das Eingreifen des Cherub hätte selbst so eine geübte Glücksspielerin wie Kunigunde nicht miteinbeziehen können. Käthchen und auch der Graf sind Charaktere, die zunächst dem Prinzen von Homburg oder auch der Penthesilea nahestehen, dadurch dass ihre Handlungen nicht auf rationale Kalküle zurückgehen. Sie werden nicht von rationalen Machtinteressen geleitet, wie es bei Kunigunde klar hervortritt, ihr Schicksal bestimmt sich durch den gemeinsamen Traum der Silvesternacht. Die enge Verbindung zwischen den beiden wird dem Grafen klar, als er es schafft, mit Käthchen über diesen Traum zu sprechen – dies allerdings auch nur während Käthchen selber schläft. Käthchen spricht im Schlaf und schildert dem Grafen die Ähnlichkeiten zu seinem Traum, was ihn erkennen lässt, dass es ein gemeinsamer Traum war. Der Graf kommentiert dies wie folgt:

> Was mir ein Traum schien, nackte Wahrheit ist's:
> Im Schloß zu Strahl, todkrank am Nervenfieber,
> Lag ich danieder, und hinweggeführt,

Von einem Cherubim, besuchte sie
Mein Geist in ihrer Klause zu Heilbronn!
(DKV, II, 410)

Dieser Traum etabliert eine Verbindung zwischen den beiden, ohne dass sie aktiv etwas dafür tun. Dies steht im klaren Gegensatz zu Kunigunde, die beständig neue Allianzen und so ein eigenes Kommunikations- bzw. Bündnisnetz erzeugen will.

Käthchen wird gezielt und plakativ als Gegenpol zu Kunigunde aufgebaut. Kleist markiert diese Gegensätzlichkeit dadurch, dass Käthchen eine quasi „natürliche" Schönheit ist, die sich kategorial von Kunigunde unterscheidet,[33] die ein aus vielen Prothesen zusammengesetztes Wesen ist, die ihre Schönheit nur als Erscheinung simulieren.[34] Die Unterschiede reichen aber weiter. Während Kunigunde durch ihre Handlungen permanent politische Zustände destabilisiert, wird Käthchen zur Agentin politischer Stabilität.

Dies unterscheidet im Übrigen auch *Das Käthchen von Heilbronn* von der *Penthesilea*. Während in *Penthesilea* die Amazonen zunächst aus dem politischen Grund der Fortpflanzung in den Krieg ziehen, und Penthesilea dann ihrem erotischen Begehren verfällt, was diesen Plan destabilisiert, beginnt *Das Käthchen von*

---

33 Beispielsweise liest Gert Ueding das Drama als eine künstliche Anordnung von heterogenem Bildmaterial, das wenig mit dem Mittelalter zu tun hat, aber in dem künstlich zusammengesetzten Körper Kunigundes seine poetische Allegorese findet. (Ueding, „Käthchen") Auch Hans Dieter Zimmermann geht in seiner Interpretation von Kunigundes Körper aus und sieht die konstruktive Spannung des Dramas in der Konfrontation von Köpermodellen: „Das Rätselhafte an Kunigunde ist ihr Körper, nicht ihr Verhalten. Ihr Verhalten ist berechnend und geschäftstüchtig. Bei Käthchen ist es umgekehrt: ihr Körper, der nie beschrieben wird, ist kein Rätsel, er ist Gegenstand des berechtigten Entzückens der Männer; immerhin hat der Ritter sie im Traum mit kurzem Hemdchen gesehen. Doch ihr Verhalten versteht er nicht, genauso wenig wie ihr Vater und alle anderen Männer, die ihm begegnen." (Zimmermann, „Wahnsinn", 204) Auch Franz Eybl macht diese Repräsentationsformen der Frauenkörper zum Zentrum seiner Lektüre und konstatiert hier eine kritische Auseinandersetzung von Inhalts- und Ausdrucksseite in der Kommunikation. (Eybl, *Kleist-Lektüren*, 179–181)

34 Es ist verlockend, Kunigundes Gestalt, die Kleist als grotesken Cyborg beschreibt („Sie ist eine mosaische Arbeit, aus allen drei Reichen der Natur zusammengesetzt. Ihre Zähne gehören einem Mädchen aus München, ihre Haare sind aus Frankreich verschrieben, ihrer Wangen Gesundheit kommt aus den Bergwerken in Ungarn, und den Wuchs, den ihr an ihr bewundert, hat sie einem Hemde zu danken, das ihr der Schmidt, aus schwedischem Eisen, verfertigt hat." [DKV, IV, 422–423]), an die Puppen des Marionettentheaters anschließen zu wollen. Es gibt dabei aber einen zentralen und entscheidenden Unterschied zwischen Kunigunde und den Marionetten. Die Marionetten sind Systeme, die komplexe Prozesse durchlaufen, Kunigunde initiiert diese Prozesse.

Heilbronn als eine irrational handelnde Figur und wird im Verlaufe des Stücks zu einer explizit rationalen und politischen Gestalt. Dass die Heirat zwischen Käthchen und dem Grafen von einer romantischen Liebe untermauert wird, ist reiner Zufall, im Prinzip handelt es sich hier um eine politische Ehe, um die Position des Grafen zu festigen, und Käthchen wird somit zu einer Funktion, um politische Stabilität zu garantieren. Was diese Ehe von der geplanten Verbindung zwischen Kunigunde und dem Grafen unterscheidet, ist, dass Kunigunde diese Ehe aus politischem Kalkül angestrebt hat. Die Heirat von Käthchen und dem Grafen entstammt keiner rationalen, sondern einer emotionalen Verbindung, konsolidiert aber zufällig eine politische Ordnung.

Insgesamt durchzieht dieses Wechselspiel von Zufallsketten und politischer Ordnung Kleists Dramen. Im *Käthchen von Heilbronn* scheint dieser politische Prozess vor allem im Hintergrund abzulaufen, im *Prinz Friedrich von Homburg* wird er zum zentralen Thema.

8.3 Prinz Friedrich von Homburg

Penthesilea und *Das Käthchen von Heilbronn* sind Dramen, in denen die Hauptfiguren handeln, aber nicht die Kontrolle über diese Handlungen besitzen. Diese Dramen stellen dementsprechend die Frage nach dem handelnden Subjekt:[35] Was bedeutet es zu agieren, in einem Staat zu leben, einem Gesetz zu folgen? Diese Fragen werden besonders deutlich im *Prinzen von Homburg* besprochen. Der Prinz ist eine Figur, deren Handlungen selten den intendierten Effekt haben. Der siegreiche Angriff, den er leitet, soll nicht zur sozialen Anerkennung, sondern zur Todesverurteilung führen, und der Widerstand gegen den Kurfürsten (und somit gegen seine Begnadigung) hat die paradoxe Wirkung, dass er doch noch zum siegreichen Helden gekrönt und nicht hingerichtet wird. In prominenter

---

35 Hasso Hoffmann weist in seinem Text „Individuum und allgemeines Gesetz" auf die Nähe von *Penthesilea* und dem *Prinz Friedrich von Homburg* hin. In beiden Dramen geht es um Subjekte, die in der Spannung zwischen ihrer individuellen Wahl und dem allgemeinen Gesetz stehen: „Penthesilea wird Person, indem sie sich des sie bildenden unmenschlichen Stammesgesetzes entäußert – womit sie sich freilich zugleich selbst vernichtet. Homburg entwickelt sich zur verantwortlichen Persönlichkeit, indem er das ihm äußerliche vaterländische Gesetz als Mitgesetzgeber verinnerlicht – in einer Art Selbstopfer wiederum, welches ihn nun allerdings aus Gnade in märchenhafter Weise erhöht." (Hofmann, „Individuum und allgemeines Gesetz", 162)

Weise fokussiert bereits die Eröffnungsszene auf die Frage nach diesen ambivalenten Handlungsmustern.³⁶

> Als ein Nachtwandler, schau, auf jener Bank,
> Wohin, im Schlaf, wie Du nie glauben wolltest,
> Der Mondschein ihn gelockt, beschäftiget,
> Sich träumend, seiner eignen Nachwelt gleich,
> Den prächt'gen Kranz des Ruhmes einzuwinden.
> (DKV, II, 558)

In dieser Eingangsszene windet sich der schlafende Prinz selber einen Lorbeerkranz. Diese Tat, sich selbst zur eigenen Krönung einen Lorbeerkranz zu flechten, kann nur als Hybris identifiziert werden. Der Prinz formuliert auf performativem Weg einen Machtanspruch, dies allerdings nicht bewusst, sondern im Traum. Es macht diese Szene so verstörend, dass die Zuschauer im Theater und auch die handelnden Charaktere auf der Bühne einen Blick in das Unbewusste des Prinzen bekommen, ohne dass der Prinz dies kontrollieren könnte. Der Prinz vollzieht hier eine Handlung, die von großer politischer Symbolik ist, hat aber keine Kontrolle darüber bzw. Bewusstsein davon, wer diese Handlung sieht.

---

36 Ein Großteil der Forschung fokussiert auf eben jene ambivalente Subjektwerdung des Prinzen. Siehe hierzu beispielsweise: Jan Miezskowski, „Breaking the Laws of Freedom", Nancy Nobile, „Der Buchstabe deines Willens. Kleist's *Prinz Friedrich von Homburg* and the Letter of the Law", Gerhard Kluge, „Die Mißlungene Apotheose des Prinzen von Homburg", Dominik Finkelde, „Normativität und Transgression" oder Marcel Krings, „Der Typus des Erlösers". Eine genderorientierte Interpretation dieser Frage legt John Lyon mit dem Text „Kleist's *Prinz Friedrich von Homburg* and the Crisis of Masculinity" vor. Wolfgang Wittkowski weist auf die Ambivalenz der Subjektwerdung des Prinzen hin und sieht die Forschung zu diesem Stück auf einem Spektrum, das betont, wie der Prinz entweder durch die Unterordnung unter das Gesetz oder vielmehr in einer existentiellen Subjektwerdung trotz des Gesetzes subjektiviert wird. („Staat und Gesetz erscheinen ohne eigenes Gewicht und empfangen allen Glanz vom Ich des Helden" (Wittkowski, „Absolutes Gefühl", 27)) Darüber hinaus sehen Arbeiten wie Szabina Bolhas „Der deutsche Nationalmythos in Heinrich von Kleists *Prinz Friedrich von Homburg*" diesen Text als patriotische Propaganda, die sich noch im Fahrwasser der *Herrmannsschlacht* befindet. Zum Verhältnis vom *Prinz von Homburg* und *Herrmannsschlacht* siehe auch: William C. Reeve, „*Die Hermannsschlacht*. A Prelude to *Prinz Friedrich von Homburg*". Hans-Jörg Knobloch verkompliziert zu Recht in seinem Text „Ein Traum in Preußischblau?" eine patriotische Lesart des Stücks mit dem evidenten Hinweis, dass der Prinz wenig „preußisch" wirkt (47–48), und konzeptualisiert die politische Agenda des Stücks wie folgt: „Kleist ruft also nicht etwa zur Unterwerfung und Beherrschung anderer Völker auf, sondern träumt im Gegenteil von einer Gemeinschaft, die weder herrschen noch erobern will, in der vielmehr die Idee der Humanität [...] in reinster Form verwirklicht ist. Wenn aber ein Aggressor von außen diese arkadische Gemeinschaft zu unterjochen versucht, dann ist jedes Mittel recht [...]." (Knobloch, „Ein Traum in Preußischblau?", 56)

Zunächst wird in dieser Szene ein Bereich des Agierens gezeigt, der nichts mit Intentionalität zu tun hat. Der Prinz will bewusst weder den Kranz flechten, noch Natalie den Handschuh entwenden (was er versehentlich als Reaktion auf die Neckereien des Kurfürsten tut); dies sind Dinge, die in dieser Szene einfach geschehen. Wie bei der *Penthesilea* steht die Handlung eines „Rasenden" im Vordergrund. Während bei *Penthesilea* das Drama auf diesen Moment hinausläuft, beginnt *Der Prinz Friedrich von Homburg* mit dieser bewusstlosen Handlung (dem Flechten des Lorbeerkranzes), die dann am Ende wieder eingeholt wird (die Krönung mit dem Lorbeerkranz). Im letzten Auftritt wird dann der Prinz gekrönt, was ihn wieder in Ohnmacht fallen lässt und so den Anschluss an den anfänglichen Schlafwandel umso deutlicher macht. Die Erweckung wird dann nicht etwa von einem Kuss Natalies, sondern bombenpostalisch von Kanonendonner übernommen. Aber der Einbruch der militärischen Wirklichkeit kann die Traumhaftigkeit nicht vollständig auflösen:

> Prinz von Homburg: Nein, sagt! Ist es ein Traum?
> Kottwitz. Ein Traum, was sonst?
> (DKV, II, 644)

Diese Szene ist also nicht nur der Moment, in dem der Prinz rehabilitiert wird. Es wird auch gezeigt, dass die Traumwelt des Prinzen und die Realität des Krieges nicht so klar voneinander zu trennen sind, wie es am Anfang der Kurfürst noch feststellte:

> In's Nichts mit dir zurück, Herr Prinz von Homburg,
> In's Nichts, in's Nichts! In dem Gefild der Schlacht,
> Sehn wir, wenn's Dir gefällig ist, uns wieder!
> Im Traum erringt man solche Dinge nicht!
> (DKV, II, 560)

Wie das Drama dann in seinem Kern entspinnt, soll der Kurfürst damit Unrecht haben, und der Prinz wird vorführen, wie man mit wortwörtlich schlafwandlerischer Sicherheit Siege erkämpft, auch wenn diese Siege nicht mehr in die strategische Matrix der Heeresführer passen.

8.3.1 Ungehorsam

Es ist auffällig, dass die zentralen Momente des Dramas durch die Verletzung militärischer Regeln bzw. durch Ungehorsam hervorgebracht werden. Bereits die

Eröffnungsszene zeigt eine solche Verletzung. Der schlafwandelnde Prinz sollte eigentlich bei seiner Truppe sein, die bereits wieder im Einsatz ist.

> Da nun die Stunde schlägt,
> Und aufgesessen schon die ganze Reiterei
> Den Acker vor dem Tor zerstampft,
> Fehlt – wer? Der Prinz von Homburg noch, ihr Führer.
> Mit Fackeln wird und Lichtern und Laternen
> Der Held gesucht – und aufgefunden, wo?
> [...]
> Als einen Nachtwandler, schau, auf jener Bank [...]
> (DKV, II, 558)

Diese Szene ist also nicht nur skandalös, weil der Prinz sich selbst krönt, sondern auch, weil er in diesem Moment seine eigentlichen Pflichten verschläft. Dies wird dann in dem Angriff fortgesetzt, den er nicht nur durchführt, weil er den Plan bei der Planungssitzung „verschlafen" hat, er handelt vielmehr auch gegen den Widerstand seiner Offiziere. Schlussendlich ist es aber nicht nur der Prinz, der Ungehorsam an den Tag legt, es ist auch Natalie, die das Regiment zur Unterstützung der Begnadigung des Prinzen einbeordert.

Der Prinz ist im wahrsten Sinne des Wortes ein Taktiker, der nicht geplant, strategisch handeln kann, er reagiert permanent. In diesem Sinne schließt der *Prinz Friedrich von Homburg* ans *Käthchen von Heilbronn* und an *Penthesilea* an. Subjektwerdung wird in diesen Dramen nicht mehr als eine autonome Funktion verstanden, sie wird als systemische Konsequenz inszeniert – Penthesilea, Käthchen und der Prinz werden dadurch zu politischen Figuren, dass sie Prophezeiungen erfüllen oder Fehler begehen. Kleist reflektiert mit dem *Prinz Friedrich von Homburg* nicht nur auf eine zu starre Kriegführung, die Individualität unterdrückt, sondern begreift den Krieg als einen Katalysator, in dem Individuen über die Grenzen der etablierten Ordnungen hinausgehen. Es ist dabei nicht ohne Ironie, dass ausgerechnet der Kurfürst, der in der Anfangsszene den schlafenden Prinzen neckt und damit die Handlungskette, die zu dem Fehlverhalten des Prinzen führt, auslöst, am explizitesten diesen Zufallssieg kritisiert:

> Gleichviel. Der Sieg ist glänzend dieses Tages,
> Und vor dem Altar morgen dank' ich Gott;
> Doch wär er zehnmal größer, das entschuldigt
> Den nicht, durch den der Zufall mir ihn schenkt:
> Mehr Schlachten noch, als die, hab' ich zu kämpfen,
> Und will, daß dem Gesetz Gehorsam sei.
> Wer's immer war, der sie zur Schlacht geführt,
> Ich wiederhol's, hat seinen Kopf verwirkt,
> Und vor ein Kriegsrecht hiermit lad' ich ihn. (DKV, II, 594)

Der Kurfürst wird hier von Kleist als eine Figur dargestellt, die Krieg basierend auf strukturell klaren Regeln inszeniert. Für ihn werden Befehle durch ein top-down-System geleitet, in dem die einzelnen Knoten keine Autonomie besitzen. Ganz im Gegensatz zu den Bewegungen der Marionetten von Kleists *Marionettentheater* soll es in dieser Armee keine Unschärfe oder unberechenbaren Momente geben.

Was hier als Kontrast zwischen dem Prinzen und dem Kurfürsten aufgebaut wird, hat Manuel DeLanda in seinem Buch *War in the Age of Intelligent Machines* als einen Unterschied zwischen den „Clockwork"/Uhrwerk-Armeen Preußens und den „Motor"-Armeen Napoleons beschrieben. DeLanda attestiert, dass die napoleonischen Kriege dazu führten, dass Kampfeinheiten ausgebildet wurden, die wesentlich autonomer handeln konnten. Die Kampfformation wurde nicht mehr von einer zentralen Kraft (wie bei einem Uhrwerk) geleitet, sondern dezentralisiert. Jede Kampfeinheit hatte ihre eigene Kraftquelle, ihren eigenen Motor.[37] Der Prinz wird zu einem Anführer einer solchen modernen Motoreinheit. Dies tut er allerdings nicht aus eigener Überzeugung, sondern aus Zufall. Die Kontingenz des Krieges kreiert Komplexitäten, die den engen Rahmen von Uhrwerk-Armeen sprengen. Kottwitz formuliert innerhalb des Dramas eine analoge Kritik gegenüber dem Kurfürsten:

> Herr, das Gesetz, das höchste, oberste,
> Das wirken soll, in Deiner Feldherrn Brust,
> Das ist der Buchstab deines Willens nicht;
> Das ist das Vaterland, das ist die Krone,
> Das bist Du selber, dessen Haupt sie trägt.
> Was kümmert Dich, ich bitte Dich, die Regel,
> Nach der der Feind sich schlägt: wenn er nur nieder
> Vor Dir, mit allen seinen Fahnen, sinkt?
> Die Regel, die ihn schlägt, das ist die höchste!
> Willst du das Heer, das glühend an Dir hängt,
> Zu einem Werkzeug machen, gleich dem Schwerte,
> Das tot in Deinem goldnen Gürtel ruht?
> (DKV, II, 632)

Kottwitz' Aussage ist stark, sie destabilisiert die Figur des autonomen Herrschers. Kottwitz steigt um von Souveränität auf Effizienz durch taktische Pragmatik. Es

---

37 DeLanda, *Intelligent Machines*, 66–68. Für eine weitere Diskussion der Befehlsorganisation im *Prinz Friedrich von Homburg* siehe auch Wolf Kittlers zentralen Aufsatz „Militärisches Kommando und tragisches Geschick".

geht nicht darum, einem abstrakten Regelsystem zu folgen, sondern Entscheidungen kontextabhängig zu fällen. Dabei steigt aber die Zahl der Entscheidungen an, und diese Entscheidungen können nicht mehr von einer zentralen Instanz getroffen werden. Es muss mehrere Instanzen geben, die Entscheidungsbefugnis haben, was die politische Struktur eines autoritären Systems unterläuft. Die Armee wird von Kottwitz nicht mehr als ein mechanisches System (wie ein Uhrwerk) verstanden, sondern als ein Organismus betrachtet, der nicht einfach aus fremdbestimmten Werkzeugen besteht. Das Heer wird zu einem System, das aus vielen, zu einem großen Teil selbstständig agierenden Elementen besteht, die sich gegenseitig beeinflussen.[38]

Der Prinz von Homburg wird von Kleist als moderner Soldat inszeniert, der wie Napoleons Platoons autonom auf dem Schlachtfeld handeln kann und so die Dynamik der Kriegführung vergrößert. Seán Allan bringt dies wie folgt auf den Punkt:

> In the play, Kleist shows that the chief reason for maintaining this outmoded system of discipline was its spurious claim to be an unquestionably ‚correct' code of conduct, whose exceptionless application would remove all ‚grey areas' from the deliberations of commanders in the field, [...]. The play explores Kleist's belief that by abandoning this mechanical notion of discipline, it would be possible to reform the army and turn it into a flexible fighting force capable of overthrowing the French invaders.[39]

Der Prinz ist ein Heeresreformer wider Willen, weil seine Entscheidungen und Handlungen nicht mehr gegen die Friktion des Krieges angehen, sondern vielmehr mit ihr arbeiten.[40] Dieses Drama thematisiert dementsprechend keine historische Szene, es reflektiert die aktuelle militärische Lage Preußens in Kleists Gegenwart. Dass dieses Stück sowohl für als auch gegen Preußen gelesen werden

---

[38] Theoretiker wie Stefan Kaufmann oder Manuel DeLanda beschreiben diese zunehmende Autonomisierung der kämpfenden Truppen in den napoleonischen Kriegen. Kleist müsste dies wohl der *Staatskunst* Adam Müllers entnommen haben, die den Staat eben nicht als ein mechanisches, sondern als ein organisches System versteht. Auch Helmut J. Schneider weist darauf hin, dass Kleist im *Prinzen von Homburg* die Utopie eines neuen Staatsverständnisses aufnimmt, das auf Müllers organische Vorstellungen zurückgeht. (Schneider, „Herrschaftsgeneaologie und Staatsgemeinschaft", 116) Wittkowski merkt an, dass die Position zwischen Individualität und Staat prinzipiell im Kontext von Müllers dialektischem Denken gelesen werden müsste. (Wittkowski, „Absolutes Gefühl", 28)
[39] Allan, *Plays*, 224.
[40] Lawrence O. Frye weist sehr pointiert auf diese Bedeutung von Unordnung und Komplexität in diesem Stück hin: „Confusion introduces disorder into a very rigid and patriarchally defined system of order which insists on maintaining itself in the drama by means of, as well as in spite of, the chaotic potential of war. " (Frye, „A Comedic Lightning", 239)

kann, liegt nicht zuletzt an dieser Ambivalenz des Handlungsstatus des Prinzen.[41] Auf der einen Seite kann der Prinz als der neue moderne Krieger verstanden werden, auf der anderen Seite kann man in diesem Stück Kleists Frustration über die antiquierte Weise sehen, mit der im preußischen Militär über Strategie und Taktik nachgedacht wird. Der Kriegsspieler Kleist war daran interessiert, die Zufallsketten des Krieges produktiv zu implementieren und nicht einfach zu reduzieren.

8.3.2 Die Unzuverlässigkeit der Medien

Es ist bezeichnend, dass auch in diesem Drama Kommunikation permanent fehlgeleitet wird oder einfach falsch ist, und mediale Verfahren nicht wie intendiert funktionieren. Dies wird besonders in der zentralen Szene, in der der Schlachtplan besprochen wird, deutlich. Der Kurfürst eröffnet die Besprechung mit folgenden Worten:

> Ihr Herrn, der Marschall kennt den Schlachtentwurf;
> Nehmt euren Stift, bitt' ich, und schreibt ihn auf.
> *Die Offiziere versammeln sich auf der andern Seite um den Feldmarschall und nehmen ihre Schreibtafeln heraus.*
> (DKV, II, 568)

Die Prinzessin wird den Prinzen aber so ablenken, dass er die Schlachtbesprechung nicht aufmerksam genug verfolgt. Der Graf Hohenzollern stellt dies später dezidiert als ein mediales Problem dar:

> Drauf tritt er nun, mit Stift und Tafel,
> In's Schloß, aus des Feldmarschalls Mund, in frommer
> Aufmerksamkeit den Schlachtbefehl zu hören;
> [...]
> Ein Stein ist er; den Bleistift in der Hand,
> [...]
> (DKV, II, 635–636)

Der Prinz kann dementsprechend nicht den Plan aufschreiben und sich dann auch nicht daran halten. Dies ist aber nicht der einzige Moment innerhalb des Stücks, in dem Medialität problematisch wird. Es sind falsche Berichte vom Kriegsgeschehen, die wichtige Konsequenzen haben werden.

---

41 Seán Allan geht auf diesen ambivalenten Charakter des Stücks ein: Allan, *Plays*, 202–203.

Zunächst wird am Rande berichtet, dass der Prinz von seinem Pferd gestürzt sei, wobei sich aber weder das Pferd noch der Prinz verletzt hat. (DKV, II, 578) Dieses Detail wird aber noch von großer Relevanz sein, da dem Kurfürsten geschildert wird, dass dies ein gravierender Unfall war, und der Prinz aufgrund dessen nicht seine Truppe führen konnte. Es wird nicht explizit ausgeführt, aber es scheint doch evident zu sein, dass der Kurfürst aufgrund der Annahme, dass der Prinz nicht an dem Kampf teilgenommen hat, auf dem Todesurteil besteht.

Der Kurfürst selbst wird auch Objekt einer fehlgeleiteten Kommunikation. Es wird angenommen, dass er auf dem Schlachtfeld umgekommen ist, da beobachtet wird, wie ein Reiter auf seinem Schimmel zu Tode kommt. Es ist allerdings der Rittmeister und nicht der Kurfürst. Der Rittmeister übernimmt den Schimmel, weil dieses klar zu identifizierende Pferd das Feindfeuer anzieht und so den Kurfürsten in seiner Beweglichkeit auf dem Schlachtfeld hindert.

Der Kurfürst verlässt also seine exponierte Stellung auf dem Schlachtfeld, um weiter agieren zu können. Es ist daher nicht nur der unkoordinierte Ausfall des Prinzen, der aus der etablierten Ordnung des Krieges fällt, es ist auch der Kurfürst, der dem Krieg, der nun verstärkt auf einer immer weiterreichenden Artillerie aufbaut, gehorchen muss und sein strategisches Denken umstellt.

8.3.3 Zufallsketten

Der *Prinz Friedrich von Homburg* ist ein Drama, das zeigt, wie eine Verknüpfung von Zufallsereignissen es unmöglich macht, Kriege und Pläne mit der Präzision eines Uhrwerks ablaufen zu lassen. Zu allen möglichen Zeitpunkten können Ereignisse auftreten, so unwichtig und nebensächlich sie zunächst erscheinen mögen, die einen strategischen Plan durchkreuzen und es notwendig machen, auf taktische Flexibilität umzuschalten. In Kleists Drama wird diese kleine parasitäre Störung, die aber gewaltige Auswirkungen haben kann, durch ein Objekt exemplarisch dargestellt. Dieses Objekt ist Natalies Handschuh.

In der Eröffnungsszene ergreift der Prinz in seinem somnambulen Zustand den Handschuh, ohne ein Bewusstsein davon zu haben (DKV, II, 560) oder sich daran erinnern zu können, wie er ihn bekommen hat (DKV, II, 563). Bei der Besprechung des Vorgehens auf dem Schlachtfeld im fünften Auftritt des ersten Akts stellt Natalie dann fest, dass sie ihren Handschuh verloren hat, und der Prinz von Homburg merkt, dass er ihren Handschuh besitzt. Diese Erkenntnis verblüfft ihn so sehr, dass er den Befehl „Wie immer auch die Schlacht sich wenden mag,/ Vom Platz nicht, der ihn angewiesen, weichen –" (DKV, II, 572) nicht mitbekommt[42] und so daher während der Schlacht falsch verhalten wird. Der Handschuh ist nicht nur eine indexikalische Spur für das Zusammentreffen von Natalie mit dem Prinzen, sondern auch ein Zeichen für die Zufallsketten, die die Dynamik dieses Stücks dominieren. Die Aneignung des Handschuhs geschieht bewusstlos und ohne Intention. Dass Natalie während der Schlachtbesprechung diesen Handschuh sucht, ist zunächst auch nur eine Nebensächlichkeit, dass dies aber dazu führen wird, dass der Prinz gegen seine Befehle handelt, wird zum Kern des Stücks.[43]

Der Prinz Friedrich von Homburg ist ein Drama, das sich mit der Diskrepanz zwischen Plan und Durchführung dieses Planes auseinandersetzt. Es stellt dar, wie unsicher es ist, einen genau im Vorhinein gefassten Plan im Schlachtgetümmel durchzuführen. *Der Prinz Friedrich von Homburg* geht aber weiter, als einfach die Friktion des Krieges zur Disposition zu stellen, was in Kleists Text aufscheint, ist radikaler. Es ist nicht nur so, dass ein Plan nicht erfolgreich durchgeführt werden kann, sondern dass bereits der Vorgang des Planens bzw. die Kommunikation dieses Planes scheitert.

Der Prinz ist ein somnambules Wesen, das wenig auf einen klar angelegten Plan ausgerichtet ist und sich auch nicht in einen Plan einpassen kann. Das Drama erzählt eine Verkettung von Handlungen, die dann durch die Krönung am Ende aufgefangen werden. Die Handlung entspinnt sich dabei nicht aus einem großen Plan, der im Hintergrund entwickelt wird.[44] Das Schicksal des Prinzen wird von einer Reihe von Manipulationen und Täuschungen bestimmt, wie die Neckereien des Kurfürsten oder die irrtümliche Annahme vom Tod des Prinzen, von denen niemand gedacht hätte, dass sie solche entscheidenden Folgen hätten. Das Gespräch zwischen dem Grafen von Hohenzollern und dem Kurfürsten macht es noch einmal abschließend im fünften Akt klar, dass innerhalb dieser

---

[42] Im zweiten Auftritt des zweiten Aktes kommentiert der Prinz seine Unaufmerksamkeit bei der Planungssitzung wie folgt: „Hohenzollern: – Du warst zerstreut. Ich hab'es wohl gesehn. / Der Prinz von Homburg: Zerstreut – geteilt; ich weiß nicht, was mir fehlte. / Diktieren in die Feder macht mich irr." (DKV, II, 579)

[43] Dass der Handschuh eine solche kontingenzschaffende Funktion hat, ist von starker Bedeutung, da es auch auf Kleists Poetik der Objekte verweist. Valentine C. Hubbs weist in „Die Ambiguität in Kleists *Der Prinz Friedrich von Homburg*" darauf hin, wie sprachliche Ambiguitäten die Komplexität des Dramas ausmachen. Ich möchte betonen, dass dies nur ein Aspekt ist, und dass Kleist gezielt eine Dynamik der Gegenstände als konstitutiv für seine Dramen einbaut. Der zerbrochene Krug oder der zerstückelte Körper Hallys in der *Herrmannsschlacht* machen diesen Befund evident.

[44] Wobei anzumerken ist, dass Hans-Jakob Wilhelm („Der Magnetismus und die Metaphysik des Krieges") und Uffe Hansen („Prinz Friedrich von Homburg und die Anthropologie des animalischen Magnetismus") das Stück auch an den Diskurs des Mesmerismus anschließen.

Zufallsketten Schuld bzw. die Bedeutung einzelner Handlungen nicht einfach zu bewerten ist:

> Der Kurfürst: Und nun, wenn ich Dich anders recht verstehe,
> Türmst Du, wie folgt, das Schlußgebäu mir auf:
> Hätt' ich, mit dieses jungen Träumers Zustand,
> Zweideutig nicht gescherzt, so blieb er schuldlos:
> Bei der Parole wär' er nicht zerstreut,
> Nicht widerspenstig in der Schlacht gewesen.
> Nicht? Nicht? Das ist die Meinung?
>
> Hohenzoller: Mein Gebieter,
> Das überlass' ich jetzt Dir, zu ergänzen.
>
> Der Kurfürst: Tor, der Du bist, Blödsinniger! Hättest Du
> Nicht in den Garten mich hinabgerufen,
> So hätt' ich, einem Trieb der Neugier folgend,
> Mit diesem Träumer harmlos nicht gescherzt.
> Mithin behaupt' ich, ganz mit gleichem Recht,
> Der sein Versehn veranlaßt hat, warst Du! –
> Die delphsche Weisheit meiner Offiziere!
> (DKV, II, 636–637)

In diesem Zitat spricht der Kurfürst die Möglichkeit an, dass er durch seinen Scherz das Fehlverhalten des Prinzen ausgelöst habe. Er weist jedoch diesen Vorwurf von sich und merkt an, dass die Anmerkungen des Grafen Hohenzollern als ursprünglicher Anlass begriffen werden könnten. Es geht bei dieser Bemerkung aber nicht darum, die Schuld einfach von sich zu weisen und einem anderen zuzuschieben, sondern darum, zu konstatieren, dass es wenig Sinn macht, diese Zufallsketten so zu rekonstruieren, als wenn sie klare kausale Ursache-Wirkung-Verhältnisse wären. Der Kurfürst weist darauf hin, dass keine dieser Handlungen als streng ursächlich für das Verhalten des Prinzen begriffen werden kann.

Handeln kann hier nicht heißen, alle Konsequenzen einer Handlung zu übersehen. Eine Handlung, ein Befehl tritt vielmehr eine Dynamik los, die dann nicht mehr einfach kontrolliert und notwendigerweise als Intention des Verursachers verstanden werden kann. In einem solchen komplexen Gefüge wie einer Schlacht zu handeln ist immer ein Risiko, ein Spiel. Kleists Charakter, der diese Dynamik und Unbestimmtheit des Krieges am explizitesten ausnutzt bzw. damit spielt, ist Herrmann.

8.4 Die Herrmannsschlacht

Penthesilea, *Das Käthchen von Heilbronn* und auch der *Prinz Friedrich von Homburg* können als Texte gelesen werden, die die Unvorhersagbarkeit moderner Kriege ästhetisch inszenieren. Während der Bezug auf die militärische Lage Preußens in der *Penthesilea* und dem *Käthchen* nicht explizit ist, ist beim *Prinz Friedrich von Homburg* die Nähe zu militärischen Diskussionen in Kleists Gegenwart recht deutlich, und bei der *Herrmannsschlacht* offensichtlich. Auch wenn die Forschung die Bedeutung des Stücks nicht allein in seinem unmittelbar politischen Gehalt erkennt, ist man sich weitestgehend darin einig, dass dieses Stück ein explizit politisches ist, und die historische Verschiebung in die römische Antike nur ein unvollkommener Schleier, unter dem für jeden zeitgenössischen Beobachter Napoleon, der spanische Bürgerkrieg und eine Hoffnung der Insurrektion für Preußen zu erkennen waren.[45]

In diesem Stück führt Kleist eine Vielzahl von medialen oder kommunikativen Feedback-Schleifen vor, die ihren Resonanzraum im von Napoleon dominierten Preußen finden sollen, was ihn dann auch in Carl Schmitts Formulierung zum größten Partisanendichter Preußens lassen werden soll. Kleist leuchtet in diesem Stück die Möglichkeit einer Insurrektion aus. Das Theaterstück wird somit ebenso wie seine Novellen an das Massenmedium der Zeitung gekoppelt. Dabei verstärkt

---

[45] Richard Samuel zeigt beispielsweise in seinem Text „Kleists *Hermannsschlacht* und der Freiherr vom Stein", wie sich Kleists Vorstellungen an die Ideen zu einer Insurrektion von Stein, Scharnhorst und Gneisenau anschließen lassen. Diese Überlegungen hat am detailliertesten und einflussreichsten Wolf Kittler in seiner Habilitationsschrift *Die Geburt des Partisanen* ausgearbeitet. Niels Werber schließt in seinem Buch *Die Geopolitik der Literatur* an diese Analyse an, betont dabei aber die geopolitischen Voraussetzungen des Partisanenkampfes. (Werber, *Geopolitik*, 45–71) Dieser eminent politische Charakter der *Herrmannsschlacht* wird allerdings auch in vielfältiger Weise von der Forschung problematisiert. Wie viele Auseinandersetzungen mit dem Stück attestieren (beispielsweise Eybl, *Kleist-Lektüren*, 208), haben der nationalpolitische Charakter und die nationalsozialistische Rezeption dieses Stück in eine problematische Ecke gedrängt. Neuere Forschung erkennt in diesem Drama jedoch eine komplexe Form der Agitation, die Herrmann nicht einfach zu einem Superhelden macht. Seán Allan fasst diese Ambivalenz konzise zusammen: „Kleist is at pains to depict the horrific consequences of any war for victors and vanquished alike and wanted to dispel the sentimental notion that the struggle against Napoleon and the French would be a chivalrous display of courage between noble antagonists." (Allan, *Plays*, 221) Auch Lawrence Ryan wendet sich dagegen, dieses Stück als rein tagespolitisches Agitationsprogramm zu lesen. (Ryan, „Hermannschlacht") Eybl betont die ästhetische Qualität als „ein formvollendetes Drama" (Eybl, *Kleist-Lektüren*, 212), und Greiner führt aus, dass man es nicht als reines Agitationsstück lesen kann, weil es das, „was es propagiert, in schonungsloser Härte vorstellt und eben hierdurch radikal auf die Bedingung seiner Möglichkeit hin befragt". (Greiner, *Dramen und Erzählungen*, 106)

und modifiziert Kleist allerdings die Motivation zu einem Volksaufstand durch die Anspielung auf Herrmann, einem zur der Zeit durchaus klassischen Sujet, das bereits eine Bearbeitung von Johan Elias Schlegel und Klopstock erfahren hatte.[46] Hier – und dies scheint die eskalatorische Logik von Kleists Denken zu unterstreichen – imaginiert Kleist eine durchaus andere Dynamik, als sie im spanischen Bürgerkrieg mit ihrer Guerilla entstanden ist.

Der spanische Bürgerkrieg zeichnete sich durch eine ständige, nie endende Irritation durch Partisanentruppen aus. Es war ein langwieriges Geschäft, das gezielt auf Zeit gespielt wurde.[47] Nur so konnte die napoleonische Besatzung ausgelaugt werden.[48] Kleists Herrmann geht nicht von einer solchen Art der langwierigen und zermürbenden Kriegführung aus, sondern setzt alles auf eine Karte und

---

[46] Zu Herrmann als literaturhistorischer Figur siehe Eybl, *Kleist-Lektüren*, 207–208, sowie die Diplomarbeit *Heinrich von Kleists Hermannsschlacht im Kontext der napoleonischen Kriege* von Adolf Leitner. Die gegenwärtige Diskussion um das Verhältnis von der *Herrmannsschlacht* zu anderen zeitgenössischen Arminius-Stücken ist stark von genderorientierten Fragestellungen geprägt. Hans Peter Herrmann identifiziert in seinem Text „Arminius und die Erfindung der Männlichkeit im 18. Jahrhundert" den Arminius-Diskurs im 18. Jahrhundert als die Schaffung eines aggressiven Männlichkeitsbildes. Elystan Griffiths untersucht in ähnlicher Weise die Arminius-Dramen von Schlegel, Klopstock und Kleist, erkennt aber gerade in der Genderfrage das innovative Potenzial Kleists, das sich in einer geschlechterübergreifenden Radikalität ausdrückt: „I would argue, by contrast, that for Kleist Herrmann's status as a model leader rests precisley on his willingness to break with the chivalrous model of masculine conduct and to mobilise all resources for the national cause. Herrmann's manipulation of Thusnelda into killing Ventidius implies a quite different model of patriotic education from that portrayed at the opening of Schlegel's *Herrmann*. It relies on humiliation and anger, rather than reason, as its driving force, and leaves Thusnelda in a withdrawn, apparently traumatized state. The scene where Hally is dismembered and her body divided between the fifteen tribes of Germania [...] is again intended to make explicit the barbarous consequences of the kind of warfare that Kleist is advocating." (Griffiths, „Gender, Culture and the German Nation", 134) Eine weitere Version des Verhältnisses von Maskulinität, Weiblichkeit und Nation liefert Barbara H. Kennedy. Sie erkennt in den frauenfeindlichen Handlungen Herrmanns Kleists Versuch, diese Figur zu destabilisieren: „Kleist's depiction of Hermann casts doubt on the unqualified assertion that the dramatist was an avid supporter of chauvinistic nationalism, and reveals that his attitude toward the extreme nationalists of his own day might well have been ironic rather than fully affirmative." (Kennedy, „For the Good of the Nation", 30)

[47] Alexandra Bleyer fasst diese Strategie des Partisanenkampfes in ihrem Buch *Auf gegen Napoleon!* wie folgt zusammen: „Statt sich auf eine entscheidende Schlacht mit überlegenen feindlichen Linientruppen einzulassen, galt es, aus dem Hinterhalt zu kämpfen, dem Gegner bei Tag und Nacht zuzusetzen, seine Nachschub- und Kommunikationslinien zu unterbrechen und schwächere Verbände zu attackieren." (Bleyer, *Auf gegen Napoleon!*, 39)

[48] Für eine Diskussion dieser erfolgreichen Strategie des kleinen Krieges siehe beispielsweise Bleyer, *Auf gegen Napoleon!* oder Ronald Fraser, *Napoleon's Cursed War*.

versucht (erfolgreich), eine unmittelbare und katastrophale Niederlage der römischen Armee einzuleiten. Dieses historische Drama will aber nicht nur symbolisch die potentielle Kraft eines germanischen Führers inszenieren, es geht vielmehr um eine konkrete Handlungsanweisung, es ist ein Lehrstück.[49]

Die Herrmannsschlacht ist, wie Kleist bekennt, für den Moment berechnet. Es hat dieselbe Aktualität wie eine Zeitungsnachricht und fordert eine unmittelbare Reaktion ein. Dieser Text inszeniert nicht nur, wie *Der Prinz Friedrich von Homburg* oder *Penthesilea*, ein komplexes Geschehen auf der Bühne, er will es ganz explizit im außerliterarischen Bereich provozieren. Dieses Drama ist von einer anderen Form der Drastik gekennzeichnet als beispielsweise *Penthesilea*. Auch wenn die *Herrmannsschlacht* in ihrer Brutalität dem Amazonenstück in nichts nachsteht, so ist es kein Stück über eine Figur, die in berserkerhafte Brutalität ausbricht. Herrmann provoziert Gewalt durch kühles Taktieren, was sich dann zentral in seiner Darstellung als überlegter und kühner Manager von Allianzen ausdrückt. In der *Herrmannsschlacht* gibt es kein Rätsel wie in der *Penthesilea*, nicht das Wunderbare wie im *Käthchen*, keine somnambulen Gestalten wie im *Prinz Friedrich von Homburg*, sondern nur ein sehr gezieltes und kalkuliertes Interesse an der Vernichtung der römischen Truppen.

Herrmann ist eine paradoxe Gestalt in Kleists Oeuvre. Er unterscheidet sich entscheidend vom Käthchen, von der Penthesilea und dem Prinz von Homburg. Während die genannten Charaktere sich in ein Netz von Zufällen verfangen und nur bedingt die Kontrolle über ihre Handlungen haben, legt Herrmann dieses Netz selber aus. Herrmann etabliert Handlungsspielräume, die dann Dynamiken schaffen, die schlussendlich zum Sieg über die Römer führen. Eva Horn versteht Herrmann als eine Figur der Kontrolle, die aber nicht im klassischen Sinne zum Heerführer wird. Herrmann zieht nicht in die Schlacht, das tut Marbod weitestgehend für ihn, er ist kein Held, der sein Land bis aufs Letzte verteidigt, er verfolgt eher die Strategie des verbrannten Landes.[50] Er ist kein heroischer Feldherr, er ist ein subversiver Machtpolitiker, der den offenen Konflikt scheut.[51]

---

[49] Zur *Herrmannsschlacht* als Lehrstück siehe auch Vinken, „Deutsches Halaly" und Horn, „Herrmans Lektionen".
[50] Horn, „Herrmanns Lektionen", 74.
[51] Es gibt zwar Stimmen, wie zum Beispiel Gabriele Wickert, die in Herrmann noch eine heroische Gestalt entdecken können (Wickert, *Heroisches Zeitalter*, 109–110), aber insgesamt ist die neuere Forschung äußerst skeptisch gegenüber Herrmanns Heldentum. Horn hat dies herausgearbeitet, und auch Hansjörg Bay betont den prinzipiell destruktiven Charakter Herrmanns und versteht dieses Drama nicht so sehr als eine Szene der Nationenbildung, sondern vielmehr als die Darstellung der eskalatorischen Logik politischer Prozesse: „Wie das Fragezeichen hinter dem Kommentar der Germanenfürsten bereits anzeigt, stellt das Ende des Stücks das Gelingen

Die Anfangsszene legt diese Charakterisierung bereits nahe, allerdings stoßen Herrmanns Strategien auf das Unverständnis der anderen Stammesführer:

> Und Herrmann, der Cherusker, endlich,
> Zu dem wir, als dem letzten Pfeiler, uns,
> Im allgemeinen Sturz Germanias, geflüchtet,
> Ihr seht es, Freunde, wie er uns verhöhnt:
> Statt die Legionen mutig aufzusuchen
> In seine Forsten spielend führt er uns,
> Und läßt den Hirsch uns und den Ur besiegen.
> (DKV, II, 449)

Kleist bereitet in dieser Einleitung den weiteren Verlauf der Handlung recht explizit vor. Der Stammesfürst Wolf kritisiert Herrmann dafür, dass er nicht in einen regulären Krieg gegen die Römer eintreten will. Dabei beschreibt Wolf aber ziemlich genau das weitere siegreiche Vorgehen, nämlich eine clandestine Operation, die mehr mit einer Jagd als mit einer offenen Feldschlacht zu tun hat.[52] Dabei qualifiziert Wolf Herrmann als Spieler, der seine Truppen nicht in einen Konflikt, sondern in eine spielerische bzw. „spielende" Aktivität verwickelt. Das Spiel ist durchaus ein ernstes und zeichnet sich durch eine große Risikobereitschaft aus, hinter dem Rücken der Römer zu taktieren, was dazu führen wird, dass Wolf keineswegs zu Jagd und Spiel in den Wald zieht, sondern zur Vernichtung des Varus und seiner Truppen.

---

von Hermanns performativem Gewaltakt und mit ihm auch desjenige des *nation-building* wieder in Frage, indem es der Nation den Boden entzieht und den Abschluss des nationalen Kampfes in den Beginn einer erneuten Eskalation verwandelt." (Bay, „Evidenz und Exzess", 112) Eine ebenso dekonstruktive Dynamik erkennt Bernd Fischer in der ethischen Ambivalenz Herrmanns, der vom kolonial Unterdrückten zum ethnischen Säuberer wird: „Auch in diesem Stück können die Probanden dem Text nicht standhalten, ihre Welten fallen auseinander, und je mehr die Einzelteile ins Rutschen geraten, desto mehr ziehen sie von der Versuchsanordnung mit sich. Die aus heutiger Sicht einflussreichste Idee, die in der *Hermannsschlacht* dem literarischen Experiment unterworfen wird, ist die politische Konkretisierung einer aus den napoleonischen Befreiungskriegen geborenen, antikolonialen Identität als Inszenierung des ‚moralischen' Triumphs im ‚Heroismus' des totalen Untergangs, der erzwungenen totalen Vertreibung. Das dieser völkischen Identität korrespondierende Gefühl ist der ethnisch gesteuerte Hass." (Fischer, „Fremdbestimmung", 178) In ähnlicher Weise geht auch Peter Horn auf die antikoloniale Dimension des Stücks ein und betont: „Radikaler Antikolonialismus ist nicht liberal". („Horn, „Der Terror des Antikolonialen Kampfes", 143)

52 Vinken weist auch darauf hin, dass Herrmanns Strategien auf die Jagd zurückgehen. Sie spricht in diesem Zusammenhang von einer „Lustjagd", ein Begriff, den ich für sehr nützlich halte, weil er die Simultanität von kriegerischen und spielerischen Elementen in Herrmanns Strategien gut zur Schau stellt. (Vinken, „Deutsches Halalay", 99)

Herrmann wird hier als moderner Krieger inszeniert, der Krieg nicht mehr als eine isolierte Auseinandersetzung auf dem Schlachtfeld versteht, sondern im Sinne von Clausewitz als totalen Krieg, das heißt als ein gesamtgesellschaftliches Ereignis, das in ein komplexes Allianzensystem verstrickt ist. Krieg ist für Herrmann die Fortsetzung von Politik mit nicht immer anderen Mitteln. Seine Hauptwaffe gegen die Römer ist dabei also nicht immer das Schwert, es ist zunächst das Wort. Wie ich im Folgenden im Detail diskutieren werde, geht es darum, dass er nicht nur ein energetischer Redner ist, sondern sich als äußerst effizient darin erweist, Geheimkommunikation zu inszenieren und Gerüchte zu streuen.

Was Kleist hier entwickelt, geht über die Dichotomie von Taktik und Strategie hinaus. Krieg wird zu einer Operation, die die dynamische Struktur der Gesellschaft gezielt aufnimmt und somit durchaus an die organischen Staatsideen Müllers anschließt. Es geht darum, einen Spielraum zu gestalten, in dem Herrmann Dynamiken erzeugen kann, die nicht-lineare Wirkungen entfalten,[53] also beispielsweise eine militärische Übermacht niederringen können. In diesem Sinne ist Herrmann kein Stratege und auch kein Taktiker, er ist ein Spieler.[54]

Es ist dabei nicht das Schachspiel, das als Modell zu denken ist, es geht auch nicht um ein Würfelspiel, es ist ein Kartenspiel, bei dem das Wissen über den Spielstand nicht allen zugänglich ist, und geblufft werden kann – Täuschen und Betrügen werden zu zentralen Waffen in dieser Auseinandersetzung.[55]

---

[53] Bernd Fischer weist darauf hin, dass Kleist keine Eigendynamik der Geschichte annimmt, sondern davon ausgeht, dass historische Entwicklungen produziert werden können. „Kleists Drama zeigt auch, dass dieser machtpolitische Umschlag keineswegs einem historischen Automatismus angelastet werden kann, sondern der politischen Inszenierung bedarf, in der die Idee bzw. Ideologie des displacement eine entscheidende Rolle spielt." (Fischer, „Fremdbestimmung", 166) Eben ein solcher Versuch, Geschichte zu machen, ist die *Herrmannsschlacht*.
[54] Auf diesen Spielercharakter Herrmanns hat bereits Joachim Kreutzer explizit hingewiesen: „So kalkulierend Hermann jedoch handelt, im alles entscheidenden Moment verhält er sich wie ein Spieler. Er geht ein absolutes Risiko ein: ohne sich durch ein geregeltes Bündnis abgesichert zu haben". (Kreutzer, „Die Utopie vom Vaterland", 77)
[55] Siehe hierzu auch meine Diskussion des Verhältnisses von Komplexität und Kartenspiel in „Military Intelligence", das Poe in *The Murders in the Rue Morgue* diskutiert. (Niebisch, „Military Intelligence", 268–271) Im Übrigen bemüht Raimar Zons auch die Metapher des Kartenspiels, um Herrmanns Handeln zu beschreiben: „In Hermanns Partie sticht die riskante Karte die ‚Not der Welt', die ihrerseits die Spielregeln setzt. Über das Spiel aber geht das Drama – etwa im Sinne einer Agitationsdichtung – schon deshalb nicht hinaus, weil Kleist seine Zuschauer – anders als Hermann seine ‚Eingeborenen' – stets in die Karten schauen läßt." (Zons, „Von der ‚Not der Welt'", 196)

8.4.1 Herrmann – Betrüger unter Betrügern

Wie bereits diskutiert, ist die *Herrmannsschlacht* ein politisches Drama und, wie Kleist an Collin schreibt, „für den Augenblick berechnet"(DKV, IV, 429). Diese Diagnose legt nahe, Kleists Drama als eine Repräsentation der politischen Zustände zu lesen, es als ein Drama zu verstehen, in dem Kleist die Insurrektionsträume der preußischen Regierung mit der Erfahrung des spanischen Bürgerkriegs paart und die clausewitzsche Theorie des kleinen Krieges vorausnimmt. Es bleibt aber zu beachten, dass Herrmann in diesem Drama nicht primär einen Partisanenkampf anzettelt. Herrmann konstruiert, wie ich bereits diskutiert habe, nur in einem sehr beschränkten Maße einen Partisanenkrieg, der nicht vergleichbar mit den spanischen Zuständen ist, da Herrmann alles auf eine entscheidende Vernichtungsschlacht zulaufen lässt. Dennoch nimmt Herrmann Aspekte des Partisanenkampfes auf, jedoch nicht so sehr als kämpferische, sondern als kommunikative Taktik: Herrmann schickt den zerstückelten Leib Hallys an die 15 Stämme der Germanen, um sie so zu einem bedingungslosen Kampf gegen die Römer zu motivieren.

Herrmann ist in seiner Kriegführung kein irregulärer Partisanenführer, er ist eher ein regulärer Politiker, der von den Römern und ihrer bilateralen Geheimpolitik lernt.[56] Horn weist darauf hin, dass Herrmann in Kleists Drama eine seltsame Gründungsgestalt ist, die eine Nation auf Betrug und Verrat aufbaut.[57] Sicherlich stellt sich Herrmann als Meister der Kommunikationsmanipulation heraus, aber er führt nur weiter, was die Römer in Germanien begonnen haben. In der Eröffnungsszene treten die Römer explizit als die unzuverlässigen Doppelspieler auf. Der Stammesführer Thuiskmar berichtet wie folgt:

> Wenn ich dem Fürsten mich der Friesen nicht verbände,
> So solle dem August mein Erbland heilig sein;
> Und hier, seht diesen Brief, ihr Herrn,
> Mein Erbland ist von Römern überflutet.
> Der Krieg, so schreibt der falsche Schelm,
> In welchem er mit Holm, dem Friesen, liege;
> Erfordere, daß ihm Sicambrien sich öffne:
> (DKV, II, 450)

---

[56] Diese Nähe zum Feind sieht auch Steven Howe, der in Herrmann das Portrait Napoleons als charismatischen Führers entdeckt. (Howe, „Legitimacy", 401–402)
[57] Horn, „Herrmannsschlacht", 70.

Thuiskmars Beschwerde wird von den anderen Fürsten geteilt, und Kleist stellt im Kommentar Wolfs aus, dass diese Stammesführer nicht begriffen haben, dass sie keinen regulären Krieg basierend auf klaren Fronten führen (können):

> [...] o Herrmann! könnten wir
> Des Krieges eh'rnen Bogen spannen,
> Und, mit vereinter Kraft, den Pfeil der Schlacht zerschmetternd
> So durch den Nacken hin des Römerheeres jagen,
> Das in den Feldern Deutschlands aufgepflanzt!
> (DKV, II, 454)

Im dritten Auftritt des ersten Akts trägt Thuiskmar Herrmann seine Beschwerde noch einmal vor und erläutert dabei die Instrumentalisierung Marbods durch die Römer, der als Bedrohung aufgebaut, und dann als Legitimation benutzt wird, um römische Truppen als Verteidigung bei den Cheruskern zu stationieren.

Herrmann provoziert die Stammesfürsten daraufhin mit seiner Rede von der verbrannten Erde, in der er primär klar macht, dass er keinen regulären Krieg führen wird, wie ihn Wolf am Anfang des Auftritts noch eingefordert hat. Daraufhin malt Herrmann das Bild eines alles vernichtenden totalen Krieges:

> [...] Einen Krieg, bei Mana! will ich
> Entflammen, der in Deutschland rasselnd,
> Gleich einem dürren Walde, um sich greifen
> Und auf zum Himmel lodernd schlagen soll!
> (DKV, II, 460)

Wie ich im nächsten Kapitel diskutieren werde, benutzt Kleist im *Kohlhaas* und ganz zentral in den *Berliner Abendblättern* die Brandstiftung nicht so sehr als Bild der totalen Vernichtung, sondern als Abkürzung für öffentliche massenmediale Kommunikation. Feuer hat eine kontaminierende, sich ausbreitende Wirkung und Herrmann wird im Folgenden einen Vernichtungskrieg führen, allerdings dadurch, dass er vom offenen Konflikt auf einen Informationskrieg umstellt.

Wichtig ist dabei zu betonen, dass Herrmann hier nicht innovativ ist, er übernimmt vielmehr die römischen Strategien der Täuschung, die gezielt Informationsdefizite aufbauen. Die Parallelität von Herrmanns und den römischen Strategien wird besonders an der Figur des Marbod deutlich.[58]

---

58 Barbara Vinken bringt in ihrem Aufsatz „Deutsches Halaly" diese Nähe von römischen und „deutschen" Strategien auf den Punkt: „Deutschland entpuppt sich als nichts anderes als eine Perversion des Römischen – oder eben des Französischen. Die *Herrmannsschlacht* setzt keinen urdeutschen Moment, sondern die Unhintergehbarkeit der *translatio Romae* in Szene." (Vinken, „Deutsches Halaly", 96)

Die Römer wechseln in ihrer Unterstützung zwischen Marbod und Herrmann hin und her, und das hat das Ziel, beide zu unterwerfen. Zentral ist bei dieser römischen Taktik, dass keiner (weder Herrmann noch Marbod) den genauen Status des anderen kennt, und dass Marbod und Herrmann von den Römern gegenseitig als Feinde aufgebaut werden.

Aus diesem Grund konnte es auch zu keiner Kommunikation zwischen den beiden Stammesführern kommen. Und genau diese Stille ist der entscheidende Vorteil der Römer, die dann aufbricht, als Herrmann doch die Verständigung mit Marbod sucht. Marbod bleibt Herrmanns Botschaft gegenüber skeptisch, bis er folgenden Brief von den Römern erhält:

> Du hast für Rom Dich nicht entscheiden können,
> Aus voller Brust, wie du gesollt:
> Rom, der Bewerbungen müde, gibt Dich auf.
> Versuche jetzt (es war Dein Wunsch) ob Du
> Allein den Herrschthron Dir in Deutschland kannst errichten.
> August jedoch, daß du es wissest,
> Hat den Armin auf seinem Sitz erhöht,
> Und Dir – die Stufen jetzo weis't er an!
> (DKV, II, 502–503)

Dieser Brief zeigt Marbod klar, dass die Römer ihn nur benutzt haben und in keiner Weise loyal hinter ihm stehen. Der Bündniswechsel der Römer von Marbod zu Herrmann, der die germanischen Fürsten schwächen sollte, hat nun den fast schon paradoxen Effekt, dass sich Marbod und Herrmann ohne Wissen der Römer miteinander verbünden. Es ist dabei entscheidend, dass diese Verbindung zwischen Herrmann und Marbod nicht ohne den Vertrauensbruch durch die Römer hätte zustande kommen können, da Marbod Herrmann nicht vertraut hätte. Herrmann kann hier durch Geheimpolitik somit einen entscheidenden Vorteil erlangen, der ihm dann schlussendlich den Sieg über die Römer einbringen wird.

8.4.2 Marbod und sichere Nachrichtenübertragung

Herrmanns Umgang mit den Römern beruht also primär darauf, dass er nicht den Forderungen der Stammesfürsten über eine offene Konfrontation von römischer Armee und germanischen Truppen nachhängt, sondern auf einen Informationskrieg umstellt. Es geht dabei darum, einen Informationsvorteil gegenüber den Römern zu erlangen. Das Problem bei dieser Strategie ist jedoch, dass sie gezielt auf Vertrauen aufbauen muss, etwas, was in Kleists Drama ein knappes Gut ist.

Dies setzt einen riskanten Vertrauensbeweis voraus, und in diesem Sinne wird Herrmann zum Spieler.

Bezeichnenderweise ist es Herrmanns Gegenüber Marbod, der den Krieg explizit in Spielmetaphern beschreibt.

> Marbod: Tritt näher! –
> Wo ist, sag'an, wollt' ich die Freiheitsschlacht versuchen,
> Nach des Arminius Kriegsentwurf,
> Der Ort, an dem die Würfel fallen sollen?
> Luitgar: Das ist der Teutoburger Wald, mein König.
> Marbod: Und welchen Tag, unfehlbar und bestimmt,
> Hat er zum Fall der Würfel festgesetzt?
> Luitgar: Den Nornentag, mein königlicher Herr. –
> (DKV, II, 503)

Die Würfel sind eben noch nicht gefallen, Krieg wird von Marbod in der Metapher eines Glücksspiels beschrieben, und es ist nur konsequent, dass am Anfang der Kooperation von Marbod und Herrmann ein Glücksspiel steht. Dieses Glücksspiel ist verbunden mit dem Einsatz von Herrmanns Söhnen, die er als Geiseln dem Boten an Marbod mitgibt – inklusive eines Dolchs, um im Zweifelsfall die Kinder zu töten.

Kleist bringt in das Herz des Dramas ein postalisches Problem ein: wie kann ich die Authentizität und Identität einer Sendung überprüfen, bei der keine Face-to-Face-Kommunikation mit dem Sender möglich ist? Wie kann ich sicherstellen, dass ich wirklich Herrmanns Söhne vor mir habe, die dann wiederum die Authentizität der Nachricht bezeugen?[59] Hier gibt es ein nachrichtentechnisches Problem, das Kleist selber von der Abholung von Briefen aus dem Postamt kannte.[60] Wie kann man seinem Gegenüber eine Identität bestätigen, ohne auf biometrische Daten oder Ausweispapiere zurückgreifen zu können? In der Logik dieses Verschwörungsdramas geht dies, indem Marbod eine falsche Identität vorgaukelt:

> Marbod *nimmt ihn bei der Hand*:
> Nicht? Nicht? Du bist der Rinold? Allerdings!
> Adelhart: Ich in der Adelhart.
> Marbod: –So. Bist du das.
> *Er stellt die beiden Knaben neben einander und scheint sie zu prüfen.*
> Nun, Jungen, sagt mir; Rinold! Adlehart!

---

[59] Reuß macht auch auf dieses kommunikative Problem aufmerksam und charakterisiert die Kinder treffend als „,Geißel' der Wahrheit der Botschaft". (Reuß, *Im Freien*, 138–139)
[60] Siehe dazu meine Diskussion von Post und Identität in Kapitel 2.

> Wie steht's in Teutoburg daheim,
> Seit' ich, vergangenen Herbst her, Euch nicht sah?
> – Ihr kennt mich doch?
> Rinold: O ja.
> Marbod: – Ich bin der Holtar,
> Der alte Kämmrer, im Gefolge Marbods,
> Der Euch, kurz vor der Mittagsstunde,
> Stets in des Fürsten Zelt herüber brachte.
> Rinold: Wer bist du?
> Marbod: Was! Das wißt ihr nicht mehr? Holtar,
> Der Euch mit glänz'gem Perlenmutter,
> Korallen und mit Bernstein noch beschenkte.
> Rinold *nach einer Pause*:
> Du trägst ja Marbods eisern' Ring am Arm.
> (DKV, II, 500)

Diese Szene konstituiert ein interessantes, reflexives Verfahren der Identitätsbestimmung: Marbod täuscht vor, jemand anderes zu sein, Herrmanns Söhne können ihn aber als Marbod identifizieren, was darauf hindeutet, dass sie bereits mit Herrmann bei Marbod zu Besuch waren. Somit ist ihre Identität als Herrmanns Söhne bewiesen. Diese Übergabe seiner Söhne reicht zwar noch nicht, um vollständig das Vertrauen Marbods zu erhalten, aber alle Zweifel verschwinden, als Marbod durch den oben zitierten Brief an Herrmann von dem Doppelspiel der Römer erfährt.

8.4.3 Hally und die Politik des Gerüchts

Ich habe bisher argumentiert, dass Herrmanns Strategie nicht in einem Volkskrieg aufgeht, sondern primär auf einer Informationspolitik aufbaut, die die Geheimstrategien und das Allianzenspiel der Römer unterwandert. Dies ist die zentrale Orchestrierung, die Herrmann benutzt, um dann die Schlacht im Teutoburger Wald zu arrangieren.

Darüber hinaus produziert Herrmann ein Feld der öffentlichen Kommunikation. Er verbreitet Gerüchte über die Römer bzw. manipuliert Informationen. Herrmanns Ziel ist es, die Römer in einem schlechten Licht dastehen zu lassen.

> Ich aber rechnete, bei allen Rachegöttern,
> Auf Feuer, Raub, Gewalt und Mord,
> Und alle Greul des fessellosen Krieges!
> Was brauch' ich Latier, die mir Gutes tun?
> Kann ich den Römerhaß, eh' ich den Platz verlasse,
> In der Cherusker Herzen nicht

> Daß er durch ganz Germanien schlägt, entflammen:
> So scheitert meine ganze Unternehmung!
> (DKV, II, 504)

Herrmann baut darauf, dass die römischen Heere, auch wenn sie nur als „Friedenstruppen" im Cheruskerland sind, genug Kollateralschäden verursachen, um die Bevölkerung gegen sich aufzubringen. Im ersten Auftritt des dritten Akts wird beschrieben, wie die Bewegungen der römischen Truppen durch die Beobachtung von niederbrennenden Ortschaften bereits aus der Entfernung sichtbar sind. Dies verweist nicht nur auf die militärische Aufklärung, sondern auch auf die Propagandafunktion des Feuers, die im *Kohlhaas* noch deutlicher hervortreten soll, der auch brandstiftend und somit gut sichtbar durch die Landschaft zieht.

In der Tat geht Herrmanns Plan auf, und Varus berichtet von der irrtümlichen Schändung von Heiligtümern, bietet aber dafür auch an, die Zuständigen zur Rechenschaft zu ziehen. Darauf kommt es Herrmann natürlich gar nicht an, er will vielmehr, dass die Römer genauso weitermachen, wiegt sie in Sicherheit, und besteht nicht auf der Sühnung des Unrechts. Varus macht Herrmanns Propagandaarbeit, und Herrmann spekuliert auf weitere Zwischenfälle bzw. inszeniert sie:

> Schick' sie in Römerkleidern doch vermummt ihm [Varus] nach.
> Laß sie, ich bitte Dich, auf allen Straßen,
> Die sie durchwandern, sengen, brennen, plündern:
> Wenn sie's geschickt vollziehen, will ich sie lohen!
> (DKV, II, 483)

Herrmann scheut vor keinem Mittel zurück, das eigene Volk so zu provozieren, dass es sich umso heftiger gegen den Feind erhebt. Selbstzerstörerische Strategeme werden hier nicht einfach als Destruktion, sondern als ein Verstärkungssystem betrachtet. Wie Spreen in seiner Diskussion des *Phöbus* angemerkt hat, geht es bei Kleist um die Mobilisierung von sozialen Dynamiken mit allen Mitteln.[61] Die Szene, in der diese Strategie kulminiert, ist die Tötung Hallys, eine misshandelte Frau, die von ihrem Vater getötet wird. Hallys Leib wird dann zu einer postalischen Sendung weiterverarbeitet, die schlussendlich zur Eskalation des Hasses auf die Römer beitragen soll. Herrmann ordnet an:

> Brich', Rabenvater, auf, und trage, mit den Vettern,
> Die Jungfrau, die geschändete,
> In einen Winkel deines Hauses hin!

---

61 Spreen, *Krieg und Gesellschaft*, 138.

> Wir zählen funfzehn Stämme der Germaner;
> In funfzehn Stücke, mit des Schwertes Schärfe,
> Teil' ihren Leib, und schick' mit funfzehn Boten,
> Ich will Dir funfzehn Pferde dazu geben,
> Den funfzehn Stämmen ihn Germaniens zu.
> (DKV, II, 511)

Herrmann geht hier sehr spezifisch auf die Modalitäten der Übermittlung ein und wählt die schnelle, aber nicht sehr ökonomische Option, quasi strahlenförmig, unmittelbar an alle zu senden, und nicht, wie in der *Bombenpost*, Pakete durch ein Netzwerk zu schicken. Desweiteren lässt Herrmann hier die blutigen Leichenteile sprechen, und Kleist nimmt ein semiotisches System auf, das bereits bei der *Familie Schroffenstein* vorherrscht. Auch dort ist ein abgehacktes Körper- bzw. Leichenteil ein Mittel zur unmittelbaren Evidenz.

Im 23. Auftritt des letzten Aktes wird von Wolf unterstrichen, dass diese semiotische Strategie aufging.

> Hally, die Jungfrau, die geschändete,
> Die Du, des Vaterlandes Sinnbild,
> Zerstückt in alle Stämme hast geschickt,
> Hat unsrer Völker Langmut aufgezehrt.
> In Waffen siehst Du ganz Germanien lodern,
> Den Greul zu strafen, der sich ihr verübt:
> (DKV, II, 551)

Wolf macht klar, dass dieser zerstückelte Leib durchaus als ein pars-pro-toto wahrgenommen wurde, als eine Repräsentation des durch die Römer zerschlagenen Leibes der Germania und somit als Metapher für das Territorium Deutschlands. Einen damaligen potentiellen Zuschauer hätte es kaum entgehen können, dass sich die Substitutionslogik weiter ausweiten und auf den preußischen Staat applizieren lässt.

Im Kapitel dieser Arbeit über Kleists Briefverkehr habe ich vielfach auf die Bedeutung dieser materiellen Desiderate verwiesen. Hier wird nun ein zerstückelter Körper benutzt, um die Einheit eines Volkes kommunikativ zu konstituieren. Der zerstückelte Körper Hallys formt die Einheit Germaniens in einem eruptiven Aufstand – dies ist die Funktion des Volksaufstands: Es geht hier nicht so sehr um eine momentane militärische Übermacht über die Römer (dazu hätten Marbods und Herrmanns Truppen gereicht), sondern um eine Konsolidierung der deutschen Nation in ihrer körperlichen Evidenz auf dem Schlachtfeld. Es geht um die Konstruktion eines politischen Körpers.

8.4.4 Thusnelda und der abgefangene Brief

Die Beziehung zwischen Thusnelda und Ventidius kann als kleine selbstähnliche Miniatur des gesamten Stücks verstanden werden. Sie ist die Geschichte von einem betrogenen Vertrauen. Herrmann instrumentalisiert dieses Vertrauen, was in dem Verrat der Römer an Marbod sichtbar wird. Auch wenn Herrmann Thusnelda meist ein wenig abfällig nur sein „Thuschen" nennt und sie gezielt zum Mord an Ventidius verleitet, ist Thusnelda ein äußerst starker Charakter, der offensichtliche Ähnlichkeiten zu Penthesilea hat.

Beide Frauen sind Meisterinnen im Waffengang. Auch wenn Thusnelda keine Amazone ist, so ist sie eine Meisterin im Bogenschießen, und genau als solche wird sie im Drama eingeführt. Im zweiten Auftritt des ersten Akts wird dargelegt, wie sie mit Ventidius einen rasenden Auerochsen erlegt. Wenn Thusnelda nun Ventidius durch die Bärin tötet, substituiert sie hier nicht nur Penthesileas Berserkertum durch ein Tier, sondern wird als Entscheiderin über Leben und Tod in Szene gesetzt. Das wird dadurch unterstrichen, dass Herrmann mit Thusnelda über Ventidius' Leben verhandelt.

Zunächst erbittet Thusnelda den Römer für sich, um ihn zu retten, dann, um ihn zu töten. Was Thusnelda zur Berserkerin (in Verlängerung durch die Bärin) machen soll, kann als Analogon zu den Leichenteilen Hallys verstanden werden, die Herrmann an die fünfzehn Stämme der Germanen schickt, um diese in einem berserkerhaften Aufbäumen zu vereinen. Es ist die Locke, die ihr Ventidius ohne ihre Zustimmung abgeschnitten hat. Diese Locke wird nun zum Index von Ventidius' Verrat.[62]

Die Sendung mit der Locke wurde von einem Boten abgefangen, und der Inhalt dieses Briefes nach Rom ist folgender:

> Varus, o Herrscherin, steht, mit den Legionen,
> Nun in Cheruska siegreich da;
> Cheruska, fass' mich wohl, der Heimat jener Locken,
> Wie Gold so hell und weich wie Seide,
> Die Dir der heitre Markt von Rom verkauft.
> Nun bin ich jenes Wortes eingedenk,
> Das Deinem schönen Mund', Du weißt,
> Als ich zuletzt Dich sah, im Scherz entfiel.
> Hier schick' ich von dem Haar, das ich Dir zugedacht,
> Und das sogleich, wenn Herrmann sinkt,
> Die Schere für Dich ernten wird,
> Dir eine Probe zu, mir klug verschafft;

---

[62] Zu einer Untersuchung des Lockenmotivs siehe: Christine Künzel, „Raub der Locke".

> Beim Styx! so legt's am Kapitol,
> Phaon, der Krämer, Dir nicht vor:
> Es ist vom Haupt der ersten Frau des Reichs,
> Vom Haupt der Fürstin selber der Cherusker!"
> – Ei der Verfluchte!
> (DKV, II, 517–518)

Hier wird klar, dass hinter dem anscheinend erotischen Verlangen Ventidius' viel mehr steckt, und zwar eine potenzielle Schändung Thusneldas und die tiefe Überzeugung, dass Herrmann bald besiegt sei. Ventidius macht in diesem Brief klar, dass er und die Römer Feinde des Cheruskers sind.

8.5 Zusammenfassung: Zufall und Ökonomie der Kommunikation

Die Strategien Herrmanns sind hochgradig effektiv. Er repräsentiert eine moderne militärische Lage, in der Armeen nicht mehr primär als Uhrwerke verstanden werden, die von einer Kommandozentrale her gesteuert werden. Effektive Ausübung von Macht basiert darauf, Teilsysteme selbstständig ablaufen zu lassen, auch wenn das einen Kontrollverlust bedeutet. Herrmann begreift diesen Krieg von Anfang an als einen Raum von Interaktion, bereits seine Strategien des verbrannten Landes gehen nicht mehr von einer unmittelbaren Konfrontation, sondern von einem subversiven Verhalten aus, das der feindlichen Operation die Grundlage entzieht.

Die Herrmannsschlacht ist auch ein Zeichen dafür, dass Kleist nie wirklich aufhörte, Soldat zu sein – allerdings kein Soldat einer Armee wie der, in der er selbst diente. Die Verlagerungen seiner Tätigkeit ins Schriftstellerische und Publizistische sollten nicht so sehr als Bruch mit dem Krieg verstanden werden, sondern als ein Experimentieren mit einer Gesellschaft, die zunehmend im Zustand einer ständigen Mobilisierung war. Die eskalatorische und nichtlineare Dynamik der postrevolutionären Kriege, wie sie von Clausewitz beschrieben wird und bereits in Handbüchern zu Kriegsspielen formuliert zu finden ist, ist in Kleists Werk tief eingeschrieben. Besonders *Der Prinz Friedrich von Homburg* und *Die Herrmannsschlacht* machen dies klar. In der *Herrmannsschlacht* fallen Mobilisierung als kommunikative Intention und inhaltliches Thema zusammen.[63]

---

63 Franz Eybl weist pointiert auf diese Zentralität, aber auch Eskalation, von Kommunikation in der *Herrmannsschlacht* hin: „Die *Hermannsschlacht* kann somit als Drama um die Meisterung

Kleists Werk muss als ein Zusammenfallen von militärischer und ziviler Sphäre begriffen werden, das wenn man Theoretikern wie Virilio und Kittler glauben darf, das Merkmal der Moderne ist. Während Kleist mit der *Herrmannsschlacht* noch aus dem schriftstellerischen Bereich heraus arbeitet, wird er in Berlin explizit mit den *Berliner Abendblättern* auf journalistische, öffentliche Kommunikation setzen, um seine Adressaten zu beeinflussen. Dies sind Strategien, die, wie ich im Folgenden diskutieren werde, im *Michael Kohlhaas* ihre literarische Verarbeitung finden werden.

---

des öffentlichen Sprechens verstanden werden, das letztendlich in anarchistischen Leerlauf mündet." (Eybl, *Kleist-Lektüren*, 218)

9 Brandstifter: *Michael Kohlhaas* und die *Berliner Abendblätter*

Der erste Teil des *Michael Kohlhaas* erschien im *Phöbus*, und Kleist schloss die vollständige Version, die dann in den *Erzählungen* publiziert wurde, 1810 ab. Entscheidende Teile der Novelle entstanden also zu der Zeit, in der Kleist bereits publizistische Erfahrungen gesammelt hatte und kurz davor war, das Medienexperiment der *Berliner Abendblätter* durchzuführen. Im *Kohlhaas* zeigen sich Spuren dieses publizistischen Experimentierens, und diese Erzählung muss auch als eine Reflexion über Medienkommunikation um 1800 gelesen werden. Im Folgenden diskutiere ich, wie *Michael Kohlhaas* Diskurse des Öffentlichen reflektiert, manipuliert und operationalisiert und dadurch Kleists eigene Publikationsstrategien spiegelt. Hier ist es besonders die mediale Situation der Brandstiftung, die zentral für *Kohlhaas* ist. Dieses Thema findet sich durch Berichte über eine Brandstifterbande auch in den *Berliner Abendblättern*, und setzt sich auch als kommunikative Maxime in den Polemiken gegen Iffland, den Ökonomen Kraus, und natürlich in der Auseinandersetzung mit der Zensurbehörde fort. Brandstiftung ist hier nicht einfach ein zerstörerischer Prozess, sondern eine effiziente Methode, Öffentlichkeit zu konstruieren und zu steuern, was unter anderem dadurch deutlich wird, dass innerhalb der *Berliner Abendblätter* in vielfältigen Konfigurationen von „Brandbriefen" gesprochen wird. Mit diesem Fokus auf das Konstituieren von sozialer Kommunikation schließen die *Berliner Abendblätter* an den *Phöbus* an, was auch dadurch unterstrichen wird, dass Adam Müller politisch hochbrisante Inhalte wie die Kritik an Hardenbergs Reformen in den *Abendblättern* publizierte.

Michael Kohlhaas und die *Berliner Abendblätter* stellen aber auch beide die Frage nach ökonomischer Gerechtigkeit. Kleist entwickelt im *Kohlhaas* ein Modell, das er im Streit mit der Zensurbehörde im Realen ausspielt. Sind es im *Kohlhaas* die Rappen, die durch den Missbrauch des Junkers entwertet werden, so sind es für Kleist die *Berliner Abendblätter*, die von der Zensurbehörde durch die Zurückhaltung von Polizeiberichten und das Untersagen bestimmter Inhalte ausgelaugt werden, und Kleist fordert ähnlich wie Kohlhaas Entschädigung von der Regierung.

Dieses Kapitel hat zum Ziel, noch einmal abschließend deutlich zu machen, dass Kleists Arbeiten nicht einfach einem literarischen Diskurs zuzuschreiben sind, sondern zutiefst in einer Ökonomie der Kommunikation eingebettet waren, die auf die eskalatorische oder auch nicht-lineare Dynamik von Öffentlichkeit in einer modernen Gesellschaft bauten.

9.1 *Michael Kohlhaas*

Auch wenn die Forschung *Michael Kohlhaas* zunächst als einen Text über die Frage von Recht und Gerechtigkeit liest,[1] stellt die Erzählung zu Anfang die Frage nach dem Ökonomischen. Kohlhaas ist ein Pferdehändler und der zentrale Konflikt um die Rappen wird zu einem Streit um pekuniäre Entschädigung. Die Dynamik der Erzählung wird allerdings dadurch bestimmt, dass Kohlhaas das Beharren so weit vorantreibt, dass der Aufwand für das Insistieren auf die Kompensation nicht mehr im Verhältnis zum ursprünglichen finanziellen Schaden steht – er entwickelt sich vom Kaufmann zum Querulanten.[2]

Diese Ökonomie, die sich in einem querulatorischen Insistieren manifestiert, ist eingebunden in Kommunikationsmodi, die die Dynamik der Handlung bei weitem stärker bestimmen als die Frage nach der Gerechtigkeit. Dies beginnt bereits am Anfang der Geschichte. Kohlhaas ist ein Charakter, der Kommunikation und Handel auf das Engste verschränkt:

> [...] der ausgebreitete Handel, den er mit Pferden trieb, hatte ihm die Bekanntschaft, und die Redlichkeit, mit welcher er dabei zu Werke ging, ihm das Wohlwollen der bedeutendsten Männer des Landes verschafft. (DKV, III, 39)

Kohlhaas hängt sozial und ökonomisch von einer modernen Marktwirtschaft ab, in der er ungehindert Waren und Informationen verbreiten kann, und es ist genau dies, was am Anfang der Erzählung thematisiert wird:

---

[1] Die Fragen von Recht, Gerechtigkeit und Individuum sind zentrale Fragen der *Kohlhaas*-Forschung wie es auch Bernd Hamacher, in seinem Forschungsüberblick ausführt. (Hamacher, „Schrift, Recht und Moral") Siehe hier beispielsweise Karl-Heinz Maurers Aufsatz „Gerechtigkeit zwischen Differenz und Identität in Heinrich von Kleists ‚Michael Kohlhaas'", Hartmut Boockmann, „Mittelalterliches Recht bei Kleist", Catharina Silke Grassau, „Recht und Rache" oder Falk Horst, „Kleists Kohlhaas: Über die Täuschbarkeit von Beweggründen". Greiner erkennt beispielsweise in dem Text eine Reflexion über das Verhältnis von Recht und Individuum und im Besonderen eine Auseinandersetzung mit dem kategorischen Imperativ. (Greiner, *Dramen und Erzählungen*, 330) Es gibt nur wenige Perspektiven, die wie ich den *Kohlhaas* als einen Text über Kommunikation lesen. Friedrich Balke geht in seinem Text „Kohlhaas und K." in eine solche Richtung, wenn er den juristischen Diskurs als eine Prozessführung mit hoher kommunikativer Komplexität beschreibt. Aus einer kommunikationstheoretischen Perspektive treten aber Franz Eybl, Clayton Koelb und Raleigh Whitingers Lektüren hervor, die besonders auf die komplexe kommunikative Funktion von Schriftstücken in der Novelle hinweisen. (Eybl, *Kleist-Lektüren*, 197–200; Koelb, „Incorporating the Text"; Whitinger, „Tales and Texts")
[2] Diese querulatorische Ökonomie entwickelt Kleist im Übrigen auch in der Anekdote „Das Verlegene Magistrat". (DKV, III, 354–355) Zur Bedeutung des Querulatorischen siehe auch Rupert Gaderers Arbeiten.

Ist der alte Herr tot? – Am Schlagfluß gestorben, erwiderte der Zöllner, indem er den Baum in die Höhe ließ. – Hm! Schade! versetzte Kohlhaas. Ein würdiger alter Herr, der seine Freude am Verkehr der Menschen hatte, Handel und Wandel, wo er nur vermogte, forthalf, und einen Steindamm einst bauen ließ, weil mir eine Stute, draußen, wo der Weg ins Dorf geht, das Bein gebrochen.(DKV, III, 15)

Der bisherige Status quo ist darauf fokussiert, die Kommunikations- und Handelskanäle störungsfrei laufen zu lassen. Für Kohlhaas besteht die ideale Welt in einer ungestörten Zirkulation von Waren. Diese Situation wird von dem neuen Landesherrn allerdings radikal verändert. Auf den ersten Blick erscheint diese Betonung der freien Zirkulation von Waren wie der Ruf nach einer freien Marktwirtschaft. Es handelt sich aber eher um eine Modifikation des wirtschaftsliberalen Denkens, die Adam Müller durchgeführt hat. Für Müller basiert eine gesunde Ökonomie nicht auf dem Selbstinteresse des Individuums, sondern auf der kollektiven Bündelung der sozialen Kräfte, um einen freien Markt zu gewährleisten. Der „alte Herr" setzt die Handelswege dementsprechend nicht aus egoistischem Interesse in Stand, sondern aus der Überzeugung, dass diese Handelswege zum Profit der Allgemeinheit und somit auch zu seinem Nutzen beitragen.[3]

Im Gegensatz dazu geht es bei dem neuen Herrscher darum, Gewinn aus der Benutzung der Infrastruktur abzuzapfen, was den Handel verlangsamt. Die Novelle öffnet somit nicht einfach mit einer Verletzung von ökonomischen Regeln, sondern mit der Blockade von kommunikativen Flüssen, und genau diese Frage nach der freien Zirkulation von Kommunikation rahmt die Handlung und taucht zu Ende explizit noch einmal mit der Prophezeiung der Zigeunerin auf.

Hier wird um Informationen gebeten, bzw. die Zigeunerin bietet dem Kurfürsten Informationen an, nämlich den Namen des letzten Regenten des Hauses, das Jahr, in dem er sein Reich verliert und den Name dessen, der ihn stürzen wird. (DKV, III, 129–130) Diese Informationen werden aufgeschrieben und somit materialisiert, der Zugang zu ihnen wird dem Kurfürsten aber verstellt. Durch diese Konfiguration geschieht etwas, was für Kleists Schreiben symptomatisch ist. Die Botschaft geht nicht in ihrem hermeneutischen Wert auf, sie wird zum reinen Material. Was relevant an diesen prophetischen Informationen ist, ist ihre schiere

---

[3] Wie es Müller in seiner Theorie des Geldes formuliert: „Der erste Zweck der Nationalökonomie ist also Erhaltung, Belebung, Vereinigung des Verhältnisses der Personen und Sachen zu einander." (Müller, *Geld*, 14) Sabine Biebl weist auch auf die Bedeutung von *Kohlhaas* als homo oeconomicus hin, und betont, dass man diese ökonomischen Reflexionen im Zusammenhang mit den Hardenbergschen Reformen lesen muss. (Biebl, „Für eine bessere Ordung der Dinge") Auch Christine Künzel verweist auf den ökonomischen Kern der Novelle, wobei sie noch die wichtige Beobachtung macht, dass „Rappe" nicht nur auf eine bestimmte Art von Pferd, sondern auch auf Münzgeld referieren kann. (Künzel, „Rächenfehler", 187)

Existenz, die dann zum Ende der Erzählung von Kohlhaas inkorporiert (dadurch, dass er den Zettel verschluckt) und dann mit dem Körper des Kohlhaas zerstört wird.

Kohlhaas wird von der Zigeunerin zu einem Boten bestimmt, der der potentielle Überbringer der Nachricht ist – Kohlhaas sabotiert aber diese Rolle des Boten. Während, wie ich im Zusammenhang mit Kleists frühen Dramen diskutiert habe, die Figur des Boten hinter der Nachricht zurücktritt und nach dem Überbringen der Nachricht wertlos wird und sterben kann, ist Kohlhaas' nicht-Überbringen der Botschaft ein Akt der Subjektivierung. Kohlhaas erfüllt nicht einfach seine Botenfunktion und kann dann sterben. Er stirbt vor dem Überbringen der Nachricht und löscht somit die Botschaft aus. Er tritt nicht hinter der Botenfunktion zurück, sondern vernichtet die Botschaft, ohne sie zu kommunizieren, und inszeniert so seine Individualität.

Kohlhaas' Handlung wird hier gegensätzlich zum Handeln seiner Frau Lisbeth aufgebaut, die explizit als Botin auftritt. Lisbeth wird als Botin einer Bittschrift zum Landesherrn geschickt. Beim Versuch, die Schrift zu überbringen, wird sie von einer übereifrigen Wache niedergeschlagen und schwer verletzt. Die Übergabe des Briefs gelingt dennoch, da der Brief von ihrem ohnmächtigen Körper genommen wird. Lisbeth nimmt also nicht an den kohlhaasschen Verhandlungen teil, sie wird zu einem reinen bewusstlosen Medium, das im Sinne von Sybille Krämers Theorie des Boten nicht für sich spricht, sondern nur zum Informationstransfer benutzt wird. Bei der Rückkehr zu ihrem Mann wird diese Botenfunktion wiederholt. Dort ist sie zumeist bewusstlos, vor ihrem Tod kommt es jedoch noch zu einem kurzen Aufbäumen:

> Denn da ein Geistlicher lutherischer Religion [...] neben ihrem Bette stand, und ihr mit lauter und empfindlich-feierlicher Stimme, ein Kapitel aus der Bibel vorlas: so sah sie ihn plötzlich, mit einem finstern Ausdruck, an, nahm ihm, als ob ihr daraus nichts vorzulesen wäre, die Bibel aus der Hand, blätterte und blätterte, und schien etwas darin zu suchen; und zeigte dem Kohlhaas, der an ihrem Bette saß, mit dem Zeigefinger, den Vers: „Vergib deinen Feinden; tue wohl auch denen, die dich hassen." – Sie drückte ihm dabei mit einem überaus seelenvollen Blick die Hand, und starb. (DKV, III, 59)

Auch hier ist Lisbeth eine Überbringerin von Botschaften, die sie selber nicht mehr artikulieren kann. Sie kann nur noch durch die Materialität des Buches sprechen, in einen Dialog kann sie nicht mehr einsteigen.

Die Beispiele, die ich bisher diskutiert habe, machen bereits klar, dass Medialität von großer Bedeutung für die Novelle ist. Es ging dabei bisher aber primär um ein postalisches Sender-Empfänger-Verhältnis. Im *Kohlhaas* nimmt aber die massenmediale Verteilung von Kommunikation noch eine besondere Bedeutung ein.

9.2 Brandstiftung

Nachdem Kohlhaas' Frau gestorben ist, zieht er los, um den Junker zur Rechenschaft zu ziehen. Kohlhaas' Strategie baut dabei auf Brandstiftung auf. Zunächst brennt er die Tronkenburg nieder, dann zieht er weiter zum Kloster Erlabrunn, wo er den Junker vermutet. Nur ein heftiger Regeneinbruch kann verhindern, dass Kohlhaas auch diesen Ort niederbrennt, und er erfährt, dass der Junker nun in Wittenberg seine Zuflucht gefunden hat.

Wittenberg wird in der Folge zum Ort einer äußerst perfiden Art der Kriegführung, die Kohlhaas auf Brandstiftung aufbaut. Er fordert von der Stadt Wittenberg den Junker und droht, die Stadt anzustecken, was er dann auch dreimal in Folge tun wird. Diese Form der Kriegführung, die Kohlhaas als „gerechten Krieg" bezeichnen soll, verletzt aber zentral die Trennung von Krieg und ziviler Sphäre. Was Kohlhaas hier inszeniert, ist ein totaler Krieg, der die gesamte Sphäre des Sozialen miteinbezieht. Das Feuer ist nicht nur eine Waffe, sondern auch ein massenmediales Kommunikationsmittel, das keinem Bewohner Wittenbergs entgehen wird. Darüber hinaus hat es den Vorteil, dass Kohlhaas mit gezielten Einzelaktionen enorme Effekte erzielen und eine Asymmetrie zwischen Angreifer und Verteidiger herstellen kann. Die Asymmetrie kommt dadurch zustande, dass Kohlhaas durch Guerillataktik auch größere militärische Formationen angreifen und besiegen kann, was von den Stadtherren klar erkannt wird:

> [...] der Krieg, den er, in der Finsternis der Nacht, durch verkleidetes Gesindel, mit Pech, Stroh und Schwefel führte, hätte, unerhört und beispiellos, wie er war, selbst einen größeren Schutz, als mit welchem der Prinz von Meißen heranrückte, unwirksam machen können: (DKV, III, 72)

Was Kohlhaas hier tut, hat mehr mit Terrorismus als mit Krieg zu tun,[4] und diese Anschläge haben eine ungeheure mediale Wirkung:

---

4 Die Frage, ob Kohlhaas ein Terrorist sei, durchzieht die Forschungsliteratur. Besonders Vergleiche zur RAF machen dies evident, wie beispielsweise Troy A. Pugmires Aufsatz „Ein Vergleich: Heinrich von Kleists *Michael Kohlhaas* und die ‚Rote Armee Fraktion'". Zu dieser Interpretation gibt es allerdings Gegenstimmen. Bereits Carl Schmitt hat Kohlhaas beispielsweise als reinen Kriminellen charakterisiert. (Schmitt, *Partisanen*, 92) Auch Greiner sieht in *Kohlhaas* keinen Umstürzler: „Kolhass [ist] kein Revolutionär [...], d.h. [er will] keine neue Ordnung [...], sondern die Wirksamkeit des Gesetzes in der gegebenen Ordnung." (Greiner, *Dramen und Erzählungen*, 334) Krimmer weist darauf hin, dass diese verschiedenen Deutungen darauf beruhen, dass der Begriff des Terrorismus eine Vieldeutigkeit hat, die ein großes Spektrum von Zuordnungen zulässt. (Krimmer, „Terror and Transcendence", 406–407) Ähnlich argumentiert Champlin. Für ihn geht es nicht so sehr um die Frage, ob Kohlhaas ein Terrorist ist oder nicht, sondern darum,

> Der Landvogt, der seinen Gegner, beim Anbruch des Tages, im Brandenburgischen glaubte, fand, als er von dem, was vorgefallen, benachrichtigt, in bestürzten Märschen zurückkehrte, die Stadt in allgemeinem Aufruhr; das Volk hatte sich zu Tausenden vor dem, mit Balken und Pfählen verrammelten, Hause des Junkers gelagert, und forderte, mit rasendem Geschrei, seine Abführung aus der Stadt. (DKV, III, 70)

Die Brandstiftung hat also eine Wirkung, die über eine simple Zerstörung hinausgeht. Sie ist eine psychologische Form der Kriegführung, die das Soziale zu einem wichtigen Element der Intervention macht. Kohlhaas greift nicht einfach Städte an, er versucht eine Dynamik zu erzeugen, die die Stadtbewohner dazu bringt, seinen Forderungen nachzugeben und den Junker auszuliefern. Bezeichnenderweise führen diese Terrorakte zu keiner Verurteilung des Kohlhaas in der öffentlichen Meinung, sondern die Öffentlichkeit stellt sich auf seine Seite:

> Die öffentliche Meinung, bemerkte er, sei auf eine höchst gefährliche Weise, auf dieses Mannes Seite, dergestalt, daß selbst in dem dreimal von ihm eingeäscherten Wittenberg, eine Stimme zu seinem Vorteil spreche; und da er sein Anerbieten, falls er damit abgewiesen werden sollte, unfehlbar, unter gehässigen Bemerkungen, zur Wissenschaft des Volks bringen würde, so könne dasselbe leicht in dem Grade verführt werden, daß mit der Staatsgewalt gar nichts mehr gegen ihn auszurichten sei. (DKV, III, 82)

Diese Wirkung auf die Öffentlichkeit gefährdet auf das Stärkste die hegemonialen Ansprüche des Staates, und aus diesem Grund beschließen die Landesherren, Kohlhaas nicht als Staatsbürger zu behandeln, der bürgerliche Rechte hat. Sie qualifizieren ihn als Rebellen, mit dem sie sich im Kriegszustand befinden. (DKV, III, 82) Diese enorme Wirkung, die Kohlhaas auslöst, kommt natürlich nicht nur alleine durch die Brandstiftungen zustande, sie wird durch eine massenmediale Informationspolitik, die „Kohlhaasischen Mandate", gefördert.

---

dass Kohlhaas' Taten eine neue Form der Gewalt darstellen, die nicht mehr rational zu begründen ist. (Champlin, „Reading Terrorism", 451) Auch Wittkowski stellt die Terrorismus-Frage als eine komplexe dar: „Kohlhaas ist weder Jakobiner noch Terrorist, sondern weltlicher Nachfolger der gottberufenen ‚Wundermänner' Luthers, Vorläufer der christlichen Widerstandskämpfer gegen Hitler, poetischer Vorkämpfer für gerechtes Rechtsprechen, Regieren, Muster vernünftigredlichen Abschätzens des Schwellengrades zwischen Unrecht, das man ertragen und nicht mehr ertragen kann und soll. Eine exemplarische Figur, deren menschliche Schwächen jederzeit mitgefärbt sind durch ihre Vorzüge (Thomasius)." (Wittkowski, „Rechtspflicht", 109)

9.2.1 Mandate

Kohlhaas beginnt seinen Feldzug nicht als einen blinden Amoklauf, er erzeugt gezielt ein Feld des Politischen, das seine Handlungen legitimieren soll. Aus diesem Grund formuliert er seine Mandate:

> [Er] verfaßte ein sogenanntes „Kohlhaasisches Mandat", worin er das Land aufforderte, dem Junker Wenzel von Tronka, mit dem er in einem gerechten Krieg liege, keinen Vorschub zu tun, vielmehr jeden Bewohner, seine Verwandten und Freunde nicht ausgenommen, verpflichtete, denselben bei Strafe Leibes und Lebens, und unvermeidlicher Einäscherung alles dessen, was ein Besitztum heißen mag, an ihn auszuliefern. Diese Erklärung streute er, durch Reisende und Fremde, in der Gegend aus; ja, er gab Waldmann, dem Knecht, eine Abschrift davon, mit dem bestimmten Auftrage, sie in die Hände der Dame Antonia nach Erlabrunn zu bringen. (DKV, III, 65)

Das Mandat ist eine Selbstlegitimation, die verbreitet wird.[5] Die Nachricht, die Kohlhaas in schriftlicher Form in den Umlauf bringt, soll sich aber primär durch Mund-zu-Mund-Propaganda verbreiten. Diese Informationspolitik ist effizient und repliziert die transgressive Kraft des Feuers.

Was entscheidend an diesen Mandaten ist, ist, dass sie im Prinzip die Kanäle der mündlichen Kommunikation belegen. Es ist nicht von Bedeutung, ob das tatsächliche Mandat gelesen wird, sondern es hat den Zweck, dass darüber geredet und so eine Dynamik erzeugt wird, die diese Nachricht verbreitet. Und in der Tat eilen die Nachrichten Kohlhaas' Bewegungen voraus: „und [Kohlhaas] hatte nicht sobald durch Sternbald, den er, mit dem Mandat, verkleidet in die Stadt schickte, erfahren, daß das Mandat daselbst schon bekannt sei, [...]" (DKV, III, 68) Diese Kommunikationstechnik wird mit der schriftlichen Praxis des Plakatierens kontrastiert.

---

[5] Greiner erkennt in den Mandaten ein juristisches Verfahren: „Daß Kohlhaas seinen Krieg mit Mandaten begleitet, die die Rechtmäßigkeit seiner Feldzüge dokumentieren sollen und ein klar umrissenes Ziel angeben – [...] entspricht dem (mittelalterlichen) Rechtsmittel der Fehde. Die Fehde war als subsidiäres Rechtsmittel anerkannt, wenn der Rechtsuchende keinen Richter fand, der bereit war, den von ihm gewollten Prozeß zu führen, oder wenn der im Prozeß unterlegene Gegner die Leistungen, die er laut Urteil zu erbringen hätte, verweigert." (Greiner, *Dramen und Erzählungen*, 337–338)

9.2.2 Plakate

Ein wichtiges Medium der öffentlichen Kommunikation war und ist das Plakat.[6] Auch im *Kohlhaas* ist diese Medienpraxis von Bedeutung. Allerdings wird das Plakat primär als Gegenaktion zu Kohlhaas benutzt. Kohlhaas kann als nomadischer Anführer schlecht postalisch adressiert werden, und aus diesem Grund benutzen die Autoritäten den öffentlichen Raum, um Kontakt aufzunehmen. Der erste dieser Versuche ist das Schreiben Luthers an Kohlhaas, das plakatiert wird. Luther stellt Kohlhaas in diesem Schreiben als einen selbstgerechten Mörder dar, der ohne Legitimation raubt und brandstiftet.

Dieses Plakat ist aber mehr als der Versuch, einen Dialog mit Kohlhaas aufzubauen. Es geht hier darum, durch öffentliche Kommunikation ein Bild vom Kohlhaas zu erzeugen, das dem Narrativ der Mandate widerspricht, und ein negatives Image des Kohlhaas erzeugen will. Es kommt jetzt also zu einer Konfrontation von Formen medialer Kriegführung, was dadurch unterstrichen wird, dass dieses Plakat nicht vom Kurfürsten stammt, sondern von Luther, der als bekannte Persönlichkeit in seinem Urteil selbst von Kohlhaas geachtet wird. Modern gesprochen könnte man sagen, dass hier zwei PR-Kampagnen gegeneinander gehalten werden. Dies ist ein Medienkrieg, der bereits unmittelbar vor Luthers Schreiben begann:

> Vergebens ließ der Magistrat, auf den Dörfern der umliegenden Gegend, Deklarationen anheften, mit der bestimmten Versicherung, daß der Junker nicht in der Pleißenburg sei; der Roßkamm, in ähnlichen Blättern, bestand darauf, daß er in der Pleißenburg sei, und erklärte, daß, wenn derselbe nicht darin befindlich wäre, er mindestens verfahren würde, als ob er darin wäre, bis man ihm den Ort, mit Namen genannt, werde angezeigt haben, worin er befindlich sei. (DKV, III, 74)

Diese Strategie der Landesherren, Kohlhaas gegenzusteuern, scheitert allerdings und führt dazu, dass sie ein Plakat mit versöhnlichem Inhalt aufhängen müssen:

> Wir etc. etc. Kurfürst von Sachsen, erteilen, in besonders gnädiger Rücksicht auf die an Uns ergangene Fürsprache des Doktors Martin Luther, dem Michael Kohlhaas, Roßhändler aus dem Brandenburgischen, unter der Bedingung, binnen drei Tagen nach Sicht die Waffen, die er ergriffen, niederzulegen, Behufs einer erneuerten Untersuchung seiner Sache, freies Geleit nach Dresden; dergestalt zwar, daß, wenn derselbe, wie nicht zu erwarten, bei dem Tribunal zu Dresden mit seiner Klage, der Rappen wegen, abgewiesen werden sollte, gegen ihn, seines eigenmächtigen Unternehmens wegen, sich selbst Recht zu verschaffen, mit der ganzen Strenge des Gesetzes verfahren werden solle; im entgegengesetzten Fall aber, ihm

---

6 Faulstich, *Mediengesellschaft*, 45–61.

mit seinem ganzen Haufen, Gnade für Recht bewilligt, und völlige Amnestie, seiner in Sachsen ausgeübten Gewalttätigkeiten wegen, zugestanden sein solle. (DKV, III, 86)

Diese Aktion kommt nur dadurch zustande, dass die Landesherren dem öffentlichen Druck nachgeben. Es ist eine politische Aktion, die durch Kohlhaas' Manipulation der medialen Sphäre veranlasst wird. In der Tat ist Kohlhaas' stärkste Waffe die Möglichkeit, auf ein quasi unbegrenztes Reservoir von Kämpfenden zurückzugreifen.

9.2.3 Insurrektion

Diese Informationspolitik macht es aber nicht nur möglich, seine Vorhaben zu kommunizieren und Kohlhaas weit bekannt zu machen, dieses Verfahren ist vielmehr auch zentral für die Rekrutierung von Kämpfern:

> In einem anderen Mandat, das bald darauf erschien, nannte er sich: „einen Reichs- und Weltfreien, Gott allein unterworfenen Herrn;" eine Schwärmerei krankhafter und mißgeschaffener Art, die ihm gleichwohl, bei dem Klang seines Geldes und der Aussicht auf Beute, unter dem Gesindel, das der Friede mit Pohlen außer Brot gesetzt hatte, Zulauf in Menge verschaffte: dergestalt, daß er in der Tat dreißig und etliche Köpfe zählte, als er sich, zur Einäscherung von Wittenberg, auf die rechte Seite der Elbe zurückbegab. (DKV, III, 68)

Die Mandate tragen also nicht nur zur Information und Legitimierung bei, sie haben auch die Funktion der Selbststilisierung. Diese Selbststilisierung trägt maßgeblich zur militärischen Stärke seines Haufens bei. Sicherlich geht es hier nicht nur um romantische Ideale, wie die Erzählung hervorhebt, es geht auch um Geld, aber die finanzielle Attraktivität wird simultan mit Kohlhaas' Feldzug für Gerechtigkeit durch die Kommunikationskanäle übertragen.

Was hinter dieser Erzählung steckt, ist natürlich das Planspiel einer geglückten Insurrektion. Der *Kohlhaas* fungiert quasi als verschleiertes Modell für einen möglichen Aufstand gegen Napoleon. Bereits die anfängliche Umstellung von Freihandel auf Schutzzölle kann als Anspielung auf merkantile und protektionistische Handlungsweisen der Franzosen gesehen werden. Des Weiteren geht es in dieser Erzählung darum, wie Kohlhaas eine Informationspolitik entwickeln kann, die möglichst effiziente Propaganda streut, und das, ohne durch staatliche Zensur behindert zu werden. Diese Kommunikationsform ist eine Verbindung von sensationalistischen und mythologischen Diskursen, die Kohlhaas stilisieren und ihn dann zum Teil eines unkontrollierbaren, viral und mündlich übertragenen Mediengeschehens machen.

Die zentrale Rolle von Kohlhaases Trittbrettfahrer Naglschmidt zeigt noch einmal klar die Bedeutung von medialen Dynamiken für diese Erzählung.

> [...], dergestalt, daß in Plakaten, die den Kohlhaasischen ganz ähnlich waren, sein Mordbrennerhaufen als ein zur bloßen Ehre Gottes aufgestandener Kriegshaufen erschien, bestimmt, über die Befolgung der ihnen von dem Kurfürsten angelobten Amnestie zu wachen; Alles, wie schon gesagt, keineswegs zur Ehre Gottes, noch aus Anhänglichkeit an den Kohlhaas, dessen Schicksal ihnen völlig gleichgültig war, sondern um unter dem Schutz solcher Vorspiegelungen desto ungestrafter und bequemer zu sengen und zu plündern. (DKV, III, 100–101)

Naglschmidt versteht die große mediale Kraft, die hinter Kohlhaas' Vorgehen steht, und versucht, sich diese Dynamik nutzbar zu machen. Für die medialen Beobachter wird es in der Tat äußerst problematisch, eine Differenz zwischen Naglschmidt und Kohlhaas einzuziehen. Diese mediale Lage wird dadurch evident, dass bereits der kleinste Hinweis auf Kontakt mit Naglschmidt Kohlhaas in Schwierigkeiten bringen wird. Hier führt Kleist eine kuriose Wendung der Ereignisse ein, die Kohlhaas um seine Amnestie bringen soll. Naglschmidt schreibt in einem „kaum leserlichen Deutsch" einen Brief. In diesem Brief bietet er Kohlhaas die Führung seines Haufens und Hilfe bei der Flucht an. Der Bote dieses Briefes ist ein Epileptiker, der bei seiner Reise einen Anfall hat. Aus diesem Grund kommt der Brief in die Hände der Landesherren, und sie beschließen, nach Kenntnisnahme des Briefs, Kohlhaas' Loyalität zu testen. Sie lassen den Boten den Brief überbringen und warten Kohlhaas' Reaktion ab. Kohlhaas geht in die Falle. Er schreibt eine Antwort an Naglschmidt, in der er auf sein Angebot eingeht. Daraufhin wird er festgenommen, es wird ihm der Prozess gemacht, und er wird zum Tode verurteilt. Medial wird dieses Urteil dadurch legitimiert, dass Kohlhaas' Brief öffentlich ausgehängt wird.[7]

9.2.4 *Kohlhaas* als Zeitungstext

Der *Kohlhaas* breitet ein weites Feld von Medieneffekten aus. Kohlhaas' Kampagne wird von Anfang an medial mitgetragen, es kommt zu medialen Gegen-

---

[7] Katrin Trüstedt weist zu Recht darauf hin, dass im *Kohlhaas* eine kleistsche Ästhetik des Stellvertreters weitergeschrieben wird (ich habe dies im Zusammenhang mit Doppelgängerfiguren im dritten Kapitel diskutiert), und verweist auch darauf, dass Kohlhaas an den von ihm selbst geschaffenen Kreaturen zugrunde geht. (Trüstedt, „Novelle der Stellvertretung", 559–560)

strategien der Landesherren, und schlussendlich ist es die Verbindung zum Trittbrettfahrer Naglschmidt, die Kohlhaas zu Fall bringt. Kohlhaas wird also nicht von einem ungerechten Gerichtsverfahren zur Strecke gebracht, sondern von den medialen Geistern, die er selber rief.

Auch der Text des *Kohlhaas* trägt mediale Markierungen. Zunächst wird er als ein Zeitungstext inszeniert. Er ist eine Novelle in dem Sinne, wie ich ihn im Kapitel 6 diskutiert habe. Die berühmte Eröffnungssequenz, die Kohlhaas als einen „der rechtschaffensten zugleich und entsetzlichsten Menschen" vorstellt, bedient die sensationalistische Rhetorik der Presse.

Es bleibt dabei aber zu bedenken, dass der *Kohlhaas* ein doch hochmodernes Narrativ über die Steuerung von Kommunikation in einer auf Massenmedien aufgebauten Gesellschaft ist.[8] Der *Kohlhaas* trägt Spuren dieser Auseinandersetzung Kleists mit den Medien. Er ist ein Text, der den Brandstifter, den sensationellen Helden der *Berliner Abendblätter* zum Zentrum macht.

Der *Kohlhaas* ist kein unschuldiger historischer Text, er schneidet in das Gewebe seiner Gegenwart – er verweist auf den Tiroler Freiheitskämpfer Andreas Hofer und natürlich auf den Traum von einem Bürgerkrieg gegen Napoleon. Es geht, wie es auch Franz Eybl herausstellt, um die Darstellung von Öffentlichkeit, wie sie heute als Informationsgesellschaft besteht und um 1800 sichtbar wurde.[9] Der *Kohlhaas* ist ein Text über eine moderne Mediengesellschaft und muss dementsprechend auch als eine Reflexion auf seine Erfahrungen mit den *Berliner Abendblättern* verstanden werden.

9.3 Berliner Abendblätter

Die *Berliner Abendblätter* waren sicherlich eines von Kleists innovativsten Projekten, das klar zeigt, dass seine Interessen weit über den Bereich von kanonisch etablierter Literatur hinausgingen. Kleist erschafft mit dieser Zeitung einen

---

[8] Es ist dabei bezeichnend, dass Kleist genau diesen Aspekt der medialen Verteilung und Steuerung in den Teil einbaut, der in den *Erzählungen* erscheint. Der *Kohlhaas* im *Phöbus* bricht mit dem Tod Lisbeths ab, und man weiß, dass Kohlhaas sich auf die Suche nach dem Junker macht. Die explosive Darstellung der kommunikativen Praktiken, die den folgenden Teil bestimmen, sind also in einer Zeit entstanden, in der sich Kleist mit vielfältigen publizistischen Projekten auseinandersetzte und in Berlin ein vollständig neues Medium – das der Tageszeitung – implementierte.

[9] Eybl, *Kleist-Lektüren*, 199.

neuen Publikationstyp, der andere Kommunikationsstrategien verwendete als der *Phöbus* oder die anderen zahlreichen Kunstzeitschriften dieser Zeit.[10]

In Berlin trat Kleist in Konkurrenz zur Vossischen und Spenerschen Zeitung, die jeweils dienstags, donnerstags und samstags erschienen, die *Berliner Abendblätter* wurden hingegen täglich (mit der Ausnahme des Sonntags) veröffentlicht. Die *Berliner Abendblätter* gehen als eine der ersten Tageszeitungen in die Geschichte der Publizistik ein, und tragen bereits die Merkmale von transitorischer Nachrichtenpresse. Kleists Zeitung ist kurz, aktuell und auf billigem Trägermaterial gedruckt: also nicht besonders gut für die Archivierung geeignet – die *Abendblätter* wären in ihrer Vollständigkeit verloren gegangen, wenn nicht die Grimms sie gesammelt hätten. Es geht hier nicht wie im *Phöbus* darum, eine Strategie für öffentliche und Kunstkommunikation zu formulieren, sondern ein Instrument zur sozialen und politischen Intervention im urbanen Raum zu schaffen.

Die *Berliner Abendblätter* wurden abends ausgegeben, und Kleist konnte so absolut tagesaktuell über die neuesten Ereignisse berichten. Zumindest im ersten Quartal, in dem Kleist Zugang zu den Berliner Polizeiberichten hatte, ging es primär um regionale Nachrichten, die seine Leserschaft unmittelbar betrafen.[11] Die Funktion der *Berliner Abendblätter* bestand somit nicht einfach in der Informationsverteilung, sondern auch in der Konstruktion eines sozialen Kontexts, der die *Abendblätter* zu einem zentralen Kommunikationsinstrument der Berliner Bürger machen sollte.[12]

---

10 Reinold Steigs Buch *Kleists Berliner Kämpfe* und Sembdners Buch zu den *Abendblättern* gehören zu den ersten wichtigen Auseinandersetzungen mit Kleists später Publizistik. Diese Arbeiten stellen eine wichtige Aufarbeitung der historischen Lage dar, die dann in späteren Ansätzen, wie in der Dissertation von Heinrich Aretz *Heinrich von Kleist als Journalist* und dem Buch von Sibylle Peters *Heinrich von Kleist und der Gebrauch der Zeit*, durch eine dezidiert publizistische bzw. medientheoretische Perspektive reflektiert wird.
11 Sembdner, *Quellen und Redaktion*, 1–2.
12 Reinold Steig war einer der ersten, der in seinem Buch *Kleists Berliner Kämpfe* dezidiert die *Berliner Abendblätter* untersucht hat. Er erkannte bereits, dass die *Abendblätter* nicht als reines Informations- oder Unterhaltungsmedium konzipiert waren. Er betrachtet sie als ein taktisches Instrument im politischen Kampf gegen Napoleon und Hardenberg. Im Gegensatz zur neueren Kleist-Forschung betont er aber nicht die Funktion Kleists als Herausgeber, sondern sieht ihn vielmehr als einen Agenten der christlich-deutschen Tischgesellschaft um Achim von Arnim. Steigs Analyse hat einen klaren historischen Fokus, diese Perspektive liest aber Kleists publizistische Strategien tendenziell zu monokausal als gezielte politische Attacken auf Hardenberg und unterschätzt die kommunikative Komplexität von Kleists Publizistik. Diese kommunikative Ambivalenz von Kleists Berichten wird verstärkt in der neueren Forschung diskutiert. Forscherinnen wie Sibylle Peters und Elke Dubbels zeigen, dass Kleist mit den *Berliner Abendblättern* nicht nur unter dem Deckmantel der Unterhaltung und neutralen Berichterstattung politischen Journalismus betreibt, sondern vielmehr in Berlin ein neues Feld der kommunikativen Interaktion

Wie in jeder anderen Zeitung auch musste in den *Abendblättern* jeden Tag etwas Neues stehen bzw. über Neuigkeiten berichtet werden. Dies ist, wie ich im Kapitel über die Novelle diskutiert habe, die zentrale Mechanik der Nachrichtenpresse. Hier geht es nicht mehr so sehr darum, die sich ständig verändernde Welt abzubilden, sondern die Welt in ein Format zu fassen, in dem sie als eine sich täglich verändernde dargestellt werden konnte.[13] Die *Abendblätter* sind ein modernes Nachrichtenmedium, das, wie es Luhmann und Postman gezeigt haben, Welt als eine prinzipiell kontingente beschreibt; das heißt, dass Zeitungen eine Welt benötigen, die in permanenter Bewegung ist, und sich durch plötzliche, unvorhersagbare Veränderungen auszeichnet.[14] Wie auch Sibylle Peters pointiert in ihrem Buch zu den *Abendblättern* herausarbeitet, ist diese Kontingenz nicht so sehr eine Eigenschaft der Welt, sie entsteht durch eine Beobachtungsleistung der Medien:

> Mit Kleist zeigt sich dagegen: Das Kontingente als solches wird signifikant, wenn das Medium, in das es sich einschreibt, zeitlich bestimmt ist. Das Medium als Konnex von Materie und Zeit läßt Kontingenz als solche signifikant erscheinen. Die prozessuale Vermittlung von Zufall und Notwendigkeit entspricht einem *Glauben an* die Zeit. Vom Glauben an die Zeit zum Gebrauch überzugehen heißt mithin zu erkennen, daß das Ereignis, der Zufall nicht mit *der* Zeit von selbst signifikant wird, sondern erst mit *jener* Zeit, die den Takt seiner Einschreibung vorgibt.[15]

Die *Abendblätter* sind nicht einfach aktuell, sie konstruieren eine neue Art der Aktualität.[16] Zunächst kam Kleist dabei nicht in Nachrichtennotstand, da der Polizeipräsident Gruner ihn ständig mit neuem Material versorgte. Als diese Quelle

---

erzeugt. Dubbels fasst ihre Überlegungen dementsprechend wie folgt zusammen: „Vielmehr liegt in dem Konzept einer journalistischen Unterhaltung, die unvorhergesehene kommunikative Anschlüsse und Ereignisse provoziert, indem sie der ungerichteten Kommunikation von Gerüchten stattgibt, das eigentliche politische Moment der *Berliner Abendblätter*." (Dubbels, „Zur Dynamik von Gerüchten", 210)

13 Sibylle Peters beschreibt diese Dynamik folgendermaßen: „Aus diesen Zeilen spricht die Hoffnung, die *Abendblätter* könnten weniger durch den Inhalt, die Berichterstattung, als vielmehr durch den Takt ihres Erscheinens und den daraus resultierenden Beschleunigungseffekt wirken." (Peters, *MachArt*, 12)

14 Siehe zu dieser Struktur der Massenmedien das fünfte Kapitel in Niklas Luhmanns Buch *Die Realität der Massenmedien* (52–81) oder auch Neil Postman, *Amusing Ourselves to Death*.

15 Peters, *MachArt*, 66.

16 Siehe hierzu auch Bernhard Dotzlers Aufsatz „Federkrieg". (Dotzler, „Federkrieg", 50)

versiegt,[17] greift Kleist auf den so einfachen Trick zurück, Nachrichten aus anderen Zeitungen zusammenzutragen und im „Bülletin der öffentlichen Blätter" zu veröffentlichen.

9.3.1 Kleists Berichterstattung

Im Folgenden möchte ich auf die zentralen Interventionen eingehen, die in den *Berliner Abendblättern* erschienen sind. Es geht hier besonders um die Reportage über die Brandstifterbande, die in gewisser Weise die ökonomische Grundlage zu den *Abendblättern* gelegt hat. Dann möchte ich auf Kleists Attacke auf Iffland eingehen, und nachzeichnen, wie Kleist die missglückte Ballonfahrt des Industriellen Claudius am 15.10.1810 in Berlin zu einem sozialen Ereignis machte. Im Anschluss an die Diskussion von Kleists Beiträgen gehe ich auf Adam Müllers Artikel ein, der nach Kleist die meisten Texte der *Berliner Abendblätter* produziert hatte. Es geht dabei um kritische Beiträge gegen die neu gegründete Berliner Universität, den 1807 verstorbenen Wirtschaftswissenschaftler Jakob Christian Kraus und die Reformpolitik Hardenbergs. Müllers Polemiken trugen maßgeblich zu den Schwierigkeiten bei, die zur Einstellung der *Abendblätter* führten. Diese Schwierigkeiten, so wie Kleists Kohlhaasschen Kampf gegen die ihm widerfahrenen Ungerechtigkeiten, werde ich am Ende des Kapitels diskutieren. Es geht mir darum herauszuarbeiten, wie alle diese Beiträge nicht nur „Meinungsmache" sind, sondern versuchen, ein Kommunikations- und Rezeptionsfeld aufzubauen.[18]

---

[17] Nach den Angriffen auf Iffland verliert Kleist den Rückhalt bei der preußischen Regierung, was sich vor allem dadurch äußert, dass er keinen Zugang mehr zu den Polizeimeldungen bekommt.

[18] Es bleibt allerdings zu betonen, dass dieses Kommunikationsfeld ein hochriskantes Projekt ist, und Peters bringt, ähnlich wie Blamberger, den Begriff des Projektemachers ins Spiel, um Kleists Taktik zu beschreiben, (Peters, *MachArt*, 18) und klassifiziert Kleists riskante Publikationsverfahren als Experiment: „Insgesamt, dies sollte deutlich werden, sind die Manöver der *Abendblätter* zu unökonomisch, zu umwegig, zu eigenartig, als daß ihnen der Versuch gerecht werden könnte, den einen hinter den *Abendblättern* stehenden Plan zu dechiffrieren und die Hindernisse und Widrigkeiten zu beschreiben, an denen seine Umsetzung scheiterte. Die Sensibilität, die ein solcher Versuch den beschriebenen Ambivalenzen entgegenbringen kann, wird durch die Logik des Vorhabens selbst zu sehr begrenzt. Stattdessen nach der MachArt der Berliner Abendblätter zu fragen, verschiebt das zugrundeliegende Handlungsmodell von Plan und Umsetzung dagegen in Richtung auf eine offene experimentelle Konstellation." (Peters, *MachArt*, 28)

9.3.1.1 Brandstifterbande

Wie beim *Kohlhaas*, so besteht auch in den *Abendblättern* die Initialzündung aus einer Reihe von Bränden. Während die erste Ausgabe der *Abendblätter* sich aus äußerst hybridem Material zusammensetzt, (Kleists kryptischer Text „Gebet des Zoroaster" und „Fragment eines Schreibens aus Paris"), kommen die eigentlichen „Nachrichten", also die tagesaktuellen Berichte, erst im „Extrablatt zum ersten Berliner Abendblatt" zum Vorschein. Durch diese Strategie werden sie zwar an den Rand der *Abendblätter* geschoben, bekommen aber genau dadurch eine exponierte Stellung.

In diesem Extrablatt finden sich die Meldungen von einer Reihe von Brandstiftungen. Die Häufigkeit der Brände wird dabei als Indiz dafür genommen, dass es sich nicht um Zufälle handeln kann, sondern dass hier eine Brandstifterbande zu vermuten sei.

Kleist erhält diese Informationen vom Polizeipräsidenten Gruner. Dies ist nicht nur entscheidend, weil Kleist somit früh diese Nachrichten veröffentlichen kann, sondern auch, weil er die *Berliner Abendblätter* dadurch als verknüpft mit der staatlichen Ordnung präsentiert – Kleist sagt es ganz explizit in diesem ersten Extrablatt: Die *Abendblätter* sollen eine (offizielle) Chronik Berlins und Preußens sein. Etwas, was er dann zu einem zentralen Argument für seine späteren Schadensersatzforderungen gegenüber dem preußischen Staat machen wird.

Diese Verknüpfung von Medialität und Staat geht aber noch weiter und nimmt die soziale Sphäre des Publikums mit auf. Kleist artikuliert, dass die *Abendblätter* nicht einfach einen sensationalistischen Durst befriedigen, sondern vielmehr ein soziales Feld der Kooperation etablieren sollen.

> Die Polizeilichen Notizen, welche in den Abendblättern erscheinen, haben nicht bloß den Zweck, das Publikum zu unterhalten, und den natürlichen Wunsch, von den Tagesbegebenheiten authentisch unterrichtet zu werden, zu befriedigen. Der Zweck ist zugleich, die oft ganz entstellten Erzählungen über an sich gegründete Thatsachen und Ereignisse zu berichtigen, besonders aber das gutgesinnte Publikum aufzufordern, seine Bemühungen mit den Bemühungen der Polizei zu vereinigen, um gefährlichen Verbrechern auf die Spur zu kommen, und besorglichen Übelthaten vorzubeugen. (BA, I, 24)

Dass diese Arbeit der Öffentlichkeit durchaus stattfindet, wird auch in den *Abendblättern* dokumentiert. Bereits im dritten Blatt findet sich folgende Meldung:

> Der Schreiber Seidler, Friedrichsstraße Nr. 56, hat gestern in der letzten Straße einen sogenannten Brandbrief gefunden, nach dessen Inhalt Berlin binnen wenigen Tagen an 8 Ecken angezündet werden soll. (BA, I, 20)

Es wird zwar noch hinzugefügt, dass dank der Wachsamkeit der Polizei mit keiner wirklichen Feuersbrunst zu rechnen sei, aber ein solcher „Brandbrief" erinnert doch an das, was Kleist dann den *Kohlhaas* in seinen Mandaten verfassen lässt.[19] Dies wird auch eine ähnliche Wirkung auf die Einwohner Berlins gehabt haben. Die Nachricht bezieht sich auf die unmittelbare Lebensrealität des Publikums, der Leserschaft der *Abendblätter*. Was Kleist von Anfang an konstruiert, ist ein soziales Medium. Die Einspeisung von „Gerüchten" als eine Nachrichtenkategorie macht dies umso evidenter:

> Gerüchte.
> Ein Schulmeister soll den originellen Vorschlag gemacht haben, den, wegen Mordbrennerei verhafteten Deliquenten Schwarz – der sich, nach einem andern im Publico coursirenden Gerücht, in Gefängniß erhenkt haben soll – zum Besten der in Schönberg und Steglitz Abgebrannten, öffentlich für Geld sehen zu lassen. (BA, I, 36)

Was diese Meldung wirklich interessant macht, ist, dass sie aus nicht viel mehr als einer Simulation einer wirklichen Meldung besteht. Zunächst fällt auf, dass das Gerücht ein weiteres Gerücht rahmt. Dieses Gerücht stammt vom Publikum und inszeniert eine Feedback-Schleife.[20] Es ist das Gerücht von einem Gerücht,

---

[19] Elke Dubbels weist darauf hin, dass diese Verbindung von sozialer Kommunikation („Gerücht") und Feuer bereits in der *Familie, Schroffenstein* evident ist: „Ferner impliziert die Rede Sylvesters, dass Gerüchte schnell und unkontrolliert um sich greifen und potentiell alle erfassen, die mit ihnen in Berührung kommen. Die Kommunikation der Gerüchte, so wird zu verstehen gegeben, gehorcht wie die Verbreitung eines Feuers einer Eigengesetzlichkeit, die nicht von denjenigen beherrscht wird, die das Feuer gelegt oder das Gerücht gestreut haben. (Dubbels, „Zur Dynamik von Gerüchten", 197) Dubbels sieht in den *Berliner Abendblättern* den gefährlichen Versuch, diese kommunikative Struktur auf das Nachrichtenmedium zu übertragen. (Dubbels, „Zur Dynamik von Gerüchten", 198–203) Zudem wird in den *Abendblättern* der Begriff des „Brandbriefs" zur Beschreibung von kommunikativem Einfluss benutzt, beispielsweise wird Kraus' Werk auch als Feuerbrand bezeichnet: „Das Werk haben wir einen Feuerbrand genannt, weil es mit Feuer geschrieben ist, in demselben Sinne, wie man die Schriften Luthers, Voltaires, Burkes und jedes Mannes der für eine abweichende Meinung mit Kraft auftritt, Feuerbrände nennen könnte." (BA, I, 269–270)

[20] Jochen Marquardt bringt diese Interaktion zwischen Redaktion und Publikum gut auf den Punkt: „Kleist knüpfte mit der Profilierung der BA als Unterhaltungsblatt in nationalpädagogischer Funktion zunächst an die Unterhaltungsbedürfnisse des Publikums unmittelbar an. Es gelang ihm nun, das Instrumentarium adressatenbezogenen Schreibens zu verfeinern und es vor allem medienspezifisch einzusetzen. Das heißt, durch integrative Methoden der Textauswahl, Anordnung und inhaltlich-stilistischen Präsentation sollte Kleists Redaktionsprinzip die Möglichkeit eröffnen, der durch Textintegration zu bewirkenden Leserintegration eine gleichsam so-

und es hat somit kaum den Anspruch auf Wahrhaftigkeit, den Nachrichtenartikel normalerweise haben, was durch die spekulative Sprache („soll den Vorschlag gemacht haben") unterstrichen wird. Dieser Artikel ist keine Berichterstattung, er zeigt, dass Kleist aktiv die Kommunikation, die von seiner Leserschaft erzeugt wird, in die *Abendblätter* aufnimmt, auch wenn es sich hierbei nicht um Nachrichten im eigentlichen Sinne handelt.[21]

Kleist führt hier das Projekt der Konstruktion einer sozialen Sphäre weiter, das er mit Müller beim *Phöbus* begonnen hatte. War beim *Phöbus* diese Strategie primär auf ein Social Enigneering, basierend auf Müllers Gegensatztheorie, ausgerichtet, so haben die *Abendblätter* ein wesentlich pragmatischeres Ziel. Ihre massenmediale Struktur ist maßgeblich von den Polizeiberichten geprägt, die nicht nur eine Information enthalten, sondern zur Mitarbeit des Publikums animieren. Auch wenn dieses Feedback nicht unmittelbar durch die Kanäle der *Abendblätter* laufen würde, sondern an die Polizei gerichtet ist, so verstehen sich die *Abendblätter* doch als die mediale Repräsentation der Polizeiarbeit.

Die Konstruktion einer solchen sozialen Sphäre hängt neben den relevanten Informationen und der Integration der Leseraktivitäten, den Kommentaren, aber auch von einem Distributionsnetz ab. Dieses Distributionsnetz definiert dann den Aktionsradius der *Berliner Abendblätter*. Es ist dabei entscheidend, dass der anfängliche Erfolg der *Abendblätter* Kleist bereits beim fünften Blatt nötigte, seine Verteilungslogistik vollkommen neu aufzustellen. Im fünften Blatt unter der Überschrift „An das Publikum" gibt Kleist an, wie er das Distributionsnetz ausweitet, indem er einen größeren Ort wählt, an dem er die Zeitschrift ausgibt, und zudem einen vielfältigen Abonnentenservice anbietet. (BA, I, 31–32) Dies ist der

---

zialisierende Funktion abzugewinnen." (Marquardt, „Publizistik", 562) Zur Bedeutung des Gerüchts als kommunikative Konfiguration siehe auch besonders Dubbels, „Zur Dynamik von Gerüchten".

21 Johannes Lehmann macht in seinem Artikel „Faktum, Anekdote, Gerücht" die interessante Beobachtung, dass Kleist durch diese Verbindung des Publikums und der Region eine Überprüfbarkeit der dargebrachten Nachrichten ermöglicht: „Damit aber setzt Kleist sich ganz offensiv der Möglichkeit aus, dass seine Nachrichten und die Informationen, die sie enthalten, überprüfbar sind und dass sie unmittelbar in die Lebenswelt der Leser eingreifen." (316) Allerdings hat diese Überprüfbarkeit nichts mit statischen Fakten zu tun, sondern ist an die Zeitstruktur der *Berliner Abendblätter* gebunden: „Erhoben werden sollen also hier nicht ‚Thatsachen' im Sinne erzählter, bereits abgeschlossener Handlungen, sondern Indizien zur Lösung eines *noch laufenden Falls*. Und exakt solche Indizien sind nun Tatsachen im neuen Sinn, nämlich nicht geschehene und erzählte Handlungen, sondern isolierte, beobachtete Sachverhalte, die als solche für das Verständnis noch laufender Geschichten bedeutsam sein können." (319)

Beweis, dass Kleists Strategie zunächst aufgeht. Kleist findet eine große Leserschaft, und diese Leserschaft bildet auch die soziale Sphäre ab, die er braucht, um Nachrichten und Gerüchte zu streuen und auch zu erzeugen.

9.3.1.2 Polemik gegen Iffland

Kleists *Berliner Abendblätter* sind Lokaljournalismus in einer innovativen Art. Die *Abendblätter* haben nicht die Aufgabe, Lokalnachrichten zu verbreiten, sie sollen Teil der sozialen Diskurse in Berlin werden. Die Polizeiberichte mit ihren höchst interaktiven Dynamiken, die Kleist versuchte, durch die *Abendblätter* als soziales Medium zu leiten, machen dies klar. Diese Produktion eines sozialen Feldes bleibt aber nicht auf die Polizeiberichte beschränkt. Kleists konstante Polemik gegen Iffland stellt eine weitere Version dieser Strategie dar. Kleists Polemik ist äußerst vielschichtig und zeichnet sich besonders durch drei Aspekte aus, die ich im Folgenden genauer diskutieren werde. Kleist kritisiert Ifflands fehlende Solidarität mit seinem Berliner Publikum, die ökonomische Situation von Ifflands Theater, und letztlich provoziert er einen Skandal um die Aufführung des Stücks *Die Schweizerfamilie*.

9.3.1.2.1 Iffland und Berlin

Iffland, der Direktor des Nationaltheaters in Berlin, hatte wohl nicht vermutet und auch nicht vermuten können, in welche Probleme Kleist ihn verstricken würde, als er die Aufführung des *Käthchens* ablehnte.[22] Kleist nahm dies persönlich und benutzte die *Abendblätter*, um gegen Iffland zu agitieren.

Kleists offene Anspielung auf Ifflands Homosexualität in einem Brief an Iffland vom 12. August 1810 (DKV, IV, 448), dass er das *Käthchen von Heilbronn* wohl lieber gemocht hätte, wenn sie ein Junge gewesen wäre, ist bekannt. Kleists Kritik oder vielmehr Polemik gegen Iffland in den *Abendblättern* ist jedoch subtiler.

Kleist beginnt seine Polemik mit einem Gedicht „An unseren Iffland bei seiner Zurückkunft in Berlin":

> Singt, Barden! singt Ihm Lieder,
> Ihm, der sich treu bewährt;
> Dem Künstler, der heut wieder
> In Eure Mitte kehrt.
> In fremden Landen glänzen,
> Ist Ihm kein wahres Glück:

---

22 Sembdner, *Lebensspuren*, 365b.

Berlin soll Ihn umkränzen,
Drum kehret Er zurück.

Wie oft sah't ihr Ihn reisen,
Mit furchterfüllter Brust.
Ach! seufzten Volk und Weisen:
Nie kehret unsre Lust!
Nein Freunde, nein! und schiede
Er mehrmal auch im Jahr,
Daß Er euch gänzlich miede,
Wird nie und nimmer wahr.

In Sturm nicht, nicht in Wettern
Kann dieses Band vergeh'n;
Stets auf geweih'ten Brettern
Wird Er, ein Heros, stehn;
Wird dort als Fürst regieren
Mit kunstgeübter Hand,
Und unsre Bühne zieren
Und unser Vaterland!
(BA, I, 18–19)

Dieses Gedicht feiert in einer überzogenen Weise die RückkehrIfflands nach einer Reihe von Gastspielen außerhalb Berlins. Berlin wird in dieser Polemik als eine soziale Sphäre dargestellt, die durch eine bedingungslose Liebe mit Iffland verbunden ist. Kleists Kritik an Iffland ist eine durchaus spezielle, er kritisiert nicht die Aufführungspraxis oder Schauspielkunst, sondern die (fehlende) Solidarität Ifflands mit seinem Publikum. Kleist klagt in einem ironischen Ton, dass Iffland den Schwerpunkt seiner Tätigkeiten nicht in Berlin sieht, sondern seine Reputation gezielt durch Gastauftritte außerhalb der Stadt aufbaut. Kleist geht in seiner Kritik also besonders auf die regionale Dimension des öffentlichen Feldes ein, in dem Iffland und auch er wirken. Er beschreibt, wie Iffland die Diskurse in der Stadt Berlin beeinflusst. Ifflands Kommunikationsprogramm unterscheidet sich aber entscheidend von Kleist und kann als Model diametral entgegengesetzt zu den *Abendblättern* verstanden werden. Iffland generiert Kommunikation in Berlin durch ein gezieltes Fernbleiben, Kleist hingegen versucht mit den *Berliner Abendblättern*, den Polizeiberichten und Leserbriefen, eine enge lokale Gemeinschaft zu bilden, in die er bzw. die *Berliner Abendblätter* fest integriert sind.

Diese Verurteilung Ifflands ist nicht nur interessant, weil Kleist hier eine durchaus metakommunikative Beobachtung macht, die auch auf seine eigenen Kommunikationsstrategien reflektiert, sondern auch, weil sie in das Zentrum seiner Kritik nicht eine Aufführung oder eine konkrete Äußerung setzt, sondern die Modalität von Kommunikation, die Iffland inszeniert.

9.3.1.2.2 Die Ökonomie des Nationaltheaters

Kleist thematisiert in der Theater-Kolumne vom 17. Oktober der *Berliner Abendblätter* (BA, I, 79–81), dass Goethes Stücke nur selten aufgeführt werden, weil sie wenig finanziellen Erfolg versprechen. Kleists folgende Überlegungen beziehen sich auf die Theorien Adam Smiths, nach denen der Erfolg eines Projekts aus seinem ökonomischen Gewinn abgeleitet werden kann, ohne sich um die Details kümmern zu müssen.

> Denn so wie, nach Adam Smith, der Bäcker, ohne weitere chemische Einsicht in die Ursachen, schließen kann, daß seine Semel gut sei, wenn sie fleißig gekauft wird: so kann die Direction, ohne sich im Mindesten mit der Kritik zu befassen, auf ganz unfehlbare Weise, schließen, daß sie gute Stücke auf die Bühne bringt, wenn Logen und Bänke immer, bei ihren Darstellungen, von Menschen wacker erfüllt sind. (BA, I, 80)

Kleist führt aus, dass dieses System nur funktioniert, wenn es einen freien Markt gibt. An Orte, bei denen das Theater ein Privileg hat, es also keine ungeregelte Konkurrenz gibt, gelten andere Regeln. Kleist verteidigt aber im Folgenden nicht den freien Markt, er attestiert dem Staatstheater (und damit müsste Iffland gemeint sein) eine besondere Verantwortung: „Eine Direction, die einer solchen Anstalt vorsteht, hat eine Verpflichtung sich mit der Kritik zu befassen, und bedarf wegen ihres natürlichen Hanges, der Menge zu schmeicheln, schlechthin einer höheren Aufsicht des Staats." (BA, I, 80)

Hier spielt Kleist ein (mehr oder weniger) subtiles Spiel. Zunächst unterstützt er die Zensurregulierungen, die ja auch bei den *Abendblättern* greifen, dann setzt er implizit die *Abendblätter* als Organ der Theaterkritik zur Diskurssteuerung ein. Wie bereits bei den Polizeiberichten inszeniert Kleist die *Abendblätter* nicht als ein selbstständiges journalistisches Organ, sondern als ein Instrument des Staates, das durch die Theaterkritik eine offizielle Funktion übernimmt. Man kann diese Strategie zunächst einmal als eine subversive Mimikry verstehen, die es ermöglicht, die *Berliner Abendblätter* in den urbanen Kommunikationsnetzen zu installieren, sie ist aber mehr als das. Die Anspielung auf Smith legt nahe, dass hinter dieser Theaterkritik Adam Müller steht. Müller entwickelt ein Staatsmodell, das interventionistisch gedacht ist und dem freien Spiel des Marktes autoritäre Strukturen entgegensetzt. Der preußische Staat unter Hardenberg war allerdings nicht nach seinem Gusto, und Kleists Verweis auf die Bedeutung von staatlicher Zensur für das Theater geht von einem anderen, nicht napoleonisch geprägten Deutschland aus, das auf einem Staat nach Müllers Modell basiert.[23]

9.3.1.2.3 Die Schweizerfamilie

Die Polemik gegen Iffland spitzt sich in der Auseinandersetzung um das Stück *Die Schweizerfamilie* (ein Rührstück, das die Schweizer Landschaft als Idylle idealisiert) weiter zu. Kleist wettert bereits bei der Ankündigung, dass dieses Stück aufgeführt werden soll, gegen diese Inszenierung und wendet sich gegen Ifflands Besetzung der Hauptrolle mit der Sängerin Herbst. (BA, I, 196) Eine gemischte Kritik vom 26. November in den *Berliner Abendblättern* lässt nur ahnen, was dann passieren wird. Am Abend des 26. wird die Aufführung unterbrochen bzw. durch das Publikum bei dem Auftritt der Sängerin Herbst gestoppt. Kleist berichtet davon: „Gestern sollte die Schweizerfamilie, vom Hrn. Kapellm. Weigl wiederholt werden. Ein heftiges und ziemlich allgemeines Klatschen aber, bei der Erscheinung Mslle. Herbst, welches durch den Umstand, daß man, bevor sie noch einen Laut von sich gegeben hatte, da capo rief, sehr zweideutig ward – machte das Herablassen der Gardine nothwendig […]." (BA, I, 257–258)[24] Dieser Zwischenfall wird von Iffland äußerst schwer genommen, wie ein Brief an Hardenberg zeigt,[25] und dies deutet darauf hin, dass es Kleist geschafft hat, durch seine *Abendblätter* die öffentliche Meinung so zu steuern, dass Iffland handgreiflich mit der Macht von Kleists Lokaljournalismus in seinem eigenen Theater konfrontiert wurde.

Die Episode um die *Schweizerfamilie* macht klar, wie aggressiv Kleist gegen Iffland vorgeht und die *Abendblätter* benutzt, um Stimmung gegen ihn und sein

---

23 Alexander Weigel stellt explizit heraus, dass die Kritik an Iffland nicht so sehr als Kunstkritik zu verstehen ist, sondern vielmehr ein politisches Ziel hat: „Kleist erschien, nach mehreren seiner eigenen journalistischen Äußerungen zu urteilen, das Königliche Nationaltheater im Innern wie nach außen durch seinen Direktor von dem gleichen Dirigismus beherrscht wie die preußische Innenpolitik durch den Staatskanzler." (Weigel, „Unmaßgebliche Bemerkungen", 135)
24 Kleist gerät in den Blick der Polizeifahndung gegen die lärmenden Elemente im Theater. Der Polizeibericht von diesem Abend verweist auf einen Major von Kleist, der sich lebhaft an den Störungen beteiligt haben soll. (Reuß und Staengle, *Brandenburger Kleist Blätter*, 11, 293) Alexander Weigel hält es jedoch für unwahrscheinlich, dass Kleist persönlich im Theater anwesend war. (Weigel, „Unmaßgebliche Bemerkungen", 146) Siehe hierzu auch Peter Michalziks Dokumentation in seiner Kleist-Biografie. (Michalzik, *Kleist*, 416–419)
25 Dieser Brief, den Iffland in einer unmittelbaren Reaktion auf den Theaterabend vom 26. November geschrieben haben muss, ist sehr lang, ausführlich und emotional. Er beschwert sich über den fehlenden Rückhalt durch die Behörden, die weder gegen die kursierenden Bestechungsvorwürfe (dass Iffland Rezensenten für positive Kritiken Geld gezahlt habe) noch ausreichend gegen die Ruhestörer vorgehen würden, und kündigt sogar als Reaktion einen möglichen Rücktritt von seinem Amt an. (Reuß und Staengle, *Brandenburger Kleist Blätter*, 11, 259–265)

Theater zu machen.[26] Die *Abendblätter* werden hier nicht nur benutzt, um über etwas zu berichten, sondern um Ereignisse hervorzubringen. Das heißt, Kleist benutzt seine Zeitung, um diesen Skandal zu forcieren. Er ist dadurch aber nicht nur an der Erzeugung von Ereignissen beteiligt, er generiert vielmehr auch Ereignisse, die dann wieder zu Nachrichten in seinen *Abendblättern* werden. Dies ist nicht nur ein immer geschlossener werdendes System, das in Berlin ein ziemlich konsistentes Feld kultureller Kommunikation implementiert, sondern auch ein Verstärkersystem, um die Nachrichten der *Berliner Abendblätter* immer eindringlicher zu machen. Auch wenn Kleist immer wieder in den *Abendblättern* betont, wie nah er an den Staat rückt, erkennt die Zensurbehörde, wie potentiell gefährlich diese Stimme der *Abendblätter* ist. Nach dem Tumult um die *Schweizerfamilie* wird Kleist von der Zensur untersagt, weitere Theaterkritiken zu veröffentlichen, und auch die Polizeiberichte dünnen aus. Diese Beschneidung soll dann auch zum Niedergang der *Abendblätter* führen.

Was an den *Abendblättern* also zentral war, war, dass sie als ein soziales Medium funktionierten, das in unmittelbarem Kontakt mit der Lebenswelt der Leser stand. Am deutlichsten wird diese Struktur in Kleists Berichterstattung um die Luftschifffahrt des Industriellen Claudius.

9.3.1.3 Luftschifffahrt

Kleist berichtet in mehreren Ausgaben der *Berliner Abendblätter* über die Luftschifffahrt des Wachstuchfabrikanten Claudius. Das Interesse an diesem Ereignis scheint bei Kleist zunächst an seiner Faszination für technische und wissenschaftliche Zusammenhänge zu liegen. In der Tat scheint das Luftschiff durchaus an Kleists Vorstellungen eines U-Bootes anzuschließen, und Kleist berichtet einiges über den technischen Stand der Luftschifffahrt. Das Besondere und Innovative an Claudius' Luftschiff soll eine nicht näher beschriebene Maschine sein, die es ermöglicht, das Luftschiff zu lenken. Kleist weist kritisch darauf hin, dass es bereits Technologien gibt, die eine solche Lenkung möglich machen. Es werden dabei zumeist die verschiedenen Luftströmungen benutzt, um den Ballon zu steuern.[27]

---

26 Im Übrigen ist, wie Alexander Weigel anmerkt, die Dominanz von Unterhaltungsstücken ein politisches Resultat der napoleonischen Zensur und des Bedürfnisses nach Ablenkung in unsicheren Zeiten. (Weigel, „Unmaßgebliche Bemerkungen", 136)
27 John Hibberd liest in seinem Text „Hot Air over Berlin" diese technische Auseinandersetzung zwischen Claudius' System und dem des Franzosen Garnerin als eine politische Allegorie. Nach Hibberd symbolisiert Kleists Kritik an Claudius' Ballon eine Kritik an den preußischen Reformen.

Die technische Ausarbeitung des Ballons und auch ein wenig Pech führen aber dazu, dass diese Luftschifffahrten nicht von viel Erfolg gekrönt sind. Die Dokumentation der fehlgeschlagenen technischen Umsetzung der Ballonfahrt ist aber nur eine Seite dieses Ereignisses, es kommt hinzu, dass Claudius seine Luftschifffahrt zu einem großen Massenereignis macht, das die Bevölkerung mit einbezieht.

Der Ballon hat, dem Feuer nicht unähnlich, eine entgrenzende und raumgewinnende Wirkung. Die Ballonfahrt ist ein Ereignis, das nicht auf einen bestimmten Ort begrenzt ist, sondern einen Raum der sozialen Interaktion erzeugt. Claudius inszeniert dies explizit:

> Hr. Claudius hatte beim Eingang in den Schützenplatz Zettel austheilen lassen, auf welchen er, längs der Potsdamer Chaussee, nach dem Ludenwaldschen Kreis zu gehen, und in einer Stunde vier Meilen zurückzulegen versprach. (BA, I, 66)

Claudius macht sich somit zu einem Objekt der sozialen Beobachtung. Und Kleist hängt sich mit den *Abendblättern* in einer parasitären Geste daran an. Es ist hier besonders entscheidend, dass diese Ballonfahrt nicht irgendwo stattfindet, sondern Teil der Lebenswelt der Leser ist bzw. werden kann. Kleist fokussiert auf Informationen, die das Publikum im Prinzip auch selber mitverfolgen könnte. Er generiert die Möglichkeit, die Leser zu Berichterstattern werden zu lassen, was durch folgende Meldung deutlich wird: „Der Ballon des Hrn. Claudius soll, nach der Aussage eines Reisenden, in Düben niedergekommen sein." (BA, I, 87) Durch solche Verfahren, die die Berliner Bevölkerung zu Nachrichtenquellen machen, erfindet Kleist in den *Abendblättern* nicht nur den Lokaljournalismus, er führt auch eine Methode ein, die seine eigenen Nachrichten hervorbringt: dadurch, dass er von der Luftschifffahrt berichtet, öffnet er sich für Leserbriefe, die von diesem Ereignis berichten.

9.3.2 Müllers Polemiken

Sicherlich waren Kleists Beiträge auch von einer eigenen Agenda beispielsweise gegen Iffland gekennzeichnet, der spezifische Charakter seines Schreibens kreiste aber darum, das Medium der Zeitung und die Lebenswelt der Leser immer enger zueinander zu führen. Adam Müller als reger Autor war nicht so sehr daran interessiert, Kommunikation in einer subtilen Weise zu steuern, er benutzte die *Abendblätter* vielmehr dazu, seine politischen Überzeugungen, die er 1809 in seinen *Elementen der Staatskunst* formuliert hatte, zu artikulieren. Der Text „An die Recensenten der Elemente der Staatskunst" macht dies mehr als deutlich. (BA, I,

249–250) Dieses polemische Gedicht wendet sich gegen die Beurteilungen des Buches in aktuellen Rezensionen und behauptet, dass diese Besprechungen der Komplexität von Müllers Gedanken nicht gerecht würden. Das Gedicht führt aus, dass die Rezensionen wenig spezifisch seien, dass ein mangelndes Verständnis für diese Theorie zu bemerken sei, und dass insgesamt zu bezweifeln sei, dass die Rezensenten das gesamte Werk gelesen hätten.

Die Beschäftigung mit Müllers Werk in den *Berliner Abendblättern* ist höchst problematisch. In den *Elementen* entwickelt Müller ein ökonomisches System, das zumeist als die ökonomische Ordnung der Romantik verstanden wird. Müller setzt dabei dezidiert auf vormoderne Strukturen wie das Ständesystem und Zunftverbände. Diese Darstellungen stehen in klarem Gegensatz zu dem liberalen Wirtschaftsbild eines Adam Smith und versuchen das Bild eines regulierenden Staates stark zu machen. Carl Schmitt hat in prominenter Weise Müllers Theorien als romantische Träumereien und Opportunismus zur Seite geschoben,[28] es bleibt jedoch zu betonen, dass Müller versuchte, dem liberalen Wirtschaftssystem Smiths eine Alternative gegenüberzustellen, die durchaus die Zukunft Preußens im Auge hatte. Müllers Artikel in den *Abendblättern* versuchen, die Theoreme der *Elemente* in aktuelle Fragestellungen zu integrieren.

9.3.2.1 Berliner Universität

Der erste längere Text Müllers in den *Berliner Abendblättern* ist eine Auseinandersetzung mit der neu gegründeten Berliner Universität. Dieses Thema passt zunächst durchaus zur Konzeption eines Lokaljournalismus, da es ein Ereignis war, das in Berlin von größter lokaler Bedeutung war. Es könnte sein, dass dieser Text auch auf Müllers Enttäuschung zurückzuführen ist, dass er selber dort keine Professur erhalten hatte. Mögen diese persönlichen Faktoren durchaus dazu beigetragen haben, dass Müller Kritik an der Universität geübt hat, so fokussiert sein Text doch auf das Verhältnis von Staat und Wissenschaft und führt die Gedanken aus den *Elementen* vorsichtig in den wissenschaftspolitischen Bereich ein.

Der Artikel „Freimüthige Gedanken" wird in drei Abschnitten geliefert und der erste Teil bemüht sich noch primär darstellend das Verhältnis von Staat und Universität zu reflektieren. Müller stellt dabei heraus, dass sich die Universität als eine selbstständige Entität vom Staat abgrenzt. (BA, I, 17–18) Müller geht des Weiteren auch positiv auf die Zensurfreiheit in der Universität ein und scheint

---

28 Schmitt, *Politische Romantik*, 27–44.

damit im ersten Stück seines Textes durchaus die Kernelemente der Humboldtschen Reformen zu unterschreiben, die auf eine Freiheit von Forschung und Lehre aufbauen.

Der zweite Teil des Textes macht aber seine kritische Haltung gegenüber dem neuen Universitätsmodell deutlich und öffnet mit einem vielsagenden „Aber":

> Aber dann muß es auch höchster Zweck der Individuen dieses Standes werden, einen besondern Stand in diesem besonderen Staate zu bilden; die bisherige bloß cosmopolitische Richtung des Gelehrten, wobei dieser Stand zersplittert worden, und um seiner Ehre gekommen, muß balancirt und regulirt werden durch eine vaterländische; [...] (BA, I, 17)

Hier wechselt Müller klar das Register und öffnet explizit mit seinem durchaus anti-aufklärerischen Konzept, das in einem freien und vollkommen ungeregelten Diskurs von Ideen nichts Positives finden kann, was er dann noch einmal überaus deutlich am Anfang des dritten Stückes formuliert:

> Der jetzt herrschende, aller wahren Wissenschaft abgewendete, hyperkritische Geist der Gelehrten, der Krieg aller gegen alle, die fruchtlose Zersplitterung der literarischen Republik ist nicht anders zu beschwichtigen, ein Verein unter Gelehrten nicht anders zu errichten und dem gelehrten Stande nicht anders seine Ehre zurückzugeben, als durch den Staat, durch ein gemeinschaftliches, bestimmtes, praktisches Ziel, welches diesen entzweiten Wissenschaften vorgehalten wird. (BA, I, 21)

Die Aufgabe der Wissenschaft ist es also nicht, in einen Wettbewerb um die besten Ideen einzutreten, um nach abstrakten Erkenntniszielen zu suchen, sondern sie ist praktisch auf ein Voranbringen des Staates ausgerichtet. Die Wissenschaft wird nicht als ein autonomes Feld begriffen, sie soll eine dienende Funktion haben. (BA, I, 17–18)

Was an dieser konservativen Attitüde, die die Universität primär als eine Dienerin des Staates verstand, jedoch durchaus explosiv war, ist, dass sich Müller natürlich gegen die offizielle politische Agenda der preußischen Reformen stellte. Mit dem Fokus auf die Bildungspolitik bezog sich Müller zunächst vor allem auf ein Spezialproblem, die allgemeinere politische Zielrichtung seiner Polemiken wird aber in der Auseinandersetzung mit dem Nationalökonom Kraus deutlich.

9.3.2.2 Kraus

Adam Müller startet seinen publizistischen Feldzug in den *Berliner Abendblättern* mit den Artikeln zur neugegründeten Berliner Universität und benutzt diese Texte, um Aspekte seines sozioökonomischen Denkens zu formulieren. Diese Artikel werden gefolgt von einem Essay zu Christian Jakob Kraus. Kraus war ein zentraler Wirtschaftstheoretiker Preußens, der in Königsberg Vorlesungen über Adam Smith hielt. Kleist hatte auch bei ihm gehört, und er gilt als wichtiger Faktor bei der wirtschaftlichen Modernisierung Preußens. Diese Modernisierung, von Hardenberg vorangeschoben, schließt die Ausweitung von bürgerlichen Freiheiten und die Liberalisierung des Marktes ein.[29]

Im Kern von Müllers Wirtschaftstheorie steht eine kritische Auseinandersetzung mit Adam Smith. Demgemäß ist der Artikel über Kraus auch keine Unterstützung, sondern eine scharfe Kritik, die zunächst attestiert, dass Kraus keine eigene Theorie entwickelt, sondern lediglich Smith reformuliert habe. Typisch für Müller führt er aber in seiner Kritik aus, dass das smithsche System eine Spaltung zwischen einer liberalen Administration und der herrschenden Gesetzgebung erzeugen würde:

> Wir ehren die Talente, denen Kraus die erste Richtung gegeben, aber wir fürchten einen unheilbaren Zwiespalt zwischen den Gerichtshöfen und der Administration, wenn sich je diese, jugendlichen Köpfen wohl anstehende, Richtung der Gesetzgebung eines bejahrten Staates mittheilen könnte. (BA, I, 57)

Müller prangert hier die Gefahr an, dass durch eine grundlegende Reform der sozialen Systeme die Struktur des Staates auseinanderbrechen könnte. Gegen einen modernen, freien Markt setzt er den Wertekonsens einer Nation.

Die darauf erscheinende Verteidigung, deren Autor ungewiss ist, geht ziemlich präzise auf Müllers Punkte ein. Der Artikel argumentiert, dass Kraus durchaus nur Smith rezipiert und weitergegeben, aber keine eigene Theorie entworfen hat. Er sieht aber darin keineswegs ein Problem und lobt die praktische Umsetzbarkeit von Kraus' Adaptation:

> Man kann wohl von ihm sagen: er hat die Staatswirtschaft vom Himmel herabgeholt, d.h. sie gemeinnützig gemacht, und dazu mitgewirkt, daß sie auf den Preuß. Staat nach seiner eigenthümlichen Lage, practisch angewandt wurde. (BA, I, 99)

Die zweite Lieferung setzt die Glorifizierung von Kraus fort und feiert die „natürliche" Eigendynamik des freien Marktes, die besonders zur Wohlstandsförderung des allgemeinen Volkes beiträgt:

---

[29] Siehe hierzu auch den Artikel von Manfred Botzenhart „Kleist und die preußischen Reformer".

> Den Wohlstand und die Selbstständigkeit des Landmanns und der arbeitenden Classe überhaupt zu gründen, das hielt Kraus für die Wesentlichste aller staatswirtschaftlichen Operationen. (BA, I, 103)

Der dritte Teil geht dann wieder dezidiert auf Müllers Kritik ein und argumentiert für eine dynamische Interaktion von Staat und Legislative:

> Die Frage scheint zu sein: soll der Preuß. Staat über der Achtung für das strenge Recht gänzlich zu Grunde gehn, oder – gebeut die Pflicht der Selbsterhaltung, verjährte Rechte zu modificiren, die mit seiner Existenz und dem Zeitgeiste unverträglich sind, weil sie einen geheimen Zwiespalt in der Nation pflegen und nähren, zu einer Zeit, wo Eintracht und Hintansetzung aller egoistischen Ansichten, und Aufhebung von Verfassungen, welche dieser Eintracht nachtheilig sind, so dringendes Bedürfniß ist? (BA, I, 108)

Zentral für dieses Argument ist, dass der Verfasser darauf hinweist, dass die smithsche Theorie nicht auf einer neuen Gesetzgebung, sondern auf der Eigendynamik des Marktes aufbaut:

> Übrigens machte Kraus nie Anspruch auf die Rolle eines Gesetzgebers. Smith und er waren bloß Organe der Natur, dieser großen Gesetzgeberin, und protestirten gegen Gesetze der Willkühr, die nicht ihren heiligen Stempel tragen. (BA, I, 108)

Betrachtet man diese Auseinandersetzung über Kraus in den *Berliner Abendblättern*, dann scheint die Intensität doch etwas eigentümlich zu sein. Die *Abendblätter* waren, wie die Grimms es so schön formulierten, eine „Wurstzeitung" zur Unterhaltung.[30] Die Debatte um den Nationalökonomen Kraus, der nach Müllers und Arnims Angaben auch nur in Königsberg bekannt war, erscheint seltsam.[31] Sembdner formuliert einen hochinteressanten Verdacht, der diesen Umstand erklären könnte:

> Zwei Beiträge in Bl. 44 und 45 benutzen den Wortlaut von Adam Müllers Aufsätzen in Bl. 44 und 41, um die entgegengesetzte Meinung zum Ausdruck zu bringen. Steig hält Friedrich von Raumer für den Verfasser dieser Parodien, aber ist es ganz ausgeschlossen, daß sie von Adam Müller selbst stammen, der doch einmal gleichzeitig ein Regierungsblatt und ein Op-

---

30 Sembdner, *Lebensspuren*, 422.
31 Fouqué schreibt an Varnhagen über sein Unverständnis für diese staatstheoretischen Diskussionen in den *Abendblättern*: „So ging durch viele Blätter ein Streit über das Verdienst oder Nichtverdienst des seligen Prof. Kraus in Königsberg, den, die mehrsten Leser – mich Unstatistiker mit eingeschlossen – noch nicht einmal hatten nennen hören, so daß sich schon viel Unwillen und Witz gegen das Ganze erhob." (Sembdner, *Lebensspuren*, 460 a)

positionsblatt herausgeben wollte, um die Maßnahmen der Regierung kontradiktorisch besprechen zu können? Vielleicht sollten die sich widersprechenden Aufsätze eine Probe dafür sein.[32]

Was man hier also betrachten kann, ist der Versuch, durch eine Zeitung ein Feld der sozialen und politischen Diskussion hervorzubringen. Etwas, was dann bei dem weiteren Artikel Müllers über den Nationalkredit noch einmal durchgespielt wird. In „Vom Nationalcredit" formuliert Müller ein hochkonservatives politisches Bild, in dem er argumentiert, dass die Kreditwürdigkeit einer Nation davon abhängt, dass sie sich nachhaltig an ihren Werten und Gesetzen orientiert, ohne sie zu ändern. Von Anfang an betont er dabei die kulturkonservative Bedeutung von Kredit.

> Respekt vor deinen Satzungen kannst du von deinen Enkeln nur verlangen und erwarten, in wiefern Du selbst Respekt hast vor den Satzungen deiner Vorfahren. – Wahren Credit haben Deine Versprechungen und Schuldverschreibungen nur in wiefern du selbst die Versprechungen und Einrichtungen deiner Vorfahren aufrecht erhältst. (BA, I, 210)

Aus diesem Umstand leitet Müller ab, dass sich die Kreditwürdigkeit einer Nation nicht einfach aus mathematisch erfassbaren wirtschaftlichen Faktoren zusammensetzt, sondern durch die Geschichte der Nation konstituiert wird.

> Hierauf und nicht auf unermeßliche Waarenvorräthen, Hypotheken und Pfändern beruht der brittische Nationalcredit. Also die Gesetzgebung ihre Aufrechterhaltung, ihre Heiligachtung ist die Mutter des Nationalcredits, und nicht die Masse der handgreiflichen Reichthümer oder der Production. (BA, I, 211–212)

Diese hochkonservative, vielleicht reaktionäre Einstellung erhält in einer Zeit, in der Märkte immer mehr zu psychologischen, sensiblen Entitäten werden, neue Evidenz. Ob Müllers Theorie praktische Implikationen für Spekulationen hat, ist fraglich, was in dieser Position jedoch hervorscheint, ist ein durchaus elaboriertes Verständnis der Bedeutung kultureller und intellektueller Leistungen für eine Volkswirtschaft, was als innovatives Kennzeichen von Müllers Theorie zu beschreiben ist.

Müllers Darlegungen mussten in einem auf Innovation ausgerichteten Preußen jedoch schnell auf Widerspruch stoßen, was am 21.11. auch mit dem Artikel „Vom Nationalcredit" geschah. Dieser Artikel wendete sich gegen Müllers Annahme, dass Britannien eine so eminente Kreditwürdigkeit habe, weil es eine äußerst konservative Politik führe. Der Artikel argumentiert hingegen, dass dies auf

---

32 Sembdner, *Quellen und Redaktion*, 39.

Britanniens militärischer Stärke und der Insellage beruhe. Dieser Artikel setzt Müllers Bild einer romantischen Nation, die durch einen patriotischen Geist zu einem Volk verbunden wird und so ihre Stärke erhält, ein pragmatisches, tagespolitisches Argument entgegen. Was diese Auseinandersetzung mit den Texten über Kraus verbindet, ist, dass sie sehr dialogisch angeordnet sind und sich der Antwortbrief sehr dezidiert auf die Argumente einlässt, wenn er versucht, eine durchaus diametrale Position aufzubauen. Es kommt hinzu, dass Raumer als Verfasser nur vermutet werden kann, und der Verdacht besteht, dass Müller selbst dahinterstehen könnte.

Diese Diskussionen um die Modernisierung Preußens enden nicht mit den Debatten um Kraus und dem „Nationalcredit", auch wenn diese dialogische Intensität so nicht fortgeführt wird. Ein Text, der diese politische Diskussion mit Blick auf die preußischen Reformen fortführt, und dessen Verfasser unbekannt ist, ist „Über den Geist der neueren preussischen Gesetzgebung". Dieser Text nimmt Aspekte aus Müllers „Vom Nationalcredit" auf und verbindet sie implizit mit Insurrektionsphantasien. Zunächst beginnt der Text recht harmlos mit einer Kritik an den Methoden der Statistiker:

> Der Statistiker bestimmt die Rangordnung der Staaten nach ihrer Grundmacht d.h. nach ihrem Flächeninhalt und nach ihrer Bevölkerung; und im Allgemeinen ist dieses sehr richtig. Es giebt aber noch eine Rücksicht, die sich nicht so auf dem Papiere berechnen läßt, aber dennoch bei der Balance einen bedeutenden Ausschlag giebt: die Vaterlandsliebe. Man könnte sie das Princip der intensiven Macht der Staaten nennen. Bloße Bevölkerung ohne diese Rücksicht: das Princip der extensiven Macht. (BA, I, 262)

Während diese Passage noch recht allgemein formuliert ist, wird das Ende des Textes deutlicher, in dem es erst die Schwäche des Staates ausstellt, um dann auf die Entfaltung der intensiven Macht einer Nation einzugehen:

> Der preussische Staat hat durch diesen Frieden die Hälfte seiner extensiven Macht verloren. Die verlohrenen Meilen und Seelen konnte die Regierung freilich nicht ersetzen, wohl aber durch Eröffnung aller Wege, die zu einem allgemeinen Wohlstande führen können, durch Wegräumung der bisherigen Hindernisse der Industrie und Vaterlandsliebe, die intensive Macht der Gesellschaft erhöhen, und die Zahl der activen Staatsbürger vermehren. (BA, I, 263–264)

Auch hier geht es also um eine Stärkung der Nation durch sozialen Zusammenhalt und Kommunikation, die *Berliner Abendblätter* sind ein mögliches Medium, um dies umzusetzen. Diese sozio-politischen Diskurse waren Teile des zunächst erfolgreichen Hitzig-Quartals. Nachdem Kleist um Theaterkritik und Polizeiberichte beschnitten worden war, konnte er seine Strategie eines aktivistischen Lokaljournalismus aber nicht mehr weiter verfolgen, was den Untergang der *Abendblätter* einläutete.

9.4 Zusammenfassung: Kleist der Querulant

Auch wenn die *Berliner Abendblätter* gerade einmal zwei Quartale lang existierten, darf man nicht vergessen, dass sie einen geradezu explosiven Erfolg hatten, was besonders dadurch klar wird, dass Kleist bereits am 5. Oktober in den *Berliner Abendblättern* annoncieren musste, dass er mehr Ausgabeorte hinzunimmt und die Möglichkeiten des Abonnements ausbaut. (BA, I, 31–32)

Kleist schuf mit seiner neuen Form des Lokaljournalismus erfolgreich ein soziales Medium, das die Lebenswelt der Leserschaft und die Leserschaft selbst zum Gegenstand machte. Neustes aus aller Welt war nicht von Interesse, sondern Gerüchte aus der Nachbarschaft. Skandale provozierende Theaterkritik gehörte zu dieser Gleichung genauso wie Einmischungen in aktuelle Politik. Die Heterogenität und Dialogizität, die bereits für den *Phöbus* zentral war, findet auch hier ihr Echo. Provokation war für Kleist sicherlich Teil des publizistischen Kalküls. Dies brachte ihm aber nicht nur den Erfolg, sondern auch den Niedergang der *Abendblätter* ein. Peters weist darauf hin, dass es zu kurz greift, die *Abendblätter* als ein ökonomisches Unternehmen zu verstehen, und beschreibt sie als eine eskalatorische Maschine von Anschlusskommunikation:

> Die Abendblätter wollen nicht etwas Bestimmtes, sie wollen vielmehr etwas bewirken, das gleich einem Strudel auch die Produktion der Zeitung erfaßt und mit sich zieht. Die Redaktion wünscht, sich in Manöver verstrickt zu sehen, die nicht erst geplant oder eingeleitet werden müssen, sondern lediglich nach einem weiteren Anschluß verlangen.[33]

Das Funktionieren dieser Taktik baute darauf, dass die *Abendblätter* eine populäre und vielgelesene Zeitschrift waren, die Polizeiberichte waren somit der Treibstoff für Kleists Experiment. Kleist war sich auch äußerst bewusst, dass die *Abendblätter* bis zur Unkenntlichkeit von den Zensurbehörden ausgedünnt wurden. Das Wegbleiben der Polizeiberichte und die Untersagung der Theaterkritik tat ein Übriges. In einem Brief an Fouqué findet er deutliche Worte dafür:

---

33 Peters, *MachArt*, 168.

> Inzwischen macht mir eine Entschädigungsforderung, die ich, wegen Unterdrückung des Abendblatts, an den Staatskanzler gerichtet habe, und die ich gern durchsetzen mögte, unmöglich, Berlin in diesem Augenblick zu verlassen. Der Staatskanzler hat mich, durch eine unerhörte und ganz willkührliche Strenge der Censur, in die Nothwendigkeit gesetzt, den ganzen Geist der Abendblätter, in Bezug auf die öffentl. Angelegenheiten, umzuändern; und jetzt, da ich, wegen Nichterfüllung aller mir deshalb persönlich und durch die dritte Hand gegebenen Versprechungen, auf eine angemessene Entschädigung dringe: jetzt läugnet man mir, mit erbärmlicher diplomatischer List, alle Verhandlungen, weil sie nicht schriftlich gemacht worden sind, ab. Was sagen Sie zu solchem Verfahren, liebster Fouqué. (DKV, IV, 482)

Dieser Ärger ist wohl zu verstehen und auch nicht völlig unberechtigt. Kleist muss sich so wie Kohlhaas ungerecht behandelt gefühlt haben.[34] Die *Berliner Abendblätter* waren seine Rappen, die von dem Machthaber bzw. Besitzer der Infrastruktur ausgehungert wurden. Rupert Gaderer beschreibt in seiner Forschung ausführlich, wie sich mit der aufkommenden Bürokratie auch ein Diskurs der Querulanz entwickelt, der die vorgeschriebenen, behördlichen Schreibprozeduren nimmt und übersteigert. Gaderer liest Kohlhaas als einen solchen Querulanten und Kleist steht darin seiner literarischen Figur in nichts nach. Kleist schreibt einen ausführlichen Beschwerdebrief an Wilhelm Prinz von Preußen, der sein Anliegen nicht in angemessener Kürze, sondern in querulanter Länge ausbreitet. Der Brief erhält seinen insistierenden und verstörenden Effekt vor allem durch diese Länge, und aus diesem Grund zitiere ich ihn an dieser Stelle vollständig.

> Durchlauchtigster Fürst,
> Gnädigster Prinz und Herr!
> Ew. Königlichen Hoheit nehme ich mir, im herzlichen und ehrfurchtsvollen Vertrauen auf die mir, seit früher Jugend, bei manchen Gelegenheiten erwiesene, höchste Huld und Gnade, die Freiheit, folgenden sonderbaren und für mich bedenklichen Vorfall, der kürzlich zwischen Sr. Excellenz, dem HE. Staatskanzler, Frh. V. Hardenberg und mir, statt gefunden hat, vorzutragen. Der Wunsch, gnädigster Fürst und Herr, den ich willends bin, dem Schluß meines gehorsamsten Berichts anzuhängen, wird nichts Unedelmüthiges und Unbescheidenes enthalten; meine Sache ist ganz in der Ordnung, und vielleicht bedarf es nichts, als einer Wahrnehmung des Staatskanzlers, daß Ew. Königliche Hoheit von dem ganzen Zusammenhang der Sache unterrichtet sind, um mir eine, meiner gerechten Forderung völlig angemessene, Entscheidung bei ihm auszuwirken. Der Fall, in welchem ich Ew. Königliche Hoheit um Ihre gnädigste Protection bitte, ist dieser.

---

[34] Auch Sibylle Peters weist auf die Ähnlichkeit zwischen Kohlhaas' Kampf und Kleists Beschwerden hin. (Peters, *MachArt*, 20)

In dem von mir, von October vorigen Jahres bis Aprill des jetzigen, herausgegebenen *Berliner Abendblatt*, hat ein, ganz im Allgemeinen die Grundsätze der Staatswirthschafft untersuchender Aufsatz gestanden, der das Unglück gehabt hat, Sr. Excellenz, dem HE. Staatskanzler, zu misfallen. Sr. Excellenz veranlaßten, von der einen Seite, ein Censurgesetz, welches die Fortdauer des Blattes, in dem Geiste, der ihm eigen war, äußerst erschwerte, ja fast unmöglich machte; und von der anderen Seite ließen Dieselben mir mündlich, durch den damaligen Präsidenten der Polizei, HE. Gruner, die Eröffnung machen, daß man das Blatt mit Geld unterstützen wolle, wenn ich mich entschließen könne, dasselbe so, wie es den Interessen der Staatskanzlei gemäß wäre, zu redigiren. Ich, dessen Absicht keinesweges war, den Maasregeln Sr. Excellenz, deren Zweckmäßigkeit sich noch gar nicht beurtheilen ließ, mit bestimmten Bestrebungen in den Weg zu treten, gieng nun zwar in den mir gemachten Vorschlag ein; leistete aber, aus Gründen, die ich Ew. Königl. Hoheit nicht auseinander zu setzen brauche, ehrfurchtsvoll auf die Geldvergütigung Verzicht, und bat mir bloß, zu einiger Entschädigung, wegen dargebrachten Opfers der Popularität, und dadurch vorauszusehenden höchst verminderten Absatz des Blattes, die Lieferung officieller Beiträge, von den Chefs der obersten Landesbehörden, aus. Denn diese, wenn sie mit Einsicht und so, daß sie das Publicum interessirten, gewählt wurden, konnten, auf gewisse Weise, einen jenen Verlust wieder aufhebenden und compensirenden Geldwerth für mich haben. Auf diese Begünstigung wollte sich jedoch HE. Regierungsrath v. Raumer, mit dem ich jetzt auf Befehl Sr. Excellenz unterhandelte, nicht einlassen; er zeigte mir, in sehr verlegenen Wendungen, wie die dadurch an den Tag kommende Abhängigkeit von der Staatskanzlei, dem Blatt alles Vertrauen des Publicums rauben würde, und gab mir zu verstehen, daß auch die Pension, von welcher mir Sr. Excellenz bereits selbst mündlich gesprochen hatten, mir nur unter der Bedingung, daß davon nichts zur Kenntniß des Publicums käme, gezahlt werden könne. Bald darauf, da ich mit gänzlichem Stillschweigen über diesen Punct, der mir, so vorgetragen, gänzlich verwerflich schien, auf die mir von Sr. Excellenz gleichfalls versprochenen officiellen Beiträge, als welche allein in dem Kreis meiner Wünsche lagen, bestand: hielt HE. v. Raumer es für das Beßte, alle Verhandlungen mit mir, in einem höflichen Schreiben, gänzlich abzubrechen. Nun wäre mir zwar dieser Umstand völlig gleichgültig gewesen, wenn man mir erlaubt hätte, das Blatt, mit gänzlicher Freiheit der Meinungen, so, wie Ehrfurcht vor das bestehende Gesetz sie, bei einer liberalen Ordnung der Dinge, zu äußern gestatten, fortzuführen. Da aber die Censurbehörde, durch die willkührlichsten und unerhörtesten Maasregeln (wofür ich mir den Beweis zu führen getraue) das Blatt, dessen tägliche Erscheinung nur mit der größten Anstrengung erzwungen werden konnte, ganz zu vernichten drohte: so erklärte ich, daß wenn ich nicht derjenigen Freiheit, die alle übrigen Herausgeber öffentlicher Blätter genössen, theilhaftig würde, ich mich genöthigt sehen würde, mir im Ausland einen Verleger für dieses Wochenblatt aufzusuchen. Auf diese Erklärung willigten, in einer ganz unerwarteten Wendung, Sr. Excellenz, der HE. Staatskanzler, plötzlich in meinen vorigen, schon ganz aufgegebenen Wunsch; Dieselben ließen mir durch HE. v. Raumer melden, daß sie, wegen Lieferung der officiellen Beiträge, das Nöthige an die Chefs der resp. Departementer, erlassen hätten; und ich, der in eine solche Zusage kein Mistrauen setzen konnte, schloß mit meinem Buchhändler einen Contract für das laufende Jahr auf 800 Thl. Pr. Cour. Honorars ab. Dem gemäß veränderte nun, in der That wenig zu meiner Freude, das Blatt seinen ganzen Geist; alle, die Staatswirthschafft betreffenden, Aufsätze giengen unmittelbar zur Censur der Staatskanzlei, HE. v. Raumer deutete mir, in mündlichen und schriftlichen Eröffnungen, mehrere Gedanken an, deren Entwickelung der Staatskanzlei angenehm sein würde, und der Präsident der Polizei, HE.

Gruner, schickte selbst einen Aufsatz, unabhängig von meiner Meinung darüber, zur Insertion in das Blatt ein. Inzwischen machte ich, zu meiner großen Bestürzung, gar bald die Erfahrung, daß man in meinen Vorschlag bloß gewilligt hatte, um des Augenblicks mächtig zu werden, und um der Herausgabe des Blattes im Auslande, von welcher ich gesprochen hatte, zuvorzukommen. Denn die officiellen Beiträge blieben von den resp. Staatsbehörden gänzlich aus, und auf mehrere Beschwerden, die ich deshalb bei HE. v. Raumer führte, antwortete derselbe weiter nichts, als daß es den Chefs der Departements wahrscheinlich an schicklichen und passenden Materialien fehle, um mich damit zu versorgen. Da nun das Blatt durch diesen Umstand, der das Publicum gänzlich in seiner Erwartung täuschte, allen Absatz verlor und schon, beim Ablauf des ersten Viertelsjahrs, sowohl aus diesem Grunde, als wegen des dem Publico wenig analogen Geistes,' den ihm die Staatskanzlei einprägte, gänzlich zu Grunde gieng: so zeigte ich Sr. Excellenz, dadurch in die größte Verlegenheit gestürzt, an, daß ich zwar zu Anfange auf jede Geldvergütigung Verzicht geleistet, daß ich aber nicht umhin könnte, ihn wegen jenes, ganz allein durch die Staatskanzlei veranlaßten, Verlustes meines jährlichen Einkommens, worauf meine Existenz gegründet gewesen wäre, um eine Entschädigung zu bitten. Aber wie groß war mein Befremden, als ich von der Staatskanzlei ein äußerst strenges Schreiben empfieng, worin man mir, gleich einem unbescheidnen Menschen, unter der Andeutung, daß mein Vorgeben, ein Geldanerbieten von ihr, Behufs einer den Interessen derselben gemäßen Führung des Blattes, empfangen zu haben, äußerst beleidigend sei, mein Entschädigungsgesuch rund abschlug! Bei dieser Sache war ich von mancher Seite zu sehr interessirt, als daß ich mich mit diesem Bescheid hätte beruhigen sollen. Sr. Excellenz, der HE. Staatskanzler, der den Brief unterschrieben hatte, konnten zwar, wie ich begriff, bei der Menge der ihnen obliegenden Geschäffte, die Äußerungen, die sie mir selbst mündlich gemacht hatten, vergessen haben; da ich aber keinen Grund hatte, so etwas bei demjenigen, der diesen Brief entworfen hatte, welches HE. v. Raumer war, vorauszusetzen: so bat ich mir von demselben, wie Männer von Ehre in solchen Fällen zu thun pflegen, eine gefällige Erklärung über die Eröffnungen aus, die er mir im Namen Sr. Excellenz, des HE. Staatskanzlers, gemacht hatte. Ja, auf das Antwortschreiben HE. v. Raumers, welches unbestimmt und unbedeutend war und nichts, als einige diplomatische Wendungen enthielt: wiederholte ich noch einmal mein Gesuch, und bat mir, binnen zweimal vier und zwanzig Stunden, mit Ja oder Nein, eine Antwort aus. Auf diesen Schritt schickte HE. v. Raumer mir den Geh. Ob. Postrath Pistor ins Haus, um sich näher nach den Gründen, worauf ich meine Forderung stütze, zu erkundigen; und da derselbe aus meinen Papieren fand, daß auch schon der Staatsrath Gruner mir im Namen Sr. Excellenz ein Geldanerbieten gemacht hatte: so erschien bald darauf, zur Beilegung dieser Sache, ein Schreiben von Sr. Excellenz, dem HE. Staatskanzler, worin dieselben, nach besserer Erwägung der Sache, wie es hieß, mein Recht, eine Entschädigung zu fordern, eingestanden. Inzwischen wollte man sich, aus welchen Gründen weiß ich nicht, auf keine unmittelbare Vergütigung einlassen; man ließ mir durch den Geh. Rath Pistor zu erkennen geben, daß man die Absicht habe, mir, zur Entschädigung wegen des gehabten Verlustes, die Redaction des churmärkischen Departementsblatts zu übertragen. Gleichwohl, mein gnädigster Fürst und Herr, als ich den Staatskanzler, bei der bald darauf erfolgten Einrichtung dieses Blattes, um die Redaction desselben bat: schlug er mir dieselbe nicht nur, unter dem allgemeinen, und völlig grundlosen Vorgeben, daß sie für mich nicht passend sei, ab, sondern gieng auch überhaupt auf mein Begehren, im Königl. Civildienst angestellt zu werden, nur in so fern ein, als ich mich dabei den gewöhnlichen, gesetzlichen Vorschriften, wie es hieß, unterwerfen würde. Da nun weder das Alter, das ich erreicht, noch auch der

Platz, den ich in der Welt einnehme, zulassen, mich bei der Bank der Referendarien anstellen zu lassen: so flehe ich Ew. Königliche Hoheit inständigst an, mich gegen so viel Unedelmüthigkeiten und Unbilligkeiten, die meine Heiterkeit untergraben, in Ihren gnädigsten Schutz zu nehmen. Ich bitte Ew. Königliche Hoheit, den Staatskanzler zu bewegen, mir, seiner Verpflichtung gemäß, eine, meinen Verhältnissen angemessene, und auch mit meinen anderweitigen litterarischen Zwecken vereinbare, Anstellung im Königl. Civildienst anzuweisen, oder aber, falls sich ein solcher Posten nicht sobald ausmitteln lassen sollte, mir wenigstens unmittelbar ein *Wartegeld* auszusetzen, das für jenen empfindlichen Verlust, den ich erlitten, und den ich zu tragen ganz unfähig bin, einigermaßen als Entschädigung gelten kann. Die Zugrundrichtung jenes Blattes war um so grausamer für mich, da ich kurz zuvor durch den Tod der verewigten Königinn Majestät, meiner erhabenen Wohlthäterinn, eine Pension verloren hatte, die höchstdieselbe mir, zur Begründung einer unabhängigen Existenz, und zur Aufmunterung in meinen dichterischen Arbeiten, aus ihrer Privat-Chatouille, durch meine Cousine, Frau von Kleist, auszahlen ließ: es war eben um jenen Ausfall zu decken, daß ich dieses Blatt unternahm. Auch in diesem Umstand, durchlauchtiger, königlicher Prinz, liegt, unabhängig von meinem persönlichen Vertrauen zu Ihnen, noch ein Grund, der mich mit meiner gehorsamsten Bitte um Verwendung, vor Ihr Antlitz führt, indem ich Niemand auf Erden wüßte, durch dessen Vermittelung ich das, was ich durch den Tod jener angebeteten Herrscherinn verlor, lieber ersetzt zu sehen wünschte, als durch die Ihrige; und indem ich nur noch die Versicherung anzunehmen bitte, daß es die Aufgabe meines Lebens sein wird, mich dieser höchsten Gnade würdig zu machen, welches vielleicht gar bald, nach Wiederherstellung meiner äußeren Lage, durch Lieferung eines tüchtigen Werks, geschehen kann, unterschreibe ich mich, in der allertiefsten Unterwerfung, Ehrfurcht und Liebe,
Ew. Königliche Hoheit,
unterthänigster
Heinrich von Kleist.
(DKV, IV, 485–491)

Kleists Ansinnen ist klar, die preußische Zensur hatte Anteil an dem Niedergang der *Abendblätter* und soll ihn nun wirtschaftlich auffangen, zumal er die *Abendblätter* als ein Organ konzipiert hatte, das durch die Polizeiberichte in einer offiziellen Nähe zur Regierung stand. Kleist sagt dies aber nicht mit dieser Klarheit, er versteckt diese Forderung hinter einer gewaltigen Menge an Details. Was an diesen Ausführungen auffällt, ist die Länge und Detailtreue des Briefes. Kleist windet sich hier von einem Bittgesuch zum anderen und führt verschiedenste Gründe an, ihn zu unterstützen. Dieser Brief stellt nicht nur eine Forderung, er dokumentiert auch minutiös den bisherigen Verwaltungsvorgang, um klarzustellen, dass Kleists publizistische und finanzielle Niederlage nicht in seiner Verantwortung lag. Wie Gaderer herausgearbeitet hat, folgen solche offiziellen Schreiben bestimmten Regeln, aber das ist nicht der eigentliche Grund für die Länge und Umständlichkeit dieses Briefs.[35] Kleist verstärkt und übertreibt den verklausulierten Kanzleistil. Kleists letzter Versuch, für den Niedergang der *Abendblätter* entschädigt zu werden, besteht darin, einen Schreibstil zu verwenden, der durch Länge und Detailverliebtheit so redundant und undeutlich wird, dass der eigentliche Inhalt des Briefes beim Lesen in der Flut von Informationen verschwimmt.

In der Tat ist Kleists Auseinandersetzung mit der preußischen Regierung kein gehorsamer Rückzug, sie zeigt ein durchaus querulantenhaftes Beharren auf einer Position. Kleists Versuche, den Niedergang der *Berliner Abendblätter* zu reklamieren, schließen unmittelbar an diese querulantische Rechtspraxis an.

Kern dieser Auseinandersetzung ist die Frage, ob die *Abendblätter* ein durchaus (halb-)offizielles Organ des preußischen Staates sind. In einem Brief an Hardenberg vom 13. Februar bezeichnet Kleist die *Abendblätter* als ein „halbministrielles Blatt" (DKV, IV, 469) und leitet daraus den Anspruch auf Schadensersatz ab. Hardenberg weist diese Annahme umgehend zurück, ebenso wie jeden Anspruch auf Entschädigung. (DKV, IV, 470–471) Kleist erwidert daraufhin, dass die *Abendblätter* durchaus halbministrial zu nennen seien, da sie ja durch die Zensur zu einem halbstaatlichen Organ geworden seien. (DKV, IV, 473)

Was sich hier abspielt, ist nicht nur ein Insistieren Kleists, das den Bogen überspannt, es ist auch eine programmatische Darstellung der Verbindung von Staat und Presse. Kleists Verhältnis zum preußischen Staat ist äußerst komplex. Kleist begreift sehr klar, dass die *Abendblätter* nur als ein parasitäres Phänomen, an die Informationskanäle der Regierung angeschlossen, überleben können. Auf der anderen Seite geht es darum, durch die *Abendblätter* in eine dialogische Spannung mit der Regierung zu treten.

Kleists Insistieren auf eine Entschädigung für die *Abendblätter* hat ebenso wie beim *Kohlhaas* nicht nur eine nackte finanzielle Dimension, es konstituiert vielmehr einen programmatischen Beitrag dazu, wie Kleist die Zukunft sieht. Wenn Deleuze und Guattari in *Mille Plateaux* Staats- und Kriegsmaschine trennen und diese Konfiguration in Kleist erkennen, so können die *Abendblätter* diese Analyse verkomplizieren. Kleist erzeugt diese Trennung erst dadurch, dass er versucht, sich zu einem Teil des Staats zu machen.

---

35 Siehe hierzu auch besonders Gaderer, „Staatsdienst".

10 Schluss

Diese Arbeit hat gezeigt, wie Kleist auf sein mediales Umfeld reagierte. Kleist war kein einsamer Außenseiter, er war ein Projektemacher, der beständig versuchte, sich in die kommunikativen Systeme seiner Zeit einzuschalten. Es ging dabei vor allem um eine Steuerung bzw. Irritation von Kommunikation und nicht darum, einen bestimmten hermeneutisch kodierten Inhalt zu senden. Seine Briefe sind als der Versuch zu betrachten, ein Sender-Empfänger-Netzwerk am Laufen zu halten – sie sind nicht primär Werkzeuge, um seinen Freunden seine persönlichen Erfahrungen zu vermitteln. Seine Dramen zeichnet aus, dass hier der Fokus stark auf das Wie und nicht auf das Was der Kommunikation gerichtet ist. Letztendlich sind es immer wieder kommunikative Missverständnisse, die die dramatische Spannung motivieren und so eine ungeheure Dynamik freisetzen. Eine solche kommunikative Dynamik, die nicht gezielt von einem Subjekt gesteuert werden kann, bildet auch den Kern von Kleists theoretischen Texte. Das *Marionettentheater*, der *Allerneuste Erziehungsplan* und auch die *Allmähliche Verfertigung* entfalten Szenarien, in denen eine eskalatorische Dynamik zu ästhetischen Performanzen, pädagogischen Ergebnissen und allgemeinen Erkenntnissen führt. Was diese Szenarien gemeinsam haben, ist, dass sie das Subjekt als etwas denken, das erst von einem kommunikativen System hervorgebracht wird und dementsprechend nicht unabhängig von einem Kommunikationskontext gedacht werden kann. Der Ausschluss von der Kommunikation, die vereinsamte Verkapselung des Subjekts war für Kleist der reine Horror.

10.1 Empfindungen vor Friedrichs *Seelandschaft*

Kleist findet die Szene des der Kommunikation vorgeschalteten Subjekts in Caspar David Friedrichs Gemälde *Mönch am Meer*. Dieser Text *Empfindungen vor Friedrichs Seelandschaft* zeigt eine Medienumgebung, die sich diametral zu Kleists eigenen Vorstellungen stellt. Es ist deshalb auch nicht verwunderlich, dass dieser Text kein originäres Produkt ist, sondern eine starke Überarbeitung einer Vorlage von Brentano und Arnim.[1]

---

[1] Es ist mir wichtig zu betonen, dass dieser Text nicht einfach Kleists Position zur Moderne abbildet, wie es beispielsweise Andrea Meyertholen in „Apocalypse Now" argumentiert. Dieser Text ist gerade durch seine komplizierte Autorschaft wesentlich komplexer (siehe hierzu Pal Kelemen, „Erklärungen der Redaktion" und Silke-Maria Wineck, „Thoughts Before a Line by

> Herrlich ist es, in einer unendlichen Einsamkeit am Meeresufer, unter trübem Himmel, auf eine unbegrenzte Wasserwüste, hinauszuschauen. Dazu gehört gleichwohl, daß man dahin gegangen sei, daß man zurück muß, daß man hinüber mögte, daß man es nicht kann, daß man Alles zum Leben vermißt, und die Stimme des Lebens dennoch im Rauschen der Flut, im Wehen der Luft, im Ziehen der Wolken, dem einsamen Geschrei der Vögel, vernimmt. Dazu gehört ein Anspruch, den das Herz macht, und ein Abbruch, um mich so auszudrücken, den Einem die Natur tut. (DKV, III, 543)

Die Empfindungen, die Kleist bereits hier in der Eröffnung des kurzen Textes gibt, sind höchst ambivalent. Zunächst spricht er von der herrlichen Erfahrung dieses entgrenzten Horizontes. Es ist evident, dass Kleist sich damit auf die Erhabenheitsdiskussion in der *Kritik der Urteilskraft* bezieht. Kant denkt dort Subjektivität als einen reflexiven Prozess und nicht als Produkt von kommunikativen Interaktionen. Kleist diskutiert dies nicht explizit, es schleicht sich aber eine klar zu erkennende Melancholie ein, die aus dieser vereinsamten Kommunikation mit dem Selbst erwächst („daß man alles zum Leben vermißt, und die Stimme des Lebens dennoch im Rauschen der Flut, im Wehen der Luft, im Ziehen der Wolken, dem einsamen Geschrei der Vögel, vernimmt"). Auch wenn diese Kommunikation mit einem statischen Rauschen und die reflexive Identifizierung der Stimme an die Rückkopplungseffekte der *Allmählichen Verfertigung* erinnern können, so ist dieses Szenario ein Gegenbild zu Kleists eigenen kommunikativen Praktiken. Kleist ist nicht der Mönch am Meer bzw. will nie zu diesem Mönch werden, was er klar in dem anschließenden, von ihm selbst geschriebenen Passus des Textes darlegt: „Nichts kann trauriger und unbehaglicher sein, als diese Stellung in der Welt: der einzige Lebensfunke im weiten Reiche des Todes, der einsame Mittelpunkt im einsamen Kreis." (DKV, III, 543)

Kleist liest dieses Kunstwerk als ein System, das keine weitere Kommunikation ermöglicht, den Betrachter auf eine unmedialisierbare Subjektivität zurückwirft, und dies in der Figur des Mönches konkret darstellt. Das Rauschen in diesem Bild ist kein Symbol für eine hochvernetzte Welt, sondern die Wüste der Anschlusslosigkeit, Raum einer ständig fehlgeleiteten Kommunikation. Es ist für Kleist eine schockierende Szene, von der er den Blick eben nicht abwenden kann. („als ob einem die Augenlieder weggeschnitten wären"). Kleists Bildbeschreibung ist keine Interpretation, sie ist eine Schilderung seiner Überforderungen mit einer solchen Welt jenseits der Medien. Kleist kann und will sich nicht auf diese

---

Kleist"), und verweist, wie Christian Begemann präzise herausgearbeitet hat, auf einen paradigmatischen Bruch in der Geschichte der Wahrnehmung. (Begemann, „Geschichte der Wahrnehmung")

Welt des in sich verkapselten Subjekts einlassen und katapultiert sich am Ende des Textes in den kommunikativen Kontext des Museums zurück: [2]

> Doch meine eigenen Empfindungen, über dies wunderbare Gemälde, sind zu verworren; daher habe ich mir, ehe ich sie ganz auszusprechen wage, vorgenommen, mich durch die Äußerungen derer, die paarweise, von Morgen bis Abend, daran vorübergehen, zu belehren. (DKV, III, 544)

Hier kann er wieder an Gesprächen teilnehmen, ohne essentiell selber etwas beizusteuern, er kann sich auf die Einsichten und Ideen der anderen Besucher zurückziehen und mit ihnen ein kommunikatives Feld konstruieren – etwas, das im Kern der kommunikativen Programmatik seiner Zeitschriften entspricht.

Der *Phöbus* und die *Berliner Abendblätter* präsentierten gezielt keinen kohärenten Inhalt, sie waren „verworren". Der *Phöbus* feierte einen Antagonismus hybridester Textformen, um damit seine Adressaten zu irritieren. Die *Berliner Abendblätter* setzten diese Ästhetik des Gegensatzes zwar nicht fort, aber auch hier wurden verschiedenste Textformen miteinander verbunden und der Unterschied zwischen Berichterstattung und Fiktion gezielt verwischt. Dadurch wurde die Bevölkerung beinah in einer brechtschen Art und Weise zur Stellungnahme gezwungen. Wie ich diskutiert habe, ist diese Beteiligung essentiell für Kleists Publizistik in Berlin. Es ging hier nicht so sehr um Unterhaltung und objektive Berichterstattung, sondern darum, eine Lokalzeitung zu schaffen, die in einem dynamischen Zusammenspiel mit der Bevölkerung stand. Das Abschneiden von Nachrichten, also das Durchtrennen von Kommunikationskanälen durch die Zensurbehörde in Form des Zurückhaltens der Polizeiberichte und des Untersagens von Theaterkritik war dann auch der Grund für das Scheitern dieses Projekts.

Der Text *Empfindungen vor Friedrichs Seelandschaft* bildet das Gegenmodell zu Kleists eigenen medialen Praktiken ab. Der Mönch am Meer ist die Allegorie des medialen und kommunikativen Endes, und dies ist schlimmer als der Tod – und in der Tat haben Kleists Vorstellungen vom Sterben, besonders wie er sie in den Jahren 1810 und 1811 thematisiert, wenig mit einem ultimativen Schluss zu tun, sie entwerfen das Bild eines möglichen kommunikativen Weiterlebens nach dem Tod.

---

[2] Es ist dabei bemerkenswert, dass Kleist die dialogische Natur der Vorlage (Brentanos und Arnims Text bestand vor allem aus Äußerungen von Ausstellungsbesuchern [DKV, III, 1127]) zunächst vernachlässigt, diese Strategie aber anscheinend am Ende wieder einbinden will.

10.2 Poetik des Nachlebens

Die Spukgeschichte *Das Bettelweib von Locarno* (DKV, III, 261–264) oder auch die Anekdote *Der Griffel Gottes* (DKV, III, 355) können in diesem Zusammenhang als Gegenentwurf zu Friedrichs Bild gesehen werden. In diesen Erzählungen geht es darum, dass der Tod kein sicheres Ende bildet. Das Bettelweib kehrt nach ihrem Tod als Geistererscheinung zurück und trägt maßgeblich zum Niedergang des Ritters bei. *Der Griffel Gottes* handelt von einer Adeligen, die sich durch ihr Geld das Wohlwollen der Kirche erkauft hat, deren Grabstein aber durch einen Blitz so „umgeschrieben" wird, dass durch das auf dem Grabstein verbleibende „sie ist gerichtet" posthum noch über sie kommuniziert wird. Beide Texte haben nicht nur gemeinsam, dass sie vom spukhaften Nachleben erzählen, in beiden Geschichten wird auch ganz explizit die Rezeption und damit das Fortbestehen dieser Narrative thematisiert.[3]

Diese Thematisierung des Todes als ein eben nicht ultimatives Ende wirft Fragen in Bezug auf Kleists Selbstmord auf. Blamberger weist darauf hin, dass Kleists Leben zumeist von seinem Tod her gedacht wird.[4] Der Selbstmord bildet dabei einen Rahmen, der Kleist als eine Figur erkennen lässt, die an der Welt und sich selbst gescheitert ist.[5] Ich wollte in dieser Arbeit ein Bild von Kleist zeichnen, das sich einer solchen Perspektive entgegenstellt, nicht von Kleists Niedergang, sondern von seinen Projekten, Ideen und Utopien ausgeht. Er war ein Projektemacher und Medienmanager, der Kommunikation starten und irritieren wollte. Er träumte als Dichter, Publizist und Patriot davon, eine eskalatorische Dynamik loszutreten, die nicht einfach nach einer initialen Zündung verpuffen, sondern zu komplexen Kettenreaktionen führen sollte. Ob so etwas funktioniert, ist von Glück abhängig. Dass Kleist sich dieser Risiken bewusst war, machen seine immer wieder auf die Inszenierung von Kontingenz zulaufenden Texte klar.

---

[3] Das Bettelweib bindet die Zeit der Erzählung und die Gegenwart des Lesers im ersten Satz zusammen („Am Fuße der Alpen, bei Locarno im oberen Italien befand sich ein altes, einem Marchese gehöriges Schloß, das man jetzt, wenn man vom St. Gotthard kommt, in Schutt und Trümmern liegen sieht:" [DKV, III, 261]) und im *Griffel Gottes* dient auch ein Verweis auf die Gegenwart des Lesers zur Beteuerung der Authentizität der Erzählung. („Der Vorfall (die Schriftgelehrten mögen ihn erklären) ist gegründet; der Leichenstein existiert noch, und es leben Männer in dieser Stadt, die ihn samt der besagten Inschrift gesehen." [DKV, III, 355])
[4] Blamberger, *Kleist*, 14.
[5] Beispielsweise beschreibt Gregory H. Wolf in seinem Text „The Desire to Control Death", wie Kleists Briefe von dem Motiv des Selbstmords durchzogen sind und diese Auseinandersetzung in seinem eigenen Selbstmord kulminiert.

Sein Selbstmord ist keine Ausnahme von dieser Praxis, er unterstreicht sie vielmehr. Kleists Faszination mit der Kontingenz des Lebens sollte als Zeichen dafür gelesen werden, dass hier das Spiel des Zufalls fortgesetzt wurde. Die Wahl der Tötungsart verweist darauf, dass es sich um ein Glücksspiel gehandelt haben könnte. Er tötete sich mit einer Schusswaffe, und in einem Text wie die *Unwahrscheinlichen Wahrhaftigkeiten* treten Pulverwaffen als Zufallsgeneratoren auf – es wird beispielsweise von einem Brustschuss berichtet, der zufälliger- und erstaunlicherweise nicht tödlich war. Zudem wird die Unzuverlässigkeit dieser Tötungsart literarisch bereits in den *Leiden des jungen Werther* dokumentiert. Goethe lässt seinen Werther nicht unmittelbar an der Schusswunde sterben, sondern vielmehr noch lange Zeit leiden – ein Umstand, den Kleist in den *Berliner Abendblättern* mit der Erzählung *Der neuere (glücklichere) Werther* weiterschreibt. (BA, II, 29–31) In Kleists Erzählung geht es um einen jungen Mann, der sich als Kaufmannsdiener in die Frau seines Arbeitgebers verliebt. Sein Verlangen kann natürlich nicht erfüllt werden, und er schießt sich in seinem Zimmer in die Brust. Dieser „Werther" stirbt jedoch nicht, er kann genesen; mehr noch, das Geräusch der Schusswaffe hat dem Ehemann der Umworbenen einen solchen Schreck versetzt, dass er an einem Schlaganfall stirbt, so dass der neue Werther seine Geliebte heiraten kann. Es ist, wie Kleist explizit schreibt, nicht die Geschichte eines Endes, es ist die Erzählung eines Anfangs: „Hier scheint die Geschichte seines Lebens aus; und gleichwohl (sonderbar genug) fängt sie hier erst allerst an." (BA, II, 31)

10.3 Briefe über Briefe

Ob Kleist bei seinem Selbstmord auf so einen „glücklichen" Ausgang spekuliert hat, wird man nicht beantworten können. Es ist jedoch auffällig, dass Kleists toter Körper äußerlich gänzlich unverletzt war, es also keine Austrittswunde des Geschosses der Pistole gab, mit der er sich erschossen hatte. Die Obduktion führte diesen Umstand auf eine niedrige Pulverladung zurück, was den absoluten Entschluss zur Selbsttötung in Frage stellen könnte.[6] Auf jeden Fall sollte der Selbstmord nicht einfach als Ende betrachtet werden, sondern war von Kleist mit dem Versuch verbunden, eine kommunikative Transzendenz zu implementieren. Sicherlich schreibt sich Kleist mit diesem Selbstmord als gescheitertes Genie in die

---

6 Der Obduktionsbericht merkt an, „daß der Denatus von Kleist die geladene Pistole im Munde angesetzt, und sich selbst damit getötet habe, von der zu schwachen Ladung ist das ¾ Loth wiegende Stückchen Blei im Gehirn stecken geblieben." (Sembdner, *Lebensspuren*, 534) Die Obduktion stellt weiter fest, dass Kleist wahrscheinlich nicht unmittelbar an der Gehirnverletzung gestorben, sondern primär an dem Pulverdampf erstickt ist.

Literaturgeschichte ein – wie Blamberger ausführt, entwerfen die Abschiedsbriefe ein Autorbild für die Nachwelt.[7] Dass dies eine bewusste Intention Kleists war, kann man kaum belegen; Kleist plante aber sehr wohl ein Nachleben, und zwar in einem sehr viel konkreteren Sinne. Die Konstruktion eines Nachlebens ist ganz explizit die Funktion von Vogels und Kleists letztem Brief an Peguilhen.

> Mein sehr werther Freund! Ihrer Freundschaft die Sie für mich, bis dahin immer so treu bewiesen, ist es vorbehalten, eine wunderbare Probe zu bestehen, denn wir beide, nehmlich der bekannte Kleist und ich befinden uns hier bei *Stimmings* auf dem Wege nach Potsdamm, in einem sehr unbeholfenen Zustande, indem wir *erschossen* da liegen, und nun der Güte eines wohlwollenden Freundes entgegen sehn, um unsre gebrechliche Hülle, der sichern Burg der Erde zu übergeben. Suchen Sie liebster Pequilhen diesen Abend hier einzutreffen und alles so zu veranstalten, daß mein guter Vogel möglichst wenig dadurch erschrekt wird, diesen Abend oder Nacht wollte Louis seinen Wagen nach Potsdamm <schicken>, um mich von dort, wo ich vorgab hinzureisen, abholen zu laßen, dies mögte ich Ihnen zur Nachricht sagen, damit Sie die besten Maasregeln darnach treffen können. Grüßen Sie Ihre von mir herzlich geliebte Frau und Tochter viel tausendmal, und sein Sie theurer Freund ueberzeugt daß Ihre und Ihrer Angehörigen Liebe und Freundschaft mich noch im letzten Augenblick meines Lebens die größte Freude macht.
> Ihre A Vogel. (DKV, IV, 513–514)

Dies ist ein sehr eindringlicher Einstieg, der offenlegt, dass das Sprechen nicht mit dem Tod beendet ist. Vogel macht klar, dass die Anweisungen nicht mehr von einer Lebenden stammen, was ihnen eine besondere Dringlichkeit gibt, und sie als eine geisterhafte Wiedergängerin inszeniert. Dieser letzte Brief zeichnet sich auch gerade dadurch aus, dass er die Gründe des Selbstmords gar nicht thematisiert und vor allem mit dem Aufbau eines Nachlebens beschäftigt ist. Es geht hier um die Weiterleitung von Geld und Briefen. Dementsprechend führt Vogel ihren Brief wie folgt fort:

> Ein kleines versiegeltes schwarzes ledernes Felleisen, und einen versiegelten Kasten worinn noch Nachrichten für Vogel, Briefe, Geld und Kleidungsstücke auch Bücher vorhanden, werden Sie bei *Stimmings* finden. Für die darin befindlichen 10 rh Courant wünschte ich eine recht schöne *blaß graue Taße* inwendig vergoldet, mit einer goldnen Arabeske auf weisem Grunde zum Rand, und am Oberkopf im weißen Felde mein Vorname, die Façon wie sie jetzt am modernsten ist. Wenn Sie sich dieser Comission halber am Buchhalter Meves auf der Porzellan Fabrick wendeten, mit dem Bedeuten diese Taße am *Weihnachts-Heiligabend Louis* eingepackt zuzuschicken, doch würden Sie mein lieber Freund mit der Bestellung eilen müßen, weil sie sonst nicht fertig werden mogte. Leben Sie wohl und glücklich. –

---

7 Blamberger, „Freitod am Wannsee", 227.

> Einen kleinen Schlüßel werden Sie noch eingesiegelt im Kasten finden, er gehört zum Vorhängeschloß des einen Koffern *zu Hause bei Vogel*, worin noch mehrere Briefe und andre Sachen zum besorgen liegen. (DKV, IV, 514)

Vogel plant hier gezielt ihr Nachleben in der Form eines gespenstischen Weihnachtsgeschenks, und in dem nun folgenden Teil, der von Kleist stammt, setzt dieser solche Sendeaufträge fort:

> Ich kann wohl Ihre Freundschafft auch mein liebster Peguillhin für einige kleine Gefälligkeiten in Anspruch nehmen. *Ich* habe nämlich vergessen, meinen Barbier für den laufenden Monat zu bezahlen, und bitte, ihm 1 Thl à 1/3 C zu geben, die Sie eingewickelt in dem Kasten der Mad. Vogel finden werden. Die Vogeln sagt mir eben, daß *Sie* den Kasten aufbrechen und alle Commissionen die sich darin finden besorgen mogten: damit Vogel nicht gleich damit behelligt würde – Endlich bitte ich noch, das ganze, kleine, schwarzlederne Felleisen, das mir gehört, mit Ausnahme der Sachen die etwa zu meiner Bestattung gebraucht werden mogten, meinem Wirth, dem Quartiermeister Müller, Mauerstraße N 53, als einen kleinen Dank für seine gute Aufnahme und Bewirthung, zu schenken. – Leben Sie recht wohl, mein liebster Peguillhin; meinen Abschiedsgruß und Empfehlung an Ihre vortreffliche Frau und Tochter.
> H. v. Kleist.
> man sagt hier d 21ᵗ Nov.; wir
> wissen aber nicht ob es wahr ist.
>
> N. S. In dem Koffer der Mad. Vogel, der in Berlin in ihrem Hause in der Gesindestube mit messingnem Vorlegeschloß steht, und wozu der kleine versiegelte Schlüssel, der hier im Kasten liegt, paßt – in diesem Koffer befinden sich drei Briefe von mir die ich Sie noch herzlichst zu besorgen bitte.
> Nämlich:
> 1) Einen Brief an die Hofräthin Müller, nach Wien
> 2) Einen Brief an meinen Bruder Leopold nach Stolpe, welche beide mit der Post zu besorgen sind (der erstere kann vielleicht durch den guten BrillenVoß spedirt werden); und
> 3) Einen Brief, an Fr. v. Kleist, geb. v. Gualtieri, welchen ich an den Major v. Below, Gouverneur des Prinzen Friedrich von Hessen, auf dem Schlosse, abzugeben bitte.
> Endlich liegt
> 4) noch ein Brief an Fr. v. Kleist, in den hiesigen Kasten der Mad. Vogel, welchen ich gleichfalls und *zu gleicher Zeit* an den Major v. Below, abzugeben bitte. – Adieu!
>
> N. S.
> Kommen Sie recht bald zu Stimmings hinaus, mein liebster Peguillhin, damit Sie uns bestatten können. Die Kosten, was mich betrifft, werden Ihnen von Frankfurt aus, von meiner Schwester Ulrike wieder erstattet werden. – Die Vogeln bemerkt noch, daß zu dem Koffer mit dem messingnen Vorhängeschloß, der in Berlin, in ihrer Gesindestube steht, und worin viele Commissionen sind, der Schlüssel hier versiegelt in dem hölzernen Kasten liegt. – Ich glaube ich habe dies schon einmal geschrieben, aber die Vogel besteht darauf, daß ich es noch einmal schreibe.
> H.v.Kl. (DKV, IV, 514–516)

Dieser Brief inszeniert ein Nachleben in einer sehr konkreten Art und Weise. Sowohl Kleist als auch Vogel benutzen diesen Brief nicht, um die Gründe ihres Selbstmords zu erklären (das tun sie in den anderen Briefen). Der letzte Brief ist eine gezielte Handlungsanweisung aus dem Jenseits. Während Vogel noch eine äußerst aufmerksamkeitsheischende Einleitung vorrausschickt, geht Kleist in medias res. Er bittet um Gefälligkeiten und führt damit die Briefpraxis fort, die er ja so oft mit seiner Schwester erprobt hat. In diesem letzten Brief geht es ganz explizit nicht um hermeneutischen Ausdruck, sondern um die Weitervermittlung von Briefen und Geld. Nach meiner Lesart von Kleists Projekten und Texten kann sein Leben kaum ein passenderes Ende finden. Was an der Basis von Kleists Theorien und Geschichten steht, ist, dass kommunikative Prozesse nicht von einzelnen Subjekten klar gesteuert werden oder von ihnen unausweichlich abhängig sind, sondern dass Kommunikation auch „fortleben" kann, wenn das sendende Subjekt längst gestorben ist. Dadurch erzeugte Kleist wieder eine Leerstelle, die nicht mit Wissen, aber sehr wohl mit Spekulationen aufgefüllt werden kann. Einer der zahlreichen Zeitungsartikel, die über seinen Tod berichteten, stellt dies aus:

> Aus Berlin. Gegenwärtig spricht die Stadt von einer in unserer Nähe vorgefallen schauerlichen Begebenheit. Der Dichter *v. Kleist* und Madame *Vogel* wurden am 21. d. M. drei Meilen von hier (auf dem Wege nach Potsdam, bei dem sogenannten Kruge) tot gefunden. Der allgemeinen Sage nach hat v. K. zuerst jene Frau und dann sich selbst durch Pistolenschüsse getötet; doch waltet ein tiefes Dunkel über dem ganzen Vorfall.[8]

Dieser Zeitungseintrag dokumentiert, dass hier Kleists eskalatorische Logik fortgesetzt wurde. Der tote Kleist hatte keine Kontrolle darüber, in welche Richtung die Debatte über seinen Tod und sein Werk laufen würde. Er konnte sich aber sicher sein, dass sein Selbstmord nicht echolos verhallen würde. Es ist nicht nur die skandalöse Natur dieses Selbstmords mit der verheirateten Henriette Vogel (was auch vielfältig als Thema von Zeitungen aufgenommen wurde[9]), es ist auch die Rechtslage, die bestimmte, dass alle Selbstmorde genau untersucht werden müssen.[10] Kleist katapultiert sich damit bereits in eine bewegte zeitgenössische Rezeptionslage, und das Fortleben Kleists als Klassiker der deutschen Literatur

---

8 Sembdner, *Nachruhm*, 1.
9 Siehe hierzu Sembdners Sammlung der Reaktionen auf Kleists Tod: Sembdner, *Nachruhm*, 1–14.
10 Ich danke Stephanie Langer, die sich in ihrer Dissertation mit Kleists Tod und der Aufarbeitung des Selbstmords auseinandergesetzt und mich auf die juristischen Implikationen des Selbstmords aufmerksam gemacht hat.

wird man nur schwer von der tragischen Inszenierung seines Lebensendes abkoppeln können. Dieser Umstand sagt aber mehr über die Radikalität von Kleists Umgang mit den Medien seiner Zeit als über seine seelische Zerbrochenheit.

Literaturverzeichnis

Kleist-Ausgaben

Kleists Texte werden nach der Ausgabe des Deutschen Klassiker Verlags zitiert. Stellenangaben werden mit der Sigle DKV, Bandangabe und Seitenzahl angegeben:

Heinrich von Kleist, *Sämtliche Werke und Briefe in 4 Bänden*. Hrsg. v. Ilse-Marie Barth, Klaus Müller-Salget, Stefan Ormanns und Hinrich C. Seeba. Frankfurt am Main: Deutsche Klassiker Verlag 1991ff.

Zitate aus den *Berliner Abendblättern* sind den Bänden II/7 Berliner Abendblätter 1 und II/8 Berliner Abendblätter 2 der Brandenburger Ausgabe entnommen. Stellenangaben werden mit der Sigle BA, Bandangabe und Seitenzahl angegeben:

Heinrich von Kleist, *Historisch-kritische Ausgabe*. Hrsg. v. Roland Reuß und Peter Staengle. Basel und Frankfurt am Main: Stroemfeld 1997.
Weitere in besonderen Fällen verwendete Ausgaben sind:

Heinrich von Kleist, *Sämtliche Werke und Briefe. Münchener Ausgabe*. Hrsg. v. Roland Reuß und Peter Staengle. München: Carl Hanser Verlag 2010.
Heinrich von Kleist, *Sämtliche Werke und Briefe. Zweibändige Ausgabe in einem Band*. Hrsg. v. Helmut Sembdner, München: Deutscher Taschenbuch Verlag 1993.

Forschungsliteratur

Adams, Dale, „Nicht immer auf Seiten der Wahrheit. Wahrscheinlichkeit und (Un)Wissen in Kleists Unwahrscheinliche Wahrhaftigkeiten", in: Lü u.a. (Hrsg.), Wissensfiguren, 207–222.
Adelung, Grammatisch-kritisches Wörterbuch der Hochdeutschen Mundart, Band 1. Leipzig: Breitkopf 1793.
Allan, Seán, „‚Jede unglückliche Familie ist auf ihrer besonderen Art unglücklich' – Erziehung, Gewalt und Familienstrukturen bei Heinrich von Kleist", in: Études Germanistiques (2012) 67.1, 119–131.
Allan, Seán, „‚… auf einen Lasterhaften war ich gefaßt, aber auf keinen - Teufel'. Heinrich von Kleist's Die Marquise von O …", in: German Life and Letters (1997) 50.3, 307–322.
Allan, Seán, The Plays of Heinrich von Kleist. Ideals and Illusions. Cambridge: Cambridge UP 1996.
Allemann, Beda, „Sinn und Unsinn von Kleists Gespräch ‚Über das Marionettentheater'", in: Kleist-Jahrbuch (1981–82), 50–65.
Anderegg, Johannes, Schreibe mir oft! Zum Medium Brief zwischen 1750–1830. Göttingen: Vandenhoeck & Ruprecht 2001.
Andriopoulos, Stefan, „The Invisible Hand. Supernatural Agency in Political Economy and the Gothic Novel", in: English Literary History (1999) 66.3, 739–758.
Anker-Mader, Eva-Maria, Kleists Familienmodelle. Im Spannungsfeld zwischen Krise und Persistenz. München: Fink 1992.

Anton, Herbert, Bernhard Gajek und Peter Pfaff (Hrsg.), Geist und Zeichen. Festschrift für Arthur Henkel zu seinem sechzigsten Geburtstag dargebracht von Freunden und Schülern. Heidelberg: Winter 1977.
Aretz, Heinrich, Heinrich von Kleist als Journalist. Untersuchungen zum „Phöbus", zur „Germania" und den „Berliner Abendblättern". Stuttgart: Heinz 1983.
Arnold, Heinz Ludwig (Hrsg.), Text+Kritik Sonderband: Heinrich von Kleist. München: Edition Text + Kritik 1992.
Aust, Hugo, Novelle. Stuttgart: Metzler 2012.
Baasner, Rainer, Briefkultur im 19. Jahrhundert. Tübingen: Niemeyer 1999.
Babka, Anna, „The Days of the Human May Be Numbered. Theorizing Cyberfeminist Metaphors - Rereading Kleist's ‚Gliedermann' as Cyborg, as ‚Ghost in the Shell'", in: Internet-Zeitschrift für Kulturwissenschaften (2003) 15: 5.5, http://www.inst.at/trans/15Nr/05_05/babka15.htm.
Bachmaier, Helmut und Thomas Horst, „Die mythische Gestalt des Selbstbewusstseins. Zu Kleists Amphitryon", in: Jahrbuch der Deutschen Schillergesellschaft (1978), 404–441.
Balke, Friedrich, „Kohlhaas und K. Zur Prozessführung bei Kleist und Kafka", in: Zeitschrift für Deutsche Philologie (2011) 130.4, 503–529.
Batts, Michael S., Anthony W. Riley und Heinz Wetzel (Hrsg.), Echoes and Influences of German Romanticism. New York: Lang 1987.
Bay, Hansjörg, „Germanistik und (Post-)Kolonialismus. Zur Diskussion um Kleists ‚Verlobung in St. Domingo'", in: Dunker (Hrsg.), Kolonialismus und Deutsche Literatur, 69–96.
Bay, Hansjörg, „‚Eine Keule doppelten Gewichts'. Evidenz und Exzess in Kleists Herrmannsschlacht", in: Lü u.a. (Hrsg.), Wissensfiguren, 111–136.
Bay, Hansjörg, „‚Als die Schwarzen die Weißen ermordeten'. Nachbeben einer Erschütterung des europäischen Diskurses in Kleists ‚Verlobung in St. Domingo'", in: Kleist-Jahrbuch (1998), 80–108.
Begemann, Christian, „Brentano und Kleist vor Friedrichs Mönch am Meer. Aspekte eines Umbruchs in der Geschichte der Wahrnehmung", in: Deutsche Vierteljahrsschrift für Literaturwissenschaft und Geistesgeschichte (1990) 64, 89–145.
Beil, Ulrich, „Was weiß Literatur? (Post-)Koloniale Diskurse und Kleists ‚Die Verlobung in St. Domingo'", in: Bohnenkamp und Martínez (Hrsg.), Geistiger Handelsverkehr, 37–75.
Belhalfaoui, Barbara, „Der Zweikampf von Heinrich von Kleist: oder die Dialektik von Absolutheit und ihrer Trübung", in: Etudes Germaniques (1981) 36.1, 22–42.
Benbow, Heather Merle, „‚Weil ich der raschen Lippe Herr nicht bin'. Oral Transgression as Enlightenment Disavowal in Kleist's Penthesilea", in: Women in German Yearbook (2006) 22, 145–166.
Benne, Christian, „Erzgekeilt. Triolektik und interessierter Dritter in Penthesilea", in: Gumbrecht und Knüpling (Hrsg.), Kleist revisited, 227–242.
Bennholdt-Thomsen, Anke, „Kleists Standort zwischen Aufklärung und Romantik. Ein Beitrag zur Quellenforschung", in: Haller-Nevermann (Hrsg.), Kleist. Ein moderner Aufklärer?, 13–40.
Bentzel, Curtis C., „Knowledge in Narrative. The Significance of the Swan in Kleist's ‚Die Marquise von O ...'", in: German Quarterly (1991) 64.3, 296–303.
Berger, Christian-Paul, Bewegungsbilder. Kleists Marionettentheater zwischen Poesie und Physik. Paderborn: Schöningh 2000.
Beyerchen, Alan, „Clausewitz, Nonlinearity, and the Unpredictability of War", in: International Security (1992-93) 17.3, 59–90.

Biebl, Sabine, „Für eine bessere Ordnung der Dinge. Eigentumsverhältnisse in Heinrich von Kleists ‚Michael Kohlhaas'", in: Hamacher und Künzel (Hrsg.), Tauschen und Täuschen, 171–182.
Biere, Florentine, Das andere Erzählen. Zur Poetik der Novelle 1800/1900, Würzburg: Königshausen & Neumann 2012.
Birdgham, Fred, „Kleist's Familie Schroffenstein and ‚Monk' Lewis's Mistrust. Give and Take", in: Stark (Hrsg.), The Novel in Anglo-German Context, 75–100.
Birkhold, Matthew H., „The Trial of the Marquise of O …. A Case for Enlightened Jurisprudence?", in: Germanic Review (2012) 87.1, 1–18.
Bisky, Jens, Kleist. Eine Biographie. Berlin: Rowohlt 2007.
Blamberger, Günther und Sebastian Goth (Hrsg.), Ökonomie des Opfers. Literatur im Zeichen des Suizids. München: Fink 2013.
Blamberger, Günther, „Freitod am Wannsee. Heinrich von Kleist und Henriette Vogel 1811", in: Blamberger und Goth (Hrsg.), Ökonomie des Opfers, 219–234.
Blamberger, Günther, „Science or Fiction? Des Projektmachers Kleist Passage von der Wissenschaft zur Literatur", in: Sevin und Zeller (Hrsg.), Style and Concept, 17–33.
Blamberger, Günther, „Kleists Brautbriefe", in: Kleist-Jahrbuch (2013), 72–83.
Blamberger, Günther, Heinrich von Kleist. Biographie. Frankfurt am Main: Fischer 2011.
Blänkner, Reinhard (Hrsg.), Heinrich von Kleists Novelle Die Verlobung in St. Domingo. Literatur und Politik im globalen Kontext um 1800. Würzburg: Königshausen & Neumann 2013.
Bleyer, Alexandra, Auf gegen Napoleon! Mythos Volkskriege. Darmstadt: Primusverlag 2013.
Bohn, Meike, „Kommunikationsproblematik in Heinrich von Kleists Die Verlobung in St. Domingo. Zur Vielfalt der Kommunikationsstörungen", in: Beiträge zur Kleist-Forschung (2000) 14, 155–195.
Bohnenkamp, Anne und Matías Martínez (Hrsg.), Geistiger Handelsverkehr. Komparatistische Aspekte der Goethezeit. Göttingen: Wallstein 2008.
Bohnert, Joachim, „Kleists Fichte (‚Amphitryon')", in: Doering, Maierhofer und Riedl (Hrsg.), Resonanzen, 241–254.
Bohrer, Karl-Heinz, Der romantische Brief. Die Entstehung ästhetischer Subjektivität, Frankfurt am Main: Suhrkamp 1989.
Bolha, Szabina, „Der deutsche Nationalmythos in Heinrich von Kleists Prinz Friedrich von Homburg", in: Trans: Internet-Zeitschrift für Kulturwissenschaften (2003 Nov) 15: 5.13, http://www.inst.at/trans/15Nr/05_13/bolha15.htm.
Boockmann, Hartmut, „Mittelalterliches Recht bei Kleist. Ein Beitrag zum Verständnis des Michael Kohlhaas", in: Kleist-Jahrbuch (1985), 84–108
Borgards, Roland, „‚Allerneuster Erziehungsplan'. Ein Beitrag Heinrich von Kleists zur Experimentalkultur um 1800 (Literatur, Physik)", in: Kraus und Pethes (Hrsg.), Literarische Experimentalkulturen, 75–101.
Borgards, Roland, Diskrete Gebote. Geschichten der Macht um 1800. Festschrift für Heinrich Bosse. Würzburg: Königshausen & Neumann 2002.
Botzenhart, Manfred, „Kleist und die preußischen Reformer", in: Kleist-Jahrbuch (1988–1989), 132–146.
Breithaupt, Fritz, „Kleists Anekdote und die Möglichkeit von Geschichte", in: Wirth und Wegner (Hrsg.), Literarische Trans-Rationalität, 335–351.
Breuer, Ingo (Hrsg.), Kleist-Handbuch. Leben – Werk – Wirkung. Stuttgart: Metzler 2009.
Breuer, Ingo, „Post als Literatur. Brief und Personenbeförderung bei Heinrich von Kleist", in: Kleist-Jahrbuch (2013), 154–171.

Breuer, Ingo, Katarzyna Jastal und Pawel Zarychta (Hrsg.), Gesprächsspiele & Ideenmagazine. Heinrich von Kleist und die Briefkultur um 1800. Wien: Böhlau 2013.
Bridges, Elizabeth, „Utopia through the Back Door. Kleist's Marionettes and the Mechanics of Self-Consciousness", in: Seminar (2012) 48.1, 75–90.
Bridgwater, Patrick, „Kleist and Gothic", in: Oxford German Studies (2010) 39.1, 30–53.
Bröckling, Ulrich, Disziplin. Soziologie und Geschichte militärischer Gehorsamsproduktion. München: Fink 1997.
Brown, H.M., „Kleist's Über das Marionettentheater ‚Schlüssel zum Werk' oder ‚Feuilleton'?", in: Oxford German Studies (1968) 3, 114–125.
Brunnschweiler, Thomas, „Magie, Manie, Manier. Versuch über die Geschichte des Anagramms", in: Graf (Hrsg.), Die Welt hinter den Wörtern, 17–86.
Buck-Morss, Susan, Hegel, Haiti and Universal History. Pittsburgh: UP Pittsburgh 2009.
Burdorf, Dieter, „Was sollte eine Braut wissen? Die Verlobungskorrespondenz Heinrich von Kleists im Kontext", in: Euphorion (2012), 151–168.
Burwick, Roswitha, Lorely French und Ivett Rita Guntersdorfer (Hrsg.), Auf dem Weg in die Moderne. Berlin: de Gruyter 2013.
Burwick, Roswitha, „Issues of Language and Communication. Kleist's ‚Die Verlobung in St. Domingo'", in: German Quarterly (1992) 65.3–4, 318–327.
Büttner, Birthe Kristina, „Die Entdeckung Saint Domingues in der Schweiz. Einflüsse von Kleists Zeit in der Schweiz auf die Die Verlobung in St. Domingo", in: Blänkner (Hrsg.), Verlobung, 107–139.
Campe, Rüdiger, Spiel der Wahrscheinlichkeiten. Literatur und Berechnung zwischen Pascal und Kleist. Göttingen: Wallstein 2002.
Campe, Rüdiger „Intensive und Extensiv", in: Campe (Hrsg.), Penthesileas Versprechen, 7–15.
Campe, Rüdiger(Hrsg.), Penthesileas Versprechen. Exemplarische Studien über die literarische Referenz. Freiburg: Rombach 2008.
Carrière, Matthieu, Für eine Literatur des Krieges. Kleist. Frankfurt am Main: Fischer 1990.
Cassirer, Ernst, Heinrich von Kleist und die Kantische Philosophie. Berlin: Reuther und Reichard 1919.
Champlin, Jeffrey, „Authority in a Time of War. Twenty-First-Century Kleist Scholarship", in: Germanic Review, (2010) 85.1, 70–86.
Champlin, Jeffrey, „Reading Terrorism in Kleist. The Violence and Mandates of Michael Kohlhaas", in: German Quarterly (2012) 85.4, 439–454.
Champlin, Jeffrey, „Bombenpost 2011. Zur Rezeption von Kleists Briefen", in: Kleist-Jahrbuch (2010), 170–177.
Chaouli, Michel, „Irresistible Rape. The Lure of Closure in ‚The Marquise of O…'", in: Yale Journal of Criticism (2004) 17.1, 51–81.
Chaouli, Michel, „Devouring Metaphor. Disgust and Taste in Kleist's Penthesilea", in: German Quarterly (1996) 69.2, 125–143.
Cimbala, Stephen, Clausewitz and Chaos. Friction in War and Military Policy. Westport: Praeger 2001.
Clausewitz, Carl von, Vom Kriege. Neuenkirchen: Rabaka 2010.
Clauss, Elke, Liebeskunst. Untersuchungen zum Liebesbrief im 18. Jahrhundert. Stuttgart: Metzler 1993.
Clot, Cécile-Eugénie, Kleist épistolier. Le geste, l'objet, l'écriture. Bern: Lang 2008.
Clouser, Robin, „‚Sosias tritt mit einer Laterne auf'. Messenger to Myth in Kleist's Amphitryon", in: Germanic Review (1975) 50, 275–293.

Coffin, Victor, „Censorship and Literature under Napoleon II.", in: The American Historical Review (1917) 22.2, 288–308.
Crepaldi, Gianluca, Andreas Kriwak und Thomas Pröll (Hrsg.), Kleist zur Gewalt. Transdisziplinäre Perspektiven. Innsbruck: Innsbruck UP 2011.
D'Aprile, Iwan-Michelangelo, „'St. Domingo, die Achse des großen politischen Schwungrades von Europa'. Haiti und die Globalisierung des politischen Diskurses in Preußen um 1800", in: Blänkner (Hrsg.), Verlobung, 93–105.
Daiber, Jürgen, „'Nichts Drittes ... in der Natur?'. Kleists Dichtung im Spiegel romantischer Selbstexperimentation", in: Kleist-Jahrbuch (2005), 45–66.
Daston, Lorraine, Classical Probability in the Enlightenment, Princeton: Princeton UP 1988.
Daunicht, Richard, „Heinrich von Kleists Aufsatz Über das Marionettentheater als Satire betrachtet", in: Euphorion (1973) 67, 306–322.
De Man, Paul, „Aesthetic Formalization. Kleist's Über das Marionettentheater", in: Paul De Man, The Rhetoric of Romanticism. New York: Columbia UP 1984, 263–290.
DeLanda, Manuel, War in the Age of Intelligent Machines. New York: Continuum 1991.
Deleuze, Gilles und Felix Guattari, Mille plateaux. Paris: Éds. de Minuit 1980.
DeMeritt, Linda C., „The Role of Reason in Kleist's Der Zweikampf", in: Colloquia Germanica (1987) 20.1, 38–52.
Denneler, Iris, „Legitimation und Charisma. Zu Robert Guiskard", in: Hinderer (Hrsg.), Kleists Dramen, 73–92.
Dietrick, Linda und David G. John (Hrsg.), Momentum Dramaticum. Festschrift for Eckehard Catholy. Waterloo: U of Waterloo P 1990.
Doering, Sabine, Waltraud Maierhofer und Peter Philipp Riedl (Hrsg.), Resonanzen. Würzburg: Königshausen & Neumann 2000.
Doering, Susanne, „Kinderwissen – Über einige Erkenntnisprozesse in Kleists Dramen und Erzählungen und einen Satz aus der Familie Schroffenstein", in: Lü u.a. (Hrsg.), Wissensfiguren, 235–247.
Dotzler, Bernhard, „Federkrieg. Kleist und die Autorschaft des Produzenten", in: Kleist-Jahrbuch (1998), 37–61.
Dotzler, Bernhard, Diskurs und Medium. Bd. 2. Das Argument der Literatur. München: Fink 2010.
Dotzler, Bernhard, Papiermaschinen. Versuch über Communication & Control in Literatur und Technik. Berlin: Akademie Verlag 1996.
Dubbels, Elke „Zur Dynamik von Gerüchten bei Heinrich von Kleist", in: Zeitschrift für deutsche Philologie (2012) 131.2, 191–210.
Dumas, Alexandre, Der Graf von Monte Christo. Bd. 4, Stuttgart: Francksche Buchhandlung 1846.
Dunker, Axel (Hrsg.), (Post-)Kolonialismus und Deutsche Literatur. Impulse der angloamerikanischen Literatur- und Kulturtheorie. Bielefeld: Aisthesis 2005.
Dyer, D.G., „'Plus and Minus' in Kleist", in: Oxford German Studies (1967) 2, 75–86.
Eckermann, Johann Peter, Gespräche mit Goethe. Wiesbaden: Brockhaus 1959.
Emig, Günther (Hrsg.), Erotik und Sexualität im Werk Heinrich von Kleists. Heilbronn: Stadtbücherei 2000.
Emig, Günther und Anton Philipp Knittel (Hrsg.), Käthchen und seine Schwestern. Frauenfiguren im Drama um 1800. Heilbronn: Stadtbücherei 2000.
Engelstein, Stefani, „Out on a Limb. Military Medicine, Heinrich von Kleist, and the Disarticulated Body", in: German Studies Review (2000) 23.2, 225–244.

Ensberg, Peter, „Ethos und Pathos. Zur Frage der Selbstdarstellung in den Briefen Heinrich von Kleists an Wilhelmine von Zenge", in: Beiträge zur Kleist-Forschung (1998) 12, 22–58.

Ernst, Ulrich, „Kleists Zerbrochner Krug als ikonozentrisches Drama. Zur Rezeption antiker, mittelalterlicher und frühneuzeitlicher Pictura-Poesis-Diskurse um 1800", in: Euphorion (2013) 107.4, 369–419.

Eybl, Franz, Kleist-Lektüren. Wien: WUV Facultas 2007.

Faulstich, Werner, Die bürgerliche Mediengesellschaft. Göttingen: Vandenhoeck & Ruprecht 2002.

Faulstich, Werner, Mediengeschichte von 1700 bis ins 3. Jahrtausend. Göttingen: Vandenhoeck & Ruprecht 2006.

Fehrenbach, Elisabeth, Traditionale Gesellschaft und revolutionäres Recht. Die Einführung des Code Napoléon in den Rheinbundstaaten. Göttingen: Vandenhoeck & Ruprecht 1978.

Fetscher, Justus, „Schrift verkehrt. Über Kleists Briefwerk", in: Beiträge zur Kleist-Forschung (2006), 105–128.

Filchy, Patrice, Dynamics of Modern Communication. The Shaping and Impact of New Communication Technologies. London: Sage 1995.

Finkelde, Dominik, „Normativität und Transgression. Kleists Prinz Friedrich von Homburg und die obszöne Unterseite des Gesetzes", in: German Studies Review (2009 October) 32.3, 569–589.

Fischer, Bernd (Hrsg.), A Companion to the Works of Heinrich von Kleist. Columbia: Camden House 2003.

Fischer, Bernd und Tim Mehigan (Hrsg.), Heinrich von Kleist and Modernity. Rochester: Camden House 2011.

Fischer, Bernd, „Der Ernst des Scheins in der Prosa Heinrich von Kleists. Am Beispiel des ‚Zweikampfs'", in: Zeitschrift für Deutsche Philologie (1986) 105.2, 213–234.

Fischer, Bernd, „Fremdbestimmung und Identitätspolitik in Die Hermannsschlacht", in: Fjordevik (Hrsg.), Heinrich von Kleists Amphitryon, 165–178.

Fjordevik, Anneli (Hrsg.), Heinrich von Kleists Amphitryon. Lustspiel nach Molière unter dem Aspekt der Intertextualität im Gesamtwerk. Uppsala: Uppsala University Library 2004.

Fladischer, Konstanze, „‚Gleich einer Hündin, Hunden beigestellt'. Zur Bedeutung der Tierbilder in Heinrich von Kleists Penthesilea", in: SYN. Magazin für Theater-, Film-, und Medienwissenschaft (2012) 4, 12–22.

Fleig, Anne, „Amphitryon", in: Breuer (Hrsg.), Kleist-Handbuch, 41–50.

Fleig, Anne, „Kleists Briefe – Versatzstücke der Autorschaft. Eine Einleitung", in: Kleist-Jahrbuch (2013), 23–30.

Fleig, Anne, „Vertrauensbildung? Heinrich von Kleists Briefe an seine Verlobte Wilhelmine von Zenge", in: Breuer, Jastal und Zarychta (Hrsg.), Gesprächsspiele & Ideenmagazine, 105–116.

Fliedl, Konstanze, Bernhard Oberreither und Katharina Serles (Hrsg.), Gemälderedereien. Zur literarischen Diskursivierung von Bildern. Berlin: Schmidt 2013.

Foley, Peter, Heinrich von Kleist und Adam Müller. Untersuchung zur Aufnahme idealistischen Ideenguts durch Heinrich von Kleist. Dissertation Wien 1990.

Fordham, Kim, Trials and Tribunals in the Dramas of Heinrich von Kleist. Oxford: Lang 2007.

Fountoulakis, Evi, „Ökonomie und Gastfreundschaft in Heinrich von Kleists Die Verlobung in St. Domingo", in: Hamacher und Künzel (Hrsg.), Tauschen und Täuschen, 111–124.

Fraser, Ronald, Napoleon's Cursed War. Spanish Popular Resistance in the Peninsular War 1808–1814. London: Verso 2008.

Freund, Winfried, Novelle. Stuttgart: Reclam, 1998.
Friedrich, Thomas, „‚Ein Scandalum durch Anspielung auf das Mysterium (...) erklären'. Zur Mariensymbolik in Heinrich von Kleists Die Marquise von O...", in: Beiträge zur Kleist-Forschung (2002) 16, 259–282.
Fülleborn, Ulrich, Die frühen Dramen Heinrich von Kleists. München: Fink 2007.
Furst, Lilian R., „Double-Dealing. Irony in Kleist's Die Marquise von O", in: Batts und Wetzel (Hrsg.), Echoes and Influences of German Romanticism, 85–95.
Fusilero, Victor, „‚Die gebrechliche Einrichtung der Welt'. Family, Freedom, and Security in Heinrich von Kleist's ‚Die Verlobung in St. Domingo'", in: Burwick, French und Guntersdorfer (Hrsg.), Auf dem Weg in die Moderne, 25–40.
Gabler, Thorsten, „Verbriefte Brieflehre. Kleists Beitrag zur Epistolographie des Freundschaftsbriefs", in: Kleist-Jahrbuch (2013), 95–119.
Gaderer, Rupert, „Michael Kohlhaas (1808/10). Schriftverkehr-Bürokratie-Querulanz", in: Zeitschrift für Deutsche Philologie (2011) 130.4, 531–544.
Gaderer, Rupert, Querulanz. Hamburg: Textem 2012.
Gaderer, Rupert, „Staatsdienst. Bedingungen der Möglichkeit des Menschseins im Aufschreibesystem von 1800", in: Metaphora. Journal for Literary Theory and Media (2015) 1. http://metaphora.univie.ac.at/volume1-gaderer.pdf.
Gall, Ulrich, Philosophie bei Heinrich von Kleist. Untersuchungen zu Herkunft und Bestimmung des philosophischen Gehalts seiner Schriften. Bonn: Bouvier 1985.
Gallas, Helga, „Antirezeption bei Goethe und Kleist. Penthesilea-eine Anti-Iphigenie? ", in: Dietrick und John (Hrsg.), Momentum Dramaticum, 209–220.
Geggus, David P., „Saint-Domingue und die Haitianische Revolution im atlantischen Kontext", in: Blänkner (Hrsg.), Verlobung, 21–35.
Gellert, Christian Fürchtegott, Briefe, nebst einer Praktischen Abhandlung von dem guten Geschmacke in Briefen. Leipzig: Wendler 1751.
Gellert, Christian Fürchtegott, „Gedanken von einem guten deutschen Briefe", in: Gellert, Sämmtliche Schriften, III, Leipzig: Schmieder 1840, 544–554.
Gelus, Majorie, „Patriarchy's Fragile Boundaries under Siege. Three Stories of Heinrich von Kleist", in: Women in German Yearbook (1995) 10, 59–82.
Gelus, Marjorie, „Displacement of Meaning. Kleist's ‚Der Findling'", in: German Quarterly (1982) 55.4, 541–553.
Gentz, Friedrich und Adam Müller, Briefwechsel zwischen Friedrich Gentz und Adam Heinrich Müller 1800–1829, Stuttgart: Cotta 1857.
Geoghegan, Bernard Dionysius, „After Kittler. On the Cultural Techniques of Recent German Media Theory", in: Theory Culture Society (2013) 60.6, 66–82.
Gilman, Sander, „The Aesthetics of Blackness in Heinrich Von Kleist's ‚Die Verlobung in St. Domingo'", in: Modern Language Notes (1975) 90.5, 661–672.
Gleick, James, Chaos. Making a New Science. New York: Viking 1987.
Gold, Robert Joshua, „Face Value. Kleist's Die Verlobung in St. Domingo", in: European Romantic Review (2010) 21.1, 77–93.
Grabbe, Katharina, „Frauentausch und vertauschte Zeichen der Empfindsamkeit in Heinrich von Kleists Die Marquise von O....", in: Hamacher und Künzel (Hrsg.), Tauschen und Täuschen, 125–134.
Graevenitz, Gerhard v. und Odo Marquardt (Hrsg.), Kontingenz. München: Fink 1998.
Graf, Max Christian (Hrsg.), Die Welt hinter den Wörtern. Zur Geschichte und Gegenwart des Anagramms. Alpnach: Wallimann 2004.

Grafs, Daniel, „Das gebrochene Wort. Kleists Penthesilea als Tragödie der Sprache", in: Euphorion (2007) 101.2, 147–175.
Grassau, Catharina Silke, „Recht und Rache. Eine Betrachtung der inneren Wendepunkte in Kleists Michael Kohlhaas", in: Beiträge zur Kleist-Forschung (2002) 16, 239–258.
Grathoff, Dirk, „Der Fall des Krugs. Zum geschichtlichen Gehalt von Kleists Lustspiel", in: Kleist-Jahrbuch (1981/82), 290–313.
Grathoff, Dirk, „Heinrich von Kleist und Napoleon Bonaparte, der Furor Teutonicus und die ferne Revolution", in: Neumann (Hrsg.), Kriegsfall-Rechtsfall-Sündenfall, 31–59.
Grathoff, Dirk, Kleists Geheimnisse. Unbekannte Seiten einer Biographie, Opladen: Westdeutscher Verlag 1993.
Gray, Richard T., „Hypersign, Hypermoney, Hypermarket. Adam Müller's Theory of Money and Romantic Semiotics", in: New Literary History (Spring 2000) 31.2, 295–314.
Greiner, Bernhard, „‚Ich zerriss ihn'. Kleists Re-Flexion der antiken Tragödie (‚Die Bakchen'-‚Penthesilea')", in: Beiträge zur Kleist-Forschung (2003) 17, 13–28.
Greiner, Bernhard, „‚Welch eine Sonne geht mir auf'. Kleists erotische Fassung des Höhlengleichnisses in der Familie Schroffenstein", in: Emig (Hrsg.), Erotik und Sexualität, 38–51.
Greiner, Bernhard, Kleists Dramen und Erzählungen. Experimente zum ‚Fall' der Kunst. Tübingen/Basel: Francke 2000.
Gribnitz, Barbara, „‚Meine theuerste Ulrike'. Heinrich von Kleist an Ulrike von Kleist. Spuren ihrer Briefbeziehung", in: Breuer, Jastal und Zarychta (Hrsg.), Gesprächsspiele und Ideenmagazine, 85–104.
Gribnitz, Barbara, Schwarzes Mädchen, weißer Fremder. Studien zur Konstruktion von ‚Rasse' und Geschlecht in Heinrich von Kleists Erzählung Die Verlobung in St. Domingo. Würzburg: Königshausen und Neumann 2002.
Griffith, Elystan, „Hermanns Schlachten. Gender, Culture and the German Nation in the Long Eighteenth Century", in: German Life and Letters (2008) 61.1, 118–136.
Griffiths, Elystan, „Gender, Laughter, and the Desecration of Enlightenment. Kleist's Penthesilea as ‚Hundekomödie'", in: Modern Language Review (2009) 104.2, 453–471.
Groddeck, Wolfram, „Die Inversion der Rhetorik und das Wissen von Sprache. Zu Heinrich von Kleists Aufsatz ‚Über die allmähliche Verfertigung der Gedanken beim Reden'", in: Schuller und Müller-Schöll (Hrsg.), Kleist lesen, 101–116.
Gross, Michael, Ästhetik und Öffentlichkeit. Die Publizistik der Weimarer Klassik. Hildesheim: Olms 1994.
Gumbrecht, Hans Ulrich und Friederike Knüpling (Hrsg.), Kleist revisited. Berlin: Suhrkamp 2014.
Gutjahr, Ortrud (Hrsg.), Penthesilea von Heinrich von Kleist. GeschlechterSzenen in Stephan Kimmigs Inszenierung am Thalia Theater Hamburg. Würzburg: Königshausen & Neumann 2006.
Haase, Frank, Kleists Nachrichtentechnik. Eine diskursanalytische Untersuchung. Opladen: Westdeutscher Verlag 1986.
Hacking, Ian, The Emergence of Probability. A Philosophical Study of early Ideas about Probability, Induction and Statistical Inference. Cambridge: Cambridge UP 1978.
Hagen, Wolfgang, „Zur medialen Genealogie der Elektrizität", in: Maresch und Werber (Hrsg.), Kommunikation – Medien – Macht, 133–173.
Hahn, Torsten, „Auferstehungslos. Absolute Ausnahme und Apokalypse in Kleists Robert Guiskard, Herzog der Normänner", in: Pethes (Hrsg.), Ausnahmezustand der Literatur, 21–41.

Hahn, Torsten, „Rauschen, Gerücht und Gegensinn. Nachrichtenübermittlung in Heinrich von Kleists Robert Guiskard", in: Pethes, Hahn und Kleinschmidt (Hrsg.), Kontingenz und Steuerung, 101–121.

Hahn, Torsten, Das Schwarzes Unternehmen. Zur Funktion der Verschwörung bei Friedrich Schiller und Heinrich von Kleist. Heidelberg: Winter 2008.

Haller-Nevermann, Marie und Dieter Rehwinkel (Hrsg.), Kleist. Ein moderner Aufklärer? Göttingen: Wallstein 2005.

Hamacher, Bernd und Christine Künzel (Hrsg.), Tauschen und Täuschen. Kleist und (die) Ökonomie. Frankfurt am Main: Lang 2013.

Hamacher, Bernd, „Schrift, Recht und Moral. Kontroversen um Kleists Erzählen anhand der neueren Forschung zu ‚Michael Kohlhaas'", in: Knittel und Kording (Hrsg.), Neue Wege der Forschung, 254–278.

Hansen, Birgit, „Poetik der Irritation. ‚Penthesilea'-Forschung 1977–2002", in: Knittel und Kording (Hrsg.), Neue Wege der Forschung, 254–278.

Hansen, Uffe, „Der Schlüssel zum Rätsel der Würzburger Reise Heinrich von Kleists", in: Jahrbuch der Deutschen Schillergesellschaft (1991) 35, 170–209.

Hansen, Uffe, „Prinz Friedrich von Homburg und die Anthropologie des animalischen Magnetismus", in: Jahrbuch der Deutschen Schillergesellschaft (2006) 50, 47–79.

Harada, Tesushi, Adam Müllers Staats- und Wirtschaftslehre. Marburg: Metropolis 2004.

Harlos, Dieter, Die Gestaltung psychischer Konflikte einiger Frauengestalten im Werk Heinrich von Kleists. Frankfurt am Main: Lang 1984.

Harms, Ingeborg, „‚Wie fliegender Sommer'. Eine Untersuchung der ‚Höhlenszene' in Heinrich von Kleists Familie Schroffenstein", in: Jahrbuch der deutschen Schillergesellschaft (1984), 270–314.

Harnischfeger, Johannes, „Liebe und Vertrauen in Kleists Verlobung in St. Domingo", in: Beiträge zur Kleist-Forschung (2001), 99–127.

Harst, Joachim, „Zwischen Steuermann und Marionette. Kontrolle, Theatralität und Begehren in Kleists Briefsprache", in: Kleist-Jahrbuch (2013), 95–119.

Hart, Gail, „Anmut's Gender. The ‚Marionettentheater' and Kleist's Revision of ‚Anmut und Würde'", in: Women in German Yearbook (1995) 10, 83–95.

Haverkamp, Anselm und Barbara Vinken, „Die zurechtgelegte Frau. Gottesbegehren und transzendentale Familie in Kleists Marquise von O ...", in: Neumann (Hrsg.), Kriegsfall – Rechtsfall - Sündenfall, 127–147.

Hayles, N. Katherine, Chaos Bound. Orderly Disorder in Contemporary Literature and Science. Ithaca: Cornell UP 1990.

Hayles, N. Katherine, How We Became Posthuman. Virtual Bodies in Cybernetics, Literature, and Informatics. Chicago: Chicago UP 1999.

Hegel, Georg Wilhelm Friedrich, Briefe von und an Hegel. Johannes Hoffmeister (Hrsg.). Hamburg: Meiner 1952.

Hellwig, Johann Christian Ludewig, Das Kriegsspiel. Ein Versuch die Wahrheit verschiedener Regeln der Kriegskunst in einem unterhaltenden Spiele anschaulich zu machen. Braunschweig: Karl Reichard 1803.

Henn, Marianne und Holger A. Pausch (Hrsg.), Body Dialectics in the Age of Goethe. Amsterdam: Rodopi 2003.

Hermand, Jost, „Penthesilea im Kreuzfeuer geschlechtsspezifischer Diskurse", in: Monatshefte (1995 Spring) 87.1, 34–47.

Herrmann, Britta, „Der Fremde und das Mädchen. Heinrich von Kleists Erzählung Die Verlobung in St. Domingo im literarischen Kontext", in: Zeitschrift für Interkulturelle Germanistik (2014) 5.1, 29–50.
Herrmann, Britta, „Erotische (T)Räume in den Briefen Heinrich von Kleist", in: Emig (Hrsg.), Erotik und Sexualität, 9–23.
Herrmann, Hans Peter, „Arminius und die Erfindung der Männlichkeit im 18. Jahrhundert", in: Lützeler und Pan (Hrsg.), Kleists Erzählungen und Dramen, 165–178.
Herrmann, Hans-Christian v., „Bewegliche Heere. Zur Kalkulation des Irregulären bei Kleist und Clausewitz", in: Kleist-Jahrbuch (1998), 227–243.
Herrmann, Leonhard, „Sprechen von den Grenzen der Sprache. Zur Funktion von Briefen im Erzählwerk Heinrich von Kleists", in: Breuer, Jastal und Zarychta (Hrsg.), Gesprächsspiele und Ideenmagazine, 207–220.
Heyse, Paul, „Einleitung zu Deutscher Novellenschatz", in: Kunz (Hrsg.), Novelle, 66–68.
Hibberd, John, „Heinrich von Kleist and Earthquakes. Science, Faith, Superstition and Politics", in: Colloquia Germanica (2002) 35.2, 145–154.
Hibberd, John, „Hot Air over Berlin. Kleist, Balloon Flight and Politics", in: Colloquia Germanica (1998) 31.1, 37–53.
Hibberd, John, „Kleist's Berliner Abendblätter and the Peninsular War", in: German Life and Letters (2001) 54.3, 219–233.
Hibberd, John, „Kleist's ‚Marionettentheater'. ‚Ein politisches Lied'?", in: Oxford German Studies (2001) 30, 80–106.
Hiebel, Hans H., „Reflexe der Französischen Revolution in Heinrich von Kleists Erzählungen", in: Wirkendes Wort (1989) 39.2, 163–180.
High, Jeffrey L., „Crisis, Denial and Outrage. Kleist (Schiller, Kant) and the Path toward the German Novella(s)", in: Fischer und Mehigan (Hrsg.), Heinrich von Kleist and Modernity, 187–203.
Hilgers, Philipp von, Kriegsspiele. Eine Geschichte der Ausnahmezustände und Unberechenbarkeiten. München: Fink 2008.
Hinderer, Walter (Hrsg.), Kleists Dramen. Neue Interpretationen. Stuttgart: Reclam 1981.
Hinderer, Walter (Hrsg.), Codierungen der Liebe in der Kunstperiode. Würzburg: Königshausen & Neumann 1997.
Hinderer, Walter, „Ansichten von der Rückseite der Naturwissenschaft. Antinomien in Heinrich von Kleists Welt- und Selbstverständnis", in: Kleist-Jahrbuch (2005), 21–44.
Hoffmann, Ernst Fedor, „Die Anekdote ‚Mutterliebe' als Modell Kleistschen Dichtens", in: Monatshefte (1972) 64.3, 229–236.
Hoffmann, Hasso, „Individuum und allgemeines Gesetz. Zur Dialektik in Kleists Penthesilea und Prinz Friedrich von Homburg", in: Kleist-Jahrbuch (1987), 137–163.
Hoff-Purviance, Linda „The Form of Kleist's Penthesilea and the Iliad", in: German Quarterly (1982) 55.1, 39–48.
Holm, Isak Winkel, „Earthquake in Haiti. Kleist and the Birth of Modern Disaster Discourse", in: New German Critique (2012) 39.1, 49–66.
Horn, Eva, Der geheime Krieg. Frankfurt am Main: Fischer 2007.
Horn, Eva: „Herrmanns Lektionen. Strategische Führung in Kleists Herrmannsschlacht", in: Kleist-Jahrbuch (2011), 66–90.
Horn, Peter, „Der Terror des antikolonialen Kampfes. Kleist und die Hermannsschlacht", in: Schmidt, Allan, Howe (Hrsg.), Konstruktive und destruktive Funktionen von Gewalt, 133–146.

Horn, Peter, „Hatte Kleist Rassenvorurteile? Eine kritische Auseinandersetzung mit der Literatur zur Verlobung in St. Domingo", in: Monatshefte (1975) 67.2, 117–128.
Horst, Falk, „Kleists Penthesilea oder die Unfähigkeit aus Liebe zu kämpfen", in: Germanisch-Romanische Monatsschrift (1986) 36.2, 150–168.
Horst, Falk, „Kleists Käthchen von Heilbronn – oder hingebende und selbstbezogene Liebe", in: Wirkendes Wort (1996) 46.2, 224–245.
Horst, Falk, „Kleists Kohlhaas. Über die Täuschbarkeit von Beweggründen", in: Wirkendes Wort (1994) 44.1, 47–71.
Howe, George M., „The Possible Source of Kleist's Familie Schroffenstein", in: Modern Language Notes (1923) 38.3, 148–153.
Howe, Steven, „'Des Vaterlandes grauses Sinnbild'. Legitimacy, Performance and Terror in Kleist's Die Herrmannsschlacht", in: German Life and Letters (2011) 64.3, 389–404.
Hubbs, Valentine C., „Die Ambiguität in Kleists Der Prinz Friedrich von Homburg", in: Kleist-Jahrbuch (1981–1982), 184–194.
Huurdeman, Anton A., The Worldwide History of Telecommunications. Hoboken: John Wiley & Sons 2003.
Ibel, Rudolf, Heinrich von Kleist – Schicksal und Botschaft. Hamburg: Holsten Verlag 1961.
Ibrahim, Talib M., Die Darstellung von Naturkatastrophen in der Literatur des 18. und 19. Jahrhunderts. Marburg: Tectum 2011.
Innis, Harold, Empire and Communications. Lanham: Roman & Littlefield 2007.
Jacobs, Carol, „Der Dolch der Sprache. Die Rhetorik des Feminismus", in: Campe (Hrsg.), Penthesileas Versprechen, 19–46.
Jaeger, Stephan und Stefan Willer (Hrsg.), Das Denken der Sprache und die Performanz des Literarischen um 1800. Würzburg: Königshausen & Neumann 2000.
James, Glenn E., Chaos Theory. The Essentials for Military Applications. Newport: Naval War College 1996.
Jansen, Peter K., „'Monk Lewis' und Heinrich von Kleist", in: Kleist-Jahrbuch (1984), 25–54.
Janz, Rolf-Peter, „Die Marionette als Zeugin der Anklage. Zu Kleists Abhandlung ‚Über das Marionettentheater'", in: Hinderer, Kleists Dramen, 31–35.
Japp, Uwe, Stefan Scherer und Claudia Stockinger (Hrsg.), Das romantische Drama. Produktive Synthese zwischen Tradition und Innovation. Tübingen: Niemeyer 2000.
Jastal, Katarzyna, „'Ich kenne die Masse, die ich vor mir habe ...'. Zur Pädagogik in Kleists Brautbriefen", in: Breuer, Jastal und Zarychta (Hrsg.), Gesprächsspiele & Ideenmagazine, 117–130.
Jauß, Hans Robert, „Von Plautus zu Kleist. ‚Amphitryon' im dialogischen Prozeß der Arbeit am Mythos", in: Hinderer (Hrsg.), Kleists Dramen , 114–143.
Johnson, Laurie, „Psychic, Corporeal and Temporal Displacement in Die Familie Schroffenstein", in: Lützeler und Pan (Hrsg.), Kleists Erzählungen und Dramen, 121–133.
Kafka, Franz, Das Schloß. Frankfurt am Main: Fischer 1981.
Kafka, Franz, Briefe an Milena. Frankfurt am Main: Fischer 1986.
Kaiser, Volker, „Epistemological Breakdown and Passionate Eruptions. Kleist's Die Verlobung in St. Domingo", in: Studies in Romanticism (2003) 42.3, 341–367.
Kaminski, Nicola, „Zeitschriftenpublikation als ästhetisches Versuchsfeld oder: Ist Kleists ‚Verlobung' eine Mestize?", in: Zeitschrift für Deutsche Philologie (2011) 130.4, 569–597.
Kantorowicz, Ernst, The King's Two Bodies. A Study in Mediaeval Political Theology. Princeton: Princeton UP 1957.

Kapp, Gabriele, ‚Des Gedankens Senkblei'. Studien zur Sprachauffassung Heinrich von Kleists 1799-1806. Stuttgart: Metzler 2000.
Kaufmann, Stefan, Kommunikationstechnik und Kriegführung 1815–1945. Stufen telemedialer Rüstung. München: Fink 1996.
Kaul, Susanne, „Radikale Rechtskritik bei Kleist", in: Internationales Archiv für Sozialgeschichte der deutschen Literatur (2006) 31.1, 212–222.
Kelemen, Pal, „Erklärungen der Redaktion. Kleists Autorschaftspraktiken in den Berliner Abendblättern", in: Gumbrecht und Knüfling (Hrsg.), Kleist revisited, 163–168.
Kelly, Caleb, Cracked Media. The Sound of Malfunction. Cambridge: MIT Press 2009.
Kempen, Anke van, „Eiserne Hand und Klumpfuß. Die Forensische Rede in den Fällen Götz und Adam", in: Jaeger und Willer (Hrsg.), Das Denken der Sprache und die Performanz des Literarischen um 1800, 151–169.
Kennedy, Barbara H., „For the Good of the Nation. Woman's Body as Battlefield in Kleist's Die Hermannsschlacht", in: Seminar (1994) 30.1, 17–31.
Kim, Hee-Jun, „Identitätskonstruktion im Diskurs der Rassen, dargestellt an Kleists Verlobung in St. Domingo", in: Valentin u.a. (Hrsg.), Germanistik im Konflikt der Kulturen, 123–129.
Kittler, Friedrich, Die Wahrheit der technischen Welt. Essays zur Genealogie die Gegenwart. Berlin: Suhrkamp 2012.
Kittler, Friedrich, „Ein Erdbeben in Chili und Preußen", in: David E. Wellbery (Hrsg.), Positionen der Literaturwissenschaft, 24–38.
Kittler, Friedrich, „Rockmusik. Ein Missbrauch von Heeresgerät", in: Appareils et Machines a Représentation. MANA. Mannheimer Analytica 8 (1998), 87–101.
Kittler, Friedrich, „Romantik – Psychoanalyse – Film. Eine Doppelgängergeschichte", in: Kittler, Die Wahrheit der technischen Welt, 93–112.
Kittler, Friedrich, „Stadt als Medium", in: Kittler, Die Wahrheit der technischen Welt, 181–197.
Kittler, Friedrich, „Vorwort", in: Zeitschrift für Medienwissenschaft (2012) 6.1, 117–126.
Kittler, Friedrich, Aufschreibesysteme 1800 · 1900. München: Fink 1985.
Kittler, Wolf, „Falling after the Fall. The Analysis of the Infinite in Kleist's Marionette Theater", in: Fischer (Hrsg.), Heinrich von Kleist and Modernity, 279–294.
Kittler, Wolf, „Bombenpost", in: Sevin (Hrsg.), Style and Concept, 81–100.
Kittler, Wolf, „Kleist und Clausewitz", in: Kleist-Jahrbuch (1998), 62–79.
Kittler, Wolf, „Militärisches Kommando und tragisches Geschick", Kording und Knittel (Hrsg.), Neue Wege der Forschung, 59–70.
Kittler, Wolf, Die Geburt des Partisanen aus dem Geist der Poesie. Heinrich von Kleist und die Strategie der Befreiungskriege. Freiburg im Breisgau: Rombach 1987.
Klopstock, Meta, ‚Es sind wunderliche Dinger, meine Briefe'. Meta Klopstocks Briefwechsel mit Friedrich Gottlieb Klopstock und mit ihren Freunden 1751–1758. München: Beck 1980.
Kluge, Gerhard, „Die Mißlungene Apotheose des Prinzen von Homburg", in: Neophilologus (1998) 82.2, 279–290.
Knauer, Bettina, „Die umgekehrte Natur. Hysterie und Gotteserfindung in Kleists Käthchen von Heilbronn", in: Emig (Hrsg.), Erotik und Sexualität, 137–151.
Knittel, Anton Philipp und Inka Kording (Hrsg.), Heinrich von Kleist. Neue Wege der Forschung. Darmstadt: Wissenschaftliche Buchgesellschaft 2003.
Knittel, Anton Philipp, „‚Ich bin wieder ein Geschäftsmann geworden'. Der Phöbus im Spannungsfeld von Tausch und Täuschung", in: Hamacher und Künzel (Hrsg.), Tauschen und Täuschen, 35–54.

Knobloch, Hans-Jörg, „Ein Traum in Preußischblau? Zu Kleists Prinz Friedrich von Homburg", in: Aurora. Jahrbuch der Eichendorff Gesellschaft (1996) 56, 47–56.
Koelb, Clayton, „Incorporating the Text. Kleist's Michael Kohlhaas", in: PMLA (1990) 105.5, 1098–10107.
Köhler, Carola, „Aktive Penthesilea - passiver Achill: Das Aufbrechen traditioneller Geschlechterrollen in Heinrich von Kleists Penthesilea", in: Beiträge zur Kleist-Forschung (1997), 60–74.
Kohlross, Christian, „Ist Literatur ein Medium? Heinrich von Kleist über die allmähliche Verfertigung der Gedanken beim Reden und der Monolog des Novalis", in: Neuhofer und Klinkert (Hrsg.) Literatur, Wissenschaft und Wissen seit der Epochenschwelle 1800, 19–33.
Kohlross, Christian, Die poetische Erkundung der wirklichen Welt. Literarische Epistemologie (1800–2000). Bielefeld: Transcript 2010.
Kording, Inka, (V)erschriebenes Ich. Individualität in der Briefkultur des 18. Jahrhunderts – Louise Gottsched, Anna Louisa Karsch, Heinrich von Kleist. Würzburg: Königshausen & Neumann 2014.
Kording, Inka, „Epistolarisches. Überlegungen zu einer Gattung", in: Kleist Jahrbuch (2013), 58–71.
Kording, Inka, „Mediologische Individualität in den Briefen Heinrich von Kleists", in: Beiträge zur Kleist-Forschung (2006), 45–63.
Koschorke, Albrecht, Körperströme und Schriftverkehr. Mediologie des 18. Jahrhunderts. München: Fink 2003.
Koschorke, Albrecht, Die Heilige Familie und ihre Folgen. Ein Versuch. Frankfurt am Main: Fischer 2000.
Kraft, Stephan, „Eine Revisionsverhandlung. Der Zerbrochne Krug und König Ödipus", in: Euphorion (2010) 104.2, 175–197.
Kraft, Stephan, „Fortpflanzung als Staatsaktion. Kleists Amphitryon und die Heilige Familie", in: Weimarer Beiträge. Zeitschrift für Literaturwissenschaft, Ästhetik und Kulturwissenschaften (2006) 52.2, 191–202.
Kraft, Stephan, „Die Nöte Jupiters. Zum Verhältnis von Komödie und Souveränität bei Plautus, Molière und vor allem Kleist", in: Pethes (Hrsg.), Ausnahmezustand der Literatur, 208–225.
Krajewski, Markus, Restlosigkeit. Weltprojekte um 1900. Frankfurt am Main: Fischer 2006.
Krapp, Peter, Noisy Channels. Glitch and Error in Digital Culture. Minneapolis: Minnesota UP 2011.
Kraus, Marcus und Nicolas Pethes (Hrsg.), Literarische Experimentalkulturen. Poetologien des Experiments im 19. Jahrhundert. Würzburg: Königshausen & Neumann 2005.
Kreutzer, Hans Joachim, „Die Utopie vom Vaterland. Kleists politische Dramen", in: Oxford German Studies (1991–1992) 20–21, 69–84.
Kreutzer, Hans Joachim, „Plädoyer für Kleists Bühnenbearbeitung des Zerbrochnen Krugs", in: Kleist-Jahrbuch (1984), 66–76.
Kreutzer, Hans Joachim, „Zeitgenossenschaft. Kleists Amphitryon ein romantisches Drama", in: Japp, Scherer und Stockinger (Hrsg.) Das romantische Drama, 227–239.
Krimmer, Elisabeth und Patricia Simpson (Hrsg.), Enlightened War. Rochester: Camden House 2010.

Krimmer, Elisabeth, „"Die allmähliche Verfertigung des Geschlechts beim Anziehen'. Epistemologies of the Body in Kleist's Die Familie Schroffenstein", in: Henn and Pausch (Hrsg.) Body Dialectics in the Age of Goethe, 347–364.
Krimmer, Elisabeth, „The Gender of Terror. War as (Im)Moral Institution in Kleist's Hermannsschlacht and Penthesilea", in: German Quarterly (2008) 81.1, 66–85.
Krimmer, Elisabeth, „Between Terror and Transcendence. A Reading of Kleist's Michael Kohlhaas", in: German Life and Letters (2011) 64.3, 405–420.
Krimmer, Elizabeth, The Representation of War in German Literature from 1800 to the Present. Cambridge: Cambridge UP 2010.
Krüger-Fürhoff, Irmela Marei, „Den verwundeten Körper lesen. Zur Hermeneutik physischer und ästhetischer Grenzverletzungen im Kontext von Kleists ‚Zweikampf'", in: Kleist-Jahrbuch (1998), 21–36.
Kunz, Josef (Hrsg.), Novelle. Darmstadt: Wissenschaftliche Buchgesellschaft 1973.
Künzel, Christine „Heinrich von Kleists Die Marquise von O …. Anmerkungen zur Repräsentation von Vergewaltigung, Recht und Gerechtigkeit in Literatur und Literaturwissenschaft", in: Figurationen: Gender Literatur Kultur (2000) 1.1, 65–81.
Künzel, Christine, „Der Raub einer Locke oder Lektionen über die ‚Verwertbarkeit' des Menschen in Kleists Herrmannsschlacht", in: Schmidt und Howe (Hrsg.), Konstruktive und destruktive Funktionen von Gewalt, 117–131.
Künzel, Christine, „Die Rächenfehler der Kaufleute. Anmerkungen zu Michael Kohlhaas und Der Findling", in: Künzel und Hamacher (Hrsg.), Tauschen und Täuschen, 183–198.
Kurdi, Imre, „Der Engel, der der Teufel ist. Zum Engel/Teufel-Motiv im Werk von Kleist", in: Emig und Knittel (Hrsg.), Käthchen und seine Schwestern, 121–128.
Kurock, Wolfgang, „Heinrich von Kleist und die Marionette", in: Ugrinsky, Alexej u.a. (Hrsg.), Heinrich von Kleist Studies, 103–108.
Kurz, Gerhard, „Old Father Jupiter. On Kleist's Drama Amphitryon", in: Richter (Hrsg.), Literary Paternity, Literary Friendship, 136–158.
Laplace, Pierre Simon, Essai philosophique sur les probabilités. Paris: Bachelier 1825.
Lawrence, Ryan, „‚In der Götter Namen teilnehmend fühlen'. Zu Kleists Lustspiel Amphitryon", in: Lü u.a. (Hrsg.), Wissensfiguren, 61–75.
Lehmann, Johannes, „Faktum, Anekdote, Gerücht. Zur Begriffsgeschichte der ‚Thatsache' in Kleists Berliner Abendblättern", in: Deutsche Vierteljahresschrift für Literaturwissenschaft und Geistesgeschichte (2015) 89.3, 307–322.
Lehmann, Johannes, „Macht und Zeit in Heinrich von Kleists Erdbeben in Chili", in: Borgards (Hrsg.), Diskrete Gebote, 161–183.
Leitner, Adolf, Heinrich von Kleists Hermannsschlacht im Kontext der napoleonischen Kriege. (Dipl. Arbeit) Wien: Universität Wien 2013.
Liebrand, Claudia, „Das suspendierte Bewusstein. Dissoziation und Amnesie in Kleists Erdbeben in Chili", in: Jahrbuch der Schillergesellschaft (1992), 95–114.
Lin, Yushien, Heinrich von Kleist und die Französische Revolution. Marburg: Tectum 2008.
Lixl, Andreas, „Utopie in der Miniatur. Heinrich von Kleists Aufsatz ‚Über das Marionettentheater'", in: German Quarterly (1983) 56.2, 257–272.
Lorenz, Otto, „Experimentalphysik und Dichtungspraxis. Das ‚geheime Gesetz des Widerspruchs' im Werk Heinrich von Kleists", in: Saul (Hrsg.), Die deutsche literarische Romantik und die Wissenschaften, 72–90.
Lü, Yixu, „Die Fährnisse der verklärten Liebe. Über Kleists Käthchen von Heilbronn", in: Mehigan (Hrsg.), Heinrich von Kleist und die Aufklärung, 169–185.

Lü, Yixu, Anthony Stephens, Alison Lewis und Wilhelm Voßkamp (Hrsg.), Wissensfiguren im Werk Heinrich von Kleists. Berlin: Rombach 2012, 207–222.
Luhmann, Niklas, Die Realität der Massenmedien. Opladen: Westdeutscher Verlag 1996.
Lützeler, Paul Michael und David Pan (Hrsg.), Kleists Erzählungen und Dramen. Neue Studien. Würzburg: Königshausen & Neumann 2001.
Lützeler, Paul Michael, „Verführung und Missionierung. Zu den Exempeln in Die Verlobung in St. Domingo", in: Lützeler und Pan (Hrsg.), Kleist Erzählungen, 35–48.
Lyon, John, „Kleist's Prinz von Homburg and the Crisis of Masculinty", in: Germanic Review, (2008) 83.2, 167–187.
Maresch, Rudolf und Niels Werber (Hrsg.), Kommunikation – Medien – Macht. Frankfurt am Main: Suhrkamp 2000.
Marquardt, Jochen, „Selbsterkenntnis und Verantwortung - Wirkungsstrategische Aspekte der Publizistik Heinrich von Kleists", in: Zeitschrift für Germanistik (1989) 10.5, 558–566.
Martin, James O., „Reading Race in Kleist's ‚Die Verlobung in St. Domingo'", in: Monatshefte (2008) 100.1, 48–66.
Martyn, David, „Figures of the Mean. Freedom, Progress, and the Law of Statistical Averages in Kleist's ‚Allerneuster Erziehungsplan'", in: The Germanic Review (2010) 85, 44–62.
Matala De Mazza, Ethel, „Hintertüren, Gartenpforten und Tümpel. Über Kleists krumme Wege", in: Pethes (Hrsg.), Ausnahmezustand der Literatur, 185–207.
Mathieu, Gustave, „Heinrich von Kleist's Primer for Propaganda Analysis", in: Monatshefte (1954) 46, 375–382.
Maurer, Karl-Heinz, „Gerechtigkeit zwischen Differenz und Identität in Heinrich von Kleists Michael Kohlhaas", in: Deutsche Vierteljahrsschrift für Literaturwissenschaft und Geistesgeschichte (2001) 75.1, 123–144.
Maurer, Kathrin, „Medium/Form-Differenzen. Systemtheoretische Beobachtungen zu Kleists Aufsatz ‚Über das Marionettentheater'", in: Colloquia Germanica (2002) 35.3–4, 217–237.
Maxwell, James Clerk, „On Governors", in: Proceedings of the Royal Society of London (16. London 1868), 270–283.
McAllister, Grant Profant, „Who's dad? Questions of Paternity in Kleist's Die Marquise von O ...", in: Colloquia Germanica (2004) 37.1, 27–49.
McAllister, Grant Profant, Kleist's Female Leading Characters and the Subversion of Idealist Discourse. New York: Lang 2005.
Mehigan, Tim (Hrsg.), Heinrich von Kleist und die Aufklärung. Rochester: Camden House 2000.
Mehigan, Tim, „Amphitryon und das experimentum crucis des Gefühls", in: Mehigan (Hrsg.) Heinrich von Kleist und die Aufklärung, 113–126.
Meister, Monika, „Verführt. Mikrostrukturen der Gewalt in Kleists Das Käthchen von Heilbronn oder Die Feuerprobe", in: Kriwak und Pröll (Hrsg.), Kleist zur Gewalt, 201–211.
Meister, Monika, „Eves beschämte Rede und die Wendungen szenischer Darstellung. Zum ‚unsichtbaren Theater' Kleists", in: Emig (Hrsg.), Erotik und Sexualität, 52–68.
Mejer, Gerrit und Sjoerd Mejer, „Influence of the Code Civil in the Netherlands", in: European Journal of Law and Economics (2002) 14, 227–236.
Mendelssohn, Moses, „Psychologische Betrachtungen auf Veranlassung einer von dem Herrn Oberkonsistorialrath Spalding an sich selbst gemachten Erfahrung", in: Gnothi Sauton oder Magazin zur Erfahrungsseelenkunde, Bd.1.3, Berlin: Mylius 1783, 46–75.
Meyer, Reinhart, Novelle und Journal. 1. Titel und Normen. Untersuchungen zur Terminologie der Journalprosa, zu ihren Tendenzen, Verhältnissen und Bedingungen. Stuttgart: Meyer 1987.

Michalzik, Peter, Kleist. Dichter, Krieger, Seelensucher. Berlin: Propyläen-Verlag 2011.
Michelsen, Peter, „Der Imperativ des Unmöglichen. Über Heinrich von Kleists Penthesilea", in: Zimmermann (Hrsg.), Antike Tradition und Neuere Philologien, 127–150.
Michelsen, Peter, „Die Lügen Adams und Evas Fall. Heinrich von Kleists Der zerbrochene Krug", in: Gajek und Pfaff (Hrsg.), Geist und Zeichen, 268–304.
Miezskowski, Jan, „Breaking the Laws of Language. Freedom and History in Kleist's Prinz Friedrich von Homburg", in: Studies in Romanticism (2000) 39.1, 111–137.
Moran, Daniel J., „Cotta and Napoleon. The French Pursuit of the Allgemeine Zeitung", in: Central European History (1981) 14.2, 91–109.
Moser, Christian, „Abgelenkte Falllinien. Kleist, Newton und die epistemische Funktion anekdotischen Erzählens", in: Lü u.a. (Hrsg.), Wissensfiguren, 169–191.
Mühlher, Robert, Kleists und Adam Müllers Freundschaftskrise. Wien: Europa-Verlag 1948.
Müller Seidel, Walter, „Penthesilea im Kontext der deutschen Klassik", in: Hinderer (Hrsg.), Kleists Dramen. Neue Interpretationen, 144–171.
Müller, Adam, Die Elemente der Staatskunst. Berlin: Sander 1809.
Müller, Adam, Versuche einer neuen Theorie des Geldes mit besonderer Rücksicht auf Großbritannien. Leipzig: Brockhaus 1816.
Müller, Adam, Kritische/ästhetische und philosophische Schriften. 2 Bände. Walter Schroeder und Werner Siebert (Hrsg.). Berlin: Luchterhand 1967.
Müller, Gernot, „Die Penthesilea als poetisches Panorama", in: Knittel und Kording (Hrsg.), Neue Wege der Forschung, 89–110.
Müller, Nadja, „Politik, Selbstsorge und Gender. Heinrich von Kleist in seinen Brautbriefen", in: Breuer, Jastal und Zarychta (Hrsg.), Gesprächsspiele & Ideenmagazine, 131–143.
Müller-Michaels, Harro, „Denkübungen Heinrich von Kleists. Von der Provokation des Fragens", in: Kleist-Jahrbuch (2013), 84–94.
Müller-Salget, Klaus, „,Anything Goes?' Reinhard Pabst und die ‚Würzburger Reise'", in: Kleist-Jahrbuch (1998), 317–321.
Müller-Salget, Klaus, Heinrich von Kleist. Stuttgart: Reclam 2011.
Müller-Seidel, Walter (Hrsg.), Heinrich von Kleist. Aufsätze und Essays. Darmstadt: Wissenschaftliche Buchgesellschaft 1967.
Nakoryako, V.E., „Napoleon, Innovation, Modernization, and Science", in: European Journal of Law and Economics, (2002) 14.191, 193–195.
Nancy Nobile, „,Der Buchstabe deines Willens'. Kleist's Prinz Friedrich von Homburg and the Letter of the Law", in: Germanic Review, (1997) 72.4, 317–341.
Nehring, Wolfgang, „Kleists Prinz von Homburg-Die Marionette auf dem Weg zum Gott", in: German Quarterly (1971) 44.2, 172–184.
Neuhofer, Monika und Thomas Klinkert, Literatur, Wissenschaft und Wissen seit der Epochenschwelle um 1800. Theorien, Epistemologie, komparatistische Fallstudien. Berlin: de Gruyter 2008.
Neumann, Gerhard (Hrsg.), Heinrich von Kleist. Kriegsfall – Rechtsfall – Sündenfall. Freiburg im Breisgau: Rombach 1994.
Neumann, Gerhard, „Hexenküche und Abendmahl. Die Sprache der Liebe im Werk Heinrich von Kleists", in: Hinderer (Hrsg.), Codierungen der Liebe, 169–196.
Neumann, Gerhard, „Ritualisierte Kontingenz", in: Graevenitz und Marquardt (Hrsg.), Kontingenz, 334–372.
Neumann, Gerhard, „Anekdote und Novelle. Zum Problem literarischer Mimesis im Werk Heinrich von Kleists", in: Knittel und Kording (Hrsg.), Neue Wege der Forschung, 177–202.

Neumann, Gerhard, „Das Stocken der Sprache und das Straucheln des Körpers. Umriss von Kleists kultureller Anthropologie", in: Neumann (Hrsg.), Kriegsfall – Rechtsfall – Sündenfall, 13–29.
Neumann, Gerhard, „Skandalon. Geschlechterrolle und soziale Identität in Kleists ‚Marquise von O....' und in Cervantes' Novelle ‚La fuerza de la sangre'", in: Neumann (Hrsg.), Kriegsfall – Rechtsfall – Sündenfall, 149–192.
Newman, Gail „‚Du bist nicht anders als ich'. Kleist's Correspondence with Wilhelmine von Zenge", in: German Life and Letters (1989) 42.2, 101–112.
Newman, Gail, „The Status of the Subject in Novalis' Heinrich von Ofterdingen and Kleist's Die Marquise von O...", in: German Quarterly (1989) 62.1, 59–71.
Niebisch, Arndt, „The Telegraphic Village. Communication and Empire in Kleist and Verne", in: South Atlantic Review (2009) 74.2, 93–110.
Niebisch, Arndt, „Kleists Turbulenzen oder ‚lernen von der Natur'", in: Lili (2014) 173, 37–51.
Niebisch, Arndt, „Military Intelligence. On Carl von Clausewitz's Hermeneutics of Disturbance and Probability", in: Krimmer und Simpson (Hrsg.), Enlightened War, 258–278.
Niekerk, Carl, „Men in Pain. Disease and Displacement in ‚Der Findling'", in: Lützeler und Pan (Hrsg.), Neue Studien, 107–119.
Niekerk, Carl, „The Legacy of Enlightenment Anthropology and the Construction of the Primitive Other in Kleist's Die Verlobung in St. Domingo", in: Sevin und Zeller (Hrsg.), Style and Concept, 231–243.
Nobile, Nancy, „‚Die Kunst des hellen Mittags'. Entertainment and the Public Sphere in Kleist's Das Käthchen von Heilbronn", in: Modern Language Notes (2014) 129.3, 640–657.
Nobile, Nancy, The School of Days. Heinrich von Kleist and the Traumas of Education. Detroit: Wayne State UP 1999.
Nohr, Rolf F. und Stefan Böhme, „Die Auftritte des Krieges sinnlich machen". Johann C. L. Hellwig und das Braunschweiger Kriegsspiel. Braunschweig: Appelhans 2009.
Nölle, Volker, „Eine ‚gegenklassische' Verfahrensweise. Kleists Penthesilea und Schillers Jungfrau von Orleans", in: Beiträge zur Kleist-Forschung (1999) 13, 158–174.
Novalis, Schriften. Die Werke Friedrich von Hardenbergs. Paul Kluckhohn und Richard Samuel (Hrsg.). Stuttgart: Kohlhammer, 1977–2006.
Oberzaucher-Schüller, Gunhild, „Leben und Werk des Herrn C. Eine Marginalie zu Kleists Über das Marionettentheater", in: Oberzaucher-Schüller, Brandenburg und Woitas (Hrsg.), Prima la danza!, 233–252.
Oberzaucher-Schüller, Gunhild, Daniel Brandenburg und Monika Woitas (Hrsg.), Prima la danza! Würzburg: Königshausen & Neumann 2004.
Ockert, Karin, Recht und Liebe als symbolisch generalisierte Kommunikationsmedien in den Texten Heinrich von Kleists. St. Ingbert: Röhrig Univ.-Verl. 2005.
Ortmann, Günther, Management in der Hypermoderne. Kontingenz und Entscheidung. Wiesbaden: Verlag für Sozialwissenschaften 2009.
Oschmann, Dirk, „How to Do Words with Things. Heinrich von Kleists Sprachkonzept", in: Colloquia Germanica (2003) 36.1, 3–26.
Pabst, Rheinhard, „‚Am wichtigsten Tag meines Leben'. Kleists größtes Geheimnis – zwei vorzügliche Brief-Editionen rollen eines der berühmtesten Rätsel der deutschen Literaturgeschichte wieder auf", in: Focus (17. November 1997) 47, 156–160.
Page, Scott E., „Path Dependence", in: Quarterly Journal of Political Science (2006) 1, 87–115.
Pan, David, „The Aesthetic Foundation of Morality in Das Erdbeben in Chili", in: Lü u.a. (Hrsg.), Wissensfiguren, 49–59.

Pan, David, „Defending the Premodern Household against the Bourgeois Family. Anti-Enlightenment Anticolonialism in Heinrich von Kleist's Die Verlobung in St. Domingo", in: Colloquia Germanica (1999) 32.2, 165–199.
Pan, David, „Representing the Nation in Heinrich von Kleist's Prinz Friedrich von Homburg", in: Fischer und Mehigan (Hrsg.), Heinrich von Kleist and Modernity, 93–111.
Pelters, Wilm, Paul Schimmelpfennig und Karl Menges (Hrsg.), Wahrheit und Sprache. Festschrift für Bert Nagel zum 65. Geburtstag am 27. August 1972. Goppingen: Kummerle 1972.
Perraudin, Michael, „Bebekan's ‚Brille' and the Rejuvenation of Congo Hoango. A Reinterpretation of Kleist's Story of the Haitian Revolution", in: Oxford German Studies (1991–1992) 20–21, 85–103.
Peters, Sibylle, Heinrich von Kleist und der Gebrauch der Zeit. Von der MachArt der Berliner Abendblätter. Würzburg: Königshausen & Neumann 2003.
Pethes, Nicholas, Torsten Hahn und Erich Kleinschmidt (Hrsg.), Kontingenz und Steuerung. Literatur als Gesellschaftsexperiment. Würzburg: Königshausen & Neumann 2004.
Pethes, Nicolas (Hrsg.), Ausnahmezustand der Literatur. Neue Lektüren zu Heinrich von Kleist. Göttingen: Wallstein 2011.
Pfeiffer, Joachim, „Die wiedergefundene Ordnung. Literaturpsychologische Anmerkungen zu Kleists ‚Die Marquise von O ...'", in: Jahrbuch für Internationale Germanistik (1987) 19.1, 36–53.
Pfeiffers, Joachim, „Grenzüberschreitungen. Der Geschlechterdiskurs in Kleists Penthesilea", in: Recherches Germaniques (2005) 35, 23–36.
Pias, Claus, Computer Spiel Welten. Zürich, Berlin: Diaphanes 2002.
Pias, Claus, Cybernetics | Kybernetik. The Macy-Conferences 1946–1953. 2 Bde., Zürich, Berlin: Diaphanes 2003.
Pickerodt, Gerhart, „Penthesilea und Kleist. Tragödie der Leidenschaft und Leidenschaft der Tragödie", in: Germanisch-Romanische Monatsschrift (1987) 37.1, 52–67.
Pierer's Universal-Lexikon. Altenburg: Pierer 1857–1865
Politzer, Heinz, „Auf der Suche nach Identität. Zu Heinrich von Kleists Würzburger Reise", in: Euphorion (1967) 61, 383–399.
Politzer, Heinz, „Der Fall der Frau Marquise. Beobachtungen zu Kleists Die Marquise von O...", in: Deutsche Vierteljahrsschrift für Literaturwissenschaft und Geistesgeschichte (1977) 51, 98–128.
Postman, Neil, Amusing Ourselves to Death. Public Discourse in the Age of Show Business. Penguin: New York 1985.
Prandi, Julie D., „Woman Warrior as Hero. Schiller's Jungfrau von Orleans and Kleist's Penthesilea", in: Monatshefte (1985) 77.4, 403–414.
Pugmires, Troy A., „Ein Vergleich: Heinrich von Kleists Michael Kohlhaas und die ‚Rote Armee Fraktion'", in: Utah Foreign Language Review (1993–1994), 124–137.
Raihala, Lorelle, „Who Has Control of the Marquise's Life? ", in: Lützeler und Pan (Hrsg.), Neue Studien, 93–106.
Reeve, William C., „Ein dunkles Licht. The Court Secretary in Kleist's Der zerbrochene Krug", in: Germanic Review (1983) 58.2, 58–65.
Reeve, William C., Kleist's Aristocratic Heritage and Das Käthchen von Heilbronn. Montreal: McGill-Queen's UP 1991.
Reeve, William C., „Die Hermannsschlacht. A Prelude to Prinz Friedrich von Homburg", in: Germanic Review (1988) 63.3, 121–132.

Reininger, Anton, „Sprache, Macht und die Mechanismen der Komik. Heinrich von Kleists Der zerbrochene Krug", in: Studia Theodisca (2002) 9, 157–169.
Reuß, Roland und Peter Staengle (Hrsg.), Brandeburger Kleist-Blätter, 11. Basel und Frankfurt am Main: Stroemfeld 1997.
Reuß, Roland, „Im Freien?". Kleist-Versuche. Frankfurt am Main: Stroemfeld 2010.
Richard, Samuel, „Heinrich von Kleists Robert Guiskard und seine Wiederbelebung 1807–1808", in: Kleist-Jahrbuch (1981–1982), 315–348.
Richter, Gerhard (Hrsg.), Literary Paternity, Literary Friendship. Chapel Hill: U of North Carolina P 2002.
Riedl, Peter Philipp, „Die Macht des Mündlichen. Dialog und Rhetorik in Heinrich von Kleists Über die allmähliche Verfertigung der Gedanken beim Reden", in: Euphorion (2004) 98.4, 129–151.
Rieger, Stefan, „Choreographie und Regelung. Bewegungsfiguren nach Kleists ‚Marionettentheater'", in: Kleist-Jahrbuch (2007), 162–181.
Rieger, Stefan, Speichern/Merken. Die künstliche Intelligenz des Barock. München: Fink 1997.
Rigby, Kate, „Das Erdbeben in Chili and the Romantic Reframing of ‚Natural Disaster'", in: Lü u.a. (Hrsg.), Wissensfiguren, 137–149.
Rohrwasser, Michael, „Eine Bombenpost. Über die allmähliche Verfertigung der Gedanken beim Schreiben", in: Arnold (Hrsg.), Text+Kritik, 151–162.
Roussel, Martin, „Kleists Zerbrochner Krug im Entzug des Bildes", in: Lü u.a. (Hrsg.), Wissensfiguren, 41–60.
Rupert, Lucia, Dances of the Self in Heinrich von Kleist. E.T.A. Hoffmann and Heinrich Heine. Ashgate: Hampshire 2006.
Rushing, James A., „The Limitations of the Fencing Bear. Kleist's ‚Über das Marionettentheater' as Ironic Fiction", in: German Quarterly (1998) 61.4, 528–539.
Ryan, Lawrence, „Die ‚vaterländische Umkehr' in der Hermannsschlacht", in: Hinderer (Hrsg.), Kleists Dramen, 188–212.
Sadger, Isidor, Heinrich von Kleist. Eine pathographisch-psychologische Studie. Wiesbaden: Bergmann 1910.
Saul, Nicholas (Hrsg.), Die deutsche literarische Romantik und die Wissenschaften. München: Iudicium 1991.
Schadewaldt, Wolfgang, „Der ‚Zerbrochene Krug' von Heinrich von Kleist und Sophokles' ‚König Ödipus'", in: Müller-Seidel (Hrsg.), Heinrich von Kleist. Aufsätze und Essays, 317–325.
Schelling, Friedrich Wilhelm Joseph, Philosophie der Kunst, in: Schelling, Sämtliche Werke. Abt. I, Bd. 5, Stuttgart: Cotta 1859, 353–736.
Schestag, Thomas, „Friend ... Brockes. Heinrich von Kleist in Letters", in: Eighteenth Century Studies (1998–1999) 32.2, 261–277.
Schiller, Friedrich, „Ueber Anmuth und Würde", in: Neue Thalia (1793) III, 115–230.
Schiller, Friedrich, Philosophische Briefe, in: Thalia (1786) 3, 100–139.
Schindler, Stephan K., „Die blutende Brust der Amazone. Bedrohliche weibliche Sexualität in Kleists Penthesilea", in: Lützeler und Pan (Hrsg.), Neue Studien, 191–202.
Schlegel, Friedrich, Kritische Friedrich Schlegel Ausgabe, Ernst Behler u.a. (Hrsg.). Schöningh: Paderborn 1961ff.
Schlossbauer, Frank, „Das Lustspiel als Lust-Spiel. Eine Analyse des Komischen in Heinrich von Kleists Der zerbrochene Krug", in: Zeitschrift für Germanistik (1992) 2.3, 526–549.
Schmidhäuser, Eberhard, „Das Verbrechen in Kleists Marquise von O .... Eine nur am Rande strafrechtliche Untersuchung", in: Kleist-Jahrbuch (1986), 156–175.

Schmidt, Herminio, „Heinrich von Kleist's Poetic Technique. Is it based on the principle of Electricity?", in: Heinrich von Kleist Studies, 203–213.
Schmidt, Hermino, Heinrich von Kleist. Naturwissenschaft als Dichtungsprinzip. Bern: Paul Haupt 1978.
Schmidt, Ricarda, Seán Allan und Steven Howe (Hrsg.), Heinrich von Kleist. Konstruktive und destruktive Funktionen von Gewalt. Würzburg: Königshausen & Neumann 2012.
Schmitt, Carl, Politische Romantik. München und Leipzig: Duncker & Humblot 1919.
Schmitt, Carl, Theorie des Partisanen. Zwischenbemerkung zum Begriff des Politischen. Berlin: Duncker & Humblot 1963.
Schneider, Helmut J., „Entzug der Sichtbarkeit. Kleists Penthesilea und die klassische Humanitätsdramaturgie", in: Campe (Hrsg.), Penthesileas Versprechen, 127–151.
Schneider, Helmut J., „Herrschaftsgenealogie und Staatsgemeinschaft. Zu Kleists Dramaturgie der Moderne im Prinzen von Homburg", in: Fischer and Mehigan (Hrsg.), Heinrich von Kleist and Modernity, 113–130.
Schneider, Helmut, „Dekonstruktion des hermeneutischen Körpers. Kleists Aufsatz ‚Über das Marionettentheater' und der Diskurs der klassischen Ästhetik", in: Kleist-Jahrbuch (1998), 153–175.
Schott, Heinz, „Erotik und Sexualität im Mesmerismus. Anmerkungen zum Käthchen von Heilbronn", in: Emig (Hrsg.), Erotik und Sexualität, 152–174.
Schrader, Hans-Jürgen, „‚Denke Du wärest in das Schiff meines Glückes gestiegen'. Widerrufene Rollenentwürfe in Kleists Briefen an die Braut", in: Kleist-Jahrbuch (1983), 122–179.
Schrader, Hans-Jürgen, „Unsägliche Liebesbriefe. Heinrich von Kleist an Wilhelmine von Zenge", in: Kleist-Jahrbuch (1981/82), 86–96.
Schröder, Jürgen, „Kleists Amphitryon – Die Eifersucht der Doppelgänger. Versuch einer Unterinterpretation", in: Emig (Hrsg.), Erotik und Sexualität, 85–99.
Schubert, Ernst, „Der Zweikampf. Ein mittelalterliches Ordal und seine Vergegenwärtigung bei Heinrich von Kleist", in: Kleist-Jahrbuch (1988–1989), 280–308.
Schuller, Marianne und Nikolaus Müller-Schöll (Hrsg.), Kleist lesen. Bielefeld: transcript Verlag 2003.
Schuller, Marianne, „Liebe ohne Gleichen. Bildersprache in Kleists Trauerspiel Penthesilea", in: Campe (Hrsg.), Penthesileas Versprechen, 47–59.
Schuller, Marianne, „Bild im Text. Zu Kleists Erzählung Der Findling", in: Fliedl, Oberreither und Serles (Hrsg.), Gemälderedereien, 42–50.
Schuller, Marianne, „Literatur und Wissenschaft. Am Beispiel von Kleists ‚Die Verlobung in St. Domingo'", in: Wirth (Hrsg.), Literarische Trans-Rationalität, 353–360.
Schuller, Marianne, „Penthesilea weint. Zum Problem der Darstellbarkeit auf dem Theater", in: Gutjahr (Hrsg.), Penthesilea, 83–94.
Schumpeter, Joseph A., Capitalism, Socialism and Democracy. New York/London: Harper 1942.
Seeba, Hinrich, „Der Sündenfall des Verdachts. Identitätskrise und Sprachskepsis in Kleists Familie Schroffenstein", in: Deutsche Vierteljahrsschrift für Literaturwissenschaft und Geistesgeschichte (1970) 4, 62–100.
Sembdner, Helmut (Hrsg.), Heinrich von Kleists Lebensspuren. Dokumente und Berichte. München: DTV 1969.
Sembdner, Helmut (Hrsg.), Heinrich von Kleists Nachruhm. Eine Wirkungsgeschichte in Dokumenten. München: DTV 1977.
Sembdner, Helmut (Hrsg.), Phöbus. Ein Journal für die Kunst. Hildesheim: Olms 1987.

Sembdner, Helmut, „Die Doppelgänger des Herrn von Kleist. Funde und Irrtümer der Kleistforschung", in: Jahrbuch der Deutschen Schillergesellschaft (1991) 38, 116–138.
Sembdner, Helmut, „Kleist und Falk. Zur Entstehungsgeschichte von Kleists Amphitryon", in: Jahrbuch der Deutschen Schillergesellschaft (1969) 13, 361–396.
Sembdner, Helmut, Die Berliner Abendblätter Heinrich von Kleists, ihre Quellen und ihre Redaktion. Berlin: Weidmannsche Verlagsbuchhandlung 1939.
Sembdner, Helmut, Kleists Aufsatz über das Marionettentheater. Studien und Interpretationen. Berlin: Schmidt 1967.
Serres, Michel, Der Parasit. Frankfurt am Main: Suhrkamp 1981.
Sevin, Dieter und Christoph Zeller (Hrsg.), Heinrich von Kleist. Style and Concept. Berlin: de Gruyter 2013.
Seyhan, Azade, „Moral Agency and the Play of Chance. The Ethics of Irony in Der Zweikampf", in: Lützeler und Pan (Hrsg.), Neue Studien, 25–34.
Shannon, Claude E., Mathematical Theory of Communication. Urbana: Illinois UP 1949.
Shorter, Edward, Die Geburt der modernen Familie. Reinbek bei Hamburg: Rowohlt 1983.
Siebert, Eberhard, „War Heinrich von Kleist als Industriespion in Würzburg?", in: Jahrbuch Preußischer Kulturbesitz (1985), 185–206.
Siegert, Bernhard, Relais. Geschicke der Literatur als Epoche der Post. Berlin: Brinkmann & Bosse 1993.
Sng, Zachary, „'Inaccurate, as lady linguists often are'. Herodot und Kleist über die Sprache der Amazonen", in: Campe (Hrsg.), Penthesileas Versprechen, 61–91.
Soichiro, Itoda, „Die Funktion des Paradoxons in Heinrich von Kleists Aufsatz Über die Allmähliche Verfertigung der Gedanken beim Reden", in: Kleist-Jahrbuch (1991), 219–228.
Specht, Benjamin, Physik als Kunst. Die Poetisierung der Elektrizität um 1800. Berlin: de Gruyter 2010
Spoerhase, Carlos (Hrsg.), Robert Guiskard. Herzog der Normänner. Stuttgart: Reclam 2011.
Spreen, Dierk, Krieg und Gesellschaft. Die Konstitutionsfunktion des Krieges für moderne Gesellschaften. Berlin: Duncker & Humblot 2008.
Spreen, Dierk, Tausch, Technik, Krieg. Die Geburt der Gesellschaft im technisch-medialen Apriori. Hamburg: Argument 1998.
Staengle, Peter, „'noch ein Blättchen Papier für Dich'. Zu Heinrich v. Kleists Brief an Wilhelmine v. Zenge vom 20./21. August 1800", in: Modern Language Notes (2002) 117.3, 576–583.
Stark, Susanne (Hrsg.), The Novel in Anglo-German Context. Cultural Currents and Affinities. Amsterdam: Rodopi 2000.
Steig, Reinhold, Heinrich von Kleist's Berliner Kämpfe. Berlin, Stuttgart: Spemann 1901.
Stephens, Anthony und Yixu Lü, „Die Ersetzbarkeit des Menschen. Alter Ego und Stellvertreter im Werk Heinrich von Kleists", in: Jahrbuch der Deutschen Schillergesellschaft (1994) 38, 116–138.
Stephens, Anthony, „'Ich nur, ich weiß den Göttersohn zu fällen'. Die Änigmen der Einsicht in Kleists Penthesilea", in: Lü u.a. (Hrsg.), Wissensfiguren, 91–110.
Stephens, Anthony, „Kleists Familienmodelle", in: Kleist-Jahrbuch (1988/89), 222–237.
Stingelin, Martin, Davide Giuriato und Sandro Zanetti (Hrsg.), ‚Mir ekelt vor diesem tintenklecksenden Säkulum'. Schreibszenen im Zeitalter der Manuskripte. München: Fink 2004.
Struck, Wolfgang, „Die Nachlässigkeit des Boten. Heinrich von Kleists ‚Kunst des Anekdotisirens'", in: Lü u.a.(Hrsg.), Wissensfiguren, 193–205.
Szondi, Peter, „Amphitryon. Kleists ‚Lustspiel nach Molière'", in: Euphorion 1961, 249–259.

Tellenbach, Hubert, „Die Aporie der wahnhaften Querulanz. Das Verfallen an die Pflicht zur Durchsetzung des Rechts in H. v. Kleists Michael Kohlhaas", in: Colloquia Germanica (1973) 7, 1–8.
Thalmann, Marianne, „Das Jupiterspiel in Kleists Amphitryon", in: Maske und Kothurn. Internationale Beiträge zur Theaterwissenschaft (1963) 9, 56–67
Theisen, Bianca, „‚Helden und Köter und Frauen'. Kleists Hundekomödie", in: Campe (Hrsg.), Penthesileas Versprechen, 153–164.
Theisen, Bianca, „Dancing with Words. Kleist's ‚Marionette Theater'", in: Modern Language Notes (2006) 121.3, 522–529.
Theisen, Bianca, „Gerahmte Rahmen. Kommunikation und Metakommunikation in Kleists ‚Marquise von O…'", in: Mehigan (Hrsg.), Heinrich von Kleist und die Aufklärung, 158–168.
Theisen, Bianca, „Strange News. Kleist's Novellas", in: Fischer (Hrsg.), Companion to the Works of Heinrich von Kleist, 81–102.
Theisen, Bianca, Bogenschluss. Kleists Formalisierung des Lesens, Freiburg im Breisgau: Rombach 1996.
Theisen, Joachim, „‚Es ist ein Wurf, wie mit dem Würfel; aber es gibt nichts anderes'. Kleists Aufsatz Über die allmähliche Verfertigung der Gedanken beim Reden", in: Deutsche Vierteljahrsschrift für Literaturwissenschaft und Geistesgeschichte (1997) 68.4, 717–744.
Tieck, Ludwig, „Vorbericht zur dritten Lieferung", in: Kunz (Hrsg.), Novelle, 52–55.
Trüstedt, Katrin, „Novelle der Stellvertretung. Kleists Michael Kohlhaas", in: Zeitschrift für Deutsche Philologie (2011) 130.4, 545–568.
Tscholl, Georg, Krumme Geschäfte. Kleist, die Schrift, das Geld und das Theater. Würzburg: Königshausen & Neumann 2005.
Tucker, Brian „‚Die Stunde der Entscheidung'. Ordeal and Uncertainty in Kleist's ‚Der Zweikampf'", in: Monatshefte (2009) 101.4, 469–482.
Twellmann, Markus und Thomas Weitin, „Selbstregulierung als Provokation. Eine kurze Einleitung", in: Modern Language Notes (2008) 123, 439–443.
Ueding, Gert, „Zweideutige Bilderwelt. ‚Das Käthchen von Heilbronn'", in: Hinderer (Hrsg.), Neue Interpretationen, 172–187.
Ugrinsky, Alexej u.a. (Hrsg.), Heinrich von Kleist Studies. New York: AMS 1980.
Valentin, Jean-Marie u.a.(Hrsg.), Germanistik im Konflikt der Kulturen. Divergente Kulturräume in der Literatur; Kulturkonflikte in der Reiseliteratur. Bern: Lang 2007.
Vinken, Barbara, „Deutsches Halaly. Rhetorik der Hetzjagd in Kleists Herrmannsschlacht", in: Rhetorik (2010) 29, 95–112.
Vismann, Cornelia, Akten. Medientechnik und Recht. Frankfurt am Main: Fischer 2010.
Vismann, Cornelia, Medien der Rechtsprechung. Frankfurt am Main: Fischer 2011.
Voßkamp, Wilhelm, „Wissen und Wissenskritik. Kleist als Briefschreiber", in: Lü u.a. (Hrsg.), Wissensfiguren, 223–233.
Walker, John, „‚Und was, wenn Offenbarung uns nicht wird'. Kleist's Kantkrise and Theatrical Revalation in Amphitryon", in: Oxford German Studies (1993) 22, 84–110.
Wawro, Geoffrey, Warfare and Society in Europe 1791–1914. London: Routledge 2000.
Webber, Andrew, The Doppelgänger. Double Visions in German Literature. Oxford: Oxford UP 1996.
Weber, Christoph, „Santiagos Untergang – Lissabons Schrecken. Heinrich von Kleists Erdbeben in Chili im Kontext des Katastrophendiskurses im 18. Jahrhundert", in: Monatshefte (2012) 104.3, 317–336.

Weder, Katharine, Kleists magnetische Poesie. Experimente des Mesmerismus. Göttingen: Wallstein 2008.
Weigel, Alexander, „‚Unmaßgebliche Bemerkungen'. Strategien Kleists im Kampf um das Nationaltheater in den Berliner Abendblättern 1810", in: Kleist-Jahrbuch (2007), 133–151.
Weinacht, Paul Ludwig, „The Sovereign German States and the Code Napoléon", in: European Journal of Law and Economics (2002) 14, 205–213.
Weineck, Silke-Maria, „Thoughts before a Line by Kleist", in: Germanic Review (2010) 85.1, 63–69.
Weinberg, Manfred, „‚... und dich weinen'. Natur und Kunst in Heinrich von Kleists Das Käthchen von Heilbronn", in: Deutsche Vierteljahrsschrift für Literaturwissenschaft und Geistesgeschichte (2005) 79.4, 568–601.
Weing, Siegfried, The German Novella. Two Centuries of Criticism. Columbia: Camden House 1994.
Weiss, Herrmann, „Heinrich von Kleists Freund Ludwig von Brockes", in: Beiträge zur Kleist-Forschung (1996), 102–132.
Weiss, Herrmann, „Zur Datierung von Heinrich von Kleists politischen Schriften des Jahres 1809", in: Neophilologus (1983) 67.4, 568–574.
Weiss, Sydna Stern, „Kleist and Mathematics. The Non-Euclidean Idea in the Conclusion of the Marionettentheater Essay", in: Ugrinsky u.a. (Hrsg.), Heinrich von Kleist Studies, 117–126.
Weiße, Christian Felix, Der Krug geht so lange zu Wasser, bis er zerbricht; oder der Amtmann. Alexander Košenina (Hrsg.). Hannover: Wehrhahn 2013.
Weitin, Thomas, „Schiller als Kybernetiker", in: Modern Language Notes (2008) 123.3, 485–510.
Wellbery, David E. (Hrsg.), Positionen der Literaturwissenschaft. Acht Modellanalysen am Beispiel von Kleists ‚Das Erdbeben in Chili'. München: Beck 1993.
Werber, Niels, Geopolitik der Literatur. Eine Vermessung der medialen Weltraumordnung. München: Hanser 2007.
Werlen, Hans Jakob, „Seduction and Betrayal: Race and Gender in Kleist's ‚Die Verlobung in St. Domingo'", in: Monatshefte (1992) 84.4, 459–471.
Wharram, C.C., „Desire in the Literary Field. Hagiography, History, and Anagrams in Kleist's Der Findling", in: Germanic Review (2004) 79.4, 227–246.
Wheatley, Henry Benjamin, Of Anagrams. A Monograph Treating of their History from the Earliest Ages to the Present Time. London: Williams & Norgate 1862.
Whitinger, Raleigh, „Tales and Texts. Patterns of Self-Reflexivity in Kleist's Michael Kohlhaas", in: Michigan Germanic Studies (1999) 25.2, 167–187.
Wickert, Gabriele, Das verlorene heroische Zeitalter. Held und Volk in Heinrich von Kleists Dramen. Bern: Lang 1983.
Wiener, Norbert, Cybernetics. Or Control and Communication in the Animal and the Machine. Cambridge: MIT Press 1967.
Wiethölter, Waltraud und Anne Bohnenkamp, Der Brief – Ereignis und Objekt. Frankfurt am Main: Stroemfeld 2010.
Wilhelm, Hans-Jakob, „Der Magnetismus und die Metaphysik des Krieges. Kleists Prinz Friedrich von Homburg", in: Neumann (Hrsg.), Kriegsfall-Rechtsfall-Sündenfall, 85–105.
Wilkies, Richard F., „A new Source of Kleist's Zerbrochener Krug", in: Germanic Review (1948) 23, 139–248.

Wilson, Jean, „Heinrich von Kleist's Amphitryon. Romanticism, Rape and Comic Irresolution", in: Papers on Language and Literature. A Journal for Scholars and Critics of Language and Literature (2001) 37.2, 115–131.
Winthrop-Young, Geoffrey, Kittler zur Einführung. Hamburg: Junius 2005.
Wirth, Wolfgang und Jörn Wegner (Hrsg.), Literarische Trans-Rationalität. Würzburg: Königshausen & Neumann 2003.
Wittkowski, Wolfgang, „Absolutes Gefühl und absolute Kunst in Kleists ‚Prinz Friedrich von Homburg'", in: Deutschunterricht (1961) 13, 27–71.
Wittkowski, Wolfgang, „Der Zerbrochne Krug. Gaukelspiel der Autorität, oder Kleists Kunst, Autoritätskritik durch Komödie zu verschleiern", in: Sprachkunst (1981), 110–130.
Wittkowski, Wolfgang, „Die Verschleierung der Wahrheit in und über Kleists Amphitryon. Zur dialektischen Aufhellung eines Lustspiels oder über den neuen mystischen Amphitryon und dergleichen Zeichen der Zeit", in: Pelters, Schimmelpfennig und Menges (Hrsg.), Wahrheit und Sprache, 151–170.
Wittkowski, Wolfgang, „Rechtspflicht, Rache und Noblesse. Der Kohlhaas-Charakter", in: Beiträge zur Kleist-Forschung (1998) 12, 92–113.
Wolf, Gregory H., „The Desire to Control Death. Heinrich von Kleist's Epistolary Correspondence on Schicksal, Tod and Selbstmord", in: Chloe. Beihefte zu Daphnis (2013) 47.1, 165–190.
Wolff, Hans M., „Kleists Amazonenstaat im Lichte Rousseaus", in: PMLA (1938) 53.1, 189–206.
Woodward, John A., „Alkemene's Identity Crisis. The Realization of the ‚Nicht-Ich' in Kleist's Heroine", in: New German Review. A Journal of Germanic Studies (1999–2001) 15–16, 83–96.
Wünsch, Christian Ernst, Kosmologische Unterhaltungen für junge Freunde der Naturerkenntniß, Bd. 2, Leipzig: Breitkopf 1794.
Zanetti, Sandro, „Doppelter Adressenwechsel. Heinrich von Kleists Schreiben in den Jahren 1800 bis 1803", in: Stingelin, Giuriato und Zanetti (Hrsg.), Schreibszenen im Zeitalter der Manuskripte, 205–226.
Zantorp, Susanne, „Changing Color. Kleist's Die Verlobung in St. Domingo and the Discourse of Miscegenation", in: Fischer (Hrsg.), Companion, 191–208.
Zeyringer, Klaus, „,Wo kömmt der Witz mir her?' Eine ‚Lustspielfigur par excellence', Zu den Sosias-Szenen in Kleists Amphitryon", in: Deutsche Vierteljahrsschrift für Literaturwissenschaft und Geistesgeschichte (1996) 79, 552–568.
Zilliacus, Laurin. Mail for the World. From Courier to the Universal Postal Union. New York: Johns Day 1953.
Zimmermann, Hans Dieter, „Der Sinn im Wahn: der Wahnsinn. Das ‚große historische Ritterschauspiel' Das Käthchen von Heilbronn", in: Lützeler und Pan (Hrsg.), Neue Studien, 203–213.
Zimmermann, Hans J. (Hrsg.), Antike Tradition und Neuere Philologien. Heidelberg: Winter 1984.
Zons, Raimar, „Von der ‚Not der Welt' zur absoluten Feindschaft. Kleists Hermannsschlacht", in: Zeitschrift für Deutsche Philologie (1990) 109.2, 175–199.
Zumbusch, Cornelia, „Übler Schutz. Die Pest und das Problem der Abwehr in Kleists ‚Der Findling'", in: Zeitschrift für Deutsche Philologie (2009) 128.4, 495–510.

Index

Aischylos 94
Albrecht VIII 116
Aristoteles 185
Arnim, Achim von 296, 311, 320, 126

Bense, Max 106
Bernoulli, Jacques 216
Blumenberg, Hans 107
Boccaccio, Giovanni 184f., 207
Böttiger, Karl August 164ff.
Brecht, Bertolt 322
Brentano, Clemens 320
Brockes, Ludwig von 33, 35, 38, 41f., 176

Cassirer, Ernst 77
Chamisso, Adalbert von 102
Chappe, Claude 112
Claudius, C.F. 298, 306
Clausewitz, Carl von 5f., 221, 239f., 274f., 283, 119
Collin, Heinrich Joseph von 178, 275

Dahlmann, Friedrich Christoph 176, 240
De Man, Paul 139
DeLanda, Manuel 4, 7, 19, 264f., 145
Deleuze, Gilles 16, 319
Dumas, Alexandre 113

Eco, Umberto 106
Edison, Thomas 3

Fermat, Pierre 215
Fichte, Johann Gottlieb 1, 77, 102, 168
Foucault, Michel 1, 12
Fouqué, Friedrich de la Motte 311, 314
Frank, Manfred 103
Friedrich, Caspar David 155, 320

Gellert, Christian Fürchtegott 24, 26ff., 44, 56
Gentz, Friedrich von 167
Geßner, Heinrich 101
Gleick, James 215, 233
Gneisenau, August Neidhardt von 270

Goethe, Johann Wolfgang von 76, 79, 94, 103, 157, 166, 168, 170f., 175, 183, 185, 207, 222, 243, 304, 324
Grimm, Jacob 296, 311
Grimm, Wilhelm 296, 311, 126
Gruner, Justus 297, 299
Guattari, Félix 16, 319

Habermas, Jürgen 209, 105
Hardenberg, Karl August von 296, 298, 319
Hartmann, Ferdinand 155, 164
Hayles, Katherine 10, 14, 107ff.
Hegel, G.W.F. 3f., 102, 168, 139
Hellwig, Johann Christian Ludwig 239f., 250
Herbst, Emilie 305
Heyse, Paul 184
Huygens, Christiaan 216

Iffland, August Wilhelm 285, 298, 302f., 305, 307
Innis, Harold 113f.

Jérôme von Westfalen 166

Kafka, Franz 50, 78
Kant, Immanuel 75, 102, 321
Kantorowicz, Ernst 99
Karl V. 85
Kittler, Friedrich 12, 15, 102, 104, 208, 284, 105f., 116
Kittler, Wolf 6, 15, 80, 84f., 89, 196, 234, 264, 270, 111, 115, 127, 139, 142f.
Kleist, Ewald von 127
Kleist, Marie von 252
Kleist, Ulrike von 12, 22, 29, 32ff., 38ff., 52, 94, 101, 152, 155ff., 176, 216, 326f., 123, 126, 135
Klopstock, Friedrich Gottlieb 24, 271
Klopstock, Meta 24
Knesebeck, Karl Friedrich von dem 241, 250
Körner, Christian Gottfried 171f.
Koschorke, Albrecht 13, 21, 24, 27, 51, 70, 105
Koselleck, Reinhardt 1

Krämer, Sybille 19, 57f., 60ff., 75, 82, 256, 288
Kraus, Christian Jakob 11, 153, 285, 298, 309ff., 313
Krug, Wilhelm Traugott 75

Laplace, Pierre-Simon 216, 235
Lehmann, Carl Friedrich 111
Lewis, Matthew Gregory 60, 67, 69
Louverture, Toussaint 200
Luhmann, Niklas 1, 187, 297, 139

Massow, Helene von 28, 33
McLuhan, Marshall 110
Mendelssohn, Moses 126f.
Mirabeau, Marquis de 249, 127, 130, 132
Moivre, Abraham de 216
Molière 75, 79
Moritz, Karl Philipp 126
Morland, Samuel 95
Müller, Adam 10f., 153, 155, 159, 161f., 165ff., 182, 265, 285, 287, 298, 301, 304, 307ff., 134ff.

Napoleon, Bonaparte 1ff., 7, 28, 80, 85, 89, 93, 167, 176f., 199f., 238, 264f., 270f., 293, 296, 306, 111f., 114, 116, 119, 145
Newton, Isaac 145
Novalis 77, 158, 166, 225

Pascal, Blaise 215
Paul, Jean 175, 136
Peguilhen, Ernst Friedrich 325f.
Pfuel, Ernst von 26, 155, 159
Platon 45, 66
Poe, Edgar Allan 274
Postman, Neil 297
Pufendorf, Friedrich Esaias 85
Pufendorf, Samuel von 85, 87

Reiswitz, Georg Leopold von 238
Rousseau, Jean-Jacques 101
Rühle von Lilienstern, Otto August 1, 155, 159, 108, 122f.

Scharnhorst, Gerhard von 270
Schelling, Friedrich Wilhelm Joseph 168, 139
Schiller, Friedrich von 12, 45, 94, 157, 168, 171, 138f., 149f.
Schlegel, Friedrich 1, 175
Schlegel, Johan Elias 271
Schmitt, Carl 5, 11, 16, 165, 270, 289, 308
Schubert, Gotthilf Heinrich von 155
Schumpeter, Joseph 161
Serres, Michel 31, 97
Shakespeare, William 65, 67, 79, 94
Shannon, Claude E. 31, 105f.
Siegert, Bernhard 23f., 26, 28, 44, 46ff., 54, 111, 113, 116
Smith, Adam 11, 153, 156, 162f., 208, 304, 308, 310
Soemmering, Samuel Thomas 109
Sokrates 45
Sophokles 94
Spreen, Dierk 11, 162f., 280
Stein zum Altenstein, Carl Freiherr von 270

Theisen, Bianca 16, 185, 187ff., 194f., 198, 201, 215, 236, 245, 138
Tieck, Ludwig 175, 184f.

Uhland, Ludwig 166

Varnhagen, Rahel 311
Virilio, Paul 16, 284
Vogel, Henriette 325ff.

Wieland, Christoph Martin 93f.
Wieland, Ludwig 60, 101, 103
Wiener, Norbert 8, 106f.
Wilhelm Prinz von Preußen 315
Wünsch, Christian Ernst 68, 85, 128, 133

Zenge, Wilhelmine von 4, 12, 17, 22, 25, 32, 34f., 37ff., 42f., 45ff., 69, 75, 152, 176, 110f., 120, 123, 133
Zschokke, Heinrich 79, 101

www.ingramcontent.com/pod-product-compliance
Lightning Source LLC
Chambersburg PA
CBHW031753220426
43662CB00007B/381